2016

江油年鉴

JIANGYOU YEARBOOK

江油市人民政府　主办
江油市地方志办公室　　编

（总第16卷）

图书在版编目（CIP）数据

江油年鉴. 2016 / 江油市地方志办公室编. —北京：方志出版社，2016.12
ISBN 978-7-5144-2244-3

Ⅰ. ①江… Ⅱ. ①江… Ⅲ. ①江油-2016-年鉴
Ⅳ. ①Z527.13

中国版本图书馆 CIP 数据核字（2016）第 302302 号

江油年鉴（2016）

编　　者：江油市地方志办公室
责任编辑：罗　滔　朱　姝
出 版 人：冀祥德
出 版 者：方志出版社
　　地址　北京市朝阳区潘家园东里 9 号（国家方志馆 4 号）
　　邮编　100021
　　网址　http://www. fzph.org
发　　行：方志出版社发行部
　　电话　（101）67110500
经　　销：各地新华书店
印　　刷：四川省印刷制版中心有限公司
开　　本：889×1194　1/16
印　　张：30
字　　数：906 千
版　　次：2016 年 12 月第 1 版　2016 年 12 月第 1 次印刷
印　　数：001~400 册
ISBN 978-7-5144-2244-3　定价：230. 00 元

江油市政区图
广元市
青川县
绵阳市
游仙区
涪城区
安县
梓潼县
剑阁县
中坝镇
太平镇
三合镇
彰明镇
青莲镇
龙凤镇
九岭镇
大堰
贯山
义新
战旗镇
东兴
西屏
香水
八一
方水
含增街道
敬元
老厂沟
文昌镇
李白故里风景名胜区
图例
县级行政中心
乡、镇居民地
其他居民地
地级界
县级界
乡、镇界
铁路及车站
高速公路及出入口
主要公路
国道及编号
其他公路
比例尺 1 : 160 000
（本图境界不作实地划界依据）

四川江油工业园区
江油市工业开发区管委会
江油市利安机动车检测站鸿飞机动车检测部
恒信友邦家俱公司
江东社区
涪江三桥
加油站
涪
江
河
江彰大道南段
东段
大鹏路
桃源路
西段
李白大道南二段
同兴路
新兴路
南二段
西河大桥
江油市国家税务局
江油市政务服务中心
石油医院
锦阳五洲农业发展有限公司
新城社区
华油（加油）CNG站
市商务局
龙园斋1816-3502200
川西北气矿石油大厦
中润·恒大国际商贸城
会昌社区
涪滨社区
江油市好时光爱心幼儿园
市中医院
星光旅游超市
北郊休闲庄
雅鑫苑休闲庄
0816-3502077
贵宾园乡村美食馆
0816-3598688
江油市凰鑫休闲庄
绵阳市商业银行武都支行
至武都

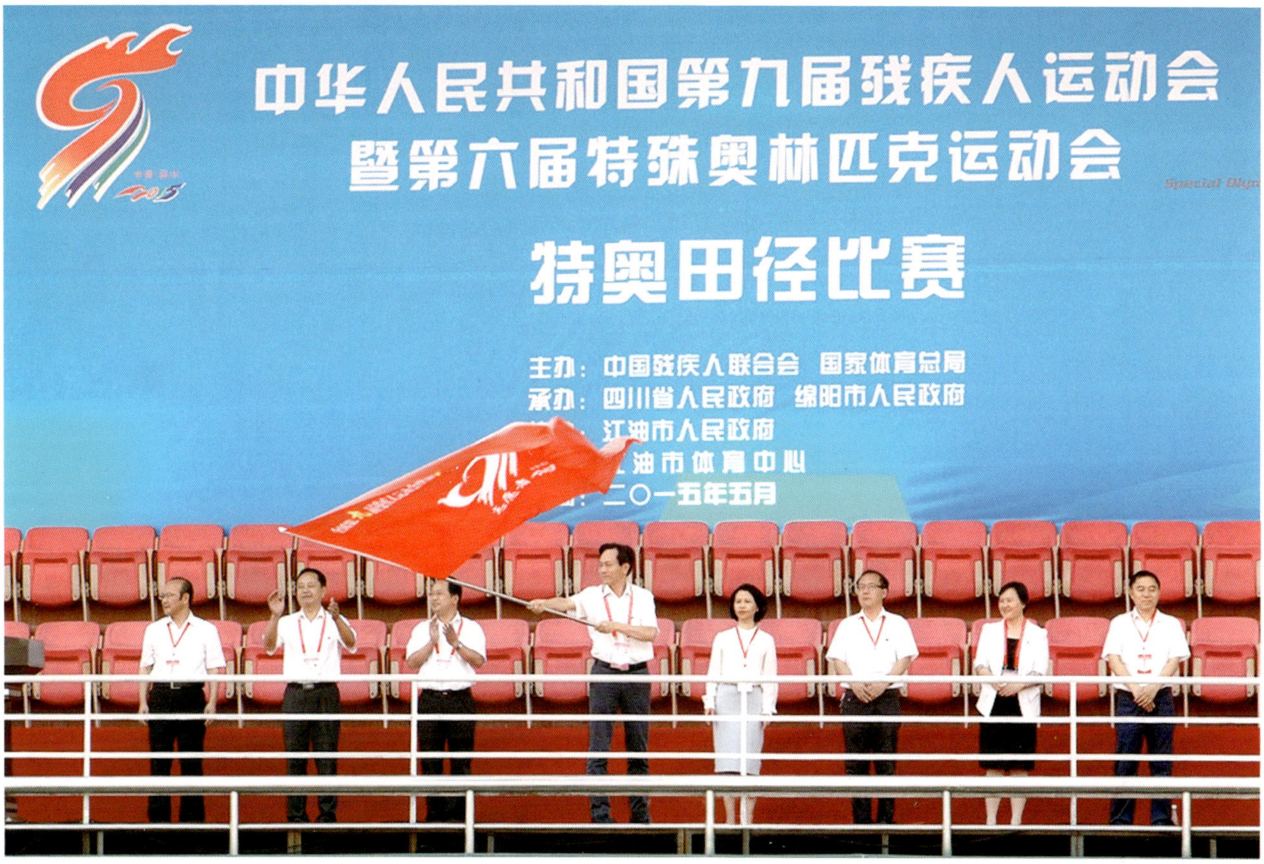

1　2　3

1. 2015 年 5 月 10−17 日，中华人民共和国第九届残疾人运动会暨第六届特殊奥林匹克运动会田径和乒乓球比赛在江油市举办。图为绵阳市委常委、江油市委书记李江为志愿者授旗

2. 残运会跳高比赛　　3. 残运会颁奖现场

2015 年 6 月 12-18 日，四川首届生态旅游博览会在江油市举办

江油大康百合花国际博览园被国家林业局命名为“百合公园”

2015 年 9 月 27-28 日，首届李白故里文化旅游节在青莲国际诗歌小镇开幕。江油市被授予“中国诗歌之乡”称号

2015 年 9 月 27 日，绵阳市旅游发展大会在江油举行

1. 2015 年 10 月 22 日，中俄兔业合作交流圆桌会议在江油市召开

2. 2015 年 10 月 22–24 日，中国畜产品流通协会兔业委员会第三届会员代表大会暨第三十二届中国兔业大会在江油市召开

3. 位于江油市西屏镇的中国兔文化博物馆

4
5
6 7

4. 江油市被授予“中国獭兔之乡”称号

5-7. 中俄兔业大会文艺晚会

2015 年 9 月 27 日晚 8 时，2015 年中央电视台中秋晚会——月圆江油在江油市青莲镇“国际诗歌小镇”隆重上演。晚会以李白的诗歌为引领，围绕明月的歌曲营造团圆思乡的主题，共分上中下三个篇章、33 个歌舞类节目。同时通过中央一套、四套及英语等频道向全球 94 国直播。这也是中央电视台中秋晚会首次在西部地区举办

2015 年央视中秋晚会开幕式

情景歌舞《四川味道》

歌舞《静夜思》

组歌《历史回声》

歌舞《天籁之爱》

尾声歌舞《海上明月》

地方两会
DI FANG LIANG HUI

2015 年 2 月 6-8 日，中国人民政治协商会议第十二届江油市委员会第四次会议召开

绵阳市委常委、江油市委书记李江讲话

市政协主席范来山作政协工作报告

2015 年 2 月 11-13 日，江油市第十七届人民代表大会第四次会议召开

市委副书记、市长马辉作政府工作报告

市人大常委会主任冯钢作人大工作报告

重大项目

ZHONG DA XIANG MU

2015 年 1 月 16 日，江油市卓璟光电产业园等 21 个重点项目集中开工仪式

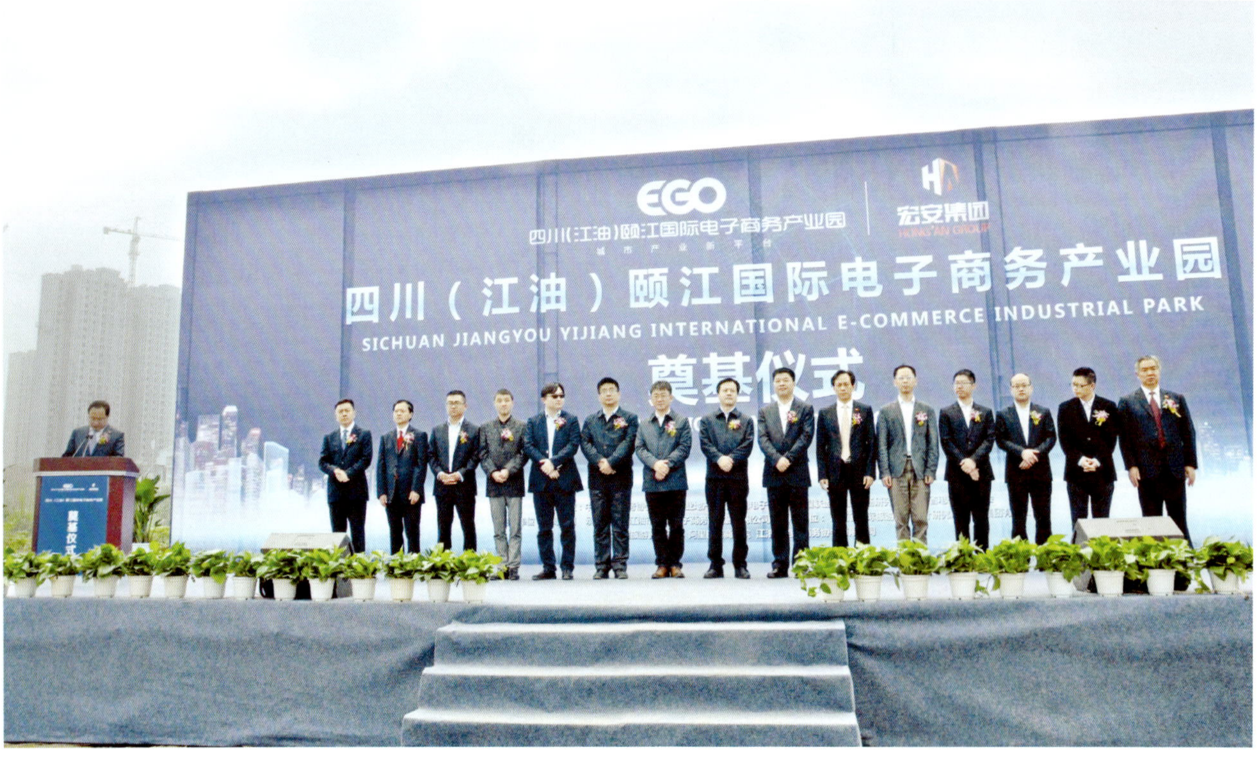

2015 年 4 月 24 日，四川（江油）颐江国际电子商务产业园项目开工奠基仪式

2015 年 8 月 19 日，神华四川江油煤电一体化循环经济产业园等重点工业项目集中开工仪式

2015 年 11 月 9 日，江油市“四川首届生态旅游博览会签约项目圣隆精致农业观光园”等总投资 19.4 亿元的 11 个农旅项目在彰明镇举行集中开工仪式

美丽江油

MEI LI JIANG YOU

国际百合花博览园（百年好合爱情谷）

售票厅
游客中心

美丽江油

MEI LI JIANG YOU

青莲国际诗歌小镇

漫波渡

美丽江油

MEI LI JIANG YOU

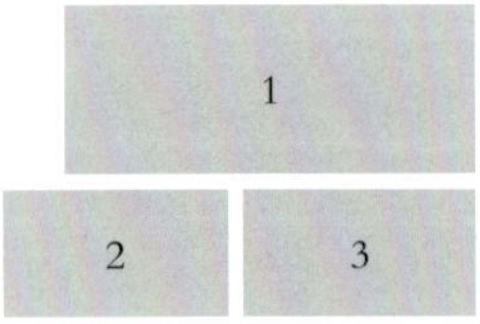

1. 江油城区夜景
2. 京昆高速江油段大堰收费站
3. 江油大道

四川首届生态旅游博览会
油欢迎您！

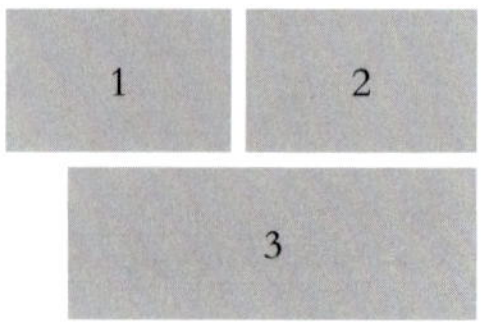

1. 整治后的罗汉堰
2. 中大路绿化景观
3. 大美星火村

李白故里
美丽江油欢迎您
帝标家居
诗意中国

李白出生地

数字江油

SHU ZI JIANG YOU

2015年江油主要经济指标

国民经济	GDP实现322.74亿元，增长9.2%； 第一产业增加值实现40.82亿元，增长3.9%； 第二产业增加值实现162.34亿元，增长9.9%； 第三产业增加值实现119.57亿元，增长9.7%。 三次产业结构比为12.6:50.3:37.1。
规模以上工业	实现工业总产值481.49亿元，增长9.1%， 工业增加增增长11.2%。
固定资产投资	完成162.59亿元，增长8.3%。
社会消费品零售总额	社会消费品零销总额实现144.91亿元，增长14.3%； 限上社消零总额71.29亿元，增长21.9%。
农　业	总产值70.58亿元，增长4.6%， 增加值41.59亿元，增长3.9%； 粮食总产量30.07万吨，蔬菜42.22万吨， 生猪出栏46.89万头，小家禽出栏1054.58万只。
城乡收入	城镇居民人均可支配收入实现26340元，增长8.5%； 农民人均可支配收入实现13078元，增长9.7%。
财　政	地方一般预算公共收入16.3亿元，增长8.3%。
金　融	各项存款余额386.64亿元，增加44.04亿元，增长12.9%； 城乡居民储蓄存款283.56亿元，增加34.41亿元，增长13.8%； 各项贷款余额173.57亿元，增加16.34亿元，增长10.4%。
招商引资	履约项目56个，到位国内省外资金71.59亿元。
旅　游	全年接待游客501.3万人次，增长29.7%， 实现旅游总收入66.67亿元，增长40 %。

《江油年鉴》编辑部　地　址：四川省江油市诗仙路东段48号

电　话：（0816）3228775　邮　编：621700

编辑说明

一、《江油年鉴》是具有江油市人民政府公报性质的大型资料性工具书。2001年创办，《江油年鉴》（2016年卷）为第16卷。

二、《江油年鉴》由江油市人民政府主办，在江油年鉴编纂委员会领导下，由江油市各镇、乡，市级各部门编写组供稿，江油市地方志办公室编纂完成。

三、本鉴采用分类编辑法，以栏目为单元，分栏目、类目、分目、条目四个层次，基本内容主要由分目、条目组成，条目是基础信息载体和撰稿方式。

四、本鉴设特载、大事记、江油概览、政治、法治·军事、“三农”工作、工业、商贸流通、交通运输·通信、金融、财政·税收、综合监管、城乡建设·环境保护、科学技术、教育·体育、文化、旅游、卫生与计划生育、社会民生、办事处·乡镇简介、人物、统计资料、附录、专文等24个栏目。主要反映2015年1月1日至12月31日江油社会各方面的情况。

五、本鉴所载江油市四大班子领导干部名录，中共江油市委第十二届委员会委员、候补委员，江油市市级部门、乡镇领导干部名录，由中共江油市委组织部提供，并经审查核对。绵阳直属部门领导人名录因相关单位资料报送不齐未能刊载。

六、本鉴附录栏目中收录了获绵阳市级及其以上表彰的先进集体和个人。因少数单位资料报送不齐，难免会有遗漏。

七、本鉴所采用的统计资料由江油市统计局提供，其中正文数据由各单位提供，除年度之间的对比和说明以不变价计算外，一律以现行价格计算。少数数据因统计部门口径不一致，数值也不尽相同，引用时以《2015年江油统计年鉴》为准。

八、本鉴所用稿件、资料主要来源于市级各部门、乡镇、厂矿、学校，并经各单位相关领导审核，史实准确可靠。稿件刊载时署撰稿人姓名，报送稿件时未署名的一律署单位名称。

九、本鉴精选了江油市主要领导的政务活动，以及市境内举办的重大活动的图片。图片由江油四大班子办公室和李白故里通讯社、市文广新旅局等单位提供。

《江油年鉴》编辑部

2016年11月

目 录
Contents

政　治

法治·武装

工　业

商贸流通

交通运输·通信

金　融

财政・税收

综合监管

城乡建设·环境保护

科学技术

教育 · 体育

文 化

旅 游

卫生与计划生育

社会民生

办事处·乡镇简介

人 物

统计资料

附 录

专 文

特　载

Special Reports

推进全面创新 决胜全面小康
为加快建设"诗意中国·李白故里·美丽江油"
而努力奋斗

——在中共江油市委十二届八次全体会议上的讲话

中共绵阳市委常委、中共江油市委书记 李江

(2015年12月17日)

这次全会是在我市深入推进中央"四个全面"战略布局、落实省委"三大发展战略"和绵阳市委实现"两个率先"的关键时期召开的一次十分重要的会议。全会的主要任务是：认真学习贯彻党的十八届五中全会精神和习近平总书记系列重要讲话精神，深入落实省委十届七次全会和绵阳市委六届十次全会精神，总结报告市委常委会一年来的工作，审议通过《中共江油市委关于制定国民经济和社会发展第十三个五年规划的建议》和《中共江油市委关于强力实施两个"一号工程"加速推进全面创新改革发展的决定》，共谋"十三五"发展大计，动员全市广大干部群众振奋精神、抢抓机遇、团结拼搏，为推进全面创新、决胜全面小康，加快建设"诗意中国·李白故里·美丽江油"而努力奋斗。

下面，根据市委常委会研究的情况，我讲三点意见：

一、用工作强势推动形成发展强势，李白故里焕发勃勃生机

一年来，市委常委会坚持以中央、省委和绵阳市委全会精神为根本指引，以习近平总书记系列重要讲话精神为根本遵循，深入落实中央"四个全面"战略布局、省委"三大发展战略"和绵阳市委"决胜全面小康、实现加快发展"总体战略，主动适应经济发展新常态，紧紧把握深化改革的关键点、转型升级的突破点、依法治市的着力点、"一带一路"的切入点、创新创业的兴奋点、保障民生的根本点，努力用党员干部的理想信念筑牢党的执政根基、用领导干部的工作强势推动形成江油的发展强势、用全体干部的辛苦指数换取人民群众的幸福指数，不仅创造了一朵百合花创意催生产业变革的"江油速度"，而且凝聚了攻坚克难、敢于担当、善作善成、见贤思齐的"江油精神"；不仅经济发展站上了新台阶，而且民生福祉得到了大改善，社会事业取得了新进展。根据已公布的数据，预计全年实现地区生产总值325亿元、增长9.5%，规模工业增加值增长12%，农业增加值41亿元、增长3.8%，社会消费品零售总额140亿元、增长14.5%，地方公共财政预算收入16.26亿元、增长8%。

*一是坚持大手笔谋动，以"创新思维"破解难题，开创发展崭新局面。*在"转型才能更好发展"的重要关头，市委审时度势提出大力实施"11321"发展战略，努力在绵阳当先锋、在全省求跨越、在全国找位置。面对增长乏力、经济下行、排位下滑的严峻形势，强力推进了城市建管、产业结构、生态环境、"一园八区"、统筹城乡、民生工程"六大转型升级"和重点项目建设、产业集成升级、旅游跨越发展、城市建管营运、深化改革创新"五大攻坚行动"。创意推动文农林旅融合发展，青莲国际诗歌小镇、百合国际博览园"两个国际"精彩呈现。谋划并推动园区体制机制改革，着力打造工业发展主引擎，构建"一极三体"格局；着力打造项目建设主阵地，完善"一园三器"功能；着力打造产业集聚主战场，健全"一业三链"体系，形成了企业

落户园区、园区集聚产业、产业催生发展的良好态势。

二是坚持大产业联动，以“转型升级”提质增效，经济重回第一方阵。以两个“一号工程”为统领，把新材料基地、高端装备制造、电子信息和光电、生物医药“一基地三集群”以及文农林旅深度融合和现代服务业发展作为重点突破方向，无中生有、有中生新，规上工业企业新增16户，高新技术产业产值占工业总产值比重超过17%，战略性新兴产业产值占工业总产值比重达到18%，电子商务交易规模达到150亿元，全省县级经济综合排名提升了3位，成功晋升到第20位，重回全省县域经济第一方阵。激活创新引擎，六大孵化器入驻企业118户。国家现代农业示范区建设稳步推进，成功创建为全国休闲农业与乡村旅游示范县，预计全年接待游客501.3万人次、增长29.7%，实现旅游总收入66.7亿元、增长40%。

三是坚持大项目带动，以“重大节会”倒逼速度，基础支撑坚实有力。牢固树立“抓项目就是抓投资、抓投资就是抓发展”的理念，以承办重大节会为契机，实施项目建设集中攻坚战，8个月高标准建成江油大道，3个月完成罗汉堰整治、建成6个主题公园，4个月如期完成纪念碑平战结合人防地面工程和节会参观沿线20多公里的风貌改造；不到一年完成邀月路延伸段河堤景观工程、S205线畅通改造提升工程等新建、续建基础设施项目67个。同时，强力推进产业园区建设，从签约到一期工程完工仅11个月的颐江国际电商产业园、到主体完工仅12个月的卓璟光电产业园、到主体项目即将完工仅10个月的军民融合产业园，到开工不足2个月的神华煤电一体化循环经济产业园主厂房开挖、桩基工程全面建设等产业项目150个在江油大地拔地而起，不到1年时间建成25个绿化美化亮化项目。全年实施项目241个，预计完成全社会固定资产投资160亿元。主动向上争取各类资金达23.56亿元，向外招引、到位国内省外资金70亿元，重大项目投资规模和力度空前，强力支撑经济发展实现“撑竿跳”。

四是坚持大投入拉动，以“合力攻坚”扶贫解困，民生福祉持续改善。坚持连片扶贫与精准扶贫“双轮驱动”，整合项目资金投入4900多万元，启动8个乡镇173户困难群众易地扶贫搬迁，全年实现脱贫7000余人。扎实推进“十项民生工程”，办好19件民生实事，投入8.49亿元。预计全年城镇居民人均可支配收入26346元、增长8.5%，农民人均可支配收入13111元、增长10%。完成棚户区改造4492套，被拆迁群众、城市困难群体居住条件大大改善。农村义务教育学校学生免费午餐计划惠及67所学校2.3万名学生。成功创建全省“双拥”模范城，稳步推进全国文明城市、“双拥”模范城创建。法治江油建设取得新进展，成功创建省级法治示范市。

五是坚持大活动推动，以“国际水准”创意策划，美丽江油声名远播。在不到半年时间，成功承办了国际级、国家级、省级等“四会一节”，发布两个“江油宣言”，江油被授予“中国诗歌之乡”“中国獭兔之乡”。青莲国际诗歌小镇荣获2015国际旅游度假目的地创新论坛“最具文化创意旅游小镇”奖，百合国际博览园被国家林业局授予“中国百合公园”称号，不仅“两个国际”名声大振，而且李白故里蜚声海外；不仅得到与会嘉宾的高度赞扬，而且得到国际社会的广泛认可。特别是央视中秋晚会首次走进西部地区，首次落户县级城市，晚会让诗意中国银屏闪烁，李白故里熠熠生辉，美丽江油大放光彩，人民网、新华网等主流媒体、门户网站全方位、多维度专题报道，网络点击量数以亿计，晚会吸引全球94个国家和地区4亿华人华侨关注目光，“李白故里”被世人知晓，“江油声音”得以广泛传播。

六是坚持大党建促动，以“三严三实”管党治党，政治生态风清气正。始终围绕“六个一”抓党建，扎实开展“三严三实”专题教育，“单元化联户共建共享工程”取得初步成效，“江油模式”被广泛认可。加强领导班子思想政治建设。按照“好干部”标准和“三重”用人导向，实施“年轻干部成长计划”，选派42名年轻干部到基层挂职历练；把重点工作、重大项目、重大节会等急难险重任务作为干部成长的“摇篮”，提拔重用“四会一节”表现突出干部32名，在党建、招商、维稳、项目一线提拔重用干部47名。综合运用执纪“四种形态”，坚持把纪律规矩挺在前面，着力解决群众身边“四风”和腐败问题，纪律审查立案97件。在市级层面，建强了“一核心三党组”，构建起党委决策、政府落实、人大监督、政协协商的良好工作格局；在乡镇和市级部门层面，切实加强基层组织建设，强化基层基础保障。充分发挥各民主党派、工商联和无党派人士、在外杰出人才的作用，加强和改进党对群团工作的领导，为工青妇等群团组织开展工作创造有利条件。坚持党管武装原则，持续加强国防后备力量建设。

面对错综复杂的宏观经济形势和艰巨繁重的改革发展稳定任务，取得这些成绩实属不易。这是省委省政府、绵阳市委市政府坚强领导的结果，是全市上下团结一心、真抓实干的结果，是全体干部敢于担当、勇于拼搏、善于破难、乐于奉献的结果，是社会各界关心支持的结果。在此，我代表市委，向在座各位并通过你们，向全市广大干部群众，向所有关心支持江油经济社会发展的同志们、朋友们，表示衷心的感谢并致以崇高的敬意！

二、用战略思维绘就未来宏伟蓝图，科学确定发展目标体系

“十三五”时期，既是我市建成高标准全面小康的决胜期，又是我市建成高品质文明城市的攻坚期，也是我市建成高质量现代经济的关键期。制定好“十三五”规划、描绘好发展蓝图，事关全局、影响深远。市委按照中央、省委和绵阳市委的决策部署，认真贯彻落实“四个全面”战略布局，坚持把创新、协调、绿色、开放、共享理念作为主线贯穿“十三五”规划编制全过程，注重与中央“十三五”总体规划、与省委“十三五”总体思路、与绵阳“十三五”总体部署相衔接，坚持立足国内和全球视野相统筹，全面规划和突出重点相协调，战略性和操作性相结合，更加突出宏观形势和发展态势，更加突出问题导向和目标导向，更加突出项目建设和产业发展，以发展理念转变引领发展方式转变，以发展方式转变推动发展效益提高，着力聚焦“全面建成小康社会和构建竞争新优势”。

（一）全面总结“十二五”巨大成就是科学谋划“十三五”的基础

“十二五”时期，是我市爬坡上坎、攻坚克难十分不平凡的五年，在中央、省委和绵阳市委的坚强领导下，市委团结带领全市人民，认真贯彻落实中央、省委和绵阳市委决策部署，紧紧围绕建设“诗意中国·李白故里·美丽江油”的目标定位，主动适应经济发展新常态，深入实施“11321”发展战略，全面完成了“十二五”规划确定的主要目标任务，不仅实现了经济发展高位求进的历史跨越，而且开创了全面深化改革的良好局面；不仅取得了民生福祉持续改善的巨大进步，而且营造了风清气正的良好政治生态。可以说，纵向比发展巨大，横向比差距仍大；如果只纵向比容易自我陶醉、自我满足，只有重视横向比才能直面挑战、争取主动。总体讲，成绩虽然令人振奋但已成为历史，经验弥足珍贵值得深刻总结。在科学谋划上，始终把江油放在全国、全省和绵阳的坐标中去思考定位，准确把握市情特征和经济发展规律，坚持“改革创新、转型升级、提质增效”的总体取向，大力实施“11321”发展战略，着力重塑在全省县域发展格局中的“江油经济版图”；在推动发展上，始终保持专注定力，按照“一稳、二限、三退、四进、五转”的发展路径，强力推动“六大转型升级”，着力实施“五大攻坚行动”；在深化改革上，始终以行政审批体制、扩权强镇、混合所有制改革和警务运行机制等重点领域为突破口，破难题、下深水，不断增强经济发展动力；在依法治市上，始终遵循“治蜀兴川厉行法治”，深入开展法律“七进”，着力构建办事依法、遇事找法、解决问题用法、化解矛盾靠法的法治良序；在民生事业上，始终坚持“以人为本、全程服务”理念，严守低收入群众的“底线民生”、改善群众急盼的“重点民生”、保障惠及全民的“基本民生”，让人民群众有更多的获得感；在党的建设上，始终围绕“六个一”抓党建，大力实施“单元化联户共建共享工程”，着力重建文明高地、重构社会良序、重塑基层形象。

（二）客观分析未来五年面临的机遇与挑战是科学谋划“十三五”的前提

市委坚持把脉世界经济形势、把握全国经济走势、把关当前经济态势，把江油放在我国经济进入新常态的宏观形势下去审视，放在全省经济深刻转型的总体格局中去认识，放在国家科技城和幸福美丽绵阳建设的战略布局中去谋划。从国际看，国际金融危机深层次影响还在继续，世界经济仍然处在深度调整期，存在较多的不稳定性和不确定性。从全国看，经济长期向好的基本面没有改变，深入推进工业化、城镇化仍有巨大潜力，城乡区域发展具有很大回旋余地，新的改革红利持续释放，将为经济发展提供动力和支撑。从全省看，全省正深入实施“三大发展战略”，加快推动由经济大省向经济强省跨越、由总体小康向全面小康跨越，经济社会发展稳中有进，运行态势符合全国大势。从绵阳看，上升为国家全面创新改革试验区的先行先试，强力推进两个“一号工程”，努力实现“两个率先”，加快建设国家科技城和幸福美丽绵阳对江油具有辐射和带动效应。从江油看，站在新的历史起点上，展望“十三五”美好前景，江油面临难得机遇，一是借力国家科技城建设的“洼地效应”日益显现，产业经济正处于发展活力迸发、增长动能强劲的上升周期，将为换挡调速提供有力的支撑。二是转型升级溢出效应将会释放动能，通过实施“11321”发展战略，传统产业全面升级、先进制造业比重不断提升、战略性新兴产业快速壮大的工业发展格局正在逐步形成。三是神华煤电一体化循环经济产业园、军民融合产业园、光电信息产业园等重大项目建设拉动效益将会逐渐凸现。四是成绵乐、西成高铁开通形成“同城效应”，助推我市在产业升级、产业聚集、产业多元化发展方面驶入“快车道”。五是处在国家全力打造“一带一路”和长江经济带两大战略交汇点、蓉欧快铁的必经地，为我市深度参与国家战略、进入世界市场，提供了更大发展空间。当然，由于我市已进入资源要素“紧约束”、环境容量“硬要求”时代，直接承受着生产成本上升、承载能力受限的“双重压力”，城市二元结构与城乡二元结构矛盾突出，城市贫困问题与农村贫困问题相互叠加，正在经历着增速变化的困惑、结构优化的阵痛、动力转化的艰辛。总的来讲，我市面临多个机遇汇集、多种挑战并存，多重任务叠加、多类矛盾交织，面对各地你追我赶的竞争态势，加快发展一刻也不能放松。要顺应时势，在错综复杂的宏观形势下行稳致远；要砥砺奋进，始终保持稳中有进、进中向好的良好态势；要抢抓机遇，努力塑造竞争新优势，增强发展新活力。

（三）准确把握“十三五”的总体思路和总体目标是决胜全面小康的关键

“十三五”时期我市发展的总体思路和总体目标：全面落实中央“四个全面”战略布局和省委“三大发展战略”部署要求、绵阳市委“决胜全面小康、实现加快发展”决策安排，牢牢把握“稳中求进、转型升级、统筹发展”的工作总基调，牢固树立创新、协调、绿色、开放、共享的发展理念，继续实施“11321”发展战略，坚持“大手笔谋动、大产业联动、大项目带动、大投入拉动、大活动推动、大党建促动”，强力推进两个“一号工程”，加快建设“诗意中国·李白故里·美丽江油”，努力争当绵阳实现“两个率先”的排头兵，在全省县域经济中争先进位，确保建成高标准全面小康，高品质文明城市，高质量现代经济，为推进江油这座老工业城市全面创新发展、谱写伟大中国梦江油篇章奠定坚实的基础。

建成“高标准全面小康，高品质文明城市，高质量现代经济”，既是对我国“十三五”总体规划、我省“十三五”战略思路、绵阳“十三五”发展目标的贯彻落实，也是对市委关于加快建设“诗意中国·李白故里·美丽江油”的延展细化。为此，全市经济增长速度必须始终保持高于全省、绵阳市平均水平，到2017年国内生产总值和城乡居民人均收入比2010年翻一番，到2020年人均GDP、城乡居民人均收入等主要经济指标达到全国平均水平、高于全省和绵阳市平均水平。

三、用五大发展理念指导江油实践，开启决胜全面小康新篇章

党的十八届五中全会提出的创新、协调、绿色、开放、共享“五大发展理念”，集中反映了我们党对经济社会发展规律认识的深化，是指引我市未来五年发展的根本遵循，要将其作为一条主线，贯穿到我市“十三五”经济社会发展全过程和各方面，以新理念引领新常态、以新举措推动新发展、以新作为实现新跨越。

（一）坚持创新发展，培育经济增长新动力

树立“抓创新就是抓发展、谋创新就是谋未来”的理念，把一切发展的基点放在创新上，集成用好成德绵区域协同创新和国家科技城的政策红利，深入实施创新驱动发展战略，发挥科技进步和信息化的带动作用，推动全方位创新，构建产业新体系，切实把经济社会发展转入创新驱动的轨道。树立战略思维，通过供给侧和需求侧改革，促进传统产业迈向中高端；坚持前沿导向，积极引进新一代信息技术改造提升以冶金机械为代表的传统产业，促进传统制造业智能化、绿色化、品牌化；大力引进和培育以新材料、高端装备制造、电子信息和光电、生物医药为代表的高新技术产业和战略性新兴产业，构建集群发展、多点支撑的产业发展格局；深入实施电子商务和“互联网+”行动计划，突出发展新技术、新产业、新模式、新业态“四新经济”，推动电子商务在信息、金融、物流、商贸、旅游、文教、康养、医疗等行业和领域的融入应用，争创全省电子商务发展改革创新示范市和国家级电子商务进农村示范市；强化创新重点区域和重点领域的引领带动作用，全面实施“工业园区大变样行动”，积极创建国家级经济技术开发区。着力奏响“双创”强音，点燃大众创业的热情、万众创新的高潮，加快形成有利于创新发展的市场环境和制度机制，营造有利于创新创业的社会氛围和文化环境，激发全社会的创造活力。

（二）坚持协调发展，形成城乡互动新格局

统筹把握“五位一体”总体布局，着重处理好平坝丘区山区之间、城乡之间、工农之间、物质文明精神文明之间的关系，在协调发展中积极挖掘发展空间的内在潜力，在协同发展中增强发展空间的外部张力，在继续推进经济社会发展进程中不断增强发展实力，在补齐短板、加强薄弱领域的进程中不断增强发展后劲。着力推动城乡统筹发展，以省级中小城市综合改革试点建设为契机，按照“四态合一”、精建细管的要求，加强城乡建设与管理规划引领，形成中心城区、特色小镇、幸福美丽新村协同共进优势互补的空间布局；优化城市生态，彰显山水城市风貌，强化文化传承与创新，突出抓好绿化美化亮化和“一江两河九堰”水系整治工程，不断提升城市品质；坚持错位发展、特色发展，建设一批生产空间集约高效、生活空间宜居适度、生态空间山清水秀、富有活力的经济强镇；围绕建设美丽乡村，改善农村生产生活条件，大力发展农村各项社会事业。大力实施交通攻坚大会战，突出重大项目建设，按照内外并重、全域统筹的总体要求，加快西成高铁、绵九高速江油段等重点项目建设，合理确定项目实施的先后次序，形成年年有项目、季季有建设的滚动推进态势，构建由高速铁路、普通铁路、高速公路、区域快速道路为主体的区域一体化快速交通网络，形成适度超前、功能完善、安全高效、四通八达的现代化立体交通。促进物质文明和精神文明协调发展，深化全国文明城市创建，大力繁荣文化事业、发展文化产业，坚持用中国梦和社会主义核心价值观凝聚共识、汇聚力量。

（三）坚持绿色发展，构筑生态文明新家园

生态是最公平的福利，环境是最基本的民生。树立“保护生态环境就是保护生产力、改善生态环境就是发展生产力”的理念，把生态文明建设摆在突出位置，更加自觉地推动绿色发展、循环发展、低碳发展，让蓝天常在、青山常驻、绿水长流。加快推动生产方式绿色化，积极运用生态环保技术改造提升传统产业，深入推动企业循环式生产、产业循环式组合、园区循环式改造、生产和生活循环式链接。加快神华煤电一体化循环经济产业园等重点项目建设，着力构建科技含量高、资源消耗低、环境污染少的绿色产业体系；加快淘汰落后产能，严格限制高污染、高耗能、低产出产业，有序退出采矿石材产业。深入推进城乡环境综合治理，切实加大环境治理力度；维护生态安全，保护好涪江母亲河，着力构建体现江油山水纵横地理特征、有利于发挥整体生态功能的市域生态空间格局；自觉守住耕地、林地和森林三条红线，确保生态功能不降低、面积不减少、性质不改变。建立产权清晰、多元参与、激励约束并重、系统完整的生态文明制度体系，引导、规范和约束各类开发、利用、保护自然资源的行为；大力实施最严格的环境保护制度，进一步完善联防联控、多元共治的环境治理体系，着力打好大气、水、土壤污染防治“三大战役”，更好地满足人民群众对清新空气、清澈水质、清洁环境的期待。

（四）坚持开放发展，开创合作共赢新局面

大力实施“全域开放”战略，统筹推进对内、对外“双向开放”，在扩大开放中拓展发展空间，赢得经济合作和竞争新优势。深度参与长江经济带和“一带一路”建设，对接国家互联互通计划，积极推动交通、经贸、产业、人文等搭上蓉欧快铁，与沿线国家、地区全方位互动融合。主动融入成渝经济区、成都城市群和国家科技城建设，借力借势发展区域经济。打响招商引资攻坚战，以两个“一号工程”为主攻方向，围绕“一基地三集群”产业布局开展“沿链招商”“平台招商”“以企招商”“精准招商”，加快形成“园区集聚型产业链”“龙头牵引型产业链”“科技引领型产业链”，力争引进世界500强企业、国内500强企业以及行业领军企业，到位国内省外资金进入全省县级城市前列。大力发展开放型经济，加快服务贸易发展，推进贸易方式转型升级，加大“引进来”和“走出去”力度，利用我们的优势产业、优势产品开辟新市场，着力构建内外联动、互利共赢、安全高效的开放型经济体系。

（五）坚持共享发展，顺应人民生活新期待

继续深化“以人为本、全程服务”理念，大力实施“单元化联户共建共享工程”，更加注重解决社会公平正义问题，使全市人民有更多获得感和幸福感，让共享成为“十三五”画卷最温暖的主题和最厚重的底色。民生连着民心，民心汇聚民力。全面正确理解民生工作，既重解忧扶贫，又重制度机制建设；扩大公共服务供给，创新公共服务提供方式，改革收入分配制度，确保城乡居民共享改革发展成果；全面加强以保障和改善民生为重点的社会建设，大力发展教育、医疗、就业、社会保障等事业，完善城乡公共服务体系，提高公共服务共建能力和共享水平；把更多财政资源用于保障和改善民生，滚动实施好重点民生实事，让人民群众得到更多实惠。把脱贫攻坚作为首要政治任务，按照“扶持谁、谁来扶、怎么扶”的要求，坚持精准扶贫、精准脱贫，着力解决贫困村在基础设施、特色产业、社会民生、生态环保等方面的共性问题，实施好发展生产、就业扶持、易地扶贫搬迁、医疗救助、教育智力扶贫、低保兜底等精准扶贫工程，构建起专项扶贫、行业扶贫、社会扶贫等有机结合、互为支撑的大扶贫格局，限时打赢脱贫攻坚战，确保率先全面建成小康社会。

推进全面创新，决胜全面小康，加快建设“诗意中国·李白故里·美丽江油”，关键在于领导班子和党员干部的实干担当，取决于全市广大干部群众的团结奋斗。“一府两院”党组要发挥党的领导核心作用，抓好班子带好队伍，依法行政、公正司法；人大、政协党组要分别依法行使职权和按章程履行职能，紧紧围绕全市中心工作加力加劲、分忧解难。各乡镇党委、市级各部门党组（党委）要充分发挥总揽全局、协调各方的领导核心作用，加强领导班子思想政治建设，持续用力正风肃纪，做到敢管敢治、严管严治、长管长治，为推动“十三五”发展提供坚强保证。各级领导干部要认真践行“三严三实”要求，把对党绝对忠诚作为最重要的政治纪律，把管党治党主体责任作为最根本的政治责任，把守住纪律底线作为最基本的政治要求，自觉担当担责、积极主动作为，切实把改革发展大事牢牢放在心上、扛在肩上、抓在手上。广大党员干部要立足本职、爱岗敬业、真抓实干，以严的精神和实的作风推动市委决策部署不折不扣贯彻好落实好。工会、共青团、妇联等群团组织要充分发挥各自优势，用全面小康的美好愿景凝聚起推动江油改革发展的强大合力。

同志们，时代赋予使命，机遇考验担当。新一轮发展的时代命题，江油必须响亮作答。让我们紧密地团结在以习近平同志为总书记的党中央周围，在省委、绵阳市委的坚强领导下，顺势而为，乘势而上，攻坚克难，敢拼能担，为推进全面创新，决胜全面小康，加快建设“诗意中国·李白故里·美丽江油”而努力奋斗！

江油市人大常委会工作报告

——在江油市第十七届人民代表大会第五次会议上

江油市人大常委会主任 冯钢

（2016年5月18日）

2015年工作回顾

一年来，在市委的坚强领导下，市人大常委会切实履行宪法和法律赋予的职责，紧紧围绕建设“诗意中国·李白故里·美丽江油”，强化责任担当，积极主动作为，主要做了以下工作。

一、着眼大局，强化监督更有力

加强对经济工作的监督。市人大常委会密切关注宏观经济运行态势。严格执行预算法。强化2014年财政预算执行和2015年财政预算草案的初步审查监督工作，提出推进全口径预算管理、提高预算编制水平、优化支出结构、提高预算执行率、加强预算绩效管理等工作建议。切实加强对财政预决算、政府性投资和债务的审查监督。批准2014年市级财政决算、市级2015年预算调整方案。审查批准2015年地方政府债务限额。加强国有资产监管。听取经营性国有资产、行政事业单位国有资产监督管理情况报告。制定了《江油市人民代表大会常务委员会国有资产管理监督办法（试行）》，明确市人大常委会监督国有资产的监督重点、监督方式和责任追究等事项，明确规定市政府处置3000万元人民币以上的国有资产，必须由市人大常委会决定批准后方可实施。

加强对法律工作的监督。坚持把法律法规的正确有效实施放在重要位置，围绕维护公平正义，抓住突出问题，加大监督力度。推动法治江油建设。常委会加强对省级法治示范市创建工作的督查，听取和审议市政府全面推进依法治市工作报告，提出了加强法治宣传教育、规范行政权力运行、加大法治文化建设力度、加强依法治市细胞建设等工作建议，并通过对基层依法治理工作的检查调研，有力有效推动“单元化联户共建共享工程”，为全市经济社会发展创造良好的法治环境。法治江油建设开展情况在绵阳人大工作座谈会专题交流，得到领导的充分肯定。强化司法工作监督。对市人民法院的民（商）事案件庭审、听证、执行等情况进行调研视察，听取专项工作报告，要求进一步发挥司法职能、强化审判管理、完善纠纷化解机制，改进民（商）事审判工作，有效化解社会矛盾，服务经济社会发展。听取社区矫正工作开展情况审议意见办理情况的报告，提出了完善社区矫正工作机制、加强机构和队伍建设、提高工作保障水平、推进执法规范化建设等意见。建立宪法宣誓制度。为彰显宪法权威，加强宪法实施，按照全国、省和绵阳市人大要求，制定了《江油市宪法宣誓制度实施办法》。

加强对民生工作的监督。常委会坚持把改善民生福祉、提升民生幸福指数作为履职重点。组织常委会组成人员、部分人大代表和相关专业人员视察、调研民生项目，向市委提出了科学合理的建议意见，得到支持和采纳。推进生态市建设。持续关注生态市建设规划实施情况，对市政府贯彻落实《大气污染防治法》情况进行了执法检查，听取市政府相关工作情况报告，提出加大宣传力度、强化综合管理、加大工业污染治理和环保执法力度、控制面源污染、加大环保投入等审议意见。加强水环境保护。开展涪江、通口河、平通河流域水环境保护调研，对河道采砂管理工作进行专题视察，听取市政府相关工作的情况报告，要求科学规划和从严控制新的河道采砂场、严格开采审批、加强砂场管理、从严打击非法开采行为、明确责任、综合治理、严格责任追究，确保我市主要河流出境水断面水质达标。促进职业教育发展。组织开展全市现代职业教育发展情况专题调研，听取市政府关于现代职业教育发展情况的报告，提出强化职业教育师资队伍建设、拓宽校企合作新空间、提高职业教育发展保障水平等建议。强化社会医疗保障。对市政府办理新型农村合作医疗工作和贯彻实施《社会保险法》情况的审议意见办理情况进行了检查，要求加大监管力度、提高服务水平、加大医疗救助投入力度、实行医保与社保统一管理、及时启动社保软件升级改造、做好中小微企业参保扩面工作。维护道路交通安全。常委会对市政府办理《道路交通安全法》审议意见情况进行了检查，有效推动了全市道路交通安全综合整治，道路交通安全设施建设更加完善，农村道路交通安全管理机制明显优化，在雁门镇会龙场隧道设立红绿灯的意见得到落实。

二、严格程序，决定事项更科学

市人大常委会紧紧围绕全市发展大局，制定了《讨论决定重大事项的规定（试行）》，明确了重大事项的范围，要求市政府在报请市人大决定重大事项时必须报送合法性审查意见，在形式上做到重大事项的决定与经济社会的发展合拍，在内容上做到重大事项的决定与人民群众合心，在执行上做到重大事项的决定与“一府两院”合力，把市委的主张通过法定程序变为全市人民的意志，切实增强决定重大事项的针对性和实效性。市十七届人大四次会议以来，共召开常委会会议11次、主任会议18次，听取和审议“一府两院”工作报告59个，提出审议意见22条，依法作出决议决定18项。按照市委的总体部署，作出同意江油市城市总体规划（2014—2030）和方水、香水、八一三个乡行政区划调整等决定。围绕“十三五”规划编制工作，开展专题调查研究，听取江油市“十三五”规划编制相关情况汇报。2015年，为支持市政府破解发展难题，常委会和主任会议依法作出同意将中大路二标段和危旧房棚户区改造建设资金列入市财政预算等决定和备案审查意见17项。

三、坚持原则，人事任免更规范

市人大常委会始终坚持党管干部和依法任免干部相统一的原则，加强同市委组织部门以及提请任免机关的沟通，严格把关，进一步规范人事任免工作。对市委提名、“一府两院”提请任免的干部人选，严格执行任前法律考试、简述任职作为、常委会表决等程序，实现了市委意图与人民意愿的有机结合。2015年，依法任命国家机关工作人员22人、免职16人、接受辞职1人、任命市人民法院人民陪审员18人，补选绵阳市第六届人民代表大会代表1名。

四、服务中心，统筹发展更协调

狠抓扶贫攻坚，推进“三农”工作。认真落实市委精准扶贫工作会议精神，深入乡镇、村社开展经常性的精准扶贫工作调研，研究人大推进扶贫开发工作的具体措施，听取市政府扶贫攻坚工作专题汇报，提出了完善扶贫机制、强化基础设施建设、培育支柱产业、加强智力扶贫培训、整合资源发挥扶贫资金使用效益等意见，要求明确工作重点，落实帮扶责任，制定更有针对性的政策措施和帮扶方案，提高帮扶成效，促进被帮扶村经济快速发展、群众真正得到实惠。常委会组成人员通过带项目、教技术、扶资金、转观念等方式，积极为联系村和联系群众出主意、想办法、找路子、办实事。听取《农村土地承包法》审议意见办理情况的报告，要求稳定农村土地承包关系、鼓励土地流转、加快推进土地确权颁证工作、查处涉农违法案件、切实维护农民权益，为促进农村经济发展发挥了重要作用。

突出创新创业，加快转型升级。组织常委会委员及人大代表到市工业园区、部分工业乡镇、多家创新型企业进行实地调研，听取关于推进工业转型升级的情况报告，要求围绕两个"一号工程"和四川省工业强县示范市建设，把握新一轮全面深化改革、大众创新万众创业、中国科技城建设、成绵乐客专开通带来的"高铁效应""同城效应"等机遇，突出产业攻坚、加快创新驱动、着力平台建设、优化投资服务，推动了《江油市"十三五"工业发展规划》和《关于加快发展高新技术产业和战略性新兴产业的实施意见》的出台，为工业经济发展、提质增效做出了积极贡献。

助推"四会一节"成功举办。根据市委的安排，加强对中国百合花国际博览园等重点建设工程的督导，深入镇、村（社区）、建筑工地和群众家中调研，全面了解掌握建设情况及进度，协调解决存在的困难和问题，提出了完善合作运营机制、加强扶持和引导、整合项目资金、加快基础设施建设、完善景区设施设备、争取政策支持、完善大景区功能和宣传及营销机制等工作建议。高度重视第四届国际李白文化节暨2015绵阳旅游发展大会和央视2015年中秋晚会筹办工作，及时听取了相关筹备工作的情况报告，提出了科学统筹协调、提高工作效率、把握时间节点、加大工作力度、加强督促考核、强化跟踪问效等建议。常委会领导认真落实市委决定，在"四会一节"期间，常委会领导攻坚克难、深入细致、高质高效地完成了各项工作任务，为节会的成功举办提供了有力保障。

助力全国文明城市创建。按照市委关于创建全国文明城市的总体部署，组织视察，并听取了文明创建专项工作报告，提出持续营造创建工作氛围、完善创建工作机制、突出创建工作重点、丰富创建工作内涵、做好迎接"国检"准备等工作建议。常委会组成人员及市人大机关干部积极参与志愿者活动，主动到联点社区参加文明劝导、卫生清扫、治安巡逻、清理残标等活动，为创建工作提供了有力支持。

五、激发活力，代表履职更有为

提高代表履职能力。制定常委会组成人员联系代表制度，常委会主任、副主任分别联系9名人大代表，常委会委员分别联系3名人大代表。通过制发代表履职登记表、邀请代表列席常委会会议、参加执法检查、专题调研等方式，为代表履职创造条件。继续在人大代表中开展"四个一"活动。积极组织代表小组活动，按照地域将代表分组，每个代表小组每年开展两次以上代表活动。组织市人大代表和乡镇人大干部参加各级人大开展的专题培训312人次。

强化代表作用发挥。制定出台《关于开展创建代表履职激励机制　建立代表工作站的指导意见》和《关于在代表中开展"扶贫攻坚——人大代表再行动"的实施方案》，落实中坝、武都、双河、九岭、东兴五个乡镇为试点乡镇，建成代表工作站，建立健全人大代表向选民述职、联系选民、履职考核等制度。全市各级代表参与活动达1100余人次，收到江油市人大代表关于江油工业、农业、教育文化、医疗卫生、环境保护等方面的建议130余件，绵阳市人大代表建议29件。

加大调研视察力度。组织代表集中视察调研7次，参加视察和执法检查代表300余人次，撰写调研报告15篇。组织在江油的各级人大代表对工业转型升级、城市基础设施建设、"四会一节"筹备、农田灌溉水费收管、基层政法工作、水资源污染、社会抚养费征管等情况进行了调研，对中大路、大康百合花国际博览园建设等进行视察，就平战结合人防工程建设、中坝职中与工业学校改革优化、牛雪樵德政坊迁移保护、河道采砂等提出建议供市委决策参考。

改进意见建议督办。市十七届人大四次会议期间代表提出建议、批评和意见102件，常委会采取领导领衔督办、各工作机构分类督办、机关委室协调督办、代表参与督办的工作机制，组织了视察调研，听取了市政府的专题报告，要求市政府进一步增强建议办理工作责任感，建立会办制度、公开制度和办理台账，完善跨年度办理机制，改进满意度评价机制，增加市人大代表满意度回访环节，确保建议办理质量。截至2015年底，102件代表建议已全部办结。

加强基层工作指导。坚持常委会领导定点联系乡镇人大主席团制度，深入乡镇调研指导。有计划安排乡镇人大主席（或专职副主席）列席常委会相关会议，参加执法检查、专题调研，组织召开片区经验交流会。2015年，武都镇人大主席团在绵阳市委人大工作会议上作经验交流发言，东兴乡人大主席团在代表中创造性开展“133”履职和争创“三面红旗标兵”活动得到上级人大的充分肯定。

六、提升效能，自身建设更扎实

抓学习，提高能力。以“三严三实”专题教育为抓手，深化学习教育。坚持党对人大工作的领导，坚决维护市委的核心领导地位，监督、代表工作中的重大事项和自身建设中的重大举措及时向市委请示报告。认真学习中央《关于加强县乡人大工作和建设的若干意见》以及省委、绵阳市委人大工作会议精神，认真落实市委对人大工作的指示要求。深入学习宪法法律和人大制度基本理论，牢固树立宪法意识、人大意识和法治观念。开展南充拉票贿选案和衡阳破坏选举案警示教育，筑牢抵御不良风气侵蚀的思想防线和行为防线。

走基层，服务群众。制定联系基层、服务群众工作制度。扎实开展“双联”、精准扶贫、结对共建等工作。2015年，常委会领导深入武都、二郎庙、马角、新春、石元等乡镇，开展经常性的督查调研，研究精准扶贫措施，帮助解决实际困难。通过动员人大代表捐资、协调项目建设资金20多万元，解决石元乡场镇道路及五指山村产业项目发展；组织专业人员到田间地头开展猕猴桃种植等技术培训；协调资金20余万元硬化义新乡石英村等3条村级道路；帮助石元乡、战旗镇部分特困户解决住房困难问题。

重规矩，集体行权。坚持定期学法制度，做到尊法学法、知法守法、用法护法，依法履行各项职权。落实“一把手”不直接分管财经事务和物资采购等制度。始终坚持民主集中制原则，在讨论决定重大事项、依法开展监督工作、审议决定人事任免等各项工作中都坚持做到广泛征求意见，充分发扬民主，集体讨论决定。

建机制，维护稳定。积极探索人大信访工作机制，出台了进一步加强和改进人大信访工作的意见，建立信访信息定期统计分析报告制度。一年来，共接待群众来访116批148人次、来信48件，常委会有关工作机构切实加强信访案件的督办，推动了信访矛盾的有效化解。

转作风，巩固成果。严格执行中央八项规定、省委省政府十项规定和市委市政府七项规定，坚持把党风廉政建设和反腐败工作与常委会工作同部署、同检查、同落实，认真落实党风廉政建设“两个责任”。贯彻落实党政机关厉行节约反对浪费条例，改进文风会风，严格执行机关会议、接待、差旅、办公物资采购和公车管理等制度，整治“四风”成果得以有效巩固。

回顾一年来的工作，我们认识到，常委会监督工作的实效还有待增强；代表作用还需进一步发挥；对乡镇人大工作的联系指导还不够。对这些问题，我们将在全体代表的监督支持下，切实加以改进。

2016年主要工作

新的一年，是“十三五”规划的开局之年，市人大常委会将全面贯彻党的十八大、十八届三中、四中、五中全会精神，深入学习贯彻习近平总书记系列重要讲话精神，以“四个全面”为统领，牢固树立“五大发展理念”，按照建成“高标准全面小康，高品质文明城市，高质量现代经济”的目标，紧紧围绕市委决策部署，依法行权履职，重点做好以下工作：

一是在增强监督实效上要有新提高。围绕市委重大决策、改革发展的重大事项、社会普遍关注的热点问题、涉及群众利益的难点问题、法律法规执行以及人大常委会决议、决定的落实，加强对“一府两院”的法律监督和工作监督，全力做好换届选举的监督指导。围绕计划和预算执行、精准脱贫、经营性国有资产管理、上级补助资金安排使用、城市规划、环境保护、食品安全、教育体育、医疗卫生、妇女儿童、最低生活保障、违法建设整治、城区污水排放治理、重大民生工程等事关全市长远发展和群众切身利益的重大事项实施监督。

二是在提高决策水平上要有新作为。按照常委会讨论决定重大事项的规定，把听取和审议“一府两院”工作报告、审查批准计划和预算作为人大常委会行使重大事项决定权的重点，认真负责地作出决议决定。对市委交由人大讨论决定的重大事项、人大常委会经调研选择的带有全局性和长远性的重大事项、“一府两院”提请审议的重大事项，及时依法进行讨论决定。坚持党管干部和人大依法任免有机统一，及时做好换届选举有关人事任免工作。

三是在推进法治建设上要有新突破。大力弘扬宪法精神，抓好宪法宣誓制度的落实，坚决维护法律尊严和公民合法权益，继续深入开展法治宣传教育，推进法治江油建设。认真贯彻执行预算法、代表法、监督法等与人大工作密切相关的法律制度。推动法治政府建设，促进依法行政；加强司法监督，促进公正司法；加强执法检查，促进法律法规在全市的贯彻实施。加强和改进人大信访工作，推动解决群众合理诉求。完善和加强规范性文件备案审查工作。

四是在发挥代表作用上要有新举措。坚持常委会组成人员联系、走访代表和代表联系人民群众制度，拓宽联系渠道。扎实开展代表专题培训，提高代表素质，进一步激发代表履职积极性。完善代表议案建议办理机制，落实工作责任，提高办理质量。进一步总结人大代表工作站试点经验，并做好推广工作。完善代表履职保障激励机制，积极推行人大代表向选民述职。继续深入开展“扶贫攻坚——人大代表再行动”活动，组织代表专题视察精准脱贫工作。切实加强人大代表换届选举的组织工作，确保选举风清气正。

五是在加强自身建设上要有新成效。加强学习培训力度，提升履职能力，切实履行好宪法法律赋予的职责。巩固和扩大党的群众路线教育实践活动成果，践行“三严三实”。在机关全体党员干部中扎实开展“两学一做”学习教育。进一步完善人大工作制度机制，规范议事程序，优化常委会工作机构，建设一支高素质人大工作队伍。扎实做好联系乡镇、村（社区）和定点帮扶有关工作。严格执行中央八项规定，自觉接受人大代表和人民群众的监督。

各位代表！让我们更加紧密地团结在以习近平同志为总书记的党中央周围，在市委的坚强领导下，依法履职，勇于担当，为实现“十三五”时期经济社会发展良好开局、决胜全面小康做出新的贡献！

江油市人民政府工作报告

——在江油市第十七届人民代表大会第五次会议上

江油市人民政府市长　马辉

（2016年5月18日）

“十二五”发展主要成就和2015年工作回顾

“十二五”时期，是江油应对重大挑战、经受严峻考验、取得巨大成就的五年。五年来，在市委的坚强领导和市人大、市政协的监督支持下，市政府一班人团结带领全市人民，爬坡上坎，攻坚克难，圆满完成了“十二五”规划确定的目标任务，不仅实现了经济社会发展的高位求进，而且开创了全面深化改革的崭新局面；不仅走出了全新的发展之路，而且树立了创先、率先、领先的工作品牌；不仅取得了民生持续改善的巨大进步，而且塑造了创新、实干、高效的政府形象。

过去五年，我们创意发展，走出跨越新路。立足灾后重建、发展振兴夺取重大胜利的坚实基础，坚持把江油的创新发展放在全国、全省和国家科技城的坐标体系中去思考，紧紧围绕建设“诗意中国·李白故里·美丽江油”的目标定位，坚定不移实施“11321”发展战略，走出了“大手笔谋动、大产业联动、大项目带动、大投入拉动、大活动推动、大党建促动”的创意型、跨越式发展之路。全市地区生产总值五年内连续跨越两个“百亿元大台阶”、2015年达到322.7亿元、是2010年的1.8倍，年均增长12.2%，高于全国、全省和绵阳平均增速；2015年实现财政总收入41.6亿元、是2010年的2.3倍、年均增长18%，实现地方一般公共预算收入16.3亿元、是2010年的2.5倍、年均增长20.4%。

过去五年，我们创业奋进，奏响转型强音。三次产业结构优化调整为12.6：50.3：37.1。工业“一稳二限三退四进五转”、全域文农林旅深度融合和现代服务业集聚发展强力推进，转型升级、提质增效成效显著。2015年，规模工业企业达到202户、比2010年增加50户，实现总产值481.5亿元、是2010年的2.3倍。“2+5”农业产业体系基本构建，“十大文农林旅融合示范园区”、“四条文农林旅融合示范带”和“两个休闲农业发展圈”初具规模，成功创建国家现代农业示范区、全国休闲农业与乡村旅游示范县，连续七年荣获全省“三农”工作先进市。城市建成区拓展5平方公里、常住人口达到35万，城镇化率达到54.05%、比2010年提高6.55个百分点，三产发展潜能充分释放，社会消费品零售总额达到144.9亿元、年均增长14.7%。民营经济占地区生产总值比重提高到60.5%。

过去五年，我们创优环境，夯实发展之基。城乡基础设施水平实现整体跨越，成绵乐城际客专建成通车、引领江油跨入“高铁时代”，塔九路、江油大道、S205线（江油城区段）改造工程等一批互联互通重大交通项目全面建成，通村道路硬化率提高21个百分点、达到99%，“一环七射”的城区快速通道网、“两纵五横”的市域骨架公路网基本形成，区域性综合交通枢纽地位进一步巩固；全域农村安全饮水工程和农村电网改造升级工程基本完成，建成全省首批“全光网城市”。城乡公共服务设施保障能力显著提升，义务教育学校全面完成“三通两平台”建设，公办中小学校校园设施100%达到国家标准；三级乙等医疗卫生机构达到5家，二级甲等医疗卫生机构达到3家；“农家书屋”实现建制村100%覆盖，广播“村村响”、电视“村村通”提前两年全面完成。

过去五年，我们创争和谐，彰显共建共享。牢固树立和深入践行“以人为本、全程服务”理念，五年累计投入就业促进、扶贫解困、教育助学、社会保障、医疗卫生、百姓安居等“十项民生工程”36.4亿元，2015年实现城镇居民人均可支配收入26340元、是2010年的1.8倍，农民人均可支配收入13078元、是2010年的2.2倍。城乡居民养老保险、医疗保险等各类社会保险制度实现全覆盖。五年累计减贫9.1万人，贫困发生率比2010年降低15个百分点、降至2.5%。教育、卫生、文化等社会事业发展实现长足进步，基本公共服务均等化步伐进一步加快。“六五普法”取得重要成果，“单元化联户共建共享工程”创新实施，基层社会治理水平显著提升，安全生产形势和社会大局保持稳定。

过去五年，我们创树示范，倡导现代政风。突出“为民、务实、清廉”，聚焦“忠诚、干净、担当”，党的群众路线教育实践活动和“三严三实”专题教育高标准严要求进行，政府班子和干部队伍作风加快转变。全方位提升政府工作理念、管理理念、服务理念、发展理念，建立以项目工程、财政资金、国有资产为重点的行政权力运行监督制约机制，健全以“旬督查、月通报、季小结、年考评、适时提醒、逗硬问责”为主要内容的督查机制，行政监察、审计监督和绩效考评立体推进，法治政府、有为政府、现代政府、高效政府和清廉政府建设全面加强。严格执行中央“八项规定”、省“十项规定”、绵阳和江油“七项规定”，“三公”经费五年累计压减53%。更加自觉接受市人大、市政协监督，五年累计办理人大代表议案、政协委员提案和意见建议1759件，满意率99.8%。

各位代表、各位委员，成果丰硕的2015年，我们在统筹推进全市经济社会发展的同时，以“决不辛辛苦苦干迅速落后的事情”的理念和标准，加力加劲，克难奋进，较好地完成了市十七届人大四次会议确定的目标任务，全年地区生产总值增长9.2%，地方一般公共预算收入增长8.3%，城镇居民人均可支配收入增长8.5%，农民人均可支配收入增长9.7%。特别值得总结回顾的是，全市上下创新思路，集中攻坚，高效抓好了“十件大事”：

第一，经济重回四川“第一方阵”。始终保持谋发展、抓发展、促发展的专注定力，主动认识、适应、引领经济发展新常态，以提高政策“落地率”和“转化率”为着力重点，及时制定和认真落实稳增长一系列政策措施，大力推进“六大转型升级”和“五大攻坚行动”，全市经济运行总体平稳、稳中有进、稳中向好。纳入全省及“扩权县”（类区县）考核排位的经济指标6项位居前三、14项进入前十，纳入绵阳考核排位的经济指标4项位居第一、7项进入前三，全省县级经济综合实力排名跃升至第20位，跻身四川“二十强”行列。

第二，“四会一节”精彩隆重举行。牢固树立“借力发展、借势跨越、借船出海”的意识，先后成功承办“全国第九届残运会暨第六届特奥会”“四川首届生态旅游博览会”“2015年中央电视台中秋晚会—月圆江油”“绵阳市旅游发展大会暨首届李白故里文化旅游节”“中俄兔业合作交流圆桌会议”和“第三十二届中国兔业大会”等重大节会，发布两个“江油宣言”，荣膺中国诗歌之乡和中国獭兔之乡。特别是美轮美奂的央视秋晚，首次走进西部、落地四川，史无前例地牵手县级城市江油，94个国家和地区4亿华人华侨观看直播，创历届央视秋晚收视率之最，兑现了“给江油一个机会，还全球华人一个惊喜”的承诺，让全世界零距离感知了浪漫诗仙、认识了美丽江油。

第三，两个“一号工程”强力实施。加速构建集聚发展、高端引领的现代产业新体系，着力打造新材料、高端装备制造、电子信息和光电、生物医药“一基地三集群”，全年新增规模工业企业16户，“两新”产业企业达到29户、产值占规模工业总产值的比重分别提升到17%和20%。加快建设全省“互联网+”和电子商务集聚发展示范区，电商创业中心和颐江（国际）电子商务产业园一期工程如期建成，引进国内知名电商6家，“全企入网”工程和“电商进农村（社区）攻坚计划”进一步提速，新培育电子商务企业65户、达到378户，建成电子商务进农村（社区）示范点24个，电子商务交易规模突破150亿元。

第四，项目投资再攀历史新高。全面强化“项目投资是江油发展第一驱动力”的理念，强力推进“重点项目落地开工促建攻坚行动”，全年实施以神华天明煤电一体化循环经济产业园等5个省级重点项目和军民融合产业园等9个绵阳市级重点项目为代表的项目255个，完成固定资产投资162.6亿元、增长8.3%，特别是一年拼出“两个国际”书写了“江油速度”。着力构建“四级联动”招商引资工作新机制，充分发挥6个重点产业组主力军作用，引进投资5000万元以上项目41个，到位国内省外资金71.6亿元。向上汇报和争取工作成效显著，获得国家、省市财力补助12.4亿元和土地指标支持4144亩。

第五，旅游产业发展强劲跨越。坚定不移走“全域旅游、创意旅游、品牌旅游、智慧旅游”发展之路，“弘扬李白文化最具特色的游览区、生态旅游出入画屏最为舒心的大驿站、休闲养老最为惬意的目的地”建设全面提速。全年实施中国百合国际博览园、青莲国际诗歌小镇、火车站游客接待中心等重大旅游项目23个，完成旅游投资17.6亿元，中国百合国际博览园被授予首个专类国家森林公园称号——“中国百合公园”，青莲国际诗歌小镇荣膺2015“最具文化创意旅游小镇”和“中国最佳历史文化旅游项目”。“智慧旅游”平台建成营运，旅游宣传营销系统推进，全年接待游客501万人次，实现旅游总收入66.7亿元、增长40%。

第六，创新创业掀起新的热潮。实施“美丽江油、建功有我”“双创”行动，强力推进大众创业、万众创新。隆重举行创新创业大会，举办首届创新创业大赛，出台支持创新创业6个方面30条“高含金量”政策和一系列配套措施，兑现奖励扶持资金近2000万元。建成“江油市创客空间”，新增孵化器3个1.26万平方米，入孵企业118户，培育创新创业团队32个。新增科技型中小企业306户，授权专利302件。培训技能技术人才4892人次，组织优秀企业家赴清华大学研修学习30余人次。重点企业技术中心达到15个。设立3000万元应急转贷基金支持企业创新发展，“远方装备”“勇辉生态”顺利实现“新三板”挂牌，“天农生态”成功在上海股权交易中心挂牌。

第七，全面深化改革持续发力。以中小城市综合改革、相对集中行政处罚权为代表的31项国家和省市级重点改革工作高效推进。“11331”行政审批经验在全国交流推广，正加速从“一窗制”向“一章制”纵深推进。率先在全省建立县级政府“五项清单”制度、实施“三证合一”和“一照一码”商事登记。农村“七权同确”基本完成，农村产权抵押贷款试点全省领先，“农民资金互助社”建设实现零突破，中国百合国际博览园走出了一条国企、民企、集体、农民“四方搭伙”共建共赢的产业扶贫新路子。长城办事处改设街道办、八一撤乡设镇，扩权试点镇达到23个、放权72项。成立城市行政执法局、不动产登记局，组建文旅公司和工业投资集团。公安机关“两项运行机制”改革成为全省标杆。

第八，城镇农村面貌显著改善。大力推进城市“三年大提升”和“绿化美化亮化”工程，实施涪江五桥、纪念碑人防工程等重点城建项目35个，建成罗汉堰综合治理一期工程及其6个主题公园，高标准改造23条城区道路亮化设施，金莎·奥特莱斯建成营运，顺辉巴登广场、联想科技城、中润时代广场等一批城市综合体加快建设。依法拆违445宗4.3万平方米，岳家桥拆迁“老大难”和五路口“烂尾楼”问题实现重大突破。新建和改造农村公路150公里。沉水水库工程加快实施，建设小型水利设施553处，城市第二污水处理厂和8个乡镇污水处理厂基本建成，再获绵阳市“大禹杯”竞赛综合类一等奖。打造幸福美丽新村85个，创建省级生态乡镇8个，入围“中德低碳生态城市”合作示范市。

第九，扶贫脱贫攻坚全面提速。按照“全域脱贫”的要求，创新构建“2+13”扶贫脱贫攻坚工作体系，以10个山区乡镇、7个深丘乡镇和77个贫困村为“主战场”，统筹兼顾有贫困人口的“插花村”和有城镇困难群众的“边缘户”。高效运行“四定”脱贫机制，29名县级领导、77名“第一书记”、89个市级部门、103户企业精准“滴灌”，帮扶7000人实现如期脱贫。大力实施“集中连片造血行动”，新建贫困村产业基地23个，发展种养业项目720个。积极推进“易地扶贫”搬迁，市财政安排1900万元，撬动社会和群众投入4200万元，推动8个乡镇的173户群众加快异地建新家，实现“改穷境、挪穷窝、断穷根”。

第十，群众幸福指数大幅提升。坚持民生优先、民生为重，151项省市和本级自选民生工程完成投入8.4亿元。城镇新增就业7355人，城乡居民人均可支配收入分别增长8.5%和9.7%。社会保险覆盖86.9万人次，城乡低保月补助标准分别提高到400元和220元，建立80周岁以上老人高龄津贴制度。改造棚户区4492套、9000余人“出棚入楼”，3500余名安置群众新年住新居。高考本科硬上线率连续八年位居绵阳第一，荣获全国义务教育发展基本均衡县，率先在全省实施农村义务教育学生“免费营养午餐计划”。成功创建省级卫生应急综合示范市，城乡居民健康档案规范化电子建档率达到96%。贯彻实施《中国妇女儿童发展纲要（2011-2020年）》通过省政府中期评估。江油广播电视台荣膺全国市县电视台“二十强”。全国文明城市创建工作通过首年测评，成功跻身四川法治示范市、全省双拥模范城行列。

各位代表、各位委员，过去五年，是我市极不平凡、极不寻常、极其难忘的五年。五年来，全市上下用党员干部的理想信念筑牢党的执政根基、用领导干部的工作强势推动形成江油的发展强势、用全体干部的辛苦指数换取人民群众的幸福指数，凝聚了“攻坚克难、敢于担当、善作善成、见贤思齐”的“江油精神”，这是省委省政府、绵阳市委市政府和江油市委坚强领导的结果，是市人大、市政协监督支持的结果，是全市人民接力奋斗的结果！在此，我代表市人民政府，向全市人民，向各民主党派、工商联、无党派人士、各人民团体，向驻江油部队指战员、武警官兵、公安干警、民兵预备役人员和复转军人，向所有关心、支持、帮助、参与江油建设与发展的各界朋友，表示衷心的感谢和崇高的敬意！

各位代表、各位委员，在总结成绩的同时，我们也清醒看到，我市经济社会发展还存在不少问题和挑战，主要表现在：经济增速下降、工业品价格下降、实体企业盈利下降、财政收入增幅下降、经济风险发生概率上升的“四降一升”特征明显，受宏观形势影响特别是自身经济结构性障碍制约，面临传统产业步入衰退期但新兴产业尚未形成、工业化水平不高但资源环境约束更为趋紧、城镇化步伐较快但城乡“二元”结构矛盾仍然突出、经济社会结构变动剧烈但基层治理体系和治理能力现代化步伐缓慢等亟待突破的问题，政府系统少数部门和部分干部“庸懒散浮拖”现象不同程度存在。对此，我们将高度重视，采取更加有力有效的措施，认真加以解决。

“十三五”发展的主要考虑及2016年工作安排

“十三五”，是江油“推进全面创新、决胜全面小康”十分关键、非常特殊的攻坚时期。通过五年高位奋进、高位跃升，担当好“在绵阳当先锋、在全省求跨越、在西部争一流、在全国找位置”的历史使命，考验和激励着每一个江油人、每一名江油干部。根据党的十八届五中全会、省委十届七次全会、绵阳市委六届十次全会、江油市委十二届八次全会精神和市委关于“十三五”规划编制的建议，市政府组织编制了《江油市国民经济和社会发展第十三个五年规划纲要（草案）》，已印发大会审议，这里着重就纲要的重要内容作简要说明。

面对“多重机遇汇集、多种挑战并存，多项任务叠加、多类矛盾交织”的客观形势，立足国家“一带一路”和长江经济带两大发展战略的时空交汇，承接国家科技城和幸福美丽绵阳的强劲带动，通过深刻分析、深入研判、深远谋划，我市未来五年经济社会发展的总体思路是：全面贯彻落实党的十八大和十八届三中、四中、五中全会精神，认真按照中央“五位一体”总体布局和“四个全面”战略布局、省委“三大发展战略”部署要求、绵阳市委“决胜全面小康、实现加快发展”决策安排，以创新、协调、绿色、开放、共享发展理念为遵循，大力实施“工业强市、产业兴市”发展战略，强力推进两个“一号工程”，加快建设“创新江油、开放江油、幸福江油、大美江油”，努力争当绵阳实现“两个率先”的排头兵，在全省县域经济中争先进位，确保建成“高标准全面小康、高品质文明城市、高质量现代经济”，为推进江油这座老工业城市全面创新改革发展，率先实现“底部跨越、创新崛起”奠定坚实基础。

基于这一发展思路，未来五年，我市要紧紧围绕“一个总体定位”，力争实现“三个奋斗目标”，努力开创幸福美丽江油建设“五个新”局面。

一个总体定位——加快建设“创新江油、开放江油、幸福江油、大美江油”，着力建成“高标准全面小康、高品质文明城市、高质量现代经济”，率先实现“底部跨越、创新崛起”。高标准全面小康，就是要：坚持“全域、全员、全速、全程”建小康的工作思路，务求产业更有特色、更有效益，设施更加完善、更加健全，脱贫更为持续、更为巩固，人民群众得到更大实惠、给予更大认可。高品质文明城市，就是要：尊重城市发展规律，科学统筹空间、规模、产业“三大结构”，高效统筹规划、建设、管理“三大环节”，创新统筹改革、科技、文化“三大动力”，精准统筹生产、生活、生态“三大布局”，系统统筹政府、社会、市民“三大主体”，现代城市品质全面提升，建成全国文明城市。高质量现代经济，就是要：依托全面创新改革发展，以现代经济理念创新化、精准化推进经济发展质效提升，以两个“一号工程”引领和强攻产业战略转型、结构改革、系统改造、全面升级，加快传统优势产业高新化发展、新兴优势产业融合化发展，确保江油产业迈上中高端水平，建成更有影响力、更有竞争力的现代经济示范市。

三个奋斗目标——进一步突出“争先、率先、领先、当先”，确保实现“两个高于、两个翻番、两个达到”三个方面的奋斗目标。两个高于，即“十三五”时期全市经济的增长速度，始终高于全省同一类区县（市区）平均水平，始终高于绵阳平均水平。两个翻番，即：到2017年，地区生产总值比2010年翻一番，城乡居民人均可支配收入比2010年翻一番。两个达到，即：到2020年，人均地区生产总值、城乡居民人均可支配收入等主要经济指标达到全国平均水平，城乡困难群众和贫困村达到精准、持续、有效、稳定的脱贫。

“五个新”局面——始终坚持把“五大发展理念”这条主线贯穿全局，引领发展、指导实践、推动跨越。坚持“创新”发展、培育经济增长新动力，全面融入“成德绵国家区域协同创新示范区”和“国家系统推进全面创新改革试验绵阳先行先试区”，强力实施全方位、多领域创新，加速构建现代产业新体系，全面建设创新强市、产业大市。坚持“协调”发展、形成城乡互动新格局，科学把握“五位一体”的总体布局，精心统筹平坝丘区山区“三大区域”、城乡与工农“两大板块”、物质文明与精神文明“两个领域”，进一步迈出“全域规划、全域小康、全域跨越”的坚实步伐。坚持“绿色”发展、构筑生态文明新家园，着力健全生态文明制度体系，深入推进企业循环式生产、产业循环式组合、园区循环式改造、生产和生活循环式链接，坚定实施“最严格的环境保护制度”，让蓝天、白云、青山、绿水不再是江油人民的奢望与梦想。坚持“开放”发展、拓展合作共赢新空间，大力实施“全域江油对内对外双向大开放行动”，深度融合“一带一路”和长江经济带发展战略，精准对接和全面参与国家科技城建设，强力出击建链、延链、补链、平台和以企招商，以精准构建园区集聚型、龙头牵引型、科技引领型“三大产业链”进一步提升开放型经济体系。坚持招商引资与招才引智相融互动，为创新驱动提供智力支撑。坚持“共享”发展、顺应人民生活新期待，持续践行“以人为本、全程服务”理念，深入实施“单元化联户共建共享工程”，强力保障和改善民生，高位均衡发展教育、卫生、文化等社会事业，高效完成脱贫攻坚政治任务，高标建设法治江油和法治政府，让全市人民更有获得感、更有幸福感、更有自豪感。

各位代表、各位委员，我们坚信，在市委坚强领导和市人大、市政协的监督支持下，全市上下攻坚克难、奋勇争先，“十三五”规划纲要所确定的各项部署一定能够顺利落实、各项任务一定能够如期完成，与全国同步全面建成小康社会的宏伟目标一定能够实现。

各位代表、各位委员，2016年是全面实施“十三五”规划、全面建成小康社会决胜阶段的开局之年，坚持“持久战”、打好“歼灭战”、集中“大会战”，闯过“关口”、攻克“难关”，开创性地做好全年工作，意义重大。

今年政府工作的总体要求是：牢牢把握“稳中求进、转型升级、统筹发展”的工作总基调，深刻践行创新、协调、绿色、开放、共享发展理念，坚定不移实施“工业强市、产业兴市”发展战略，统筹推进“稳增长、调结构、惠民生、防风险”，精心组织“项目年”，积极开展“去产能、去库存、去杠杆、降成本、补短板”，着力加强供给侧结构性改革、提高供给体系质量和效率，强力打好“五个大会战”，大力推动“六个大提速”，加快建设“创新江油、开放江油、幸福江油、大美江油”，为“十三五”发展攻好关、开好局、起好步。

今年全市经济社会发展的主要预期目标：地区生产总值增长8.5%以上，农业增加值增长3.5%左右，规模工业增加值增长10%左右，服务业增加值增长9.5%左右，社会消费品零售总额增长13%左右，地方一般公共预算收入增长5%左右，城乡居民人均可支配收入分别增长8%左右和10%左右。

需要特别报告的是：谋划和推进2016年的工作，如何做到“力争上游、拼在前列、干在实处、走在首位”，如何“进一步筑牢绵阳‘两个率先’排头兵的扎实根基，进一步巩固提升四川县域经济‘第一方阵’的应有地位”，考验智慧、考验韧性、考验毅力。我们将今年全市经济增速的预期目标设定为8.5%以上，主要考虑：一是要保持经济中高速增长，牢牢守住“发展底线”，毅然担当绵阳排头兵“多做贡献、率先发展、领先发展”的使命，确保“十三五”开局高、起步好；二是要推动产业迈向中高端水平，主动摒弃“速度崇拜”，注重留足转型升级、结构性改革、提升质量和效益的空间，遵循好经济发展新常态的大逻辑；三是要激发干部群众高昂士气，展现“江油作为”，以适度、科学、合理的目标体系引领全市上下再创佳绩、再续辉煌，延续“苦干实干拼命干、大干快干创新干”的强劲态势。对于预期目标，我市完全有基础、有条件、有能力、有信心圆满实现，在绵阳、全省乃至全国大格局中发展得更好、跨越得更快、奋斗得更精彩。

围绕上述思路和考虑，今年要重点抓好两个大的方面工作：

——强力打好“五个大会战”，增强“驱动全局”的引擎力

项目投资大会战。牢固树立“抓发展就要抓投资、抓投资就要抓项目”的理念，精心组织“项目年”，持续释放“第一驱动力”。坚持目标任务、时间进度、责任主体“三个量化”和审批进度、工程工期、竣工日期“三个倒排”，坚定实施“重点项目落地开工促建攻坚行动”，强力抓好总投资582亿元的237个项目建设，每月开工一批、竣工一批、落地一批、签约一批、储备一批投资上5000万元的重大项目，每季度举行一次重大项目集中开工仪式，确保完成182亿元的全社会固定资产投资“底线任务”。加强集中会战、集成攻坚，重点推进神华煤电一体化循环经济产业园、华强方特华夏历史文明传承主题园等一批重大项目建设。按照“自求平衡”的原则，进一步加大重点项目建设的支持力度。积极争取和用好国家专项建设基金，创新投融资机制，撬动更多社会资本参与项目投资。全面加强经常化汇报、精准化对接，主动融入成渝经济区、国家科技城核心区和“大绵阳半小时经济圈”建设，策划包装一批支撑性和带动性强的重大项目。

城乡提升大会战。秉持“四态合一”理念，以人的城镇化为核心，加快建设和谐宜居、富有活力、极具特色的现代化城市，带动引领特色小城镇、小集镇和幸福美丽新村协同共进。大力实施“城建攻坚计划”，深入推进“城市绿化美化亮化工程”。着力抓好李白大道和迎宾路等重要节点绿化景观提升，力争城区绿化覆盖率达到41%、人均绿地达到11.7平方米，加快创建国家森林城市。持续开展“一江两河九堰”整治，积极抓好中德低碳生态城市合作项目。加快实施纪念碑人防工程和太白公园扩园工程，因地制宜推动城乡接合部和背街小巷照明装置全覆盖。坚持“综合整治+拆旧建新”，规范提升户外广告和门面店招，整治“烂尾楼”1座，改造棚户区4017套。重拳出击整治“两违”，依法拆迁一批“钉子户”。着力完善住房保障体系，多措并举消化商品房库存，促进房地产业健康发展。积极推进智慧城市、“海绵城市”和“全光网城市”建设。全面推开“扩权强镇”，大力推进“八区”乡镇加快发展，分层次精心打造一批综合型、工业型、文农林旅融合型的特色小镇。加快推进武引二期直灌区、沉水水库和农村安全饮水提质增效工程建设，全面完成第六批中央财政小型农田水利重点县项目。全面推进“三带七片”幸福美丽新村建设，高标打造大康农村综合改革新村示范片、武都“彩谷新村”示范片和塔九路新农村示范带，抓好全省农村“雪亮工程”试点工作，坚决打赢幸福美丽新村建设“翻身战”的第一仗。

园区变样大会战。以加快创建省级高新技术产业园区为主攻方向，进一步聚焦政策、聚焦要素、聚焦力量，大力实施工业园区体制机制、项目推进、环境建设“三个大变样行动”，加快推进工业园区全方位开放招商、高效率项目促建、高水平服务企业、高质效产业发展，确保今年辖区规模工业总产值达到450亿元。加快推进电子信息光电产业园、生物医药食品产业园等一批园中园建设，全年引进“两新”产业项目15个，确保每月开工或竣工重大项目2—3个。高效对接成都高新区打造承接产业转移示范园区，加快建设绵阳科技城江油军民融合产业园。进一步加强工业园区基础设施建设，全面提升新“九通一平”的覆盖率和保障水平。加快工业园区综合服务区建设，逗硬落实“见章盖章、见文行文”的工业园区行政审批机制，进一步提高综合服务效率。充分发挥工业投资集团作用，全面增强工业园区自我发展、创新发展、跨越发展能力。

交通建设大会战。按照“北上陕甘、西通松茂、东联遂渝、南下成昆”的四川区域性综合交通枢纽的总体定位，大力推动江油加速融入成都经济区大交通格局。全力支持西成高铁和九绵高速建设，大力实施城区南一环、涪江五桥、河西大桥重建工程、G347中坝至含增段改建工程、S209雁门至枫顺段改建工程，改建国省干线30公里、农村公路300公里，实施交通安保工程100公里，新建和加固桥梁10座，完成交通建设投资9亿元，确保交通建设“月月有项目、季季有建设、年年有变化”。抓紧做好厚坝高铁站至平武连接线、绵广高速贯山出入口连接线、绵广高速新兴出入口及连接线、雁门山区到绵广高速连接线，以及江油至三台芦溪快速通道、中坝至武都快速通道前期工作，科学谋划关系江油长远发展的重大交通项目，力争上级将江油至黄胜关客货运铁路、江油至达州客运铁路、茂县—北川—江油—梓潼—盐亭高速公路和江油通用机场纳入国家、省和绵阳“十三五”规划项目库。

脱贫攻坚大会战。坚持以全市2719平方公里为底本全覆盖、无盲区脱贫攻坚，大力推进城乡规划、产业发展、基础设施、公共服务、社会治理“五个一体化”。着力推进“2+13”脱贫攻坚工作体系高效运转，加大涉农项目资金整合力度，充分发挥“八个一”帮扶主体精准“滴灌”作用，确保17个贫困村“摘帽”、

5100名贫困人口脱贫。坚持以环境改善提升人、塑造人，巩固提升“易地扶贫”搬迁成效，改造贫困户危旧农房200户，完成1000名群众就业创业培训，新建30个以上特色产业基地，让每一户贫困群众都在不同产业链和产业链各环节上释放脱贫内生动能。坚持“攻坚脱贫”与“抑制返贫”相结合，建立“验收评估机制”，严格贫困人口、贫困村“脱贫销号”标准和退出程序；建立“持续跟进机制”，对“摘帽”贫困村保持政策不变、投入不减、帮扶不止，对脱贫贫困人口一定时期内继续享受相关帮扶政策，“扶上马”再“送一程”；建立“动态再查摆机制”，及时掌握因病、因灾、因学返贫等贫困群体，规范做好返贫对象服务管理台账，确保情况明、对象准、家底清；建立“返贫再帮扶机制”，精准支持和帮扶返贫群众实现再脱贫。

——大力推动“六个大提速”，增强“激活全局”的支撑力

全面创新改革大提速。大力实施“省级中小城市综合改革试点”，以增强城市“一枢纽两基地三中心”功能和资源集聚、人口吸纳、综合承载三个能力为着力重点，全面落实产城融合发展机制、投融资体制等“六大重点领域”25项改革举措。深化行政审批制度改革，全面开展全国相对集中行政许可权试点，高效运行江油市行政审批局，实行“一枚印章管审批”。加快推进城市综合行政执法，着力构建“智慧型城市综合执法体系”，实现“一局集中行使行政处罚权”。大力推进农村产权流转和农业适度规模经营，全面开展农村金融综合改革和农村集体资产股份制改革试点，深化财政投入股权量化改革，创新农业社会化服务机制，进一步完善林权制度改革配套机制，积极争取全国农村承包土地经营权抵押贷款试点、全省优化城乡建设用地增减挂钩和农村土地承包经营权有偿退出试点，组建成立农投集团。全面完成农信社改组农商银行工作，组建成立江油城市商业银行，力争新增“新三板”挂牌企业2户。全面放开落户限制，有序推进农业转移人口市民化。积极稳妥实施“全面两孩”政策，改革完善计划生育服务管理。稳妥推进中坝镇改街道办事处、4个行政村改社区，做好义新、东兴撤乡建镇。加快社会组织发展改革。全力推进大众创业、万众创新，新建孵化器1万平方米，培育科技型中小企业260户、“升规入统”6户，新增专利授权345件，新增重点企业技术中心2个，积极争创国家首批返乡农民工创业试点市。

两个“一号工程”大提速。大力实施“两个一号工程突破年”，确保“两新”产业产值增长15%、占规模工业总产值的比重分别提升到25%和30%，电子商务交易规模增长60%以上。进一步鲜明“工业强市”主导战略、核心战略，主动对接国家“智能制造工程”、全省“五大高端成长型产业”，启动实施“中国制造2025江油行动”，坚定推进“一稳二限三退四进五转”，加快打造“一基地三集群”，推动江油老工业基地向区域性先进制造业中心转型，新落地“两新”产业重大项目16个、建成投产8个，新培育亿元以上企业10户，新增规模工业企业18户。大力发展以电子商务和“互联网+”为代表的“五大新兴先导型服务业”，以“一园区三中心”为重点，加快推进电子商务集聚区建设，争创全省电子商务示范市。深入推进“全企入网”，规模以上工业企业、规模以上农副产品加工企业“上网触电”率分别提升到100%和80%。加大“内培外引”力度，新增线上交易额过千万企业5户。积极整合江豆网、电信、邮政和万村千乡市场工程等网点资源，构建“农产品进城”和“工业品下乡”双向物流快速通道。加快实施颐江（国际）电商产业园二期工程，建成社区电商服务站48个、覆盖率达到50%，建成农村电商服务点138个（贫困村不少于38个）、覆盖率达到40%，建成“中国网库”全国模具钢单品网销专业平台，打造淘宝江油特色农产品展示馆。

文农林旅融合大提速。坚持全域文农林旅融合发展的主攻方向，加快建设以现代农业为本底、李白文化为核心的“文旅融合创意区·快旅漫游目的地”。深入推进国家现代农业示范区建设，大力发展适度规模经营，加快培育新型农业经营主体，新增龙头企业4户、家庭农场100个、专合组织30个、种养大户200户；全面落实粮食安全责任制，进一步保障区域粮食安全。全面加强重大旅游项目建设，加快实施青莲国际诗歌小镇二期工程，积极推动“百年好合爱情谷”创建国家AAAA级旅游景区。积极鼓励和支持涪江六峡、窦圌山、乾元山、吴家后山、老君山、佛爷洞、天音洞、养马峡、青龙峡、青林口古镇等景区景点加快开发建设步伐，大力推进“黑宝彩谷”产业园、“中华洞天”和“中国海棠小镇”建设，加快构建乡村旅游环线，启动建设“国家步道”，不断提升全国休闲农业与乡村旅游示范县建设的品质和档次。进一步完善和优化旅游要素，全面增强游客接待和服务能力，确保旅游总收入增长20%以上。

全域开放合作大提速。加快实施“全域江油大开放行动”，进一步实化、细化、项目化参与“一带一路”和长江经济带战略及国家科技城建设工作，着力构建陆海统筹、东西互济、内外融合的全方位开放合作体系。进一步加强与俄罗斯圣彼得堡市普希金区的友好合作，积极筹建完善越南河内四川（江油）—东盟商务平台，深入推进李白主要游踪地城市联盟建设，不断完善与成都城市群内部县（市区）政府、商会、协会定期沟通机制，着力搭建在外人才返乡投资兴业平台。大力整合招商力量、完善招商机制，瞄准世界500强、国内500强、行业领军企业和重点央企，分产业分领域开展专题招商、平台招商和精准招商，密切跟踪并尽快签约落地20个重大项目，确保全年到位国内省外资金70亿元以上。全面推进“城市品牌营销”战略，大力实施“自主品牌出口增长计划”，稳步提升外贸出口水平。深入实施“人才特区”战略，加快建设人才优先发展试验区，全面深化院企地战略合作和政产学研用创新联盟建设，大力引进急需紧缺人才。

生态文明建设大提速。以打造省级生态市、绿色城市为目标，坚定不移促进生产方式和生活方式的绿色化。依法关停“两高一低”企业15户，坚决打好整顿金属和非金属矿及加工行业的攻坚决胜之战，确保单位地区生产总值综合能耗下降5%以上。盘活闲置厂房10万平方米、闲置土地500亩，整治低效利用土地300亩，标准化治理矿山地质环境100亩，建设绿色建筑示范小区12个。加强平通河、芙蓉溪等小流域水环境治理，确保饮用水源地水质达标率达到100%。进一步加强农村生态文明建设，大力实施生态文明乡镇、生态文明村“生态细胞创建工程”，再创建省级生态乡镇12个、美丽乡村5个。积极推行种养循环、林畜立体等新型高效生态农业发展模式，狠抓农村“一池四改”和秸秆综合开发利用，创新建立农村长效常态保洁机制，建成乡镇污水处理厂13个。进一步加强和规范环保执法，认真落实干部离任生态环境审计制度，牢牢坚守“生态红线”。

和谐共建共享大提速。深入实施“单元化联户共建共享工程”，大力提高“十项民生工程”投入精准度。加快“五险合一”统一征收，加大困难群众就业援助力度，城镇登记失业率控制在4.2%以内。深入开展“春送岗位、夏送清凉、秋送助学、冬送温暖”等品牌活动，大力实施“农民工保障行动”。加快发展现代职业教育，着力提升农村义务教育学校硬件保障和均衡发展水平，改造原师大二附新增义务教育学位1600个，启动城区新建公办幼儿园规划选址和可研工作，建设一批足球场、篮球场、健身路径等全民健身运动场所。新建市老年康复中心，搭建“12349”养老信息平台，促进医养结合发展，筹划江油市健康、养老产业园。错位发展特色医疗，启动实施“二级以上县级医院重点专（学）科建设计划”，大力推进乡镇卫生院、村（社区）卫生室标准化建设。全面实现妇女儿童发展纲要目标。系统化加强食品药品安全监管，积极推进“食品药品放心市”建设。大力实施全国文明城市创建攻坚行动，积极争创全省现代公共文化服务体系示范市。高标准承办中央电视台“中国诗词大会”，创新开展“书香诗城·全民阅读”和“江油好人”“城市清洁日”“五拥六进”等宣传活动，营造健康向上的文化氛围。进一步加强文化遗产保护和传承，加快发展区域特色创意文化产业。启动实施“七五普法”，健全社会治安防控体系和应急管理体系，强化安全生产监管，全力维护社会稳定，确保安全发展、和谐发展。

着力建设现代服务规范型政府

各位代表、各位委员，我们深深知道，人民对政府工作寄予厚望、充满期待。2016年，我们将聚焦转变职能、提高效能、依法行政、清正廉洁，进一步强化现代政府、服务政府和规范政府建设。

坚定“创新”，持续推进“传统型”向“现代型”政府转变。牢固树立“勇于创新、乐于创新、善于创新”的现代政府工作理念，全面实施“政府系统干部职工创新能力提升计划”和“政府系统创新型体制再造工程”，加快营造尊重创造、鼓励创新、宽容失败的浓厚氛围。全面推进政府系统工作方式方法创新，重点推进资源资产化、资产资本化、资本证券化，鼓励和支持社会资本通过PPP等模式参与发展，进一步夯实财政增长乏力、负担沉重大背景下的多元化资金保障，全面提升政府对现代经济社会建设的领导力、组织力和推动力。

坚持“法治”，持续推进“管理型”向“服务型”政府转变。认真遵循中央《法治政府建设实施纲要（2015—2020年）》，进一步理顺政府与市场、政府与社会的关系。更加注重用法治的理念、法治的方式、法治的机制推动政府职能转变，全面落实重大行政决策“五大必经程序”，进一步完善和落实“五项清单”制度，真正做到“法无授权不可为、法定职责必须为”。着力完善服务企业、服务基层、服务民生机制，深入推进全能管理型、经济建设型政府向全程服务、服务全程的新型服务政府转变。不折不扣落实市委重大决策部署，主动接受市人大法律和工作监督、市政协民主监督，以及司法、舆论、社会、群众监督。

坚守“清廉”，持续推进“粗放型”向“规范型”政府转变。深入开展“两学一做”学习教育，进一步巩固提升“三严三实”专题教育成果，从严落实整改任务。全面加强制度建设，着力构建决策科学、执行坚决、监督有力的权力运行体系，对关键环节、重要领域、重点对象建立风险预警、纠错整改、内外监督、考核评价和责任追究机制。全面加强效能问责，深入开展治理“中梗阻”专项行动，定期开展明察暗访和专项检查，下决心整治“庸懒散浮拖”问题。全面加强审计监管，大力提升财政资金使用绩效，做好公务用车制度改革。坚持力度不减、节奏不变、尺度不松，严查基层腐败和执法不公问题，始终保持从严执纪高压态势。

各位代表、各位委员，回首过去，发展成就令人振奋；展望未来，宏伟目标催人奋进。让我们在市委的坚强领导下，在市人大、市政协的监督支持下，紧紧依靠和团结全市人民，以更加坚定的信念、更加昂扬的斗志、更加务实的举措，为推进全面创新、决胜全面小康，加快建设“创新江油、开放江油、幸福江油、大美江油”而努力奋斗！

名词解释

一环七射：一环，即城市快速环路；七射，即G247（至北川）、G347（至北川）、绵江路（至成都）、中绵路（至成都）、中大路、G347（至梓潼）和中雁路。

两纵五横：两纵，即沐水—敬元—六合—文胜—重华—新春—永胜—武都—大康—含增—西屏—青莲，七佛—雁门—石元—二郎庙—厚坝—小溪坝—双河—三合—彰明—龙凤；五横，即雁门—石元—三河口、响岩—文胜—厚坝、铜星—重华—小溪坝—河口—梓潼、武都—双河—新兴—金龙、安县—八一—九岭—东兴—游仙。

三通两平台：三通，即宽带网络校校通、优质资源班班通和网络学习空间人人通；两平台，即教育资源公共服务平台和教育管理公共服务平台。

六大转型升级、五大攻坚行动：六大转型升级，即城市建管、产业结构、生态环境、“一园八区”、统筹城乡和民生工程转型升级；五大攻坚行动，即重点项目建设、产业集成升级、旅游跨越发展、城市建管营运和深化改革创新攻坚。

两个国际：中国百合国际博览园和青莲国际诗歌小镇。

四级联动：驻外办收集信息、招商部门研判信息、产业组洽谈签约、园区和乡镇承载项目落地建设“四位一体”招商引资工作机制。

五项清单：行政权力清单、政府责任清单、市场准入负面清单、行政事业收费清单和行政权力运行程序清单。

两项运行机制：警务运行机制和执法权力机制。

两个“一号工程”：绵阳市委提出，把培育引进高新技术和战略性新兴产业作为产业发展“一号工程”，把电子商务和“互联网+”作为现代服务业发展的“一号工程”。

新“九通一平”：“九通”，即信息、市场、物流、金融、人才、法律、技术、设施和服务等配套完善；“一平”，即土地自然地貌平整。

“2+13”脱贫攻坚工作体系：《中共江油市委关于创新实干坚决打赢扶贫开发攻坚战确保同步全面建成小康社会的决定》《江油市农村扶贫开发规划（2010—2020年）》和《江油市基础扶贫专项方案》《江油市新村建设扶贫专项方案》等13个专项扶贫方案。

“八个一”帮扶主体：即每个贫困村有1名市级联系领导、1名“第一书记”、1名农技人员、1个帮扶部门、1个驻村工作组、1家联系帮扶企业，每个市级部门有1名领导分管帮扶工作、每名贫困户有1名帮扶责任人。

一枢纽两基地三中心：一枢纽，即区域性交通枢纽；两基地，即教育科研基地和健康养老基地；三中心，即先进制造业中心、商贸物流中心和游客集散中心。

中国制造2025：我国实施制造强国战略第一个十年的行动纲领。

一园区三中心：一园区，即颐江（国际）电子商务产业园；三中心，即科技孵化中心、电子商务创业中心和电子商务进农村县级运营中心。

中国人民政治协商会议
第十二届江油市委员会常务委员会工作报告

——在政协第十二届江油市委员会第五次会议上

江油市政协主席 范来山

(2016年5月17日)

2015年工作回顾

2015年，常委会在中共江油市委的坚强领导和省政协、绵阳市政协的指导下，坚持团结民主两大主题，认真履行政治协商、民主监督、参政议政职能，始终与党委同心同向同行，紧扣发展中心、服务改革大局，在新的实践中实现了新的突破，在新的发展中做出了新的贡献，圆满完成了第四次全会确定的目标任务。

一、围绕中心，倾力服务改革发展

（一）助力“一号工程”走在首位。坚持把引进培育“两新”产业、发展“电子商务和‘互联网+’”作为头等大事。组织视察协商活动8次，建言“在工业转型升级中，注重以增量盘活存量，以创新提升质量，做到现有产业与新型产业竞相发展”等意见建议70余条。在绵阳市政协六届22次、24次常委会上，分别建言江油要与涪城区、游仙区一样同等享受国家科技城优惠政策、把江油建成先进制造业基地纳入绵阳总体规划布局；在协商我市“十三五”规划编制中，建言要更加注重“两新”产业布局和创新创业工作；在协商环保新产业及建材工业发展中，建言将建筑新型绿色墙体材料基地融入循环经济产业园；视察我市“电子商务”和“互联网+”发展情况，建言地方电子商务要高度融入本地实体经济；视察大学生和返乡农民工创业情况，建言一园八区应提供空间条件，营造良好创新创客发展环境；视察创新驱动战略推进情况，希望工商界、经济界、乡友界委员主动作为，加强企业技术研发，主动调结构，加快专利转化，形成生产能力。

（二）助力“两个国际”精彩呈现。围绕农旅、文旅融合发展主动作为，报送《李白重要游踪地文化建设传承和产业发展的考察报告》，建言“建立李白重要游踪地文化建设发展联盟”，已于2015年李白文化节上宣告成立，市政协与李白重要游踪地政协签订轮值举办书画文化和政协工作交流备忘录。以乡友委员为投资主体打造的青莲国际诗歌小镇，荣获2015年国际旅游度假目的地创新论坛“最具文化创意旅游小镇”奖。组织并编辑出版《中国百名硬笔书法家手书李白诗全集作品集》（诗词1063首），491幅手稿被李白纪念馆永久收藏，李白重要游踪地书画摄影作品联展等活动圆满举办。视察中国百合国际博览园，建言博览园要加强自主知识产权保护、建立原种基因库，将培育、加工、销售和展览融为一体；科学处置博览园污水垃圾排放，切实保护城市第二饮用水源安全；解决博览园科技人才住房问题，使人才引得来、有房住、有作为。会同市文联、作协创作的百年好合爱情谷解说词，为爱情谷“注入了灵魂、升华了境界”。会同市委统战部、市台办协调中国大地区。中国台湾地区、荷兰两国三地相关研究机构组建“中荷百合花研究院”。会同市工商联动员企业家捐资3500万元，其中10余名企业家政协委员捐资2500万元，为“央视秋晚·月圆江油”成功举办提供了经费保证。

（三）助力美丽江油增辉添彩。紧扣城市品质提升、生态优化献计出力。市政协历时3个月牵头完成罗汉堰综合治理一期工程，将昔日“龙须沟”变成6个生态公园，为江油城市水系整治树立了标杆。牵头京昆高速公路江油收费站和江油大道绿化景观工程建设，为江油树立了崭新的地理标志。报送《关于推进全国文明城市创建工作的建议》，建言创建工作要有声势、有内容、有载体、有实效。报送《关于方特主题公园的考察报告》，建言“把这个项目引进来、建设好”。报送《关于我市城市商业综合体发展情况的建议》，建言依法有偿调整商住比例，促进城市综合体健康发展。报送《关于对纪念碑街中段和解放路中段人防工程建设的协商报告》，建言要将项目的质量和功能放在首位，杜绝过度商业化。报送《关于牛雪樵德政坊迁移保护的专题协商报告》，建言要确保文物本体信息完整与安全。报送《关于对我市首批乡镇场镇污水厂建设情况的协商报告》，建言乡镇污水处理费用应由市政府兜底保运行。委托江油籍的省人大代表、政协委员，在去年全省“两会”期间，分别提交“关于扩大新安综合服务区建设”的议案、提案，得到省交投集团的积极响应。

（四）助力深化改革全面推进。着力在深化改革的实践中勇于探索。认真贯彻中发〔2015〕3号、中办发〔2015〕36号文件精神，牵头落实民主政治改革任务，结合我市产业布局和区域优势，以市政协派驻形式在三合镇、武都镇、青莲镇、厚坝镇、新安镇试点设立“政协工作委员会”，着力协商民主工作向基层延伸的创新实践。专题协商省级中小城市综合改革试点实施方案，建言“将重大交通设施、电网建设等纳入省重点项目库”，为城市综合承载能力提升提供项目储备。视察23个扩权强镇乡镇，结合《江油市相对集中行政许可权试点工作实施方案》开展对口协商，建言“方便群众、快捷优质、能放则放、一章对外”，使试点工作出经验、能复制。

二、精准发力，全力聚焦扶贫攻坚

（一）充分发挥智库作用，调研视察献计献策。组织开展调研视察活动，建言在制定“精准扶贫、精准脱贫”政策及工作体系中，要“认真开展摸底调查、准确识别相对贫困和绝对贫困对象，整合资源、健全机制，形成脱贫工作整体合力，加强项目资金统筹，切实开展脱贫分类指导”，20余条意见建议使我市“2+13”扶贫攻坚工作更加科学、更加接地气。主席、副主席开展“三走遍一深入”活动，专题调研视察20多次，走遍了所联系的14个贫困村和雁门山区所有行政村，针对性提出落实脱贫攻坚专项方案举措35条。政协机关帮助联系的贫困村制定了基础设施建设、产业发展、文化教育卫生等三年精准扶贫计划，并建立“一对一”或“几对一”的帮扶举措。选派两名机关优秀干部分别担任重兴乡大石村、新隆村和西屏镇黑石村第一书记，驻村指导“两委”班子建设，协助制定苦李子、海棠等产业专项发展规划5个。

（二）充分发挥桥梁作用，脱贫攻坚凝聚合力。会同市委统战部、工商联开展“我为扶贫攻坚做实事”活动，倡议委员、企业家立足自身实际“提1条助民增收致富的建议，结对持续帮扶1户贫困对象脱贫，结对帮扶1个贫困村助力发展”，实现287名政协委员和77家企业参与脱贫工作的全覆盖。民主党派和民族宗教界委员捐资献智，在引导贫困村产业发展、帮扶贫困对象、慰问贫困学生等方面积极作为，协调项目资金1170余万元，捐款捐物1520万元；工商联界、经济界委员及工商企业参与“结对帮扶贫困村”和“光彩事业”等活动，持续捐款捐物、结对帮扶10名见义勇为公民、3名孝老爱亲江油好人困难家庭，向联系的贫困村直接给予资金物资智力帮扶，协调项目资金1800万元，捐款捐物2200万元；乡友界别委员带头捐资50万元，在厚坝成立公共事务理事会，设立100万元扶贫专项基金。

（三）充分发挥表率作用，政协机关勇于担当。主席、副主席及政协机关开展生产和产业发展扶持，建立“向阳养殖专业合作社”和紫山药、魔芋、天麻等产业发展基金，连片发展蔬菜3500余亩、中药材及苗木1000余亩、水果300余亩，养殖生猪1000余头、家禽5万余只等；开展项目和基础建设扶持，协力申报扶贫发展、丘区发展、移民后扶项目8个，争取并筹集资金180余万元；新建及拓宽乡村道路

16.5公里，修复塘堰12口，硬化沟渠20余公里，新建电信通讯基站2个；开展就业和生活困难帮扶，积极为联系村协调转移农村剩余劳动力1000余人，为260余户贫困户、70余名贫困学生发放慰问金及物资45万余元，指导联系帮扶的贫困村2015年度贫困户脱贫目标任务圆满完成。政协机关联系的长春村在全市脱贫攻坚推进大会上介绍经验和做法。

三、突出主题，积极维护和谐稳定

（一）助推法治江油加快建设。充分发挥委员特约监督员作用，就行政权力制约与监督、全面推进政务公开等提出意见建议，协力法治政府建设。坚持把普法工作与创建全国文明城市工作相结合，与“单元化联户共建共享工程”相结合，组织委员深入法治公园、涪滨社区等地视察“六五”普法工作推进情况，专题听取法院、检察院工作通报，围绕构建阳光司法机制、健全“大调解”体系和信访联席会议制度以及化解信访积案情况等开展民主监督，协力社会治理水平提升。积极参与“法律七进”活动，建立健全长效机制，活动开展常态化，司法界别委员积极参加“法律夜市”，引导群众增强法制意识，促进全民守法。积极开展重点提案协商活动，督导保护吴家后山辛夷花资源等11件重点提案办理，专题听取提案办理单位工作汇报，提案督办工作得到加强。会同市监察局、纠风办对在2014年度全市政风行风满意度测评中位列末位的两个单位开展政风行风民主评议，促进部门依法行政、企业诚信经营。

（二）高度关注社会民生事业。牢固树立“以人为本、民生为要”理念，会同教体局就我市农民工子女在京就读学籍管理情况进行调研，报送了《关于我市在京农民工子女义务教育阶段在京就读及学籍情况的调研报告》，圆梦在外农民工子女异地就学学籍问题得到解决。专题协商《2015年城区小学布局调整方案》《绵阳市教育局关于江油工业技校和江油市中坝职业中学改革优化的建议方案》《江油市综合交通运输规划（2015—2030）草案》。报送《关于敦促市烟草公司尽快处置地震危房还道于民的建议》、《交通地标线设置应更加科学》等7篇社情民意。视察了社会保障、医疗卫生、文化体育、食品药品安全、棚户区改造、保障性住房、太白公园扩园工程、火车站游客集散中心等民生工程建设推进情况，提出意见建议30余条。

（三）巩固团结民主合作基础。营造融洽、和谐、民主的政治氛围，凝聚共谋发展的共识与合力。坚持与各人民团体、各界人士的联系制度，主动与他们进行交流联系，充分听取意见建议，形成互动、合作的工作格局。坚持约谈委员制度，听取委员对全市经济社会发展的建议，征求对政协工作的意见，走访委员创办的企业，协调解决实际问题。坚持联系界别和委员活动小组制度，充分发挥其贴近基层、渠道畅通的优势，积极协助党委、政府做好协调关系、理顺情绪、化解矛盾、增进共识的工作。加强在外乡友组织建设，指导江油乡友会北京分会成功组建，鼓励乡友回乡投资兴业。巩固爱国主义统一战线，会同统战部、台办先后举办第二届两岸哪吒民俗文化交流联谊和“江油月·两岸情”台湾美食文化嘉年华、天府台商子女夏令营等活动。

四、提升能力，切实加强自身建设

（一）强化学习，思想共识进一步提高。通过听取专家辅导、利用各种载体自学等形式，集中学习党的十八届四中、五中全会和习近平总书记系列重要讲话精神，学习统一战线和人民政协理论，强化四种意识，筑牢思想共识。认真学习省委、绵阳市委政协工作会议精神以及市委十二届六次、七次、八次全会精神，提升理论水平，增强行动自觉。组织委员听取《关于“我们的未来——‘互联网+’的时代”》《政协委员修养》等报告，向委员赠送《“互联网+”——国家战略行动路线图》《建言献策选编》等学习资料600余册，提升委员履职能力。

（二）从严要求，党组核心进一步凝聚。党组及机关深入开展“三严三实”专题教育，认真履行“两个责任”，切实加强党组班子思想政治建设。持续强化理想信念，牢固树立规矩意识，认真学习《中国共产党廉洁自律准则》和《中国共产党纪律处分条例》等纪律规定，落实中央“八项规定”，始终做到遵纪守法、崇廉拒腐、务实担当。加强政协机关建设，创新工作举措，完善机关管理制度，增强工作活力，提升机关形象。认真做好老干部工作，丰富老干部生活。

（三）夯实保障，专委会建设进一步完善。在市政协设立了“委员工作委员会”，创新委员管理服务工作机构。加强委员教育、培训和管理工作，健全委员联系群众制度和委员动态履职考核制度，依章撤销违法委员资格。活跃界别工作，发挥委员在政协履职中的基础性作用。统筹协调安排委员参加调研视察活动、担任特约监督员、参加民主评议、参与委员小组活动等工作，更加形式多样地开展界别小组活动，充分调动委员履职积极性。

（四）注重宣传，对外形象进一步提升。全年在《中国政协》《人民政协报》《四川日报》《四川政协报》《绵阳日报》《今日江油》等报纸杂志发表新闻和文章50余篇，在人民政协网、四川政协网、绵阳市政协网、江油政务网等网站刊登信息500余条，在江油电视台、广播电台播出新闻近百条，大力宣传政协履职成效，充分展示委员履职风采。撰写的《立足“四个注重”，推进政协协商民主建设》《凝聚扶贫攻坚共识，多措并举力见实效》等文章，在省政协和绵阳市政协相关工作座谈会上交流发言，受到与会人员肯定。同省内外近100个县市区政协开展学习交流活动，提升了江油的影响力。

一年来，市政协先后开展了各类协商调研视察活动50余次，报送各类报告30余篇，29篇得到市委、市政府主要领导肯定性批示，一大批成果进入市委、市政府决策程序。

一年来，市政协有25项工作分别被省政协、绵阳市政协和江油市委评为“先进单位”，老干部工作受到绵阳市委组织部、老干部局表彰。全省地方政协联络工作座谈会在我市成功召开，推广了江油基层协商民主经验和做法，江油政协在全国有影响、在全省有地位。

各位委员、各位同志：过去一年的成绩，是中共江油市委正确领导和市政府及各方面大力支持的结果，是广大政协委员及政协工作者共同努力的结果。在此，我代表政协第十二届江油市委员会常务委员会，向所有重视、关心、支持政协工作的同志们、朋友们，向全体政协委员、全体机关同志、各民主党派、工商联成员、各族各界人士和在外乡友，表示衷心的感谢并致以崇高的敬意！

回顾一年的工作，我们仍然感到常委会工作与新形势、新任务、新要求相比，还有一定的差距。主要表现在：协商民主制度实践需进一步深化，民主监督内容与形式需进一步丰富，开展界别活动需进一步常态化，委员主体作用需进一步发挥。这些都需要我们在今后的工作中不断总结探索，认真加以研究和解决。

2016年工作任务

2016年是实施“十三五”规划的开局之年，是协调推进“四个全面”战略布局实施的关键之年。新的一年里，市政协要深入学习贯彻落实江油市委十二届八次全会精神和省委、绵阳市委政协工作会议精神，在中共江油市委的坚强领导下，坚持团结民主两大主题，牢固树立“创新、协调、开放、绿色、共享”发展理念，紧紧围绕“工业强市、产业兴市”发展战略和两个“一号工程”，在“五个大会战”“六个大提速”重要领域，发挥优势、充分履职、献计出力，为推进全面创新，决胜全面小康而奋勇争先。

（一）认真学习贯彻中央、省、市重大决策部署，切实增进思想共识。进一步学习好、理解好、贯彻好党的十八届三中、四中、五中全会和习近平总书记系列讲话精神，以及省委十届七次全会、市委十二届八次全会精神，同时，有针对性地对政协委员和机关干部加强多层次的学习培训。通过专题学习会、主席会、常委会、全会等会议，采取专家授课、外出培训、座谈交流和网络自学等形式，丰富学习内容，领会精神实质，不断增强推动经济社会发展的自觉性和坚定性，切实把广大政协委员及社会各界的思想和行动统一到中央、省、市的重大决策部署上来，坚持把学习贯彻相关重要讲话、重大会议精神与政协履行职能的实践结合起来，凝聚推进创新发展、决胜全面小康的强大合力。

（二）紧扣“五大”发展理念，积极履行政协职能。坚持围绕建成“高标准全面小康，高品质文明城市，高质量现代经济”为目标，注重选择具有全局性的重大课题开展专题调研和协商建言活动。紧扣创新发展，树立“抓创新就是抓发展、谋创新就是谋未来”的理念，以两个“一号工程”为重点，围绕“一基地三集群”产业布局、实施电子商务以及“互联网+”行动计划积极开展协商议政，夯实全面创新改革发展的工业基础。就深入实施创新驱动战略、建设先进制造强市、“工业园区大变样行动”、项目年投资促进工作等积极开展调研论证，为党委政府提供决策参考。紧扣协调发展，围绕平坝丘区山区之间、城乡之间、工农之间、物质文明与精神文明之间的协调发展，着力推动城乡统筹发展。针对省级中小城市改革试点、优化城市生态，大力实施交通大会战、深化文明城市创建等开展调研视察，积极建言献策。聚焦“一江两河九堰”水系整治、特色小镇、美丽乡村建设、现代农业产业和文化产业发展等加强调查研究，提出切实可行的建议。紧扣绿色发展，树立“保护生态环境就是保护生产力、改善生态环境就是发展生产力”的理念，围绕发展绿色循环经济、加快推动神华煤电一体化循环经济产业园、保护好饮用水源地、大力实施环境保护制度及建立健全系统完整的生态文明制度等积极献计出力，推动我市绿色发展、低碳发展。紧扣开放发展，围绕实施“全域开放”战略，对接长江经济带和“一带一路”建设以及融入成渝经济区、成都城市群和国家科技城建设等重大战略，打响招商引资攻坚战，切实发挥政协联系广泛、渠道畅通的自身优势，举办在外人才回乡发展大会，协力引进行业领军企业，为构建内外联动、安全高效的开放型经济体系做出贡献。紧扣共享发展，深化“以人为本、民生为要”理念，围绕创新社会治理、社会公共事业发展和涉及群众切身利益的问题，深入基层，倾听群众呼声，认真撰写提案，反映社情民意，协力问题解决。继续开展民主评议，切实履行民主监督职能，促进民生改善，维护社会公平正义。把脱贫攻坚作为重中之重，持续在政协系统深入开展“我为扶贫攻坚做实事活动”，大力推动“精准扶贫、精准脱贫”工作并见到实效。

（三）坚持团结民主主题，发挥政协优势，不断凝聚改革发展合力。充分发挥爱国统一战线的组织优势，不断加强同社会各界的联系，增进社会各阶层的团结和谐；充分发挥联系面广的优势，继续加强同各民主党派、工商联、无党派人士沟通联系和合作共事，支持各界开展社会协商议政活动，发挥民主监督作用；要走访各民族各宗教界代表人士，深入宣传党的方针政策，巩固和发展民族团结、宗教和睦、社会和谐的良好局面，继续举办好第三届两岸哪吒民俗文化交流活动；充分发挥桥梁纽带作用，积极协助党委政府做好宣传解释、诉求表达、利益协调、凝心聚力等工作，共同致力于江油发展的生动实践。

（四）认真贯彻省委、绵阳市委政协工作会议精神，进一步完善协商民主制度。根据省委和绵阳市委政协工作会议精神并结合江油实际，适时出台加强和改进人民政协工作实施意见，协助召开好市委政协工作会议。会同市委、市政府制定和落实好政协2016年度协商工作计划；切实加强对试点乡镇政协工委工作的组织领导，推动试点乡镇政协工委扎实开展工作；充分发挥人民政协作为协商民主重要渠道作用，加强与相关部门的沟通协调，更加活跃有序地组织专题协商、对口协商、界别协商、提案办理协商，进一步规范政协四种主要协商形式的具体程序、内容和办法，积极培育协商文化，努力提高协商质量。

（五）夯实工作基础，提升履职能力现代化水平。发挥政协党组领导核心作用，主动适应全面从严管党治党新常态，坚持把纪律和规矩挺在前面，认真履行“两个责任”，深入开展“两学一做”学习教育，巩固“三严三实”教育成果，引导党员委员在履职尽责中充分发挥先锋模范作用。贯彻落实中央八项规定，严格执行《中国共产党廉洁自律准则》、《中国共产党纪律处分条例》等党内法规，增强廉洁自律意识。加强政协机关及委员队伍建设，健全委员联络制度，完善激励机制，强化引导措施，进一步激发委员参政议政、致力振兴、奉献社会的热情，指导试点乡镇政协工委创新工作机制，提高政协机关统筹协调和“五个”履职能力，形成保障政协履行职能规范化、制度化、程序化工作的新机制。

各位委员、各位同志，“十三五”发展宏伟蓝图已经铸就，决胜全面小康社会使命光荣。让我们更加紧密地团结在以习近平同志为总书记的党中央周围，在中共江油市委的坚强领导下，凝心聚力、改革创新，锐意进取、攻坚克难，为实现人民政协事业新发展，推进全面创新、决胜全面小康而团结奋斗！

大事记

Important Events

专题纪事

江油市“十二五”经济社会发展综述

“十二五”时期，是江油全面深化改革、推进“两个跨越”的重要阶段，是经济从高速增长转为中高速增长的发展阶段，是加快推进结构调整和转型升级、全面建成小康社会的关键时期。五年来，面对复杂严峻的经济形势和多重困难叠加的特殊挑战，市委、市政府坚持“稳中求进”工作总基调，紧紧围绕建设“诗意中国·李白故里·美丽江油”的目标定位，坚定不移地实施“11321”发展战略，主动适应经济新常态，全市经济保持平稳较快发展，转型升级加快推进，民生和社会事业全面进步，实现“十二五”圆满收官。

一、经济保持较快增长，综合实力增强，结构调整成效显著

（一）经济总量连上新台阶，跻身“300亿元俱乐部”。五年来，在全国“三期叠加”的大背景下，江油经济增速放缓，由高速转向中高速，增长动力由灾后重建时期的强刺激性激励政策转为新常态下创业创新深化改革的利好驱动，市委、市政府精准发力，出台一系列“稳增长”政策措施，全市经济保持较快发展。

经济总量连上新台阶。五年内，全市GDP连续跨越“两个百亿元大台阶”，跻身四川县域经济“300亿元俱乐部”。2015年，总量达到322.74亿元，增长9.2%，是2010年的1.8倍，年均增长(可比价）12.2%，高于全国、全省和绵阳平均增速。占绵阳比重明显提升，由2010年的18.5%提高到2015年的19%，提高0.5个百分点。GDP总量在绵阳各县（市、区）保持第1位，增速第2位。

“十二五”时期江油市主要经济指标

表 1

指标名称	2010 年	2015 年	“十二五”年均增长（%）
常住人口（万人）	76.22	79.34	0.8
地区生产总值（亿元）	178.01	322.74	12.2
第一产业增加值（亿元）	25.18	40.83	4.1
第二产业增加值（亿元）	86.2	162.34	15.6
第三产业增加值（亿元）	66.62	119.57	9.9
规模以上工业增中值（%）	27.6	11.2	16.8
三次产业结构	14.2：48.4：37.4	12.6：50.3：37.1	—
人均 GDP（元）	22055	40647	12.5
全社会固定资产投资总额（亿元）	112.18	162.59	12.2
社会消费品零售总额（亿元）	73.01	144.91	14.7
城镇居民人均可支配收入（元）	14470	26340	12.9
农村居民人均可支配收入（元）	6062	13078	14.4

说明：地区生产总值及其产业增加值增长速度按可比价格计算；农村居民人均可支配收入中2010年为农民人均纯收入、2015年为城乡一体化调查数据；2011年，固定资产投资统计改革，统计口径由50万元调整为500万元，用同口径增速计算年均增速

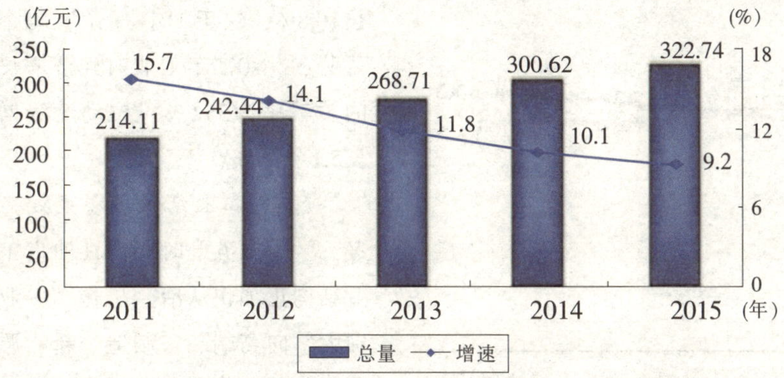

图 1　江油“十二五”GDP 总量及增速图

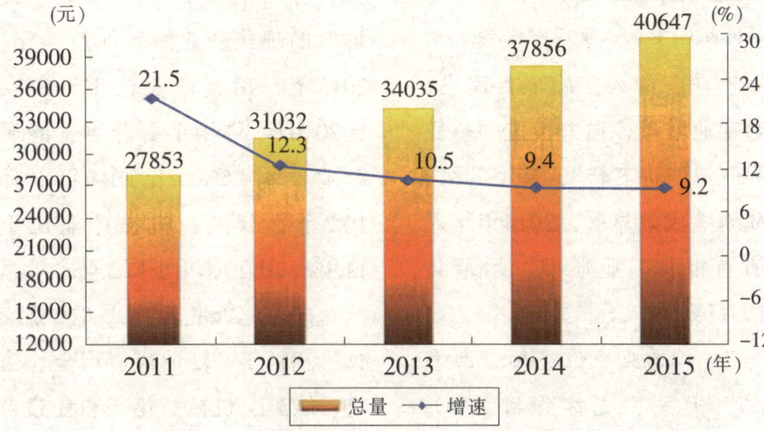

图 2　江油市“十二五”人均 GDP 及增速图

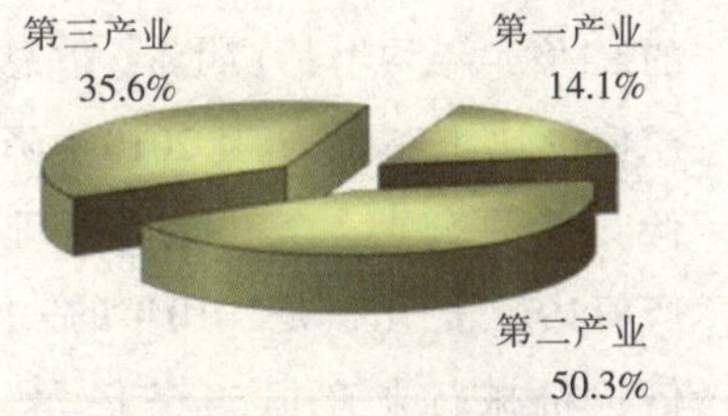

图 3　江油 2011 年 GDP 三次产业结构图

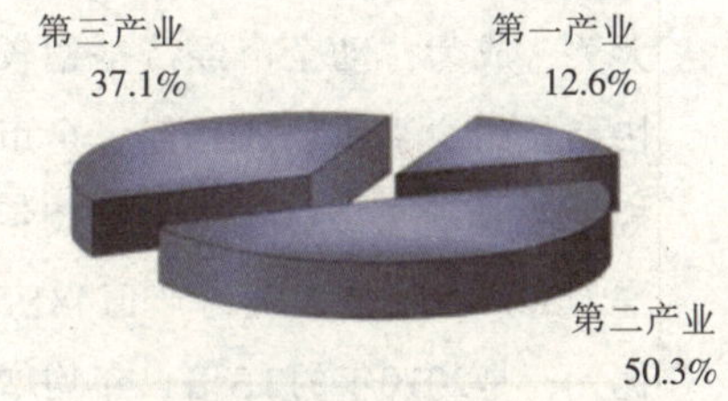

图 4　江油 2015 年 GDP 三次产业结构图

（二）综合实力增强人均水平稳步提高。2010年，全市人均GDP超过2万元；2013年，超过3万元；2015年，突破4万元，达40647元，是2010年的1.8倍，年均增长12.5%。与全国差距逐步缩小，从2010年的相当于全国水平的72.2%提高到2015年的82.4%，提高10.2个百分点。与四川和绵阳的差距逐渐拉大，2010年，分别比四川、绵阳高873元和2002元；2015年，分别比四川、绵阳高3811元和4893元。

（三）产业结构调整成效显著。分产业看，第一产业实现增加值40.83亿元，增长3.9%；第二产业实现增加值162.34亿元，增长9.9%；第三产业实现增加值119.57亿元，增长9.7%。三次产业构成比由2011年的14.1∶50.3∶35.6调整为12.6∶50.3∶37.1，第一产业比重下降1.5个百分点，第二产业比重不变，第三产业比重提升0.3个百分点。

江油市 2011-2015年三次产业构成表

表 2　　单位：亿元、%

指标年份	第一产业		第二产业		第三产业		三次产业构成比
	总量	增速	总量	增速	总量	增速	
2011	30.17	4	107.6	23.6	76.34	9.8	14.1∶50.3∶35.6
2012	33.79	4.3	122.13	18.9	86.22	10.5	14∶50∶36
2013	37.46	4	135.02	14.9	96.23	9.5	13.9∶50.2∶35.9
2014	39.56	4.1	153.73	11.3	107.33	9.9	13.2∶51.1∶35.7
2015	40.83	3.9	162.34	9.9	119.57	9.7	12.6∶50.3∶37.1

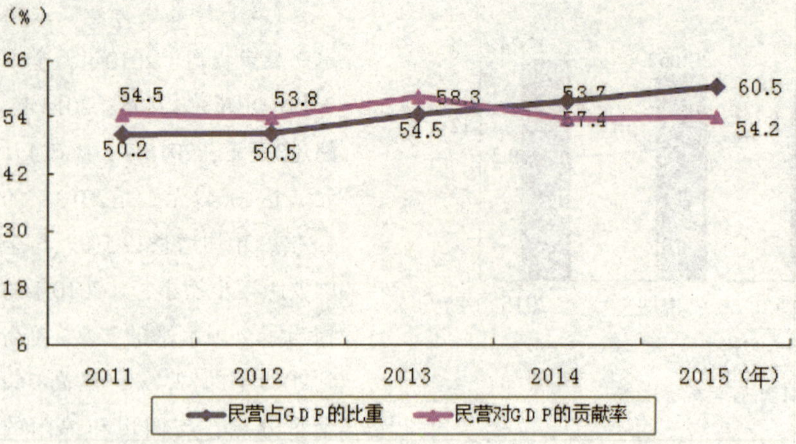

图5 江油市“十二五”非公有制经济增加值占GDP的比重及贡献率图

（四）非公有制经济持续加速发展。2015年，全市非公有制经济实现增加值195.2亿元，增长10.2%，占GDP的比重为60.5%，比“十一五”末提高15.3个百分点。对GDP增长的贡献率为54.2%，拉动GDP增长4.9个百分点。非公有制经济增加值比“十一五”末增长2.4倍，年均增长14.2%，比GDP年均增速快2个百分点。

二、规模工业总产值突破400亿元大关，主导地位仍然突出

“十二五”时期，江油市发挥特钢产业优势，高标准打造“新材料基地”，新兴产业培育壮大，传统产业稳定增长，工业主导地位仍然突出。大力发展“两新”产业，深入实施项目建设，培育工业增量，强力推进“一稳二限三退四进五转”，转型升级、提质增效成效显著，2014年跨入全省首批“工业强市”示范县（市）行列。

（一）工业产值突破“两个百亿”大关，支撑作用加强。“十二五”时期，全市工业总产值连续突破三、四“两个百亿”大关，成为拉动全市经济平稳较快增长的主引擎。2015年，全市规上工业企业202户，比2010年增加50户，实现工业总产值481.5亿元，是2010年的2.3倍，年均增长19.2%。规模工业增加值增长11.2%，“十二五”期间年均增长16.8%，快于“十一五”3.3个百分点。2015年工业对经济增长的贡献率为55.6%，拉动经济增长5.1个百分点。

（二）工业结构调整成效显著。“十二五”时期，江油市工业结构正加快从冶金机械“一业独大”向高端装备制造、新能源新材料、现代医药绿色食品“三大产业”转变，“一基地三集群”的现代产业体系加速构建。2015年，冶金产业比重39.9%，比2010年下降4个百分点；能源产业比重4.5%，比2010年下降10.2个百分点；机械产业比重11.4%，比2010年下降3.4%。

（三）工业支柱产业占主导地位。2015年，江油市以冶金、建材、能源、机械、化工和食品为主的六大支柱产业完成工业总产值413.27亿元，是“十一五”末的2.2倍，年均增长17.1%；占总产值的比重85.8%，比2010年降低2.9个百分点。其中冶金行业产值192.3亿元，是2010年的2.1倍；机械行业产值54.67亿元，是2010年的1.8倍；建材行业产值73.34亿元，是2010年的2.9倍；能源行业产值21.87亿元，是2010年的1.3倍；食品行业产值36.02亿元，是2010年2.7倍；化学工业产值35.07亿元，是2010年的7.9倍。

（四）“两新”产业增势明显。2015年，市委、市政府把发展高新技术产业和战略性新兴产业作为产业发展的“一号工程”，“两新”产业成为主攻方向。全年“两新”产业实现产值117.9亿

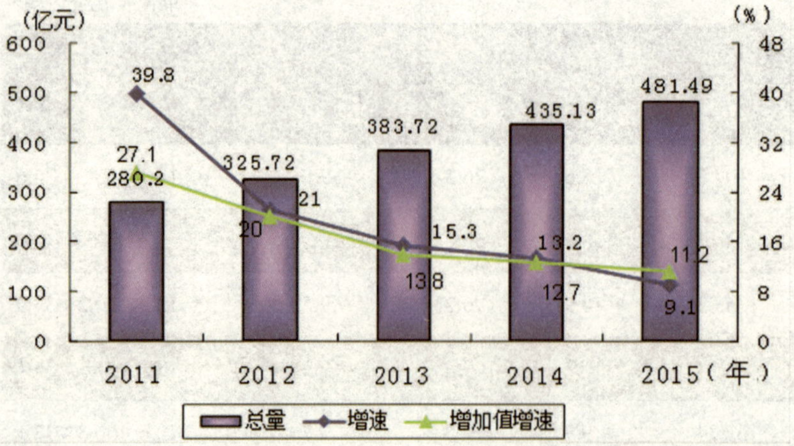

图6 江油“十二五”规模以上工业总产值总量、增速及增加值增速图

元，增长12.3%，高于全市平均水平3.2个百分点。其中，战略性新兴产业实现产值95.2亿元，增长12.3%，高于全市平均水平3.2个百分点；高新技术产业实现产值84.8亿元，增长14%，高于全市平均水平4.9个百分点。

（五）工业经济效益大幅提升。2015年，全市规模工业实现利税总额46.3亿元，是2010年的2.4倍，年均增长19.1%；盈亏相抵后实现利润总额23.82亿元，是2010年的3.2倍，年均增长24.1%；亏损面由2010年的5%降低到2015年的3%，下降2个百分点。

三、农村经济稳步发展，农业产业化水平明显提升

“十二五”时期，江油市新农村建设加快推进，农村生活条件不断改善，农业基础地位进一步巩固，“2+5”农业产业体系基本构建，“十大文农林旅融合示范园区”“四条文农林旅融合示范带”和“两个休闲农业发展圈”初具规模，成功创建国家现代农业示范区、全国休闲农业与乡村旅游示范县，成功注册江油农产品地域商标，辛夷花传统栽培体系被评为中国重要农业文化遗产，连续七年荣获全省“三农”工作先进市。

（一）农业生产稳定，农村经济稳步增长。2015年，农林牧渔业总产值（现价）实现70.58亿元，是2010年的1.41倍。农林牧渔业增加值（现价）实现41.59亿元，是2010年的1.38倍，年均增长4.1%。2015年，粮食总产30.07万吨，比2010年的31万吨减少0.93万吨。油料产量4.68万吨，比2010年的3.81万吨增加0.87万吨。2015年生猪出栏46.98万头，家禽出栏1054万只。

“十二五”期间江油市农业总产值、农业增加值一览表

表3

年度	农林牧渔业总产值（亿元）	农林牧渔业增加值（亿元）
2011年	50.14	30.17
2012年	56.15	33.79
2013年	62.35	37.46
2014年	65.85	39.56
2015年	70.58	41.59

（二）农业结构调整成效显著。“十二五”期间，加大农业结构调整，确立“2+3”特色优势产业，加强优势农产品基地建设，重点建设30万亩商品蔬菜、1000万只獭（肉）兔两大特色产业，40万亩优质粮油、“112”生猪（工程）基地、30万亩优质林果三大优势主导产业，全市优势农产品基地规模不断扩大：以绵江产业带为轴心，全市商品蔬菜基地种植面积达到27万亩；建成以西屏镇为核心的200万只獭兔养殖示范园区1个、以大堰镇为核心的200万只肉兔产业园区1个，全市肉兔出栏量达到400万只，獭兔出栏达到250万只；积极开展粮油高产创建活动，建成粮油高产创建万亩示范片8个、总面积8.89万亩，粮食总产量稳定在30万吨左右；大力实施生猪养殖小区建设，建成标准化万头猪场10个，年出栏500头以上生猪养殖场534个，生猪生态养殖小区15个、共1920户，高端种猪繁育场2个，以生猪为主的适度规模养殖比重已达70%以上，畜牧生产方式已进入扩大规模养殖面、提升标准化养殖水平的新阶段；建成以猕猴桃、葡萄为主的特色水果、板栗、核桃为主的干果等优质林果基地22万亩，其中优质水果基地6.2万亩，形成新安果语花溪农业公园、方水白玉水果产业园、二郎庙青林口百花桃产业园、云集万亩核桃产业园等多个特色林果产业园。

（三）农业产业化水平明显提升。“十二五”期末，市级以上龙头企业发展到50家，其中省级龙头企业3家，市级龙头企业50家，比“十一五”期末分别增加1家和18家。实现农产品加工销售产值达28亿元，比2010年增加9亿元，年均递增12%。年加工销售收入过亿元企业8家。农产品加工转化率达30%，提高5个百分点。农产品加工产值与农业总产值之比由2010年的0.46：1上升到2014年的0.48：1。大力推行“企业+基地+农户”产业化经营模式，农业组织化程度不断提高。全市拥有各类专业合作组织306个，比“十一五”末增加106个。

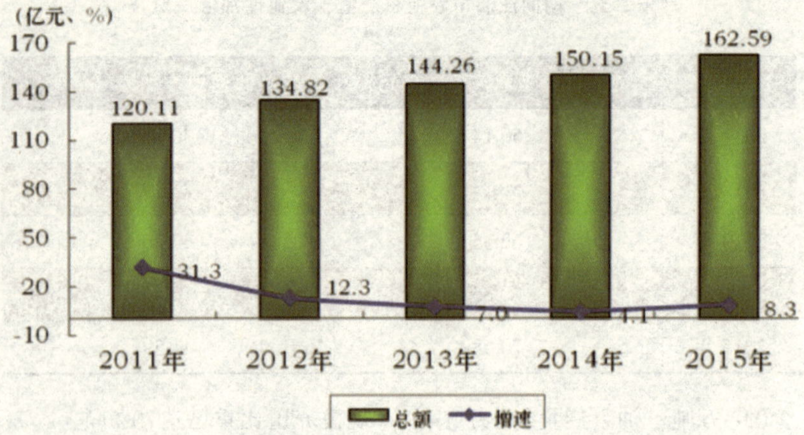

图7 江油市“十二五”固定资产投资总额及增速图

四、固定资产投资规模快速扩大，招商引资成效突出

“十二五”期间，江油市全面强化“项目投资是江油发展第一驱动力”的理念，面对复杂严峻的经济形势，坚持大项目带动、大投入拉动、大活动推动，强力推进“重点项目落地开工促建攻坚行动”，有力支撑固定资产投资高位求进，实现投资总量连创新高。

（一）投资增势强劲，规模不断扩大。“十二五”期间，全市固定资产投资每年上一个台阶，五年累计完成全社会固定资产投资711.93亿元，是“十一五”349.67亿元的2倍，年均增长12.2%。其中，基本建设、更新改造和房地产五年来分别累计完成投资304.35亿元、260.74亿元和111.96亿元，分别是“十一五”的2.3倍、1.97倍和4.3倍。

（二）重大项目建设快速推进。“十二五”期间，全市完成神华天明煤电一体化循环经济产业园、塔九路、江油大道、S205线（江油城区段）改造、中国百合国际博览园、青莲国际诗歌小镇、西成客专江油段等重大项目建设，成绵乐城际铁路全线通车，引领江油跨入“高铁时代”。5年施工项目936个，投产785个，促进江油支柱产业快速发展。

（三）招商引资成效显著。“十二五”期间，全市高度重视招商引资工作，突出产业招商，突破区域招商，招商引资取得巨大成绩。2015年，全市签约引进项目63个，到位资金71.23亿元，比2010年的48.9亿元增长1.5倍。

五、消费市场稳步扩大，旅游业持续发展

“十二五”期间，江油市坚定不移走“全域旅游、创意旅游、品牌旅游、智慧旅游”发展之路，“弘扬李白文化最具特色的游览区、生态旅游出入画屏最为舒心的大驿站、休闲养老最为惬意的目的地”建设全面提速。2015年，江油市成功举办“惠民购物全川行”“生物博览会”“旅游发展大会”“兔业大会”和“中秋晚会”等大型会展活动，消费内生动力增强。

（一）社会消费品零售总额规模不断壮大。“十二五”期间，全市社会消费品零售总额累计实现582.46亿元，是“十一五”时期的2.2倍，年均增长14.7%，比“十一五”时期高0.4个百分点。

（二）城乡消费结构日趋合理。2015年，全市城镇市场实现零售额77.99亿元，占全社会消费品零售总额的53.8%，比2010年提高2.4个百分点；乡村市场实现零售额66.92亿元，占全社会消费品零售总额的46.2%。消费热点逐渐从保障性吃、穿、用类逐渐向汽车、健身、娱乐等高端、时尚类消费转变。

（三）两个“一号工程”强力推进。2015年，江油市加快建设“互联网+”和电子商务集聚发展示范区，“电商创业中心”和颐江（国际）电子商务产业园一期工程如期建成，引进国内知

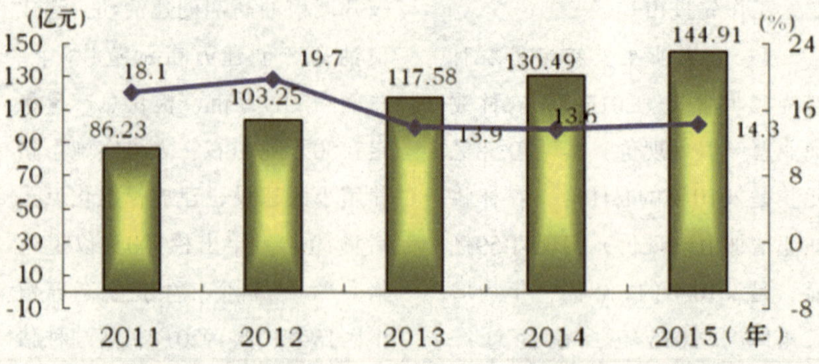

图8 江油市“十二五”社会消费品零售总额及增速图

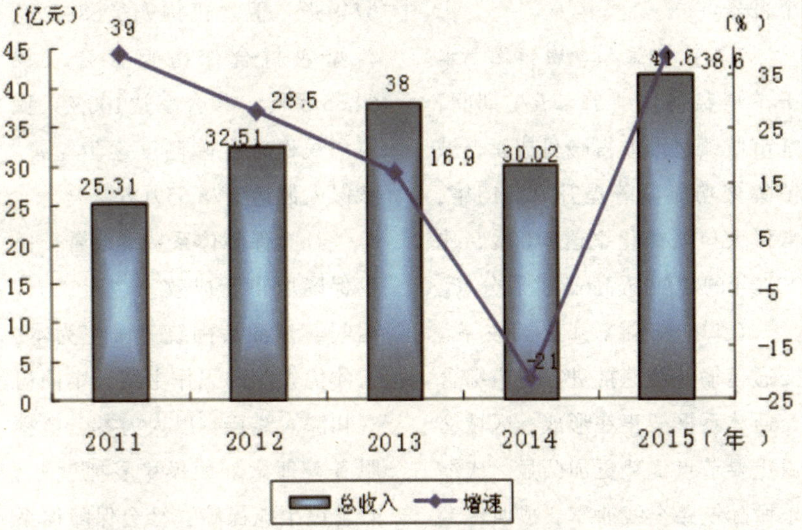

图9 江油市“十二五”财政总收入及增速图

名电商6家，“全企入网”工程和“电商进农村（社区）攻坚计划”进一步提速，新培育电子商务企业65户、达到378户，建成电子商务进农村（社区）示范点24个，电子商务交易规模突破150亿元。

（四）旅游业发展提速，乡村旅游迅速崛起。“十二五”期间，每年以“李白故里乡村文化旅游节系列活动”为载体，举办青莲桃花节、新安梨花节、大康辛夷花节、香水自行车骑游赛、青龙峡漂流节等旅游节会，增加乡村旅游人气；充分挖掘乡村文化旅游内涵，丰富乡村旅游形式和内容，举办青莲李白文化游、青林口红色文化游、重华火药文化游、含增千年古树游等各种主题的乡村旅游活动；此外，通过大力推进特色农业基地建设，带动经营业主发展葡萄、枇杷、草莓等农事采摘。2015年，通过一月一节的乡村旅游活动吸引近180万人次前往各地游览、观赏、消费，带动当地大批农民从事餐饮、娱乐、商贸等服务业，旅游收入达5亿多元，成功创建四川乡村旅游示范县。

2015年，全市接待国内旅游人数501.3万人次，是2010年的2.5倍；实现旅游总收入66.67亿元，是2010年的6.4倍，年均增长45%。五年累计实现旅游总收入185.17亿元。

六、财政实力明显增强，金融规模不断扩大

（一）财政收入达到41.6亿元，创历史最好水平。2015年，全市实现财政总收入为41.6亿元，是2010年2.3倍，年均增长17.9%。全市地方财政一般预算收入实现16.3亿元，年均增长20.4%。财政收入占GDP比重提高。2015年，地方财政一般预算收入占GDP的5.1%，比2010年提高1.5个百分点。民生支出占比较大，2015年，全市财政支出中用于教育、卫生、社会保障等八项支出总额达26.66亿元，占一般预算支出的72.4%。

（二）金融存贷规模不断扩大。2015年年末，全市金融机构各项存款余额为386.64亿元，是2010年年末的1.5倍，净增134.97亿元，年均增加27亿元。其中居民储蓄存款283.56亿元，是2010年末的2.1倍，净增149.57亿元，年均增加29.91亿元。金融机构贷款余额为173.57亿元，是2010年末的2.2倍，净增93.04亿元，年均增加18.61亿元。“十二五”期间存、贷款余额年均分别增长9%和16.6%。

七、城乡居民收入稳步增长，社会事业全面进步

（一）城乡居民收入稳步增长。2015年，全市城镇居民人均可支配收入由2010年的14470元增加到26340元，是2010年1.82倍，年均增加2374元，年均增长12.9%，比“十一五”快1.6个百分点；农民人均可支配收入每年跨越一个千元大关，2015年达到13078元，比2010年6062元增加7016元，年均增加1403元，年均增长14.4%，比“十一五”快2.7

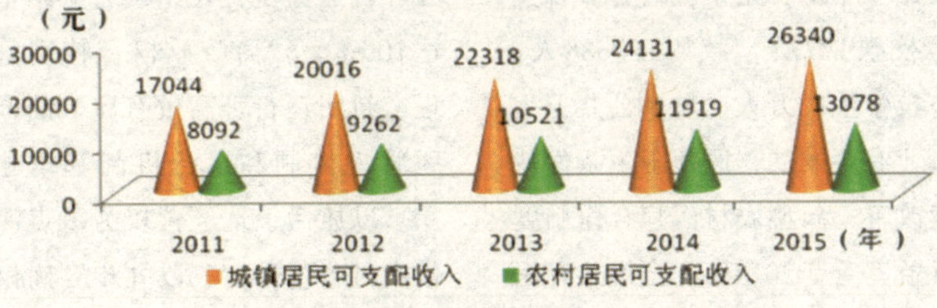

图10 2011-2015年江油市城乡居民可支配收入

个百分点。

（二）常住人口城镇化率水平不断提高。“十二五”期间，全市城镇建设取得瞩目成就，城镇集聚功能显著提升。2015年，常住人口城镇化率达54.05%，比2010年的47.5%提高6.55个百分点。

（三）社会事业全面发展。交通运输业快速推进。全市综合交通体系框架正在形成，区域交通重要节点优势更加凸显。成绵乐城际铁路全线通车，成西客专正在加快建设，九绵高速即将开工，江油正式被纳入成都城市群1小时经济圈，成为成都城市群连接川西北、川东北、陕甘地区的重要门户城市。2015年，全市境内公路通车里程为2858千米，是2010年的1.5倍；货物运输总周转量达195350万吨千米，增长15.8%。

移动通信和互联网服务能力快速提升。移动通信已进入4G时代，互联网全部实行宽带连接，2015年，全市移动电话突破88万户，互联网用户21.55万户，是2010年的3倍。

教育、卫生、文化等社会事业取得长足进步。“十二五”时期，全市教育、卫生、文化等社会事业取得长足进步，基本公共服务均等化步伐进一步加快。2015年年末，全市拥有各级各类学校数177所，教职工7388人，在校学生10万人。城乡公共卫生事业有序发展，医疗卫生条件持续改善，新型农村医疗合作制度日益完善。2015年，全市共有医疗卫生机构658个，共有床位6749张，卫生机构人员6887人，新型农村合作医疗参合农民62.35万人，参合率达100%；城镇居民医疗保险制度逐步完善，参保人数达到25.65万人。

社会保障体系持续改善，民生保障取得新成效。“十二五”期间，江油市围绕“民生为本，人才优先”的工作主线，牢固树立和深入践行“以人为本、全程服务”理念，积极稳妥抓就业，改善民生抓保障，社会保障体系建设取得新成效。全市五年累计投入就业促进、扶贫解困、教育助学、社会保障、医疗卫生、百姓安居等“十项民生工程”36.4亿元。2015年，全市城镇新增就业7355人，新型农村养老保险参保人数34.64万人，低保受益群众2.2万人，城乡居民养老保险、医疗保险等各类社会保险制度实现全覆盖。五年累计减贫9.1万人，贫困发生率比2010年降低15个百分点、降至2.5%。

各项改革进一步深化。省级中小城市综合改革试点顺利启动，大力推进简政放权，在全省率先公布并实施县级政府“五项清单”，“三证合一”改革顺利完成，“1133”行政审批经验在全国交流推广，正加速从“一窗制”向“一章制”纵深推进。政务环境进一步优化，按时办结率达100%。“简政放权、特别管理、封闭运行、高效有序”的园区管理体制和运行机制基本建立。以放活土地经营权为重点深化农村改革，“三段九步”确权模式在全国推广，农村“七权同确”基本完成，农村产权抵押贷款试点全省领先。扩权强镇改革顺利开展，向武都、厚坝、青莲等23个乡镇下放行政审批、行政执法、公共服务权限72项，乡镇活力进一步激发。“单元化联户共建共享工程”创新实施，基层社会治理水平进一步提升。教育、体育、文化、旅游等社会事业领域综合改革全面推进，公共服务水平得到进一步提高。

江油市创建全国文明城市活动纪实

江油市委、市政府历来高度重视文明创建工作。2013年，江油市成功创建为第三届四川省文明城市。2014年6月，江油市委十二届五次全体（扩大）会议决定启动全国文明城市创建工作并展开前期准备工作。2015年1月，全市召开动员大会，发出创建全国文明城市的动员令；2月28日，江油市参加全国精神文明建设工作表彰暨学雷锋志愿服务大会，被中央文明委授予“全国文明城市提名城市（县级）”称号。

自江油市创建全国文明城市活动启动之后，主要开展了以下几方面的工作。

一、突出组织发动的“凝心聚力”，构建创建工作常态化机制

首先，成立由书记、市长任组长、市级分管领导任副组长、相关职能部门主要负责人为成员的市创建全国文明城市工作领导小组，并建立健全例会、联席会和协调制度，各乡镇、部门均成立相应创建领导机构，构建起“横向到边、纵向到底”“分工负责、联动创建”的组织领导体系。同时，充实文明创建力量，给文明办增加编制10名，增设志愿服务指导中心，从公安、城管、住建等8个创建重点职能部门抽调8名工作人员，文明办20余人参与文明创建工作。其次，学习借鉴绵阳、济源等先进城市创建全国文明城市的宝贵经验，精心制定《创建全国文明城市实施意见》《落实〈全国县级文明城市测评体系〉任务分工》《创建全国文明城市行政问责暂行办法》《文明创建目标考核办法》等文件，确定工作重点，细化目标责任。同时，市纪委、组织部、监察局、目督办等部门不定期开展创建督查，对影响创建的部门及领导进行问责，2015年，对20余个市级共建部门“一把手”进行约谈。会同市人大代表、政协委员，及市级各部门、城市社区等组成6支文明督导队、42支文明劝导队常态化开展文明创建督导工作，每月形成督查通报，强力推进文明创建工作。最后，将创建工作作为市委、市政府一项长期性的重点工作，严格经费预算管理，保障创建工作领导小组办公室（文明办）日常创建经费，确保专款专用。在财力非常困难的情况下，将创建活动经费列入财政预算并逐年提高，2015年，给文明办预算创建经费300万元，“六类”专项治理工作经费500万元，积极探索“财政拨款、单位投入、社会募集”的多元投入模式，为创建工作提供有力的经费保障。

二、突出城市气质的“凝魂聚气”，推动美丽江油城市化进程

围绕“大美江油”建设，从实施“三大工程”入手，着力提升“李白故里”城市品质，切实解决群众反映多、整治难度大、标准要求高的“热点”和“难点”问题。一是实施“六类专项治理工程”。强化环境卫生治理，清除卫生死角，实现全天候保洁；强化交通秩序治理，安装“卡通交警”150套，查处交通违法行为8700多起，城市交通秩序明显好转；强化市场秩序治理，对马路湾市场、岳家桥市场、东大街市场等13个集贸市场进行改造升级，市场整洁有序；强化文化环境治理，出动稽查人员800余人次，坚决查处取缔“黑网吧”、整治电子游戏及歌舞娱乐场所，文化环境得到有效净化；强化食品药品卫生监管，成功创建“国家药品安全示范县”，食品药品卫生环境显著提升；开展“随手拍”曝光不文明行为专项活动，开设网络、电视、平面等各类曝光专栏10余个，曝光城市管理、建设、环境卫生、出行等各类现象3000余起，发放“不文明行为形象报告书”500余封，有效抵制不文明行为。二是实施“水系综合整治工程”。围绕“一江两河九堰”抓好水系建设，完成主要河道综合治理工程，加强水环境质量监测评价。城市第二污水处理厂投入使用，全面实施雨污分流，城区污水集中处理率达到85%以上。完成罗汉堰、东河综合治理工程，适时启动六合堰、昌明河上游综合治理工程和涪江西岸滨河绿地建设工程，初步构建起富有人文气息的亲水景观和滨水空间。三是实施“绿化美化亮化工程”。按照“四态合一”、精建细管的要求，加强城市建设与管理规划引领，加快新型城镇化步伐。实施西山公园、太白公园扩园、涪江五桥、纪念碑人防工程、罗汉堰综合治理、体育公园等一大批重点城建项目，李白大道、S205线、大鹏路、诗城路等重要节点绿化工作高效推进，高标准改造23条城区道路亮化设施，成功打通“岳家桥”等区域12条断头路，完成大唐商城、江胶大厦、川西北科研楼等烂尾楼处置工作，以城市路灯亮化为基础、建筑物临街景观为主体、主要节点为切入点、纵横主干道为连接线、商业繁华区及河岸为覆盖面的亮化景观基本成形。

三、突出核心价值观的“凝精聚神”，切实提升社会文明程度

以建设四川省培育和践行社会主义核心价值观综合推进示范县为契机，坚持宣传教育全覆盖、行动实践总动员，搭设丰富的创建载体，努力提高人的素质这个“软件”。一是以“核心价值观”为主题，争当培育和践行排头兵。着力抓好理论宣传、媒体、公益、文化“四项宣传”，在入脑入心上认知认同。组建宣讲队伍72支，开展专题学习教育活动上万次，印发《致全体市民的一封信》《宣传手册》《问卷调查》等30万余份，制作大型公益广告100余幅、墙面及公交站台喷绘广告2万余平方米，统筹报刊、电视、网络、LED、围栏、文化墙等宣传平台开展主题宣传，6月6日绵阳市培育和践行社会主义核心价值观现场推进会在江油市成功召开等，有力推动核心价值观宣传教育。大力实施文明江油、文化江油、法治江油、诚信江油、美丽江油“五大工程”，在培育践行上知行合一。全面建好李白纪念馆“爱国主义”教育、太白公园“江油好人”及道德模范、青莲国际诗歌小镇“李白文化”等“十大基地”，在有形展示上突出亮点。打造西山公园“双拥文化”基地、大康镇官渡村“和文化”基地、义新乡“孝亲文化”基地等示范点。按照“一乡镇一品牌、一村（社区）一项目”的思路，结合实际，做到贴近性、对象化、接地气，着力打造“一批示范”，在引领带动上彰显特色，全市拟定打造示范机关、企业、学校、医院、集贸市场、景区景点、星级酒店、商场超市、街巷、村（社区）等100个。深入推进社会主义核心价值观融入文明城市创建、国民教育、经济发展实践、法律法规实施、社会治理创新“五个融入”，在全域全面上统筹推进，实现江油“十三五”建设良好开局。二是以“公民道德建设”为载体，开展文明风尚培育普及。积极推动“学雷锋树新风、共建文明城市”“江油好人”“最美家庭”“十佳孝星”和“道德讲堂”“百姓宣讲”等活动常态化举行。同时，出台《推进诚信建设制度化的实施意见》《社会信用体系建设工作方案》和《诚信“红黑名单”发布制度》，推进诚信江油建设。三是以“文明细胞创建”为拓展，开展群众精神文明创建。每月28日开展共建城市文明社区暨城市清洁日活动，28个市级领导、91个市级部门到城区42个社区指导参与共建活动。全市共有各级文明单位434个，文明村镇95个，文明示范窗口68个，文明行业7个，文明家庭6.8万余户，其中国家级文明村镇3个，省级文明村镇9个，7个乡镇、31个村被评为四川省城乡环境综合治理“示范乡村”。四是以“民生事业”的发展为动力，夯实文明创建基石。始终秉承“以人为本、全程服务”理念，不断加大民生投入，“十项民生工程”“20件民生大事”和“10件自选民生实事”投入倍增、连续多年保持高位增长，新落实棚户区改造4492套、货币安置2270套、农民工住房保障251套，帮助9000余人“出棚入楼”。城镇、农村低保标准分别提高到400元/人·月、220元/人·月，建立80周岁以上老人高龄津贴，建成标准化社区及日间照料中心15个。全面推行农村义务教育学校学生免费营养午餐，惠及67所学校、2.3万名学生。深入开展“春送岗位、夏送清凉、秋送助学、冬送温暖”等品牌项目，使城市贫困阶层可以更有尊严地融入城市。五是以“志愿服务体系建设”为载体，开展志愿服务活动。成立江油市志愿服务指导中心，以备案登记的131个志愿服务组织为主体，积极开展多种形式的学雷锋志愿服务活动10万余人次，着力推动志愿服务大众化、经常化、规范化。六是以“未成年人思想道德建设”为载体，强化未成年人成长环境建设。健全学校、家庭、社会相结合的教育体系，深入开展中华经典诵读、向国旗敬礼、“童心向党”歌咏比赛等形式多样的未成年人思想道德建设主题实践活动，推动全市未成年人成长环境实现了有效净化。

四、突出特色工作的创新驱动，形成文明创建崭新局面

深入推进文明城市创建，加强社会管理创新。一是创新实施“单元化联户共建共享工程”。推行“1355”群众工作模式，以村（居）委会、村（居）民小组和联建单元为体系，把文明创建活动细化到每一（村）社区、网格、单元。全市成功创建平安乡镇32个、平安村（社区）345个，评选“法治单元”和“平安单元”2000余个。二是深入推进“微笑江油”倡扬文明风尚活动。开展“微笑”系列评选活动，打造“微笑江油”城市形象，让广大人民群众切身感受活动带来的新变化、新气象和新成效。三是扎实开展“书香江油”全面阅读活动。充分挖掘江油的丰富历史文化资源，打造“书香江油”全民阅读活动品牌，提高全民阅读活动的影响力和辐射力，带动形成“书香弥漫江油大地，人人奋进共筑中国梦”的良好文化风气。四是全面启动“李白故里·百姓宣讲”活动。以百姓的语言和文艺形式讲述和演唱发生在自己身边的故事和美德典型人物，以“学习道德模范、争做江油好人”为主题，用演讲和演唱的形式，有效引导群众自觉成为道德建设的传播者和践行者。五是深化“我们的节日”主题活动。围绕春节、清明、端午、中秋等节日，大力开展全国文明城市创建活动。特别是“2015年央视中秋晚会——月圆江油”塑造“江油形象”，及迎春健身跑、太白灯会、“江油春晚”等丰富多彩的群众性精神文明活动，努力营造欢快、喜庆的节日氛围。

2015年，江油市以培育和践行社会主义核心价值观为主线，立足巩固拓展，推动常态长效，加强思想道德和幸福美丽江油建设，创建工作有热度、有声势、有进展，实现了高点起步，良好开局。

（文明办）

“青莲国际诗歌小镇”“中国百合国际博览园”建设

【青莲国际诗歌小镇】 位于江油市青莲镇，是李白文化产业园最重要的景观之一。2015年，投资4亿余元，建设金樽广场景观提升、综合展览馆，改造磨针溪，太白祠修缮及陈列布展，提升打造太白碑林、太白古村基础设施建设、剑仙大道建设、诗歌大道建设、诗歌小镇建设等9个项目。青莲世界展示中心建筑面积3500平方米，主要展示江油丰富的文化旅游资源。用沙盘展示一个缩小版的江油，并标注市内各大景区景点，让游客对江油旅游资源一目了然。同时，以文字、图片和视频等多媒体方式介绍江油的历史和文化，一些小型互动设施为展厅增添更多乐趣。已建成的欧洲院子占地3000余平方米，整体采用“七大洲”的空间布局设计，通过水系、花田等大地景观将“七大洲”各具地域特色的建筑相连，并集展陈、体验、休闲、度假等多种功能为一体。由展示馆、咖啡图书馆以及6幢欧洲诗人之家小屋等建筑组成。6幢小屋按照欧洲6个不同国家的建筑风格建造，室内装饰也将全部采用欧式风格设计，并以6名世界闻名的欧洲诗人的画像、作品、生活家庭图片为文化底色，让游客近距离体验不一样的欧式生活。磨针溪景观改造提升项目共规划设计有磨针亭、磨针遗址、暮云春树、粲花之论、梦笔生花、由水流觞、竹林迷雾、一道青、满月入镜、浣纱得鲤、蛮婆古渡、水上集市等景点。改造提升后的溪流两岸山水环绕、风景秀丽。漫坡古渡景点投资约7000万元，占地28亩，打造为集休闲、娱乐、观光、购物等功能为一体的水上集市。

【中国百合国际博览园】 中国百合国际博览园（百年好合爱情谷）位于江油市西北部大康镇，距离江油市区8千米，紧邻省道205，紧邻九寨沟旅游环线江油市大康路段，同时也位于正在规划建设的江油市美丽乡村旅游路线上，旅游交通条件优越。爱情谷主要涉及江油市大康镇官渡村、旧县村、星火村和因明村，包含有大竹园、因明寺、龙石桥碑、文昌宫等区域。自2009年筹建以来，依托平通河沿岸的地形地貌与旅游资源，有序地开展旅游开发与规划建设。经过近5年的发展，百年好合爱情谷已建成标准化百合种植基地，爱情谷规划面积15平方千米内可全域旅游，将成为全国最大的百合专类公园。2015年5月一期26个项目基本完工。6月12日，开园迎客。6月20日，在该处成功举办四川省首届生态旅游博览会开幕式。2015年9月，二期建设完工，成为2015年绵阳市旅游发展大会暨首届李白故里文化旅游节、首届中俄兔业合作交流圆桌会议暨第三十二节中国兔业大会首要参观点。百合国际博览园已建有“风情悦意、青梅竹马、青云花梯、爱情索桥、一见钟情、两情相悦、情定三生、四季花海、海誓山盟、百年好合”等10余处以百合爱情为主题的特色景点，并开发建设有平通河水景带、匡山、百合温室大棚、百合风情街、情定三生广场、一线牵桥、百合户外种植基地等游览项目。

（方志办）

江油市2015 “四会一节”活动纪实

【全国第九届残运会暨第六届特奥会田径和乒乓球比赛】 2015年5月11—17日，全国第九届残疾人运动会暨第六届特殊奥林匹克运动会田径和乒乓球项目比赛在江油市体育馆举行。共有来自全国31个省、市、自治区和新疆生产建设兵团以及香港、澳门特别行政区共34个代表团、419名运动员参赛；有900名教练员和工作人员、500余名志愿参与赛事服务。观众达4.1万人次，其中，残疾人观众350人次。

【四川首届生态旅游博览会】 2015年6月12—18日，由国家林业局、国家旅游局、四川省人民政府指导，四川省林业厅、四川省旅游局、绵阳市人民政府、中国林学会森林公园分会主办，中共江油市委、江油市人民政府承办，四川省生态旅游协会及21个市（州）林业局、旅游局协办的“四川首届生态旅游博览会”(以下简称“生博会）在江油市举办。会议主题为“生态旅游新机遇，美丽四川新梦想”。生博会期间，四川省委常委、省委农工委主任李昌平，国家林业局森林公园管理办公室主任杨超，国家林业局森林公园管理办公室副主任杨连清，四川省人民政府副秘书长赵学谦，四川省林业厅副厅长降初，四川省旅游局副局长陈加林，绵阳市委书记罗强，绵阳市委常委、宣传部部长张学民，绵阳市人民政府副市长经大忠，绵阳市委常委、江油市委书记李江，中国林学会森林公园分会理事长、福建农林大学校长兰思仁等领导先后考察“生博会”现场。“生博会”期间，还套开四川省生态旅游产业发展大会和中国林学会森林公园分会2015年学术年会。“生博会”集中展示全省21个市州的优质生态旅游景区、景点资源，以及依托生态资源所形成的林业生态旅游特色商品、林下经济种植养殖特色产品。同时，联合四川省美术家协会主办美丽四川四季生态美景艺术作品展，同步展出以四川生态旅游景区（点）、自然山水风光、森林动植物及花卉等自然生态资源为题材创作的摄影、油画、国画等作品共计300余件。举办绵阳市、德阳市、乐山市、阿坝州城市主题日推介活动和21个市（州）生博会城市形象大使选拔等活动，充分展示四川省多彩多元的生态旅游文化魅力。“生博会”期间，共接待观众16万人次(其中，主会场接待各类游客10万人，大康百合花国际博览园接待游客6万人)，各地林业部门组织观摩团交流学习达1760人。“生博会”上，共计展出全省21个市（州）依托林业生态旅游推介的生态旅游商品477种，推荐生态旅游投融资项目197个，成功签约金额达193.3亿元。该次生博会展示四川生态旅游发展的巨大成就，创新四川生态旅游发展的理念思路，塑造“天府四川生态旅游”的崭新品牌，搭建生态旅游招商推介的互动平台，提升李白故里江油市的影响力和美誉度，成为一次“引领四川乃至中西部生态旅游产业发展风向标的综合性盛会”。

【2015年绵阳市旅游发展大会暨首届李白故里文化旅游节】 2015年9月27—28日，首届李白故里文化旅游节在江油青莲国际诗歌小镇举办。绵阳市委书记彭宇行宣布开幕。绵阳市委副书记、市长刘超主持开幕式。开幕式上，中国诗歌协会副会长程部涛宣读授奖词，授予江油市为“中国诗歌之乡”。中国作协副主席吉狄玛加为诗歌排行榜获奖者颁奖。江油市与俄罗斯圣彼得堡市普希金区交换友好合作城市备忘录。安徽省当涂县发布李白重要游踪地宣传文化联盟宣言。旅游节期间还举办李白文化高端论坛、书画笔会交流、诗歌朗诵会等活动。

9月27日，绵阳市旅游发展大会在李白故里江油举行。绵阳市委书记彭宇行出席大会并讲话。绵阳市委常委、江油市委书记李江出席会议，江油市委副书记、市长马辉作交流发言。会议还对获得全国、省、市各项荣誉奖项的优秀旅游单位及个人授牌颁奖。江油市获四川省乡村旅游示范市，李白故居景区获2014年度新评定的国家AAAA级景区，二郎庙镇青林口村获绵阳首批“最美乡村”称号，李白纪念馆获绵阳“十佳”诚信旅游企业，江油坤朋文化传媒有限公司朱裕摘得绵阳市首届伴手礼大赛金奖。此外，在公布的绵阳十大重点旅游项目中，“李白故里生态文化旅游区——太白故里·诗情古镇”“辛夷花养生旅游区——辛夷花海·养生佳境”榜上有名。晚8时，2015年中央电视台中秋晚会——月圆江油在江油市青莲镇“国际诗歌小镇”隆重上演。晚会以李白的诗歌为引领，围绕明月的歌曲营造团圆思乡的主题，共分上中下三个篇章、33个歌舞类节目。同时通过中央一套、四套及英语频道等频道向全球94个国家直播。这也是中央电视台中秋晚会首次在西部地区举办。

9月28日，绵阳市旅游投资促进大会在江油大剧院召开。该次旅游投资促进大会重点推介的十大重点旅游招商项目包括：虎牙生态旅游区、梓潼七曲山旅游区、仙海湖旅游度假区、睢水—白水湖文化生态旅游区、小寨子沟生态文化旅游区、李白故里生态文化旅游区、辛夷花养生旅游区、通用航空产业园、嫘祖文化旅游区、三台道教养生文化旅游区。其中，李白故里生态文化旅游区成为受关注的项目之一。李白故里生态文化旅游区项目位于江油市青莲镇、重华镇、乾元山，建设周期为5年，计划总投资120亿元。未来重点打造李白文化产业园、青莲国际诗歌小镇的生态农业、文化创意、运动休闲、乐园、古街商业、教育产业、医疗康复、养老养生等业态类型。乾元山风景区、老君山风景区重点开发道教文化、生态观光、养生休闲度假等旅游产品。

【首届中俄兔业合作交流圆桌会议及中国畜产品流通协会兔业委员会第三届会员代表大会暨第三十二届中国兔业大会】 2015年10月22日，首届中俄兔业合作交流圆桌会议开幕式在江油大剧院举行。该次大会由农业部对外经济合作中心、四川省农业厅、绵阳市人民政府共同主办，江油市人民政府承办。大会以“合作·共赢·创新·发展”为主题，旨在落实习近平主席访俄期间与普京总统达成的共识和两国签署的《关于兔业领域合作的谅解备忘录》精神，进一步推动“两河流域”地区合作发展，探讨中俄兔业企业投资合作事宜。俄罗斯驻华大使馆二等秘书列夫·叶列梅金，俄罗斯驻华大使馆商务代表处顾问苏米尔·帕尔金，俄罗斯国家兔业协会会长叶米利杨诺夫等俄罗斯客人，农业部国际合作司司长王鹰，农业部对外经济合作中心主任杨易，农业部畜牧司副司长王俊勋，中国畜产品流通协会会长潘种树，四川省人民政府副秘书长赵学谦，四川省农业厅副厅长涂建华，绵阳市委常委、政法委书记陈兴春，绵阳市委常委、江油市委书记李江，江油市委副书记、市长马辉等出席开幕式。

10月23日至26日，中国畜产品流通协会兔业委员会第三届会员代表大会暨第三十二届中国兔业大会在江油举行。该次大会由中国畜产品流通协会、中国兔业协会和俄罗斯国家兔业协会主办，四川皇嘉农业集团有限公司承办，江油市人民政府协办。大会秉承“合作·共赢·创新·发展”的宗旨，举办兔业交流会、兔业技术研讨会、兔业产业成果展示会等活动，为参会中外企业提供技术交流和合作项目洽谈平台，共商兔业发展新路子，对推动中国兔产业的国际合作、推进兔产业健康持续发展具有重要意义。签约仪式上，四川皇嘉农业集团公司与俄罗斯有关方面达成国际兔产业合作协议。山东绿色国魂服饰有限公司分别与新加坡、马来西亚的有关公司达成兔产业协议，山东宝来利来生物科技有限公司与四川皇嘉农业集团生物肥有限公司也达成兔产业相关合作协议。颁奖典礼上，四川皇嘉农业集团荣获“中国兔产业突出贡献奖”，江油天红兔业养殖专业合作社荣获“中国兔产业优秀合作社”，四川乾沃食品有限公司荣获“中国兔肉深加工优秀企业”，四川皇嘉农业集团董事长黄同敏获“中国兔产业突出贡献奖”个人奖。中华全国供销总社社团部部长孔培聪，中国畜产品流通协会会长潘种树，俄罗斯国家兔业协会会长叶米利扬诺夫·阿里克塞·尤里耶维奇，绵阳市委常委、政法委书记陈兴春，绵阳市委常委、江油市委书记李江，中国畜产品流通协会常务副会长倪静，四川省草原科学研究院研究员刘汉中，俄罗斯沃罗涅日国立农业大学副校长娜塔丽娅，绵阳市农业局党组成员、总农艺师王均沛，中国畜产品流通协会兔业委员会会长罗东，中国兔业协会常务副会长、四川皇嘉农业集团董事长黄同敏，中国兔业协会专家组长窦如海，山东省畜牧兽医职业学院副院长周其虎出席会议。

（农牧局　教体局　林业局　宣传部　文广新旅局）

2015年央视中秋晚会——月圆江油纪实

“中秋佳节夜，人月两团圆。”2016年9月27日是中国传统佳节——中秋节，一台受全球华人瞩目的视觉盛宴——央视中秋晚会“月圆江油”是日晚上8时在四川省江油市青莲镇李白故里景区太白碑林南大门广场隆重上演。这是央视中秋晚会首次走进西部地区，首次落户县级城市。

20时整，萨顶顶乘坐弯月从几十米高空从天而降，一首《问明月》拉开中秋晚会的大幕。晚会由鲁健、孟盛楠、张卫健、王洋主持。整台中秋晚会采用篇章式结构，由开篇《问明月》、上篇《举杯邀月》、中篇《静夜思乡》、下篇《月圆江油》和尾声《海上明月》五个部分组成，共有33个歌舞类节目。各个篇章分别以李白名篇的吟诵与歌曲、乐队、戏曲、舞蹈等情景化的表演融为一体，将晚会氛围铺排叠加、引向高潮。

赵雅芝的《甜蜜蜜》、费翔的《月光海》、田震的《月牙泉》，通过朗诵和京剧、歌唱轮流演绎的李白经典诗歌《月下独酌》和《静夜思》……一次次将晚会推向高潮。而由张卫健等参演的情景歌舞原创节目《四川味道》中熊猫、变脸、吐火、茶艺等元素，舞美充满巴山蜀水险峻奇秀的写意风格，启用当地艺术家和表演团体，加入川藏味道的歌曲如容中尔甲、旺姆的《天籁之爱》、云朵的《天上的云儿》等歌曲。同时，因一组结婚照走红的80后藏族小夫妻格绒彭措、达瓦卓玛也来到现场，和大家共同分享他们的喜悦。晚会从各个方面将四川的地方特色和人民的乐观热情体现得淋漓尽致，表现出民族大团结、中华文化的博大精深丰富多彩。

晚会实况通过央视综合频道（CCTV-1）、中文国际频道（CCTV-4）、中国网络电视台（CNTV）同步现场直播，人民网、新华网等主流媒体、门户网站全方位、多维度进行专题报道，网络点击量数以亿计，吸引全球94个国家和地区4亿华人华侨关注，“李白故里”被世人知晓，“江油声音”得以广泛传播。

2015央视中秋晚会节目单

1. 开场歌舞《问明月》（演唱：萨顶顶）

上篇·举杯邀月

主持人开场

2. 朗诵《月下独酌》（朗诵：张译）

3. 京剧《月下独酌》（演唱：于魁智、李胜素）

4. 歌舞《偏爱水中月》（演唱：费玉清）

5. 歌舞《甜蜜蜜》（演唱：赵雅芝）

6. 歌舞《虫儿飞》（演唱：杨威、杨芸、杨阳洋）

7. 情景歌舞《四川味道》（表演：张卫健、丁强、曾小龙等）

8. 乐器歌曲《比金更重》（表演：程琳、KC Porter）

9. 杂技《团圆大转轮》（表演：广州长隆国际马戏大剧院）

10. 歌舞《天之大》（演唱：林志炫、周安信、徐小清）

中篇·静夜思乡

11. 朗诵《静夜思》（朗诵：刘劲）

12. 歌曲《静夜思》（演唱：龚琳娜）

13. 歌舞《月光海》（演唱：费翔）

14. 歌舞《大梦想家》（演唱：TFBOYS）

15. 钢琴独奏《彩云追月》（演奏：李云迪）

16. 歌曲《独上西楼》（演唱：霍尊）

17. 歌曲《月亮代表我的心》(演唱：朱桦)

18. 歌舞《待嫁的新娘》(演唱：凤凰传奇)

19. 歌舞《野子》(表演：苏运莹)

20. 歌曲《月牙泉》(演唱：田震)

21. 歌舞《我的家》(演唱：小娟与山谷里的居民)

22. 组歌·历史回声

《二月里来》(演唱：姚林辉、汤非)

《解放区的天》(演唱：太阳部落)

《长城谣》(演唱：刘媛媛、齐峰)

23. 歌舞《灯塔》(演唱：黄绮珊)

下篇·月圆江油

24. 朗诵《将进酒》(朗诵：张译、刘劲)

25. 歌曲《将进酒》(演唱：吴彤)

26. 歌曲《年轮》(演唱：张碧晨)

27. 歌舞《微光》(演唱：华晨宇)

28. 中秋祝福，郎朗(美国外景)、Pchy(泰国外景)

29. 歌曲《鸿雁》(演唱：韩磊)

30. 歌曲《天籁之爱》(演唱：容中尔甲、旺姆)

31. 歌曲《天上的云儿》(演唱：云朵)

32. 歌舞《美满》(演唱：毛阿敏)

33. 尾声歌舞《海上明月》(演唱：李谷一)

主持人上场祝福观众中秋节快乐

江油市"单元化联户共建共享工程"建设

在巩固扩大中国共产党的群众路线教育实践活动成果、推进全面深化改革中，江油认真贯彻落实中央、四川省、绵阳市决策部署，创新实施"单元化联户共建共享工程"，并将工程纳入全市中国共产党的建设体制专项改革强力推进，以党建示范引领，推动现代社会治理和精神文明建设创新，不断夯实基层基础，筑牢党的执政根基。

一、工程实施背景及总体思路

中共十八届三中全会指出："改进社会治理方式，要坚持系统治理，加强党委领导，发挥政府主导作用，鼓励和支持社会各方面参与，实现政府治理和社会自我调节、居民自治良性互动。"

基础牢则政权稳，基层治则天下安。当前，我国正经历从传统社会向现代社会，从农业、农村社会向工业、城市社会，从"熟人社会"向"陌生人社会"的深刻转型，社会思想观念和价值取向复杂多样，一些地方出现基层组织涣散，中国共产党和政府与群众联系弱化，治理能力降低等现实问题。面临新形势新任务，如果基层组织建设跟不上、现代社会治理没抓手、核心价值观不培育，日积月累，问题就会凸显，矛盾就会更加尖锐。党委政府在引领发展、服务群众、惠及民生中，必须加强群众的教育引导，才能进一步固本强基、凝魂聚气，使"四个全面"在基层转化为广大群众的生动实践。

基于这样的认识，江油市委、市政府立足重塑基层形象、重建文明高地、重构社会良序，以建成"基层组织建设的样板、现代社会治理的典范、精神文明建设的标杆"为目标，以"资源共享、优势互补、互帮互助、互促共进"为路径，自2014年以来，创新实施"单元化联户共建共享工程"，充分发挥基层党组织的政治核心和政治引领作用，着力构建坚持"一条主线"、健全"三级体系"、开展"五联创建"、实现"五零目标"的"1355"工作模式，建立整合多元社会力量、容纳多元利益诉求、融入多元责任义务、服务多元主体人群的基层组织建设、现代社会治理、精神文明创建的基层工作格局，引导广大党员干部群众坚定理想信念，筑牢思想基础，积极培育知荣辱、讲正气、作奉献、尽义务、促和谐的良好风尚，为夯实中国共产党的执政根基，推进"四个全面"战略凝聚强大的精神动力和深厚的群众基础。

二、主要做法

(一)坚持"一条主线"。坚持把培育和践行社会主义核心价值观贯穿工程实施全过程，融入党员干部群众日常生活。一是丰富群众文化活动增强认同感。发挥李白大讲堂、乡村舞台、文化院坝等平台作用，广泛开展经典诵读、道德宣讲、民俗文化展演等活动，传承中国优秀文化，共筑美好精神家园。大力表扬最美丽家庭、致富模范、江油好人等先进典型5万余名（户）。二是开展文明城市创建增强荣誉感。以创建文明城市为抓手，不断完善城市功能、提升管理水平、繁荣城市文化，大力开展各类志愿服务活动，有效激发全社会文明创建活力。全市现有各级文明单位（窗口、行业）近600个，文明家庭6.8万余户，其中国、省级文明村镇12个。2015年2月，江油市跨过“三年培育期”，直接取得全国文明城市提名资格。三是深化法治诚信教育增强责任感。依托电台、微信微博、手机报、法律热线、法援中心等线上线下平台，开展法治宣传服务。建立健全信用体系和征信系统，开展“诚信店家红黑榜”“守诺单元户”等评比，推动诚信建设制度化。通过党员教育IPTV系统升级，建设村务服务监督、雪亮工程、“6995”技防平台、“智慧江油”，让党员群众足不出户便能了解政策、接受培训，行使民主监督，参与治安防治。

（二）建立“三级体系”。按照“人员相熟、地缘相近、产业相融”原则，所有村（居）委会、村（居）民小组以10—20户或一个居民楼栋结成联建单元2万余个，推选党员干部、村（居）民代表、致富能人担任组长，构建起村（居）委会、村（居）民小组、联建单元三级自治体系。一是村（社区）“两委”引领。开展村（社区）年评村（居）民小组、村（居）民小组季评联建单元、联建单元月评联建户“三级联评”，设置“光荣榜”“曝光台”，张榜表扬优秀，激励比学赶超；公开曝光差评，让其知荣辱、受监督、促整改。二是村（居）民小组协调配合。村（居民）小组发挥承上启下枢纽作用，积极组织村（居）民参与联户共建，联建单元定期向村（居）民小组报告，村（居）民小组汇总报告村（社区）“两委”，商议解决困难问题。三是联建单元主动参与。联建单元小组长协调联建单元户，坚持按月轮流值班（简称“轮值户”）制度，充分依靠微小单元，激发群众“主角”作用，让居民积极主动参与自治。

图11　2016年1月13—14日，江油市召开单元化联户共建共享工程理论研讨会

（三）开展“五联创建”。制定环境联治、平安联创、困难联帮、致富联带、新风联树《五联公约》，“党员干部+联建户”联动参与“五联创建”。有效融合环境治理、志愿服务等行动，切实改善城乡、小区、院落、家庭环境卫生，共建美丽家园；有效融合依法治市、安全社区建设、网格化服务等工作，构建群防群治大机制，“零距离”排解矛盾纠纷、安全隐患和不稳定因素，共同维护社会和谐稳定；有效融合精准脱贫、结对帮扶、关爱奉献等措施，帮助困难群体解决就医就学、生产生活等困难；有效融合农业产业化、农林文旅融合发展、引领创新创业等领域，广泛开展产业帮带、技术帮扶、就业帮助，激发内生动力，实现共同富裕；有效融合社会主义核心价值观宣传教育、全国文明城市创建、“法治江油”建设，积极培育知荣辱、讲正气、作奉献、尽义务、促和谐的良好风尚。

三、初步成效

坚持“五零目标”，抓住社会微小单元固本强基，全力解决群众最关心、最直接、最现实的利益问题，党组织作用更加彰显，党员干部形象不断提升，党群干群关系深度融洽。一是实现服务“零距离”。打通服务“最后一公里”，服务资源在单元楼栋聚合，服务活动在单元楼栋开展，服务成效在单元楼栋显现，工程实施以来，各联建单元共妥善处理群众事务5万余件，群众满意率大幅提升。二是实现管理“零空白”。“五联创建”“三级联评”，有力强化群众“自我教育、自我服务、自我管理、自我监督、自我评价、自我提升”的实践自觉，依靠群众力量有效解决邻里纠纷、物业管理、环境卫生、文明行为等以往不好管、管不好的问题。三是实现矛盾零激化。通过道德宣扬、法治教育、文明劝导等，群众矛盾纠纷化解由“摆平事情”转变到“重法重礼”，形成“家庭琐事不出户、邻里纠纷不出组”“小事不出村、大事不出镇、矛盾不上交”的公序良俗。四是实现贫困零遗弃。通过邻里守望、强化互帮互助，全市新建贫困村产业基地23个，发展种养业项目720个，帮扶7千余人如期脱贫，营造“近邻处得好，犹如穿棉袄”“小集体人人出力，大家庭户户温暖”的良好氛围，群众归属感获得感幸福感不断增强。五是实现陋习零滋生。党员干部示范，群众广泛参与，德治法治合力，新风正气劲扬，使社会主义核心价值观更加深入人心，普遍成为单位组织、群众个人的精神追求。

江油市“单元化联户共建共享工程”的实施，更加凝聚起党员干部群众攻坚克难、勇于担当、善作善成、见贤思齐的“江油精神”，激发出合力共建“创新江油、开放江油、幸福江油、大美江油”的创造活力，“江油速度”“江油奇迹”不断刷新，经济社会事业加速向前。实施过程中，社会各界普遍关注，省、绵阳领导多次调研指导，省委《每日要情》《四川省民政厅简报》《绵阳信息》予以刊载，《光明日报》《中国组织人事报》《四川日报》《党课》《四川党的建设》等多次宣传报道，人民网、共产党员网、光明网等主流媒体报道转载达5000余条次。

（组织部）

江油市“三严三实”主题教育活动

自“三严三实”（即严以修身、严以用权、严以律己，又谋事要实、创业要实、做人要实）专题教育开展以来，中共江油市委认真贯彻落实中央、四川省委和绵阳市委的部署，始终坚持深入学习、廓清认识，对标先进、见贤思齐，以案为鉴、躬身自省，心存敬畏、慎微笃行，聚焦忠诚干净担当，突出从严从实要求，以高度的政治自觉抓好“三严三实”专题教育，确保从严管党治党任务落实落地。

一、立足精神补钙，在深化学习教育中夯实基础

始终把“三严三实”专题教育融入经常性教育中，以严的要求和实的作风增强党员干部思想自觉和行动自觉。一是坚持全面学与专题学相结合。全年安排15次市委中心组学习，确保至少每月一次集中学习。通过召开学习会、读书会、报告会、观看专题片、参观见学等多种形式，大力开展“思想理论、法纪、警示、先进典型”“四项专题”教育，组织党员干部赴看守所、监狱开展“警醒之旅”活动，集中观看《信仰》《公仆兰辉》等电影和专题片280余场次，使党员干部思想灵魂受到震撼洗礼。二是坚持集中学与讨论学相结合。举办10期“李白大讲堂”，邀请原国资委中国民族贸易促进会执行会长刘延宁教授等专家学者集中辅导授课。围绕“严以修身、严以律己、严以用权”三个专题，组织召开集中学习研讨会3次，每位领导干部认真准备、提前思考，将前期的学习思考、消化吸收的成果转化为个人思想感悟、心得体会，交流学习体会，提升认识，确保党员干部自觉把“三严三实”作为立志修身的准则、履职用权的指南、谋事创业的根本和践行宗旨的标准。三是坚持带动学与个人学相结合。市委领导以身作则、率先垂范，充分发挥模范带头作用，自觉把“三严三实”内化于心、外化于行，做到带头精读原著、带头撰写体会、带头讨论交流、带头调研学习，真正做到读原著、悟原理。强化对规定学习内容的自学、真学、深悟，及时发放《习近平谈治国理政》《领导干部违纪违法案件警示录》等教育读本7300余册，收集有关先进典型和案例警示教育系列视频资料80余套。同时，强化“一把手”受教育抓教育两个责任要求，明确市委书记、市委常委的“任务清单”，市委书记带头讲党课，其他县级党员领导干部结合各自分工，紧扣联系单位系统和行业特点，有针对性地讲党课，并将讲党课报告受众延伸至基层，实现乡镇、市级部门全覆盖。

二、创新工作载体，在落实规定动作中出新出彩

在不折不扣做好“规定动作”的同时，紧密结合江油实际，深入开展“适应新常态、重在敢担当”主题活动，创设“五大载体”，教育引导党员干部在忠诚履职中勇于担当、在解放思想中善于担当、在提升能力中学会担当、在真抓实干中践行担当。开展“深读经典、坚定信念”主题读书活动，推荐一批红色经典书目，教育引导党员干部深读经典、坚定信念，增强政治自觉。开展“剖析典型、引以为戒”深刻反省活动，召开以“讲政治、守纪律、守规矩”为主题的领导班子思想政治建设专题学习反思会，对照中共中央总书记习近平指出的“七个有之”“五个必须”、省委“三个不可低估”重大判断、绵阳市委“九类突出问题”，以及菊美多吉、兰辉、张勇、毕世祥等正面典型和李春城、李崇禧等反面典型，进行深入的剖析反思，让党员干部受警醒、明底线、知敬畏；开展“惩教并举、筑牢防线”廉政教育活动，对34名相关责任人进行告诫提醒、诫勉谈话，处分党员、监察对象43人，查处科级干部13人；加强警示教育，推行实名通报，用好曝光平台，用身边事教育身边人。开展“真改实改、兑现承诺”深化成果活动，进一步深化“四风”整治，推进全市党风政风持续好转、根本好转；开展“攻坚克难、奋发有为”精神提振活动，教育党员干部始终保持敢于担当、激越奋进、励精图治、夙夜在公的精神状态，用领导干部的工作强势推动形成江油的发展强势。

三、着力聚焦问题，在查实找准问题中从严整改

始终聚焦问题查、对照问题改，使专题教育的过程成为校正干部队伍思想和行为突出问题的过程，让领导班子的运行和党员干部的行为真正规范起来、严格起来。一是坚持问题导向。把问题意识、问题导向贯穿专题教育全过程，围绕理想信念、党性观念、宗旨意识、民生问题等6个方面，一条一条梳理、一条一条对照、一条一条分析，并组织召开“不严不实”问题专题分析排查会和3次专题学习研讨会，查找市委常委班子在修身做人、用权律己、干事创业等方面问题15条，县级以上领导干部查找“不严不实”问题320条。二是持续抓好群教活动后续整改。制定《关于深入反“四风”抓整治、巩固和拓展党的群众路线教育实践活动成果的实施意见》，强化“四风”整治，通过深入自查，对整改不彻底、不深入、效果不明显的突出问题，再次明确责任、目标、措施、时限，继续进行挂牌整改，对新出现的“隐形”“变种”问题及时亮剑、不留空间，及时整改“四风”问题和涉及群众切身利益的问题1280个，做到整改不彻底决不放弃、效果不明显决不销号，确保整改事项得到落实和解决。三是持续强化正风肃纪。持续深入推进“9+2+3”正风肃纪专项行动，在抓好领导干部收受红包礼金、为官不为、执行力不强、吃拿卡要、侵害群众利益、违规选用干部等问题整治的基础上，把在“三严三实”专题教育中发现的违法违纪问题纳入正风肃纪重要内容，制定出台《加强领导班子思想政治建设“八个必须八个决不允许”》《党员干部行为规范》等制度规定10个，对违反相关规定的相关责任人给予严肃处理。扎实开展切实解决发生在群众身边的“四风”和腐败问题专项整治，着力查处“违反中央八项规定精神、惠民政策执行、农村三资管理”等九个方面问题，查处侵害群众利益村组干部11名。

四、聚力攻坚破难，在抓实统筹结合中推动发展

坚持学以致用、知行合一，紧密结合协调推进“四个全面”

战略布局的实践，努力把“三严三实”要求贯穿于改革发展稳定各项工作中，坚决防止“两张皮”，切实做到两手抓、两促进。一是坚定不移推进改革发展。积极应对经济下行压力，始终保持发展定力，下功夫抓好稳增长各项措施落实。加快推进项目建设，向上争取项目43个，到位资金2.8亿元。新建续建城市基础设施项目25个、工业项目59个。上半年，实现地区生产总值157.66亿元、增长9.3%，规模工业增加值增长11.9%，地方公共财政收入完成9.08亿元、增长6.5%，城镇居民人均可支配收入13277元、增长7.4%，农民人均可支配收入6613元、增长10%。二是高标准建设“两个国际”。高标准完成百合花国际博览园一期建设，“百年好合爱情谷”精彩呈现，成功承办“四川首届生态旅游博览会”，获得广泛好评。走“创意”与“融合”发展的全新路径，着力打造国际诗歌小镇，加快建设李白文化产业园。成功举办2015年中央电视台中秋晚会——月圆江油及绵阳市旅游发展大会暨首届李白故里文化旅游节。三是着力保障和改善民生。强化精准扶贫惠民生，健全扶贫脱困目标考核，完善“双联”和干部驻村帮扶工作，深化新一轮“走基层”和“三走遍一深入”活动，确定52个市级部门、2096名党员干部结对帮扶2657户贫困户。深入实施民生工程，办好民生实事，让人民群众共享改革发展成果。完成民生工程投资4.79亿元，民生投入同比增长26.2%。新增城镇就业5279人，城镇登记失业率3.81%，城乡居保覆盖36.45万人。在上年实现1296户3667名群众新年住新居目标的基础上，棚户区改造开工3396套、开工率73%。四是切实加强中国共产党的建设。始终围绕“六个一”抓党建，坚持“好干部”标准和“三重”导向选干部配班子，全面推行“一评议、两公示、两核查”制度，建立选人用人实名推荐、全程纪实、问题“放下”和责任倒查机制，分层分类建立班子结构模型，构筑“带病提拔”的“防火墙”。强化干部日常管理监督，健全领导干部考核评价、谈心谈话制度，完善干部能上能下的措施办法，解决好“乱作为”“慢作为”“不作为”的问题。健全年轻干部培养选拔使用机制，选派42名年轻干部到基层挂职历练。强化基层党组织的政治功能和服务功能，实施“单元化联户共建共享工程”，夯实基层基础，筑牢中国共产党的执政根基。在45个城市社区建立“大党委”，“两新”党组织覆盖率达81.8%；整顿软弱涣散党组织，向37个后进村、77个贫困村选派第一书记。大力开展基层党务工作者、驻村“第一书记”、贫困村党组织书记、村级后备干部、大学生村干部教育培训，鼓励和扶持大学生村干部电商创业，扎实开展“党员义务奉献”“双报到三服务”“佩戴党徽亮身份，岗位奉献展风采”等活动，让优质服务成为每个党员在本职岗位的生动实践。

（市　委）

2015年江油市十大新闻

【中共江油市委十二届八次全会举行】 2015年12月17日，中共江油市委十二届八次全会举行。会议审议通过《中共江油市委关于制定江油市国民经济和社会发展第十三个五年规划的建议》《中共江油市委关于强力实施两个“一号工程”加速驱动创新改革发展的决定》《中国共产党江油市第十二届委员会第八次全体会议决议》。《“十三五”规划建议》明确江油“十三五”时期发展的总体思路和总体目标，是今后五年发展的总指引。

【2015央视中秋晚会“月圆江油”在“国际诗歌小镇”举行】 2015年9月27日晚8时，2015央视中秋晚会首次走进西部地区，首次落户县级城市，让诗意中国银屏闪烁，李白故里熠熠生辉，美丽江油大放光彩。晚会以李白的诗歌为引领，围绕团圆思乡主题，上演一台欢乐祥和的团圆剧。整台晚会分上、中、下三个篇章，有33个歌舞类节目。人民网、新华网等主流媒体、门户网站全方位、多维度进行专题报道，网络点击量数以亿计，吸引全球94个国家和地区4

亿华人华侨关注，“李白故里”被世人知晓，“江油声音”得以广泛传播。

【“两个国际”精彩呈现】 2015年，江油高标准建设青莲国际诗歌小镇、百合国际博览园，文农林旅融合发展展示出无限生机，创造一朵百合花创意催生产业变革的“江油速度”，凝聚攻坚克难、敢于担当、善作善成、见贤思齐的“江油精神”，成为江油大力实施“大手笔谋动”的生动实践。

【“四会一节”成功举办】 在半年多时间里，江油成功承办首届中俄兔业合作交流圆桌会议及中国畜产品流通协会兔业委员会第三届会员代表大会暨第三十二届中国兔业大会、全国第九届残运会暨第六届特奥会田径和乒乓球比赛、四川首届生态旅游博览会、2015年绵阳市旅游发展大会暨首届李白故里文化旅游节等国际级、国家级、省级“四会一节”，发布两个“江油宣言”，成立李白重要游踪地宣传文化旅游合作联盟，江油被授予“中国诗歌之乡”“中国獭兔之乡”称号。青莲国际诗歌小镇荣获2015国际旅游度假目的地创新论坛“最具文化创意旅游小镇”奖，百合国际博览园被国家林业局授予“中国百合公园”称号。魅力江油、活力江油、开放江油的形象得到极大提升。

【江油获得“全国文明城市提名城市”】 2015年，江油文明创建工作取得重大突破。2月，文明城市创建工作再上新台阶，江油市获得“全国文明城市提名城市”。通过广泛宣传动员，营造浓烈的创建气氛；通过“六类专项治理”，构成创建基层基础工作；通过“江油好人”评比等，彰显文明新风，弘扬社会主义核心价值观。创建文明城市已成为推动全市经济社会发展、提升城市形象和综合实力、提高市民文明素质的大事，各级各部门和全市人民把获取“全国文明城市”称号作为光荣职责和神圣使命。2015年11月30日，在四川省双拥模范城命名表彰大会上，中共四川省委、四川省人民政府、四川省军区联合授予江油市“四川省双拥模范城”荣誉称号，这为创建全国文明城市打下又一坚实基础。

【神华江油煤电一体化循环经济产业园开工】 2015年8月20日，神华江油煤电一体化循环经济产业园作为全省首个煤电一体化循环经济产业园顺利开工。在2平方公里的产业园区内，将建设涵盖煤炭储运、燃煤发电和“消化”粉煤灰等排放物的新型建材产业。这是江油转型升级、绿色发展的一个缩影。全年坚持大项目带动，强力推进产业园区建设，颐江国际电商产业园、卓璟光电产业园、军民融合产业园等在江彰大地拔地而起，江油的转型升级、提质增效之路走得稳健踏实。

【全市2.3万名农村义务教育学校学生享受免费午餐】 2015年，江油全力实施民生工程，提升群众幸福指数，实现整体覆盖、全面改善的“民生新福祉”。9月，全市2.3万名农村义务教育学校学生开始享受免费午餐。同时，扎实推进就业促进、扶贫解困、教育助学、社会保障、医疗卫生、百姓安居、基础设施建设、生态环境、文化体育九大民生工程。总投入达到8.49亿元。

【江油大道竣工通车】 江油大道北起工业园区加油站，南至京昆高速大堰出口，全长7.18公里，按城市快速通道标准改建。该大道不仅是江油城区连接京昆高速的通道，也是江油展示城市形象的迎宾大道和布局产业的产业大道。2015年，全市加大基础设施建设力度，继续开展通村通畅工程，加强小农水重点县建设，加快行政村通宽带建设，持续加快基础建设步伐，为百姓生产生活提供便利的条件。

【罗汉堰变身六公园】 昔日素有“龙须沟”之称的罗汉堰，如今已是波光粼粼，两岸绿草如茵，散步休闲的市民络绎不绝。2015年，江油秉持“城市景区化”的发展理念，建设宜居宜业宜游的现代化城市，让“城在林中、水在城中、人在画中”。突出“一江两河九堰”水系整治工程，着力塑造生态水景，深入挖掘文化底蕴。建设“精、美、特、新”城市。2015年，大力实施项目建设集中攻坚战。4个月如期完成纪念碑平战结合人防地面工程和节会参观沿线20多公里的风貌改造，不到一年完成邀月路延伸段河堤景观工程、S205线畅通改造提升工程等新建、续建项目67个。

【单元化联户共建共享工程深入推进】 江油创新社会治理模式，推行“单元化联户共建共享工程”，将农村或社区相邻居住的10—20户左右人家组成一个联建单元，每个单元确定一名“中心户长”，“任期”一个月，由联建户轮流“坐庄”，开展单元内的环境联治、平安联创、困难联帮、致富联带、新风联树“五联创建”，着力构建“1355”自治模式，形成人人为集体、为他人出力的组织建设、社会治理、文明创建新模式。同时，全面推行行政审批体制改革，在全省率先公布并实施“五项清单”，深入开展扩权强镇试点工作，顺利完成“三证合一”改革。全面推行城区户政办理“一站式”服务新举措和“三队两室”勤务改革模式，“两项运行机制”的成功改革为群众提供更加方便贴心的服务。

（新闻宣传中心）

2015年江油市大事记

1月

6日 省发改委副主任、省能源局局长雷开平率队赴江油调研神华巴蜀江油国家煤炭应急储备基地工程暨神华天明电厂新建工程项目工作。

8日 什邡市委副书记、市长季涛及市委常委、常务副市长黄剑，率什仿市住建、发改、财政等相关部门负责人，到江油市考察棚户区改造工作。

13日 绵阳市委常委、北川羌族自治县委书记刘少敏率北川党政代表团到江油考察交流现代农业、中小科技型企业发展工作。

16日 总投资80多亿元的21个重大项目在江油工业园区集中开工。项目包括产业类项目11个，总投资25.75亿元；基础设施及民生类项目10个，计划投资54.6亿元。江油四大班子主要领导、市级各部门和乡镇主要负责人、开工项目负责人、嘉宾代表出席开工仪式。

17日 江油市人民政府与浙江颐高集团有限公司在江油宾馆举行四川（江油）颐江国际电子商务产业园项目签约仪式。绵阳市委常委、江油市委书记李江，市委副书记、市长马辉，市委常委、副市长韩晓清，副市长何思文，颐高集团董事长翁南道等出席签约仪式。

23—24日 中共江油市委第十二届六次全体会议在江油大剧院召开。全会听取和讨论李江代表常委会所作的题为《一心一意谋发展、聚精会神抓党建，为加快建设“诗意中国·李白故里·美丽江油”而努力奋斗》的报告，审议并通过《中共江油市委关于贯彻党的十八届四中全会精神全面深入推进法治江油建设的决定》《中共江油市委关于坚持思想建党与制度治党紧密结合 全面推进从严治党的决定》。

24日 市委、市政府召开政府职能转变和机构改革工作会。会议就深入贯彻落实中共中央、国务院关于地方政府职能转变和机构改革的重大决策和省委、省政府的要求，对政府职能转变和机构改革工作进行动员部署。市委副书记、市长马辉出席会议并作重要讲话。

30日 13时30分，江油市在四大班子办公楼前广场举行“关爱奉献者”现场募捐活动，号召全市广大党员干部、共青团员、企业职工、基层群众感恩奉献，为身边的困难退役军人奉献爱心。该次共募集19141.5元，全部捐赠到“关爱奉献者兰辉基金”。

是月　江油李白故居景区晋升为国家AAAA景区。

2月

2日　阿坝州委常委、九寨沟县委书记罗振华率党政考察团到江油参观考察。

12日　晚，首届“江油好人”颁奖典礼在太平洋影院举行。李秀萍、张巧、马远学、郭作军、傅刚、霞新民、罗晓琼、岳元新、刘建波、帅兰共10人获得“江油好人”荣誉称号。

11日至3月8日　江油“2015太白灯会”开展。该次灯会分为“喜迎新春”“魅力太白”“多彩江油”“梦幻侏罗纪”四大主题，共包括53组独具特色的精美彩灯，分别在太白公园、海灯武馆、昌明河畔和感恩园等区域展出。

16日　晚，江油首届春节联欢晚会在江油大剧院上演。

3月

4日　四川省国土资源厅厅长杨冬生率队赴江油调研指导工农业项目建设发展工作。

5日　宜宾市兴文县委副书记、县长张健率县政府考察团到江油市考察工业发展、农旅融合发展、城市建管及智慧城市建设工作。

10日　省委、省政府经济工作督查组到江油督查调研工业经济发展情况。

12日　四川省审计厅厅长黄河率队赴江油调研审计等相关工作。

21日　九三学社绵阳市委江油基层委员会召开第三次社员大会，选举产生新一届领导班子。

24日　2015“大爱无疆——寻找·最美援外医生”颁奖活动在北京举行。该项活动由国家卫计委和中国人民对外友好协会联合解放军总后勤部卫生部主办，旨在表彰为世界医疗卫生事业做出突出贡献的医生和团体，特别是奋战在抗击埃博拉疫情一线的中国援外医生。在莫桑比克援外工作中因病去世的江油市人民医院副主任医师徐迅获2015年“最美援外医生”特别奖。

26日　绵阳市委常委、江油市委书记李江率江油市党政代表团，赴雅安市雨城区对接援建工作。

4月

1日　四川省委常委、省委农工委主任李昌平到江油调研乡村旅游及农村综合改革试验区建设工作。

3日　四川交通投资集团副总经理、交投物流公司董事长闫克俭率队赴江油考察项目建设洽谈投资事宜。

7—8日　绵阳市委副书记、代市长刘超赴江油市调研经济社会发展情况。

9日　绵阳市委副书记吴群刚率队到江油市调研电子商务和科技型中小企业发展工作。

13—14日　四川新华发行集团、四川出版集团、新华文轩出版传媒股份有限公司董事长龚次敏率队赴江油考察旅游资源开发。

14日　四川省地方志编纂委员会副巡视员汪毅到江油调研指导地方志工作。

15日　省环保厅副巡视员张金汉率巡视组赴江油督查节能减排工作。

△ 绵阳市重点工作第五督查组组长黄德骏率队到江油督查调研江油经济工作。

21日　市政府组织召开全国

第六届特奥会江油赛区动员大会。市委副书记、市长马辉出席会议并讲话。

△ 省水利厅副厅长张强言率队赴江油调研水利工作。

24日　四川（江油）颐江国际电子商务产业园项目开工奠基仪式在江油市举行。该项目用地位于明月新城，李白大道与邀月路交叉口，规划建设净用地面积为73763平方米。该项目是市政府2015年重点招商引资项目，由颐高集团有限公司投资6亿元，旨在打造为集城市资源展示、会展交易、企业孵化、物流配送、产业服务、博览旅游、综合配套等多功能、现代化的电子商务产业园。

△ 2015中国（绵阳·江油）智慧旅游高峰论坛暨四川（江油）颐江国际电子商务产业园启动仪式在江油宾馆举行。

28日　人民日报、新华社、光明日报、四川日报等19家国内知名新闻媒体到江油市采访创新创业发展科技型中小企业情况。

是月　方水撤乡建镇。

5月

4日　由市委组织部、市直属机关工委会、共青团市委会主办，主题为“放飞青春梦想共建李白故里”的演讲比赛在江油大剧院举行。

△ 全市2015年创新创业暨群团工作会议在江油大剧院举行。

11—17日　全国第九届残疾人运动会暨第六届特殊奥林匹克运动会田径和乒乓球项目比赛在江油市体育馆举行。共有来自全国31个省、市、自治区和新疆生产建设兵团以及香港、澳门特别行政区共34个代表团、419名运动员参赛；有900名教练员和工作人员、500余名志愿参与赛事服务。观众达4.1万人次，其中，残疾人观众350人次。

21日　绵阳市委常委、江油市委书记李江会见省交通投资集团总经理郑勇一行。双方就进一步深化交流与合作，推动江油经济社会发展进行座谈。

23日　首届李白诗歌奖得主洛夫，李白诗歌奖提名奖获得者于坚、欧阳江河、沈苇，著名诗人吉狄马加，著名诗歌评论家谢冕，《文汇报》主编陆梅等30余人，参观游览李白故居和李白纪念馆。

26日　绵阳市委副书记吴群刚率绵阳市经信委、市科知局、市工商局、市政务服务管理局等部门负责人，到江油市调研“精准滴灌”培育科技型中小企业上档入规工作。

△ 全省地方政协联络工作座谈会在江油市召开，总结交流各地贯彻落实《中共中央关于加强社会主义协商民主建设的意见》情况，共同探讨进一步推进人民政协协商民主和政协联络工作的思路和办法。

26—28日　第二届两岸哪吒民俗文化交流活动在江油市举行。180余名来自中国台湾、澳门、香港地区及新加坡、马来西亚、越南、印尼、泰国、英国等国家的哪吒宫庙代表及哪吒文化信仰的嘉宾，与青城山、二王庙、鹤鸣山等四川省内外道观道教人士以及江油市有关人士共同祭祀祈福，交流、研讨哪吒文化，参加哪吒祖庙翠屏山道观重修落成典礼。

27日　江油市委副书记、市长马辉会见中国智慧城市产业技术创新战略联盟秘书长、北京航空航天大学计算机学院院长吕卫锋一行。

28日　省委、省政府经济工作督查组组长刘伟华率队到江油市督查调研稳增长政策落实情况。

△ 来自全国百家党报的记者重走灾区江油，见证江油灾后建设、创新创业环境、民生工程推进、生态环境改善等方面的成果。

29日　凉山州越西县委书记袁洪、县长肖正权率县党政代表团赴江油考察学习。

6月

1日　绵阳市委常委、江油市委书记李江会见四川交通投资集团考察团一行。

3日　江油电视台特邀成绵乐高铁沿线的十六家电视台做客江油，开展为期3天的采风活动。

5日　绵阳市委副书记、代市长刘超率督查组赴江油开展项目推进暨投资促进工作专项督查。

7日　人民日报四川分社社长张忠到江油调研。

9日　德阳市委常委、绵竹市委书记陈彬，市长陈万见率绵竹市党政代表团到江油参观考察。

11日　江油市委副书记、市长马辉在江油大剧院会见美国戴斯酒店集团（中国）副总裁张红一行。

12—18日　四川首届生态旅游博览会在江油市举办。该届博览会由国家林业局、国家旅游局指导，四川省林业厅、四川省旅游局、绵阳市人民政府主办，四川省生态旅游协会、21个市（州）林业局、旅游局协办，江油市委、市政府承办。会期为期7天，全面系统展示四川省生态旅游全产业链优势资源，打包推出21市（州）最具潜力的林业生态旅游招商引资项目。

12日　下午，四川省生态旅游产业发展大会在江油大剧院召开。省委常委、省委农工委主任李昌平出席会议并讲话。

13日　四川首届生态旅游博览会系列活动之一——新常态下森林公园和生态旅游产业创新发展研讨会暨2015中国林学会森林公园分会年会在江油大剧院举行。来自全国各地的10多位权威研究森林公园建设与发展的专家、学者进行学术交流。

15日　省级法治示范市创建检查验收组到江油检查指导验收工作。

19日　河南省人大常委会副主任张大卫率专家组赴江油调研考察灾后重建经济社会发展情况，指导江油“十三五”规划编制。

23—24日　由省委组织部、省民政厅组成的省联合调研组赴江油进行基层治理体系专题调研。

23日　新加坡坚永公司董事长陈永庆偕同美籍华侨黄冯响仪女士分别捐资50万元人民币和3000美元资助江油300名学子。

7月

1日　眉山市委副书记刘十庆率队赴江油考察文农林旅融合发展。

△ 由中共江油市委党史研究室编著的《中国共产党江油历史》第二卷（1949—1978）出版发行。

2日　绵阳市委书记彭宇行到江油市调研县域经济发展、重大项目建设、经济转型升级等工作，看望走访基层干部群众。

6日　江油市人民政府与四川久远集团举行战略合作签约仪式。市委副书记、市长马辉，市委常委、副市长韩晓清，四川久远集团董事长高文等出席签约仪式。

9日　眉山市彭山区人大常委会主任钟建成一行到江油市学习考察高铁规划建设和带动产业发展等情况。

14日　广元市利州区副书记、区长唐文辉率党政代表团赴江油考察学习。

△ 绵阳市委常委、副市长付康率绵阳市国土局等部门负责人到江油市检查指导地质灾害防治和政务服务工作。

15—16日　由四川省青年联合会、江油市人民政府主办的“四川青联委员走进江油”主题活动举行。40余名来自企业管理界别的青联委员参观中国百年好合爱情谷、工业展览馆、清香园、六合锻造、李白纪念馆等，感受江油近年来取得的成就。

23日　江油市与四川交通投资集团签署战略合作协议。绵阳市委常委、江油市委书记李江主持签约仪式并讲话。马辉与曾崇勇代表双方签署战略合作协议。该次签署的合作项目是落实战略合作框架协议的具体体现，主要包括国省干线建设、商旅地产开发项目；新安服务区改扩建及拓展区项目；仓储物流配送基地项目；能源项目；西南地区废旧汽车拆解中心项目；文化旅游开发及高铁旅游客运中心项目；大宗物资贸易、公务用车社会化改革服务、广告业务等7个方面。年内，省交投集团先期启动新安高速服务区经营拓展、高铁旅游客运中心等项目建设，总投资近8亿元。

26—27日　绵阳市委常委、江油市委书记李江，市委副书记、市长马辉率党政考察团赴内江市，就城市建设、高新技术产业和电子商务发展等方面进行考察学习。

27日　香港铜锣湾集团与香港文汇报联合考察团到江油进行投资考察。

28日　农业部经管司司长张红宇赴江油市调研新型农业经营体系和农业社会化服务发展工作。

8月

10日　省政协副主席翟占一率队赴江油视察基层防汛抗旱体系建设情况。

11日　省委副秘书长、信访局局长邵革军赴江油市检查指导信访工作。

13日　省商务厅副厅长杨春轩率省电商处、市建处、省电商协会等负责人赴江油考察调研现代农业、电子商务工作。

19日　绵阳市委副书记、市长刘超率队赴江油化工产业园检查安全生产工作。

△ 绵阳市神华四川江油煤电一体化循环经济产业园等23个重点工业项目集中开工仪式在江油举行。23个重点项目中涉及神华四川江油煤电一体化循环经济产业园项目、中物院军民融合产业园、四川神光高品质紫外熔石英玻璃产业化项目、四川金辉花岗岩板材加工生产线项目、江油红狮水泥窑协同处置10万吨/年工业废物技改项目5个江油重大项目，总投资106.85亿元。

24日　省政府新闻办在成都举行2015年中央电视台中秋晚会——月圆江油新闻发布会。

27日　游仙区委书记罗蒙率党政考察团赴江油考察调研农旅产业融合发展及幸福美丽新村建设等情况。

△ 绵阳市涪城区委副书记、区长江彬率涪城区人民政府考察团到江油，参观考察市行政审批制度改革、工业发展、电子商务发展、现代农业发展等事项。

△ 全省县级公安机关警务运行机制改革和执法机制改革现场会在江油举行，来自成都、德阳、资阳、乐山等地公安机关的代表进行现场交流。

28日　市委第十二届七次全体会议在江油大剧院举行。绵阳市委常委、江油市委书记李江主持大会。全会贯彻习近平总书记系列重要讲话精神、深入落实省委十届六次全会和绵阳市委六届九次全会精神，总结上半年工作，安排当前和今后一个时期的重点工作，研究部署扶贫开发攻坚工作。听取并讨论李江代表市委常委会所作的工作报告，审议通过《中共江油市委关于创新实干坚决打赢扶贫开发攻坚战　确保同步全面建成小康社会的决定》。马辉就下半年全市工作作出安排部署。

9月

2日　在纪念中国人民抗日战争暨世界反法西斯战争胜利70周年来临之际，市委副书记、市长马辉走访慰问抗战老战士、老同志，为他们送去抗日战争胜利70周年纪念章及慰问金。

7日　由市委、市政府主办，市委宣传部承办的纪念抗战胜利70周年暨中华经典诵读展演活动在江油大剧院隆重举行。文化艺术界代表、城区社区群众700余人观看演出。

9日　四川报业集团党组书记、董事长余长久赴江油考察调研文农林旅发展情况。

△ 上午，2015年中央电视台中秋晚会新闻通气会在北京市梅地亚中心举行。中央电视台中文国际频道总监任学安，中秋晚会总导演李申、景欣，江油市委副书记、市长马辉，市委常委、宣传部长胥洪，以及数家中央级新闻媒体出席新闻通气会。

16日　四川省总工会检查组赴江油检查指导“六五”普法和人才队伍建设三年规划落实情况。

△ 由中国新闻社、四川省人民政府新闻办公室和省外事侨务办公室组织开展的“行走中国、海外华文媒体美丽四川行”大型新闻采访活动走进江油。来自美国、澳大利亚、加拿大、意大利、新西兰、韩国等15个国家和地区的24位海外华文媒体负责人、记者参访江油市。

26日　李白重要游踪地165幅书画摄影作品，中国百名硬笔书法家手书李白诗全集107件代表作品，在李白纪念馆展出。

△ 江油市委副书记、市长马辉会见以俄罗斯圣彼得堡亚太合作中心总经理、教授、圣彼得堡政府对外关系委员会主席顾问热迈迪斯·弗拉基米尔·亚列克山德罗维奇为首的俄罗斯圣彼得堡普希金区代表团。宾主双方围绕加强双方合作、促进双方旅游文化发展进行交流。

26—28日　由江油市人民政府、四川省李白研究会主办，江油市李白纪念馆承办的“李白文化高端论坛”在江油举行。俄罗斯圣彼得堡政府对外关系委员会主席顾问热迈蒂斯·弗拉基米尔·亚列克山·德罗维奇教授，中国李白研究会原会长、著名李白研究专家薛天纬教授，四川省李白研究会副会长徐希平教授等来自中俄两国的近60多位专家、学者参加论坛并研讨。

27—28日　首届李白故里文化旅游节在江油青莲国际诗歌小镇举办。开幕式上，中国诗歌协会授予江油市为“中国诗歌之乡”。中国作协副主席吉狄玛加为诗歌排行榜获奖者颁奖。江油市与俄罗斯圣彼得堡市普希金区交换友好合作城市备忘录。安徽省当涂县发布李白重要游踪地宣传文化联盟宣言。旅游节期间还举办李白文化高端论坛、书画笔会交流、诗歌朗诵会等活动。

27日　绵阳市旅游发展大会在李白故里江油举行。绵阳市委书记彭宇行出席大会并讲话。绵阳市委常委、江油市委书记李江出席会议，江油市委副书记、市长马辉作交流发言。会议还对获得全国、省、市各项荣誉奖项的优秀旅游单位及个人授牌颁奖。

△ 中国诗歌排行榜在江油发布，李瑛、于坚、胡弦、朵渔、韩文戈、余秀华获2014年至2015年中国诗歌排行榜前6名。中国诗歌排行榜系首次在江油发布，以后每年都将在江油举行。

△ 晚8时，2015年中央电视台中秋晚会——月圆江油在江油市青莲镇太白碑林南大门广场隆重上演。晚会以李白的诗歌为引领，围绕明月的歌曲营造团圆思乡的主题，共分上、中、下3个篇章、33个歌舞类节目。同时通过中央一套、中文国际频道及中国网络电视台向全球94个国家和地区直播。这也是中央电视台中秋晚会首次在西部地区举办。

28日　绵阳市旅游投资促进大会在江油大剧院召开。该次旅游投资促进大会重点推介的十大重点旅游招商项目包括：虎牙生态旅游区、梓潼七曲山旅游区、仙海湖旅游度假区、睢水—白水湖文化生态旅游区、小寨子沟生态文化旅游区、李白故里生态文化旅游区、辛夷花养生旅游区、通用航空产业园、嫘祖文化旅游区、三台道教养生文化旅游区。

30日　江油在西山烈士陵园隆重举行烈士公祭仪式。市委副书记、市长马辉宣读祭词并敬献花篮，市人大常委会主任冯钢，市政协主席范来山，市委副书记李平，市委常委钟培、胥洪、唐传凤、何波、唐顺江等领导出席仪式。

是月起　江油市全面实施农村义务教育学校学生免费午餐，共涉及2.3万名农村学生，68所学校（村小）。免费午餐按照每个学生1天6元的标准执行，江油本级财政承担2100余万元。

10月

12日　绵阳市委常委、副市长付康率队深入江油市龙凤工业集中区，实地调研鑫达新能源项目推进情况。

△ 西昌市委书记李俊率西昌党政代表团赴江油考察文农林旅发展情况。

13日　四川省第八届老年人运动会羽毛球比赛在江油市开幕。

14日　由人民网、国际旅游

学会、浙江省旅游局、舟山市人民政府主办，舟山市旅游委员会、普陀区人民政府共同承办的“2015国际旅游度假目的地创新发展论坛”在浙江舟山举行。李白故里·青莲国际诗歌小镇获“2015国际旅游度假目的地创新论坛”最具文化创意旅游小镇。

16日　省水利厅副厅长李勇蔺率队赴江油调研水利改革推进工作。

△“金融直通车”进江油工业园区暨金融服务站启动仪式举行。省投资促进会与江油工业园区签订《金融直通车进江油园区战略合作协议》，并与四川恒信友邦家具有限公司、四川远方机械装备制造有限公司分别签订《金融直通车服务企业战略合作协议》。

17日　文化科技创新服务联盟主席、广州励丰文化科技公司总裁代旭率队到江油考察。

19日　四川省七市第十三届老年书画联展在李白纪念馆举行。

21日　江油首届创新创业大赛启动仪式在江油大剧院举行。来自市级各部门、乡镇主要负责人、青年（大学生）代表、科技型企业代表、江油工业技校、职中等学生代表近700人参加启动仪式。

22日　首届中俄兔业合作交流圆桌会议开幕式在江油大剧院举行。该次大会由农业部对外经济合作中心、四川省农业厅、绵阳市人民政府共同主办，江油市人民政府承办。大会以“合作·共赢·创新·发展”为主题，旨在落实习近平主席访俄期间与普京总统达成的共识和两国签署的《关于兔业领域合作的谅解备忘录》精神，进一步推动“两河流域”地区合作发展，探讨中俄兔业企业投资合作事宜。

23—26日　中国畜产品流通协会兔业委员会第三届会员代表大会暨第三十二届中国兔业大会在江油举行。该次大会由中国畜产品流通协会、中国兔业协会和俄罗斯国家兔业协会主办，四川皇嘉农业集团有限公司承办，江油市人民政府协办。大会秉承“合作·共赢·创新·发展”的宗旨，举办兔业交流会、兔业技术研讨会、兔业产业成果展示会等活动，为参会中外企业提供了技术交流和合作项目洽谈平台，共商兔业发展新路子，对推动中国兔产业的国际合作、推进兔产业健康持续发展具有重要意义。

28日　江油市2015“四会一节”（全国第九届残运会暨第六届特奥会田径和乒乓球比赛、四川首届生态旅游博览会、2015年绵阳市旅游发展大会暨首届李白故里文化旅游节、首届中俄兔业合作交流圆桌会议及中国畜产品流通协会兔业委员会第三届会员代表大会暨第三十二届中国兔业大会）总结大会在江油大剧院召开。绵阳市委常委、江油市委书记李江出席会议并讲话。“四会一节”历时5个月，共有31个省市区和新疆建设兵团、港澳台地区和中央、省部级领导16人次，厅局级领导100余人次，嘉宾5000余人次，以及来自俄罗斯、新加坡、马来西亚、荷兰等国际友人20余人次参加活动。江油先后召开新闻发布3场，承接采访宣传活动活动10余次，发布2个宣言。大康镇、市委宣传部等8个先进集体、青莲镇党委书记黄建等7个先进个人在会上作交流发言。大会表彰20个重大项目建设先进单位、82个组织工作先进单位、22个特别贡献企业、473名先进个人、12名优秀解说员和200名优秀志愿者。

11月

1日　广西壮族自治区政协副主席高枫一行莅临江油，考察文农旅融合发展情况。

3日　省关心下一代工作委员会执行主任张中伟一行到江油调研经济发展、关心下一代工作开展情况。

△三台县委副书记、县长谭岗率党政代表团赴江油市考察学习。

3—4日　绵阳市人大常委会主任蒋仁富深入江油市青莲镇、太平镇、大康镇、含增镇等地，调研当地扶贫开发工作，走访看望困难家庭、留守家庭、专业合作社、产业大户代表等，和当地基层干部一道摸实情、解难题、话发展。

9日　江油市“四川首届生态旅游博览会签约项目圣隆精致农业观光园”等总投资19.4亿元的11个农旅项目在彰明镇举行集中开工仪式。该次集中开工的四川首届生态旅游博览会签约项目圣隆精致农业观光园、百年好合爱情谷三期、青莲国际诗歌小镇自驾车营地、中国海棠小镇“吉祥花溪”、武引二期江油直灌区、涪江彰明段堤防工程等11个农旅项目，包括农旅融合项目6个，农业产业发展项目1个，农业基础设施项目4个。

10日　四川省儿童福利服务指导中心工作会在江油召开。四川省民政厅副厅长刘家鹏在四川省儿童福利服务指导中心工作会上强调，要提高思想认识，加强职能转变，明确工作职责，创新工作方式，加强沟通协调，落实责任主体，为推动全省儿童福利服务体系全面建立做出新的更大贡献。

11日　省经信委党组成员、副主任李曙光率队赴江油开展“决战四季度奋力保目标”督查调研。

17日　省农工委副主任杨新元率队调研江油农民增收工作。

△晚11时，万利化工有限公司废热锅炉蒸汽管线发生爆裂，安监、消防等部门赶赴现场进行处置，无人员伤亡和有害气体泄漏。

18日　省统筹城乡研究会调研座谈会在江油召开。省政协农委副主任、省统筹城乡研究专家委主任、省农业厅原党组副书记、副厅长傅志康出席在江油召开的省统筹城乡研究会调研座谈会，听取文农林旅、新型城镇化建设等江油经济社会发展新经验与建议，深入广泛交流共同关心的问题，为完善江油“十三五”规划和经济发展战略研究建言献策。

20日　撤销江油市城市管理局，设立江油市城市行政执法局。

24日　2015年四川省结核病综合防治示范区工作会议在江油召开。会议通报2015年全省结核病综合防治示范区督导结果，并就下一步工作作出安排。来自于全省各地市州卫计委、疾控中心、示范县的相关负责人等180余人参加会议。

25日　绵阳市政协副主席、市委统战部部长苗平一行到江油市调研科技型企业发展情况。

△绵阳市委常委、江油市委书记李江，市委副书记、市长马辉率党政代表团赴遂宁市考察学习。

27日　四川省国土资源厅厅长杨冬生赴江油调研国土资源管理工作。

28日　省残联党组成员、副理事长杨志远赴江油调研残疾人“双创”工作推进情况。

△水利部专项督查组到江油检查指导水利安全生产工作。

12月

1日　绵阳市人大常委会副主任雷百灵率绵阳市工商联、外侨办等部门到铜星乡调研精准扶贫工作。

4日　四川省政协原副主席解洪，省人大常委会副秘书长朱新华，绵阳市人大常委会主任、党组书记蒋仁富率在绵阳全国、省人大代表到江油集中视察。

7日　绵阳市高新区党政代表团到江油市考察学习。

8日　江油中德低碳生态城市合作项目调研座谈会在市政府常务会议室召开。会议介绍德国被动式低能耗绿色建筑技术、水资源处理技术、高能效交通和可再生资源能效应用技术等，就开展中德低碳生态城市项目合作事宜进行座谈。德国驻成都总领事馆副总领事克劳斯·马赛，市委副书记、市长马辉，市委常委、副市长杜廷才出席座谈会。

△绵阳市委常委、江油市委书记李江，市委副书记、市长马辉率30余名县级领导干部赴川北监狱开展专题警示教育活动。

△李江、马辉率江油党政代表团赴绵阳市游仙区考察学习。

14日　市委副书记、市长马辉率队前往巴中市平昌县考察学习现代农业产业发展和新农村建设情况。

15日　凉山州党政代表团赴江油市考察农村综合改革、文农林旅融合发展等情况。

18日　中国西部人才基金会“春雨工程”公益项目推介会在北京国家行政学院举行。江油市人力资源和社会保障局代表江油在会上作发言。

21日　市委宣传部组织中共十八届五中全会、省委十届七次全会暨绵阳市委六届十次全会精神宣讲团深入中坝、青莲、小溪坝、二郎庙等8个分会场进行集中宣讲。全市各乡镇党政干部、村（社区）干部参加宣讲会。

26日　江油市长祥特钢举行技改项目落成典礼。

（方志办）

江油年鉴

江油概览

Jiangyou Overview

自然地理

【位置、面积】 江油市位于四川省东北部、四川盆地西北部边缘的涪江中上游地带。东与剑阁县、梓潼县接壤，南抵绵阳市涪城区、游仙区和安县，西与北川羌族自治县毗邻，北与平武县、青川县连界。地理位置处于北纬31°32′26″~32°19′18″、东经104°31′35″~105°17′30″之间。市境轮廓呈东北~西南走向的条形状，东西宽约48.4千米，南北长约86.6千米，面积2719平方千米。按地貌主要类型分，平坝占22.2%，丘陵占26.5%，山地占51.2%，台地占0.1%。涪江在江油市境内全长62.3千米，多年平均流量163立方米/秒，是江油市境内最大的河流。

【气候】 江油市境气候属北亚热带湿润季风气候，具有夏热冬暖、暑期长、降水丰沛、雨热同步的特点。年平均气温15.9℃，降水量1113.21毫米，蒸发量926.7毫米，相对湿度81%，日照时数1277.1小时，年平均气压为95.35千帕，极端最高气温37.5℃，极端最低气温-6.8℃，最多风向东北风，年平均风速为0.9米/秒，无霜期为238天。因为雨热同步，能保障对农作物的生长，在市境大部分地区可以满足农作物两熟的热量要求。只是西北部山区有小部分地方只能满足农作物一熟的热量要求。

【地形、地貌】 市境内地势西北高、东南低，西北部系山地，海拔一般800~1500米，最高峰为枫顺乡与平武县交界处的轿子顶，海拔2356米；东南部系丘陵和平坝，海拔一般500~700米，最低点为龙凤镇飞凤山麓涪江河谷，海拔462米。大地构造西北部属东北—西南走向的龙门山—大巴山台缘褶断带，地面表现为冈峦重叠，坡陡沟深；东南部属四川台坳，地貌表现为低矮的丘陵和大小不等的平坝。

【耕地】 2015年年初，全市实有耕地面积38030公顷，年末实有耕地面积38018公顷，比2014年减少12公顷。

（方志办）

自然资源

【土地资源】 土地面积辽阔，有31.39万公顷。土壤宜种性广，矿质养分丰富，一般耕性良好能适应多种农作物、林木、草类生长。但因境内丘陵地区丘坡上部水土流失严重和丘坡坡麓排水不畅等原因，低产田土较多，必须有计划进行改造。

【矿产资源】 矿产种类多、藏量丰富，现已探明金属与非金属矿20余种，但初步探明储量的仅有一半，探明部分储量仅有5种。已进行规模开采的有天然气、黄铁矿、赤铁矿、石灰石、白云石、硅石、石英石共7种。煤、沙金亦有少量、零星开采。

【水资源】 蕴藏量丰富，地表径流利用较好。水能资源理论蕴藏量为36.95万千瓦，其中可开发量21.69万千瓦，水利资源理论总量111.33亿立方米，按可利用水资源计算，境内耕地每亩平均在2600立方米以上。

【森林资源】 江油市对3.6万公顷生态公益林进行常年有效管护。2015年，全市累计义务植树174.05万余标准株，栽植绿色通道50千米。森林面积为27.2万公顷，森林覆盖率47.1%。

（方志办）

气候特点及评价

【气候特点】 2015年，江油市天气气候的主要特点：年平均气温较常年偏高，汛期降水量较常年偏少两成，夏旱和伏旱较重，“秋绵雨”天气突出。年内天气气候条件有利有弊：充足的热量资源为作物生长发育提供良好的热量条件，春季雨水调匀为全市小春增产做出贡献，夏季空气湿度偏低有效地减轻大春作物病虫害；汛期降雨强度总体偏小，洪涝和地质灾害偏轻；但局部严重的夏伏旱和“秋绵雨”天气给大春作物生长造成一定的不利影响。2015年，天气气候条件空间差异明显，气象灾害总体较轻，为中等略偏差年景。

【温度状况】 2015年，全市年平均气温为16.8℃，较常年同期偏高0.5℃。年极端最低气温为-1.0℃（12月25日），年极端最高气温为34.9℃（5月15日）。炎热日数（日最高气温≥30℃的天数）为55天，无酷热天（日最高气温≥35℃的天数）。月平均气温与常年同期相比较(见表1)，仅6月至7月正常，1月至5月、10月至12月偏高0.4~1.2℃左右，8月至9月偏低0.5~0.8℃左右。

2015年江油市各月平均气温统计表

表4

单位：℃

要素名称	1月	2月	3月	4月	5月	6月	7月	8月	9月	10月	11月	12月
全市平均气温	6.4	8.3	12.9	18.0	22.4	24.2	25.6	24.5	21.1	18.1	13.0	7.2
气温距平	0.9	0.5	1.3	1.2	1.0	0.2	-0.2	-0.8	-0.5	1.1	1.0	0.4

【降水时空分布】 2015年，全市总降水量为857.2毫米，较常年偏少19%，偏少2成。汛期（5—9月）降水量为707.6毫米，较常年同期偏少20%，偏少两成。按照江油气象站资料统计，2015年，降雨日数为165天，比常年同期多29天。其中小雨日数150天，比常年同期多40天；中雨日数7天，比常年同期少8天；大雨日数3天，比常年同期少3天；暴雨日数5天，比常年同期多1天。2015年，主要有5次暴雨天气过程，分别为5月21日、6月27~29日、8月12日、8月16~17日、9月8~9日（见表2）。从各次暴雨过程的平均降雨量、暴雨站点数、最大过程雨量以及暴雨落区来看，6月27—29日过程强度最大，9月8—9日过程降雨范围最广，各次暴雨过程主要集中在江油市雁门山区及城区附近，与常年暴雨空间分布相当。

2015年各次大暴雨过程统计表

表5

要素名称	5月21日	6月27—29日	8月12日	8月16—17日	9月8—9日
平均过程降雨量	50.1	59.6	23.9	43.3	124.2
暴雨站次	19	12	7	35	42
大暴雨站次	2	4	1	1	10
特大暴雨站次	0	0	0	0	0
最大过程雨量	146.2	238.5	105.6	76.7	173.7
最大过程雨量出现地点	龙凤镇	石元乡	城区	含增镇	青莲镇
最大日降雨量	146.2	198.8	105.6	68.3	111.0
暴雨主要落区	二马厚、雁门片区、龙凤、方水、彰明片区	雁门山区及附近乡镇	城区三镇及周边、文胜、重华、马角一线	西南部乡镇、城区三镇	全市，其中城区及南边乡镇最大

【日照时数】 年日照时数为1429.2小时，较常年偏多11%，年内各地光照较为充足。月日照时数与常年同期相比较（见表6），2月、4月、5月、7月和10月较常年同期偏多；1月、3月、9月、11月和12月较常年同期偏少，6月和8月与常年同期持平。

2015 年各月全市平均日照时数统计表

表 6

单位：小时

要素名称	1月	2月	3月	4月	5月	6月	7月	8月	9月	10月	11月	12月
平均日照时数	60.0	118.4	80.7	172.0	204.1	132.2	215.8	153.2	64.6	108.3	46.0	73.9
日照距平	−26	76	−18	36	37	1	44	3	−30	39	−47	−9

【干旱及秋绵雨程度】 干旱：按气象干旱综合指数统计，2015年5—6月绵阳市大部地区出现不同程度的夏旱（见表7），江油干旱程度最重，共出现干旱23天，其中重旱为9天、特旱为2天。

2015 年 5—6 月绵阳各地气象干旱对比表

表 7

干旱总天数	江油	平武	北川	安县	绵阳	梓潼	三台	盐亭
	23	0	26	30	43	43	4	16
其中：轻旱	2	0	19	12	36	33	4	12
中旱	10	0	7	18	7	10	0	4
重旱	9	0	0	0	0	0	0	0
特旱	2	0	0	0	0	0	0	0

伏旱：按气象干旱综合指数统计，2015年7—8月绵阳市各地均出现中等以上的伏旱（见表8），江油共出现伏旱58天，其中重旱天数达到9天，为历史所罕见。从绵阳市伏旱的地域分布来看，西北部重于东南部，与伏旱历史发生规律恰好相反。

2015 年 7—8 月绵阳各地气象干旱对比表

表 8

干旱总天数	江油	平武	北川	安县	绵阳	梓潼	三台	盐亭
	58	39	62	62	59	25	21	12
其中：轻旱	37	32	19	18	20	18	3	2
中旱	12	6	22	22	26	7	12	9
重旱	9	1	21	11	5	0	1	1
特旱	0	0	0	11	8	0	5	0

秋绵雨：2015年秋季，江油市各地出现不同程度的秋绵雨天气，全市平均秋绵雨日数为11天，从9月21日持续至10月1日。

【气候评价】 2015年，江油市冬春虽有轻旱，但土壤墒情较好，冬春两季天气气候条件有利于小春作物生长发育和大春备耕备种，水分和光热条件满足小春作物生长发育所需，小春粮油作物获得较好的收成。5月至6月，上半月温高雨少的天气气候条件使全市部分乡镇出现较明显的夏旱，在一定程度上影响大春作物栽插进度，并造成一定程度的损失。7月下半月至8月上旬中期出现的连晴、高温、少雨、干燥天气，使各地伏旱迅速发生发展，部分乡镇达到中旱或重旱，伏旱高温天气对水稻孕穗及抽穗开花、中玉米抽雄吐丝等都造成一定的危害，随着8月中下旬降水状况的改善，尤其是8月16—17日的暴雨天气过程，使大部乡镇旱情得到缓解或解除。9月下旬至10月月初，各地出现“秋绵雨”

天气，给这些地区大春作物成熟和收晒造成一定的不利影响。仲秋10月，各地出现少有的秋高气爽的晴好天气，对2016年小春备耕、油菜育苗移栽等较为有利。

年内虽有5次区域性暴雨天气过程，但降雨强度相对较小、持续时间较短，造成的洪涝及地质灾害相对较轻。年内暴雨、洪涝、大风、冰雹等突发性灾害性天气少，没有出现大的灾害损失。

2015年江油气象站主要气象资料

表9

年度平均气温（℃）	年度降水量（毫米）	年度日照时数（小时）	年度极端最高气温（℃）	年度极端最低气温（℃）
16.8	857.2	1429.2	34.9	−1.0

（张健龙）

环境状况

【概况】　江油城区属亚热带湿润气候，具有冬暖、春早、夏长、秋短、无霜期长、雨量充足的特点。年平均气温为15.9℃，主导风向为东北风，年平均风速为0.9米/秒，年平均雨量为1113.2毫米，年平均日照1277.1小时，年平均气压95.35千帕。涪江在江油市境内全长62.3千米，多年平均流量163立方米/秒，是江油市最大的河流。2015年，江油市环境保护局对全市大气、水体和噪声进行例行监测，完成15家国控、省控和绵阳市控重点重点污染企业和76家江油市控一般污染企业的监督性监测及排污收费监测和环境污染纠纷监测。监测结果显示，城区空气环境质量优良天数达到344天；涪江出入境断面水质达到地表水Ⅲ类水域水质标准，城区和乡镇饮用水源地水质达到国家相应标准；功能区噪声达标；共获有效监测数据30000余个。

【大气环境质量】　2015年，市环保局对江油城区环境空气中二氧化硫、二氧化氮、可吸入颗粒物进行24小时连续自动监测。全年二氧化硫月平均值浓度范围为0.007~0.072毫克/立方米。城区生产生活主要使用天然气，有极少部分使用煤气和散煤，二氧化硫的主要来源是燃煤和汽车尾气。全年二氧化氮月平均值浓度范围为0.012~0.045毫克/立方米。二氧化氮的主要来源是雷击天气，燃煤、汽车尾气。城区二氧化氮春、秋、冬三季高，夏季低，因为春、秋、冬三季受区域或全国天气影响，再加之江油地处盆地边缘，春秋两季大雾天气比较多，不利于污染物稀释扩散，因而造成全市春、秋、冬三季的二氧化氮浓度升高。全年可吸入颗粒物月平均值浓度范围为0.035~0.247毫克/立方米。可吸入颗粒物浓度春季、秋季、冬季高，夏季低，因为江油地处盆地边缘，春、秋两季大雾天气比较多，不利于污染物稀释扩散，因而造成江油市春、秋、冬三季的可吸入颗粒物浓度升高。2015年，江油市环境空气质量总体较好，全市环境空气优良天数为344天，达标率为94.2%，主要污染物是二氧化硫和可吸入颗粒物。

【水环境质量】　分为主要江河水系水质和集中式饮用水水源地水质。主要江河水系水质：涪江及其主要支流共布设2个河流地表水质监测断面，即福田坝断面、凉水井断面。涪江福田坝水质稳定，达到Ⅲ类水域水质标准；涪江凉水井水质稳定，达到Ⅱ类水域水质标准。2015年，涪江水质稳定达标，能够满足规定的水域功能要求。涪江干流水质较好、较稳定，全年各项指标均未出现超标，水质能达到相应的水质标准。集中式饮用水水源地水质：涪江岩嘴头和平通河涪西堰是江油市的饮用水源地，岩嘴头和涪西堰断面水质达标率100%，能够满足集中式生活饮用水源地二级保护区的功能要求。岩嘴头和涪西堰作为江油市城区饮用水源地，江油市环境保护局作为行政主管部门对其进行严格的监管，制定定期监测的制度和应急预案，确保水源地水质全年均较清洁。

【声环境质量】 2015年，市环保局对江油城区4个功能区测点的环境噪声进行定期监测，每季度各监测1次。各功能区昼间噪声环境质量较好，昼夜平均等效声级值均未超标。功能区噪声反映城区生产生活的声环境状况，江油城区功能区的声环境状况整体良好，3个功能区噪声均没有超标。2015年，江油市道路交通噪声昼间平均值为64.8分贝（A)，江油市道路交通噪声质量级别为好，江油市城区区域环境噪声质量级别为较好。

（环保局）

政区沿革

【德阳县和阴平郡、县的设置】 江油市境内最早的政区设置，为东汉光武帝建武元年（25年）在今雁门镇（一说为今小溪坝镇阴平村）设置的德阳县，东汉末移治于今遂宁界（后再迁治今德阳市境）后即废此为亭，魏元帝景元四年（263年）邓艾伐蜀自阴平道直取江油（今平武县南坝镇）所经之德阳亭，即为该地。境内较早设置而后来又废掉的政区，还有西晋怀帝永嘉年间（307—312年）侨置的北阴平郡和阴平县。原阴平郡、县故址在今甘肃省文县西北，因西晋永嘉后郡、县俱没于氐，遂于今小溪坝镇阴平村侨置北阴平郡、阴平县。北周时郡改名为静龙，县名仍为阴平。隋朝时郡废除，北宋末县亦废除。

【江油、彰明两县的设置及其历史变迁】 境内主要境域，历史上设置政区较长时期而较为稳定的，为江油、彰明两县。彰明县初名汉昌，晋武帝泰始年间（265—274年）自白沙戍（今湖南湘阴县西北）侨置于今江油市青莲镇。西魏废帝二年（552年）改为昌隆县，迁县治于今彰明镇。唐玄宗先天元年（712年）避讳改为昌明，五代后唐庄宗同光元年（923年）改为彰明。其后经宋、元、明、清，虽屡有兴废变革，“彰明”县名一直沿用到1958年与江油县合并为止。江油县政区最早始于北魏宣武帝正始元年（504年）设置的江油郡、县，“江油”郡、县名沿袭蜀汉政权于东汉建安二十四年（219年）设置的“江由戍”，原址在今平武县南坝镇，南宋理宗宝祐六年（1258年），江油县治由平武南坝迁于今江油市大康镇旧县坝（雍村），元顺帝至正二十三年（1363年）复设置江油县于今武都镇。据《蜀中名胜记》载：“是以江水所由之意”，“由”通“油”，故名。其后历经明、清两代，虽亦有兴废变革，江油县的设置一直延续了下来。新中国成立后，江油县治于1951年5月迁中坝镇。

【江、彰合县及撤县建市】 1958年9月，经国务院批准，江油、彰明两县同时撤销合并设立江彰县。1959年4月，江彰县更名为江油县。1988年2月，国务院批准撤销江油县，设立江油市，由四川省直辖，四川省批转由绵阳市代管。

（方志办）

城市发展

【城市沿革及发展】 新中国成立前江油县城设武都镇，彰明县城设治城镇。新中国成立后，江油县城迁中坝镇，江、彰两县合县后仍以中坝镇为县城。撤县建市后，江油城市在中坝、三合、太平三镇的基础上发展起来。中坝镇位于江彰平原中部、江油城市中心，地理位置处于北纬31°47′、东经104°44′。城区被涪江和昌明河分隔为中坝、三合、太平镇。东南距绵阳市区38千米，西南距省会成都市156千米。中坝镇始建于元惠宗时期（1333—1368年），原址位于双流村（即今罗汉坝），初名兴隆场，后改名为双流场，明末毁于战火，清康熙三年（1664年）重建于今址。因其地形如船，两面皆水，中间为坝，故名中坝。涪江东岸为三合场，始建于明世宗嘉靖年间（1522—1566年）。昌明河西南岸为太平场，始建于明孝宗弘治元年（1488年）。其地扼川、陕、甘三省交通之要冲，又为涪江航运之重要码头，历来为川西北重要的物资集散中心，清代有

"小成都"之称，民国时期被誉为四川四大名镇和五大药材集散地之一。1949年江油解放时，中坝城区建设面积约1平方千米，有人口1.74万人。1954年，宝成铁路通车后在中坝镇东北郊设立火车站，车站周边逐渐形成新的城市区域。1958年，中坝火车站（今江油火车货运站）至原城区过渡地段相继兴建一批工矿企业，城区面积大规模扩展。1964年，中坝涪江大桥（俗称一桥）竣工通车，成为连接涪江东岸工矿区和西岸文化商贸区的纽带。1965年，国家在涪江东岸江油钢铁厂原址上兴建长城钢厂，同时在县境内部署一批重点企业和科研单位，促进城市建设的进一步加速。以商贸为主的中坝镇逐渐向以冶金、能源、建材为基础的工业城市发展。1978年，中共十一届三中全会后，在原有基础上重新编制城市规划，经省政府批准后实施，城市建设进入新的发展时期。进行旧城改造的同时，城区开始沿城北、城南和昌明河以西扩展。至1987年，中坝城区建成面积达到9.06平方千米，新建城市道路1.6万米，面积31.96万平方米。新建太白路中段、东大街北段、北大街西段、棉纺厂路等主要干道，新建中坝第二涪江大桥及一大批科、教、文、卫及商贸建筑，新建李白纪念馆、太白公园和西山公园。城市水、电、气等公用事业及交通、邮电通信等都得到长足的发展，城市人口也迅速增长到15.4万人，奠定撤县建市的基础。1988年2月，国务院批准撤县建市，进一步加快城市建设的步伐。1992年邓小平视察南方发表重要讲话后，江油作为四川省发展经济一条线战略目标的北端起点，在城区西南地带设立省级工业开发区，规划面积近10平方千米，城市发展重心逐渐南移。1993年以后，在对红军纪念碑为中心的旧城区主要商业街道进行大规模拆迁和改造的同时，着力对城区绿化、道路照明和环境治理等各项工程进行改造和建设。到2001年，江油城区建成面积扩展到21.4平方千米，城区道路总长146千米，面积223.72万平方米，形成以金轮干道、太平干道、银河干道、新华干道和太白路、花园路、东大街、北大街、解放街等为主的纵横交错的市区主干道网络。2005年，江油市委、市政府为迎接"两会一节"（四川省工业现场会、绵阳市第三届旅游发展大会和国际李白文化旅游节），筹集资金、组织力量对城市街容进行大规模的修葺整饬，新建、扩建23条城市道路，城市道路达到110千米，城市建成区面积拓展到25千米。同时，为突出李白文化特色、丰富城市人文内涵，组织力量在广泛征求各方面意见的基础上对城市街道进行重新命名，更名的街、路、巷48条，新命名的街、路、巷131条，保留原名的街、路、巷26条。如将原太白路更名为诗城路、人民路更名为诗仙路、金轮干道更名为纪念碑街、银河干道更名为李白大道等。2008年"5·12"汶川特大地震发生后，江油市在中共中央、国务院的亲切关怀下，在河南省及海内外朋友的大力帮助下，结合灾后重建，加强市政基础设施建设，城市形象和城市承载能力得到更大的提升，城市文化品位有了大幅度的提高。明月新城是江油市灾后沿绵江产业带和涪江两岸向南拓展开发建设的城市新区，地处涪江、昌明河交汇处，集中原江油连心桥（涪江三桥）、滨江河堤景观、拦水筑坝水能发电站和大型商住小区为一体，规划范围5.92平方千米，涉及中坝、太平、彰明、三合4个镇及江油工业园区，规划人口9万至10万人。

【历史文化名城】 江油历史悠久，自东汉光武帝建武元年（25年）设置政区以来，至2015年已有1991年的历史。江油为三国蜀汉军事重镇，唐代大诗人李白故里，系道教发源地之一，又是辛亥革命"江油之役"和红四方面军围城打援"江油战役"的发生地，有着深沉浓厚的三国文化、李白文化、宗教文化和革命文化的积淀和氛围。

【实现转型升级的工业城市】 历史上的江油、彰明两个县是以农业为主的产粮县，主产水稻、小麦、玉米等粮食作物及油菜、豆类、木耳、黄花、茶叶、水果、中药材等多种经济类作物，尤以地道中药材附子栽培历史悠久、驰誉全国而畅销海内外。新中国成立后逐渐发展为以冶金、能源、机械、建材、化工、纺织、食品等门类为主的新兴工业城市。境内有攀钢集团江油长城特殊钢公司、神华四川江油发电厂、中石油西南油气田川西北气矿、拉法基水泥集团四川双马股份有限公司、四川矿山机械有限责任公司、江油国大水泥有限公司、江油御华纺织有限责任公司及中国燃气涡轮研究院、四川材料与工艺研究所等国家大中型企业和科研单位20多家。江油作为“三线”建设的老工业城市，冶金机械产业长期一业独大。在全国、全省化解产能过剩的大背景下，传统的冶金机械产业在20世纪末逐渐遭遇困境。江油市委审时度势提出大力实施“11321”发展战略，强力推进城市建管、产业结构、生态环境、“一园八区”、统筹城乡、民生工程“六大转型升级”，其中工业转型升级走出一条具有江油特色的科学发展、加快发展、跨越发展之路，以两个“一号工程”（即引进培育高新技术和战略性新兴产业的产业发展“一号工程”及电子商务和“互联网+”的现代服务业发展“一号工程”）为统领，把新材料基地、高端装备制造、电子信息和光电、生物医药“一基地三集群”发展作为重点突破方向，实现冶金机械“一业独大”向高端装备制造、新能源新材料、现代医药绿色食品“三大产业”转变。2015年，江油市在全省县级经济综合排名第20位。

【美丽的旅游城市】 江油山川秀美，人文荟萃。境内有诗仙李白遗迹陇西院、太白祠、读书台、粉竹楼、磨针溪、洗墨池、衣冠墓等十数处，有道教祖庭乾元山金光洞、佛教名胜观雾山普贤顶，有佛、道文化浓厚、历史悠久的千古名山窦圌山。市区周围更有李白纪念馆、太白公园、太白碑林、西山公园、佛爷洞、白龙宫、陈塘关、翠屏山、老君山、养马峡、青沟等旅游名胜点缀其间。江油的旅游业兴起于20世纪80年代初，到20世纪末形成一定的体系和规模。进入21世纪，江油不断开发农业多种功能，推进文农林旅融合发展，在全市范围规划建设中国百合国际博览园、青莲国际诗歌小镇、新安农业公园、武彩香都、申家沟生态旅游度假区等多个文农林旅融合区。

（方志办）

行政区划

2015年，江油市八一乡、方水乡、香水乡撤乡建镇；长钢街道、长钢含增街道、长钢武都街道合并为长城街道办事处。全市辖28个镇（中坝、三合、太平、武都、青莲、厚坝、含增、大康、新安、九岭、西屏、文胜、重华、永胜、雁门、大堰、二郎庙、马角、彰明、龙凤、小溪坝、双河、贯山、战旗、河口、方水、香水、八一），12个乡（东兴、重兴、义新、新春、新兴、东安、云集、重兴、石元、敬元、六合、枫顺），1个省级工业园区（四川江油工业园区），2个街道办事处（华坪办事处和长钢办事处），96个社区居民委员会，365个村民委员会。

江油市民政部门将收集整理的老城区门牌数据进行科学编码，实现与城市规划同步。加强行政区域界线管理，完成与青川、剑阁、平武的边界联检工作。

（民政局）

人　口

2015年年末，全市公安户籍人口88.56万人，其中，农业人口60.34万人，非农业人口28.22万人；男性人口45.07万人，女性人口43.49万人，男女性别比为103.6∶100。年末，全市常住人口79.34万人，城镇化率为54.05%，同比提高1.5个百分点。人口出生率8.61‰，死亡率6.95‰，自然增长率2.38‰，符合政策生育率92.2%。

（公安局）

方　言

江油方言属于现代汉语北方方言西南次方言四川方言区的一支，以江油市人民政府驻地中坝镇为代表方言，与邻近的绵阳、梓潼、平武、北川城区的方言基本相同。

江油方言与汉语北方方言的代表方言——现代汉语普通话相比，无论语音、语汇或语法，基本上是相同的。若细加比较，这三者之间差异稍大的还是语音，但也仅表现为声、韵系统和调值的略有不同而已。其次则是语汇，其差异主要表现为一些方言词汇与普通话词汇的不同，以及一些较有特色的地方性熟语。新中国成立后，随着普通话的逐步推广，尤其是广播、电视逐渐普及后，江油方言无论是语音或词汇均有一定程度的趋同于普通话的倾向。故新中国成立二三十年后，江油人实际运用的方言（尤其在城区）已与民国时期有很大的差异。特别是20世纪80年代后出生的年轻人，受普通话的影响更大，即使说四川话，也普遍受普通话声韵调以及词汇的影响，传统的江油话已有了相当程度的发展和变化。

江油地域宽广，市境东北隅的马角、雁门、二郎庙、青林口、重兴、云集、中兴、六合、枫顺、敬元、石元等乡镇，语音与城区相差甚大，除调值有很大的差别外，语音亦与城区略有差异。在有的地方，这种方言的差异性还表现得十分复杂，比如二郎庙、雁门、马角等镇，镇上居民与山乡居民讲话亦有差异，甚至有些相邻近的村所操方言也有较大的差异。

（方志办）

著名人物

【李白】 李白，字太白，号青莲居士，唐代伟大诗人。自称凉武昭王李暠九世孙。祖籍陇西成纪（今甘肃秦安县附近），先世因罪流寓西域而改易姓氏。唐中宗神龙元年李白父亲逃归四川后客居绵州昌明（今四川省江油市青莲镇），恢复李姓，李白遂生于此。出生之时，母亲长庚入梦，故取名为白，字太白。

幼聪颖，五岁诵六甲，十岁诵诗书并涉猎百家，后于江油大匡山乔松滴翠之坪读书十载。开元八年，苏颋出任益州刺史，他于路中投刺谒见，其才能使苏颋十分惊异，称赞他说："这小子天才英特，稍稍再用功学习一下，便可与司马相如比肩。"他喜欢纵横术，好击剑，轻财好施而有侠义之风。曾与邑人东严子隐居岷山数年，郡守举二人有道科，皆推辞不应。开元十二年后出三峡，与友人吴指南游襄汉、泛洞庭。指南病死，恸哭若天沦，猛虎临前而坚守不动。暂将指南遗体殡于湘水畔，后数年为之营葬。又东至金陵、扬州，不到一年时间散金三十余万。后娶故相许圉师孙女，居安陆十年。开元二十三年游太原，识郭子仪于行伍之中，恰遇郭犯有小过，在主帅面前讲情减免了对他的刑责。与谯郡元参军携妓游晋祠，浮舟弄水。之后至齐、鲁，客居任城，与孔巢父、韩准、裴政、张叔明、陶沔等会于徂徕山，纵酒为乐，号为"竹溪六逸"。

天宝元年，李白游会稽，与道士吴筠居剡中。吴筠被召，李白亦随之至长安。往见贺知章，贺读其诗文，赞叹不已，称之为"谪仙人"。又经持盈法师（即玉真公主）举荐，唐玄宗召见于金銮殿。论当世事，草答番书，又上《宣唐鸿猷》一篇。甚得玄宗嘉赏，以七宝杯赐食，御手亲为调羹，并任命他为供奉翰林，专掌密令。

李白嗜酒，几乎日日醉于酒肆之中，故与贺知章等八人有"酒中八仙"之称。每当唐玄宗召他之时，几乎都在酒醉之中，故常以水洒面，稍解时提笔为文，往往一气呵成而婉丽精切。如《出师诏》《宫中行乐词》《泛白莲池序》《清平调》《龙池柳色》等，皆为应诏之作。多次侍宴玄宗帝，曾因酒醉后令高力士脱靴。高力士深感受辱，故摘《清平调》句以激怒杨贵妃。唐玄宗欲封给李白官爵，皆为杨贵妃所阻，同时又不断遭到张垍的谗毁。故在京三年，自知难容于近倖而请求还山，玄宗帝乃赐金放归。

此后李白便浪迹江湖，游历商、洛、梁、宋、齐、鲁等地，寓家于东鲁，与杜甫、高适、李邕交游，并请北海道士高如贵传道箓。然后再北游邯郸、幽州、太原，南至苏州、会稽、扬州、金陵，又往来于宣城、秋浦、南陵等地，前后共约十年时间。

天宝十四年安史之乱起，李白转徙于宿松、匡庐间。次年，永王李璘起兵，重李白才名而将他辟为僚佐。不久兵败，李白系于浔阳狱中。乾元元年，以永王事被定为死罪，汾阳王郭子仪请以官爵为赎，始诏令长流夜郎。行至途中，遇赦而还，前往投靠当涂令李阳冰。唐代宗即位后以左拾遗的官职征召他，可惜他已经去世。卒时赋《临终歌》一篇，时年六十二岁，葬于当涂青山。

李白有女名平阳，生卒年不详；有子名伯禽，卒于贞元二年；有一个孙儿，出游不知所往；有两个孙女，皆嫁给普通农夫为妻。李白病重时，将诗文草稿托付给李阳冰，李阳冰编为《草堂集》，并为之作序。序言中说："自中原有事，公避地八年，当时著述，十丧其九。今所存者，皆得之他人焉。"唐代宗时，下诏以李白诗、裴旻剑、张旭草书为"三绝"。

【王右木】 王右木（1887—1924年），原名丕昌，曾用过"燧""燧人""祐谟"等名，江油武都人，四川马克思主义运动先驱者，中国共产党四川支部和社会主义青年团成都地方执行委员会的创建人和领导者，革命烈士。

清光绪十三年（1887年）11月12日，王右木出生于江油县城武都镇一个平民家庭，六岁随大哥王初龄发蒙识字。清宣统元年（1909年），于四川通省师范学堂毕业后，被聘为龙郡中学监督。民国3年（1911年），东渡日本，初入应庆大学学习理化，后转入明治大学法制经济科攻读社会科学。在此期间，于认真研读各派社会思想家著作的同时，他接触到马克思主义著作，尤以俄国十月革命的成功对他影响甚大。民国7年（1918年）秋。获政学士学位归国，1919年初夏，受聘于成都高等师范学堂任学监兼授经济学和日文课程。在深入研读马克思主义著作的同时，以高师为基地开辟马克思主义宣传阵地，从事马克思主义理论指导下的革命活动，并在革命实践中锻炼成长为一个坚强的马克思主义战士。

在高师任教期间，他十分注意团结青年学生，利用课堂及一切可能的机会，在青年学生中传播马克思主义，并于民国9年（1920年）组织以学习、宣传、研究马克思主义为宗旨的马克思读书会。民国10年（1921年）1月，自费创办四川第一份宣传马克思主义的报刊——《新四川旬刊》。5月，被军阀查封。经过一段时间的酝酿和准备，又于下年2月创办《人声》报，发行川内外，影响很大。民国11年（1922年）4月，《中国社会主义青年团临时章程》在《先驱》杂志刊登后，他指导马克思读书会的骨干会员根据《章程》成立四川社会主义青年团。6月，组织和领导四川现代革命史上影响深远的教育经费独立运动，并取得胜利。7月，赴上海与中国青年团中央联系，以谋求统一的组织。10月返川，先于重庆组建社会主义青年团重庆书记部，再致函南充何珌辉、张秀熟，委托建立社会主义青年团川北地方组织，又于10月15日正式成立社会主义青年团成都地方执行委员会。民国12年（1923年）秋，受中共中央委托，在四川团组织中选择骨干组建下设工人组和学生组的中国共产党四川支部，任书记。他领导中共党员、中共团员开展工人运动，进行农村社会考察，筹划建立工农武装。中共三大后，他积极贯彻中央决议，在四川争取国共合作以建立革命的统一战线。他拒绝四川军阀杨森高官厚禄的利诱和收买，于民国13年（1924年）初夏，前往广州参加党的重要会议，后经广西、贵州步行返川，在贵州土城至四川泸州一段途中失踪遇难，年仅三十七岁。

【海灯】 海灯法师（1907—1989年），俗名范靖鹤，又名范剑英、范无病，江油重华人。佛教徒兼武术家，曾任全国政协委员、中国佛教协会理事、四川省政协委员、江油县政协副主席及观雾山极乐寺住持。

清光绪三十三年（1907年）9月14日，生于江油县重华场火炮街一个裁缝家庭，自幼随舅父薛久志习武。高小毕业考入绵阳师范初师班，毕业回乡教书半年即去中江县随朱智涵武师习武。再经朱介绍到入驻金堂县淮口镇的川军二十八军第一师当兵，又随武术教官王体泉习武。民国24年（1935年），因不愿与继母带来的异父异母妹成婚而避至新都县镇静庵学佛，1936年，于成都五岳宫剃度出家，一年后挂单于绵阳万寿寺。民国28年（1939年）年初，住梓潼大庙，不久升座住持。民国32年（1943年），赴成都青羊宫花会参加武术表演。民国35年（1946年），出川经河南少林寺云游至浙江普陀山。民国36年（1947年），住浙江天台县国清寺，农禅并举。

新中国成立后，1958年，始迁住江苏省吴县石公寺，曾任县政协委员。1960年后，多次挂单上海法藏寺，于体育宫教青少年习武并多次参加上海、杭州、宁波等地的武术表演，与武术名家王子平、顾留馨、刘百川、万籁声等交游。1967年7月回重华，诵经参禅，传授武术，并为乡人治疗跌打损伤一类的病痛。1979年，四川峨眉电影制片厂与香港长城影业公司合拍《四川奇趣录》，应邀做武术表演。1981年，任四川省政协及江油县政协委员。1982年，应邀赴河南嵩山少林寺住持寺务，1983年春回重华。1984年，任全国政协委员。同年12月至1985年1月，随中国新闻电影制片厂赴美国参加新闻纪录片《少林海灯法师》首映仪式，亮相表演，并应邀至纽约州报恩寺讲经。1987年，任江油县政协副主席、观雾山极乐寺住持。1988年9月，任江油海灯武馆馆长。1989年1月10日病逝，终年八十二岁。

海灯法师以武术闻名，世称其“二指禅”“梅花桩”“童子功”为三大绝技。四川人民出版社1987年出版由他口授、弟子记录整理的《少林梅花桩精拳》。又好吟咏，巴蜀书社1985年出版其《少林云水诗集》。四川省政协原主席杨超1984年提议于江油修建武馆，国家副主席乌兰夫接见法师后题写馆名和楹联，“海灯法师武馆”于1988年在江油太白公园内落成。

20世纪80年代，全国由“少林武术热”而引发的“海灯热”，有其特定的历史文化背景和多种复杂的因素。海灯法师一生刻苦修行，恪守佛教清规，深研佛学和武术，虽然在其去世后陷入长久的争议漩涡，但仍不愧为一代宗师。

特产与美食

【中坝附子】 江油附子的栽培历史已有近两千年。附子及其制品是一种药食兼用的中药材，有回阳救逆、温肾壮阳、祛寒止痛之医药攻能。据北宋彰明县令杨天遂所撰《彰明附子记》记载：“绵州，故广汉地，领县八，惟彰明出附子。彰明领乡二十，惟赤、廉水，会昌，昌明宜附子。”四乡即今之青莲、河西、太平、彰明。清同治年间被列为贡品。民国时期，中坝鱼市口两侧为附子、附片的专门交易市场。民国26年（1937年）8月18日，四川省政府第五十九次省务会议决议，彰明为附片特产县份。2011年，中坝附子成为国家地理标志认证产品。

【中坝酱油】 中坝口蘑酱油系清代中叶，江油翠屏山一位宋姓道长在中坝北门口开设“熏香园”首创研制而成。新中国成立后，清香园经历私营、公私合营、国营、有限责任公司和股份有限公司的变迁，发展成为四川最具规模的酱油食醋调味品生产基地，连续4年进入四川省食品行业30强。早在1962年，中坝口蘑酱油就被四川省商业厅评为四川省传统名特调味品。1985年，入选《中国名食万科》和《中国土特产词典》，并获得“中国食品行业名牌产品”“中华老字号”及“四川名牌产品”称号。清香园中坝酱油首批被国家质检总局评为国家免检产品，全国酱油行业首家获得“国家原产地标记保护产品”，并出口北美、东南亚等国家和地区。中坝酱油酱香浓郁，鲜美可口，含人体必需的多种氨基酸，以其蘑菇风味和烹制烧、炒、卤、炖、凉菜均佳的特点，在国内外市场深受消费者青睐。

【太白系列茶】 江油产茶的历史可上溯至唐代，陆羽的《茶经》、李肇的《国史补》上都记载有绵州昌明产茶。南宋吴曾《能改斋漫录》载：“茶之贵白，东坡能言之，独绵州昌明茶色绿。”“绿昌明”为四川八大名茶之一。元代以后，昌明茶逐渐衰落。今江油太白系列茶产品，传承传统制茶工艺，创立一套用炒青茶坯做原料，窨制茉莉花茶生产工艺，色泽翠绿，油烟生辉；香气馥郁，清新纷芳；滋味鲜浓，经久耐泡；形若秀眉，长圆略弯。1983年在四川省花茶鉴评会上名列第一，获综合一等奖。

【诗仙阁系列酒】 李白故里酒厂承袭江油千年的酿酒传统工艺，通过不断革新，生产出各种档次的诗仙阁系列酒，具有“无色透明，窖香浓郁，醇和绵软，落喉凉爽，诸味协调，尾净余长”等特点。1983年，获四川省农牧厅优良产品奖；1985年，再获优质产品奖。诗仙阁系列酒被定为中国赋学研究会会酒。

【江油肥肠】 民国时期，江油县中坝场青龙街东南方的大河坝，摆摊设点叫卖者甚众。摊主将肥肠同猪血、心肺同烧，食客甚众，但多为劳力者或过往行商走贩。从20世纪80年代中期开始，中坝城区的小吃摊主利用本地优质香辣酱和香辛料将肥肠单独烧制，生意十分红火，逐渐成为江油享誉川内外的一道地方饮食文化品牌。江油肥肠香辣滑脆、油而不腻，适合下饭或佐酒。后来，江油人又相继开发干煸、凉拌、卤制、清炖、粉蒸等肥肠系列，并研制肥肠罐头。中央电视台曾专门对江油肥肠进行宣传报道。

(方志办)

2015年江油市国民经济和社会发展统计公报

2015年，是“十二五”的收官之年，也是经济下行压力持续加大的一年，江油市委、市政府团结带领全市人民，认真贯彻落实中央、省、市“稳增长”的各项政策措施，牢牢把握“稳中求进、转型升级、统筹发展”工作总基调，主动适应经济发展新常态，努力抢抓重大机遇，积极应对多重挑战，坚定不移地实施“11321”发展战略，全市经济保持平稳较快发展，转型升级加快推进，民生和社会事业全面进步，实现“十二五”圆满收官。

一、综合

经济运行稳中向好，产业转型新突破。全年地区生产总值(GDP)实现322.74亿元，可比增长9.2%。其中，第一产业增加值40.83亿元，增长3.9%；第二产业增加值162.34亿元，增长9.9%；第三产业增加值119.57亿元，增长9.7%。三次产业对GDP的贡献率分别为4.2%、60.2%和35.6%，分别拉动GDP增长0.4个、5.5个和3.3个百分点。三次产业构成比为12.6∶50.3∶37.1。服务业增速首次高于GDP增速，高0.5个百分点，占比提升1.4个百分点。人均GDP突破40000元，达40647元，比上年增加2791元，增长9.2%。

非公有制经济是拉动经济增长的主力军。2015年，全市非公有制经济实现增加值195.2亿元，增长10.2%，占GDP比重60.5%，同比提高3.1个百分点，对经济增长的贡献率达54.2%。其中，民营经济实现增加值189.19亿元，增长10.3%。非公经济中第一产业增加值11.85亿元，增长3.9%；第二产业增加值96.34亿元，增长10.7%；第三产业增加值87.01亿元，增长10.7%。非公有制工业实现增加值82.24亿元，增长11.3%。

二、工业和建筑业

工业生产稳定增长，工业效益小幅提升。2015年，江油市加快推进工业转型发展，大力实施“一稳二限三退四进五转”，加速构建集聚发展、高端引领的现代产业新体系，着力打造新材料、高端装备制造、电子信息和光电、生物医药“一基地三集群”。规模工业企业202户，全年完成工业总产值481.49亿元，增长9.1%；工业增加值增长11.2%。全部工业对GDP的贡献率为55.5%，拉动GDP增长5.1个百分点。工业产销率98.7%。工业化率为44.4%。

工业园区聚集效应凸显。工业园区是江油工业发展主引擎、项目建设主阵地、产业集聚主战场。2015年年末，工业园区辖区规模企业138户，实现工业总产值408.73亿元，增长8.5%，占工业总产值比重84.9%。

"亿元"企业贡献突出。2015年，全市工业总产值过亿元的企业107户，完成总产值431.51亿元，增长10.8%，快于总产值增速1.7个百分点。"亿元"企业产值占比89.6%，对工业经济的贡献率达90.5%。

支柱产业支撑作用明显。以冶金机械、建材、食品医药和能源业为主的支柱产业分别完成总产值246.97亿元、73.34亿元、41.75亿元和21.87亿元，占比分别为51.3%、15.2%、8.7%和4.5%，四大支柱产业产值占比79.7%。

主要工业产品产量有升有降。主要工业产品中，水泥581.39万吨，增长9.3%；酱油7.67万吨，增长32.7%；钢材及粗钢99.37万吨，下降11.2%；发电量43.2亿千瓦时，下降18.9%。

工业效益小幅提升。全年规模工业企业实现主营业务收入439.61亿元，增长8.1%。盈亏相抵后实现利润总额23.82亿元，增长18.1%；利税总额46.25亿元，增长12.1%。利润率和利税率分别为5.4%和10.5%，同比分别提升0.5个和0.4个百分点。

圆满完成节能降耗任务。全市规模工业企业综合能源消费量134.86万吨标煤，下降18.9%，单位GDP综合能耗降低率10.2%，单位工业增加值能耗降低率27.8%，圆满完成绵阳下达的单位工业增加值能耗下降7.5%的目标任务。全社会售电量18.42亿千瓦时，下降7.4%；其中，工业售电量10.38亿千瓦时，下降14.1%，城乡居民生活售电量3.46亿千瓦时，增长3.4%。

建筑业产值小幅增长。2015年，全市资质内总专包建筑企业37个，完成建筑业总产值50.21亿元，增长8.4%，其中，建安工程产值49.38亿元，增长9.3%。建筑业增加值19.28亿元，增长6.6%。竣工产值36.03亿元。房屋建筑施工面积304.47万平方米；房屋建筑竣工面积121.62万平方米，其中住宅竣工面积13.14万平方米。

三、农业

"三农"工作取得新成效。2015年，江油市农业农村工作以农民增收脱贫致富奔小康统揽全局，深入落实农民增收书记县长负责制，全面推进农村综合改革，加强农业基础设施建设，促进现代农业转型升级，全域全程全面推进幸福美丽新村建设，强力推进扶贫攻坚工程，取得农业发展、农村繁荣、农民富裕的新成效，开创"三农"工作新局面，连续七年被评为"全省'三农'工作先进市"。

农村经济平稳增长。全年农林牧渔业实现总产值70.58亿元，增长4.6%。其中，农业产值37.05亿元，增长4.4%，占总产值的比重52.5%；牧业产值27.95亿元，增长4.9%，占总产值的比重39.6%。农林牧渔业实现增加值41.59亿元，增长3.9%。

粮油生产小幅增产。2015年，全市粮食作物播种面积5.1万公顷，下降0.1%。粮食总产量30.07万吨，增产2.1%。油菜籽播种面积1.62万公顷，增长3%。油料总产量4.68万吨，增产3.8%。蔬菜产量（含菜用瓜）42.22万吨。

畜牧业平稳发展。全年生猪出栏44.39万头，下降2.5%；肉类总产量5.68万吨，下降0.5%。全年出栏小家禽1054.58万只，增长2.0%。禽蛋产量2.09万吨，增长2.3%。

林业生态建设进展顺利。江油市继续加强对54万余亩生态公益林进行常年有效管护。全年累计义务植树174.05万余标准株，栽植绿色通道50千米。森林辖区面积为407.99万亩，森林覆盖率47.1%。

农村基础设施进一步完善。全年完成农村水利总投资2.05亿元，完成水毁工程修复264处，整治塘堰350口，新增和恢复蓄水提水能力115万立方米，新增节水能力138万立方米，建设村镇供水工程19处，新建改造提灌站24处，完成高标准农田建设2.4万亩，硬化村道100公里，新增沼气池1507口。年末，拥有农业机械总动力58.38万千瓦。

现代农业蓬勃发展。围绕"2+5"产业，建成40万亩优质粮油基地、27万亩商品蔬菜基、21万亩特色林果、3中药材基地、2万亩特色花卉基地、200万头仔猪基地、630万只獭兔基地。新增省级重点龙头企业1家、绵阳市级重点龙头企业4家，省市县各级重点龙头企业76家，形成大产业、大基地的产业发展格局。

幸福美丽新村建设取得新变化。全市全面实施扶贫解困、产业提升、旧村改造、环境整治和文化传承“五大行动”，全域全程全面推进业兴、家富、人和、村美的幸福美丽新村建设，累计建成幸福美丽新村95个、新村聚居点883个、提升改造农房风貌7万户，改造农村危房734户，建设农村廉租房440套，建成村级“1+N”公共服务中心95个。大康镇星火村和新安镇黑滩村分别荣获四川“最美乡村”称号和全国“最美乡村”称号。

脱贫攻坚迈出坚实步伐。全市成立77个结对帮扶工作队，下派236名驻村帮扶干部，落实12205户贫困户的结对帮扶人员；选派77名优秀年轻党员干部到77个贫困村担任“第一书记”，帮助村“两委”制定和实施脱贫计划。扶贫项目完成总投资4974.9万元。启动实施“北部山区生态移民工程”，8个乡镇、173户困难群众易地扶贫搬迁年底入住。

四、固定资产投资

固定资产投资规模继续扩大。2015年，江油市大力实施“重点项目落地开工促建攻坚行动”，实行项目建设“四定”责任制，强力推进西成客专江油段建设项目、神华天明电厂新建工程项目、李白文化产业园等大项目顺利实施。拼出“两个国际”，建成1条“江油大道”、25个绿化美化亮化城建项目，基本完成神华煤电一体化循环经济产业园桩基工程，靓丽呈现罗汉堰及其“六大主题公园”，颐江（国际）电商产业园开门迎客，89个重大项目强劲支撑“四会一节”取得丰硕成果。在库投资项目共280个（含房地产开发项目，下同），其中计划总投资亿元以上项目61个。全社会固定资产投资完成162.59亿元，增长8.3%。

按投资构成分，技改投资金额64.46亿元，增长6.9%；房地产开发投资28亿元，下降3.9%。分产业看，第一产业投资7.47亿元，增长29.4%。第二产业投资62.34亿元，增长3.6%。第三产业投资92.78亿元，增长10.2%。

项目投资贡献较大。全年在建项目完成投资131.59亿元，增长13.4%，拉动投资总额增长10.4个百分点，占投资总额比重80.9%。其中，基础设施投资46.45亿元，产业投资68.25亿元，民生及社会事业投资17.52亿元。

房地产投资负增长。全年房地产开发投资28亿元，下降3.9%。商品房屋施工面积262.54万平方米，增长6.4%；竣工面积31.06万平方米，下降43.2%；销售面积58.31万平方米，增长39.2%。

招商引资续写辉煌。2015年，着力构建“四级联动”招商引资工作新机制，充分发挥6个重点产业组主力军作用，引进投资5000万元以上项目41个，国内省外项目到位资金71.23亿元。

五、国内贸易和旅游业

消费品市场较快增长。全年实现社会消费品零售总额144.91亿元，增长14.3%。其中，按经营地统计，城镇消费品零售额77.99亿元，增长15.3%；乡村消费品零售额6692亿元，增长13.2%；城镇增长快于乡村2.1个百分点。

限额以上发展加快。全年新增78户限额以上批发零售、住宿餐饮单位，达到188户，实现社会消费品零售总额71.29亿元，增长21.9%，快于全部社会消费品零增速7.6个百分点，占社会消费品零总额的比重49.2%，同比提高3.1个百分点。

旅游产业发展强劲跨越。2015年，江油市按照“全域旅游、创意旅游、品牌旅游、智慧旅游”发展战略，实施中国百合国际博览园、青莲国际诗歌小镇、火车站游客接待中心等重大旅游项目23个，完成旅游投资17.6亿元，中国百合国际博览园被授予首个专类国家森林公园称号——“中国百合公园”称号，青莲国际诗歌小镇荣膺2015“最具文化创意旅游小镇”和“中国最佳历史文化旅游项目”。“智慧旅游”平台建成营运，旅游宣传营销系统推进，全年接待游客501.3万人次，实现旅游总收入66.7亿元，增长40%。

六、交通运输和邮电通讯业

交通运输业稳步推进。2015年，江油市境内公路通车里程285861公里，其中，等级公路1940.56公里（其中，高速公路80公里）。全年完成公路客运量1070万人次，客运周转量56765万人公里；公路货运量1225万吨，货运周转量189674万吨公里。新增客运线路10条，新增（更新）营运货车39辆，行政村客运班车通达率为97%。

邮电通讯业增长平稳。全年实现邮电业务总收入5.81亿元，下降4.1%。年末，全市固定电话用户14.34万户，增长7.9%；其中，市话用户8.39万户，增长4.9%；农话用户4.81万户，增长11.9%；移动电话用户71.21万户，增长3.6%。国际互联网用户17.72万户，增长27.9%。

七、财政、金融和保险业

财政收支较快增长。2015年，全市实现财政总收入41.6亿元，增长38.6%。地方公共财政预算收入16.3亿元，增长8.3%。财政总支出54.19亿元，增长35.2%。地方公共财政预算支出36.84亿元，增长14.5%；其中财政八项支出26.66亿元，增长17.1%。

金融运行平稳。12月月末，金融机构人民币各项存款余额386.64亿元，净增44.04亿元，增长12.9%；其中城乡居民储蓄存款余额283.56亿元，净增34.41亿元，增长13.8%。金融机构人民币各项贷款余额173.57亿元，净增16.34亿元，增长10.4%。

保费收入稳定增长。全年财产保险和人身保险保费收入3.71亿元，增长10.7%。其中人身险2.51亿元，增长8.7%；财产险1.2亿元，增长15.3%。两类保险赔款及给付支出2.05亿元，下降10.1%。

八、科学技术和教育

创新创业掀起新的热潮。江油市大力推进大众创业、万众创新，出台支持创新创业30条“高含金量”政策和一系列配套文件，兑现奖励扶持资金1106万元。建成“江油市创客空间”，新增孵化器3个、1.26万平方米，入孵企业118户，培育创新创业团队32个。新增科技型中小企业306户，授权专利302件。重点企业技术中心达到15个。

各类教育全面发展。2015—2016学年，全市有各类学校177所，在校学生9.36万人，教职工7388人，专任教师6126人。其中幼儿园81所，在园（班）幼儿2万人；小学66所，在校学生3.32万人，专任教师2296人。小学入学率达100%，小学巩固率达100%。初中23所，在校学生1.59万人，专任教师1780人。普通高中3所，在校学生1.39万人，专任教师838人。中等职业学校3所，在校学生1.04万人，专任教师452人。高等专科学校1所，在校学生0.64万人，专任教师425人。特殊教育学校1所，在校学生59人。

高考质量获历史新突破。2015年，全市6638人参加考试，重点本科上线1377人，上线率20.7%，本科上线4404人，上线率66.1%，万人上线比达50.05，本科上线和重点本科上线人数创历史新高。上线率、万人比及重点本科、一般本科增幅再居绵阳各县市区第一。

九、文化、卫生和体育

2015年年末，全市有剧场1个，公园4个，省级风景名胜区3个，图书馆1个，藏书21万册，博物馆2个，文物保护机构37个，文物藏品及资料8123件。全市有电影院3个，乡镇广播电视站14个，广播综合覆盖率100%，电视综合覆盖率100%。

城乡公共卫生事业有序发展。2015年年末，全市共有医疗卫生机构658个，其中医院20个，乡镇卫生院40个，社区卫生服务站19个，诊所172个，村卫生站389个，其他医疗卫生机构18个。共有床位6522张，卫生机构从业人员6887人，其中医院、卫生院技术人员4635人，其中执业医师和执业助理医师1659人，注册护师、护士2206人。

新型农村医疗合作制度日益完善。新农合农民参保人数62.35万人，参合率达100%（含失地农民参保）。全市共为168.59万人次的参合农民补偿医药费1.87亿元，受益率270.39%，2015年，新增加的大病保险报销金额120万元，人均受益4958元。基层医疗卫生机构100%落实一般诊疗费支付政策，为154.46万人次报销一般诊疗费1460.68万元。

学校和群众体育全面发展。2015年，全市开展各类体育竞赛活动19次，成功创建绵阳市阳光体育示范学校2所、绵阳市艺术特色学校1所。成功承办全国第九届残奥会暨第六届特奥会田径、乒乓球比赛，承办四川省第八届老年人运动会羽毛球比赛。体育场、馆119个，免费对外开放体育场、馆17.6万人次。

十、人口、人民生活与社会保障

2015年年末，全市公安户籍人口88.56万人，其中，农业人口60.34万人，非农业人口28.22万人；男性人口45.07万人，女性人口43.49万人，男女性别比为103.6：100。年末全市常住人口

79.34万人，城镇化率为54.05%，同比提高1.5个百分点。人口出生率8.61‰，死亡率6.95‰，自然增长率2.38‰，符合政策生育率92.2%。

城镇居民稳步增收。2015年，城镇居民人均可支配收入26340元，增加2058元，增长8.5%。其中，人均工资性收入16088元，增长4.7%。人均消费支出17572元，增长7.8%，其中食品支出6635元，增长4.2%。城镇居民恩格尔系数为37.8%。

农民收入较快增长。2015年，农村居民人均可支配收入13078元，增加1158元，增长9.7%，快于城镇居民收入1.2个百分点，城乡居民收入差距逐渐缩小，收入比由上年的2.23∶1降为2.01∶1。其中，工资性收入5550元，增长9.7%。农民人均生活消费支出10537元，增长10%。其中，食品支出3893元，增长11.5%。农村居民恩格尔系数为36.9%。

从业人员劳动报酬平稳增长。2015年年末，全社会单位从业人员（含城镇国有、集体单位、私营抽样和“四上”企业）16.19万人，年平均工资39635元，增长10%。其中，156家城镇国有、集体和股份制单位从业人员2.65万人，年平均工资47893元；私营抽样调查172家企业推算全市总体，从业人员4.61万人，年平均工资32355元；全国联网直报“四上”企业485家，从业人员8.92万人，年平均工资40941元。

社会保障建设取得新进展。2015年，江油市围绕“民生为本，人才优先”工作主线，牢牢把握“以人为本·全程服务”工作理念，积极稳妥抓就业，改善民生抓保障，社会保障体系建设取得新成效。城镇职工基本养老保险覆盖20.88万人，城镇职工基本医疗保险覆盖12.93万人，城镇居民基本医疗保险覆盖12.73万人，工伤保险覆盖6.67万人，生育保险覆盖5.85万人，城乡居保覆盖35.43万人。发放社会保障卡16万张。企业离退休人员领取基本养老金资格认证率达98%以上。全市城镇新增就业7355人，城镇登记失业率3.97%，失业保险覆盖3.93万人，农村劳动力技能培训4892人，农村劳动力输出转移23.8万人。正式成立江油市仲裁院，全年受理劳动人事争议案件561件，审理结案533件。

民生事业顺利推进。2015年年末，全市拥有各种社会福利收养性机构33家，床位3910张。其中，社会福利院1个，床位550张。社区服务设施281个。城乡低保补助标准稳步提高，城镇有3350人享受最低生活保障，农村有18705人享受最低生活保障，全年累计发放低保金5276.6万元，城乡低保月人均分别为400元和220元。民政医疗救助7279人次；发放临时生活困难救助资金585.8万元，惠及6221户群众。资助城乡低保对象参保参合率达100%，城乡困难群众重特大疾病医疗救助覆盖率达到100%。全市共有“五保”供养对象2408人，在敬老院集中供养的1806人，集中供养率为75%。“五保”户集中供养标准每人每月达360元，分散供养标准每人每月达到250元。

注：

1. 国内生产总值、各行业增加值指标绝对数按当年价格计算，增长速度按可比价格计算。

2. 全市公路通车里程包括高速公路、一级、二级、三级、四级和等外级公路。

3. 全市各类学校177所，减少4所，其中撤销建制小学2所，村小3所，增加幼儿园1所。

4. 医疗卫生机构658个，增加33个，其中市级医院2个，村卫生站3个，诊所13个，疾控中心和计生站15个。

5. 公园4个（西山公园、太白公园、东山公园和体育主题公园），省级风景名胜区3个（窦圌山—匡山佛爷洞、乾元山、李白故居），博物馆2个（江油市博物馆、江油市李白纪念馆），文物保护机构37个（国家级3个、省级9个、县级25个），电影院3个。

6. 公报中各项指标为初步统计数据，正式数据以《江油统计年鉴（2015）》为准。

附：1. 2015年江油市主要农产品产量一览表

2. 2015年江油市主要畜产品产量和牲畜存栏数一览表

3. 2015年江油市规模以上工业企业主要产品产量一览表

2015年江油市主要农产品产量一览表

附表1

指标名称	计量单位	2015年	增减（%）
粮食	万吨	30.07	2.1
其中：小春粮食产量	万吨	6.71	3.0
大春粮食产量	万吨	23.36	1.9
油料	万吨	4.68	3.8
其中：油菜籽	万吨	4.21	4.2
水果	万吨	4.21	−1.9
茶叶	吨	57	9.6
糖料	吨	207	−8.8

2015年江油市主要畜产品产量和牲畜出、存栏数一览表

附表2

指标名称	计量单位	2015年	增减（%）
肉类总产量	万吨	5.68	−0.5
牛奶产量	万吨	0.29	−1.1
禽蛋产量	万吨	2.09	2.3
生猪出栏	万头	44.39	−2.5
小家禽出栏	万只	1054.58	2.0
牛出栏	万头	1.17	6.5
羊出栏	万只	5.57	3.5
猪存栏	万头	35	2.5
牛存栏	万头	6.57	6.7
羊存栏	万只	6.43	3.6

2015年江油市规模以上工业企业主要产品产量一览表

附表3

指标名称	计量单位	2015年	增减（%）
粗钢	万吨	16.91	−26.4
钢材	万吨	82.46	−7.3
水泥	万吨	581.39	9.3
发电量	亿千瓦时	43.2	−11.0
其中：火电	亿千瓦时	41.59	−18.9
纱	万吨	0.96	−9.1
布	万米	3335	−0.9
酱油	万吨	7.67	32.7

江油年鉴

政　治

Politics

中国共产党江油市委员会

概　述

2015年，面对持续加大的经济下行压力和新常态下继续深化改革的复杂局面，中共江油市委团结带领全市人民，深入贯彻学习中共十八届五中全会和习近平总书记系列重要讲话精神，全面落实省委十届六次、七次全会和绵阳市委六届九次、十次全会决策部署，强力实施两个“一号工程”，共谋“十三五”发展大计，扎实开展“三严三实”学习教育活动，在加快发展中谋转变，在加快转变中促发展，全市经济社会呈现平稳增长的态势。

重大党务活动

【重要会议】　2015年1月23日，中共江油市委十二届六次全体会议在江油召开。绵阳市委常委、市委书记李江代表市委常委会作《一心一意谋发展　聚精会神抓党建　为加快建设“诗意中国·李白故里·美丽江油”而努力奋斗》工作报告。市委副书记李平就《中共江油市委关于贯彻落实党的十八届四中全会精神全面深入推进法治江油建设的决定》《中共江油市委关于坚持思想建党与制度治党紧密结合全面推进从严治党的决定》起草情况作出说明；市委常委钟培就《2014年度干部选拔任用工作情况》进行书面说明。

2015年8月28日，中共江油市委十二届七次全体会议在江油召开。绵阳市委常委、市委书记李江代表市委常委会作工作报告。会议审议通过《中共江油市委关于创新实干坚决打赢扶贫开发攻坚战　确保同步全面建成小康社会的决定》。市委副书记、市长马辉就下半年全市工作作出安排部署。

2015年12月17日，中共江油市委十二届八次全体会议在江油召开。绵阳市委常委、市委书记李江代表市委常委会作《推进全面创新　决胜全面小康　为加快建设“诗意中国·李白故里·美丽江油”而努力奋斗》工作报告。会议审议通过《中共江油市委关于制定国民经济和社会发展第十三个五年规划的建议》和《中共江油市委关于强力实施两个“一号工程”加速推进全面创新改革发展的决定》。

【经济保持平稳增长】　通过深入调查研究、科学研判形式、奠定“稳中求进、转型升级、统筹发展”工作总基调。2015年，全市实现地区生产总值322.74亿元，可比增长9.2%。其中，第一产业增加值40.83亿元，增长3.9%；第二产业增加值162.34亿元，增长9.9%；第三产业增加值119.57亿元，增长9.7%。社会消费品零售总额144.91亿元，增长14.3%；社会固定资产投资162.59亿元，增长8.3%；地方公共财政预算收入16.3亿元，增长8.3%；城镇居民人均可支配收入26340元，增长8.5%；农村居民人均可支配收入13078元，增长9.7%。

【推进产业结构调整】　坚持“一稳二限三退四进五转”（“一稳”，稳固提升冶金机械传统主导产业，挖掘潜力；“二限”，严格限制高污染、高耗能、低产出产业，不牺牲环境求发展；“三退”，有序退出采矿、石材产业，坚决淘汰落后过剩产能，不期待“夕阳变朝阳”；“四进”，强力进军战略性新兴产业，借梯上楼；“五转”，冶金机械“一业独大”向高端装备制造、新能源新材料、现代医药绿色食品“三大产业”转变）的发展路径，以两个“一号工程”为统领，以“一基地三集群”发展作为重点突破方向，完成冶金机械“一业独大”向高端装备制造、新能源新材料、现代医药绿色食品“三大产业”转变，“电商创业中心”和颐江（国际）电子商务产业园一期工程如期建成，建成电子商务进农村（社区）示范点17个。规上工业企业新增16户，高新技术产业产值占工业总产值比重超过17%，电子商务交易规模达到150亿元。激活创新引擎，六大孵化器入驻企业118户。国家现代农业示范区建设稳步推进，成功创建为全国休闲农业与乡村旅游示范县，全年接待游客501.3万人次、增长29.7%，实现旅游总收入66.7亿元、增长40%。

【深化改革】 以“标杆化”为目标，推进改革100余项，扩权试点镇达到23个、下放行政管理权限72项。按照构建“一极三体”（“一极”，即创新经济增长极；“三体”，即新技术创新体、新模式发生体、新产业孕育体）格局，完善“一园三器”（“一园”，即工业园区；“三器”，即孵化器、加速器和服务器）功能，健全“一业三链”（“一业”，即高端装备制造、新能源新材料、现代医药绿色食品“三大产业”；“三链”，即延展创新链、延长产业链、延伸价值链）体系要求，制定23项创新办法及26条细化举措。统筹实施“七权同确”，建成农村产权交易中心。积极引进战略合作伙伴九鼎控股集团注资1.6亿元完成国有企业川矿改制重组工作。

【加快建设宜居环境】 建成江油大道、6个主题公园，完成罗汉堰整治，纪念碑平战结合人防地面工程和节会参观沿线20多千米的风貌改造，S205线畅通改造提升工程等新建、续建基础设施项目67个，建成25个绿化美化亮化项目。依法整治金属非金属矿山，全市金属非金属矿山由原来的60座整合到28座，关停企业15户。

【持续改进干部作风】 围绕“六个一”抓党建，扎实开展“三严三实”专题教育，按照“好干部”标准和“三重”用人导向，综合运用执纪“四种形态”，坚持把纪律规矩挺在前面，着力解决群众身边“四风”和腐败问题，纪律审查立案97件。围绕“严以修身、严以律己、严以用权”三个专题，组织召开集中学习研讨会3次。市委常委班子共查找“不严不实”问题15条，县级以上领导干部共查找“不严不实”问题320条。

【依法治市】 大力推进依法治市，深入开展法律“七进”活动和法治市、法治乡镇创建活动，开门接访、带案下访，集中治理缠访闹访、越级非访、以访牟利等突出问题，引导群众依法理性表达诉求，办事依法、遇事找法、解决问题用法、成功创建省级法治示范市。实施“单元化联户共建共享工程”，扎实开展“五联创建”和“三级联评”，创建2000余个“法治单元”和“平安单元”。

【惠民工作】 坚持连片扶贫与精准扶贫“双轮驱动”，整合项目资金投入4900多万元，启动8个乡镇、173户困难群众易地扶贫搬迁，全年实现脱贫7000余人。扎实推进“十项民生工程”，改造棚户区4492套、9000余人“出棚入楼”，3500余名被拆迁群众实现新年住新居。农村义务教育学校学生免费午餐计划惠及67所学校、2.3万名学生。武都镇、新安镇等8个乡镇污水厂全面建设完成并投入运行，日处理污水达6000吨。广播“村村响”、电视“村村通”全面实现，通村道路硬化率达到99%。

【全面推进从严治党】 按照“好干部”标准和“三重”用人导向，实施“年轻干部成长计划”，选派42名年轻干部到基层挂职历练；把重点工作、重大项目、重大节会等急难险重任务作为干部成长的“摇篮”，提拔重用“四会一节”表现突出干部32名，在党建、招商、维稳、项目一线提拔重用干部47名。综合运用执纪“四种形态”，坚持把纪律规矩挺在前面，着力解决群众身边“四风”和腐败问题，纪律审查立案97件。

（市委办）

市委办工作

【概况】 2015年，市委办充分发挥市委参谋助手作用，研究新情况，探索新方法，适应新常态，坚持着眼大局、服务决策，在文稿工作上取得新成效；坚持高标定位、精细管理，提升工作科学化水平；强化落实，大力提升督查督办力度，为推动全市经济社会发展做贡献。

【文稿和信息调研工作】 以文辅政，注重思想性、突出针对性、体现指导性，认真领会上级精神，准确把握领导意图，紧密联系工作实际，高质量、高标准完成领导讲话稿320篇，撰写总结、汇报材料128篇，拟制、核对文稿470份。围绕决策开展调研，准确把握形势和要求，围绕全市改革创新、转型升级、提质增效大局，抓住领导关心、群众关注的热点难点问题，深入基层、深入群众开展调研，并认真分析现状，提出切实有效的措施建议，为领导决策提供真实情况和决策参考。拓宽视野，跳出江油看江油，总结外地先进经验，为领导提供全方位、高质量的决策信息。充分发挥党委信息主渠道的作用，深度挖掘、全面收集热点信息，抓好提炼、研判处置疑难信息，及时报送反映市委部署要求的落实信息，为市委决策提供强有力的信息支持。全年共编发《每日信息》249期，专报省委办和绵阳市委办各类信息500余条，采用100余条；按时办结绵阳市委书记信息批转网络信访件400余条，办结率达到100%。

【提升办公科学化水平】 做好重大活动的组织协调工作，力求做到“零失误”。统筹协调“四会一节”、七市老年书画联展、省第八届老年人运动会羽毛球比赛等重大活动和省部级、地厅级考察调研活动，完成“四会一节”和2015年中秋晚会的工作任务。做好与上级党委办公室的沟通联系，对乡镇、部门办公室的业务指导等各项工作，构建起责任明确、行为规范、衔接紧密、运转顺畅的有效机制。进一步提高办文办会质量，严把政策关、起草关、审核关、校对关、用印关、发送关，全面推行新的公文标准，提高公文编发质量。全年制发公文415份，规范处理文件652份，办好全市性会议、常委会议、专题会议等126余次，完成书记签批件803件的登记、管理和督办。严格执行中央“八项规定”、省委省政府十项规定、绵阳和江油市委市政府七项规定，严格按照党政机关公务接待管理规定执行，丰富接待工作的内涵，坚持“勤俭节约、优质服务、从严控制”的原则，对公务接待经费实行统一管理使用。加强对密码通信网络的使用和管理，坚持24小时值班制度，做到全方位、全天候服务。统一印制《保密工作职责》《保密工作守则》和《保密工作日常规范》制度牌25套，强化和规范四套班子等重点涉密部门的保密制度建设。充分发挥党校的阵地作用，集中安排保密教育课3次，培训人数300余人。开展保密知识竞赛活动，全市参与人数2800余人，回收答卷2857份。收发密码电报800余份、明传电报500余份，无一差错、延误。开展大接访、大下访和矛盾纠纷“大调解”，全年共处理群众信访来信58份，接待群众来电来访150余次，办结率100%。严格落实领导带班和干部值班制度，加强保安队伍管理，规范群众来访登记，维护市委机关的良好秩序。深入开展依法治市各项工作，推动法治江油建设进程。起草《中共江油市委关于贯彻落实党的十八届四中全会精神全面深入推进法治江油建设的决定》和《法治江油建设2015年工作要点》，统筹谋划2015年依法治市各项工作。深入开展“六五普法”工作，通过“六五”普法终期考核验收；采取调研指导等方式，指导各级开展法治示范创建活动，完成江油市创建四川省级法治示范市的既定目标，创建1个省级依法治村（社区）示范社区、2个依法治校示范学校、1家诚信守法示范（民营）企业。紧密结合公民法治教育与社会道德建设，将全市“道德讲堂”调整设置为“道德·法治讲堂”；举办2015年法治江油电视大赛，组织开展“12·4”国家宪法日暨全国法制宣传日活动，安排“法治中国　走进四川”大型采访活动，创新开办“一把手谈法治”专题访谈节目；深入开展“法律七进”，全年统筹安排各部门、乡镇开展法治集中宣传活动100余次；指导各乡镇各部门法治文化建设，建成法治街3条，打造法治公园2个，建设一批法治文化墙、法治走廊。联合市目督办对全市依法治市工作情况开展专项督查3次，将依法治市工作纳入目标考核。

【督查督办工作】　完善工作机制，进一步提高目标管理和督查督办工作的科学性、规范性。按照省县域经济考核和绵阳市目标绩效考核关于“与上级目标对接、与政绩考核挂钩”的总体思路，以“精简考核项目、强化分类考核、优化考核方式、改进目标管理”的原则，创新设计全新的目标绩效管理评价体系，实行目标分类指导、督查动态跟踪、考核综合评价的方式，统筹推进全市目标绩效管理工作。督查督办工作聚焦市委、市政府年度工作要点，重点突出市委、市政府主要领导重要批示。成立6个重点工作督查组，加强对“四会一节”、两个“一号工程”、“两新”产业、精准扶贫等中心重点工作的督查督办力度，有力推动重点项目、重要工作的开展。整合督查资源，形成横向到边、纵向到底、上下联动的立体式督查网络，储备基层工作经验丰富和擅长审计、财务、安全、项目建设等方面的专家人才，根据工作需要成立督查组开展目标执行情况专项督查。创新督查方式，形成单向、立体、联合的全方位督查格局，充分运用督查成果，形成权责分明、奖优罚劣的责任追究体系。全年累计组织各类督查50余批次，制发《督查通报》57期、《督查专报》68期、《督办通知》16期。2015年，全市共办理省级民生工程项目91项、绵阳市级民生工程项目45项、市本级自选民生实事15件。全年共办理人大建议、政协提案411件，办结率和满意率达100%。

（市委办）

组织工作

【概况】　2015年，中共江油市委组织部紧紧围绕省委、绵阳市委、市委的从严治党战略部署，充分发挥组织部管党治党的重要职能，认真抓好“三严三实”专题教育、基层党建、干部人才等工作，为建设“诗意中国、李白故里、美丽江油”提供坚强的组织保证。

【“三严三实”专题教育】　开展“深读经典、坚定信念”主题读书活动，召开读书班、专题学习讨论会等360余场次，深入学习贯彻习近平总书记系列重要讲话精神，坚持学而信、学而用、学而行，让广大党员干部重燃理想信念之火。市级党员领导干部结合各自分工，紧扣联系单位系统和行业特点，有针对性地讲党课82场，并将讲党课报告受众延伸至基层，实现乡镇、市级部门全覆盖。围绕“严以修身、严以律己、严以用权”三个专题，组织召开集中学习研讨会3次，每位领导干部认真准备、提前思考，将前期的学习思考、消化吸收的成果转化为个人思想感悟、心得体会，交流学习体会，提升认识，强化行动自觉。围绕“三严三实”主题，聚焦“忠诚、干净、担当”，高质量召开民主生活会，深入查摆、认真剖析，主动接受批评意见，达到红脸出汗、加油鼓劲、增进团结、凝聚共识的预期效果。创新开展“适应新常态、重在敢担当”主题活动，创设“五大载体”，着力打造雷厉风行的决策、执行、监督、考评、奖惩一体化“落实链条”，让务实担当成为广大干部的生动实践。抽调800余名党员干部投身“四会一节”和2015年央视中秋晚会筹备，用领导干部的工作强势推动形成江油的发展强势。四是强化问题导向。始终聚焦问题查、对照问题改，使专题教育的过程成为校正干部队伍思想和行为突出问题的过程，让领导班子的运行和党员干部的行为真正规范起来、严格起来。市委常委班子共查找“不严不实”问题15条，县级以上领导干部共查找“不严不实”问题320条。

【干部工作】　始终按照“好干部”标准和“三重”导向，更加注重在党建主阵地、维稳第一线、经济发展和招商引资主战场、服务群众最前沿发现、培养、选拔干部。近年来，全市新任的16名乡镇党委书记中，13名从乡（镇）长职位上选拔担任，新任的15名乡（镇）长中，11名从基层一线副职上选拔担任。47名在党建、招商、维稳、项目等工作一线干部得到提拔重用。有18名干部由偏远、较小乡镇交流到近郊、较大乡镇任职。制定《领导班子及领导干部差异化政绩考核办法》，实施分类考核、同类比较，更加注重实绩，先后提拔重用28名在考核中表现突出的干部，对5名年度考核总排名靠后的单位负责人作出相应组织处理；制定《乡镇、部门领导班子功能结构模型管理办法》，对4类不同类型乡镇和5类不同行业部门，分门别类设置领导班子结构模型，并采取“先研判、后调配”的方式，先后调整3名不胜任现职干部；制定干部选任动议提名、民主推荐等五个办法，规范并固化操作程序和流程，充分发挥程序的把关择优功能；坚持把识别干部的功夫下在平时，积极推行“三看三评”工作法，通过看德才、看作风、看实绩，组织评价、干部评价、群众评价的方式创新和丰富内涵，选好选准了干部；以绵阳干部人事制度综合配套改革延伸试点单位为契机，大力推行“先谈话推荐、后会议推荐”考察方式，探索实行“四套班子”县级领导署名推荐拟提拔使用人选等多个改革事项，使选人用人机制更加科学管用。坚持以讲促学，举办“李白大讲堂”12期，在专家专题讲授中提升思想境界；继续实施“年轻干部递进培养计划”，全年完成80名干部人才遴选和集中培训；实施“年轻干部成长计划”，选派42名28周岁左右的优秀年轻干部到乡镇、园区、村社挂职历练；把重点工作、重大项目、重大节会等急难险重任务作为干部成长的“摇篮”，提拔重用在“四会一节”和2015年央视秋晚筹备中表现突出的干部12名；注重选调生培养，坚持“成熟一个提拔一个”的原则，先后提拔4名选调生；实施“干部能力素质提升计划”，组织240名干部赴浙江大学、西南财大、西南科技大学等高校进行能力素质提升专题培训。扎实开展“7+1”选人用人专项整治，全面完成超配的21名正科级领导、12名副科级领导消化整改；开展“庸懒散浮拖”问题专项整治，通报批评47人，对3名乡镇党委书记作出降职处理。在全省率先推出《市管干部关爱提醒办法》，率先试行科级领导干部集中报告个人有关事项，从严开展党政“一把手”任期（任中）经济责任审计，变“事后惩处”为“事前提醒”，做到早教育、早提醒、早预防。全面推行“一评议、两公示、两核查”制度，建立选人用人实名推荐、全程纪实、问题“放下”和责任倒查机制，坚决防止干部“带病提拔”。

【人才工作】 牢固树立人才优先发展理念，健全完善党管人才管理体制和工作机制，整合方方面面力量，形成组织部门牵头抓总，有关部门各司其职的工作格局。制定出台培养人才管理办法，人才公寓管理办法等文件，形成较为完备的制度体系。同时，建立人才服务作用发挥激励机制，实行优秀人才“一对一”联络、“双带”发展目标任务考核等多项制度，对科技拔尖人才、骨干人才和新农村建设优秀人才每人每月发放100~300元的政府津贴。依托各类资源，大力拓宽引智渠道，创造人才流入“洼地”，设立引进人才专项资金200万元、人才开发专项资金500万元。实施“李白故里531揽才计划”，围绕市委确定的“三大产业”“六大转型升级”、两个“一号工程”、两个“国际”的实际需要，力争用3年左右时间，引进5名领军人才、30名创新创业人才、100名高层次专业技术人才、高技能人才。实施“优秀企业家成长计划”“农村实用人才培养工程”和“文化旅游人才培养工程”，大力培养高层次人才和急需人才。积极搭建人才投身创新创业平台，建立人才创业孵化园，已入驻科技型中小企业和创新创业团队20个。建成绵阳市“院士（专家）工作站”2个、技能大师工作室2个、劳模工作室3个，新增授权专利178项。开展“创新创业大赛”，激发优秀人才的创新创业精神，营造“鼓励创新、支持创业”的43个、联合企业14个，带领乡邻群众从传统产业走向特色产业、从单独创业走向联合创业，加快扶贫攻坚向纵深推进。2015年，5个人才团队共获得绵阳市扶持资金280万元。

【组织工作】 创新结合“李白出生地”文化底蕴特点，悬挂组织工作书画摄影作品、标语16幅，设计荣誉墙1面，大力营造“诗意组工”文化氛围，陶冶组工干部艺术情操，导入组工干部“文化基因”。每月开展“匡山读书汇”“组工讲堂”等活动，为组工干部邀请知名专家教授从党史、经济、哲学等方面“授课加餐”，配套赠送《大数据》《历代经济变革得失》等4套、12本自学书籍教材，丰富组工干部的知识体系，提升组工干部的自学能力，拓展组工干部的知识面，强化组工干部“学习基因”。通过抽调锻炼、组织推荐、个人自荐等渠道，经过实地考察、笔试面试等方式，从市内外纪检、公安等系统发现吸收优秀年轻干部8人；突出人岗匹配原则，通过重大项目锻炼、演讲竞职，提拔交流干部19人，占总人数50%，有效激发干部职工工作热情；结合市委中心工作，梯次选派组工干部到浙江大学、西南财经大学等省内外高校开阔眼界、学习提能，实现部机关干部100%培训全覆盖，创新思维的水平和干事创业的能力都得到有效提升。制定严实部机关每月要览督办制度和干部考核评价办法，实行“月晒、季查、年考”的工作模式，每月晒出工作要点和任务目标，每季督查任务落实完成，每年汇总工作落实情况，并将完成情况量化为分值同干部年终考核相挂钩，实现“责任到人头、追查有抓手、考核依制度”的良好工作局面。设置机关运行公示栏和群众办事指南，并在江油党建网上公示公开，制定组织部门业务工作规范范本，不断提升部机关规范化、科学化、效率化水平。

【基层党建】 着力重塑基层形象、重建文明高地、重构社会良序，创新实施“单元化联户共建共享工程”，推行“1355”群众工作模式，进一步夯实基层基础、筑牢党的执政根基，推动基层组织实现法治、德治、自治和共治良性互动，着力构建起整合多元社会力量、容纳多元利益诉求、融入多元责任义务、服务多元主体人群的基层组织建设、现代社会治理、精神文明创建的“江油模式”，被《中国组织人事报》《四川日报》、四川电视台、新华网等媒体多次宣传报道。着力优化党组织设置，积极探索村村联建、村居联建、村企联建等模式，将党组织建立在产业链上。在全市45个城市社区建立“大党委”，大力推进“两新”组织建“党”工作，制定《进一步加强“两新”组织党建工作的实施意见》，着力推进“三个有效覆盖”。按照“四个一批”的方式扎实抓好软弱涣散党组织整顿，全市42个软弱涣散村（社区）党组织得到全面转化提升。配优配强基层党组织书记，加强对乡镇、村（社区）领导班子运行情况的跟踪考察考核，及时调整不胜任村（社区）党组织书记10人。集中开展村（社区）优秀能人党员大调查，确保每个村（社区）有1名至2名党组织书记后备干部。强化能力培训，积极与省经信委、西南财大等合作，举办村干部创新创业培训班，培训村两委负责人、大学生村干部、农村经合组织带头人、返乡创业毕业生100人，村级后备干部95人。加强大学生村干部管理，制定《关于鼓励和扶持大学生村干部电商创业的意见》，积极协调各种社会资源，多渠道破解大学生村干部创业资金难题。扎实做好“老村干部”分流，通过留村任职、定向考录、企业招聘等方式，分流村干部42人。着力抓好基层基础保障。市财政每年投入党建工作经费达到7800余万元，将全市村和农村社区办公经费提高到5万元，城市社区提高到8万元。同时，加强经费管理使用，将办公经费分为“基础标准”和“绩效考核”两部分，“基础标准”部分主要用于会议、购置办公用品等基本运转；“绩效考核”部分主要用于“单元化联户共建共享工程”、信访维稳、文明城市创建等重大工作开展推进，对开展得好、推进有力的单位提高“绩效考核”标准，进一步激发积极性创新性。深入贯彻落实全省产业园区和农村基层党建工作会议精神，以建好园区党工委、成立综合党委，建好党群活动中心、发挥党组织和党员作用等方面为重点，深化管理体制和运行机制改革，着力构建由党工委统一领导的区域大党建格局，助推园区发展。六是坚持联系群众不退缩。抓好“三走遍一深入”活动，全市34名县级领导走遍42个乡镇、街道，召开院坝会、座谈会730场；走访25个分管（联系）部门、60个企事业单位、56个重大招商引资项目、85个在建工程项目。抓好干部驻村帮扶、第一书记、攻坚扶贫等工作，全市77个单位与77个贫困村结对，抽调236名工作人员为驻村工作队成员，选派77名优秀机关干部任“第一书记”，帮助基层找准发展路径，实现扶贫工作的“精确滴灌”。

【直属机关党建】 中共江油市委直属机关工委是市委派出机构，代表市委领导市直机关党建工作，挂靠市委组织部，管理9个党委、25个党总支，29个直属支部，共计2992名中共党员。2015年，在江油市委的领导下，直属机关工委以“服务中心、建设队伍”为核心任务，围绕加强机关服务型党组织建设，创新推进机关党的思想、组织、作风、制度和反腐倡廉建设，为构建高效、和谐、廉洁、文明机关提供坚强有力的组织保证。按照“机关党建走在前头”的要求，坚持“书记抓、抓书记”制度，全面落实“三级联述联评联考”制度，每季度召开机关工委委员会，专题研究党建工作5次，形成齐抓共管，层层抓落实的党建工作格局。认真落实《条例》和《实施办法》，积极推进人员、经费等刚性要求的落实，指导完成25个机关党组织换届选举工作。开展市级机关党组织书记深入联系点上一堂党建辅导课活动，作专题辅导报告65场次；开展一次党建调研活动，党组织成员每人撰写一篇调研报告；开展静心研撰一本学习感悟笔记活动，制定读书笔记调阅制度，增强学习效果。严格遵循党员发展要求，坚持委员会议制度，积极推行发展党员预审制、公示制、责任追究制，实现发展党员工作的“阳光作业”和动态管理。2015年，审批发展新党员9名，审批预备党员转正19名，培训发展对象100名。全市77个单位与77个贫困村结对，抽调236名工作人员为驻村工作队成员，选派77名优秀机关干部任“第一书记”，实现扶贫工作的“精确滴灌”，累计走访慰问困难群众12205户，提供帮扶慰问资金4856.9万元，帮助解决实际困难950件。

（组织部）

宣传思想文化工作

【概况】 2015年，江油市宣传思想文化工作围绕市委、市政府中心工作，服务大局，创新宣传思想工作，为全市加快建设“诗意中国·李白故里·美丽江油”提供思想保证、舆论支持、精神动力和文化条件。江油市委宣传部被省委宣传部表彰为“四川省宣传系统先进集体”。

【新闻外宣】 市委组织队伍专题调研意识形态和宣传思想文化工作。市委常委会专项研究制定《中共江油市委关于进一步加强宣传思想文化工作的实施意见》，从机构编制、队伍建设、财力保障、工作重点、目标任务、考核管理等方面进一步加强党委对意识形态领域的领导。推进传统媒体和新兴媒体融合发展，组建成立市新闻宣传中心，核定编制20人，负责《今日江油》报、官方微博微信“江油发布”、政府门户网站的编辑发布工作，搭建新兴媒体和传统媒体融合发展平台。加强文明创建工作机构和机制建设，文明办增编至10人。以培育和践行社会主义核心价值观为主线，以村（居）委会、村（居）民小组和联建单元为体系，在全市范围推行“1355”群众工作模式，大力开展“单元化联户共建共享工程”，着力打造“基层组织建设的样板、现代社会治理的典范、精神文明建设的标杆”。围绕市委中心工作，开展系列主题宣传活动，以江油电视台、《今日江油》、江油门户网、“江油发布”微博微信等主阵地，统筹江油论坛、江豆网、江油都市网等社会网站参与，开辟专栏，开展“三严三实”教育实践活动、文明城市创建、“四会一节”“两个国际”“十二五”成果等专题宣传活动。邀请中央、省市及海外媒体20余次共计500余人开展“百家党报重返灾区看振兴”“行走中国·2015海外华文媒体美丽四川行”等集中宣传江油活动，先后在中央、省级平台召开新闻发布会7次，向外发布及转载消息8000余篇，在人民网、新华网、凤凰网、四川新闻网等网络媒体发稿2480余篇(条)，官方微博微信“江油发布”发布信息2470条。香港文汇报、四川日报3次在头版头条隆重宣传江油。江油电视台荣获“全国市县电视台20强”荣誉称号。

【理论学习】 深入学习贯彻习近平总书记系列重要讲话精神，开展中共十八大、中共十八届四中全会和习近平总书记系列重要讲话精神的学习宣传活动，运用中国共产党党组织民主生活会、党委中心组学习和城区阅报栏、电视、网络等多种平台学习宣传。强化市委中心组和“李白大讲堂”学习，围绕中央决策部署、紧密结合江油社会经济发展实际，邀请中央党校、清华大学等知名高校专家教授作专题报告，召开市委中心组学习会议17次，各部门、乡镇开展集中学习达600余次。委托国内知名大学、培训机构，先后组织“江油市浙江大学干部创新能力提升培训”“南宁新媒体建设管理培训”等集中培训活动。大力开展社科理论研究，服务地方经济社会发展，围绕“以人为本·全程服务”“单元化联户共建共享工程”、李白文化开发等主题组织开展社科理论研讨会。江油市社科联被省社科联表彰为“四川省先进（县市区）社科联”。

【舆情监管】 加强网络监管队伍建设，网信办扩编至8人。进一步完善新闻发言人制度、书记市长信箱通报制度、网络巡查24小时值班制度，建立突发事件新闻应急预案机制。加强网评员队伍建设，处理网络舆情，全年没有发生较大影响的负面新闻事件和网络舆情事件。

【重大活动】 成功举办中央电视台2015年中秋晚会，全球94个国家和地区观众达4亿人，创下历届央视中秋晚会收视率之最。隆重举办“全国第九届残运会暨第六届特奥会”“四川首届生态旅游博览会”“2015年中央电视台中秋晚会——月圆江油”“绵阳市旅游发展大会暨首届李白故里文化旅游节”“中俄兔业合作交流圆桌会议”和“第三十二届中国兔业大会”等重大节会。向全国发布两个“江油宣言”，江油获“中国诗歌之乡”和“中国獭兔之乡”称号。

【文化旅游项目建设】 2015年，完成李白文化产业园——青莲国际诗歌度假小镇一期项目投资，在“2015国际旅游度假目的地创新发展论坛”上，被授予“最具文化创意旅游小镇”称号，并成为“央视秋晚”举办地，受到世界关注。高标准建设“百合国际博览园”，被授予首个专类国家森林公园称号——“中国百合公园”，成为江油的新名片。组建成立市文化旅游发展有限公司。完成吴家后山、养马峡等景区改造提升，举办14个“李白故里乡村文化旅游节”系列主题文化旅游活动。启动建设“江油市奇石文化产业园”、太白国家登山健身步道等项目。

【文化活动】 全年组织开展“文化进万家”“心连心”“送欢乐下基层”等系列公益性品牌文化活动，“2015·太白灯会”观众达40余万人。举办“三下乡”集中活动5次，累计发放图书3万余册，放映电影4380场次，参与群众超30万人次。全年新增国家、省级文艺家协会会员20多人。文艺界创作、表演、发表文艺作品200多件(篇)。《看》《三号楼长》和《秀兰改嫁》3个川剧节目参加中央电视台戏曲频道《一鸣惊人》栏目，获比赛周亚军。《不完美家园》获2015年西班牙第38届国际摄影大赛金奖。建设留守儿童之家10个、农民工文化驿站5个，村级文化活动室80个。全市“农家书屋”实现建制村全覆盖，广播“村村响”、电视“村村通”提前两年全面完成。

【精神文明建设】 建立创建全国文明城市工作领导干部问责机制，严格执行“周通报、旬督查、月小结、季考评、年兑现”

工作机制，建立高分值年度目标考核机制。大力推进美丽江油建设，实施“六类专项治理”“水系综合整治”和“绿化美化亮化”三大工程，提升城市文明形象。开展“书香江油”“微笑江油”、中华经典诵读、“童心向党”歌咏比赛等特色创建活动，评选出2015年度“江油十大好人”，蒲友明当选为“四川省道德模范”。成立江油市志愿服务指导中心，大力开展志愿服务活动。2015年2月，江油市被中央文明办表彰为“全国文明城市提名城市（县级）”

（宣传部）

机构编制

【概况】 2015年，全市行政编制共计2878名（其中，市级党政群机关行政编制1009名，政法专项行政编制987名，乡镇行政编制882名）；实有在职人员2614人（其中，市级党政群机关公务员886人，政法机关公务员937人，乡镇公务员791人）。全市事业编制共计11366名，实有人员10118人。

【政府职能转变和机构改革】 2015年，全面完成新一轮政府机构改革。改革后，政府工作部门24个，挂牌8块，机构数额和挂牌数额都未突破规定限额。改革前，市政府直属事业单位11个，改革后设置为9个，减少3个，精简27.3%。全面完成工商、质监体制调整，整合卫生和计生、农业畜牧和水产、科技和工业信息化、住建和人防等职能及机构，组建相应政府工作部门。基本实现“大卫生”“大农业”“大市场监管”的工作格局。

【事业单位分类改革】 按照政事分开、事企分开和管办分离的总体要求和承担行政职能、从事生产经营活动和从事公益服务三个类别的功能划分原则，分类事业单位471个（其中，行政管理类4个，公益一类441个，公益二类25个，生产经营类1个），占应分类单位总数的87.06%。同时，积极研究解决事业单位改革涉及的职能调整、机构整合、人员编制等问题，配合做好生产经营类事业单位转企改制工作。

【政务服务改革】 进一步深化行政审批制度改革，按照“三集中、三到位”（部门行政审批职能向一个科室集中、承担审批职能的科室向行政审批服务中心集中、行政审批事项向电子政务平台集中，切实做到审批事项进驻落实到位、授权到位、电子监察到位）要求运行，将多个部门的行政审批职能统一到市政务服务中心集中办公。

【扩权强镇试点工作】 将18个镇纳入第二批扩权强镇试点，下放规划建设、国土、水务、公安、林业、食品监管、工商等行政管理权限45项。

【组建不动产登记中心】 完成不动产统一登记职责和机构整合工作。在市国土资源局加挂不动产登记局牌子，成立不动产登记中心，统一承担土地登记、房屋登记和林权登记等不动产登记职责。

【成立江油市城市行政执法局】 调整和完善城市管理体制，积极参与相对集中行政处罚权工作。撤销江油市城市管理局，组建江油市城市行政执法局，着力实现“一支队伍管执法”。

【优化机构编制资源配置】 为加强环境监测工作、社科联工作、工业园区纪检监察组织建设、“双拥”工作、项目推进工作、财政投资评审工作、精神文明创建工作、工业园区招商服务工作，在相应部门适当增加事业编制。将“中共江油市委党员干部现代远程教育中心”更名为“中共江油市委组织部党员教育中心”；将“市李白故里通讯社”更名为“江油市新闻宣传中心”，并加挂“江油市新闻传媒中心”牌子。根据职能任务情况，撤销江油市攀长钢技工学校、市建筑规划勘测设计院；为加强劳动人事争议仲裁工作，设立“市劳动人事争议仲裁院”。调整优化市水务局、文广新旅局、统计局、林业局、教体局、发改局、法制办的内设机构设置；为有利于整合资源，在市低保中心增挂“低收入家庭认定中心”牌子，在市西山公园加挂“市双拥公园”牌子，明确市骨科医院与市厚坝镇卫生院合署办公；在乡镇设立环境保护和安全监管机构，明确工作人员编制，各乡镇增设综合办事机构副职1名。

【机构编制监督管理】　在机构编制日常管理中，坚持“一支笔”（指对机构设置和人员编制审批实行统一领导、集中管理）审批和增编增人“三不准”（未经机构编制部门批准不准增编，没有编制和《控编进人通知单》组织人事部门不批准进人，没有编制财政部门不准核拨工资）原则，严禁“三超两乱”（超职数配备干部、超机构规格提拔干部、超审批权限设置机构，擅自提高干部职级待遇、擅自设置职务名称），严肃机构编制纪律，严守政策红线，实行机构编制证（卡）和实名制管理，从源头上防止“吃空饷”等违反机构编制纪律的情况出现。

【事业单位登记管理】　2015年，深入推进“年检制度改为年度报告公示制度”“开办资金由验资改为确认登记”改革工作，应公示事业单位法人年度报告应520家全部公示，办理开办资金确认登记23项。全年按规定换发事业单位法人证书516家，办结变更登记48项、设立登记23项；开展事业单位登记管理现场核查50家；落实网站开办审核、资格复核和网站标识管理86家，中文域名注册续费596家；组织市农口系统下属110家开展事业单位法定代表人培训1期；推进事业单位绩效考评试点工作，印发《江油市事业单位绩效考评试行办法（试行）》和《关于加强事业单位绩效考评结果运用工作的意见》；推动事业单位法人治理结构建设试点，进一步落实试点单位在机构编制管理、干部管理、人事管理、财务管理等方面一定的自主权，试点工作取得阶段性成效。

（编　办）

统一战线

【概况】　2015年，江油统一战线工作围绕中心、服务大局，适应新世纪新阶段的要求，加强和改善党对统一战线工作的领导，围绕亮点特色搭载体，努力增强统一战线的影响力，为实施“11321”发展战略做出突出贡献。被省委统战部评为2015年度“统战信息工作先进单位”。

【基层统战工作】　各乡镇、各部门党组（党委）主要负责人为统一战线工作第一责任人，各级党组（党委）及其派出机构应当明确专兼职统战委员，专人负责统一战线工作，在统一战线工作任务重的市属学校、医疗机构等明确负责统战工作的人员。市委把统一战线工作作为对各级党委（党组）领导班子和领导干部考核的内容，坚持奖惩。建立健全市委统一领导，统战部牵头协调、各有关部门和人民团体各负其责的大统战工作格局。统战部担负了解情况、掌握政策、协调关系、安排人事、增进共识、加强团结等职责，指导督促多党合作、民族、宗教、对台、侨务、新的社会阶层等方面中国共产党的方针政策的贯彻落实。各有关部门和人民团体要增强统一战线意识，加强同统战部门的沟通和配合，在工作中体现统一战线的方法和要求。把统一战线工作纳入全市宣传工作计划，把统一战线理论知识纳入市委党校（市社会主义学校）的教学内容。统战系统各单位要各司其职，相互配合，形成合力，圆满完成各项工作任务。按照政治素质高、工作能力强、民主作风好、善于处理复杂问题的要求，选优配强统战部门领导班子，切实加强统战干部队伍建设，严守中国共产党的政治纪律和政治规矩，树立责任意识和担当精神，努力做到政治上坚定、精神上振奋、业务上精通、作风上过硬。

【民主党派建设】　认真贯彻《中共中央关于加强社会主义协商民主建设的意见》精神，切实加强对民主党派的思想政治引导，坚持每季度召开民主党派学习会，定期举办培训班，培育民主党派成员把握时势的眼光、自强不息的品质、脚踏实地的作风、尽职尽责的忠诚、敢于担当的勇气、合作共事的胸襟，不断推进全市多党合作和政治协商的制度化、规范化、程序化。继续深入开展“绵阳民主党派走进江油”“建江合作”“民主党派五个一”活动，通过理论引导和实践锻炼不断增强民主党派对中国特色社会主义的道路自信、理论自信和制度自信。大力支持民主党派、无党派人士就经济社会发展重大问题进行考察调研，发挥他们在反映社情民意、协调社会关系、维护社会稳定、开展对外交往方面的积极作用，2015年地方“两会”期间，党外人大代表和政协委员共提意见建议和提案240条。坚持市人社局、教体局等12个政府部门对口联系6个民主党派制度，健全情况通报、会议列席、双向交流、联合调研等长效机制，促进对口联系工作的规范化和制度化。在党外人大代表和政协委员中聘请77名特约监督员，对12个政府部门进行特约监督，共提意见建议80余条，促进市级部门政风行风转变，提升效率。坚持市级党员领导联系1~2名民主党派负责人制度，定期进行交心，搞好联谊交友。支持民主党派加强自身建设，市委、市政府为各民主党派江油总支（基层）委员会在原教育局办公用房内解决办公场所，配备必要的办公设备，每年的活动经费20万元列入财政预算，为各党派政治协商、参政议政和民主监督提供必要的条件。市委、市政府还坚持每年对民主党派进行慰问走访，让各民主党派支持改革发展实践，分享改革发展成果。市委、市政府坚持每半年召开一次民主党派（党外代表人士）情况通报会和建言献策会，四大班子主要领导参加，市长通报全市经济社会发展情况，市纪委书记通报全市党风廉政建设和反腐败情况，认真听取各民主党派、党外代表人士的意见建议，合力推进江油的社会发展和稳定。积极引导民主党派服务社会，在扎实搞好“建江合作”“绵阳民主党派走进江油”及“五个一”活动的同时，引导民主党派积极参与扶贫攻坚，统战部下发《关于全市统一战线开展扶贫工作的实施意见》，全市统一战线各级组织广泛投身精准扶贫工作。民革江油总支继续开展艺术支教；助力科技型企业转型升级，邀请民革中央副主席、全国政协副主席齐续春在绵阳调研期间到江油市六合锻造调研，指导企业包装项目20余项，获无偿项目资金670万元。民盟江油基层委员会引入北京四中网校助力江油教育信息化发展，为江油中心捐赠价值252万元教育教学资源。民建江油基层委员会会员企业家在2015年江油市“两会一节”上捐资920万元，助力央视秋晚在江油成功举办，马远学是四川唯一当选“2014《中国双拥》年度人物”的会员，其和帅兰被评为江油市首届“十大好人”。民进江油基层委员会联系绵阳科源燃气公司投资500万元，在江油率先设立创新创客空间，协调江油一中与加拿大安伯逊高中开展教育教学交流。农工党江油基层委员会发挥界别优势，定期开展义诊、宣传、科技下乡等活动，数万人次受益。九三学社江油基层委员会常年资助贫困学生。2015年，全市6个民主党派共计包装引进提供项目50余个，捐款捐物引进资金累计近4000万元，帮助贫困人口上千人。

【非公有制经济统战工作】　充分发挥工商联党组的领导核心作用，以“信念、信任、信心、信誉”为主题，积极开展“同心”教育活动，强化“同心”思想，深化全市非公有制经济人士理想信念教育实践活动。市委切实加强对工商联工作的重视和领导，每年召开一次民营企业家座谈会，四大班子主要领导认真听取企业家的意见建议，分析经济形势，解决存在的问题。加强对非公有制经济人士的理想信念教育，推动“同心”实践，引导他们牢固树立对中国特色社会主义的信念、对中国共产党和政府的信任、对企业发展的信心、对社会的信誉。引导企业克服生产中的困难，诚实劳动、合法经营，建立和谐劳动关系，做合格的中国特色社会主义事业建设者，促进非公经济健康发展。组织动员民营企业积极参加“五个一”活动和统战系统的扶贫攻坚工作，进一步深入开展“百企帮百村”活动。2015年，全市民营企业家捐资参与慈善事业资金达4000万元以上。组织民营企业招聘活动，缓解会员企业用工难问题。市委统战部、市工商联联合市人社局等部门于2月15日开展“春风送岗位”现场招聘会；5月21日，开展2015年民营企业招聘周活动；9月16日，开展2015年高校毕业生现场招聘会，为促进充分就业，服务全市经济发展，为企业和求职人员搭建招聘求职平台做出贡献。

【民族宗教工作】 江油市委十二届第一百一十一次常委会专题学习绵阳市委民族工作会议暨第三次民族团结进步表扬大会精神，研究全市民族工作及贯彻落实意见。继续深入开展民族团结进步教育“六进”活动，大力选拔少数民族干部到各级领导岗位担任职务，为少数民族干部发挥作用提供必要的平台，有1名少数民族女干部担任乡长，10余名少数民族干部担任各级各部门中层干部。建立健全民族工作服务站，为全市少数民族同胞提供服务。全市范围内有开放宗教场所的乡镇党委和政府都明确有分管宗教工作的领导和负责人，保证涉及宗教方面的工作有专人负责，同时建立社区宗教工作服务站，为社区居民提供宗教知识的咨询服务。依法加强对全市宗教事务的管理，以“两室、六员、一队”为载体，加强“和谐寺观教堂”创建工作，推进宗教场所规范化建设，深入开展“法治宣传进寺庙”活动，扎实推进治理滥建小庙工作。深入开展“宗教慈善周”活动，全年来开展扶贫、济困、助残、救灾、养老、助学等公益慈善活动10余场次，支出善款3万元。帮助解决涉及民族宗教方面的实际困难和问题，积极为宗教场所土地确权做好工作。同时，通过统战部的积极争取，2015年，市政府拨付32万元资金用于回民墓地建设，解决200余万元为罗汉寺建设150米的进寺道路，并进行黑化和绿化，建设停车场。为全市5个宗教团体解决工作经费10万元，为市人大代表、政协委员中的民族宗教界人士解决每人每月500元的生活补助费。全市民族团结、宗教和顺。

【对台工作】 贯彻执行中央对台工作大政方针，坚持一个中国原则，反对“台独”分裂活动，广泛团结台湾同胞，巩固深化两岸关系和平发展的政治、经济、文化、社会基础。加大江台经贸文化交流合作，坚持每年组团到台湾进行经贸文化交流，充分发挥李白文化、哪吒文化和道教文化的影响力，扎实开展好两岸民俗文化交流活动，2015年6月，成功举办国台办重点对台交流项目“两岸哪吒民俗文化交流活动”。加强交流，扩大影响，积极争取台湾民心。全年共接待台湾参访交流团队30批次，1500余人次。同时，利用新闻媒体、互联网、赴台交流、接待台胞来访平台和渠道，宣传中国共产党的对台方针政策，提高对台工作干部的工作能力，增强台胞台属的认同归宿感。积极为台资企业服好务，为他们提供良好的环境。

【党外代表人士队伍建设】 认真贯彻中央4号文件和江委发〔2013〕23号文件，重点抓好干部的发现、培养、使用、管理等环节，形成党外干部健康成长的良好局面。对党外干部实行动态管理，完善党外后备干部数据库，储备后备干部60人。加大对党外干部的培训力度，把党外干部的培训纳入市委组织部、市委党校干部培训计划，9月，举办第10期党外干部培训班，87名党外干部参加培训。同时，选派10余名党外干部参加四川省和绵阳市社会主义学院的学习培训，提高党外干部的素质。加大党外干部使用力度，2015年提拔使用正科级1人、副科级5人，民革江油总支副主委担任铜星乡乡长，在“加大党外干部担任乡镇行政正副职的选配力度”要求上取得进一步突破。截至2015年，全市共有副科级以上党外领导干部29人，其中副县级4人，正科级6人，副科级19人。将统战工作纳入市委、市政府年度目标考核，与组织工作、宣传工作一起，每年各评选20个统战工作先进集体和先进个人进行表彰奖励。

【党外知识分子联谊工作】 充分调动广大党外知识分子积极性，为江油市经济社会发展做贡献。按照培养人才、吸引人才、用好人才的要求，在市委统一领导下，建立由统战部牵头、党政有关部门参加、社会有关团体参与的党外知识分子工作联席会议制度，建立新媒体从业人员联席会议制度，为做好新的社会阶层中的党外知识分子工作提供制度保障。2015年，市党外知识分子联谊会顺利换届，同时在绵阳县市区率先成立新媒体从业人员联谊会，并落实两个联谊会的活动经费和办公场地，为他们开展活动、参政议政、培养人才提供必要的条件。充分调动全市党外知识分子的积极性和创造性，为提高全市自主创新能力、走创新发展道路、实施两个“一号工程”提供智力支持。2015年，知联会换届和新媒体联谊会成立后，共组织开展调研活动10余次，服务全市地方经济社会民生，引导党外知识分子积极参与“五个一”活动和扶贫攻坚活动。2015年，知联会工业、农业、科技、教育、文化、旅游6个建言献策小组，深入调研研究，共提议案、提案、建议、社情民意90余条，调研活动12次，提交调研报告9篇，多数被市委、市政府采纳。联系帮扶20个村（社区），捐资捐物500余万元修建道路、塘堰、水渠，解决村民出行和生产生活用水；捐款30万元，帮助贫困户和贫困学生150人次；各个同心服务组共组织各类专家150余人，先后开展社会服务活动20多次。初步形成资源共享、联动互动的组织网络，为党外知识分子服务社会、服务民生搭建了平台和载体。

【参与社会管理创新】 年初召开全市社区统战工作会议，认真贯彻市委、市政府下发的《关于加强社区统战工作的意见》和《社区统战工作考核办法》，延伸统战工作触角。以创建全国文明城市为契机，通过组织义诊、文艺演出、慰问贫困户等形式，加强对社区居民的服务。全年共组织义诊5次，1000余人次接受免费诊疗；组织文艺演出2场，为社区居民送上喜闻乐见的节目；慰问社区贫困户30户，帮助他们解决实际困难和问题。在社区居家养老、基础设施改善等方面，为社区排忧解难，有效推动全市社区统战工作的开展。市委统战部联系指导的太平镇德胜社区被评为省级文明社区、四川省服务型示范社区党组织，涪滨社区被江油市委、市政府评为“创建省级文明城市工作先进集体”。

（袁治光）

对台工作

【概况】 2015年，江油市对台工作紧紧围绕市委、市政府中心工作，认真履行职能职责，做好宣传、热情服务、不断深化交流、积极申报并成功举办2015年海峡两岸重要文化交流项目——第二届两岸哪吒民俗文化交流活动，持续扩大江油哪吒祖庭地位，取得系列重要成果。

【对台宣传工作】 坚持把党校作为对台宣传教育工作的主阵地，积极开展涉台宣传教育工作。10月22日，江油市台办主任喻大富依托2015年度第10期统战干部和党外干部培训班，为江油市42个乡镇（办事处）、部分市级部门统战干部及党外后备干部等共计200名参训学员举办一期涉台知识宣传教育专题讲座。参训学员对台湾问题的历史形成原因、台湾的战略地位和重要性、两岸关系的现状及中央、四川省、绵阳市对台方针政策有更加全面和深刻的认识。在统战部网站上，市台办将组织机构、主要工作职责、中国共产党的对台方针政策、相关的法律法规、工作动态等在网上进行宣传，扩大台湾事务工作的影响。加强台胞台属接待中面对面的宣传教育工作，协调好与外宣、文化旅游及新闻单位的关系。充分利用新闻媒体、互联网、赴台交流、接待台胞来访等渠道，向岛内大力宣传江油市良好的投资发展环境、旅游资源、建设成就和中华传统文化，增强台胞的认识和认同，让台胞更多了解江油、关注江油，吸引更多的台胞到江油参访、旅游、考察和投资。举办重点台胞台属中秋招待会，组织重点台胞台属代表参观百年好合爱情谷和市上正在打造的罗汉堰整治工程。做好信息上报工作，上半年，向国台办、省台办、绵阳市台办、绵阳市委统战部等部门上报信息50篇，被采用35篇。

【为台胞台属台企服务】 积极开展台资企业大走访活动，江油市台办多次深入诗乡缘台湾会馆、淞恬咖啡、福尔摩沙聚雅轩等企业，实地调研台资企业生产、经营情况，收集企业在生产生活中存在的问题和困难，听取台商台企的意见和建议，支持和引导台资企业做大做强。当了解绵阳市台商协会会长林美玲反映她投资经营的青莲镇诗乡缘台湾会馆涉及的征地拆迁赔偿问题后，江油市台办多次向青莲镇党委政府和林美玲了解具体情况，积极帮助协调解决；积极联系江油市工业园区并多次带领杨淞富现场选址，帮助解决淞恬咖啡急需开食品加工厂房的需求；积极向江油市各大中学引荐，帮助淞恬咖啡扩大销售市场。江油市台办积极与江油市教体局联系，帮助解决台属何腾魁的孙女从台湾转到江油读书的问题；帮助协调解决台属杨刚在中坝镇的住房面临拆迁赔偿的问题；帮助台属张成文和欧仲华寻找台湾亲人。组织台胞台属代表观看2015年央视中秋现场直播晚会。在得知深圳台商协会会长傅宏智美食团队将在江油市金莎奥特莱斯广场举办为期15天的台湾美食展，江油市台办立即与他们取得联系，帮助他们办理各种手续，帮助协调和解决办展遇到的各种问题和困难。借江油举办央视中秋晚会之机，在9月25日至10月5日举办“两岸情、江油月”的台湾美食嘉年华活动，共组织50家的地道台湾美食与小吃，并邀请岩家班表演台湾传统民俗文化及哪吒三太子演出，共接待游客、食客和商客11万余人，营业额达600余万元，促进两地的美食与文化交流。

【对台交流】　2015年，市台办共接待参访交流的台湾团队共30批次，1500余人。3月15日至16日，台湾花莲县妇女代表团一行37人到江油参访交流，参观青莲镇妇女居家灵活就业——“江油李白诗意绣”基地。3月24日，台湾财团法人镇南宫仙宫庙董事长戴秋彬一行12人到江油市李白纪念馆参访交流。7月15日至16日，由省台办组织的2015年台商子女夏令营活动到江油与江实学子开展联谊活动，参观李白纪念馆和百年好合爱情谷。7月19日，台湾南投乾元真宗圣贤太子宫吴哲玮一行30人到江油开展哪吒文化交流联谊活动。7月23日，台湾新竹县尖石乡锦屏小学的师生们到江油参访交流。8月24日，台湾寺庙金兰会会长率202人到江油开展两岸哪吒民俗文化交流活动。同时，组织江油的团队赴台进行医疗、经贸等方面的交流。6月28日，江油市人民医院医务团队25人赴台进行为期15天的医务学术等方面的学习交流；11月中旬，市委副书记、市长马辉率江油市的经贸交流团一行9人赴台参访交流。

【举办第二届两岸哪吒民俗文化交流活动】　江油市台办把申报和举办两岸哪吒民俗文化交流活动作为每年的重点工作。2015年5月，再次获得国台办同意批复，举办“第二届大型两岸哪吒民俗文化交流活动”。为确保活动的成功举办，江油市台办制定详细实施措施和方案；与相关部门单位场所进行任务分工，明确责任；实地调研各个参观景点，排查安全隐患；督促检查任务落实；布置开幕式会场；准备各类文字资料；现场协调组织等大量细致而烦琐的工作。2015年5月26日至28日，澳门中联办台湾事务部副部长王升、省台办主任周敏谦、省政协委室副主任熊树林和孙继昌、省民宗委副主任杨伯明、省台办副主任赵宇、台湾中华道教中坛元帅弘道协会常务理事庄正全、世界华人道教文化交流会执行主席冯健富等和来自中国台湾、澳门、香港地区及新加坡、马来西亚、越南、印尼、泰国、英国的260名哪吒宫庙代表以及内地嘉宾和信众近400余人出席翠屏山道观重修落成大典暨第二届两岸哪吒民俗文化交流活动。江油市人民政府举办隆重的欢迎午宴，中央政府驻澳门联络办公室台湾事务部与省台办联合举办了欢迎晚宴。省台办主任周敏谦在晚宴致辞中充分肯定江油市成功举办两岸哪吒民俗文化交流活动成效明显、意义深远，希望江油市有关方面和台湾同胞一起，共同打造哪吒祖庭，弘扬哪吒文化，开展多层次、多形式的合作与交流，把哪吒文化交流活动办出特色、办出亮点，并将这一合作与交流经常化、长期化，推动江油的旅游文化事业的发展，推动两岸哪吒文化交流的深入开展。该次交流活动内容还包括：海峡两岸哪吒民俗文化交流研讨会和组织与会嘉宾到与哪吒传说相关的乾元山金光洞和大康镇陈塘关开展祭祀祈福活动等。通过活动的开展，与会嘉宾更加认可江油不仅是中华道教发源的主要地域，也是哪吒太子信仰和相关的民俗、宗教文化的发源之地，更是哪吒太子的祖庭，充分展示了海峡两岸的中华民族历史文化、民族精神有着不尽的渊源，显示了中华民族文化博大精深的凝聚力；进一步增强了海内外华人血浓于水的认同感和凝聚力；以“至忠至孝、大仁大义、惩恶扬善、护国佑民”为内涵的哪吒精神得到更好的弘扬和传播。

（台　办）

企工委工作

【概况】 2015年，市企工委在企业中开展“创先争优”活动，创新党建机制、健全工作制度、强化组织领导，以及开展“三严三实”教育，促进企业生产经营健康发展。

【在企业中开展“创先争优”活动】 市企工委专门成立“创先争优”领导小组，落实工委内部和企业开展活动的实施意见，指导各企业开展活动。企业党员在工作中亮标准、亮身份、亮承诺，比技能、比作风、比业绩，用自身形象提升党员和党组织的形象。市企工委所属30家企业党组织开展了该项活动。

【企业党组织和党员队伍建设】 强化党组织干部队伍素质，举办一期党的基础知识学习培训班，学习中国共产党的方针政策、业务理论、经营管理和法律法规知识以及先进经验，着力提高党组织书记及党务干部抓班子、带队伍、管党建的工作能力和水平。完成科发建筑劳务有限公司的改选。按照发展党员十六字方针，把好党员发展关，在严格执行原有新党员发展公示制、预审制、政审制的基础上，强化发展源头监督，实施入党积极分子公示制。同时，进一步规范党员审批程序，严格控制不合格对象进入党组织队伍。全年共发展新中共党员21名，中共预备党员转正30名，中共党员转入18人，转出33人，培训入党积极分子18名。截至2015年年底，企业工委管理的企业党组织为50个，党员人数为1264人。根据中央文件精神，进一步明确党费收缴标准，严格要求各企业党组织及时足额收取。

【企业党员信息库建设】 2015年，市企工委按照要求制定信息库审核、维护、使用和专人管理的保密制度；对党员基础数据进行核实完善，严格基础数据管理，完成年度党内统计工作。

（企工委）

党史研究

【概况】 2015年，中共江油市委党史研究室按照中共中央、四川省委、绵阳市委《关于加强和改进新形势下党史工作的意见》，认真组织实施《江油市2011—2015年党史工作规划》，围绕市委、市政府中心工作，做好党史征集、编撰、研究和宣传工作。7月，市委党史研究室被四川省人力资源和社会保障厅、中共四川省委党史研究室授予“四川省党史部门先进集体”荣誉称号。

【党史征集、编撰和研究】 编撰出版《中国共产党江油历史》第二卷（1949–1978），向市级部门、乡镇、企业和学校免费赠阅，为广大中共党员、干部和青少年学习、了解中共江油地方历史，进行革命传统教育、爱国主义教育和共产主义教育提供重要教材。编撰出版《江油红色记忆》，经广泛发放赠阅后，受到广大中共党员、干部、群众，特别是青少年的欢迎，为更好地宣传江油红色文化和利用红色资源、发扬红色传统、传承红色基因起到了积极的推动作用。启动《中国共产党江油执政实录》的编撰工作，完成各单位分管领导和编撰人员的信息收集工作，编写具体写作要求，为2016年正式编撰《中国共产党江油执政实录》奠定基础。全年征集、整理文献资料、口述资料3.5万字，图片资料400余幅。开展党史专题研究，9月，市委党史研究室主任撰写《红军在江油》理论研讨文章，并在绵阳市纪念红军长征入川80周年学术研讨会上发言，《绵阳宣传》2015第8期全文刊发。坚持逐月收集、整理、编撰党史大事记，并上网征求意见，完成2015年大事记编撰工作。

【党史宣传教育】 继续办好“中共江油市委党史研究室”网页和“江油基层党建”网页“江油党史”栏目，并及时更新。先后在《四川画报》《绵阳日报》、绵阳电视台、江油电视台、今日江油等媒体宣传江油红色文化和江油党史工作。坚持做好党史“进学校、进企业、进农村、进社区、进机关、进军营”活动，组织退休干部深入学校、机关、企事业单位和基层宣讲江油地方党史共30余场（次）。

（党研室）

老干部工作

【概况】 截至2015年年底，全市有离退休干部361人，其中离休干部77人。中共江油市委老干部局认真做好老干部工作，着力于老干部工作队伍思想政治建设，组织老干部活动，坚持民生为先，关心关爱老干部，加强老干部活动阵地建设，进一步稳定老干部队伍。

【组织老干部活动】 市委老干部局坚持从3月至10月的每月10日组织老干部进行一次集中政治学习，向老干部传达文件、通报情况、学习新知识、新政策，进行健康和心理辅导。10月，组织全市老干部参观青莲国际诗歌小镇、大康国际百合花园和罗汉堰。10月下旬，四川省第十三届七市老年书画联展在江油市举行，来自成都、内江、宜宾、眉山等10市的老干部200余人会聚江油，以笔会友和参观考察，扩大江油对外影响。原副省长、省人大常委会副主任徐世群，省委组织部副部长兼老干局局长彭德秋等参加书画联展。市委老干部与太白书画院联合举办“老干部书画进社区”书画展。举办“迎重阳”门球邀请赛。

【关心关爱老干部】 2015年2月14日，召开全市老干部春节团拜会，通报全市2014年工作及2015年工作安排。春节前，走访慰问老红军、离退休老干部以及老干部遗孀，送去春节慰问金。春节后深入多名离休干部家中，调查了解老干部所思、所想、所盼，和他们深入交谈，倾听他们的思想和诉求。邀请绵阳急救中心和消防支队老师为老干部讲日常急救知识和安全防范知识。接待老干部关于待遇、困难等来信来访30多起，并认真协调和主动化解矛盾。采取集中座谈和设立意见箱（薄）等方式，听取老干部的意见和建议，对江油的社会发展建言献策。深入医院80余次看望生病住院老干部，协助所在单位办理离退休干部去世善后工作。同有关部门协调，落实川矿移交地方离休老干部各项待遇的问题。

【老干部活动阵地建设】 2015年，按照《关于开展全省老干部学习活动阵地规范化建设检查验收工作的通知》精神，市委老干部局投入资金，在老干部活动中心和办公楼安装视频监控系统，对活动中心门球场进行改造，增设机麻室、舞蹈室、电教室和书画室等，更换和添置健身器材，并完善各项制度。12月1日，江油市老干部学习活动阵地规范化建设通过省委老干部局的检查验收，成功创建为老干部活动中心省级示范单位。

（老干局）

干部培训

【学员管理】 2015年，市委党校大力推进校风学风建设，改革创新学员管理规范，修订和完善《党校课堂学员“八不准”》《学员请假及考勤制度》《主体班学员核心激励活动实施细则》等规章12项，把纪律、规矩要求贯穿干部培训全过程，把严谨化、精细化管理贯穿教学各环节。如对所有主体班学员管理，市委党校新创“入学及结业测试”“签订党风廉政建设承诺书”“学员考勤及成绩公示”等考察制度；对党委系统培训班次学员新推“党委部门跟班考察”“封闭式半军事化作息”“建立学员党支部，实行自主管理自我服务”等管理规章；对专题培训班学员创设“专家指导与分组研修”“学员撰写调研报告”“学员论坛”等教学新规。新举措彰显党校严肃严谨、规范正派的学风要求，保证培训质量，提高培训工作的针对性和实效性。

【干部培训突出“党校姓党”原则】 2015年，市委在研究、部署干部培训年度规划时重点设置“学习贯彻十八届五中全会精神培训班”“三严三实专题研修班”“基层党组织书记培训班”等特色班次。该类班次共开设26期，占全市总规划班次的35%，适应新形势下贯彻落实中央要求的精神。

【理论教育和党性教育】 市委党校按照突出“两个主业”（理论教育和党性教育）的总体要求，以主体班教学专题设置为抓手，创造性地开发“经典导读”“作风建设”“时政解读”“当代马克思主义学习”“党史国史教育”等模块式教学套餐。经典导读，重在引导学员系统学习研究马克思主义政治经济学、哲学和科学社会主义理论，扎牢意识形态阵地，坚定理想信念，运用马克思主义立场、观点和方法解决实际问题；作风建设，主要是抓党的优良传统和中华民族传统美德教育，强化党纪国法灌输，开展警示教育，树立党员干部正确的权力观、利益观和事业观，筑牢“四个意识”锤炼“四铁”干部；时政解读，重在解读中央、省市系列重大决策部署，学习贯彻重大会议和重要领导讲话精神，举办国际国内形势报告，不断增强领导干部对中国共产党和国家方针政策的理解力和执行力，培塑战略思维和全局理念；当代马克思主义学习，旨在推动学员深入研修马克思主义中国化系列创新成果，以新思想新观点新理念武装头脑，坚定理论、道路和制度自信；党史国史教育，侧重于强化对中国共产党与时俱进的革命和发展改革历史教育，对中国近现代民族发展史的教育，树立中共党员干部正确的社会历史发展观，提高对中国共产党的历史贡献性、思想先进性、执政合法性认识。据统计，市委党校共设置“学习贯彻习总书记系列重要讲话精神”“解读十八届五中全会精神”“中国共产党与中特道路探索”等特性鲜明的主打课程22个，安排课时37节168学时，占各类培训班总课时31%。

（王良秋）

政策研究

【概况】 2015年，市委政策研究室充分发挥参谋助手作用，切实履行调查研究职能，完成文稿撰写、重大课题调研及市委领导交办的各项任务，为领导科学决策提供服务。

【服务市委重大决策】 2015年，市委政策研究室为市委领导班子对江油未来经济社会发展的重大决策部署，高质量起草《一心一意谋发展　聚精会神抓党建　为加快建设“诗意中国·李白故里·美丽江油”而努力奋斗——在中共江油市委十二届六次全体会议上的报告》《在市委十二届七次全体会议上的讲话》《推进全面创新　决胜全面小康　为加快建设“诗意中国·李白故里·美丽江油”而努力奋斗——在中共江油市委十二届八次全体会议上的讲话》。充分发挥“智囊团”作用，参与起草《关于创新实干坚决打赢扶贫开发攻坚战　确保同步全面建成小康社会的决定》《关于强力实施两个“一号工程”加速推进全面创新改革发展的决定》《关于制定江油市国民经济和社会发展第十三个五年规划的建议》等重要文件，指导和推进了各项重点工作的开展。

【调查研究】 市委政策研究室紧紧围绕市委中心工作、重点工作和社会热难点问题，组织开展转型升级、提质增效、深化改革、统筹城乡、依法治市等方面重大课题研究及调研工作，特别是为推动全市检验检测机构整合和助推“一园八区”转型升级，赴京山县调研检验检测机构整合及到“一园八区”调研转型升级情况，形成调研报告供市委决策参考。

【决策咨询】 成立市委、市政府专家咨询委员会，进一步提高市委、市政府决策科学化、民主化水平。全年共有3篇文章被省级刊物采用，9篇调研报告被绵阳市委机关刊物《改革与发展》采用。

【文稿综合工作】 全年完成市委十二届六次、七次、八次全会，“四会一节”及“三严三实”专题教育等文稿起草工作。草拟领导讲话稿320篇，撰写总结、汇报材料128篇，拟制、核对文稿470份。做好审核工作，确保市委、市政府及“两办”出台的各类文件“零差错”。

（市委政研室）

信访和群众工作

【概况】　中共江油市委群众工作局有行政编制7名，事业编制7名，2015年，实有工作人员14人。全年以深入推进信访工作制度改革为主线，以开展“信访法治建设年”等活动为载体，着力打造“阳光信访”“责任信访”“法治信访”，全力推动信访工作制度化、规范化、法治化。紧紧围绕社会稳定大局，积极进取，务实创新，扎实工作，不断提升全市群众信访工作水平，促进社会和谐稳定。全市信访秩序持续好转，信访案件办结率、息访息诉率、群众满意率不断提高，越级上访、重复访、异常信访行为全面下降。全年共接待群众来信来访1251批、6872人次，比2014年批次下降24%，人次下降23.2%，其中集访289批5021人次，同比批次下降21%，人次下降15.3%。进京非访9人次，控制在“三无”（无进京非正常上访、无进京越级上访、无到省集访）创建活动下达的指标内。全国、省“两会”、第三届科技城博览会、抗日战胜利70周年纪念活动、中共十八届五中全会、江油“四会一节”期间全市社会大局稳定，进京、到省非正常上访“零登记”。江油市信访工作被绵阳市委、市政府评为“信访综合工作先进集体”“驻京驻蓉工作先进集体”、信访“三无”创建工作先进集体，同时也被四川省信访联席会议办公室评为信访“三无”创建工作先进集体。

【领导干部接访下访包案工作】2015年，共落实32名副县级以上领导接待来访群众，接访达181人次，共接待来访群众460批、3495人次，领导签批交办转办信访案件283件；结案268件，办结率达95%。以江委办〔2015〕28号落实领导包案45个件，以江信联〔2015〕1号落实领导包案10件（省交办件积案），均按照“五包”（即包掌握情况、包解决困难、包教育转化、包稳控管理、包依法处置）要求强化化解、稳控措施，全部结案。

【解决信访问题】　坚持“属地管理、分级负责，谁主管、谁负责”原则，强化首办责任制，解决初信初访问题。全年共受理初访问题748件，办结718件，办结率达96%，其中息诉息访610件，息诉息访率达85%，有效防止信转达访、初转重。

【破解信访积案】　全年共排查上报信访积案10件，全部办结，办结率、息诉息访率均达100%；共受理重信重访164件，占信访量的比重为18%，经集中交办督办，办结159件，结案率97%。在积案和重访问题办理中，共投入化解疑难案件专项资金130万元。在党的群众路线教育实践活动后续整改中，梳理并办交264件长期积累、久拖不决、难以划分责任主体的特殊疑难信访积案，办结250件，结案率达95%，息诉息访185件，息诉息访率达70%。

【办理省委巡视组交办件】　绵阳市交办的35件省委巡视期间信访案件，16件属涉法涉诉问题，及时移交到政法部门化解落实；19件以江信联办〔2015〕25号文件形式逐案明确相关责任单位和责任人，限时化解。到年底共办结33件，息诉息访32件。

【复查复核和督查督办】　全年有6件提出复查复核，通过宣传解释工作，5件主动放弃，1件通过全面审查，不符合复查复核规定，不予受理。年内对涉及24个乡镇、部门的20个突出信访问题办理情况开展专项督查，对35个省委巡视组接访交办件全部跟踪督办，对各类交办件16件（含进京非正常上访6件）全部纳入督查督办，确保办理实效。

【信访法制化建设】　按照中央、四川省《关于涉法涉诉信访工作改革实施意见》，江油市群工局严格坚持法定途径优先，强化法律在化解矛盾中的权威地位，切实将涉法涉诉信访问题纳入法治轨道解决。引导信访人遵循司法程序到有关政法机关反映问题。在接访大厅设立涉法涉诉接谈窗口，全力支持配合政法机关依法处理涉法涉诉信访问题，做好教育疏导、帮扶救助等工作，进一步巩固“访调对接”平台，“法治信访”迈出第一步。

【信访事项处理群众满意度评价】 按照中央和四川省、绵阳市的要求，积极开展信访事项满意度评价工作。全年纳入信访事项处理群众满意度评价15件，群众评价满意12件，满意率85.7%。

【规范信访秩序】 通过开展《信访条例》10周年宣传活动，在城区各主要聚集地设立咨询点，发放信访资料袋，在接访大厅旁边设置信访法治宣传栏。按照《关于加强对市委市人大市政府市政协机关周边非正常上访等突发事件依法处置的通知》要求，与市政法、公安等部门密切配合，针对非正常上访、群体性事件苗头等，及时预判、准确预警、整体联动、快速反应，并有效收集、固定证据，适时依法处置。全年依法处理违法上访人员24人。

【推行联合接访】 投入60多万元打造联合接访大厅，2015年5月，正式启动。抽调重点部门、重点乡镇共12个单位入驻接访大厅。增设热点部门、乡镇接访窗口，由职能部门和相关乡镇现场接待，及时处理，基本实现信访问题“一站式”接待，“一条龙”受理，“一揽子”解决。

【信访信息化建设】 改进完善信访信息系统，全市40个乡镇、22个部门可直接通过网络平台交流信访信息。开通视频信访，可直接通过视频与上级领导和上访人交流，视频接访解答信访人问题。引导信访人利用网络、视频等现代化手段上访维权。全年共受理网上信访4229件，为群众方便快捷反映问题、及时解决问题创造有利条件。

（罗通先）

民生工作

【概况】 2015年，四川省、绵阳市下达江油市“就业促进、扶贫解困、教育助学、社会保障、医疗卫生、百姓安居、民生基础设施、生态环境、文化体育”及20件民生大事为主要内容的民生工程共计136项（其中省级民生工程项目91项、绵阳市级民生工程项目45项），加上15项自选民生工程共计151项。

【民生工程项目完成情况】 根据绵阳市目督办统计，截至2015年年底，江油市2015年四川省、绵阳市级9大类民生工程和20件民生实事涉及的136个工程项目全部完成。2015年，江油市本级涉及“城区水环境治理工程”“地质灾害应急排危治理项目”“全市易地扶贫搬迁工程项目”等项目由市住建局、国土局、扶贫开发局等相关部门和乡镇承办的15项全部完成。

【资金投入、拨付和监管】 2015年，省级民生工程项目计划总投入7.72亿元，同比增加1.38亿元，增长21.8%，其中，中央、省级资金6.46亿元，本级资金1.26亿元。全年实际拨付资金8.49亿元，完成计划投资的110%，有效地保证民生项目的顺利推进。江油市严格按照专项资金管理条例对9大类民生工程及20件民生实事资金进行管理，实行专款专用，专人管理；严格按进度拨款；严格财政监督和审计监督，坚决杜绝挤占、截留、挪用和套取现象，确保资金使用安全。

（目督办）

2014年江油市民生工程目标任务分解

表10

序号	项目名称	子项	内容		目标任务	责任单位	责任人	任务级别
1	一、就业促进工程	扩大就业规模	城镇新增就业（人）		7300	市人社局	唐明君	省级
2			城镇失业人员再就业	市人社局落实（人）	1800	市人社局	唐明君	省级
3				市总工会落实（人）	150	市总工会	梁　东	省级
4			就业困难人员再就业（人）		600	市人社局 市总工会	唐明君 梁　东	省级
5			城乡残疾人居家灵活就业（人）		4840	市残联	杨新天	省级
6			城镇登记失业率（%）		4	市人社局	唐明君	省级
7			开展创业培训（人）		550	市人社局	唐明君	绵阳级
8			发放青年创业小额专项贷款（万元）		110	团市委	陈潇潇	绵阳级
9		促进毕业生就业创业	高校毕业生就业见习基地（个）		8	市人社局	唐明君	省级
10			促进高校毕业生实现创业（人）		20	市人社局	唐明君	省级
11			青年劳动者技能培训（人）		2200	市人社局	唐明君	省级
12			新型农民培训（人）		2800	市农业局	李克勇	省级
13			农民实用技术培训（万人次）		25	市农业局	李克勇	省级
14			农村青年技能培训（人）		30	团市委	陈潇潇	省级
15			开展农民工技能培训（人）		150	市总工会	梁　东	绵阳级
16			开展青年创新创业培训（人）		200	团市委	陈潇潇	绵阳级
17	二、扶贫解困工程	农村扶贫解困	扶持农村扶贫对象（万人）		1.05	市扶贫移民局	刘　江	省级
18			发放农机购置补贴（万元）		550	市农业局	李克勇	绵阳级
19			实施整村扶贫项目（个）		4	市扶贫移民局	刘　江	绵阳级
20		城乡困难群众医疗救助	城市医疗救助政策范围内住院自负费用救助比例（%）		55	市民政局	林玉明	省级
21			农村医疗救助政策范围内住院自负费用救助比例（%）		55	市民政局	林玉明	省级
22			城乡特殊困难群众应急救助不少于（人次）		510	市总工会	梁　东	绵阳级
23		法律援助	提供法律援助（人次）		5000	市司法局	杨明文	省级
24			新建乡镇规范化法律援助工作站（个）		4	市司法局	杨明文	省级
25		落实计划生育扶助政策	给予符合条件的农村计划生育家庭父母每人每年960元奖扶金		—	市计生局	任　伟	省级
26			给予符合条件的少数民族育龄夫妇每户3000元一次性奖励金		—	市计生局	任　伟	省级
27			给予符合条件的独生子女伤残或死亡家庭父母每人每年3360元或4200元扶助金		—	市计生局	任　伟	省级
28		困难职工救助	为符合条件的建档困难职工每人每年提供300元至1000元生活和医疗救助		—	市总工会	梁　东	省级
29		农村贫困残疾人扶贫解困	扶持农村贫困残疾人发展生产（人）		718	市残联	杨新天	省级
30			为贫困残疾人适配亟需的基本型辅助器具（人）		510	市残联	杨新天	省级
31		救助贫困家庭脑瘫儿童（人）			50	市残联	杨新天	省级

续表

序号	项目名称	项目内容 子项	项目内容 内容	目标任务	责任单位	责任人	任务级别
32		扶贫培训	开展劳务扶贫项目培训（人）	300	市扶贫移民局	刘　江	绵阳级
33		扶贫培训	开展移民种植养殖扶贫培训（人）	60	市扶贫移民局	刘　江	绵阳级
34		学前教育	减免家庭经济困难及民族地区在园幼儿保教费（名）	1890	市教体局	缑扬木	省级
35		义务教育全免费	在“两免一补”基础上，免除义务教育阶段学生作业本费	—	市教体局	缑扬木	省级
36		义务教育全免费	中等职业学校招生（人）	4700	市教体局	缑扬木	省级
37	三、教育助学工程	职业教育	中职学校学生免学费（人）	4090	市教体局	缑扬木	省级
38	三、教育助学工程	资助家庭经济困难学生	资助中职学校家庭经济困难学生（人）	640	市教体局	缑扬木	省级
39	三、教育助学工程	资助家庭经济困难学生	资助普通高中学生（人）	4110	市教体局	缑扬木	省级
40	三、教育助学工程	资助家庭经济困难学生	资助家庭困难职工子女上学（人）	220	市总工会	梁　东	省级
41	三、教育助学工程	关爱农村留守学生	创建星级留守学生之家（所）	7	团市委	陈潇潇	省级
42	三、教育助学工程		农村义务教育学生营养改善计划（人）	23000	市教体局	缑扬木	省级
43	三、教育助学工程	开展师资培训	培训中小学（幼儿园）管理干部（名）	43	市教体局	缑扬木	绵阳级
44	三、教育助学工程	开展师资培训	培训市级骨干教师（名）	28	市教体局	缑扬木	绵阳级
45	三、教育助学工程	开展师资培训	德育干部素质提升培训（名）	10	市教体局	缑扬木	绵阳级
46	三、教育助学工程	开展师资培训	培训社会体育指导员（名）	60	市教体局	缑扬木	绵阳级
47	三、教育助学工程		举办校外教育成果展示（件）	60	市教体局	缑扬木	绵阳级
48	三、教育助学工程		新建农村留守儿童之家（所）	2	团市委	陈潇潇	绵阳级
49	三、教育助学工程		建设市级示范性学校少年宫（所）	1	市教体局	缑扬木	绵阳级
50	四、社会保障工程	城乡困难群众最低生活保障	城市低保对象累计月人均补助（元）	200	市民政局	林玉明	省级
51	四、社会保障工程	城乡困难群众最低生活保障	农村低保对象累计月人均补助（元）	100	市民政局	林玉明	省级
52	四、社会保障工程	城乡居民社会养老保险	覆盖人数（万人）	35.5	市人社局	唐明君	省级
53	四、社会保障工程	城乡居民社会养老保险	参保缴费人数（万人）	18	市人社局	唐明君	省级
54	四、社会保障工程	城乡居民社会养老保险	基础养老金标准月人均达到（元）	60	市人社局	唐明君	省级
55	四、社会保障工程	城乡居民社会养老保险	参保缴费财政补贴每档提高（元）	10	市人社局	唐明君	省级
56	四、社会保障工程	城镇居民基本医疗保险	城镇居民基本医疗保险覆盖人数（万人）	11.82	市人社局	唐明君	省级
57	四、社会保障工程	城镇居民基本医疗保险	新型农村合作医疗参合率达到（%）	97	市卫生局	代　勇	省级
58	四、社会保障工程	城镇居民基本医疗保险	参合农民住院政策范围内医疗费用报销比例达到（%）	75	市卫生局	代　勇	省级
59	四、社会保障工程	城镇居民基本医疗保险	基本医疗补助标准年人均达到（元）	320	市卫生局	代　勇	省级
60	四、社会保障工程	阳光家园计划	居家托养智力、精神残疾人（人）	135	市残联	杨新天	省级
61	四、社会保障工程	阳光家园计划	资助残疾人托养服务机构（家）	1	市残联	杨新天	省级
62	四、社会保障工程		残疾人家庭无障碍改造（户）	50	市残联	杨新天	省级
63	四、社会保障工程	社会养老工作	社会保障卡持卡人数达到（万人）	34	市人社局	唐明君	绵阳级
64	四、社会保障工程	社会养老工作	企业退休职工基本养老金调整实现（%）	100%	市人社局	唐明君	绵阳级
65	四、社会保障工程	社会养老工作	建成基层平台（行政村）窗口（个）	364	市人社局	唐明君	绵阳级
66	四、社会保障工程		培育志愿服务组织（个）	3	团市委	陈潇潇	绵阳级

续表

序号	项目名称	项目内容		目标任务	责任单位	责任人	任务级别
		子项	内容				
67	五、医疗卫生	基本公共卫生服务	城乡居民健康档案规范化电子建档率（%）	96	市卫生局	代　勇	省级
68		救助贫困家庭重度听力残疾儿童（人）		10	市残联	杨新天	省级
69		食品安全	抽检大宗食品样品（个）	70	市食药监局	雷良忠	省级
70			实施餐饮食品、药品、化妆品监督抽样检测（批次）	35	市食药监局	雷良忠	绵阳级
71			餐饮食品、药品、化妆品现场快速检测（批次）	220	市食药监局	雷良忠	绵阳级
72		城镇职工基本医疗保险参保人数达到（万人）		12.67	市人社局	唐明君	绵阳级
73		免费为城乡居民接种乙肝疫苗（万名）		1	市卫生局	代　勇	绵阳级
74		为建档困难职工和环卫职工组织一次健康检查（名）		600	市总工会	梁　东	绵阳级
75	六、百姓安居工程	城镇居民住房困难	建设保障性住房（套）	600	市住建局	黄万贵	省级
76			改造危旧房棚户区（户）	1500	市住建局	黄万贵	省级
77			发放廉租房租赁补贴（户）	800	市住建局	黄万贵	绵阳级
78		增加沼气用户（户）		1600	市农业局	李克勇	省级
79		农村安全饮水	学校师生安全饮水（人）	342	市水务局	罗进红	省级
80			解决农村饮水安全（人）	20338	市水务局	罗进红	省级
81		安全社区建设	建成省级安全社区（个）	3	市安监局	朱晓辉	省级
82			建成市级安全社区（个）	8	市安监局	朱晓辉	绵阳级
83		对农房进行确权登记，建成房地产市场信息平台（户）		76833	市住建局	黄万贵	绵阳级
84		建设农村邮政便民服务站（个）		130	市邮政局	敬银刚	绵阳级
85		改造维修粮食仓储设施（个）		5	市发改局	陶小平	绵阳级
86		完成地质灾害治理（处）		1	市国土局	刘国虎	绵阳级
87	七、民生基础设施工程	农村交通建设	通乡油路和农村公路改善（公里）	31	市交通运输局	史　伟	省级
88			通村公路（公里）	44	市交通运输局	史　伟	省级
89		建设公路安全护栏（公里）		27	市交通运输局	史　伟	省级
90		新建社区警务室（个）		10	市公安局	郝剑峰	绵阳级

续表

序号	项目名称	项目内容		目标任务	责任单位	责任人	任务级别
		子项	内容				
91	八、生态环境工程	天然林保护及退耕还林	管护国有林（万亩）	8.4	市林业局	伍　卫	省级
92			巩固退耕还林成果（万亩）	8	市林业局	伍　卫	省级
93			补偿集体公益林（万亩）	46.08	市林业局	伍　卫	省级
94		耕地质量建设	实施“金土地”工程 建成高标准基本农田（万亩）	10.22	市国土局	刘国虎	省级
95			实施“金土地”工程 新增耕地（万亩）	0.32	市国土局	刘国虎	省级
96			建成高标准农田（万亩）	1	市农业局	李克勇	省级
97		农村环境治理	创建“美丽乡村”示范村庄（个）	5	市住建局	黄万贵	省级
98			建设畜禽标准化养殖小区（个）	5	市畜牧局	杨旭光	绵阳级
99			限期治理规模化畜禽养殖企业（户）	1	市环保局	卢先君	绵阳级
100			限期治理工业污染企业（户）	1	市环保局	卢先君	绵阳级
101		农村环境治理	农村建制乡镇集中式饮用水水源地规范化建设（个）	3	市环保局	卢先君	绵阳级
102			实施全市秸秆禁烧工程覆盖率达到（%）	100	市环保局	卢先君	绵阳级
103	九、文化体育工程	文化基础设施建设	免费开放图书馆（个）	1	市文广新旅局	蒲永见	省级
104			免费开放文化馆（个）	1	市文广新旅局	蒲永见	省级
105			免费开放乡镇文化站（个）	40	市文广新旅局	蒲永见	省级
106			免费开放博物馆纪念馆美术馆（个）	2	市文广新旅局	蒲永见	省级
107			建设农村公益电影固定放映点（个）	4	市文广新旅局	蒲永见	绵阳级
108			建设乡镇（街道）妇女儿童之家（个）	8	市妇联	韩银华	绵阳级
109			建设村（社区）妇女儿童之家（个）	7	市妇联	韩银华	绵阳级
110			对外开放学校体育设施（所）	3	市教体局	缑扬木	绵阳级
111			免费开放体育场馆体育锻炼（万人次）	12.5	市教体局	缑扬木	省级
112			解决20户以下自然村收听收看广播电视问题（个）	90	市文广新旅局	蒲永见	省级
113			免费放映农村公益电影（场次）	4380	市文广新旅局	蒲永见	省级
114			建成全民健身路径（条）	2	市教体局	缑扬木	绵阳级
115			举办市级以上青少年体育比赛（项）	1	市教体局	缑扬木	绵阳级
116	十、19件民生实事		免除家庭经济困难高中学生学费（人）	4110	市教体局	缑扬木	省级
117			减免贫困家庭幼儿保教费（名）	1890	市教体局	缑扬木	省级
118			全面取消县级公立医院药品加成，覆盖率达到（%）	100	市卫生局	代　勇	省级
119			城乡基本医疗保险财政补助标准年人均达到（元）	320	市人社局 卫生局	唐明君 代　勇	省级
120			城乡社会养老保险基础养老金标准月人均达到（元）	60	市人社局	唐明君	省级
121			城乡社会养老保险参保缴费财政补贴标准每档次提高（元）	10	市人社局	唐明君	省级
122			支持民办公办养老机构新增、农村敬老院维修改造养老床位（张）	620	市民政局	林玉明	省级
123			支持建设城乡社区日间照料中心（个）	31	市民政局	林玉明	省级
124			为困难家庭失能老人和80周岁以上老人提供居家养老服务（万人）	1.14	市民政局	林玉明	省级

续表

序号	项目名称	项目内容		目标任务	责任单位	责任人	任务级别
		子项	内容				
125		资助一级重度残疾人护理费用（名）		1965	市残联	杨新天	省级
126		资助二级重度残疾人护理费用（名）		1513	市残联	杨新天	省级
127		开工建设廉租住房、公共租赁住房、经济适用住房和限价商品住房四类保障性住房（套）		600	市住建局	黄万贵	省级
128		改造危旧房棚户区（户）		1500	市住建局	黄万贵	省级
129		将2014年竣工公租房定向出租给农民工（套）		100	市住建局	黄万贵	省级
130		解决农村人口饮水安全问题（人）		20338	市水务局	罗进红	省级
131		学校师生安全饮水问题（人）		342	市水务局	罗进红	省级
132		全面实施农村公路改善工程，2014年计划改善乡村公路（公里）		31	市交通运输局	史 伟	省级
133		建设公路安全护栏（公里）		27	市交通运输局	史 伟	省级
134		实施村公共服务设施运行维护补助（个），每村补助5万元		110	市财政局	程 忠	省级
135	十一、市本级民生工程	创新社会治理体系建设项目		—	市政法委	龚晓钟	市本级
136		广播村村响工程		—	市文广新旅局	蒲永见	市本级
137		数字有线电视与网络电视互动工程		—	市文广新旅局	蒲永见	市本级
138		农贸市场改扩建工程		—	市商务局	金华松	市本级
139		支持重点农产品初加工项目		—	市农业局	李克勇	市本级
140		水毁水利设施恢复重建工程		—	市水务局	罗进红	市本级
141		青西路改造提升工程		—	市交通运输局	史 伟	市本级
142		城区内涝治理工程		—	市城管局	严 勇	市本级
143		新居工程一期全面竣工入住项目		—	市住建局	黄万贵	市本级
144		城区水环境治理一期工程		—	市住建局	黄万贵	市本级
145		西环线三标段建设工程		—	市住建局	黄万贵	市本级
146		平通河小流域治理项目		—	市环保局	卢先君	市本级
147		重大节能减排工程		—	市环保局	卢先君	市本级
148		大气污染、水污染治理项目		—	市环保局	卢先君	市本级

目标督查

【工作布局】 在四川省、绵阳市正式下达民生工程目标任务之前，市目督办便主动与上级主管部门对接，做好项目任务核实工作，提前做好实施准备工作；2014年11月，启动自选民生项目的征集，通过召开座谈会广泛听取市人大、政协相关领导及“两代表、一委员”的意见建议，结合2015年100项重点工作和群众诉求，市委、市政府主要领导也多次深入民生实事项目实地考察调研，确定“宽带乡村”（电信）项目、第二污水处理厂及部分乡镇污水处理厂主体工程建设项目等15件自选民生实事。适时调整市民生工作领导小组成员，明确每项民生项目的市级联系领导、具体责任单位、责任人和联络员，形成责任单位主要领导亲自抓、分管领导具体抓、职能股室抓落实齐抓共管的良好工作格局。印发《江油市2015年民生工程实施方案》，对全市民生工作全面安排部署，各责任单位也制定详细的工作方案，将民生工程当作一项重要的中心工作抓紧、抓实、抓出成效；建立四川省、绵阳市和江油市本级三级民生工程任务台账，明确实施内容、完成时限、责任单位和责任人，按照《江油市民生工程管理办法》对民生工程项目进行统一管理，并严格实行进度月报告制度，按月报送资金拨付进度及项目进展情况，确保民生工作有序推进。

【宣传引导】 市目督办充分发挥电视的直观性，加强民生工程政策措施、实施情况、惠民成效和先进典型的宣传。开通民生网，增添意见交流平台，积极接受群众对民生工作的意见和建议，变被动宣传为主动引导，让群众更好地参与到民生工程建设和监督中来，不断扩大民生工作的影响力。通过在《今日江油》开辟民生工作专栏和在《绵阳日报》等市级以上报刊展示民生工作的成效，为稳妥地推进全市民生工作营造良好的社会舆论氛围。

【资金管理】 优先保障民生资金：在2015年年初的财政预算中优先安排市级配套资金1.07亿元，并按照省民生工程筹资标准和民生工程目标任务，科学测算本级配套资金需求总量，为民生工程顺利实施提供资金保障。明确流程规范管理：对发放到个人的补助类民生工程资金，严格执行“政策公开、程序透明、支付到人、打卡发放”的规范操作办法，通过“一卡通”直接发放到受益对象；对工程建设类民生工程资金，严格按进度拨付到位，确保资金高效使用。严格保障资金安全：严格实行专款专用、专人管理，严格财政监督和审计监督，坚决杜绝挤占、截留、挪用和套取民生工程资金现象，确保民生工程资金使用安全。

【目标考核】 督促责任单位将项目进展、资金使用、管理制度、工期时限等情况向社会进行公示；市目督办每月至少1次深入民生工程项目实地对项目进展、资金拨付和使用情况进行拉网式督查，发现并协调解决项目推进过程中存在的困难和问题，适时对民生工程进展情况进行通报，确保时间、进度同步；对于存在问题的项目，采取重点督查，定人、定时对项目进行跟踪督查，倒排工期，确保每一个项目都按时保质完成。邀请市人大代表、政协委员、民生监督员和新闻媒体不定期对民生工程进行视察、调研、监督，广泛收集人民群众对民生工作的意见建议。民生工程项目实施完成后，在整合住建、财政、审计、监察等部门力量对项目进行验收的基础上创新引入社会评价机制，将工程质量作为衡量民生工程项目建设成果的“硬指标”，将社会评价作为衡量民工程项目实施效果的“软指标”，根据综合验收结果，对质量高、效益优、口碑好的民生工程项目责任单位进行表扬，对不能按期完工、群众反映差的民生工程项目责任单位将按照《江油市重点工作问责办法（试行）》有关规定进行问责。

【特色工作】 在推进省市民生工程过程中，江油市立足实际，重点在以下几个方面突出江油民生工程特色：一是大力推进大学生就业创业。江油市陆续出台《支持创新创业的若干政策》《关于大力促进高校毕业生创业的实施意见》《关于进一步做好新形势下就业创业工作的实施意见》等文件，强力推进“大众创业、万众创新”活动，突出抓好高校毕业生就业创业工作，积极搭建科技孵化园、创客中心、大康百合花国际博览园和新安农业公园、高校毕业生创业孵化基地等就业创业平台，102名高校毕业生实现成功创业。二是大力推进生态环境保护。江油加强平通河流域水环境集中整治行动，对3家废水不达标的采砂企业关停1家、停产整顿2家，对10家工业企业和8家餐饮企业进行限期整改，对污染严重的4家规模化养殖场进行关停和搬迁，清理沿线垃圾110余吨。同时，在全市开展主要河流排污口集中大排查行动，摸清涪江、梓潼江、盘江、平通河流域所有排污口现状，并对全市35个乡镇集中式饮用水水源地水质进行全面监测，城区饮用水水源水质达标率为100%。三是大力推进棚户区改造工程。加大中央、省级补助资金的申报力度，2015年，获得补助资金共计5397万元，同时抓住国家、省市大力支持棚户区改造的有利时机，积极向国家开发银行争取信贷支持。2014年、2015年，向国家开发银行申请贷款57940万元；搭建服务平台，组织全市24家房地产开发企业参与，在平等、自愿、自主的基础上，引导棚户区居民与开发企业签订商品房买卖合同，支持棚户区居民自主购买存量商品住房安置，让棚改居民“出棚即可进楼”；政府直接与开发商签订购买协议，将已建成、设施完善、配套到位、环境优美的商品房作为安置房分配给拆迁户，政府以团购的方式享受优惠价，降低购房成本，让被征收户利益最大化，解决市政府北侧、李白大道西片区、武都场镇棚户区改造项目安置问题；通过各种奖励政策，将征收补偿金直接交付被征收户，被征收户可选择任一中意的楼盘和开发商购买房屋实现安置，2015年，江油市通过该方式实现货币安置140户。

（目督办）

江油市人民代表大会及其常务委员会

概 述

2015年，江油市人大常委会召开人代会1次、常委会会议10次、主任会议16次、“三长”（市长、法院院长、检察长）会议16次，听取和审议“一府两院”和政府部门工作报告57项，提出审议意见22条，依法作出决议决定17项。依法任命市国家机关工作人员22人、免职16人、接受辞职1人，任命市人民法院人民陪审员18人，依法补选绵阳市第六届人民代表大会代表1名。

重要会议

【江油市第十七届人大第四次会议】 2015年2月11日至13日，江油市第十七届人民代表大会第四次会议召开，284名人大代表出席会议，196人列席会议。会议听取和审议市人民政府市长马辉、市人大常委会主任冯钢、市人民法院院长唐光荣、市人民检察院检察长勾支洋等所作的市国家机关工作报告以及市发改局局长卢先君和市财政局局长程忠受市人民政府委托分别所作的计划报告（书面）、财政预算报告（书面），作出关于批准市国家机关工作报告的决议。审议市十七届人大四次会议财政预算审查委员会主任陈学泽所作的财政预算（草案）审查情况的报告（书面），会议决定批准市人民政府《关于江油市2014年财政预算执行情况和2015年财政预算（草案）的报告》和市人民政府提出的2015年市级财政预算。听取市十七届人大四次会议议案审查委员会主任邹勇所作的代表议案审查情况的报告，共收到代表提出的议案32件，均属于局部领域或具体工作，皆转为建议处理。连同代表提出的67件建议共99件，交“一府两院”及有关机关研究办理，要求法定期限内办理完毕并答复代表。会议决定批准市人民政府关于《江油市2014年国民经济和社会发展计划执行情况及2015年国民经济和社会发展计划（草案）的报告》和市人民政府提出的江油市2015年国民经济和社会发展计划。会议审查通过市十七届人大四次会议选举办法，依法补选市第十七届人民代表大会常务委员会委员2名。

【江油市第十七届人大常委会重要会议】 2015年1月9日，江油市第十七届人大常委会举行第三十一次会议。审查并通过《江油市人大常委会关于对江油市2014年财政预算执行情况和2015年财政预算（草案）初步审查的报告》和《江油市人民代表大会常务委员会讨论决定重大事项的规定（试行）》《江油市人民代表大会常务委员会国有资产管理监督办法（试行）》两个规范性文件及有关人事任命事项。

2015年1月26日，江油市第十七届人大常委会举行第三十二次会议。审查并通过《江油市人大常委会关于同意将危旧房棚户区改造建设项目建设资金纳入市财政年度预算的决定》《江油市人大常委会关于召开江油市第十七届人民代表大会第四次会议的决定》《江油市第十七届人民代表大会第四次会议主席团及秘书长建议名单》《江油市第十七届人民代表大会第四次会议主席团常务主席建议名单》《江油市第十七届人民代表大会第四次会议议案审查委员会建议名单》《江油市第十七届人民代表大会第四次会议财政预算审查委员会建议名单》《江油市第十七届人民代表大会第四次会议各代表团召集人建议名单》《江油市第十七届人民代表大会第四次会议副秘书长建议名单》《江油市第十七届人民代表大会第四次会议列席人员名单》。会议讨论、修改江油市人大常委会工作报告并通过有关人事任免事项。

2015年1月30日，江油市第十七届人大常委会举行第三十三次会议。审查并通过《江油市人大常委会关于同意变更江东片区棚户区改造（一期）建设项目省级统贷主体的决定》。

2015年3月6日，江油市第十七届人大常委会举行第三十四次会议。审查并通过《江油市人大常委会关于同意将中坝至大堰快速通道（G5至G247连接线）扩建工程二标段工程建设资金列入市财政年度预算管理的决定》《江油市人大常委会关于方水、香水两个乡撤乡建镇后设立镇人民代表大会及有关事项的决定》及有关人事任命事项。

2015年3月30日，江油市第十七届人大常委会举行第三十五次会议。会议听取市人民政府办理《江油市人大常委会关于市人民政府社区矫正工作开展情况报告的审议意见》情况的报告、关于政府性债务管理的情况报告、关于计划生育社会抚养费征收与管理的情况报告。审查并通过《江油市人大常委会关于同意市人民政府将回购江油市三合、彰明镇三个村土地整理项目配套农民安置房建设项目资金纳入市财政年度预算的决定》和《江油市人大常委会关于同意〈江油市城市总体规划（2014—2030）〉的决定》。会议对市人民政府办理《江油市人大常委会关于市人民政府社区矫正工作开展情况报告的审议意见》情况进行满意度测评，获得满意票22张，办理结果为满意。

2015年5月29日，江油市第十七届人大常委会举行第三十六次会议。会议听取市人民政府关于全面推进依法治市、推进工业转型升级、“中国百合花国际博览园”建设等情况的报告，听取市人民政府办理《江油市人大常委会关于〈市人民政府实施“生态市建设规划”情况报告〉的审议意见》《江油市人大常委会关于〈市人民政府新型农村合作医疗工作开展情况报告〉的审议意见》情况的报告。对市人民政府办理《江油市人大常委会关于〈市人民政府实施“生态市建设规划”情况报告〉的审议意见》情况进行意度测评，获得满意票16张，基本满意5张，不满意0张，办理结果为满意；对市人民政府办理《江油市人大常委会关于〈市人民政府新型农村合作医疗工作开展情况报告〉的审议意见》情况进行满意度测评，获得满意票22张，基本满意1张，不满意0张，办理结果为满意。会议依法补选刘超绵阳市第六届人民代表大会代表并通过有关人事任免事项。

2015年7月7日，江油市第十七届人大常委会举行第三十七次会议。会议听取市人民政府关于精准扶贫工作和上半年全市投资促进工作的情况报告，审查并通过《江油市人大常委会关于八一乡撤乡建镇后设立镇人民代表大会及有关事项的决定（草案）》及有关人事任免事项。

2015年8月31日，江油市第十七届人大常委会举行第三十八次会议。会议听取和审议市人民政府关于2015年1月至6月国民经济和社会发展计划执行的情况报告、关于2015年1月至6月财政预算执行的情况报告，听取市人民政府关于第四届国际李白文化节暨2015年绵阳市旅游发展大会筹备情况的报告和关于全国文明城市创建的情况报告。审查并通过《江油市人大常委会关于江油市2015年上半年国民经济和社会发展计划执行情况的审议意见》《江油市人大常委会关于江油市2015年上半年财政预算执行情况的审议意见》。

2015年10月27日，江油市第十七届人大常委会举行第三十九次会议。会议听取和审议市人民政府贯彻实施《中华人民共和国大气污染防治法》的情况报告、关于2014年市级财政决算的情况报告、关于2014年市级预算执行和其他财政收支审计工作的情况报告，听取市人民政府办理《江油市人大常委会关于市人民政府贯彻执行〈中华人民共和国道路交通安全法〉情况报告的审议意见》《江油市人大常委会关于市人民政府贯彻落实〈农村土地承包法〉情况汇报的审议意见》情况的报告。审查并通过《江油市人大常委会关于批准江油市2014年市级财政决算的决定》《江油市人大常委会关于江油市2014年市级财政决算报告与2014年市级财政预算执行及其他财政收支审计工作的审议意见》《江油市人大常委会关于市人民政府实施〈中华人民共和国大气污染防治法〉情况报告的审议意见》。对市人民政府办理《江油市人大常委会关于市人民政府贯彻执行〈中华人民共和国道路交通安全法〉情况报告的审议意见》工作进行满意度测评，获满意票17张、基本满意1张、不满意0张，办理结果为满意；对市人民政府办理《江油市人大常委会关于市人民政府贯彻落实〈农村土地承包法〉情况汇报的审议意见》工作进行满意度测评，获满意票17张、基本满意1张、不满意0张，办理结果为满意。会议还通过有关人事任免事项。

2015年12月25日，江油市第十七届人大常委会举行第四十次会议。会议听取和审议市人民政府《关于市十七届人大四次会议期间代表建议、批评和意见办理情况的报告》，听取市人民政府关于2015年城建交通重点工程建设的情况报告、关于江油市现代职业教育发展的情况报告、关于江油市2015年财政预算调整草案的报告、关于提请审议2015年地方政府债务限额议案的报告、关于办理《江油市人大常委会关于市人民政府贯彻实施〈中华人民共和国社会保险法〉情况报告的审议意见》情况的报告，听取市人民法院关于民商事审判工作的情况报告。审查并通过《江油市人大常委会关于批准江油市人民政府〈关于江油市2015年财政预算调整草案的报告〉的决定》《江油市人大常委会关于批准江油市人民政府〈关于提请审议2015年地方政府债务限额议案的报告〉的决定》《江油市人大常委会关于接受陈学泽同志辞职的决定》《江油市人大常委会关于〈市人民政府办理市第十七届人大四次会议期间代表所提建议、批评和意见情况报告〉的审议意见》。对市人民政府办理《江油市人大常委会关于市人民政府贯彻实施〈中华人民共和国社会保险法〉情况报告的审议意见》工作进行满意度测评，获满意票18张、基本满意4张、不满意1张，办理结果为满意。会议还通过有关人事任免事项。

选举任免

2015年1月9日，江油市第十七届人大常委会第三十一次会议决定：任命罗庆为江油市人大常委会研究室副主任。

2015年1月26日，江油市第十七届人民代表大会常务委员会第三十二次会议决定:任命代勇为江油市卫生和计划生育局局长；陈远乐为江油市科技和工业信息化局局长；唐立春为江油市食品药品和工商质监管理局局长；李克勇为江油市农业和畜牧局局长；陶小平为江油市教育和体育局局长；缑扬木为江油市文化广电新闻出版和旅游局局长；严勇为江油市城市管理局局长。免去任伟的江油市人口和计划生育局局长职务；代勇的江油市卫生局局长职务；陈远乐的江油市工业和信息化局局长职务；唐立春的江油市食品药品监督管理局局长职务；李克勇的江油市农业局局长职务；陶小平的江油市教育体育局局长职务；缑扬木的江油市文化广播影视新闻出版和旅游局局长职务；任德远的江油市科学技术局局长职务。

2015年2月13日，江油市第十七届人民代表大会第四次会议依法补选田杰、苏远钧为江油市第十七届人民代表大会常务委员会委员。

2015年3月6日，江油市第十七届人大常委会第三十四次会议决定：任命徐娜为江油市人民政府副市长；杨晓敏为江油市人民政府副市长；白振祥为江油市人民检察院检察员。

2015年5月29日，江油市第十七届人大常委会第三十六次会议决定：任命张亚平为江油市人大常委会办公室副主任；周晓龙为江油市人民法院审判委员会委员、行政审判庭庭长；邓强为江油市人民法院执行庭庭长；蒲阳为江油市人民法院审判员、小溪坝人民法庭副庭长。免去周晓龙江油市人民法院行政审判庭副庭长职务；邓强江油市人民法院执行庭副庭长职务。依法补选刘超为绵阳市第六届人民代表大会代表。

2015年7月7日，江油市第十七届人民代表大会常务委员会第三十七次会议决定:任命任俊为江油市人民政府秘书长；曹迅为江油市人大常委会办公室副主任；芮发勤为江油市人民法院审判员。免去李海的江油市人民政府秘书长职务。

2015年10月27日，江油市第十七届人民代表大会常务委员会第三十九次会议决定:任命尹昌发、田华林、兰英、张明、周章频、饶志斌、曾彬、万宇、文玉林、王娟、邓勇、刘霄、李昌坤、李燕、罗家永、唐天财、唐敏、蒋志华18人为江油市人民法院人民陪审员。免去郎艳的江油市人民检察院检察员职务。

2015年12月25日，江油市第十七届人民代表大会常务委员会第四十次会议决定:任命倪建华为江油市人大常委会办公室主任；任俊为江油市人民政府办公室主任；苏远钧为江油市人大常委会办公室副主任；贾明旭为江油市人大常委会办公室副主任。免去倪建华的江油市人大常委会秘书长职务；任俊江的油市人民政府秘书长职务；苏远钧的江油市人大常委会常务副秘书长职务；贾明旭的江油市人大常委会副秘书长职务。接受陈学泽辞去江油市第十七届人民代表大会常务委员会副主任职务。

监督工作

江油市十七届人大四次会议期间及闭会后，代表共提出建议、批评和意见102件，常委会采取领导领衔督办、各工作机构分类督办、机关委室协调督办、代表参与督办的工作机制，组织视察调研，听取市政府的专题报告，要求市政府进一步增强建议办理工作责任感，建立会办制度、公开制度和办理台账，完善跨年度办理机制，改进满意度评价机制，增加市人大代表满意度回访环节，确保建议办理质量；制定出台《关于开展创建代表履职激励机制　建立代表工作站的指导意见》和《关于在代表中开展“扶贫攻坚——人大代表再行动”的实施方案》，落实中坝、武都、双河、九岭、东兴五个乡镇为试点乡镇，建成代表工作站，建立健全人大代表向选民述职、联系选民、履职考核等制度；制定联系基层、服务群众工作制度，扎实开展“双联”、精准扶贫、结对共建等工作。2015年，常委会领导深入武都、二郎庙、马角、新春、石元等乡镇，开展经常性的督查调研，研究精准扶贫措施，帮助解决实际困难。通过动员人大代表捐资、协调项目建设资金20多万元解决石元乡场镇道路及五指山村产业项目发展，组织专业人员到田间地头开展猕猴桃种植等技术培训，协调资金20余万元硬化义新乡石英村等3条村级道路，帮助石元乡、战旗镇部分特困户解决住房困难问题。2015年，共接待群众来访116批、148人次，来信48件，常委会有关工作机构切实加强信访案件的督办，推动信访矛盾的有效化解。

乡镇人大工作

江油市人大常委会坚持常委会领导定点联系乡镇人大主席团制度，深入乡镇调研指导。有计划安排乡镇人大主席（或专职副主席）列席常委会相关会议，参加执法检查、专题调研，组织召开片区经验交流会。2015年，武都镇人大主席团在绵阳市委人大工作会议上作经验交流发言，东兴乡人大主席团在代表中创造性开展“133”履职和争创“三面红旗标兵”活动得到上级人大的肯定。

（人大办）

江油市人民政府

概 述

2015年，在市委的领导和市人大、市政协的监督支持下，江油市人民政府团结带领全市人民，在统筹推进全市经济社会发展的同时，加力加劲，克难奋进，全面完成市十七届人大四次会议确定的目标任务。不仅实现经济社会发展的高位求进，而且开创全面深化改革的新局面；走出全新的发展之路，树立创先、率先、领先的工作品牌；取得民生持续改善的巨大进步。全年地区生产总值增长9.2%，地方一般公共预算收入增长8.3%，城镇居民人均可支配收入增长8.5%，农民人均可支配收入增长9.7%。

重大政务活动

【重要会议】 2015年2月3日，江油市人民政府第十七届七次全体会议召开。市委副书记、市长马辉主持会议并作讲话。会议深入贯彻落实中共十八届四中全会、中央经济工作会、省委第十届五次全会、省委经济工作会和省“两会”、绵阳市委第六届八次全会及江油市委第十二届六全会精神，总结回顾2014年工作，安排部署2015年任务。会上，韩晓清代表市政府通报《政府工作报告》《2014年国民经济和社会发展计划执行情况及2015年计划（草案）的报告》《2014年财政预算执行情况和2015年财政预算（草案）的报告》的起草情况说明。会议审议并通过上述三项报告。

2015年7月29日，江油市人民政府十七届八次全体会议召开。市委副书记、市长马辉主持会议。会议深入贯彻省委十届六次全会、全省上半年经济运行和民生工作电视电话会议以及省、绵阳市政府全体会议精神，分析经济运行形势，总结上半年各项工作，安排部署下半年工作任务，并对政府党风廉政工作提出要求，动员全市上下坚定信心、再鼓干劲、攻坚克难，全力以赴推动经济社会持续稳定健康发展。

【江油经济重返四川“第一方阵”】 2015年，江油市始终保持谋发展、抓发展、促发展的专注定力，主动认识、适应、引领经济发展新常态，以提高政策“落地率”和“转化率”为着力重点，及时制定和认真落实稳增长一系列政策措施，大力推进“六大转型升级”和“五大攻坚行动”，全市经济运行总体平稳、稳中有进、稳中向好。纳入全省及“扩权县”（类区县）考核排位的经济指标6项位居前三、14项进入前十，纳入绵阳考核排位的经济指标4项位居第一、7项进入前三，全省县级经济综合实力排名跃升至第20位，跻身四川“二十强”行列。

【成功举办“四会一节”】 2015年，江油市先后成功承办“全国第九届残运会暨第六届特奥会”“四川首届生态旅游博览会”“2015年中央电视台中秋晚会——月圆江油”“绵阳市旅游发展大会暨首届李白故里文化旅游节”“中俄兔业合作交流圆桌会议”和“第三十二届中国兔业大会”等重大节会，发布两个“江油宣言”，获“中国诗歌之乡”和“中国獭兔之乡”称号。特别是央视中秋晚会，首次走进西部、落地四川县级城市江油，全球94个国家和地区4亿华人华侨观看直播，创历届央视秋晚收视率之最。

【强力实施两个“一号工程”】 加速构建集聚发展、高端引领的现代产业新体系，着力打造新材料、高端装备制造、电子信息和光电、生物医药“一基地三集群”。全年新增规模工业企业16户，“两新”产业企业达到29户、产值占规模工业总产值的比重分别提升到17%和20%。加快建设全省“互联网+”和电子商务集聚发展示范区，电商创业中心和颐江（国际）电子商务产业园一期工程如期建成，引进国内知名电商6家，“全企入网”工程和“电商进农村（社区）攻坚计划”进一步提速，新培育电子商务企业65户、达到378户，建成电子商务进农村（社区）示范点24个，电子商务交易规模突破150亿元。

【项目投资再创历史新高】 全面强化“项目投资是江油发展第一驱动力”的理念，强力推进“重点项目落地开工促建攻坚行动”，全年实施以神华天明煤电一体化循环经济产业园等5个省级重点项目和军民融合产业园等9个绵阳市级重点项目为代表的项目255个，完成固定资产投资162.6亿元、增长8.3%。着力构建“四级联动”招商引资工作新机制，充分发挥6个重点产业组主力军作用，引进投资5000万元以上项目41个，到位国内省外资金71.6亿元。获得国家、省市财力补助12.4亿元和土地指标支持4144亩。

【旅游产业强劲发展】 江油市坚定不移走“全域旅游、创意旅游、品牌旅游、智慧旅游”发展之路，“弘扬李白文化最具特色的游览区、生态旅游出入画屏最为舒心的大驿站、休闲养老最为惬意的目的地”建设全面提速。全年实施中国百合国际博览园、青莲国际诗歌小镇、火车站游客接待中心等重大旅游项目23个，完成旅游投资17.6亿元，中国百合国际博览园被授予首个专类国家森林公园称号——“中国百合公园”，青莲国际诗歌小镇获2015“最具文化创意旅游小镇”和“中国最佳历史文化旅游项目”。“智慧旅游”平台建成营运，旅游宣传营销系统推进，全年接待游客501万人次，实现旅游总收入66.7亿元、增长40%。

【创新创业掀热潮】 实施“美丽江油、建功有我”“双创”行动，强力推进大众创业、万众创新。举行创新创业大会，举办首届创新创业大赛，出台支持创新创业6个方面、30条“高含金量”政策和一系列配套措施，兑现奖励扶持资金近2000万元。建成“江油市创客空间”，新增孵化器3个1.26万平方米，入孵企业118户，培育创新创业团队32个。新增科技型中小企业306户，授权专利302件。培训技能技术人才4892人次，组织优秀企业家赴清华大学研修学习30余人次。重点企业技术中心达到15个。设立3000万元应急转贷基金支持企业创新发展，“远方装备”“勇辉生态”在“新三板”挂牌，“天农生态”在上海股权交易中心挂牌。

【全面深化改革】 高效推进以中小城市综合改革、相对集中行政处罚权为代表的31项国家和省市级重点改革工作。“11331”行政审批经验在全国交流推广，加速从“一窗制”向“一章制”纵深推进。率先在全省建立县级政府“五项清单”制度、实施“三证合一”和“一照一码”商事登记。基本完成农村“七权同确”，农村产权抵押贷款试点全省领先，“农民资金互助社”建设实现零突破，中国百合国际博览园走出一条国企、民企、集体、农民“四方搭伙”共建共赢的产业扶贫新路子。长城办事处改设街道办、八一撤乡设镇，扩权试点镇达到23个、放权72项。成立城市行政执法局、不动产登记局，组建文旅公司和工业投资集团。公安机关“两项运行机制”改革成为全省标杆。

【城镇农村面貌显著改善】 大力推进城市“三年大提升”和“绿化美化亮化”工程，实施涪江五桥、纪念碑人防工程等重点城建项目35个，建成罗汉堰综合治理一期工程及其6个主题公园，高标准改造23条城区道路亮化设施，金莎·奥特莱斯建成营运，加快建设顺辉巴登广场、联想科技城、中润时代广场等一批城市综合体。依法拆违445宗、4.3万平方米，岳家桥拆迁“老大难”和五路口“烂尾楼”问题实现重大突破。新建和改造农村公路150千米。加快实施沉水水库工程，建设小型水利设施553处，城市第二污水处理厂和8个乡镇污水处理厂基本建成，再获绵阳市“大禹杯”竞赛综合类一等奖。打造幸福美丽新村85个，创建省级生态乡镇8个，入围“中德低碳生态城市”合作示范市。

【扶贫脱贫攻坚全面提速】 按照“全域脱贫”的要求，创新构建“2+13”扶贫脱贫攻坚工作体系，以10个山区乡镇、7个深丘乡镇和77个贫困村为“主战场”，统筹兼顾有贫困人口的“插花村”和有城镇困难群众的“边缘户”。高效运行“四定”脱贫机制，29名县级领导、77名“第一书记”、89个市级部门、103户企业精准“滴灌”，帮扶7000人实现如期脱贫。大力实施“集中连片造血行动”，新建贫困村产业基地23个，发展种养业项目720个。积极推进“易地扶贫”搬迁，市财政安排1900万元，撬动社会和群众投入4200万元，推动8个乡镇的173户群众加快异地建新家，实现“改穷境、挪穷窝、断穷根”。

【大幅提升群众幸福指数】 坚持民生优先、民生为重，151项省市和本级自选民生工程完成投入8.4亿元。城镇新增就业7355人，城乡居民人均可支配收入分别增长8.5%和9.7%。社会保险覆盖86.9万人次，城乡低保月补助标准分别提高到400元和220元，建立80周岁以上老人高龄津贴制度。改造棚户区4492套、9000余人“出棚入楼”，3500余名安置群众新年住新居。2015年，高考本科上线率连续8年位居绵阳第一，获全国义务教育发展基本均衡县，率先在全省实施农村义务教育学生“免费营养午餐计划”。成功创建省级卫生应急综合示范市，城乡居民健康档案规范化电子建档率达到96%。贯彻实施《中国妇女儿童发展纲要(2011—2020年)》通过省政府中期评估。江油广播电视台获全国市县电视台“二十强”。全国文明城市创建工作通过首年测评，跻身四川法治示范市、全省双拥模范城行列。

（政府办）

政府办工作

【概况】 2015年，市政府办以实施“服务决策提质年、运行管理规范年、行政效能建设年、自身建设创新年”为载体，主动适应新常态，率先垂范抓落实，进一步巩固和拓展党的群众路线教育实践活动成果，推动“三个服务”精细化、规范化、高效化，为加快建设“法治、有为、现代、高效、清廉政府”提供坚强保障。

【政府决策服务】 突出决策程序和决策内容的把关，完善重大行政决策“公众参与、专家论证、风险评估、合法性审查和集体讨论研究”的具体审核规范。充分发挥市法制办和市政府法律顾问作用，进一步严格重大决策和规范性文件合法性审查，全力助推依法行政和法治政府建设。

【开展调查研究】 围绕政府重点工作、社会关注焦点、基层反映热点问题，以及“五大攻坚”“五大转型”等重要内容，开展调查研究，创办《决策参考》，做好一批重点政务调研课题，编辑《2015年重点政务调研课题汇编》，为政府依法、科学、民主决策提供参考。

【提升文稿水平】 实施“文稿写作队伍梯次培养计划”和“文秘人员能力素质提升工程”，培养和储备“写作苗子”，积极参加和举行多层次文稿写作培训活动，全面增强政府办公室干部写作能力。进一步改进文风，认真审查，严格把关，做到“文稿讲精品”。

【优化政务信息工作】 进一步提升政务信息的收集、整理、编发质量，全年编发《政务要情》30期以上。兼顾做好向绵、向省政务信息报送（直报）工作，高度重视和及时做好应急信息报送，确保政务信息工作保持绵阳领先地位。继续实行“乡镇和部门信息员上挂锻炼制度”。进一步规范和牵头做好政府信息公开相关工作。

【机关标准化建设】 制定以办文、办会、财务、接待、出勤、后勤、保密、档案等内容为重点的《政府办公室标准化工作手册》，明确各股、室、办、局的“工作责任清单”和“办事程序清单”，推动机关管理规范化、标准化，着力打造绵阳政府办公室系统的示范和标杆。加强OA平台建设和相关运用，逐步推行政府系统无纸化办公。

【规范公文办理】 严格执行公文“一个口子进出”的制度，按照“文不过夜”的标准提高公文办理时效。全面落实新的公文写作和处理规范，从严控制规范性文件发文数量和规格，从严落实发文审批流程，坚决防止和纠正“倒行文”。严格执行代拟稿“打回重写”制度，进一步提升政府公文质量。

【会务工作】 完善市政府常务会议议题审查机制，从严审核和统一规范常务会议材料。实行市政府及政府办公室会议“季度统筹、按月计划、科学调整”机制，积极推行“多会合一”，严格控制全局性会议的数量、规模和时间。

【应急管理】 精心编制年度应急演练计划，统筹做好全市应急管理的组织协调、预案管理、机制构建、平台建设、培训演练、信息反馈、督促考核，以及抗灾救灾相关工作。加强市政府总值班室建设和规范管理。

【后勤服务】 严格执行《财务管理制度》，严控“三公”经费及一般性支出。规范管理和统一调度公务用车，稳妥推进公务用车制度改革。扎实做好机关事务管理、安全保卫、节能和信访等工作。

【督查督办工作】 加强市政府文件、会议确定事项、市委和市政府领导批示及交办事项的督办落实，做好市政府2015年100项重点工作和人大建议、政协提案办理等情况的动态跟踪、全程督办，定期“亮进度”、适时“晒问题”。

(政府办)

人事人才工作

【公务员管理】 2015年，全市录用公务员（参公人员）37名，办理公务员（参公人员）登记79人，办理公务员非领导职务晋升8人，转任81人，辞职4人，取消录用2人，提前退休6人。为专业性较强的市级部门和扩权强镇乡镇公开选调公务员32名，乡镇公务员补充到95%以上。完成390名公务员（参公人员）嘉奖、96名公务员（参公人员）记三等功。开展“提升依法行政能力、做人民满意公务员主题培训”，培训覆盖率100%。10月，全面启动公务员（参公人员）职务与职级并行工作。

【事业单位人事管理】 2015年，完成全市事业人员和机关工勤10444人的年度考核工作；完成全市40个乡镇卫生院、791人的岗位设置认定工作；完成全市1292人的聘用岗位等级晋升；公开招考事业单位工作人员122名，其中：为卫生系统直接考核专业技术人才37名（研究生学历7人），为教育系统直接考核教育部免费师范毕业生4名；为卫生系统引进专业技术副高级职称1人、中级职称3人；协助市民政局完成转业士官安置25名。

【专业技术人员队伍建设】 全年完成事业单位继续教育培训9456人次，投放副高级指标89个，中级指标156个；组织送评中级职称137人次，高级职称105人次，办理各类职称证件900余件；指导皇龙破碎公司成功申报国家级引智项目2个，建立皇龙破碎公司的博士流动工作站，新安依顿农业公司专家服务基地。

【高层次人才引进】 进一步修订完善《江油市引进和培养人才实施办法》，将引进人才重点向江油市“一基地三集群”（“一基地”即新材料产业基地；“三集群”即装备制造产业集群，电子信息及光电产业集群，生物医药产业集群）和两个“一号工程”（引进培育高新技术和战略性新兴产业的产业发展“一号工程”及电子商务和“互联网+”的现代服务业发展“一号工程”）聚集，扩大人才培养补贴范围、资助对象和补贴标准，并将李白文化领军人才、社会经济急需的“985”“211”毕业的优秀人才纳入引进范围。2015年，为7家企事业单位新引进高层次人才27人，发放引进的高层次人才补贴148.45万元。

【高校毕业生基层服务】 2015年，组织实施高校毕业生“三支一扶”（到农村基层从事支教、支农、支医和扶贫工作）计划，招募21名“三支一扶”志愿者，其中支农计划10名，扶贫计划5名，支医计划6名；做好46名“三支一扶”志愿者和134名大学生村干部的管理考核工作。

【高校毕业生就业创业】 全年接收毕业生返乡报到1795人，举办大学生专题招聘会2场，网络招聘12期；8个高校毕业生见习基地，向社会公布见习岗位221个，接收就业见习高校毕业生93人，发放就业见习补贴60.48万元；支持全市134名高校毕业生实现成功创业，其中毕业5年内高校毕业生74名，在校大学生8名，大学生村干部1名，本级扩大范围51名，发放创业补贴208.6万元。

【人事代理】 2015年，市人才中心新增个人代理50人，接收档案2000余册，转出330册，查（借阅）2864人次。出具未就业证明53份、存档证明106份。

【工资福利】 完成全市11000名机关事业单位工作人员2015年度晋级晋档和正常增加薪级审批工作；全面清理和维护全市工资系统库数据；完成全市19786名国家机关事业单位工作人员工资调整及增加离退人员离退休费和机关工作人员津补贴及事业单位绩效工资水平调整审批工作。

【军转干部安置】 2015年，安置计划内的转业干部1名，接收自主择业转业干部2名，并为35名自主择业军转干部衔接2015年基本医疗保险14.93万元。全年按政策及时拨付企业军转干部解困补助499.9万元、体检费28万元、慰问费84.4万元。

（人社局）

政务服务

【概况】 2015年，江油市政务服务中心贯彻落实省委、省政府深化行政审批制度改革的决策部署，实施以“受办分离”为核心的“一窗制”行政审批制度改革，先后获得四川省政务服务工作创新先进集体、绵阳市政务服务工作先进单位和推行行政审批“一窗制”并联审批工作先进单位荣誉称号，行政审批“11331江油模式”在全省广泛推广。同时，承办绵阳市行政审批制度改革推广现场会，于2015年7月被列为全国开展相对集中行政许可权试点单位之一。2015年，全市政务服务行政审批件累计受理424020件、同比增长169%，群众满意率达100%，回访满意率达100%，平均办结时间2.05个工作日，实际办理提速88.27%，提前办结率88.59%。同时，电子政务服务大厅访问量大幅增长，达到2.5万余次。政风行风综合评议继续位居全市前列。

【行政审批制度改革】 在政务服务中心集中受理和受办分离，实现申报人与审批部门的“物理隔离”。将所有行政审批项目全部纳入政务服务中心统一受理（除现场即办件外）分类梳理办理流程，构建和优化工程建设、经营设立和民生服务“三大类”审批流程，统一规范审批模式，进一步提高办事效率，方便办事企业和群众。先办后录现象，任意设置前置条件和流程现象，慢作为，不作为，吃、拿、卡、要现象，一次性约项目和工业园区项目组织相关部门开展并联审批，并跟踪督办。实行集中收费制。投资项目设立“一窗收费制”，凡是政府投资和工程建设项目，凡涉及收费由各部门按规定提供收费依据、收费标准，由政务服务中心设立专门窗口，实行统一收费。

【完善政务服务体系】 2015年，市政务服务中心以扩权强镇工作推进为契机，针对下放的45项有利于试点镇建设发展和方便群众办事项目的审批权，主动上下衔接，加强业务培训指导，做好“接、放、管”工作。推动全市365个村、96个社区的群众事务党员干部代理工作开展，按照自愿、便民、公开、依法、无偿、高效的原则，通过代言事务、代办事务、代理事务等方式，为群众代理行政审批、公共服务及其他社会管理事项。出台《江油市村级政务服务示范点创建工作实施方案》，鼓励有条件的乡镇（办事处）主动试点。分别在太平、三合、武都、青莲、厚坝、大康、九岭、贯山、新安、大堰镇各选1个村（社区），打造10个“村级政务服务示范点”，实行名称标示、坐班公示栏、工作流程、工作职责、代办制度、代办项目的“六统一”。依托政务服务学会组织，积极开展便民服务工作调研、学习、培训。

【清理非行政审批事项】 按照《四川省人民政府关于印发〈市（州）行政许可项目目录〉和〈县（市、区）行政许可项目目录〉的通知》要求，对全市审批项目进行再清理。公布全市行政许可目录，行政许可项目减少到182项，审批部门25个，其他服务项目126项；承接四川省扩权强县下放项目40项，其中审批项目20项。对必须入驻市政务服务中心的166项行政许可项目和114项其他服务项目实行动态化管理，同时组织业务窗口对入驻政务服务中心的事项重新细化编制服务指南。通过全面清理和取消非行政许可审批事项，用政府权力的“减法”换取市场活力的“乘法”，给企业松绑，也为大众创业万众创新提供便利。

【相对集中行政许可权试点工作】 2015年7月，《四川省人民政府办公厅关于推进相对集中行政许可权试点工作的通知》确定江油市被列为开展相对集中行政许可权试点单。江油市政务服务中心按照《中央编办、国务院法制办关于印发〈相对集中行政许可权试点工作方案〉的通知》要求，结合江油实际，草拟《江油市相对集中行政许可权试点工作方案》，并经绵阳市政府审定后上报省政府审批。试点方案注重发挥全市政务服务改革成果优势，在原有“分类办理、受办分离”的基础上，实施审批项目“审管分离”，项目审批“受办分离”。经绵阳市政府审定后上报省政府审批，待批复后即着手实施。

【推进商事制度等重点领域改革】 大力削减审批环节，创新监管方式，将“放”和“管”有机结合，不断优化政务服务。2015年7月，江油市率先将组织机构代码证、税务登记证与营业执照实行“三证合一”“一证三号”改革，并于9月25日再次率先实施“一照一码”。

（政务服务中心）

图12 2015年8月7日，绵阳市推进行政审批制度改革优化政务服务现场会在江油市召开

安全生产

【概况】 2015年，全市共发生各类伤亡事故128起，与2014年相比增加30起，上升30.61%；死亡38人，与2014年相比下降7.32%（其中，经营性道路交通死亡10人，与2014年持平；工矿商贸死亡3人，与2014年相比下降50%）；受伤74人，与2014年相比减少35人，下降32.11%；经济损失350.35万元，与2014年相比上升0.24%。道路交通事故84起，死亡35人，受伤74人，直接经济损失47.94万元。与2014年相比，事故起数下降1.18%，死亡人数持平，受伤人数下降31.48%，直接经济损失下降13.84%。工矿商贸发生事故3起，死亡3人，无受伤人员，直接经济损失191万元。全年发生火灾事故41起，直接经济损失111.41万元。无较大以上安全生产事故发生。

【安全生产大检查】 2015年，市政府安全生产委员会成立7个督查组，对全市40个乡镇开展“党政同责、一岗双责”落实情况、“新安法宣传贯彻”“安全隐患大排查大治理”等工作情况进行二轮综合督查。“8·12”事故发生后，在全市范围内开展安全生产大检查。市政府编制安全生产大检查方案，各分管副市长针对分管领域内的行业、企业按照“全覆盖、零容忍、严执法、重实效”的要求开展安全生产大检查。各乡镇、各部门也严格按照检查方案，制定本部门、本行业的安全生产大检查方案，按照“分级属地、条块结合”和“谁主管谁负责”的原则，组织实施本辖区、本行业的安全生产大检查。2015年，全市开展“安全大检查”“六打六治”（一是打击矿山企业无证开采、超越批准的矿区范围采矿行为，整治图纸造假、图实不符问题；二是打击破坏损害油气管道行为，整治管道周边乱建乱挖乱钻问题；三是打击危化品非法运输行为，整治无证经营、充装、运输，非法改装、认证，违法挂靠、外包，违规装载等问题；四是打击无资质施工行为，整治层层转包、违法分包问题；五是打击客车客船非法营运行为，整治无证经营、超范围经营、挂靠经营及超速、超员、疲劳驾驶和长途客车夜间违规行驶等问题；六是打击“三合一”“多合一”场所违法生产经营行为，整治违规住人、消防设施缺失损坏、安全出口疏散通道堵塞封闭等问题）“安全隐患大排查大治理”等活动，共检查企业432家次，排查安全隐患150余处，发放整改指令书40余份；停工整改6家，立案查处13件，罚款102万元。

【安全生产专项整治】　全年开展汛期高温季节危化品安全管理、危化品等重点行业（领域）安全大检查、危险化学品和易燃易爆物品的安全专项检查、化工和危险化学品及医药企业特殊作业安全专项治理以及油气化学品罐区专项安全整治。共检查企业92家次，出动检查组16个，下发整改指令36份。市政府聘请专家，对全市9个危化品生产企业、4个油库、8个加油站、6个带储存场所的危险化学品经营场所、1个危险化学品使用单位开展两次诊断检查，共发现隐患132处，整改128处。开展“两关闭”（即关闭存在“下店上宅”“前店后宅”等形式与居民居住场所设置在同一建筑物内的零售点；关闭与人员密集场所和重点建筑物安全距离不足、集中连片经营、在超市内销售、未按规定专店销售的零售点）“三严禁”（严禁销售超标、违禁、专业燃放类产品；严禁在许可证载明的经营场所外存放烟花爆竹；严禁超许可证载明限量存放烟花爆竹）烟花爆竹专项整治，共检查烟花爆竹零售点181处、300家次，撤销全市168户烟花爆竹经营零售许可证，年初处罚1家，罚款3000元。聘请绵阳市专家对17家矿山企业开展专家会诊，针对矿山企业存在的实际问题提出可行的整治方案，并严格按标准对17家企业开展风险分级，其中A级2家、B级13家、C级2家。

【安全隐患整治】　市财政投入资金20余万元，完成“江油市安全隐患排查治理信息系统”建设，2015年，投入使用，有48家监管单位，375家生产经营单位完成注册登记，为全市安全隐患排查治理体系建设打下基础。2015年，完成市政府确定市县两级共13项挂牌隐患。

【安全生产宣传教育培训】　2015年，市安监局分别对179名企业的安全管理人员进行三期培训考核；举办隐患排查治理信息系统操作人员培训一期，培训56人；举办电工、焊工、危化等特种作业人员培训五期，培训考核329人。全年累计培训564人。组织特种作业人员网上考试8次，人数达300余人。

【依法行政】　按照分级分类监管的要求，健全和完善重点监察、专项监察、明察暗访、突击执法检查工作机制。共监察执法企业120家次，下发整改指令58份，督促整改隐患1000余处，立案查处违法案件16件，收缴罚款150余万元。有序推进乡镇委托执法，40个乡镇共执法监察企业600余家次，督促整改隐患1500余处，按照简易程序处罚20家次，收缴罚款1.5万元。

【安全生产基础建设】　2015年，全市40个乡镇完成绵阳市级安全社区建设任务，3个乡镇完成四川省安全社区建设任务。努力推进企业安全标准化创建工作，非煤矿山、危险化学品生产、烟花爆竹批发企业安全标准化完成率

100%，建筑施工一级企业全面达标、二级企业达标率80%。全市企业安全标准化达标企业151家。在全市范围内分片区开展职业卫生基础建设活动宣传教育培训，开展金属、非金属矿山，矿石加工行业，冶金行业，家具制作行业职业卫生专项整治。在18个重点工业乡镇培育职业卫生示范企业22个，以点带面，供辖区其他企业借鉴、交流和学习。

（安监局）

外事·侨务

【因公临时出国（境）管理服务】 2015年，按照中央、四川省、绵阳市要求，进一步明确江油市国家工作人员因公临时出国（境）的审批原则和程序、经费及预算管理、行前纪律教育和回国出访报告等相关政策规定，严格遵循因公临时出国（境）因事定人、限量管理原则，因公出访团组应有明确的公务目的和实质内容，不得因人找事，不得安排照顾性和无实质内容的一般性出访，不再安排考察性出访。明确江油市国家工作人员因公临时出国（境）管理规范。2015年，经市外侨办审核和上级有关部门审批派送的因公临时出国（境）总量为2批4人次。进一步规范全市因公临时出国（境）经费管理，加强预算管理和计划管理。同时，在办理因公临时出国（境）报批工作中，严格按程序规范上报，做到资料齐全，手续清楚，规范有序。加强对出国(境) 人员行前纪律教育，全年因公临时出访的人员违纪现象发生。6月1日至5日，绵阳市审计局副局长杜桢荣率第四督导组对江油市因公出国（境）管理工作情况进行专项检查。

【友好城市建设】 6月4日，市外事侨务办公室于收到《协助缔结友好合作城市建议书》文件后，于6月5日以《江油市人民政府外事办公室关于我市与俄罗斯圣彼得堡普希金城建立友好合作城市的请示》书面请示绵阳市外事侨务办公室。经请示，绵阳市外侨办同意江油市与普希金城建立友好合作城市。9月6日，以《江油市外事侨务办公室关于我市与俄罗斯圣彼得堡市普希金区缔结友好合作城市的请示》书面请示省人民政府外事侨务办公室，得到省外办的肯定和支持。按照外事相关政策规定完成缔结工作。8月24日，以《江油市人民政府外事办公室关于我市与俄罗斯圣彼得堡普希金城建立友好合作城市工作开展情况的汇报》书面上报市政府，就该项活动中涉及的外事政策规定和存在的问题作出详细汇报。会前，市长马辉召开工作协调会。会后，普希金区政府传来认可与江油市缔结友好合作城市的书面材料、该区政府副区长委托圣彼得堡亚太合作中心总经理热迈蒂斯代表市政府来访的委托书以及该副区签署和江油市缔结友好合作城市的备忘录。9月27日，在青莲国际诗歌小镇文化交流活动中，江油市与俄罗斯圣彼得堡市普希金区交换缔结友好合作城市备忘录。

【涉外涉侨接待工作】 2015年，先后接待美国新富源集团梅林女士、墨尔本四川同乡会会长邓崇理先生、法国亚眠市政府官员、俄罗斯普希金城代表团和俄罗斯兔业交流代表团等外国友人、海外侨胞15次、近150人。

【服务“四会一节”】 2015年，中央电视台中秋晚会——月圆江油在江油市举办，市外侨办邀请省友协会长罗玉彬、省侨联副主席赵建中、省外事侨务办纪检书记罗雷参会，并对住宿、餐饮、观看秋晚以及到江油的日程安排等作出详细的安排部署。在医生、教师、国企、机关、普通群众等侨眷侨属中推荐出15名侨属代表，于9月27日到央视秋晚现场观看晚会。邀请江油市电视台到侨眷川西北侨联主席王瑜璪和江油工业学校教师何小红家中进行采访。为中俄兔业圆桌交流会相关工作，做好国际会议的报批手续，确保会议合乎规范。市外侨办后8次赴外交部、农业部、省外办、省农业厅就首届中俄兔业合作交流圆桌会议拟邀请名单及相关工作进行汇报，发出外宾邀请函30余份，成功邀请俄罗斯驻华商务代表顾问帕尔金、俄罗斯驻华大使馆二等秘书列夫·叶列梅金以及俄罗斯兔业协会会长阿里克塞等俄罗斯政要客商近30人出席会议。5月，江油市承办全国第九届残运会暨第六届特奥会的田径、乒乓球两个项目的比赛。市外侨办通过和上级部门密切沟通，细心安排和周到服务，确保大会期间港澳运动员的比赛和生活有序进行。

【拓展外侨工作新领域】　6月10—12日，市侨联常委一行4人赴昆明参加由国务院侨务办公室、中华全国归国华侨联合会、云南省人民政府共同主办，四川省侨办、省侨联协办的“第十三届东盟华商会”，并在东盟华商会主会场布置“江油招商引资和项目推介”展位，在活动现场发出江油文化旅游宣传画册、折页和江油招商项目册各100余份，文化衫50余件。市外侨办与世界华商组织联盟、云港台青年交流促进会、香港顺能国际投资贸易有限公司、中国侨商投资企业协会、加拿大麦基尔大学医疗中心SK全球医学院发展集团、恒新国际股份有限公司、上海鼎立保险有限公司、北京天业科大新技术公司、成都市人民政府外侨办等10余家单位就投资贸易、文化交流、特殊钢材、医疗器械、复合粉体材料、果品保鲜等合作项目进行沟通交流并达成合同意向。

【外侨服务】　市外侨办坚持为侨服务“三个制度”（即“节日慰问制度”“平日走访制度”“困难侨眷侨属帮扶制度”），深入了解侨界群众具体需求，提供个性化服务，重点做好困难侨眷侨属帮扶工作，全年共走访慰问侨眷侨属20余户，发放慰问费1万元余元。2015年中秋节期间，由市政协牵头，举办归侨侨眷、台胞台属代表中秋联谊会，并组织归侨侨眷和台胞台属到“百年好合爱情谷”和“罗汉堰”参观。6月25日，何小红到市外侨办希望帮助寻找乌兹别克斯坦失去联系的亲人。市外侨办及时致函中国驻乌兹别克共和国大使馆，6月26日，收到大使馆来函，已帮助何小红寻找到在外亲属并相互取得联系。对新安镇许家桥村归侨许斌种植的33.33公顷猕猴桃项目给予进一步的支持和帮助，一方面通过争取资金对厂房前道路进行硬化，另一方面争取农业项目资金对猕猴桃种植区滴灌设施进行改善。

【侨法进社区】　按照中共中央办公厅和省委办公厅的相关要求，市外侨办拟选在太平镇涪滨社区设立“归侨侨眷之家”和“侨法宣传角”，并开展侨法进社区活动。2015年7月22日，外侨办主任率侨联副主席和机关干部共计6人，赴盐亭县考察学习，并在六届七次侨联常委会专题讨论在社区设立“归侨侨眷之家”和“侨法宣传角”两个实施方案。同时，多次和民政局、涪滨社区主要负责人沟通交流，完善侨法进社区活动实施方案，计划2016年开始逐步实施。

【基层侨联组织建设】　加强基层侨联组织建设，推进归侨侨眷比较集中的乡镇、机关、高校、大中型企业侨联基层组织覆盖和工作覆盖。针对全市侨情实际，市外侨办把在攀长钢建立基层侨联组织作为全年重点工作：进一步摸清攀长钢侨眷侨属基本情况，并建立侨属档案；于5月21日会同市委统战部副部长李波一行赴攀长钢党委，就成立基层组织交流沟通；12月1日，正式成立攀长钢归侨侨眷联合会，并召开第一次归侨侨眷代表大会。

【联谊工作】　通过海外社团、网络等多种途径收集外商、侨商资料，建立信息资源库。构建交流平台，加强与外商、侨商的沟通与交流，大力宣传江油市投资环境和项目，主动邀请他们到江油市访问、考察。密切关注留学生群体，推动成立留学人员联谊会或留学人员家属联谊会，推动留学人员多形式、宽领域地参与江油经济建设。全年通过举行小型恳谈会、见面会、拜见以及电子慰问信和贺信等方式，与海外江油籍侨胞、侨领、外国友人、留学人员等工作联系80余人次。以血缘、地缘、语缘为基础，以交情、乡情、友情为纽带多层次多形式地开展联谊工作，广交新朋友、深交老朋友，拓展民间外交，展示江油良好形象。

【侨爱项目管理服务】　江油市厚坝镇“犀牛村小”灾后重建工程——重建附属设施项目是由肯尼亚华人华侨联合会捐资修建，该工程已竣工验收并投入使用，市外办完成相关申请拨付余款手续，并上交绵阳外办，完成相关手续报批，项目款项全部支付。市外侨办定期、不定期地与教体局、卫生局等部门深入“侨爱学校”“侨爱医院”深入解了项目管理使用情况，查看相关工作，确保管好、用好侨爱援助项目。

（外侨办）

应急管理

【概况】 2015年，市政府应急办认真履行“值守应急、信息汇总、综合协调”职能，夯实应急管理基础工作，推进应急管理体制机制建设，深入开展应急管理宣传活动，抓好突发事件应对处置工作，不断提高全市应急管理水平，增强应急处置能力。

【调整完善应急管理领导和指挥机构】 年初，市政府对市应急委员会成员进行调整，设立11个专项应急指挥机构，进一步明确各应急指挥机构工作职责及相应工作机制。同时，市应急办牵头对全市各乡镇（办事处）、市级部门应急机构建设情况进行梳理检查，对各单位应急管理分管领导及联络人员进行备案登记。4月，应急办牵头起草《突发事件信息报送办法（试行）》，对责任主体、报送范围和内容、报送方式和职责等作出明确规定。年内分别召开全市应急管理工作会议和突发事件信息报送工作会议，对全年应急管理及突发事件信息报送工作进行安排部署。

【宣传培训和应急演练】 2015年，市应急办以“5·12”全国第七个“防灾减灾日”为契机，组织各相关单位在江油大剧院广场开展集中宣传，就应急管理法律法规和防灾减灾相关知识进行宣传，展出宣传展板48块，利用市内LED屏、江油电视台等电子媒介滚动播放宣传标语30余幅、宣传短片3部，印发宣传资料2万余份，参与宣传单位30余个。依托市委中心组学习平台，邀请国家行政学院应急管理培训中心（中欧应急管理学院）教授张小明就突发事件应急处置策略作专题辅导，全市副科级以上领导干部及规模以上危化企业、矿山企业、运输企业负责人共计600余人参加培训。先后指导和参与全市森林火灾应急实战联合演练、全市防汛应急演练、全市突发地质灾害应急演练、交通运输系统战备应急演练、防震减灾应急演练、气象应急演练等，提升市应急办及相关应急管理成员单位应对突发事件的能力和水平。2015年，全市共开展各类应急演练400余次。

【信息报告和应急值守】 建立市政府总值班室，确立市政府领导作为带班领导，市政府正副主任作为值班领导，每天安排1名市政府办工作人员作为值班人员的政务值班工作制度。同时，建立1支专业化值班队伍，全天候24小时应急值守，有效应对突发事件，做到突发事件第一时间上报处置。2015年，“市长热线”共收到群众来电3000余次，受理绵阳市长热线交办件649件，并全部进行转办和回复。加强民间应急救援力量建设，11月16日，江油市第一支民间应急救援队伍（江油市西点户外应急救援协会）正式成立，填补江油市民间救援组织的空白。2015年，市应急办成功处置绵广高速辛家沟路段车祸导致甲醛泄露事件、绵阳林鸿食品加工厂火灾事件、厚坝一氧化碳中毒事件、四川幼专饮用水源污染事件、双河口交通事故、科光电站水污染、红狮水泥矿山塌方、万利化工蒸汽管道爆炸等多起突发事件，均未造成严重社会影响。

【事前预防】 市应急办将早预防、早安排作为防灾减灾工作的重点，通过下发文件尽早安排部署，定期抽查督查等多种方式，有效促进防灾减灾工作开展。针对不同时期、不同特点突发事件发生趋势，下发《关于进一步做好强降雨天气应对工作的通知》《关于切实做好困难群众安全温暖越冬工作的通知》等文件，对相关工作进行提前安排部署。5月，市应急办组织国土、水务、农牧、林业、气象、防震减灾等部门对2015年全市自然灾害发生趋势进行专题会商，并就水文情况向绵阳市水文局进行咨询，形成《关于2015年全市自然灾害发生趋势会商情况的通报》，对全年自然灾害防灾减灾工作提出具体的工作建议，并上报市委市政府领导，下发各乡镇、市级相关部门作为工作参考。严格落实政府系统值班带班抽查工作制度。汛期，市政府值班室每晚对5个市级部门和5个乡镇值班情况进行抽查，定期将抽查情况进行全市通报，纳入年终考核。同时，组织专门力量对雁门片区及云集、重兴7个乡镇应急物资储备、值班室建设、防汛应急预案、应急队伍建设、应急通讯设备使用等情况进行督查，对督察中发现的问题及时进行通报，并报市政府领导参阅。

【完善应急通信系统】 进一步完善通信系统，扩大应急通信覆盖面，逐步实现山区乡镇较大隐患点与乡镇、乡镇与市政府、市政府与绵阳市政府应急通信的互联互通。为解决在电力和常规通信信号中断情况下各隐患点、重点村社与当地乡镇政府的应急信息传递问题，市应急办在深入雁门片区及云集、重兴7个乡镇实地踏勘基础上，制定中继站点建设方案，通过招标程序确定建设企业，并于11月10日开始安装调试。中继站于12月月底前投入使用。为充分发挥应急通信设备的作用，市应急办联系供应商，就绵阳配备江油市的应急通信系统进行修复安装，该通信设备已能正常使用。同时，对江油市配备山区乡镇的应急通信电台进行维护，提升通话质量，确保通讯畅通。

【提升应急理论水平】 按照绵阳市政府要求，开展“十二五”应急体系建设总结评估工作，就“十二五”期间，全市应急体系建设目标实现情况、主要任务落实情况、重点工程建设情况及存在问题和对策建议进行深入总结评估，撰写并上报《“十二五”应急体系建设总结评估报告》。就欧美发达国家现代应急体系概况和我国构建现代应急管理体系情况进行综合分析、比较，深入查摆江油市在构建现代应急管理体系中存在的不足和问题，提出可行性建议，形成《构建现代应急管理体系研究》调研文章，报市政府领导参阅。参与文县、松潘县、九寨沟县、青川县、江油市、北川县、平武县7个县（市）综治区域协作、平安边际共建联席会议，签订7个县（市）应急办跨地区突发事件应急联动协议书，探索与周边县市的应急联动合作，推进区域应急联动合作机制建设，实现与周边县（市）的突发事件信息、资源共享。

（应急办）

地方志工作

【概况】 2015年，江油市地方志办公室深入学习贯彻新修订的《四川省地方志工作条例》和省委办公厅、省政府办公厅《关于进一步加强和改进新形势下地方志工作的意见》，以及《全国地方志事业发展规划纲要（2015—2020）》精神，克服工作力量严重不足的困难，在完成《绵阳年鉴（2015）》《绵阳建市三十年大事记》《巴蜀史志》和《史志天地》供稿任务的同时，重点推进《江油市志（1988－2005）》《汶川特大地震江油抗震救灾志》的印刷出版工作和《江油年鉴》的编纂发行工作，在办公室增挂“江油市市政府研究室”的牌子。

【学习贯彻《关于进一步加强和改进新形势下地方志工作的意见》】 2015年2月28日，四川省委办公厅、省政府办公厅下发《关于进一步加强和改进新形势下地方志工作的意见》后，市方志办及时组织全体职工认真学习，并于3月月初制定下发中共江油市委办公室、江油市人民政府办公室《关于进一步加强和改进新形势下地方志工作的实施意见》，对当前和今后一个时期江油市地方志的工作目标、工作重点、拓展领域、方志馆建设、地情网建设，以及加强领导和组织保障等方面作明确的部署与要求。

【学习贯彻《全国地方志事业发展规划纲要（2015—2020）》】 2015年8月，国务院办公厅发布的《全国地方志事业发展规划纲要（2015—2020）》，是全国地方志事业发展的第一部纲领性文件，是国家对全国地方志事业发展的顶层设计，是国家实施“四个全面”战略布局在文化领域的一项重大举措。10月月初，按绵志办〔2015〕32号文件精神，市方志办及时组织学习，并结合全市制定《关于进一步加强和改进新形势下地方志工作的实施意见》，着手草拟《江油市地方志事业发展规划（2016—2020）》，同时向市政府分管地方志工作的领导就全市开展学习贯彻《规划纲要》的情况作好专题汇报。

【“两部志书”印刷出版工作】 2015年年初，《江油市志(1988-2005)》和《汶川特大地震江油抗震救灾志》的出版印刷在经过两次公开招标均流标的情况下，经请示分管市级领导、常务副市长韩晓清和市财政局的同意，决定采取询价采购的方式，推进两部志书的印刷出版工作。两部志书于2015年6月送方志出版社审查，并于9月月底通过方志出版社三审。市方志办针对出版社的审稿意见，对两部志书作出版前的最后一次修改和完善，并到现场指导彩页的排版工作。年内完成采购工作，交付印刷。

【年鉴发行和编纂工作】 《江油年鉴（2014）》正式出版后，及时向四大班子领导、市级部门、乡镇和相关企业学校免费赠送，并与省内外相关单位进行资料交换，进一步扩大《江油年鉴》的影响。发行工作在5月月底结束。2015年年初，市方志办在草拟“《江油年鉴（2015）》编纂纲目及任务分配方案”时，积极吸取兄弟单位的先进经验，对纲目设计和任务方案进行一些重要的调整，进一步细化条目，更加突出江油特色，并于2015年3月30日通过政务网发出。8月下旬，完成年鉴稿件的收集和审改并交付排版，并经中国文史出版社审定，于年底公开出版。

【方志办机构建设】 江油市地方志办公室为市政府直属正科级事业单位。2015年年初，按照“整合资源、优势互补、强强联合、提高效率”的原则和思路，在市方志办增挂“江油市市政府研究室”的牌子，设内设机构2个(综合股和调研股)，新增2名参公事业编制、达到9名，其中主任1名，副主任1名，派驻纪检员1名，内设机构中层职数2名。方志办和市政府研究室主任由分管市政府文秘工作的负责人担任。

（方志办）

档案管理

【概况】 2015年，江油市档案局以创新服务为目标，以档案法制建设为抓手，加大档案基础业务建设、档案法制建设、档案“三大体系”建设和档案干部队伍建设的力度，全面完成各项目标任务。在绵阳市2015年度档案目标管理执行工作中获一等奖。档案宣传暨信息工作、档案接收整理工作、档案法治建设工作、档案工作规范化管理工作、档案信息化建设工作五项工作受到绵阳档案局通报表扬。

【依法治档】 以江油市委办、市府办名义转发省委办公厅、省政府办公厅《关于进一步加强和改进新形势下档案工作的实施意见》。与市银监办、人行江油市支行联合召开38家非银行性金融企业档案人员会议。成立检查组，对全市38个单位进行档案行政执法检查和档案规范化管理等级认定与复查；对食药工商质监局、人社局、农业局、新安镇、厚坝镇等185个单位进行监督指导；对攀长钢、沉水水库、涪江河堤、神华煤电、群教活动等重大项目和活动档案进行现场监督指导。利用“6·9”国际档案日、“12·4”宪法日开展街头宣传，发放宣传单，在江油大剧院LED大屏滚动播出宣传标语，向市级部门、乡镇“一把手”致一封公开信。再次，清理档案局行政审批和行政执法权力事项，建立网站运行平台和风险监察平台。开展会前学法，举办“周五大讲堂”，组织干部参加绵阳市2015年行政执法人员资格考试。

【档案资料收集和整理】 及时召开档案移交进馆工作促进会和市政府机改单位档案处置工作会，依法做好最后一批单位档案的接收进馆和机改单位档案流向处置工作。积极征集民国档案，从山西省平遥县征集到江油籍民国人物傅子东编著的《傅氏文典》一套共3册。2015年，共接收文书档案4842卷、39491件（2283盒），印章622枚。完成纸质档案数字化68个全宗，形成数字化档案成果510万页，建立目录数据库和全文数据库，实现计算机直接查阅档案，完成重点档案12574卷的抢救任务。

【档案信息资料开发和利用】 全省农村土地承包经营权确权登记领证档案工作经验交流会参会人员到江油市档案局（馆）参观，局长张乐平在会上作《先行先试积极探索农村土地确权档案管理》经验交流。组织编纂《江油档案志》。开放《走进江油》大型档案陈列展，接待参观者816人次。在《绵阳晚报》分别举办题为“清末江油蹇氏父子科举考试博取官位”“江油地名四次大调整”档案文化专栏；在《四川老区》杂志上刊登《红四方面军鏖战江油》文章。全年报送各类信息35篇，其中，绵阳档案政务网刊登23篇，四川档案网刊登15篇。积极开展节假日预约查档、函电代查等服务，切实做好档案查阅利用服务工作。2015年，共接待利用者5025人次，提供档案资料5935卷。

【档案保管保护和安全管理】 2015年年初，市档案局下发加强全市档案安全管理的意见，与绵阳市圣宇物业服务有限公司江油分公司签订安全保卫保洁服务合同，与江油市除“四害”消杀队签订病媒生物防制消杀协议书，与江油市为民保安服务有限公司签订设备设施维修保养合同。严格档案进出库监管和利用登记，定期抽查档案受潮、霉变、虫蛀等情况，坚持做好库房内温湿度监测、调控和分析，坚持24小时值班和馆库早晚巡查制度，对馆库内外和查阅场所、数字化加工室适时进行视频监控，及时排查和消除安全隐患，与泸县档案局进行档案异地备份，确保档案信息的安全保管。

【档案学术交流】 为加强档案学术经验交流，江油市档案局先后组织机关干部到梓潼、绵阳档案局进行调研考察。同时，热情接待到江油参观学习的友邻市（县），并邀请省、绵阳市档案局领导和业务人员到江油指导工作。市档案学会组织全市档案工作者开展档案学术交流暨档案法律法规知识竞赛活动，交流论文10篇，收回竞赛答题卡400份；组织开展以“档案——与你相伴”为主题的档案学术征文活动，征集理论文章12篇；组织档案人员参加绵阳2015年度学术征文竞赛活动，张乐平《档案与你相伴——致江油市各单位主要领导的一封公开信》获一等奖，陈华安《江油市档案局六举措狠抓依法治档工作》、廖俊蓉《档案学会如何开展的思考》获优秀奖，江油市公安局汪静《浅谈公安档案管理的重要性——以聂树斌案的复核为例》获优秀奖，江油市档案局获组织奖。

（胡 杨）

公共资源交易

【概况】 2015年是江油市公共资源交易服务中心试运行一年后逐步步入规范的一年，各项交易业务稳步开展。全年共依法组织工程建设施工招投标（比选）项目（标段）81个，预算价6980.63万元，中标价6174.61万元，节约财政预算资金806.02万元；完成政府集中采购225宗，预算价8724.63万元，中标价7995.88万元，节约财政预算资金728.75万元；接受政府采购征求意见、处理质疑28起，发出中标通知书296份；组织出让国有土地40宗，面积3556.73亩，其中，挂牌出让土地23宗，面积1920.68亩，挂牌起始价129237.42万元，成交价129237.42万元。拍卖17宗，面积1636.05亩，起拍价247820.62万元，成交价258394.38万元，共增值10573.76万元；共组织拍卖会8场，公开处置国有资产17宗，起拍价27802.20万元，成交价28299.70万元，增值497.50万元。

【整合交易资源】 江油市人民政府于2015年8月成立由市政府市长担任主任，分管副市长担任副主任，相关单位主要负责人为成员的江油市公共资源交易管理委员会。其主要职责：贯彻落实上级加强公共资源交易管理的方针、政策和法律法规，负责全市公共资源交易监管工作重大事项的组织领导和决策，审议公共资源交易监管制度和交易目录，提出公共资源交易监管重大政策措施，协调解决公共资源交易监管中的重大问题，推进完善公共资源交易运行机制等。江油市公共资源交易管理委员会办公室设在市政务服务中心，承担市公共资源交易管理委员会的日常工作，对公共资源交易活动实施综合监督。办公室主任由市政府秘书长兼任，副主任由市政府常务副秘书长和市政务服务中心主要负责人兼任。

【规范交易平台】 江油市公共资源交易服务中心不断创新公共资源交易服务方式，优化公共资源交易环境，着力提升服务质量，切实打造绿色、高效、廉洁电子化交易平台。坚决推进“能进则进、应进必进”。严格按照《江油市公共资源统一进场交易项目目录》推进“能进则进、应进必进”，不断扩大国有、集体公共资源进场交易范围，进一步规范江油市公共资源交易活动和交易市场。进一步完善管理制度，规范交易服务行为。在已有规章制度基础上，江油市公共资源交易管理委员会先后下发《江油市公共资源交易管理委员会办公室工作规则》《江油市公共资源交易管理委员会议事规则》《江油市公共资源交易现场管理暂行办法》制度，进一步明确职责，提高工作效能，规范工作程序。加大软硬件标准化建设，优化交易服务环境。进一步优化开评标环境，完善开评标设施。全面推动网络建设，完善江油市公共资源交易信息网，将全市公共资源交易信息在网站上及时发布公开，扩大宣传和知晓面。强化短信平台服务，及时将招投标相关政策法规、交易信息等以提示的方式告知投标人（供应商），减少投标人（供应商）不必要的损失，同时规范交易主体各方行为。强化监管机制，营造廉洁交易氛围。首先是不断完善监督系统，让开、评标各环节通过视、听监控，完全公开在各行政主管部门的监督之下；其次是严格明确岗位职责，细化工作责任，做到“权责”明了，责任到人；最后是加强干部职工廉洁自律教育，一方面利用中心例会、专题培训、自学等方式加强政策、法规、制度等相关理论知识的学习，另一方面多次开展案例警示教育，通过观看警示教育专题片，警钟长鸣，同时还在中心办公区、监督区、开标区和评标区四个功能区，打造特色鲜明的廉政文化。规范交易服务收费，为企业减负增效。为切实减轻投标企业负担，落实省、市《关于规范全省政务服务和资源交易服务中心服务收费的通知》要求，江油市公共资源交易服务中心严格执行相关政策，进一步规范涉企收费。自2015年3月1日起，市公共资源交易服务中心停止收取政府集中采购招标文件工本费，同时取消全市工程招投标和国有产权交易服务收费，严格做到应减必减。

【创新电子交易】 在完善电子化招投标硬件设施以及网络软件不断优化的前提下，江油市公共资源交易服务中心于2014年7月1日起正式开放供应商网络注册。在试运行半年后于2015年1月1日起全市实行政府集中采购全面网上报名，同年10月，网上交易系统通过进一步升级优化，开通跨行缴退保证金业务，为投标供应商提供便捷、高效服务。2015年，共有516家供应商在市政府采购电子交易系统网上登记注册，可正常进入系统完成除开标和评标的其他所有流程。不仅为供应商节约投标成本，更进一步规范全市公共资源交易平台。

（市公共资源交易服务中心）

招商引资

【概况】 2015年，江油市实现国内省外到位资金71.23亿元；绵阳市、四川省认定新签约5亿元以上项目10个，其中10亿元以上项目5个。实现新签约投资2000万元以上项目56个（其中，5000万元以上项目41个），签约金额154.24亿元。共储备、包装、推出“两新”产业项目30个。引进“两新”项目29个，占招商项目数量比重51.8%。江油市人民政府被绵阳市人民政府评为投资促进工作先进单位。江油市投资促进局被四川省人民政府驻厦门办事处评为驻浙皖投资促进工作优秀集体，被四川省人民政府驻杭州办事处评为驻浙皖投资促进工作优秀集体，被四川省人民政府驻重庆办事处评为突出贡献单位，被中共绵阳市委评为先进基层党组织。

【领导牵头谋招商】 2015年，江油市委、市政府高度重视招商引资工作，书记、市长等主要领导亲率团队赴北京、上海、广东、浙江、重庆、安徽、贵州等地开展招商引资工作32次、洽谈项目47个，成功引进一批重大项目。

【机制创新促招商】 建立招商引资重大项目市级领导联系机制，切实解决投资项目的实际困难和问题，系统谋划、扎实推进，多措并举提升投资促进工作实效。构建驻外办收集信息、招商部门研判信息、产业科洽谈签约、园区和乡镇承载项目落地建设的“四级联动”新机制，加速形成“四位一体”战队合力，解决项目跟踪推进过程存在的具体问题。建立招商引资在谈及重点跟踪项目库，坚持“周分析、旬调度、月会商”制度，确保项目信息跟得紧、不遗漏。

【开放合作强招商】 为产业招商全程服务，6个重点产业发展工作组从信息收集、项目洽谈、投资服务等方面全程跟踪服务，统筹协调投资方、项目承载地和审批部门等之间的关系，为项目推进顺利，卓璟光电产业园、军民融合产业园、颐江电商产业园、圣隆农业等项目实现当年签约、当年开工建设。驻点招商主动作为，3个驻外招商办事处、6个招商点2015年成功邀请上海远成物流、大连万达集团、红星美凯龙等投资商共计1063人次到江油市考察，促成浙江颐高集团、东莞金鑫照明等一批项目落户江油市。2015年，江油市凭借“四会一节”实现招商引资大突破，成功举办“李白故里重庆投资推介会”“李白故里深圳投资推介会”“省青联走进江油投资推介会”“国家千人计划专家团江油投资座谈会”“海外科技人才江油投资推介会”等各类江油投资推介活动7次；主动借力“首届生博会”“第三届科博会”和“中外知名企业四川行”等省市会展平台，宣传江油投资环境和招商项目。2015年，江油市在省级平台重大招商引资活动中签订正式投资协议19个，签约总金额127亿元，在绵阳市名列前茅。

【铸强队伍抓招商】 从全市抽调能吃苦、能干事的干部充实招商队伍、形成精干力量，通过“传帮带”、邀请专家学者讲课、招商人员驻厂驻企等多种形式，全面提升江油市专业招商团队及人员的综合素质和工作能力。2015年，江油市委组织部在招商一线培养锻炼并及时提拔重用工作实绩突出的干部12人。

【2015年绵阳下达江油市招商引资目标任务及完成情况】

一、绵阳下达江油市目标任务

2015年，绵阳下达江油市国内省外到位资金54亿，完成引资5亿元以上项目5个，10亿元以上项目3个，其中至少完成引资5亿元以上重大工业项目1个；储备、包装、推出“两新”产业项目数25个，新引进“两新”产业项目12个。江油市人代会目标国内省外到位资金目标任务65亿元，招引项目50个。

图13 2015年12月16日，市长马辉代表市委、市政府与省交投集团签订战略合作协议

二、江油市目标任务完成情况

1. 省外国内到位资金完成情况

2015年，江油市实现上报国内省外到位资金103.23亿元。绵阳认定到位金额71.23亿元，完成绵阳下达任务比131.91%。完成市人代会任务比109.58%。

2. 引进省外投资5亿元以上项目情况

2015年，江油市实现绵阳市、四川省认定新签约5亿元以上项目10个，任务完成率200%，其中10亿元以上项目5个，任务完成率166.7%。截至12月，履约项目9个，履约率90%。

3. 新引进重大项目情况

实现新签约投资2000万元以上项目56个（包括：5000万元以上项目41个），签约金额154.24亿元。完成市人代会目标任务比112%，其中：

第Ⅰ产业签约项目7个，占比12.5%；

第Ⅱ产业签约项目35个，占比62.5%。其中：食品医药及医疗器械产业签约项目3个，占工业类项目比8.57%；装备制造产业签约项目5个，占工业类项目比14.29%；新材料新技术产业签约项目11个，占工业类项目比31.43%；能源电力及节能环保产业签约项目7个，占工业类项目比20%；其他产业签约项目9个，占工业类项目比25.71%；

第Ⅲ产业签约项目14个，占比25%。其中，电子信息技术签约项目3个，占第Ⅲ产业项目比21.43%；旅游地产服务业签约项目11个，占第Ⅲ产业项目比78.57%。

按引资来源地分类：

引进“成渝经济区”投资项目7个，占比12.5%；计划投资33.23亿元，占签约总金额的21.54%；

引进“长三角经济区”投资项目7个，占比12.5%；计划投资31.85亿元，占签约总金额的20.65%；

引进“环渤海经济区”投资项目9个，占比16.07%；计划投资9.55亿元，占签约总金额的6.19%；

引进“珠三角经济区”投资项目1个；占比1.79%；计划投资5亿元，占签约总金额的3.24%；

引进“其他地区”投资项目32个，占比57.14%；计划投资74.61亿元，占签约总金额的48.37%。

另签订包括香江产业园、四川交投战略合作项目、“恰恰牛”网络线上合作项目等10个战略合作及框架意向协议。

4. 引进“两新”项目工作情况

2015年，江油市共储备、包装、推出“两新”产业项目30个，完成目标任务的120%。新引进“两新”项目27个，占招商项目数量比重48.2%，完成目标任务比225%。“两新”协议引资96.78亿元，占引进项目协议投资比重的62.8%。开工在建的“两新”项目19个，开工率70.4%。

5. 重大招商引资活动签约项目情况

2015年，江油市在省级平台重大招商引资活动（四川行、国际投资大会、第三届科博会、海科会、农博会）中签订正式协议19个，签约总金额127亿元。履约项目15个，履约率78.95%；开工项目15个，开工率78.95%；到位资金34.15亿元，资金到位率27.15%。

三、综合排名

2015年，江油市投资促进工作数量考核得分35.99分，质量考核得分81.6分，过程考核得分32.2，考评总分149.79，在绵阳市13个县市区（园区）投资促进局工作综合考评中排名第一。

（贺　惟）

政务接待

【概况】 2015年，市委市政府接待办公室（简称“接待办）根据中共中央“八项规定”的要求，厉行勤俭节约，反对铺张浪费，进一步规范公务接待管理。围绕市委、市政府的中心工作，以提高接待服务水平为目标，坚持有利公务、务实节俭、严格标准、简化礼仪、高效透明的原则，全面完成各级各类接待任务。

【政务接待规范化管理】 为促进工作规范有序运转，完善办公室管理制度，明确办公室内股室工作职责及人员分工。切实加大制度的贯彻执行和监督力度，办公室所有工作人员都结合自身工作分工，立足本职，做好自己职责内的事。同时，自觉协助同事做好其他工作，营造团结向上的工作氛围。

【提升接待水平】　在接待工作中，始终秉持“三心”工作理念，即接待工作要用心、耐心、细心，把该理念灌输到每一个工作人员身上，贯穿到每一次接待工作中去。在接待过程中，随时了解食宿、调研、会议等工作的落实情况，并注意搞好协调配合，使各个环节衔接妥当，让客人最大程度感受到服务的热情周到。

【重要接待】　2015年，江油市先后成功承办全国第九届残运会暨第六届特奥会田径和乒乓球比赛、四川省首届生态旅游博览会、2015年绵阳市旅游发展大会暨首届李白故里文化旅游节、首届中俄兔业合作交流圆桌会议及中国畜产品流通协会兔业委员会第三届会员代表大会暨第三十二届中国兔业大会（简称“四会一节“），特别是成功举办2015年中央电视台中秋晚会——月圆江油，中央电视台中秋晚会首次走进西部，落户李白故里。在上述重大的活动中，接待办作紧紧围绕市委、市政府提出的目标和指导原则，面对来宾人数众多、活动分项多、变数大的诸多压力，提前规划，周密组织，全面完成“四会一节”和央视中秋晚会的接待任务，为大型活动的接待积累经验。

（接待办）

机关事务管理

【概况】　2015年2月，根据江编〔2015〕4号文件，撤销市委办公室所属事业单位江油市机关事务管理中心，成立江油市机关事务管理局，为市政府直属事业单位，内设办公室、后勤事务股、安全保卫股，核定事业编制10名，设局长1名，副局长2名，纪检组长1名。全年，市机关事务管理局“围绕中心，服务大局，精细到位，严格管理，把握重点，全面保障”的总体要求，切实履行机关事务管理、服务和保障职能，完成各项工作任务。

【安全保卫工作】　强化日常管理，严格出入管理，按照先登记联系后放行的程序，做好一办公区、二办公区大楼外来人员的登记和联系引导工作。对重点、可疑人员进入大楼实行专人负责引导；加大检查盘问力度，规范物品出入管理，进出物品都必须通过检查，有效防止易燃易爆物品进入大楼。强化“两办”的安全监管，落实车辆出入和停放管理，2015年6月，重新换发四套班子机关车辆进出通行证。9月，重新划分、规范停车位，有效控制私车、无证车辆随意进出、乱停乱放及停车过夜的现象。完善消防安全监控设施设备，定期更换消防灭火器具，组织消防知识培训40余人次。全年组织安全检查15次，排出安全隐患35处，举行应急演练1次，消防演练1次。妥善处置群访事件，注重收集情报信息，加强与信访、公安部门联系，做到上访信息预先知道，对重点人员实行一对一陪同。配合信访、公安等部门妥善处置群访事件，协助疏导群众信访110余次，有效维护机关工作秩序。

【物业管理】　通过政府采购，增添41个坐地式室外垃圾桶，33个户外分类垃圾桶，56个茶叶渣过滤桶；强化日常卫生打扫，加大常规检查力度，确保机关一办公区、二办公区公共区域全时段保持整洁干净。根据季节变化，适时修剪树木，更换花草，定期消毒、杀虫。积极开展爱国卫生工作，安排消杀人员对两办公区的厕所、过道、电梯、梯步、停车场、花台等进行全面消毒。及时对公共用水、用电、用气，以及会务设备和空调等设备设施进行维修和保养。确保两大办公区用水、用电、用气安全和会议室及空调等设备正常运行。严格电梯、消防、监控的日常管理，新增电梯停电平层保护装置，做好电梯坑防水处理；党政综合办公区新增监控设施，做到全覆盖，不留死角。

【食堂管理】　利用端午节、国庆节小长假，对一食堂电路、顶棚、地板砖进行全面升级改造，为职工营造更舒适的就餐环境。按照市政府要求对机关两所食堂油烟排气系统进行改造升级，达到国家规定油烟排放标准。加强食品卫生安全监管，落实专职人员实行一日三餐值班制，抓好食堂原材料采购、储存、加工等环节的监督管理。结合创卫工作，完善食堂食品卫生配套设施，实行食品留样制度。完善就餐服务功能，并在一食堂一楼开设自助餐服务，为机关单位公务接待提供良好便利的场所。严格就餐卡的办理程序，做好就餐卡的核对清理工作。通过规范原有监控和采购新安装监控设施，达到食堂安全监控无死角。加强食堂人员培训，邀请市食药监局、市智仁培训机构对食堂所有人员进行食品从业人员合格证培训、食品安全知识培训，提升专业技能，更好地为职工服务。

【会议保障服务】 规范会务人员行为，落实“三化”标准，即服务人性化、标准化、规范化，全力提升会议服务水平。全面落实会议登记制度，统筹协调各类会务，全年四大班子会议室共使用3710余次，外出进行会务服务10余次，会务成本大幅下降。

【清理规范办公用房】 按照上级的安排部署，结合全市机构改革，对照《党政机关办公用房建设标准》，对撤销、合并、新增的单位办公用房进行全面清理，制定合理分配方案，完成多家单位的办公用房清理、分配和维修工作，进一步优化整合办公用房，最大限度地发掘和利用现有办公用房资源，促进公共资源的优化配置。

【工会活动】 2015年9月，将原教体局三楼会议室改建为职工工会活动室，开设7个活动项目，从10月2日起对全体职工开放。

【中秋晚会车辆后勤保障工作】 2015年央视中秋晚会在江油市召开，市机关事务管理负责接待和后勤保障工作中的车辆保障工作。通过对全市各部门的车辆进行全面摸底，细心筛选在成都、绵阳、江油境内有承运实力的车辆运输单位，先后组织市公安局情报大队、市交警大队、市车管所对车辆进行安全检查、对驾驶人员进行安全培训，对运行路线进行细致规划，组织车辆演习线路等工作。通过精心组织,统筹规划，全面完成秋晚车辆后勤保障工作。

（机关事务管理局）

中国人民政治协商会议江油市委员会

概　述

2015年，江油市政协坚持团结、民主两大主题，认真贯彻落实中共江油市委十二届五次、六次、七次全会精神，紧扣发展中心、服务改革大局，履行政治协商、民主监督、参政议政职能。市政协先后开展各类协商调研视察活动50余次，报送各类报告30余篇，29篇得到市委、市政府主要领导肯定性批示，一大批成果进入市委、市政府决策程序。同省内外近100个县市区政协开展学习交流活动，提升江油的影响力。25项工作分别被省政协、绵阳市政协和江油市委评为“先进单位”，老干部工作受到绵阳市委组织部、老干部局表彰。全省地方政协联络工作座谈会在江油市召开，推广江油基层协商民主经验和做法。

重要会议

2015年2月6日至8日，江油市政协召开十二届四次全会，市政协常委主持会议，中共绵阳市委常委、江油市委书记李江出席大会开幕式并在闭幕式上作重要讲话。市委、市人大、市政府、市人民法院、市人民检察院以及工业园区等领导应邀出席会议并参加分组讨论。270余名政协委员凝心聚力、积极建言、广泛协商。会议同意市人民政府市长马辉所作的政府工作报告，同意江油市人民法院工作报告、市人民检察院工作报告以及其他报告。会议批准市政协主席范来山代表政协第十二届江油市委员会常务委员会所作的工作报告，批准市政协副主席汤国平代表政协第十二届江油市委员会常务委员会所作的提案工作报告。会议期间共收到提案321件，立案308件，黄晓林、朱勇等7名委员作大会发言，委员在大会分组讨论中提出综合性意见与建议41条。

3月9日，江油市政协召开十二届二十七次主席会议。市政协主席范来山主持会议。会议传达学习全国政协、省政协、绵阳市政协全会精神；讨论通过《市政协十二届四次会议委员意见和建议汇总情况的报告》《市政协2015年度工作要点》《2015年协商工作计划》《2015年重大调研视察活动安排计划》和各专委会《2015年工作计划》；讨论《在市政协设立委员工作委员会和在三个中心镇设立政协工作委员会的方案》；审定《省政协“全省政协联络工作会议”方案》《第三届国际李白文化节暨李白重要游踪地书画联展活动方案》《第三届国际李白文化节暨全国硬笔书法名家书写李白诗活动方案》和《市政协十二届十三次常委会日程》。

3月17日，绵阳市政协信息宣传工作座谈会在江油市召开，绵阳市政协办公室副主任马莉主持会议，绵阳市政协办公室相关处室负责同志、各民主党派、工商联和各县市区政协分管信息宣传工作的领导及部分通讯员等参加会议。江油市政协副主席、市委统战部部长汤国平参加会议并致词。

3月21日下午，九三学社绵阳市委江油基层委员会在江油市老政协大楼会议室组织召开第三次社员大会，选举产生九三学社第三届江油基层委员会领导班子。来自江油城区支社、长钢支社和江电支社3个支社的34名社员参加大会。九三学社绵阳市委副主委、组织部长余金龙，秘书长张友刚、办公室副主任赵倩颖到会指导，江油市政协主席范来山，江油市政协副主席、中共江油市委统战部部长汤国平、副部长李波以及中共江油市委组织部、攀长钢、神华江电、市国土资源局、科技和工业信息化局、农业和畜牧局、市第二人民医院等中共党组织和各民主党派江油基层委员会主要负责人出席大会。黄晓林当选九三学社绵阳市委第三届江油基层委员会主委。

3月24日，江油市政协召开十二届十三次常委会议。市政协副主席张瑞光、汤国平、任明辉、陈清太和秘书长陈启华出席会议，市人大常委会副主任蒋琳应邀出席会议。会议协商通过《市政协2015年工作要点》；协商通过《市政协2015年协商工作计划》和《市政协关于2015年重大调研视察活动安排计划》；协商通过各专门委员会《2015年工作计划》。

5月26日，全省地方政协联络工作座谈会在江油市召开。会议总结交流各地贯彻落实《中共中央关于加强社会主义协商民主建设的意见》情况，共同探讨进一步推进人民政协协商民主和政协联络工作的思路和办法。江油市政协主席范来山在大会上作交流发言。省政协副主席、秘书长高峰出席会议并作重要讲话，省政协地联委主任陈芳主持会议，绵阳市政协主席张世虎出席会议并发言，绵阳市委常委、江油市委书记李江受绵阳市委罗织委托致辞，21个地市州政协主席、21个省政协地方政协工作联系点和绵阳各县市区政协主席参加会议。

6月3日，江油市政协召开十二届二十八次主席会议。市政协主席范来山主持会议。会议听取全市创建全国文明城市知识专题辅导；审定《市政协十二届十四次常委会议方案》《市政协党组关于在县级党员领导干部中开展“三严三实”专题教育活动的工作方案》《在三合镇等5个乡镇试点设立政协工作委员会的方案》和《在市政协设立政协委员工作委员会的方案》《市政协机关2015年度业务目标和职责任务》《市政协机关2015年度会前学法工作方案》《市政协2015年政风行风民主评议工作方案》

以及《市政协2015年度重点提案》；通过人事任命和委员资格撤销事项。

6月25日，江油市政协召开十二届十四次常委会议。市政协主席范来山、副主席汤国平、任明辉、陈清太和秘书长陈启华以及政协常委38人出席会议；市政协副主席张瑞光主持会议；市委常委、市政府副市长韩晓清，市委常委、宣传部长、市创建全国文明城市领导小组常务副组长胥洪，市人大常委会副主任蒋琳等应邀出席会议；市政协副秘书长和各委室正副主任、机关纪检员、副科级秘书以及市委宣传部、市文明办、三合镇、武都镇、青莲镇、厚坝镇、新安镇相关负责人列席会议。会议学习《中国特色社会主义法律体系》和全省地方政协联络工作座谈会议精神；听取市委、市政府关于《全国文明城市创建工作推进情况》的通报，并就当前开展的相关工作进行协商；协商通过《在三合镇等5个试点乡镇设立政协工作委员会的方案》和《在市政协设立政协委员工作委员会的方案》以及2名干部任命、1名委员资格撤销事项。

8月19日上午，江油市政协在协商会议室召开党组学习暨十二届第二十九次主席会。市政协主席范来山，副主席张瑞光，副主席、统战部长汤国平和秘书长陈启华出席会议。市政协机关干部列席会议。会议由政协主席范来山主持。会上，市政协副主席、统战部长汤国平组织学习宣讲《中国共产党统一战线工作条例（试行)》和《四川省关于〈中国共产党统一战线工作条例（试行)〉实施细则》，会议还组织学习《中国共产党党组工作条例(试行)》；通过《关于在政协委员中开展“我为扶贫攻坚做实事”活动的意见（草案)》和《市政协十二届15次常委会议日程》以及提请的人事任免事项方案，通报市政协机关2015年度工作进展情况。

8月31日上午，市政协召开党组暨十二届三十次主席会议，传达学习市委十二届七次全会精神。市政协主席范来山主持会议并部署贯彻意见、安排工作。市政协副主席张瑞光、任明辉及秘书长陈启华等出席。会议讨论通过《关于在委员中开展“我为扶贫攻坚做实事”活动的意见》。党组就深化“三严三实”活动进行了学习讨论，提出要求。全体机关干部参加会议。

9月8日，市政协主席范来山主持召开十二届十五次常委会，专题协商全市部分乡镇场镇污水处理厂建设项目推进情况，研究查找项目推进中存在的问题和困难。市政协副主席张瑞光、汤国平、任明辉、陈清太，秘书长陈启华以及市政协常委参加会议，市委常委、市政府副市长杜廷才应邀出席会议，市政协副科级以上干部和部分企业职工及联系村干部代表列席会议。

11月9日，市政协召开十二届第三十二次主席（扩大）会，专题协商讨论《江油市国民经济和社会发展“十二五”规划评估总结及“十三五”发展规划编制的建议》和《江油市省级中小城市综合改革试点实施方案》。

12月1日上午，市政协召开十二届党组暨第三十三次主席(扩大）会议，市政协党组书记、主席范来山主持会议。会上，组织与会人员学习中共十八届五中全会和省委十届七次全会精神。传达省委政协工作会议和绵阳市委政协工作会议精神。同时学习《中国共产党廉洁自律准则》和《中国共产党纪律处分条例》制定背景、主体内容等。

12月10日下午，江油市政协在协商会议室召开党组暨十二届第三十四次主席会。市政协主席范来山，副主席张瑞光，副主席、统战部长汤国平和秘书长陈启华出席会议。市政府副市长王军、市政协原副主席黄永康应邀出席会议。市交通运输局、市发展和改革局、市林业局、市水务局、市环境保护局和太平镇、大康镇、含增镇、彰明镇、龙凤镇、新安镇负责人以及市政协部分委室主任列席会议。会议由范来山主席主持。范来山强调，要充分认识科学编制“十三五”交通规划和全力开展交通建设攻坚大会战的重大意义，要立足长远、着眼未来，将发展的眼光与思维运用到规划上，用到交通建设攻坚大会战中，全面提升交通承载能力，努力恢复并彰显江油交通区位优势，为全面建成小康社会夯实基础。

12月18日上午，江油市政协

组织召开党组暨主席（扩大）会，专题学习贯彻市委十二届八次全会精神。市政协主席范来山主持会议并提出贯彻要求，副主席张瑞光、汤国平、任明辉、陈清太和秘书长陈启华以及全体机关干部参加会议。会议组织学习绵阳市委常委、江油市委书记李江在全会上所作的《工作报告》和《市委十二届八次全会决议》，学习大会通过的中共江油市委《关于制定江油市国民经济和社会发展第十三个五年规划的建议》《关于强力实施两个“一号工程”加速推进全面创新改革发展的决定》的主要内容，传达市长马辉在第二次大会上的讲话精神。

12月22日下午，江油市政协组织召开党组暨三十六次主席（扩大）会，听取市人民法院、市人民检察院2015年工作情况报告和部分提案办理单位情况汇报。市政协副主席张瑞光主持会议，副主席汤国平、任明辉，秘书长陈启华及全体机关干部参加会议。市人民法院、市人民检察院和民政局、城管局、交通局、科工局相关负责人应邀参加会议。会议还审议市政协十二届五次全会报告、提案工作报告，并协商全会的日程、议程等，相关报告及日程、议程将提交市政协十二届十七次常委会上协商通过。

12月29日上午，江油市政协召开十二届第十七次常委会议。市政协主席范来山，副主张瑞光、汤国平、任明辉、陈清太和秘书长陈启华出席会议，市委常委、市政府常务副市长韩晓清、市人大常委会副主任蒋琳、市纪委副书记、监察局局长熊大斌、市政府党组成员、办公室主任任俊受邀列席会议。会议听取市政府《关于市政协十二届四次全会提案和委员讨论意见办理情况的通报》、市纪委《关于全市2015年度党风廉政建设情况的通报》；审议市政协十二届五次全会常委会工作报告、提案工作报告等相关材料；听取各专委会2015年工作报告；表扬2015年优秀提案和优秀提案人；并依据《政协章程》，协商通过张瑞光辞去政协第十二届江油市委员会副主席、委员职务，同意报市政协十二届五次全会确认。

协商调研与视察

【协商议政】 市政协坚持理论研究和实践探索相结合，认真落实《关于进一步加强人民政协协商民主建设的意见（试行）》和《江油市政协协商民主工作实施细则（试行）》，会同市委、市政府制定《市政协2015年度协商计划》（共27个议题）并印发市级各部门、各乡镇。坚持全体会议集中协商、常委会议重点协商、主席会议专题协商、专委会议对口协商、提案办理协商的多层次多形式协商格局，市政协十二届四次全会期间，全体政协委员积极参政议政、建言献策，提交提案321件，立案308件，委员作《高铁经济时代我市加快发展的几点建议》《在创建全国文明城市中提高市民素质的建议》《关于发展我市农村电子商务的建议》《加快我市特钢产业转型升级的建议》《促进新安果语花溪农旅融合发展的建议》《将“智慧养老”融入“智慧江油”建设居家养老信息服务平台》《关于加快发展我市特色餐饮业的建议》7篇大会发言，提出讨论意见建议41条，市委、市政府高度重视并召开专题研究委员发言和意见建议办理工作。2015年，市政协围绕全面深化改革、工业转型升级、重大项目建设、扶贫攻坚等全市工作中心，组织开展常委会议重点协商3次、主席会议专题协商5次、专委会议对口协商10次、提案办理协商2次，提出的许多意见建议得到市委、市政府和相关部门的采纳。坚持强化跟踪问效，对相关协商成果办理进展情况，通过组织开展再次协商、专题视察等形式，督办重要协商成果落实情况，市政协十二届十七次常委会议专题听取全会协商成果办理落实情况的通报，常委会议还分别听取市政府关于全市经济社会运行情况的通报，市纪委关于2015年党风廉政建设工作情况的通报，主席会议听取了“两院”工作情况通报和公安、住建、环保、文广新旅等部门关于提案办理情况的汇报。2015年7月31日，《四川日报》第三版《要闻》栏目以《一个县级市政协有效履职的背后》为题，从几个侧面报道江油市政协履行职责、开展协商民主工作的丰硕成果。市政协在推进人民政协协商民主制度建设中，不断探索实践并总结经验，在2015年5月召开的全省地方政协联络工作座谈会上作交流发言，得到与会领导和兄弟县市区政协的好评，先后有20余个县区政协到江油市学习交流。

【视察协商】 2015年，市政协坚持把引进培育“两新”产业、发展“电子商务和‘互联网+’”作为头等大事。组织视察协商活动8次，建言“在工业转型升级中，注重以增量盘活存量，以创新提升质量，做到现有产业与新型产业竞相发展”等意见建议70余条。在绵阳市政协六届二十二次、二十四次常委会上，分别建言江油要与涪城区、游仙区一样同等享受国家科技城优惠政策、把江油建成先进制造业基地纳入绵阳总体规划布局；在协商江油市“十三五”规划编制中，建言要更加注重“两新”产业布局和创新创业工作；在协商环保新产业及建材工业发展中，建言将建筑新型绿色墙体材料基地融入循环经济产业园；视察江油市“电子商务”和“互联网+”发展情况，建言地方电子商务要高度融入本地实体经济；视察大学生和返乡农民工创业情况，建言一园八区应提供空间条件，营造良好创新创客发展环境；视察创新驱动战略推进情况，希望工商界、经济界、乡友界委员主动作为，加强企业技术研发，主动调结构，加快专利转化，形成生产能力。

【建言献策】 市政协围绕农旅、文旅融合发展主动作为，报送《李白重要游踪地文化建设传承和产业发展的考察报告》，建言“建立李白重要游踪地文化建设发展联盟”，并于2015年李白文化节上成立，市政协与李白重要游踪地政协签订轮值举办书画文化和政协工作交流备忘录。以乡友委员为投资主体打造的青莲国际诗歌小镇，获2015年国际旅游度假目的地创新论坛“最具文化创意旅游小镇”奖。组织并编辑出版《中国百名硬笔书法家手书李白诗全集作品集》（诗词1063首），491幅手稿被李白纪念馆永久收藏，举办李白重要游踪地书画摄影作品联展等活动。视察中国百合国际博览园，建言博览园要加强自主知识产权保护、建立原种基因库，将培育、加工、销售和展览融为一体；科学处置博览园污水垃圾排放，切实保护城市第二饮用水源安全；解决博览园科技人才住房问题，使人才引得来、有房住、有作为。会同市文联、作协创作的百年好合爱情谷解说词，为爱情谷“注入灵魂、升华境界”。会同市委统战部、市台办协调中国大陆地区、台湾地区和荷兰两国三地相关研究机构组建“中荷百合花研究院”。会同市工商联动员企业家捐资3500万元，其中10余名企业家政协委员捐资2500万元，为“央视秋晚·月圆江油”成功举办提供经费保证。市政协紧扣城市品质提升、生态优化献计出力，历时3个月牵头完成罗汉堰综合治理一期工程，将昔日“龙须沟”变成6个生态公园，为江油城市水系整治树立标杆。牵头京昆高速公路江油收费站和江油大道绿化景观工程建设，为江油树立崭新的地理标志。报送《关于推进全国文明城市创建工作的建议》，建言创建工作要有声势、有内容、有载体、有实效；报送《关于方特主题公园的考察报告》，建言“把这个项目引进来、建设好”；报送《关于我市城市商业综合体发展情况的建议》，建言依法有偿调整商住比例，促进城市综合体健康发展；报送《关于对纪念碑街中段和解放路中段人防工程建设的协商报告》，建言要将项目的质量和功能放在首位，杜绝过度商业化；报送《关于牛雪樵德政坊迁移保护的专题协商报告》，建言要确保文物本体信息完整与安全；报送《关于对我市首批乡镇场镇污水厂建设情况的协商报告》，建言乡镇污水处理费用应由市政府兜底保运行。委托江油籍的省人大代表、政协委员，在2015年全省“两会”期间，分别提交“关于扩大新安综合服务区建设”的议案、提案，得到省交投集团的积极响应。

【专题调研】 2015年，市政协认真贯彻中发〔2015〕3号、中办发〔2015〕36号文件精神，牵头落实民主政治改革任务，结合江油市产业布局和区域优势，以市政协派驻形式在三合镇、武都镇、青莲镇、厚坝镇、新安镇试点设立“政协工作委员会”，协力市委制定《关于在乡镇试点设立政协工作委员会的意见》《关于做好试点乡镇政协工委工作的实施意见》，着力协商民主工作向基层延伸的创新实践。专题协商省级中小城市综合改革试点实施方案，建言“将重大交通设施、电网建设等纳入省重点项目库”，为城市综合承载能力提升提供项目储备。视察23个扩权强镇乡镇，结合《江油市相对集中行政许可权试点工作实施方案》开展对口协商，建言“方便群众、快捷优质、能放则放、一章对外”，使试点工作出经验、能复制。组织开展调研视察活动，建言在制定“精准扶贫、精准脱贫”政策及工作体系中，要“认真开展摸底调查、准确识别相对贫困和绝对贫困对象，整合资源、健全机制，形成脱贫工作整体合力，加强项目资金统筹，切实开展脱贫分类指导”，20余条意见建议使江油市“2+13”扶贫攻坚工作更加科学、更加接地气。市政协主席、副主席开展“三走遍一深入”活动，专题调研视察20多次，走遍所联系的14个贫困村和雁门山区所有行政村，针对性提出落实脱贫攻坚专项方案举措35条。政协机关帮助联系的贫困村制定基础设施建设、产业发展、文化教育卫生等三年精准扶贫计划，并建立“一对一”或“几对一”的帮扶举措。选派两名机关优秀干部分别担任重兴乡大石村、新隆村和西屏镇黑石村第一书记，驻村指导“两委”班子建设，协助制定苦李子、海棠等产业专项发展规划5个。会同市委统战部、工商联开展“我为扶贫攻坚做实事”活动，倡议委员、企业家立足自身实际“提1条助民增收致富的建议，结对持续帮扶1户贫困对象脱贫，结对帮扶1个贫困村助力发展”，实现287名政协委员和77家企业参与脱贫工作的全覆盖。民主党派和民族宗教界委员捐资献智，在引导贫困村产业发展、帮扶贫困对象、慰问贫困学生等方面积极作为，协调项目资金1170余万元，捐款捐物1520万元；工商联界、经济界委员及工商企业参与“结对帮扶贫困村”和“光彩事业”等活动，持续捐款捐物、结对帮扶10名见义勇为公民、3名孝老爱亲江油好人困难家庭，向联系的贫困村直接给予资金物资智力帮扶，协调项目资金1800万元，捐款捐物2200万元；乡友界别委员带头捐资50万元，在厚坝成立公共事务理事会，设立100万元扶贫专项基金。市政协主席、副主席及政协机关开展生产和产业发展扶持，建立“向阳养殖专业合作社”和紫山药、魔芋、天麻等产业发展基金，连片发展蔬菜3500余亩、中药材及苗木1000余亩、水果300余亩，养殖生猪1000余头、家禽5万余只等；开展项目和基础建设扶持，协力申报扶贫发展、丘区发展、移民后扶项目8个，争取并筹集资金180余万元；新建及拓宽乡村道路16.5公里，修复塘堰12口，硬化沟渠20余公里，新建电信通讯基站2个；开展就业和生活困难帮扶，积极为联系村协调转移农村剩余劳动力1000余人，为260余户贫困户、70余名贫困学生发放慰问金及物资45万余元，完成指导联系帮扶的贫困村2015年度贫困户脱贫目标任务。政协机关联系的长春村在全市脱贫攻坚推进大会上介绍经验和做法。

提案工作与民主监督

【提案工作】 市政协十二届四次会议召开后，全市广大政协委员围绕市委市政府的重大决策部署和江油市经济社会发展中的重大问题以及人民群众普遍关心的现实问题，积极运用提案形式建言献策，提出提案321件，参与提案委员468人次，经审查，立案308件，其中，委员提案307件，专门委员会提案1件。提案内容丰富，针对性强，关于在江油火车站规划建设游客集散中心的建议等11件提案为重点督办提案，移交的提案通过40个单位的积极办理，许多提案意见和建议被采纳，并落实到市委、市政府相关文件和部门工作中，促进决策的民主化和科学化，为推动江油市经济社会发展发挥积极作用，展现政协委员的履职水平。在308件办结提案中，所提意见和建议已解决或基本解决286件，占提案总数的92.9%；因条件限制暂时难以采纳落实的22件，占7.1%。提案办理结果做到见面率100%、回复率100%、满意率99.7%。关于支持科技型中小微企业发展的建议等20件提案为“优秀提案”，李晓富等20人被评为优秀提案人。

【民主监督】 2015年，市政协充分发挥委员特约监督员作用，就行政权力制约与监督、全面推进政务公开等提出意见建议，协力法治政府建设。坚持把普法工作与创建全国文明城市工作相结合，与“单元化联户共建共享工程”相结合，组织委员深入法治公园、涪滨社区等地视察“六五”普法工作推进情况，专题听取法院、检察院工作通报，围绕构建阳光司法机制、健全“大调解”体系和信访联席会议制度以及化解信访积案情况等开展民主监督，协力社会治理水平提升。积极参与“法律七进”活动，建立健全长效机制，活动开展常态化，司法界别委员积极参加“法律夜市”，引导群众增强法制意识，促进全民守法。会同市监察局、纠风办对在2014年度全市政风行风满意度测评中位列末位的两个单位开展政风行风民主评议，促进部门依法行政、企业诚信经营。牢固树立“以人为本、民生为要”理念，会同教体局就全市农民工子女在京就读学籍管理情况进行调研，报送《关于我市在京农民工子女义务教育阶段在京就读及学籍情况的调研报告》，解决在外农民工子女异地就学学籍问题。专题协商《2015年城区小学布局调整方案》《绵阳市教育局关于江油工业技校和江油市中坝职业中学改革优化的建议方案》《江油市综合交通运输规划（2015—2030）草案》。报送《关于敦促市烟草公司尽快处置地震危房还道于民的建议》《交通地标线设置应更加科学》等7篇社情民意。视察社会保障、医疗卫生、文化体育、食品药品安全、棚户区改造、保障性住房、太白公园扩园工程、火车站游客集散中心等民生工程建设推进情况，提出意见建议30余条。

联谊交友

市政协着力营造融洽、和谐和民主的政治氛围，凝聚共谋发展的共识与合力。坚持与各人民团体、各界人士的联系制度，主动与其进行交流联系，充分听取意见建议，形成互动、合作的工作格局。坚持约谈委员制度，听取委员对全市经济社会发展的建议，征求对政协工作的意见，走访委员创办的企业，协调解决实际问题。坚持联系界别和委员活动小组制度，充分发挥其贴近基层、渠道畅通的优势，积极协助党委、政府做好协调关系、理顺情绪、化解矛盾、增进共识的工作。加强在外乡友组织建设，指导江油乡友会北京分会成功组建，鼓励乡友回乡投资兴业。巩固爱国主义统一战线，会同统战部、台办先后举办第二届两岸哪吒民俗文化交流联谊和“江油月·两岸情”台湾美食文化嘉年华、天府台商子女夏令营等活动。

（政协办）

纪检与监察

【概况】 中国共产党江油市纪律检查委员会和江油市监察局合署办公，核定编制41人，其中，行政编制38名，工勤人员编制3名。截至2015年年末，委（局）在职人员37人（其中，机关在职干部30人、工勤人员1人，派驻市级部门纪检干部6人）。市纪委监察局领导班子成员8人（含非中共党员副局长1名），市委常委陈伟任中共江油市纪委书记，熊大斌任市纪委副书记、监察局局长，丁勇任市纪委副书记，钟长征任市政府纠正行业不正之风办公室主任。市纪委常委由陈伟、熊大斌、丁勇、钟长征、李勇华、张杰、陈奕晖担任。委（局）设办公室、干部管理室、信访室、第一纪检监察室、第二纪检监察室、案件审理室、预防腐败和宣传教研室、党风政风监督室、执法和效能监察室、招监室10个室，挂市政府纠正行业不正之风办公室牌子。2015年，在市委、市政府的领导下，江油市纪委监察局认真贯彻中共十八大和中共十八届三中、四中、五中全会精神，按照中央、省、市决策部署，聚焦中心任务，深化转职能、转方式、转作风，做深做细做实监督执纪问责，不断推动全市党风廉政建设和反腐败工作。

【党风廉政建设】　市纪委领导班子紧牵党风廉政建设，班子成员分头开展党风廉政建设巡查，通过“检查式走访”“监督式约谈”，对乡镇、市级部门党组织和纪检组织负责人落实“两个责任”（即党委负主体责任，纪委负监督责任）情况进行深入调研、了解和推动。认真履行监督责任，更加突出责任追究，把抽取乡镇、市级部门党组织负责人述责述廉形成制度，并实行特邀监察员现场质询、市纪委委员民主测评。坚持以“问责一次”呼应“动员千遍”，出台党风廉政建设主体责任和监督责任《问责办法》，明确实行责任追究的情形、方式、启动程序和结果运用。印发《重点工作问责办法》，试行“一案双查”等，形成较为完整的制度链条。全年发出主体责任、监督责任警示卡和提醒卡、党风廉政建设工作交办督办单32份，对40名相关责任人分别予以告诫提醒、诫勉谈话、大会检讨等问责处理，有力推动“两个责任”压实落地。

【正风肃纪】　狠抓中央“八项规定”精神落实，开展公职人员长期脱岗及工作不在状态、农村“三资”（指农村集体资金、农村集体资产和农村集体资源）管理和“三务”（指党务、村务、财务）公开不规范、党政部门私设“小金库”及滥发钱物等突出问题专项整治，整改问题25个，不断巩固深化正风肃纪成果。释放群众监督正能量，开发运用“江油党风廉政监督举报”手机软件，实现“四风”（指形式主义、官僚主义、享乐主义和奢靡之风）随手拍、举报“一键通”，有效防止“四风”反弹。紧盯基层“蝇贪”，制定《切实解决发生在群众身边的“四风”和腐败问题实施方案》，建立“4+X”信访举报核查工作组，重点解决土地征收流转、城乡基础设施建设、惠民资金管理使用、涉农项目建设和执法、监管、公共服务等9个方面问题。全年查处案件14件，处分19人，通报典型案例13件。

【案件查办】　全年初核各类违纪线索111件，立案查处102件，比2014年增长8.5%，初核成案率92%。共处分中共党员、监察对象100人，其中，乡科级领导干部18人。免予处分3人，组织处理1人。立足运用监督执纪“四种形态”，突出中国共产党内审查执纪特色，制定《党风廉政监督谈话实施办法》，对问题线索处置加大谈话函询力度，开展各类谈话54人次。在7个违纪案发单位、风险集中部门召开专题民主生活会，通过讲案例、谈教训、抓整改，达到红脸出汗、提醒监督目的。加强反腐败组织协调，在确保质量前提下缩短纪律审查时间，快查快结、快进快出，全市已结案件纪律审查平均周期同比缩短3天。开展党政纪处分决定执行情况专项检查，督查整改纪律处分执行不到位问题3个。

【警示教育】　以学习宣传新修订的中国共产党《廉洁自律准则》《纪律处分条例》为重点，实现党性党风党纪教育“全覆盖”，印发学习读本5万余册，全市中共党员参与报纸和网络竞赛答题6万余人次。加强分类警示教育，扎实开展南充拉票贿选案专题警示教育“六个一”（指开展一次党风廉政主题教育，党政主要领导上一次廉政教育党课，开展一次参观警示教育基地活动，观看一次警示教育电教片，对新任中共党员干部进行一次警示教育，重要节日进行一次廉政警示和提醒）活动，组织全市领导干部学习《忏悔录I》、县级领导前往川北监狱接受现场法纪教育、143名纪检监察干部和145名基层站所负责人旁听公开庭审。加强干部教育预防，对新任104名科级领导干部进行任前廉政谈话，完善中共党员干部评选、任用党风廉政建设意见征求流程，由推荐人员所在单位纪检组织出具首道廉政审查意见，全年审查否决6人，作出情况说明11人。全面开展系统化防治腐败工作，对8个重点治理问题实行项目化管理、督察式指导，推动系统行业查漏补缺、建章立制。积极探索“互联网+监督”新途径，依托广电网络技术试点建立“江油市村务服务监督平台”，得到四川省、绵阳市纪委的肯定。

【推进改革】 扎实推进纪检组织建设和机制制度创新，紧扣纪检机关“转职能、转方式、转作风”要求，清退议事协调机构91个，保留12个，调整机关内设机构。分层分类推进13个纪检监察工作重点课题调研，建立《重点工作问责办法》，新增单设工业园区和市级部门监察室（局）6个，行业系统下属事业单位监委会增至21个，形成基本覆盖、上下贯通的组织体系。坚持力量下沉，严格选任条件配置乡镇纪委副书记和市级部门监察室主任10名。加强乡镇纪检监察队伍标准化建设，推动村（社区）监委会“减事项、定流程、严考核”，充分发挥职能作用。

【纪检监察队伍建设】 领导班子认真履行纪检监察机关党风廉政建设主体责任，制定《纪检监察干部约谈办法》，班子成员不定期约谈联系片区纪检组织负责人，提醒诫勉52人次。直接传递干净干事的责任压力。积极践行“三严三实”（既严以修身、严以用权、严以律己，又谋事要实、创业要实、做人要实）要求，扎实开展“创三优、铸利剑、树新风”活动，以“六强六争”（指强化党性锤炼，争做政治坚定的表率；强化攻坚勇气，争做改革创新的尖兵；强化责任担当，争做履职尽责的示范；强化为民情怀，争做执纪利民的先锋；强化能力提升，争做业务精通的能手；强化自律精神，争做清正廉洁的典范）为主线，在全市纪检监察系统开展话廉、警廉、考廉、诺廉“学思践悟”廉政教育，建立健全8项机关内部管理制度，治理和防止娇气、义气、小气、暮气等问题，引导全市纪检干部保持谦抑品格。注重加强实践锻炼，组织纪检监察干部上挂轮训、实战参训、接受调训73人次，重点开展作风督查、信访接待、纪律审查、案件审理等岗位工作“全员练兵活动”，不断推进队伍素质专业化、复合型。积极开展纪检监察系统廉政风险防控管理，建立健全防控制度98项，进一步扎紧监督执纪问责权力制度笼子。

（市纪委）

人民团体

工 会

【概况】 江油市总工会内设办公室、组织保障部、法律宣教部、经工女工部、财务部，有下属事业单位2个，即工人文化宫、惠民帮扶中心。市总工会共有工作人员15人（其中行政人员6人，事业人员9人），市委常委唐传凤兼任市总工会主席，党组书记、常务副主席梁东，党组成员、副主席姜长全，党组成员、纪检员李斌，党组成员、惠民帮扶中心主任叶茂。市总工会2015年度获绵阳市工会工作目标考核特等奖，江油市年度目标考核一等奖。

【服务地方经济建设】 在全市规模和重点企业开展“五化五强”（即力求班组建设做到规范化，执行力强；竞赛指标化，战斗力强；技能复合化，创新力强；管理精细化，竞争力强；作风民主化，凝聚力强）班组建设和创建“工人先锋号”活动，打造高效、创新、和谐班组8个，广泛开展以“比创新、比技能、比管理、降能耗和减排放”为主要内容的竞赛活动，共提合理化建议200余条，创造经济价值300余万元。积极组队参加绵阳市幼教行业女职工技能大赛斩获特等奖。选树省劳模2人，省先进工作者1人，推选绵阳市十大创业明星2人，十大最美劳动者1人，十大服务明星1人。开展“情系劳模送温暖，争创一流促发展”为主题的劳模关爱周和劳模宣传周活动，向91名劳模发放慰问金和困难补助金12.87万元；对76名省部级以上劳模进行健康体检；5月1日，绵阳市委常委、江油市委书记李江，江油市委副书记、市长马辉慰问江油市全国及省部级劳模代表李勇、黄元秀；组织全市130名劳动模范和各级先进工作代表现场观看央视中秋晚会；组织4名劳模到学校作报告，选送两组劳模风采摄影作品参加省总工会摄影大赛。开展新修订的《中华人民共和国安全生产法》（以下简称《安全生产法》）的学习宣传活动，组织职工参加全省安全生产法知识竞赛，举办职工安全健康知识培训和普及教育活动，积极组织职工参加全国职工公共安全健康知识竞赛，市总工会获得2015年度全国“安康杯”竞赛安全文化宣传工作先进单位。举办文体活动凝聚奋进力量。“五一”期间，举办以“中国梦、劳动美”为主题的职工歌咏大赛，第三届职工男子篮球赛、女子乒乓球赛、中国象棋赛、职工美术书法摄影作品大赛。组织文艺小分队赴永胜镇、二郎庙镇南山社区、汇星实业公司慰问演出，丰富多彩的职工文体活动，充分展示各条战线职工群众快乐劳动、幸福生活的精神风貌。

【维护职工合法权益】 建立完善市、乡镇（园区、办事处）、村(社区)、企业四级劳动争议调解组织，坚持基层为主逐级化解劳动争议。市劳动争议人民调解委员会在市人社局劳动仲裁委设立劳动争议调解室，市总工会2名工作人员经考试后担任人民陪审员参与劳动争议案件的审理，做好调、裁、诉的结合。2015年，市总工会调解各类劳动争议26件。加强职工法律援助律师团建设，新增2名擅长办理劳动争议案件的律师作为职工维权律师团成员。积极实施中央彩票基金法律援助项目，组织职工法律援助律师团为困难职工开展法律援助2件，其中对西南钢铁职工集体维权的援助案件按全总规定拆分为83件，挽回经济损失200余万元，预计争取法律援助资金12万余元。推动劳动关系三方联席制度建设，召开联席会，分析全市劳动关系状况和发展趋势，就规范企业用工行为、共同推进工资集体协商等工作形成共识。发动基层工会和职工群众对企业的劳动用工管理进行监督，对重点企业开展以劳动合同签订、社会保险、工资支付为主要内容的劳动法律执行情况专项检查2次，发出劳动法律监督意见书23份。开展法律“六进”活动，开展“12·4”等大型法制宣传活动3次，累计发放资料5000余份，接受群众咨询300余人次。市总工会的“六五”普法工作先后接受江油市法建办和省总工会的检查，得到充分肯定。举办“法治江油”职工法律知识电视大赛，推动法治江油建设的进程。积极推进工资集体协商，全市签订工资集体协议累计达到1653份，涵盖单位3926家，签订率达到96%。全市有1405家企业签订女职工专项集体合同，有21家有职业危害的企业签订职业病防治专项集体合同。认真落实工资集体协商提质增效三年规划，做好工资集体协商“3+3”体系建设，积极开展企业工资履约信誉评价工作，2015年，市总工会确定对8家企业进行评价，各乡镇、园区工委同时启动本辖区的评价工作。市总工会建立领导干部接访制度，做好元旦、春节期间保障农民工工资支付维权工作，办理职工信访案件6件。积极疏导皇嘉集团雁门硫铁矿股权纠纷引发的职工不稳定因素，防止群体事件的发生，做好重大节日期间特别是江油“四会一节”、央视中秋晚会的职工维稳工作。

【惠民帮扶】 实施“春送岗位”工程，举办“春风送岗位”“高校毕业生”现场招聘会，共为广大职工群众和应届毕业生提供岗位5000余个，现场达成意向性用工协议1500余人。努力完成省级300名就业培训、150名技能培训任务，开展5000名劳动力转移培训任务。为78名下岗职工创业发放创业扶持资金23.4万元。全市职工参加互助保险参保1698人。2015年，新增职工互助保险57人，为53名生病住院职工赔付4.05万元。职工互助保险开展以来，共为200余名住院职工赔付17万余元，有效缓解职工困难。深入开展“心系群众情、温暖送万家”为主题的冬送温暖活动，共慰问困难职工、群众、大学生及劳模1042人，发放慰问金和慰问品60余万元。开展为“放飞希望·绽放微笑”为主题的留守学生（儿童）关爱行动，深入西屏镇、新兴乡、小溪坝镇看望慰问留守儿童，与公益组织联合开展“绿叶舟2015成长夏令营”，让留守学生拥有快乐幸福的暑期生活。多方筹集资金、严格审查审核确定“金秋助学”资助对象，并进行实名公示。2015年，江油市“金秋助学”活动共筹集资金100.7万元，共资助学生585名(其中，资助二本以上大学新生404名，发放助学金94.1万元；资助大专生11名，发放助学金1.1万元；资助高中生70名，发放助学金3.5万元；资助小学生100名，发放助学金2万元)。5月，筹措资金15万元对环卫工、建材行业、冶金矿业、城市公交等企业的500名困难职工开展免费健康体检；7月，发动社会力量参与为环卫工人、交警、建筑工人等高温工作岗位职工送去防暑降温物资；11月，看望慰问江油籍进京施工企业和农民工，为农民工朋友送去《中华人民共和国劳动合同法》《职工安全生产册》等法律宣传资料，特别对40名来自江油文胜、厚坝、重华等乡镇家庭困难进京务工人员每人送去500元的慰问金。积极推进关爱环卫工人服务站点建设，规划建点8处，服务站点正在建设中。

【工会组织建设】 实施农民工入会集中攻坚行动，分片区召开专题工作会议，对工作进行详细安排部署，分解工作任务，印制《农民工加入工会组织的十大好处》等宣传资料1万余份进行广泛宣传；实行机关干部联系乡镇指导，乡镇工委全面推进的工作机制；坚持周报制度，超额完成绵阳市总下达的10000人的农民工入会目标任务。按照绵阳市总工会制定的基层工会“四有四增强”（四有，即有人干事、有经费办事、有办公及活动场地、有规范制度；四增强，即增强工会主席带动力、增强工会干部服务力、增强工会工作活力、增强工会组织吸引力）建设指导标准，在全市工会工作基础较好的基层工会中确定12家进行“四有四增强”规范化建设示范点建设，继续依法推进各类企业、机关事业单位和“两新”组织普遍建立工会组织，扩大工会组织的覆盖面。截至2015年年底，全市共新建各类工会组织11家，全市工会组织达2484个，其中独立基层企业工会2348家，行业、区域联合基层工会136家。入会职工达到28万余人，入会率达到99%，基本实现工会组织全覆盖。加强工会培训，组织120名乡镇工委和机关、企事业单位基层工会干部进行理论和业务知识培训，组织7批次干部参加全国总工会、省总、绵总组织的各类业务培训，组织机关干部前往攀枝花、遂宁、宜宾等地学习创新开展工会工作的先进经验，提升全市工会干部的政治素养和工作能力。开展机关职工联系基层工会、联系职工的“双联”活动。完善机关工作制度，加强机关作风建设，提升工作效率。推进智慧工会建设，发挥移动互联网优势，运用互联网技术，以手机软件、微信公众号和后端管理云平台等为主要内容的智慧工会的建设，在2015年年底前正式启动。

（市总工会）

共青团

【概况】 2015年，共青团江油市委以服务青年创新创业促进经济跨越发展，以改革创新精神开创团的自身建设新局面，以改革合作的方式构建枢纽多层的工作平台，以务实作风助推文明城市建设和民生改善，团的各项工作继续保持良好发展的趋势。为建设“诗意中国李白故里美丽江油”凝聚青春正能量。

【思想政治教育】 2015年，团市委以形式多样的教育实践活动和主题教育活动，激发青少年的爱国之情和报国之志，进一步引导全市广大青少年坚定信念，铭记党恩、永跟党走。在全市青少年中广泛开展爱国主义、集体主义、社会主义教育，树立正确的世界观、人生观、价值观教育，社会主义荣辱观教育和青少年人文精神培育，着力于文化熏陶，使青少年在红色文化中铭记使命，在创新文化中陶冶情操，在和谐文化中涤荡心灵，在先进文化熏陶下茁壮成长。组织全市青年团干开展“我的青春我的团”团干交流分享会、2015年全市青年团干培训班，进一步加强团干部的业务素质、作风建设、党性修养和群众观念。在全团深入开展学习老团干兰辉同志，争做兰辉式好干部，向张勇同志学习等系列活动，制定出台并严格执行关于团的领导班子建设、作风建设、廉政建设以及重点工作督促检查通报等一系列制度，要求团干部要坚持理想信念，工作中能够经得起磨砺锻炼、下得深水，深入基层、融入青年。

【精神文明建设】 2015年，团市委以各个重大节庆日为契机，在广大青少年中深入开展“青春之歌”诗歌朗诵会、关爱留守学生慈善晚会等主题活动，充分发挥团员青年的积极性和创造性，构筑起青年一代强大的精神支柱。通过组织全市部分基层团干部开展以“3·12”植树节为契机共建“共青林”，进一步提高全市青年团干参与植绿护绿活动的积极性和责任感。通过举办庆祝建团93周年暨纪念五四运动96周年表彰大会，引导和激励更多青年团员参与共青团工作，进一步巩固和扩大党的青年群众基础。通过组织全市各基层团（队）组织，在清明节之际大力开展以“学英烈祭英烈”为主题的悼念革命烈士纪念活动，引导全市广大共青团员、青少年树立正确的英雄观和历史观。通过组织基层团组织到各敬老院开展“敬老爱老、共建共享”志愿服务活动，进一步营造尊老、敬老的社会风气。

【实施民生工程】 团市委将民生工程作为全年工作的重心之一，分解任务，落实专人，确保民生工程名副其实、惠之于民。联合邮政储蓄银行发放青年创业地方财政贴息小额专项贷款小额贷款110万元；青年创新创业培训绵阳市级目标200人，团市委共完成青年创新创业培训300人；新建农村留守学生之家3所，分别为西屏镇永安社区留守学生之家、华丰初中留守学生之家和54°青少年活动空间留守学生之家。

【青年志愿者行动】 围绕市委中心工作开展志愿服务，团市委组织900余名志愿者以热情周到、专业细致的态度服务于江油市承办的“四会一节”各项志愿服务工作。持续性开展大中专院校学生“三下乡”社会暑期实践、“保护母亲河”“大学生西部计划”“关爱留守学生”等志愿服务项目，打造出“关爱ON CALL”双关爱、“爱心雨伞，诚信飞扬”“团旗红遍一条街”“贡献青春力量·同绘文明诗城”等志愿服务品牌项目，全年投放便民雨伞3000余把。每月定期清理1次涪江水域垃圾。组织滴水公益协会开展“黄手环带你回家”活动，为智障老人发放身份识别手环500个，以防老人走失。加强志愿者队伍建设，定期召开志愿服务组织负责人联席会议，共同交

图14 2015年5月5日，团市委举办“青春之歌”大型诗歌朗诵比赛

流和讨论如何开展江油市志愿服务工作。做好服务全市15名西部志愿者的后勤保障工作，确保西部计划志愿者全身心投入工作，扎根江油、奉献江油。

【帮贫助困】 深入实施“青春助困创和谐”行动，以特殊、困难青少年群体为重点，争取各方资源，广泛开展捐款捐物、志愿服务、爱心服务、结对帮扶等关爱活动，为其铺平成长道路。多方筹集资金全年为贫困学生提供3.2万元助学金。开展留守学生圆梦计划，为全市留守学生持续圆梦。

【青年创新创业】 加强“创客”平台建设，建成江油市青年创新创业俱乐部，每周组织开展创新创业论坛、创业讲座培训、创业规划大赛、创业经验交流、创业项目推介等主题沙龙活动，积极搭建创业青年之间、创业青年与企业家、创业成功人士、专家学者、创业导师、金融投资经理人、政府部门负责人之间随时沟通、深入交流、学习研讨的青年平台，进一步团结和凝聚各类青年创业人才，营造浓厚的创新创业氛围。用好四川青年创业促进计划（SYE）项目，全年帮扶创业项目35余个，帮助创业青年申请帮扶资金66万元。深入开展“逐梦计划”，帮助100名青年进机关和企业，实施青年就业技能培训，依托已建成的青年就业创业见习基地为1517名青年开展职业体验，提升就业能力。利用“双选会”“三下乡”等活动向全市创业就业青年提供创新创业政策咨询、择业指导等服务，累计服务人群达30000余人次。联合相关部门前往西北大学、西安理工大学等重点高校开展“创新创业宣讲进校园”活动，宣传江油创新创业的各类优惠政策和扶持条件，吸引更多高校毕业生到江油创业，营造“大众创业、万众创新”的氛围。持续开展“创新创业大讲堂”“青年创业咖啡吧”、各类创业培训等主题活动，为青年创业交流合作搭建平台、创造机会。组织专人负责“青年创业微小区”网络互动平台，每周推送江油市创新创业政策和青年创业者的心路历程，并制作“江油创业青年展播”视频，在江油电视台播放，受到各界青年热切响应。

【基层团组织建设】 团市委向从严治党的标准看齐，从严从实管团治团，努力做到哪里有青年哪里就有团的组织。通过扩大基层民主、全面推进城乡区域化团建等方式，调动广大团员青年的积极性和主动性，使区域内各类基层团组织普遍活跃起来。进一步管好团的干部，深化拓展“走进青年、转变作风、改进工作”宣传调研活动、机关开放日活动，推进团的机关干部常态化下基层、机关干部向基层服务对象报到，深入开展“团干部如何健康成长”讨论活动，推动团干部切实改进工作作风，联系青年、融入青年，做青年友不做青年“官”。

（团市委）

妇 联

【概况】 江油市妇女联合会共有行政编制7名，实有在职人员7人，退休人员3人。2015年，江油市妇联围绕市委、市政府中心工作，服务大局，立足基层，心系群众，充分发挥桥梁纽带作用。

【城乡妇女发展】 多举措助推女性创新创业，整合资源，先后组织电商、蜀绣、手工制作、种养殖等技能培训13期，就业招聘会2场，实现就业2000余人。用好政策，继续做好妇女小贷贴息工作，城乡妇女获得小额贷款950万元，贴息24.98万余元，实现119人创新创业，带动就业247人。在市科技孵化园建立妇女创新创业示范基地，推动全市妇女融入巾帼创新创业浪潮。抓示范基地建设，创建绵阳市级妇女居家灵活就业基地2个、妇女专业合作组织示范基地1个，引导帮助留守妇女居家就近灵活创新创业，实现经济增收、家庭和谐两促进目标。

【维护妇女儿童合法权益】 积极宣传贯彻男女平等基本国策，加强两纲重难点指标监测和中期评估工作指导，两纲中期评估通过省级督导。江油市委被四川省人民政府妇儿工委、省妇联授予“推进男女平等基本国策20周年特别贡献奖”。2015年，接待处理来信来访106件，195人次，其中，电话来访10件，婚姻家庭类69件，困难求助14件，青少年维权5件，劳动维权5件，其他13件，直接回复38件，协调相关部门处理回复42件，交予基层处理回复26件，回复率100%。与市司法局联合成立市婚姻家庭纠纷人民调解委员会，依托“妇女儿童之家”、妇女维权站（点、岗）和“12338”妇女维权热线等，深入开展普法宣传教育、心理疏导、纠纷调解、法律援助等服务活动，协同推进婚姻家庭纠纷的有效解决。

【宣传教育】　强化宣传，提高妇女儿童法律意识，以“3·8”维权周、“6·26”禁毒日等为契机，开展法律咨询、预防家暴、邪教知识等宣传，提高妇女守法和依法维权的能力。全年共设立宣传站点、发放宣传资料、开展法律咨询服务和防邪知识宣传活动19次，接受法律咨询720余人次，发放宣传资料2万余份。立足家庭，深入推进家庭教育，依托家长学校，举办“传承好家风讲座”“家教知识培训”“婚姻家庭知识宣讲”等各类专题讲座13场，切实“注重家庭、注重家教、注重家风”教育。深入推进寻找“最美家庭”活动，通过寻访优秀典型、广场颁奖直播晚会、讲述家风故事、播报最美事迹等各种形式的群众互动活动，创新开展“最美家庭”系列寻访活动，为培育和践行社会主义核心价值观打下坚实基础。

【实施“巾帼建功”行动】　以巾帼建功为目标，素质提升为要求，着力改善服务环境和质量，激励女性建功立业。截至2015年年底，全市共创江油市级以上巾帼文明岗39个，其中国家级4个、省级6个。注重发现培树创业典型，表彰“巾帼建功”先进集体、“三八红旗”集体等先进集体93个，“三八红旗手”等先进个人17名；在电视“巾帼风采”专栏，宣传报道一批最美家庭，先进个人、集体的典型事迹，有力促推美丽文明江油建设，一大批省、市巾帼英杰成为引领妇女推动经济社会发展的排头兵。

【关爱妇女儿童】　关心困境妇女儿童，继续实施农村贫困妇女“两癌”救助项目，向上争取“两癌”专项资金31万元，救助农村“两癌”特困妇女31名；救助患重大疾病、意外受伤特困妇女儿童及贫困留守儿童10余名，发放救助金3万余元；持续开展“金秋助学”行动，资助238名贫困女大学生，帮助她们顺利进入大学校园，成就大学梦想。关注女童身心健康，继续开展女童青春期自我保护系列讲座13场次，宣传普及青春期健康和性别教育知识，受益女童2000余名。关爱留守妇女儿童，“六一”期间，承办市委四大班子领导慰问活动，为山区学校、学生赠送购书卡、体育用具、学习用品等价值4万余元。市妇联还深入战旗妇女儿童之家、枫顺小学以及双河、小溪坝的5名贫困留守儿童家里与孩子们共庆“六一”，并送去慰问金、慰问品价值3500元。继续实施“城乡携手巾帼志愿关爱服务”项目，组织300余名志愿者与300余名留守儿童、留守贫困妇女结对关爱，开展各类结对帮扶关爱活动200余次，上门走访帮扶困难群众568人，赠送各类帮扶慰问物资及资金共计21万余元。抓好妇女儿童活动阵地建设，2015年，新建8个乡镇妇女儿童之家，8个村（社区）妇女儿童之家。截至2015年年底，全市建成乡镇、村（社区）妇女儿童之家61个，全年开展主题活动184次。市妇联还通过强化活动指导、工作督促等方式，有效促进活动阵地广泛开展各类主题活动与服务，妇女儿童之家成为妇女儿童学技术、交朋友、展才艺、献爱心的温暖阵地。

【妇联干部培训】　举办基层妇女干部培训班，全市90余名妇联干部参加培训。推荐16名妇联干部和女干部参加省、市各类培训，针对妇联业务、心理咨询疏导、婚姻家庭关系调适等重点服务项目进行培训，提高基层妇联干部开展群众工作的综合服务能力。

（刘　鑫）

工商联（商会）

【概况】　2015年，全市非公经济实现增加值195.2亿元，增长10.2%，突破全市经济总量的

60%，对全市GDP贡献率达到60.5%，拉动全市经济增长3.1个百分点。其中，第一产业、第二产业、第三产业民营经济实现增加值分别为11.91亿元、96.23亿元和87.06亿元，占全市民营经济比重分别为：6.1%、49.3%和44.6%。

【助推全市文旅融合发展】 为确保“两会一节”顺利进行，全市民营企业家在市委、市政府和市工商联的号召下积极参与，先后为组委会提供车辆17辆为大会服务；以青莲竹园文化旅游开发有限公司为首的20余家企业共筹资捐款2210万元，超额完成市委、市政府下达800万元的目标任务。齐心协力打造国际诗歌小镇、李白文化产业园、百年好合爱情谷等新的旅游景区，切实推进全市文旅融合与创新发展。

【加快企业转型升级】 充分发挥经济统战优势，帮助民营企业抓住产业重组机遇，根据国家产业政策导向，引导非公企业调整产业结构、转变经营发展方式、提升服务管理水平，不断提高市场竞争力和抵御风险能力。帮助民营企业充分发挥自主创新能力，积极引导和支持创新要素向企业集聚，促进科技成果向现实生产力转化。鼓励企业掌握更多自主知识产权，培养更多自主品牌，帮助非公企业做好企业经济发展与科学环保之间的平衡工作，积极投身资源节约型、环境友好型社会建设。积极组织各类经贸交流活动，通过正确引导和政策扶持，江油市涌现一大批以“互联网+”为代表的新兴产业，其中以江豆网络科技有限公司、颐高电子产业园等为代表的科技型民营企业，以百合花爱情谷、青莲国际诗歌小镇为代表的文旅产业，以及现代生物制药等新兴产业已占据江油工业的重要位置，改变了江油的工业结构。

【非公企业党建工作】 全年深入调研20余次，凝聚非公企业正能量，指导会员企业开展丰富多彩的党建活动，积极推荐非公企业党建工作先进经验和典型，建立党建工作示范点，如马记酒店、佳宝物业等。积极引导企业把党建工作与企业文化建设相结合，引领建设先进企业文化、培育积极向上的企业精神，提升企业形象。加强非公企业中国共产党党组织书记和党建工作指导员“两支队伍”建设，注重培养优秀人才，开展创先争优活动。

【开展“百企帮百村”活动】 在充分调研的基础上，制定“百企帮百村”工作实施意见。引导广大非公有制经济人士积极参与并扎实开展“结对帮扶贫困村”“百企帮百村”等活动，多次带领民营企业家深入贫困村，捐资助学，集资改善道路、堰塘等基础设施，帮扶困难群众和学生。全年累计捐资捐物达6000余万元。

【精准扶贫工作】 制定“规划引领，项目扶贫；产业带动，智力支撑；基础助推，资金帮扶”的精准扶贫工作思路。协助制定帮扶项目，引进扶贫产业，改善道路堰塘等基础设施。先后引进中药材射干项目，发展种植500多亩，种植精品土豆500余亩，为贫困户提供资金7万余元，购买养殖肉鹅、肉兔等。在资金帮扶的基础上，积极开展智力扶持，构建精准扶贫工作的长效机制。全年筹集资金4.5万元，举办技术等各类培训班3次、发放培训资料及技术资料2000余份，完成17户贫困户的脱贫任务，为新兴乡玉清村实现脱贫，早日建成全面小康，探索出一条新路。

【法治宣传】 在全市非公有制经济领域深入开展法制宣传教育、“法律进企业”“双学双建”活动和国学讲座，不断强化非公有制经济企业对诚信守法的认识，全年解决实际问题23件，协调市委、市政府及市级相关部门为企业解决重大问题5件，增强总商会的凝聚力和向心力；与四川太白律师事务所合作，全年共处理会员企业维权案件12件，提供法律咨询100余次，为会员企业挽回或避免经济损失1亿元以上。江油市工商联充分发挥牵头引导作用，深入开展守法诚信宣传和实践，为江油民营企业生产经营和改革发展营造良好环境。

【交流合作】 组织外出考察活动，提供学习和交流的机会，先后分批次组织民营企业家赴雅安、成都、重庆等地参观学习优秀企业的先进技术理念和成功经验，推动民营企业转型升级迈上新台阶。引导民营企业强强联手，充分利用互联网平台的优势降低成本、拓宽销售渠道，整合资源、抱团发展，实现合作共赢，推动江油新经营模式和新管理理念同步发展。

【构建轮值主席会议机制】 2015年，提出以“五个一”为模式的轮值主席会议制度，即每次会议确定一个主题、考察一个企业、召开一次座谈会、解决一个问题、发动一次募捐。全年共召开轮值主席会3次，大家踊跃发言，积极建言献策。针对经济新常态，相互学习，取长补短，形成发展共识。还有针对性地重点解决一系列民营企业生产经营和发展问题，传达相关政策措施，提供大量的信息，为民营企业“走出去”创造良好的发展环境。

【人才培养】 广泛吸纳青年企业家和民营企业家的子女为会员，提供成长和发展平台。加强教育培训，提升综合素质。组织开展合作交流、学习培训、座谈讨论等活动10余次，形成共同交流、相互合作、共谋发展的良好氛围。加强政治引导，确保他们坚定理想信念、把握正确方向。全年通过开设国学讲座、“民企之声”讲堂，以及新办《太白商界》内刊等多种形式，全市40岁左右的新生代年轻企业家不断成长，正成为江油经济建设主战场的生力军。

【会员发展工作】 开展“大众创业、万众创新”活动，有针对性的扶持和发展成长型小微企业优先入会，新兴产业企业入会和“互联网+”等高科技企业优先入会，扩大会员覆盖面，不断优化会员结构。一批经济发展好、参政议政强、服务民生实、热心工商联事业的企业进入工商联会员队伍。2015年，会员总数达到1107个，其中，企业会员614个，个人会员492个，团体会员1个。会员数量年增长7%以上。企业会员和团体会员占总数的55.6%，成长型小微企业达到会员总数10%以上，基本形成行业领军企业全覆盖、规模以上企业基本覆盖、新兴产业的企业会员占一定比重的商会新格局。

【行业商会和乡镇基层商会建设】 稳妥推进工商联基层商会建设工作，重点加强行业商会、乡镇基层商会的建设，指导成立住宅设计师商会、二郎庙镇基层商会等。全市组建行业商会、基层商会、异地商会共计18个，积极协调筹建青莲、彰明、武都等乡镇基层商会。

（工商联）

残　联

【概况】 2015年，江油市共有持证残疾人19000余人。江油市残疾人联合会认真贯彻落实各级政府对残疾人的各项普惠+特惠政策；围绕“一个中心、三大保障”（一个中心：以深入推进“量体裁衣”式个性化服务、为残疾人谋幸福为中心；三大保障：组织保障、资金保障、设施保障），扎实推进“两个体系建设”（保障体系、服务体系）；以举办“全国第六届特奥会江油赛事”为契机，大力宣传全市残疾人事业发展，不断促进残疾人事业发展。

【民生工作】 2015年年初，市残联在上级残联还未下达目标任务和项目资金不到位时，积极组织相关业务部门和各乡镇残联根据2014年度实施项目开展调查摸底和筛查，并建立好档案数据；在年中的项目落实中，每周检查项目实施进度，每月向上级残联汇报进展情况；每项“民生工程”完成后都组织专人按上级要求进行检查验收。截至2015年11月月初，11项省级“民生工程”中5项超额完成、6项保质保量完成。城乡残疾人居家灵活就业任务4840人，完成7028人。居家灵活就业直接补贴任务444人，完成611人；帮助农村贫困残疾人扶贫解困718人，完成9930人；居家托养智力、精神和重度残疾人646人，完成646人。集中托养机构1家，完成1家；辅助器具救助510件，完成790件；救助贫困家庭脑瘫儿童训练47人，完成47人；救助贫困家庭重度听力残疾儿童10人，完成10人；为50户有需求的残疾人家庭实施无障碍改造，完成66户；5946名重度残疾人发放护理补贴；救助智力残疾儿童康复训练15名，完成15人。所有“民生工程”项目共投入资金500余万元。

【康复工作】 2015年，为510名白内障患者实施复明手术，其中免费250例；为20名低视力患者验配助视器；组织开展盲人定向行走训练66例。开展成人肢体社区家庭训练110名。开展智力残疾儿童社区康复50人；救助精神病患者住院10人，服药救助100人。

【培训和就业】 2015年，残疾人就业保障金征收入库847万元。将促进残疾人灵活就业列入重点“民生过程”，定期开展盲人保健按摩、残疾人计算机操作、家用电器维修、电子商务、蜀绣等职业技能培训；建立任辉盲人保健按摩培训机构、青莲镇李白诗意绣残疾人培训基地等3处，组织残疾人进入培训基地参加技能培训。全年培训残疾人1200余人次，实现灵活就业6391人，直接补贴611人，补助资金68万元。通过政策支持、资金扶持、创业指导等方式，建成雁门镇会龙村茯苓种植基地、小溪坝杨梅种植基地等5个创新创业示范基地，以“生产基地+农户”的方式带动190余名残疾人实现就业。累计提供帮扶资金20余万元。构建以政府主导、社会参与、立足基层的残疾人全方位综合服务网络，通过走访入户、调查复核等方式建立残疾人“量服”平台，全市31000余名残疾人信息动态数据得以掌握。根据残疾人及其家庭实际制定帮扶方案以及促进落实，真正做到为残疾人提供“量体裁衣”式的个性化全方位服务。同时，积极协调组织相关单位和民福企业，全年举办4场招聘会，210余名残疾人达成意向性就业。

【信访和维稳】 妥善处理个人和集体来信来访和残疾人维权工作，做到来信有回复、来访有答复。接待上访群众156人次，网络问政3件，咨询服务188余人次。在三合律师事务所聘请常年法律顾问。市残联与市法律援助中心合作，对有需求的残疾人实施法律援助，对残疾人权益保护建立“绿色通道”。做好第二代残疾人证的换发工作，换办第二代残疾人证2500余本，全市共有持证残疾人19100余名。

【宣传和教育】 大力宣传倡导理解、尊重、关心、帮助残疾人，营造残疾人平等参与社会生活的良好环境。2015年，全国助残日、科普宣传等开展扶残助残活动，现场向群众发放宣传资料1200余份。通过市政府政务办公平台、四川新闻网、四川机构网等媒体对江油市残疾人工作先进典型、先进经验以及热点、亮点进行报道，上报信息60余篇，其中上报省级媒体32篇。

【特奥会筹备】 全国第六届特奥会田径、乒乓球项目比赛于5月10日至5月17日在江油市成功举办。在特奥会举办前期，市残联积极参与各项筹备工作，同时以“全国残疾人专项调查”为契机，广泛发动各级调查员在入户调查时宣传特奥知识，鼓励残疾人观赛；在筹备期间利用电视、媒体、广告营造特奥氛围，编写江油市残疾人事业发展概况，大力宣传“平等、接纳、包容”，呼吁全社会共同关心、关爱、帮助残疾人，让残疾人共享改革开放发展成果，共同参与到“诗意中国·李白故里·美丽江油”的快速发展中。

【特色亮点工作】 残联多项民生工程以及康复、就业工作都需要资金支撑，在上半年资金总体不到位的情况下，市残联积极结合工作实际展开各项工作的前期摸底调查、筛查复核、审核建档，为后期的快速实施奠定坚实基础，使残联各项业务工作得以提前或超额完成。按上级文件精神，结合江油市实际，及时调整残疾人就业保障金的征收比例(由往年1.5%的安置残疾人就业比例调整为1.6%)，为残疾人工作的顺利开展提供资金保障。在为残疾人家庭实行无障碍改造的民生工程中，市残联根据残疾人的实际需求，合理调配无障碍改造的平均使用资金，对有需求的残疾人家庭实行多项改造。对超出50户任务的16户残疾人家庭一并予以改造，满足残疾人的实际需求、排除工作中的一些不稳定因素。督导与培训相结合，提升基层残疾人工作者的业务能力。2015年，残联班子共抽查和督导残疾人“量化服务”工作200人次以上，各股室所负责人抽查共达1600人次以上；组织基层残疾人工作者集中培训4次、6次到乡镇培训村社工作者，为全面完成“量服”工作提供人力资源和业务能力保障。

（刘 辉）

红十字会

【概况】 2015年，江油市红十字会认真贯彻落实四川省、绵阳市、江油市人民政府《关于促进红十字事业发展的实施意见》，围绕贯彻实施市委、市政府“11321”发展战略，有序开展“三救”（救灾、救护、救助）、“三献”（无偿献血、捐献造血干细胞、人体遗体器官捐献）等项工作，全面完成年度目标任务。

【应急救灾及赈灾工作】 2015年，以“5·8”世界红十字日为契机，江油市红十字会与市卫计局在东兴乡废弃机砖厂共同开展以“挽救生命，减少伤残，传承博爱精神”为主题的江油市红十字紧急医疗应急救援演练活动。红十字会三支紧急医疗救援志愿队（市人民医院、第二人民医院和中医院）60名志愿者队员分别开展地震搜救、心肺复苏、颈椎骨折、下肢骨折、头部外伤出血等院前急救现场演练活动，通过演练提高紧急医疗救援志愿队的实战水平和应对突发事件的能力，进一步完善救灾体系。全年认真做好灾情信息的收集、报告工作，与民政部门信息资源共享。修改完善救灾预案，做到人员、方案、物资的落实，做好救灾物资的储备和管理工作，防患于未然。

【应急救护】 2015年，江油市红十字会启动应急救护知识普及培训“五进”（进社区、进农村、进学校、进企业、进机关）工作，普及培训近1万余人次，发放应急救护知识手册1500余本，各种疾病预防知识、意外伤害处理宣传资料1万余份。2015年4月10日、7月23日，与市卫计局、市120急救中心分别在八一镇、二郎庙镇双马社区举行以“急救为人道、你我共参与”为主题的医护人员现场急救实战演练，10余家医疗机构的领导及院前急救人员参加演练，村卫生站医务人员、志愿者、社区群众以及当地镇政府领导进行现场观摩。现场发放急救宣传资料袋、急救小知识和《中华人民共和国红十字会法》等宣传资料300余套，近300余名群众接受应急救护知识普及。2015年6月至11月，分别到市老干局、纪念碑社区、双庙村、雁门中学、武警交通大队、看守所进行应急救护知识普及培训，并印制《现场应急救护手册》5000本。通过培训使老百姓掌握一定的急救知识，提高应对突发灾害时自救互救能力。

【应急救助】 助困活动。2015年2月5日，江油市红十字会分别在贯山镇、永胜镇举行“博爱送万家”活动，慰问困难群众120户（贯山镇100户，永胜镇20户），送去价值2万元的棉被、大米和食用油等物资，并邀请市级医疗机构的专家为老百姓送医送药。2015年1月至2月，按照绵阳市委、市政府和江油市委、市政府的统一安排，江油市红十字会通过江油红十字会网站、江油市电视台、江油市党政网等媒体发

图15 2015年“5·8”世界红十字日，江油市紧急医疗救援志愿服务和院前急救实战演练现场

出为“奉献者募捐”的倡议书，组织市境内各机关团体、企事业单位、社会各界爱心人士为“奉献者募捐”，共募集资金3.94万元，用于帮扶困难退役士兵和其他为社会奉献的人群。2015年3月13日，江油市红十字会与江油市疾控中心的青年志愿者到市皮肤病防治医院看望慰问麻风病人，为他们送去衣物及生活必需品，并为患者开展了剪指甲、理发、清创、共进午餐等系列志愿服务活动。2015年6月1日，为大堰镇群光村一组因车祸丧父伤母的3岁儿童王一川和太平镇青龙村4岁贫困儿童安雨婷，寻求到《小儿郎母婴生活馆》总经理韩艳的爱心救助，于六一儿童节与2名贫困儿童签署5年资助协议，每月资助生活费200元。在江油市红十字会网站为因病、因灾和意外伤害等困难求助者6人开展网上求助活动，向社会寻求爱心人士的帮助，并募集资金5000元，分别转交给求助人。

助医活动。2015年，江油市红十字会共为市境内3名先天性心脏病患儿和3名白血病患儿完成“小天使基金”和“天使阳光基金”医疗救助的申报，4月20日，白血病患儿孙某获得救助金3万元，1名先天性心脏病患儿也获得资助。

助学活动。2015年10月18日，江油市红十字会与民建绵阳市委、民建江油基层委员等单位在重兴乡开展了2015“建江合作——金秋助学”活动。发放助学金12万元，资助重兴乡、新兴乡、永胜镇、云集乡、文胜乡共计60名贫困学生。9月，为新兴乡贫困中学生黄某联系到爱心人士唐女士，并签署协议，为其每月资助200元助学金，直至大学毕业。

【义务献血】 2015年，江油市红十字会与市献血办配合，共同参与义务献血的宣传、动员和组织工作。全年共组织义务献血志愿者5000余人次，共计献血1200余升。

【遗体（器官）、造血干细胞志愿捐献】 以“5·8”世界红十字日、“12·1”艾滋病宣传日为契机，通过展板、发放宣传小折页、LED显示屏，“爱心献血屋”设立志愿者登记点、在电视上播放宣传片等方式，开展造血干细胞、人体遗体器官捐献的宣传工作。通过广泛宣传，激发广大群众和志愿者的志愿捐献热情，全年登记造血干细胞志愿者并采集血样入库547例，登记人体器官（遗体）志愿捐献5例，成功实施捐献眼角膜1例。

【博爱家园项目建设】 进一步完善博爱家园项目生计基金的使用。经过多次座谈调研，江油市红十字会与永胜镇政府、双庙村委会签署8万元生计基金使用协议，并严格按照协议管理和发放，确保生计基金为当地老百姓发展生产、改善生活发挥应有的作用。

【“江油感恩河南基金”项目】 2015年9月，按照市委、市政府的要求，江油市红十字会派员回访“江油感恩河南基金”援建的6个民生项目（2所学校、2所卫生院、2所敬老院）建成后的使用、管理及项目所在地老百姓的受益情况。援建项目的建成改善当地老百姓医疗、教育、养老条件，受到当地群众的好评。

（陈　宇）

文　联

【概况】 2015年，江油市文学艺术界联合会（简称“市文联”）有直属9个协会，挂靠1个协会，会员共计2000余名。新增会员76人，新增国家级会员6名，新增省级会员34人。拥有国家级会员18人，省级会员230多人，绵阳市级会员600多人。全年，市文联积极组织和参与全国、全省性文艺活动，组织和策划本土区域性活动，参与首届李白故里文化旅游节各项文化活动筹备及中国兔业大会演出活动，文艺创作繁荣。

【文艺活动】 2015年春节前夕，省委宣传部“我的中国梦”文化、科技、卫生“三下乡”活动来到江油，20多名艺术家为江油人民送春联、福字近千幅，拍全家福照500多张。

4月17—19日，《新世纪诗典》第四届颁奖典礼暨李白故里诗会在江油市举行。澳门文化局副局长、著名诗人姚风；《新世纪诗典》主持人、著名诗人、西安外国语大学教授伊沙等全国有影响的诗人40余人及部分川内诗人与江油诗人欢聚一堂，在李白纪念馆诵诗、陇西院里觅仙踪、太白楼上望故里、衣冠墓前祭诗魂……各位诗人通过微信、微博发布消息、图片，极大地提升江油的知名度。

5月24日，绵阳市首届李白诗歌奖的获奖者及嘉宾近百人齐聚江油，参观李白故居、李白纪念馆。李白诗歌奖得主，旅居加拿大的华人诗人洛夫在李白雕像前深情吟诵李白的著名诗篇《将进酒》，表达对诗仙的无限敬仰。

6月7—9日，省音协原常务副主席朱嘉琪一行8人到江油采风，创作出江油形象歌曲《喜欢江油你就来》。

11月20—22日，市文联策划并组织四川省文艺传播促进会地方文化研究分会在江油成立。著名作家聂作平当选为会长，蒲永见、蒋雪峰当选为副会长。

【组织和策划本地活动】 2015年春节前，市文联组织江油本地的书画艺术家参加全市“三下乡”集中活动，为雁门镇群众送春联、福字300余幅。

5月，市文联组织多幅美术、书法及摄影作品参加绵阳市第四届感恩文化节书画摄影作品展。

为展示青年一代的风采，推广全民阅读活动，培养和发现文艺新人，激励全市人民特别是青年人多读书、读好书。5月4日晚，市文联和团市委在江油大剧院举行新华文轩杯“青春之歌”诗歌朗诵比赛，发现一大批文学新人和朗诵新人。

6月，市文联主席蒲永见带领市美协、书协主席以及6幅书画精品，参加在中江召开的涪江、沱江流域4个市、19个县（市、区）书画作品巡展启动活动。

7月1日前夕，市文联与市委组织部、市直机关工委联合举办“铭党恩·思奋进·展风采”“庆七一”书画联展活动。

10月14日，市文联组织“2015·绵阳现代山水田园诗歌培训暨采风创作活动”近百位诗人、作家，到青莲国际诗歌小镇和大康百合花国际博览园采风，感受江油速度和江油精神，激发诗人们的创作热情。

【协会活动】 作家协会。清明节组织近20名会员在青莲“名贤祠”李白衣冠墓前进行“清明祭拜李白”活动。会员朗诵李白的诗歌，为李白献诗、献花、敬酒，以此表达对诗仙的崇敬。该项活动已持续五年，成为作协的品牌活动。4月月初，成绵乐高铁沿线作协举办联络大会，江油市作家协会蒲永见、刘强、张善进、蒋戈参加会议，增强沿线作协的沟通、了解与合作。8月，作协与江油广播电台阳光调频联合推出“为你读诗”“为你读文”栏目，陆续播出20多位诗人、作家的作品，让普通百姓在风格迥异、情感深厚的诗歌、散文、小说中感受生活的美好和时代的足音。8月，邀请眉山东坡区作协到江油进行为期两天的交流采风活动。9月，市作协蒋雪峰、赵斌、南地、刘强等4人到华坪社区，为该社区赠送由台湾星云法师编修的120册中华文化与佛教宝典《献给旅行者的365日》。9月28日，应都江堰市政府的邀请，作协蒋雪峰、蒲永见、廖伯逊三人到都江堰出席田园诗歌吟诵节。蒋雪峰被聘请为柳街镇驻乡诗人。

美术家协会。举行“诗意中国·李白故里·美丽江油——中国画作品展”。5月14日，联合绵阳市美协赴李白故居青莲镇举行采风交流活动，画家们在太白碑林举行笔会，创作的20余副国画作品全部赠予青莲镇政府。9月，市美协张善进、马骏等10余位会员先后参加“绵阳画家画绵阳”江油站、平武站、北川站、梓潼站、安县站、盐亭站的系列采风写生活动，并有16幅作品参展。

书法家协会。董智、李声闻、席孝甫、张建新、姚大钊、刘殿华、何顺文、罗建等十多名会员，坚持举办各类型的书法培训活动，辅导中老年和青少年学习书法。协会常年举行会员联谊活动，已连续举办3年。2015年，邀请丁稚鸿为会员们举办“文学培养与书法创作”讲座。5月2日，举办中青年书法创作沙龙活动。“七一”期间，征集7名会员的15幅作品参加“铭党恩、思奋进、展风采”庆“七一”书画联展活动。11月7日，“江油市书协中青年重点作者临帖研修班”

在李白纪念馆举行开班仪式。

音乐家协会。李白故里合唱团、喜洋洋乐团，坚持进行定期每周两次的排练活动，同时也与绵阳各区、县以及陕西汉中等地的音乐团体进行交流演出。公益性文化活动培训——江油市少儿合唱团对外免费开放，招收成员达60余人。利用少儿的课余时间进行音乐培训工作，音协理事常年进行指导和教学工作。4月3日，举办全市音乐创作座谈会，来自全市的词、曲作者、文艺骨干共30人参加，会上对2015年全市重大文化活动进行通报，动员、鼓励大家积极参与文化活动和音乐创作，特别是针对李白诗歌和江油形象歌曲音乐创作，出作品、出精品。由音协承办的江油形象歌曲征集活动共征集入围作品10件，其中《喜欢江油你就来》播出后，受到广泛赞扬。6月4日晚，承办绵阳师范学院“梦之声”合唱团专场演出。7月，举办2015群众广场音乐会，带给江油市民一场视听盛宴。9月，组织会员参加“纪念抗战胜利70周年”文艺演出，参加“军民一家亲”消防队慰问演出。12月31日，举办江油市第三届新年音乐会。

舞蹈家协会。组织节目参加2015江油、绵阳的春晚及春节团拜会，编导并表演的歌舞《踏青》《莲颂》参加2015年乡村旅游节暨含增梨花节开幕式”文艺演出。雷蕾编排的节目《国风》、周绚创编的《创意服饰之秀》和王可盈编创的歌舞《把一切献给党》参加江油市“放飞青春梦想建设李白故里”演讲比赛决赛暨颁奖文艺演出。肖林、罗丹编创的节目《感恩》代表江油市参加在平武举行的绵阳市第四届感恩文化节文艺晚会。8月，承办李白故里之夏系列活动〈三〉——绵阳师范学院“舞之灵”舞蹈团专场演出。9月，举办李白故里之夏系列活动〈四〉——江油市文化馆艺术培训中心“不一样的童年”专场文艺演出。全年举办5期舞蹈培训班，培训人数共计116人。

摄影家协会。2015年春节，在李白纪念馆举办“首届会员摄影作品届展”。展出会员作品50余件。举办“美丽江油”摄影作品评比活动，评出一、二、三等和优秀奖作品69件。协助“四川画报9月江油专刊”的作品收集、编排、出版，刊登20余位作者的30余件作品。绵阳市旅游发展大会期间举办“美丽江油摄影作品展览”，展出作品73件。与长钢摄协联合举办“纪念长钢成立五十周年纪实摄影作品展览”，100余件作品展出展出。参加江油市“乡村文化旅游节”活动拍摄，拍摄作品1000余件。为百合国际博览园、青莲国际诗歌小镇、中大路等重点工程以及中国兔文化博物馆拍摄作品100余件。组织会员为“四会一节”及央视秋晚活动拍摄作品100余件。先后举办会员作品看片交流会5次，10余位作者300余件作品参加交流。在“江油论坛”“江豆网”发布摄影作品数千幅，为宣传江油和交流摄影技艺作起到积极作用。会员近100人次分别赴西藏、青海、甘肃、福建，安徽、内蒙古、云南、河北、山西、重庆、红原、光雾山、康定、丹巴、色达等地采风拍摄作品数千件。参加绵阳市摄影大会，组织作品参加展览和看片交流。协助624所举办建所50周年摄影展。

戏剧曲艺杂技电视艺术家协会。2015年1月1日，在中润时代广场举行“庆元旦、迎新春”文艺演出。在春节来临之际，与江油市公安局交警大队联合举办“警民迎新春”晚会。4月27日，协会组织会员在海灯武馆露天表演场举行“庆五一”大型文艺演出。5月18日，重华分会在江油市重华镇成立并举行文艺演出。5月27日，协会组织队伍参加江油市哪吒庙祖庙开光典礼，受到来自中国台湾、香港、澳门地区的同胞以及海外华人、华侨的关注。7月29日，与江油市武警消防大队举行军民联欢活动。9月29日，组织江油市各民间腰鼓队举办“江油市首届腰鼓展演”。

奇石根雕艺术家协会。全年先后与成都、绵阳、陕西、青海、台湾的石友进行交流和参观学习活动。9月10—20日，在李白纪念馆举办精品奇石展。

民间文艺家协会。受省民间文艺家协会委托，从3月至6月组织会员完成对中国传统村落——青林口村的文字、图片建档调查。高抬戏和重华烟火架等参加江油市第三届乡村旅游节重华民俗展演。2月3日和7

月11日，分别组织会员对东兴民间狮灯、云集山歌等进行调查，走访和资料收集。7月11日，组织20多名会员到云集乡送文化下乡。9月20日、21日，分别协办阴平村、高院村重阳节文艺演出。参与协办新春乡第24届冬季物资交易会暨2015农民文化艺术节开幕式文艺演出。

园林盆景艺术家协会。敬道树、杨泽园、邓显雄、雷友富4位会员协助市政府“中大路”、金轮干道等重大项目方案讨论及景观建设施工技术指导和质量监督。配合市政府重大项目及市政建设征地苗木评估10余次，60余人次。同时，为打造大康百合花国际博览园、青莲国际诗歌小镇提供大量景观材料，为江油的景观建设献计献策。

【承办“首届李白故里文化旅游节”】 “四会一节”是江油市委市政府2015年工作的重头戏，市文联参与首届李白故里文化旅游节各项文化活动筹备及中国兔业大会演出活动。在筹备和策划“首届李白故里文化旅游节”活动的过程中，市文联总结过去几届李白文化节经验得失，经过反复谋划与思考，陆续出台五大活动：一是与俄国诗人普希金故乡圣彼得堡市普希金区缔结友好合作城市活动。二是中国诗歌排行榜江油发布活动。三是举办李白文化高端论坛。四是建立李白重要游踪地宣传文化旅游合作联盟活动。五是形象歌曲征集活动。该类活动既有国际视野，又具江油文脉，吸引了新闻界和文化界的极大关注。

【机制建设】 建立省级以上会员人才档案和江油在外优秀艺术人才库，做好文艺人才的资料收集和信息储备工作。完善《江油市文联文艺家协会》管理办法，以更加科学和严谨的工作态度和工作作风要求和管理协会成员。初步建立文艺创作前期扶持机制。

（文　联）

社科联

【概况】 2015年，江油市社会科学界联合会（简称“社科联”）结合李白国际文化节和绵阳旅发大会的召开加强社会科学理论和李白文化的研究、宣传和普及工作，同时开展培训交流活动，为建设“诗意中国·李白故里·美丽江油”提供理论指导、精神动力和智力支持。

【理论研究与宣传】 4月，市社科联与西昌学院、李白纪念馆、四川李白文化研究会在西昌举办李白月与西昌月为主题的研讨会，共有李白文化研究专家50余人参会，举行研讨会和学术交流会4场，收到相关研究成果37件。哪吒文化研究会就勇辉生态农业股份有限公司注入以哪吒文化为主的中华传统文化，以扩大其旅游产业发展、建设等有关问题建言献策，并代为起草《绵阳市勇辉生态农业股份有限公司关于注入传统地域文化全面提升南塔山庄旅游休闲设施及文化品位的初步构想》。5月，举行“第二届海峡两岸哪吒民俗文化交流活动暨翠屏山重修落成神像开光典礼”。7月，在重华镇举行“中国科技城·绵阳智库论坛——镇域发展论坛”之“《重华镇志》及重华镇科学发展研讨会”，并形成《绵阳市镇域特色资源开发状况与对策研究——以江油市重华镇为例》的理论文章，绵阳市人民政府政务参阅2015年第6期刊发。9月，组织社科专家丁颖、刘术云、赵兵等参加2015央视中秋晚会——月圆江油的策划工作，通过建言献策，成功把李白文化、哪吒文化、火药文化等江油元素融入2015央视中秋晚会——月圆江油和传奇中国节等专题节目。9月下旬，举办“2015李白文化高端论坛”，共有来自国内外的李白文化知名研究专家60余人到会，举办学术交流两场，收集论文39篇，并编印《2015李白文化高端论坛论文资料集》。4月，市社科联组织各社科组织和相关专家申报2015年度绵阳市哲学社会科学研究规划项目，共申报各类课题5项。其中，“中等国家欠发达地区农民持续增收途径研究——以江油为例”被列为重点项目，“后教育经济时代绵阳市高中教育走向研究”“李白纪念馆馆藏古迹序录”被列为一般项目，获得立项的课题的数量和质量在各县区中名列前茅。年初，市社科联组织相关专家，结合江油实际，拟定“江油市在新常态下经济社会发展创新路径研究”“在成绵乐城际铁路开通背景下打造江油经济社会发展的区位优势路径研究”“中等国家欠发达地区农民持续增收途径研究——以江油市为个案”等33个、2015年度课题研究、学术研讨参考选题，并下达。各社科团体和广大社科工作者围绕参考选题开展各种对策应用研究。市社科联分别组织课题组牵头开展“中等国家欠发达地区农民持续增收途径研究——以江油为例”“培育和践行社会主义核心价值观——江油市基层党员干部诚信体系建设研究”“后教育经济时代绵阳市高中教育走向研究”等一批重点课题研究。全市社科界围绕市委、市政府中心工作，结合各自特点，开展地市级课题“全面建成小康社会研究——以江油贯山镇为例”“发展文化产业，建设文化强市—江油文化产业发展调研报告”“江油市电子商务进农村的构想”“融资性担保行业中长期风险分析与防范研究——以绵阳市为例”“自制纸质玩教具在幼儿区域活动中的实践研究”“关于幼儿园区域活动中教师指导方法的研究”“幼儿园安全教育课程开发研究”“幼儿园自然环境教育资源的开发与利用研究初探”“民间游戏在幼儿教育活动中的实践与推广”“城乡统一市场建设途径初探”“网络环境下农村初中语文课外阅读策略研究”“农村中学生阅读习惯现状调查及分析研究”“初中数学分层递推教学模式研究”和省级课题“基层党员干部诚信体系建设研究——以江油市为例”等一大批课题研究。市国土资源学会的“对征地制度改革必须面临的几个问题及解决方法初探”“走资源节约集约之路着力构建低碳绿色经济新机制”等8篇论文先后在《国土资源》《资源与人居环境》等省级以上刊物发表，市教育学会在国家级刊物发表论文121篇，在省级刊物发表论文26篇，市档案学会在绵阳市级以上刊物发表论文6篇，市幼儿教育研究会在绵阳市级以上刊物发表论文10篇，市委党校在绵阳市级以上刊物发表论文13篇，市民间文艺家协会的《心向往之，梦寐求之——浅析江油民歌中的浪漫主义情怀》《青林口高抬戏文化生态建设浅见》等3篇论文在绵阳市级以上刊物发表。出版《重华镇志》《李白纪念馆馆藏精品书画集》《李白妇女诗集绘》《李白馆藏书画及碑刻叙录》《江油道教羊皮鼓的历史和文学价值》等著作，做好社科普及读物《少年李白》连环画文字内容的创作工作和绵阳地方文化简明读本关于江油市部分的组稿工作，确保在印象绵阳、文化绵阳、非遗绵阳等10个部分都有江油市的相关内容。《江油方言》进入印刷阶段。据不完全统计，全年共出版各类著作8部，涌现出各类优秀社科成果600余件。市社科联于2015年10月启动第二届优秀社科评奖工作，截至12月10日，共收到各类社科成果106项。市国土资源学会、市幼儿教育研究会、市档案学会举行优秀论文评选表彰活动。

【社科宣传普及活动】 2015年，市委先后邀请复旦大学教授张全弟、清华大学教授张敏、王正、国信证券股份有限公司投资银行事业部副总裁鲁伟等17位专家向全市领导干部普及相关知识，不断提高干部队伍的履职能力和水平。市社科联协调、组织所属学会、协会、研究会和社会各方面力量积极参加各类社科普及活动，先后参加江油市2015年科技、文化、卫生“三下乡”集中活动、四川省2015年“法律七进”、文化、科技、卫生“三下乡”暨文化进万家集中示范服务活动、绵阳市2015年科技之春科普月活动等相关社科普及活动，共发放宣传资料15000余份，接受咨询600余人次。同时，于5月27日至29日在中坝镇、战旗镇、东兴乡举办以“创新创业，科技为民”为主题的江油市第三届社科知识集中普及活动周，共组织17个市级部门和相关社科组织的60余名社科工作者参加该次社科知识普及活动，接受各类咨询5000余人次，发放各类宣传资料74种、40000余份，四川社科在线、中国社科网等众多媒体进行宣传报道。改变李白故里人文讲坛的运行模式，从党校、李白纪念馆、哪吒文化研究会等相关社科组织选聘敬永谅、赵兵、于志龙等6名社科专家组成李白故里人文讲坛的讲师团，围绕《加强党性教育，保持党的先进性》《江油市委十二届六次全会精神解读》《社会主义核心价值观》《潜伏将军——刘景述》《江油法制社会建设》《李白生平》《李白诗酒人生》7个专题到市级部门、乡镇、企事业单位进行巡回宣讲。四川省社科普及基地李白纪念馆，江油市级社科普及基地王右木纪念园、江油市红军陈列馆、江油市图书馆坚持对社会免费开放，大力普及李白文化、红色文化，李白纪念馆开展“李白文化进校园”活动、建立“我是小小讲解员比赛评选”活动，共评选表彰10名小小讲解员。据不完全统计，全年4个基地共接待群众80万余人次。市社科联与李白纪念馆联办的“李白文化讲堂”坚持每半月举行1次，从李白生平事迹、李白诗歌艺术及对后世的影响，以及李白所生活得时代背景等方面开展宣传普及活动。同时，各社科组织结合各自工作特点，在“3·15”、环境日、地球日、无烟日、艾滋日等相关节点开展各类社科知识普及活动，市会计学会、珠算协会充分利用江油电视台和政府网络等媒体对各种财政法规、制度进行广泛宣传，市药学会围绕药学知识、药事管理、假劣药品鉴定主题，开展药品安全知识进社区、进农村、进学校活动。

【社科培训与交流】　市社科联以建设知识型、专家型社科人才为目标，指导各社科界经常性地开展各类专业知识培训和交流活动，不断提升广大社科工作者的整体素质。市社科联先后与乐山市社科联、遂宁市社科联、眉山市东坡区社科联、冕宁县社科联、游仙区社科联、梓潼县社科联进行经验交流，并于5月27日邀请绵阳市社科联副主席刘中平对各社科组织负责人作《我国社会科学组织建设运行状况与对策研究》的专题培训，李白纪念馆先后举办《李白文化对江油民俗文化的影响及现实意义》《李白故里文化旅游开发策略》《李白故里的文化及其品牌建设》等为主题的学术报告，开展国家级非物质文化遗产《雾山石刻工艺》培训，市档案学会举办《档案对社团的重要作用》《先试先行探索农村土地确权登记档案管理》为主题的学术报告，开展《档案业务培训》，市委党校举办《江油市电子商务进农村的构想》《融资性担保行业中长期风险分析与防范研究》为主题的学术报告，开展《十八届五中全会精神学习》《科级领导干部创新能力建设》等培训活动，幼儿教育研究会开展《家园合作策略与沟通方法》《幼儿园突发事件应急处理》等专题培训，《互联网思维在教育中的应用《1252教学管理及课堂教学模式解读》《“用互批法提升学生‘语言’描写能力的实证教学”》《日常教学的微问题聚焦与课堂实证研究》等为主题的学术报告，开展《现代教研创新》《高中名校是怎样“练”成的——333单元整体高效训练策略》等专题培训。同时，召开江油市社科联第二次代表大会，选举产生江油市社科联第二届领导集体。

（社科联）

民主党派

【概况】　2015年，全市有民革、民盟、民建、民进、农工党、致公党、九三学社7个民主党派，共设1个总支委员会、5个基层委员会、1个支部，下设37个支部（社），成员648人。全市有党外副科级以上领导干部29人，其中县级党外领导干部4人。

【各民主党派组织情况】　民革江油总支下设4个支部，成员60人，总支主委贺勋（男，市政府副市长），副主委曹远富、肖江丽（女）、陈强、曹亮。民盟江油基层委员会下设6个支部，成员124人，基层委员会主委杨茂华（男，市环保局总工程师），副主委邓志钧、王书华（女）、刘晓蔷(女)、余国东、罗兴强、李宗裕。民建江油基层委员会下设5个支部，成员100人，基层委员会主委任明辉（男，市政协副主席、四川汇星实业有限公司董事长），副主委何方、徐敏（女）、唐宏、王克军。民进江油基层委员会下设12个支部，成员180人，基层委员会主委龙合（男，市华坪办事处主任），副主委蒋雪峰、任华、刘健蓉（女）、刘萍(女)、丁颖（女）、何明奎。农工党江油基层委员会下设6个支部，成员116人，基层委员会主委林拥军(男，市人民医院医教部部长兼医务科主任)，副主委何守再、薛静（女）、王国涛、黄莉(女)。九三学社江油基层委员会下设3个支社，成员62人，基层委员会主委黄晓林（男，市国土局总工），副主委雷钦蓉（女）、赵文元、杜德瑞、郭大明。致公党支部成员6人，支部主委陈琦(女，攀长钢技术中心副主任工程师)，副主委黄晖（女）。

【民主党派建设】 坚持每季度举办一次民主党派学习会。制定民主党派培训计划，每年举办一期培训班，选派10名优秀党派干部到上级社院学习，建立市级领导联系民主党派制度。同时，各民主党派坚持双月学习会，每月支部组织生活会，组织专题培训讲座43场次，参加学习人次近千人，在各级网站发表会务活动类信息59条。各党派以换届为契机，坚持标准，严格比例，发展成员16名。建立27人的后备干部队伍人才库，并进行动态管理，全市共有副科级以上民主党派干部17人，2015年提拔正科级1名、副科级4名。市委统战部与各民主党派协商制定《江油市各民主党派2015年工作目标》，引导各民主党派建立适合自身特点的工作制度，规范议事决策规则，完善内部监督机制，重点对班子成员遵守多党合作政治准则，执行本党派章程，贯彻民主集中制，履行职责，廉洁自律等情况进行监督。引导各党派形成深入实际、求真务实，密切联系基层组织和成员的作风，树立民主团结、廉洁自律的良好参政党形象。市政府为每个民主党派解决一定的活动经费，落实办公场所和办公设施，并坚持每年春节开展慰问活动。

【参政议政和民主监督】 全市各党派围绕党委政府中心工作、重大活动和人民群众普遍关注的问题开展调研，形成《江油的李白文化资源及产业实践》等10余篇优秀调研报告，受到省政协、绵阳政协、江油市委市政府的高度重视、重点督办。认真执行江油市委、市政府《关于进一步加强政府部门与民主党派对口联系工作的通知》精神，坚持每月协商两次以上，通过建立情况通报、会议列席、双向交流、联合调研等长效机制，使全市政治协商、民主监督、参政议政更加规范和富有成效。2015年“两会”期间，各民主党派提交议案、提案138件，其中省“两会”提案、议案8件，绵阳“两会”提案、议案38件，多数被市委、市政府重视采纳。推荐75名民主党派中的人大代表、政协委员担任特约监督员，对12个政府部门进行特约监督，并与市政协、市纪委一道对行风评议排后的市环保局、市广电网络分公司进行行风政风评议，提出意见建议80余条，促进政府职能部门转变作风。对各党派为促进江油经济社会发展的做法成效，市委统战部积极向省委统战部和市委市政府进行宣传推介，2015年，在《四川政协报》《四川统一战线》等省以上媒体上刊发40多篇，展示江油各民主党派服务地方经济的风采，调动和激发各党派参政议政、民主监督的热情。

【社会服务】 为确保2015年央视中秋晚会在江油市成功举办，全市各民主党派成员积极承担社会责任，捐资920万元，多人被市委、市政府评为“四会一节”先进个人。全年引入项目资金1400余万元。民革江油总支指导江油六合锻造发展航空航天、舰船用材料再上新台阶，帮助企业包装项目20余项，成功立项12项，获无偿项目资金670万元。民盟江油基委会协调北京四中网校与江油中学开展“数字校园合作”，累计捐赠252万元项目。民进江油基委会引导绵阳科源燃气公司投资500万元，在江油市设立创新创客空间，有11家科技型小微企业入驻，并协调江油一中与加拿大安伯逊高中开展教育教学交流合作。汇星实业等民建会员企业解决5000多人就业，产值10亿余元，上缴税金1亿多元。农工党党员企业家解决400人的就业问题，完成产值4800余万元，给国家缴税200余万元。市委统战部牵头组织民主党派参加“三下乡”社会服务活动。全年共开展义诊8次，诊治2300余人次，发放宣传资料7万余份；引导和指导农民生产杂交水稻种子66.67公顷；为群众书赠春联800余幅，组织送戏下乡15场；以艺术支教的形式，开展美术、音乐、舞蹈、武术等8个方面的艺术支教活动30余次，助力三合小学的特色办学。开展“烛光”送教活动，英伦学校为贫困家庭及残疾孩子减免学费2万余元；民建会员马远学长期关爱敬老院的孤寡老人，并当选民政部中国爱国拥军促进会“2014‘中国双拥’年度人物”，是四川省唯一获此殊荣的人员。按照《中共江油市委统战部关于全市统一战线开展扶贫工作的实施意见》安排，各民主党派定点帮扶1个贫困村、各民主党派主要负责人定点帮扶贫困户1~2户，各党派成员采用“一帮一、多帮一”的形式帮扶贫困户160余户，提供致富信息280余条。民革与铜星乡伍佛村开展结对扶贫，帮扶贫困户24户，提供致富信息60余条，扶贫项目30余项，向贫困户捐款1万余元，成功脱贫11户。民盟组织盟员为定点帮扶贫困村马角镇沉水村捐助扶贫资金12190元，并为扶贫对象捐赠4头仔猪帮助脱贫。民建江油基委会发动会员捐资28万元，帮扶重兴、文胜、云集等乡镇60名优秀贫困大、中、小学生顺利完成学业；民建会员企业顺辉集团捐资200多万元修建了第8条顺福路，解决山区群众出行难；捐资60万元资助诗城小学贫困学生完成学业，培育文体尖子生。民进江油基委为新春乡景台村建人饮蓄水池3口，输水管线3000余米，完成河渠护岸2.6千米，落实资金5000元改善村级办公条件；为枫顺乡协调发展车厘子产业购置种苗资金5000元，为华坪办事处赠送价值15000元的文化体育健身器材。

（统战部）

江油年鉴

法治·武装

Rule of Law, Armed

政法委工作

【概况】 2015年，全市政法机关、市级各部门、乡镇围绕工作大局，以维护社会和谐稳定为目标，努力化解社会矛盾，创新社会治理，促进公正廉洁执法，全面落实市委对政法工作各项部署要求，实现“六个没有发生”(即没有发生危害国家安全的事件、没有发生有影响的群体性事件、没有发生因治安问题引发的治安灾害事故、没有发生重大邪教破坏案件、没有发生重特大安全事故、没有发生重特大刑事案件)，社会大局保持稳定。

【综治维稳】 进一步强化社会矛盾纠纷排查化解，建立健全矛盾纠纷排查预警机制和风险评估机制，按照“排查得早、发现得了、控制得住、解决得好”和“服务发展”的工作要求，抓好源头预防、研判预警、应急处置等关键环节。围绕“四会一节”等重要节点，以及“房地产领域”“土地流转”等敏感问题开展不稳定因素专项排查22次，搜集上报各类情报信息377条，预警率100%，处置各类突发事件21起。加强落实重点人员管控教转工作，教育转化四类重点人员，达到总体任务数的70%，对全市重点人员的列控率达到90%，四级重点人管控率达到100%，同时转化4名邪教重点人员。加强隐蔽战线对敌斗争，共查清各类邪教组织活动线索12条，破获邪教“门徒会四川大会”专案，抓获骨干人员8人，捣毁聚会窝点2处，教育挽救一般信徒100余人。全力做好各项安保维稳工作，执行全国、全省、全市“两会”和特奥会、抗战胜利70周年系列纪念活动、“央视中秋晚会”等重大安保维稳任务67次，确保各项活动万无一失。

【平安江油建设】 推进社会管理创新，坚持重在建设、重在基层、重在共治、重在机制，以群众满意为目标，深化平安江油建设。积极打造长城办、迎宾社区、涪滨社区3个网格化工作示范点。全市440个村（社区），42个乡镇（办事处），市级25个重点部门以及公安、民政、司法、卫计四部门的基层站所全部接入网格化服务管理系统，城乡603个网格全面覆盖并投入运行，全市网格化服务管理工作进入常态。2015年，全市共录入人、地、事、物、情、组织等基础信息149万余条，办理民生服务、矛盾调处、社情民意收集、法律宣传、治安防控等事件7万余件，各项指标均走在绵阳市前列，实现基础信息网上录入、办事服务网上管理、工作过程网上监督、责任目标网上考核。以搭建指挥平台为载体，支撑立体化防控体系建设，在市公安局建成集系统集成通信、可视化调度、“大视频”平台一体的扁平化指挥系统，将市应急指挥中心的指挥、调度、管理、决策和市公安局指挥中心110、119、120三台合一的接处警指挥和勤务管理有效融合，作为信息化建设、立体化防控的有效支撑和承载。以公安警务运行机制改革为契机，加强城区巡防网建设，通过警力整合，在城区建设专职警务室25个，新增巡防警力84人，实现城区街面全天候24小时巡逻防控。全面建成天网504个高清、标清监控点位，5个高清治安卡口、6个人员卡口、35处道路非现场执法系统、1个图像智能管理应用系统，21个乡镇小天网，并投入使用。先后印发《关于深入推进“单元化联户共建共享工程”开展平安联创联防工作的通知》《关于开展“六员”进社区深化“单元联户共建共享工程”建设平安江油的实施意见》，有效整合网格员、人民调解员等“六员”力量，以社区为平台，以警务室为依托，将网格化服务管理与“单元联户共建共享工程”有效对接，实现管理服务全覆盖，信息采录全覆盖，治安防范全覆盖。加强平安细胞建设，为公路、铁路沿线重点乡镇、村（社）分别拨付2万元至5万元的平安建设工作经费，开展平安网格、平安社区、平安乡镇等基层平安创建工作。同时，落实部门、行业系统责任，深入开展平安学校、平安医院、平安铁道线等十七类行业平安创建活动，以“小安”促“大安”，以基层平安确保全市的平安。特别是江油市铁路护路工作连续第8年被评为“省级平安铁道线”。

加大对旅馆业、废旧收购业、寄递物流业等特种行业，网吧、娱乐服务等重点场所，枪支弹药、烟花爆竹等危爆物品的治安管理工作。牵头开展“平安江油”“春雷行动”“飓风扫毒”等系列专项整治行动8次，形成常态化工作机制，净化社会治安环境，提升人民群众安全感。

【“大调解”工作】 强化矛盾纠纷排查化解，出台《关于建立矛盾纠纷联动调解工作机制的实施意见》，明确涉事主体单位的责任，明确调解工作制度和程序，防止推诿扯皮的现象发生。积极引导各级调解组织运用法治思维和方式化解矛盾纠纷，通过充分运用政治、经济、行政、法律、人文等综合手段，提升矛盾纠纷的化解成功率。2015年，全市各级各类调解组织共排查受理各类矛盾纠纷7648件，成功调处7495件，化解率达98%。

【政法队伍建设】 制定政法系统“三严三实”（既严以修身、严以用权、严以律己，又谋事要实、创业要实、做人要实）专题教育活动日程安排，印发《关于认真贯彻“三严三实”要求，进一步加强政法干部教育管理监督的意见》，细化工作举措30余项，确保“三严三实”专题教育活动在政法系统顺利开展。以治理“庸、懒、散、浮、拖”为切入点，从强化政法干警日常养成入手，制定《关于建立健全政法机关作风建设长效机制的实施意见》，成立政法系统作风巡查工作领导小组，牵头组织对基层政法单位开展作风巡查2次，曝光问题36个，处理违规违纪政法干警6人。充分利用省委政法委“政法大讲堂”平台，组织政法干警参加政治业务理论学习。同时，牵头组织开展政法队伍建设专题调研，摸清政法干警在想什么、干什么、需要什么，并指导政法各部门分别制定有针对性和实效性的教育培训机制和技能练兵计划。

（政法委）

法治政府

【概况】 2015年，江油市全面贯彻落实中共十八届四中全会精神，主动适应和引领经济发展新常态，协同推进简政放权、放管结合、优化服务，坚持民意为先、问题导向，在放权上求实效，在监管上求创新，在服务上求提升，在深化行政管理体制改革，建设法治政府、创新政府、廉洁政府和服务型政府方面取得新进展。

【法治政府建设】 按照中共中央办公厅、国务院办公厅《关于推行地方各级政府工作部门权力清单制度的指导意见》，省政府《关于深入推进依法行政加快建设法治政府的意见》和《江油市2015年度推进依法行政工作安排》工作部署，由市政府市长挂帅，常务副市长牵头，市法制办具体负责，组织市发改、住建、国土、监察等26个政府组成部门及相关单位近100名工作人员和36名法律顾问联动参与的工作小组，全力推进行政权力清单制度。由工作小组对相关法律、法规和规章赋予的行政权力进行系统化梳理，并分门别类地整理、完善和提升，历时一年零四个月，共梳理出6192项县级人民政府及其职能部门行政职权。公布的“行政权力清单”涵盖行政权力5120项，全面清理取消非行政许可审批事项，划清政府与市场、政府与社会的边界，规范行政权力边界，做到“行政权力进清单、清单之外无权力”；“政府责任清单”涵盖政府责任1260项，厘清行政部门责任，杜绝各职能部门“该干的事不干，该管的事不管”的庸政、懒政现象，为有效防止不作为、乱作为行为；“市场准入负面清单”涵盖“限制类”和“淘汰类”产业政策目录18个方面、623项，全面放宽市场准入将政府从大量的微观经济事务和直接配置资源中脱出身来，转而集中于市场做不好、做不了的公共领域，充分激发市场活力和内生动力。“行政事业收费清单”涵盖收费项目59项，清单之外的收费项目一律不执行、公民和法人及其他组织有权拒缴，真正实现“阳光收费”。即时公布权力清单、率先建立“五项清单制度”。通过政府公报、政府网站等便于公众知晓的方式，在全川率先公布“行政权力清单”“政府责任清单”“市场准入负面清单”和“行政事业收费清单”“行政权力运行程序清单”及乡镇“行政权力清单”“政府责任清单”，明晰政府权责。

【深化行政改革】 根据《国务院关于进一步推进相对集中行政处罚权工作的决定》和《四川省人民政府贯彻实施国务院关于进一步推进相对集中行政处罚权工作的决定》，市政府法制办积极配合做好全市非行政处罚事项清理等相关工作，在城市管理方面相对集中市容、城市规划管理、市政管理、环境保护管理、工商行政管理、公安交通管理、气象管理等方面的行政处罚权，为行政权力规范运行奠定基础。为贯彻国务院《国务院全面深化改革若干重大问题的决定》精神和市政府领导的批示要求，会同有关部门在深入调查研究和充分协调的基础上，按照“统一、精简、效能”的原则，制定出试点工作方案和执法试行办法，明确试点工作机构、试点范围、职责权限、队伍编制、经费安排以及试点的具体步骤和要求。继续开展行政审批事项清理，重点对行政审批项目和非行政许可审批事项进行清理，共同清理、规范行政审批事项，摸清审批事项底数、减少行政审批环节、规范行政审批流程。公布市级部门《江油市行政许可项目目录》涉及行政审批项目182项，25个部门。组织行政执法资格证考试，规范行政执法主体。为提高行政执法人员综合素质、促进严格公正文明执法，按照绵阳市的统一要求，组织全市执法人员统一参加绵阳市行政执法人员考试。参加考试的人员，必须具有公务员（参公）、事业单位人员资格，考试合格后，给予颁发行政执法人员资格证。在执法过程中，严格要求行政执法人员必须具有执法资格证，提高行政执法水平，杜绝不具备行政执法资格的部门和人员行使执法权。清理公示执法人员资格，对全市行政执法主体和行政执法人员进行系统梳理。要求行政执法人员信息及时录入四川省行政执法证件管理系统，各行政执法单位对符合条件的在编在岗执法人员进行比对，将不具备行政执法资格的人员坚决注销起执法证件、调离执法岗位。规范行政执法程序、加大行政执法力度。完善行政执法程序制度，优化执法流程，健全行政执法调查检查规则，规范取证行为，用程序的公正保证结果的公正。依法严厉查处安全生产、食品药品安全、自然资源和环境保护、社会治安等方面的违法案件，维护公共利益和经济社会秩序。深入开展依法行政突出问题承诺整改工作，印发《江油市人民政府办公室关于做好依法行政突出问题承诺整改工作的通知》，征集本级政府及其部门在推进依法行政和行政执法中存在的问题，从中筛选20~30件人民群众和社会各方面普遍关心、反映强烈的突出问题，逐一明确整改部门和整改时限，并向社会公开。

【规范复议案件办理】 行政复议是行政权力救济的重要渠道，是行政相对人维护自身合法权益的便捷途径，市政府法制办本着把好事办好、为群众提供优质法制服务的原则，深入推进行政复议规范化建设。全年共受理并认真办理行政复议案件17件，其中不符合受理条件不予受理8件，受理9件。已受理案件中主要涉及土地林权纠纷、行政处罚等类型案件，经办理完结7件（其中维持5件、撤销2件）。对不符合受理的案件及时向申请人说明原因，耐心做好释法明理的沟通解释工作，化解社会矛盾。积极参加行政案件的应诉工作，树立法治政府权威。全年市政府出庭参加诉讼12件，其中涉及对行政复议不服提起诉讼的2件。

【完善法律顾问制度】 健全和完善政府法律顾问制度，建立健全以政府法制机构人员为主体、吸收专家和律师参加的法律顾问队伍。起草制定《法律顾问工作规则》《法律顾问会议制度》《法律顾问联系制度》《法律顾问考核办法》等制度。组建由7名执业经验丰富的律师组成的市委、市政府法律顾问团。

【建立和完善重大行政决策程序规定】 市政府法制办起草制定《江油市行政决策合法性审查规定》，规定行政决策事项未经合法性审查、经审查不合法或者未按照合法性审查意见整改完善的，不得提请市政府审议，不得作出决策。并起草《江油市〈四川省重大行政决策程序规定〉实施办法》。该办法严格界定重大行政决策的范围和标准，把部门论证、公众参与、民主协商、专家论证、专业机构测评、成本效益分析、风险评估、合法性审查和集体讨论决定作为重大行政决策必经程序，并公布执行。

（法制办）

公　安

【概况】　2015年，江油市公安局目标绩效考核排名江油市级部门党政综合类第一，获得绵阳公安绩效考核县区公安局第一名，被绵阳市公安局评为“2015年度全市公安机关绩效考评一等奖”，被授予“优秀公安局”称号，记集体三等功。

【维护社会稳定】　以“四会一节”等重大活动维稳安保工作为中心，全年开展不稳定因素专项排查12次，上报涉稳预警信息377条、处置涉稳突发事件21起，预警、处置率100%。成立“李白文化产业园”征地拆迁维稳工作组，组织开展为期半年的专项维稳工作。始终保持对“法轮功”“门徒会”等邪教活动的严打高压态势，查清各类邪教组织活动线索12条，破获邪教“门徒会四川大会”专案，抓获骨干人员8人，捣毁聚会窝点2处，教育挽救一般信徒100余人。严打暴恐活动，排查涉恐高危人员过境信息29条，排查出11名高危人员在江油停留情况，全市未发生暴恐袭击事件。完成“9·3”阅兵、科博会、央视中秋晚会、电商大会等大型活动和重要时间节点安保任务67次，特别是央视中秋晚会安保工作实现省委主要领导提出的“绝对安全，完美呈现”要求。

【刑事案件侦破】　全年起诉751人，现行命案发3破3，连续7年保持现行命案全破，成功侦破公安部督办“6·21”特大杀人骗赔跨省专案；共打掉五类侵财案件犯罪团伙42个、移送起诉232人；破获毒品刑事案件83件，缴获各类毒品2713.01克，收戒吸毒人员779人；移送起诉涉众型经济案件犯罪嫌疑人82人，挽回经济损失8千余万元；治安拘留执行1410人，查处、移送起诉黄赌案件58人，移送起诉“食药环”案件11人。抓好立体化治安防控体系建设，推动市综治委下发“六员”（即政策法律宣讲员、文明行为劝导员、困难群体帮扶员、环境卫生监督员、邻里纠纷调解员、社区治安巡逻员）进社区实施方案，在涪滨社区中心警务室试点“六员联动”机制得到省委政法委、省公安厅领导的高度肯定，新建成青莲高铁站前警务室等民生警务室3个；查处并销毁30万余元的假冒伪劣烟花爆竹，查处道路交通违法行为13万余起，开展抢险救援68起，全市未发生1次死亡3人以上的道路交通事故，未发生重大以上火灾事故，监管场所安全无事故。

【改革创新】　抓好“两个运行机制”（指县级公安机关警务运行机制和执法权力机制）改革试点工作。8月27日，四川省公安厅在江油市召开县级公安机关“两个运行机制”改革试点工作现场会。江油市公安局刑事科学技术室被公安部评为“全国示范刑事科学技术室”；建成全省首个县级公安机关DNA实验室；建成三级电子物证检验鉴定实验室；建成公共场所无线上网安全管控系统建设；建成公安图控中心、社会视频资源整合平台和路巷视频管控系统；乡镇“小天网”一期335个点位建成投用，完成城区“天网”升级改造。加快推进实战指挥体系建设，实现警情、案情的可视化、点对点调度处置；建成情报合成作战中心，自主研发平台，建立“三级联动”社会治安风险点研判评估机制。自主研发户政网上审批管理监督系统，实现农村户政“一网通”审批、“一站式”办理。推进15项行政审批、18项公共服务在市政务服务中心“一站式”办理，在出入境、车管、消防等多个窗口部门推广“01234”特色工作法和“四项服务”，并针对二郎庙辖区越南籍妇女较多的实际情况建起出入境服务站。

【公安法治】　探索受立案归口管理，在法制大队增设案件管理中心，对全局行政、刑事案件受立案实行网上统一巡查、集中监督管理，倒逼如实受案、如实立案和如实录入。健全执法监督机制，建立三长审批制、单轨制电子档案跟踪管理等四项案件审核制度；建立公检法司协作制衡、刑事司法与行政执法衔接等四项机制，成立执法监督管理委员会。完善执法和人权保障，完成基层所队执法办案场所改造,实现执法办案场所全程同步录音录像；制定出台《人权保障制度》，与司法局会签《法律援助制度》，设立律师意见交流室，保障犯罪嫌疑人权利和律师参与诉讼活动。建成全省首个县级公安机关民意调查中心，促进群众满意度提升。建成网上视频督察监控系统，实现对市公安局各个执法办案场所、为民服务窗口的全覆盖和过程的全程监督。

【公安队伍建设】 围绕“六个一”抓党建，以“三严三实”专题教育活动为主线，抓紧抓实党建工作和班子建设，建立领导班子功能结构模型和对比分析表，建起人才库和后备干部库，全年选拔任用干部86名，解决42名派出所所长、教导员副科实职问题。结合“走基层”“三走遍一深入”等活动，开展各类结对共建活动57次。逐级签订《党风廉政建设责任书》，确保“两个责任”落地落实；建立完善常态监督机制，成立4个监督巡查工作组，对局属47个部门开展常态监督巡查。对民警违规违纪行为坚持“零容忍”，主动发现案件7起、查办7起，处理违纪违规民警8人。创新实施“育警、塑警、强警系列警营文化建设工程”，全面完成“警史馆”扩建，组织开展各类专题教育培训32次，成功举办2015年江油公安春晚、警体运动会等文体活动，被省公安厅评为“全省县级公安文化建设示范点”。同时，加强官方微博、微信、微电影等“三微”宣传，全年发布提示预警信息、简讯类信息608条、其他公安工作信息132条。制发《警务辅助人员管理办法》，全面实行辅警层级管理和职务竞聘。

（公安局）

检　察

【概况】 2015年，江油市人民检察院紧紧围绕江油经济社会发展大局，坚持以法治建设为引领，以执法办案为中心，以司法改革为契机，全面加强和改进检察工作，强力推动检察业务全面发展，为建设“诗意中国·李白故里·美丽江油”提供坚强的司法保障。

【刑事案件公诉】 2015年，市人民检察院共办理刑事案件890件、1375人，其中受理审查批捕案件296件、465人，受理审查起诉案件594件、910人，审查后批准或决定逮捕213件、313人，向同级人民法院提起公诉476件、689人，移送其他院审查起诉5件、6人。办理制售假冒伪劣商品、强迫交易、合同诈骗、非法经营等破坏社会主义市场经济秩序犯罪案件21件、78人，办理“两抢一盗”案件164件、226人。

【惩防职务犯罪】 坚持有腐必反、有贪必肃。2015年，市人民检察院依法查办职务犯罪案件14件、20人，其中，贪污贿赂犯罪13件、18人，渎职侵权犯罪1件、

图16　2015年6月9日，江油市人民检察院召开基层人民检察院抽样评估首次评估工作会议

2人。重点查办小溪坝镇原镇长杨某等人玩忽职守和贪污案，武都镇田坝村原党支部书记傅某、村委会主任张某、村委会出纳陈某贪污案等重大窝案串案。在江油市委及上级检察机关的领导下，举全院之力，奔赴绵阳、德阳、成都及省外多地，一举查办德阳商业银行原行长李某受贿案，德阳市农村信用联社原党组书记、主任陈某受贿案，广汉市市委原常委、副市长谭某受贿案，绵阳市国土局原党委委员、纪委书记王某受贿案，通过办案为国家挽回经济损失5000余万元。

【诉讼监督】 加强刑事诉讼监督，严格防范冤假错案。2015年，依法办理不批准逮捕76件、144人，不起诉39件、63人，积极对侦查机关该立案而不立案及不该立案而立案情况进行监督，对侦查活动及刑事审判活动违法情况提出纠正，对认为确有错误的刑事裁判提出抗诉，并取得良好效果。加强民事行政诉讼监督，促进依法定纷止争。进一步优化和完善审判程序、结果、执行及审判人员违法“三位一体”的诉讼监督体系，切实做好监督和息诉工作，全力维护司法权威和公正。因江油市人民检察院民行检察工作业绩突出，受邀在全省检察机关民事行政检察工作座谈会上作经验交流。江油市人民检察院办理的马某、文某民间借贷纠纷虚假诉讼监督案被最高检作为典型案例在全国检察机关推广。

【社会管理创新】 积极创新社会治理，促进社会和谐稳定。市人民检察院与民政局会签《关于共同建立未成年人社会帮教基地的实施办法》，进一步加强对失足未成年人的教育、感化和挽救。2015年，办理未成年人刑事犯罪案件24件、31人，附条件不起诉未成年犯罪1件、1人。积极参与江油市司法局组织的社区矫正教育培训活动，通过开展以法律知识和实际案例相结合为内容的培训讲座，使社区矫正人员进一步树立遵法守法意识。2015年，对社区矫正问题发出检察建议39件。扎实推进法治宣传工作，全年多次在江油市火车站、厚坝镇、彰明镇等地设点开展“综治宣传月”“举报宣传周”“禁毒宣传日”等集中法治宣传活动，共发放各类宣传资料3000余份，接受群众咨询200余人次。

（检察院）

法 院

【概况】 2015年，江油市人民法院紧紧围绕司法为民、公正司法工作主线，切实履行审判职责，深入推进依法治市。全年共受理各类案件8198件，审（执）结7871件，结案率为96.01%，结案标的金额为122800万元。

【刑事案件审理】 全年受理刑事案件589件，审结562件，结案率为95.42%。从严打击危害公共安全、侵犯公民人身和财产权利的各类犯罪，审结张某某持枪抢劫案等“两抢一盗”、敲诈勒索案件175件，对217名被告人判处有期徒刑。保持惩治腐败的高压态势，审结兰某等人贪污、受贿、渎职案件14件，13名被告人被追究刑事责任，2名被告人免予刑事处罚。严惩破坏社会主义市场经济秩序、破坏环境资源保护犯罪，审结何某非法经营野生动物及其制品案等非法经营、生产销售伪劣产品案件9件，对15人判处刑罚。注重保护民生，审结全市首例拒不支付劳动报酬案件，对逃避支付农民工劳动报酬的被告人向某追究刑事责任。贯彻宽严相济刑事政策，坚持“教育、感化、挽救”的方针，依法从轻、减轻判处11名未成年被告人非监禁刑，对所有未成年被告人实行犯罪记录封存。

【民（商）事案件审理】 全年受理民（商）事案件4819件，审结4617件，结案率为95.81%。注重保护妇女、儿童、老年人、残疾人的合法权益，审结婚姻家庭、继承纠纷案件987件，促进家庭、社会和谐。注重劳动者权益保护，审结劳动争议、农民工工资、工伤案件116件，涉案标的211.49万元，规范劳动力市场秩序。注重规范市场经济秩序，审结金融借款、民间借贷、买卖等各类合同纠纷2652件，促进防范和化解金融风险，规范和引导民间资本健康运行。以化解社会矛盾为重点，依法开展司法调解工作，坚持“三大调解”对接。全年调解民（商）事案件822件、撤诉1533件，调撤率为51%。

【行政案件审理】 全年受理行政案件46件，审结46件，结案率为100%。支持行政机关依法行政，维护行政权威，以维持、驳回诉讼请求等方式判决行政机关胜诉案件11件，占结案总数的23.9%。依法对行政执法行为履行司法监督职责，以撤销、确认违法等方式判决行政机关败诉8件，占结案总数的17.4%。加强和规范行政协调工作，经法院依法释明或因行政机关主动改变不当行政行为，原告自愿撤诉结案17件，撤诉率为36.95%。继续推行行政首长出庭应诉机制，17名行政首长或委托分管负责人到庭应诉。向行政机关发出司法建议3份，得到相关单位的积极回应。

【执行工作】 全年受理执行案件2594件，执结2496件，结案率为96.22%，执行到位标的金额12394万元。针对执行工作中存在的人难找、财产难查等问题，建成多部门参与、多方联动和信息技术一体化的执行指挥中心。穷尽执行措施，依法采取查封、冻结、扣押等强制措施4500余次。加大对抗拒执行、逃避执行的惩治力度，对15名被执行人依法实施司法拘留，对1名擅自处理法院查封扣押财产的被执行人依法追究刑事责任。加大执行威慑力度，在法院网、该院门户网站和城区户外大屏幕上曝光失信被执行人97人次，将418名“老赖”信息纳入全国失信被执行人名单库予以公布，最大限度地迫使被执行人主动履行义务。

图17 2015年7月2日，十多位市人大代表、政协委员到江油市人民法院旁听案件审理

【服务发展大局】 围绕青莲李白文化产业园和双河神华煤电一体化循环经济产业园建设，在青莲镇太华村、双河镇天明村分别建立驻村工作站，派驻法官定期在工作站就地立案、办案89件，集中开展法制宣传4场次，指导人民调解9次，协助当地党委政府调处非诉矛盾纠纷24次。服务市委、市政府中心工作，抽调4名优秀法官加入“四会一节”工作组,协助做好群众拆迁安置、突发事件处置等工作，选派5名青年干警担任志愿者，全力服务中秋晚会的组织筹备、服务工作彰。配合市纪委组织143名党政领导干部旁听职务犯罪案件庭审，零距离接受警示教育。在市政府的大力支持下，投入40余万元对三合、武都、小溪坝3个法庭的审判区域进行规范化改造，增加残疾人通道、诉讼引导等便民功能。依托远程办公办案系统，广泛开展巡回审理活动，人民法庭就地办案2365件，巡回审理案件398件。深入开展“法律七进”活动，为企业、学校、群众“送法上门”“送服务上门”，先后到中坝职中等学校开展法制讲座3场次，发放宣传资料2000余份。扎实推进阳光司法，依托“中国裁判文书网”公开裁判文书2847份，依托法院门户网站和诉讼服务中心、人民法庭的LED显示屏发布开庭信息3900条，实现应上网文书100%上网、开庭信息100%公开。开通“12368”诉讼服务热线，接听热线解答群众咨询126人次。认真落实司法救助制度，为138名困难群众减、缓、免交诉讼费38.56万元，为52名困难申请执行人发放司法救助金29.7万元。狠抓涉诉信访化解工作，通过领导包案、带案下

访、预约接访、判后答疑等多种方式，成功化解陈金贵、张斌才等有社会影响、多年难以解决的信访案件。全年共接待群众来访600多人次，处理网络问政信件52件，无进京、赴省非正常上访等事件发生。

【推进司法改革】 围绕“让审理者裁判，由裁判者负责”的要求，出台《审判权运行机制改革实施方案》，细化承办法官审判职责，增加院领导办案、法官联席会讨论案件制度和鼓励综合部门具有审判职称的干警办案等规定。修改《审判委员会议事规则》，大幅限缩审判委员会讨论案件的范围，规范案件提交讨论的程序要求和办案人员列席制度，完善保密制度，增加个案讨论音视频记录及保管等相关规定，逐步建立起权责明晰、权责一致、监督有序、配套齐全的审判权运行机制。认真贯彻落实《最高人民法院关于人民法院登记立案若干问题的规定》，积极推进立案登记制度的实施，严格执行登记立案范围和程序。实施立案登记制后，接待群众立案咨询6900余人次，当场立案4337件，当场立案率为99.03%。

【自觉接受监督】 主动接受绵阳、江油两级人大代表对江油市人民法院案件庭审、执行等情况的调研视察，向市人大常委会专题报告2012年以来民（商）事审判工作的情况。向市委、人大、政府、政协报送《法院工作要讯》12期，邀请人大代表、政协委员视察法院、旁听案件庭审、座谈28人次。江油市人民法院有人民陪审员93名，达到法官人数的120%。对所有人民陪审员进行为期2天的职业道德和业务培训。按照“动态管理、属地参审、轮流参审”原则，组织人民陪审员均衡参审。2015年，邀请人民陪审员参与审理案件1108件，参审率达98%，人均参审次数超过10次。江油市人民法院人民陪审员管理工作经验两次被省高院《人民陪审员专刊》采用推广。

（蒋兴旺）

司法行政

【概况】 2015年，江油市司法行政干警和法律服务从业人员坚持围绕中心、服务大局，着力营造良好的法治环境，以深入开展依法治市工作、健全人民调解工作机制和规范社区矫正执法为重点，充分发挥职能作用，为建设西部一流经济强市创造良好的法治环境。人民调解受到国家级表彰，律师工作受到省级表彰，法治宣传和安置帮教工作受到绵阳市级表彰。

【法治宣传教育】 运用法治宣传栏、LED显示屏、电视台、报刊等开展法治宣传，开办“道德·法治讲堂”，举办各类法治讲座40余场次，编辑发送《法治江油手机报》10余期，编印各类普法书籍、手册、挂图、宣传单20余万份，制作法治春联、挂历、环保手提袋等宣传物料2万余份，深入开展“3·15”“6·26”以及“12·4”国家宪法日等专题宣传日（周）活动80余次，在全市形成浓厚的普法宣传氛围。继以体育主题公园为载体的首座法治公园建设完成后，在贯山镇建成全市首个乡村法治文化公园，在厚坝镇、战旗镇打造法治文化一条街，永胜镇建成长760余米的法治文化墙，启动云集乡法治文化广场建设。同时，在政府办公楼、景区、广场、宾馆、农家乐、车站等公共场所植入法治元素，让法治精神潜移默化地融入老百姓的生活。全力做好省级法治示范市创建和“六五”普法终期验收迎检工作，指导全市涉及创建迎检的62个单位完成480卷创建资料的报送工作，制作省级法治示范市创建和“六五”普法终期迎检专题汇报片，印制创建和“六五”普法成果展示画册，打造贯山镇清平村、长城办事处、川西北气矿等一批迎检亮点单位。江油市先后于6月和8月通过省级法治示范市创建和“六五”普法终期检查验收。

【人民调解】 完成江油市人民调解组织备案登记工作，各乡镇村社区换届后及时建立调解组织，收集整理并更新2014年全市各乡镇及村、社区调委会调解员名册的登记、报送工作，充实全市人民调解员信息库、人才库。全市共有435个村（社区）调委会、42个乡镇、办事处调委会、17个企业调委会及8个专业性行业性调委会，名人调解室2个，全市调解员合计2821人。围绕春节、科博会等时间节点社会和谐稳定，大力开展矛盾纠纷排查和化解工作。指导各基层调委会做好春耕大忙期间矛盾纠纷排查化解工作，并对春耕大忙期间工作开展情况形成书面材料报送上级机关。2015年，全市各级各类调解组织共受理各类矛盾纠纷4000件，调解成功3948件，调解成功率达98.7%。注重人民调解经验总结和推广宣传，做好优秀调解案例报送工作，精选2个医患纠纷调解案例报相关媒体。

图18 2015年6月，江油市迎接省级法治示范市检查验收汇报会

【基层司法工作】 完成全市9个基层法律服务所和55名基层法律服务工作者年检工作。增加4名新人充实基层法律队伍，继续推行“一村一法律顾问”制度，21名基层法律服务工作者与61个村、社区签订法律顾问合同。

【社区矫正和安置帮教】 对社区矫正服刑人员实行中队式管理，全年共接收社区服刑人员198人，解除矫正225人，特赦20人，警告46人，提请治安管理处罚1人，提请撤销缓刑收监执行3人，死亡2人，开展拟适用社区矫正社会调查评估218件。截至2015年年底，在册社区服刑人员450人。青莲、九岭、中坝司法所试运行由北京众谱达公司研发的“社区矫正工作数字化系统”。全年共计发放刑满释放人员生活困难补助70950元，涉及全市中坝、太平、三合等28个乡镇，帮扶生活困难人员65人。

【法律援助】 积极完善与人民调解的衔接配合机制，在办理案件时积极促成当事人采取调解、和解及非诉讼方式。根据受援人的实际情况，提供多层次，多样化的法律帮助，进一步降低法律援助门槛，全年共受理法律援助案件811件，为当事人挽回经济损失1540万元。建立新兴、新春、重兴3个标准化法律援助工作站，同时建立由律师和基层法律工作者组成的法律援助志愿者服务队伍，实行轮流值班制度免费为来访群众提供法律咨询。

【公证】 2015年，江油市公证处共办结各类公证案件3927件，其中，民事类公证2471余件，经济类公证589件，涉港澳台公证18件，涉外公证849件。积极参与青莲国际诗歌小镇及大康百合国际博览园拆迁安置公证案件上百起，还为双河口储煤基地土地流转提供公证法律服务。为500余人次提供法律援助，办理法律援助公证300余件，减（免）收公证费用20多万元。大力开展公证进“社区、工厂、学校、乡村、单位、企业、场镇”的“七进”活动。通过设立宣传公示栏、举办公证知识讲座、建立服务联系点、公证赶集、走访企业、免费进行法律咨询等多种形式宣传国家法律制度、普及法律知识、提高群众法治观念。免费发放宣传资料5000余册（份），免费解答群众法律咨询3000余人/次，使群众得到普法教育。

【律师】 2015年，四川太白、鼎天、张元律师事务所加强内部管理，规范律师执业行为，依法开展法律服务，维护当事人合法权益，同时积极参与社会矛盾化解和调解工作，为经济社会发展和稳定提供优质高效的法律服务。3个所的律师受聘担任300余家各类企（事）业单位的法律顾问，为企业的内部管理、经营活动提供法律意见和建议，规范企业的经营行为、规避企业的法律风险，避免企业经济损失800余万元。受聘担任各乡（镇）人民政府法律顾问，积极参与政府行政、管理和决策，为乡（镇）党委政府建言献策，提供咨询意见和建议，推动全市乡（镇）人民政府依法行政工作。太白律师事务所获得“省级优秀律师事务所”荣誉称号。

【司法鉴定】 绵阳鼎立司法鉴定所共有19名具有执业资格的司法鉴定人员，开展法医临床、法医病理、法医毒物、司法会计四项鉴定业务。2015年，共办理鉴定业务600余件。依法开展司法鉴定援助，为因工受伤人员免费进行劳动能力鉴定，全年免费进行劳动能力鉴定50余人/次。

（刘璐 刘超）

【仲裁】 2015年2月25日，根据江编发〔2015〕7号文件，设立江油市劳动人事争议仲裁院（副科级）。7月6日，仲裁院正式挂牌运行。仲裁院设仲裁庭和调解庭两个内设机构，核定编制5人。劳动人事争议仲裁院全年受理案件561件，结案533件，其中裁决结案304件，调解结案130件，撤诉99件。受理群众来信9件。在乡镇、规模企业及事业单位和主管部门组建基层调解组织86家，配备专兼职基层调解员530人，并举办首期基层仲裁人员业务培训。同年7月，江油市代表四川省和绵阳市通过人社部对江油市劳动人事争议仲裁效能建设和实体化建设的检查。

（人社局）

人民武装

【概况】 2015年，江油市人民武装部围绕强军目标，按照“高举旗帜铸军魂、紧贴使命强能力、从严治军打基础、巩固提高促发展、改进作风肃军纪”的思路，注重思想政治建设，持续改进作风，扎实抓好以军事斗争准备为龙头的各项工作落实，整体推进民兵预备役全面建设。

【思想政治建设】 扎实开展“三严三实”专题教育活动，先后多次组织党委成员下乡走访调研，收集整理各级对市人武部党委和机关的意见建议28条。扎实开展“双拥”和全民国防教育，以江油市2015年创建“全国双拥模范城市”为契机，先后开展清明节祭拜革命先烈、地方领导干部过“军事日”“八一”军地晚会、“全民国防教育日”上街宣传、“国防教育进社区、进家庭”等一系列拥军爱民活动。深入开展精准扶贫工作，先后多次与镇政府、村委会召开扶贫帮困专题会议，论证帮扶项目，协商帮扶措施，研究项目推进情况。全年在《战旗报》等报纸杂志上稿20篇，在分区及以上政工网上稿94篇。

【军事训练和应急演练】 围绕“能打仗、打胜仗”要求，严格落实战备制度，加强战备教育。落实战备值班制度，投入5万余元，规范本级“三室一库”（指办公室、资料室、执勤室，战备器材库）建设，补充完善基层武装部战备物资器材，成立民兵情报信息组，抓好民兵信息员网络建设，规范情报信息搜集报知方法、内容和程序。抓好军事训练落实和应急演练，多次组织民兵

图19 2015年7月，市人武部组织民兵防汛演练

参加“三支队伍”的训练，高质量完成通信、地质灾害救援、抗洪抢险、森林灭火等演练。

【年度征兵】 在征兵过程中，严把“兵员质量”关口，加强廉政监督，层层签订《廉洁征兵责任书》，着重把住预征对象推荐关、上站体检关和政治审查关，完成2015年度新兵征集任务。

【后勤综合保障】 坚持科学管理、科学保障，稳步推进后勤建设。修订完善后勤战备保障预案，建立完善应急车辆保障机制、开展资金安全管理检查，加强资金、物资和有偿服务管理。加强军车管理，落实车场日制度，加大对驾驶员的教育管理力度，树好军车形象，审核军人驾驶私家车资格。加强装具管理使用，对装备器材做到统一归口采购、管理的同时，完善器材保养维护制度，确保装备器材完好率。完成财务大清查工作，按有关规定对43280元经费进行全部追缴。

【民兵预备役建设】 开展走访慰问活动，看望并慰问驻江油军警部队官兵、老红军、复转退军人、伤残军人及军烈属，进一步密切军政军民关系。积极支持地方建设，组织民兵预备役人员参加重点工程建设、城乡统筹发展和新农村建设。围绕江油市创建“全国文明卫生城市”和“双拥模范城市”，积极组织干部职工和广大民兵配合地方政府做好宣传工作，开展巡逻执勤和文明劝导活动。

【安全稳定工作】 扎实开展以“条令学习月”、警示性法纪教育、“军车交通安全月”“三责”活动为主的经常性管理教育活动，组织干部职工签订安全管理责任书。联合地方有关部门对营区出租门面、房屋及周边环境进行了清理整治。专项开展以违规喝酒、违规用车、不假外出等问题为重点的整治活动。

（王　云）

武警江油中队

【概况】 中国人民武装警察部队江油市中队（简称“江油武警中队”）是江油市委、市政府领导下的一支武装力量，主要担负江油市看守所外围武装警戒任务，负责江油地区的应急反恐和抢险救援，维护江油地区社会稳定和保护江油人民安居乐业。2015年，江油武警中队被武警四川省总队评为执勤先进中队，共有40人受到各级嘉奖，20名战士被评为优秀士兵，中队长罗国全和政治指导员科忠华被评为“一对好主官”，1名战士被评为“强军典型”。

【军事技能训练】 发挥军事尖子优势，严密组织勤务训练，积极参加支队组织的各类军事训练集训，抓好在队训练、开展以“学电脑、会电焊、懂测量、能操作、晓试验”为主要内容的“五小练兵”活动，部队军事训练水平有所提升。本着“从严治警，科技练兵”的思想，以《训练大纲》为依据，坚持执勤部队训练贴近任务实际、机动部队训练贴近实战、院校教育贴近部队、首长机关训练贴近现代条件下的执勤和处突要求的“四个贴近”标准，结合中队担负的任务和江油市社会治安的实际特点，进行有针对性、实效性的防逃制逃、处置突发群体性事件、抢险救灾等情况的训练。同时，以提高单兵作战能力为目的，加强对射击、擒敌技术、战术等技战术科目的训练力度。选拔军事尖子参加武警绵阳市支队组织的“四会”（会讲、会做、会教、会做思想工作）教练员集训、尖子集训、骨干集训、军械员集训、抗洪抢险集训、反恐集训，并多次在武警四川总队、武警绵阳市支队举办的各项比武中取得优异成绩。

【后勤建设】 江油武警中队驻城郊三合镇龙桥村3组，根据武警部队《正规化建设标准》要求和部队建设需要，为解决营房陈旧、设施老化问题和改善官兵生活，中队报请批示申请建设新营房。在市委、市政府和市公安局的支持下，新营房建设在江油市发改局立项。2015年，中队后勤建设被四川省武警总队评为“后勤建设达标中队”。针对新形势下官兵的实际需要，与江油市图

图20 2015年9月27日，江油武警中队为央视中秋晚会机动备勤

书馆建立流动图书馆，增添图书两千余册，极大地丰富官兵的物质文化生活。按照武警绵阳市支队“六种”文化建设要求，提出“打造诗仙文化，培育四有军人”建设目标，对警营政治文化环境进行规划和建设。

【参与地方建设】 2015年，江油武警中队先后出动官兵500余人次，参与地方建设，参加道路翻修和各项“双拥”活动；先后与江油团市委、中国农业银行江油市支行、川西北矿区、中国建设银行江油市支行、中国银行江油市支行、四川省江油市师范学院、江油市图书馆结成共建单位，并开展节日联欢、参观学习等活动。在中国人民解放军建军88周年之际，参与在中坝大剧院举办的“军民团结一条心，携手共创文明城”的联欢晚会。中队被评为“拥政爱民先进单位”。

【执行任务】 2015年，江油武警中队在确保江油市看守所绝对安全的前提下，并完成各类临时勤务，尤其是央视中秋晚会、太白灯会、生态旅游博览会、九岭收费站设卡任务和第九届残奥会安保及升旗仪式等任务。确保各类大项活动秩序正规，维护江油市社会安全稳定。

（江油武警中队）

消防工作

【概况】 2015年，江油市的消防工作以落实《军队基层建设纲要》和《中华人民共和国消防法》为主线，大力实施消防安全“防火墙”工程，不断推进基层队伍正规化建设，严格消防监督，完成以防火、灭火及抢险救援为中心的全年各项消防保卫任务，为江油的稳定和经济发展营造良好的消防安全环境。

【消防监督管理】 江油市公安消防大队加强消防行政执法，完成防火监督、建筑消防审核验收、火灾事故调查等各项消防业务工作。加大执法力度，对违反消防法律法规的行为坚决依法处理。全年共审核各类工程（建筑、自动消防、装饰装修等）39个，验收工程36个，办理公众聚集场所的《消防安全检查意见书》37份。全年共检查单位1228家，发现火灾隐患239起，责令改正185起，督促整改火灾隐患230起，临时查封单位11家，责令“三停”11家，罚款449200元。

【消防保卫】 做好重大节日、火灾多发季节消防保卫工作。在节假日期间都要对商场、宾馆等公众聚集场所进行消防安全大检查，防止重特大火灾事故的发生。同时，加强值勤备战，落实安排值班制度，做好消防保卫工作，保证全市人民度过愉快的节假日。在春季、冬季防火期间，市公安消防大队及时请示市政府、提前安排部署，并得到各乡镇、机关、企事业单位和派出所的支持和帮助，进行春季防火工作的消防安全宣传、检查。

【宣传教育和消防培训】 2015年，市公安消防大队在搞好业务工作的同时，加强对消防工作的宣传，利用各消防专项检查和安全生产宣传日等机会散发宣传资料5000余份。重视对各类场所从业人员的消防培训工作，半年共调派到总队和支队参加消防安全培训140余人。另外，30余次应邀派人到各单位进行消防知识培训，参加培训人员累计达2000人次。

【消防安全专项治理】 按照“管行业必须管安全、管业务必须管安全、管生产经营必须管安全”的要求，市公安消防大队多次联合各部门展开专项整治：与市民政局、卫生局组织开展社会福利机构、医院消防安全专项检查；与市住建局、安监局开展易燃易爆危化品场所消防安全专项整治；与市质监、工商等部门对职责范围内消防产品生产、销售环节进行大清查；与市公安局组织开展危险化学品行业隐患集中整治等火灾隐患专项整治行动，整治了大批火灾隐患，实现“谁主管、谁负责”的管理目标。同时，市公安消防大队年内多次组织召开消防联席会议，分析研判该地消防安全形势和辖区火灾事故特点，推进整改措施落实。

【火灾调查统计】 2015年1月至12月，全市共发生火灾46起，抢救财产价值1085.73万元，死亡0人，伤1人，与2014年同期相比，起数下降15.3%，受伤人数下降75%，抢救财产价值增长262.3%，无重特大火灾发生。市公安消防大队对每起火灾事故严格按照《火灾统计管理规定》认真调查、统计，按照“三不放过”的原则严肃查处，火灾原因查清率达100%，处理率达95%。

【社区消防建设和农村消防工作】 2015年，市公安消防大队按照支队《社区消防工作联系制度》的要求，对每个社区都进行消防指导。并结合各类专项整治对全市29个派出所60余名分管消防的所领导和消防民警开展消防业务知识培训，加强派出所掌握和运用《四川省公安派出所消防监督工作规定(试行)》。同时，在全市安全生产工作会上，大队对各乡镇如何建立和完善农村消防工作机制，建立健全各项防火安全制度，完善消防组织机构，落实农村防火安全责任制，加强农村消防水源，乡镇消火栓安装、消防车道等基础设施建设等方面都提出了指导性的意见。

【消防训练】 强化训练改革，落实各项执勤备战措施，提高扑救各类火灾能力。贯彻落实公安消防部队实战化训练工作的指示精神，全力实施《公安消防部队灭火救援业务训练大纲（试行)》，积极拓展社会救援职能方面，结合江油实际，制定《江油公安消防大队灭火、抢险救援实施预案》、重点注重人员密集和易燃易爆“两类场所”抢险救援的科学性和实效性。深化岗位练兵活动，依照《公安消防队执勤战斗条令》，加强执勤训练的规范化建设，大力提倡科技练兵、科技兴训，强化中队执勤人员对现有装备，技术的熟悉掌握程度，特别是对新配备的特勤器材的有效利用上，实现人与装备的最佳结合。

【消防经费投入】 多次争取地方财政加大消防经费投入，市公安消防大队共投入中队常规器材、防护装备和特勤器材购置费300余万元，并购置两辆德国进口底盘消防车，分别为一辆32米举高喷射消防车，及一辆城市主战车，和一批特种器材，2015年内投入执勤备战工作。同时，对部队实战化训练塔进行改造，添置各类实战化训练设施，增强部队训练的针对性和实用性，为推动部队训练工作打下坚实的基础。

【城市公共消防基础设施建设】 按照市政府分管领导的要求，市公安消防大队依照江油市消防专业规划的要求，联系建设局规划部门，对所欠的市政消火栓的缺口数进行统计和上报，并进行增建。在借鉴武都镇消防规划编制的工作经验基础上，开展青莲、厚坝两个小城镇消防规划编制的联系协调工作，并已与两镇签订消防规划设计合同。

(公安消防大队)

人民防空

【平战结合规模化人防工程建设】 引进社会资金2.5亿元建设的纪念碑路段公共人防平战结合工程，完成“逆做法”人防工程顶板混凝土浇筑、市政管网埋设、路面恢复回填土碾压夯实，8月中旬，完成沥青路面施工、拆除施工围栏，恢复路面交通。年内启动“英伦庄园”人防地下室和“中央大道幸福里”人防地下室建设。完成投资150万元建设的人防机动指挥系统，并交付使用。青莲“九天唐园”挂牌共建的江油市民防疏散基地，年内进行相关配套设施建设。

【人防宣传】 由省财政、人防办补助30万元在江油市西山公园挂牌共建的江油市人防（民防）宣传教育、城市规划展示中心投入使用。结合纪念碑路段公共人防平战结合工程建设，通过在江油论坛、江豆网、江油都市网、《今日江油》、“走进FM97.6直播间”、发放资料等方式进行广泛宣传。江油市人民政府常务会议集中学习中共中央、国务院、中央军委《关于深入推进人民防空改革发展若干问题的决定》，并研究贯彻意见。

【人防工程建设规划】 江油市人防工程建设规划于2015年5月26日上报江油市城乡规划委员会2015年（第2次）通过，并报江油市政府常务会议审议，年内完成规划审定。

（人防办）

江油年鉴

“三农”工作

“Three Rural” Work

概　述

2015年，江油市把创新、协调、绿色、开放、共享的“五大发展理念”贯彻农业和农村工作始终，按照省委“两个重中之重”（即“三农”工作被确定为全部工作的重中之重，农民增收被作为“三农”工作的重中之重）的要求，以农民增收脱贫致富奔小康统揽农村工作全局，深入落实农民增收书记县长负责制，全面推进农村综合改革，加强农业基础设施建设，促进现代农业转型升级，全域全程全面推进幸福美丽新村建设，强力推进扶贫攻坚工程，不断创新体制机制，取得农业发展、农村繁荣、农民富裕的新成效，开创“三农”工作新局面。

2015年，江油市成功举办四川省首届生态旅游博览会、绵阳市旅游发展大会暨首届李白故里文化旅游节；承办“中俄兔业合作交流圆桌会议暨第三十二届中国兔业大会”；西屏镇被授予“中国獭兔之乡”称号；高水平规划建设大康百合花国际博览园，“百年好合爱情谷”被国家林业局授予“中国百合公园”称号。江油成功争创“国家现代农业示范区”和“全国乡村旅游和休闲农业示范县”，连续7年获全省“三农”工作先进县荣誉称号。

全市全年农林牧渔业总产值实现68亿元，比2014年增长3.8%；农业增加值实现41亿元，增长3.8%；农村居民可支配收入实现13718元，增长15.09%。小春粮食总产实现6.71万吨，增长3%；全市大春粮食总产实现23.31万吨，增长1.7%；油菜籽总产量实现4.69万吨，增长3.7%；生猪出栏30.37万头，实现稳粮增收。

全年发展家庭农场235个，全市农业产业化龙头企业销售收入实现30.5亿元，新增绵阳市级以上龙头企业3个，新增绵阳市级以上专合组织2个，新建和改造提升新村聚居点40个。建设幸福美丽新村85个。建设山丘区乡镇中心村项目10个。招商引资到位资金560万元。

农　牧

【山区、丘区发展】 2015年，继续加大对丘区、山区建设政策扶持力度。全年市本级财政安排丘区、山区产业发展基金2200万元，重点扶持东安乡自来水厂建设、小溪坝镇牡丹产业园、西屏镇精品海棠盆景园等中心场镇及产业发展项目86个，总投资达13879万元，撬动社会投资1.2亿元。全年实施项目45个，完成投资6850万元。

【现代农业发展】 按照“2+5”产业发展方向，采取“大园区、小业主”的发展方式，推进特色优势产业成片发展、规模化经营，建成40万亩优质粮油基地、27万亩商品蔬菜基地、21万亩特色林果、3万亩中药材基地、2万亩特色花卉基地、200万头仔猪基地、630万只獭兔基地。围绕“2+5”产业，大力引进和培育壮大一批农业产业化龙头企业，新增省级重点龙头企业1家、绵阳市级重点龙头企业4家，省市县各级重点龙头总数达到76家，覆盖种子种苗研发繁育、产业基地发展建设、产品加工包装、冷藏物流等各个链条环节，形成大产业、大基地的产业发展格局。

【农业多种功能和文农林旅融合发展】 按照“农业园区化、园区景区化”，加快推进4条文农林旅融合示范带和2个休闲农业发展圈建设，初步建成万亩规模的文农林旅融合发展示范园区10个。其中，中国百合花国际博览园以精致农林为依托，以文化创意为核心，以农村院落为载体，按照市场化运作、公司化运营、组团式打造模式，做好“百合、爱情、民居”三篇文章，以“文农旅”深度融合发展推动幸福美丽新村建设，带动农民增收致富，走出一条国家、集体、企业和农民四方互促共赢的新路子。2015年，接待全市乡村旅游游客170万人次，实现乡村旅游总收入8.6亿元以上，增长40%以上。

【农产品品牌建设】 2015年，全市新增“三品一标”（无公害农产品、绿色食品、有机农产品和农产品地理标志）16个，其中无公害农产品认证4个，绿色食品12个，农产品质量升级建设取得显著成效。切实加强农产品区域品牌建设，加大“李白故里”特色农产品区域品牌营销推介力度，全年引导清香园、翔风兔业、刘氏烤肉等7家特色农产品企业入驻“绵阳造”特色农产品展销馆，提升“李白故里”特色农产品区域商标的知名度和美誉度。全市45个龙头企业及农民专合社的近200个特色农产品使用地域标识商标整装上市；120个系列产品，近550个农产品参加各类展会，实现现场销售和订单销售收入1亿元以上。

【农业基础设施建设】 全年硬化村组道110千米；完成高标准农田建设1600公顷，土地整理项目700公顷；修复水毁工程264处，新修加固堤防3.7千米，疏浚河道3.6千米，水库除险加固2座，整治塘堰350口，沟渠清淤240管理，治理水土流失7平方千米，建设村镇供水工程19处，新增供水受益人口2.8万人，完成水利总投资20500万元。

【粮油作物】 2015年，全市粮食作物播种面积50700公顷，总产29.89万吨。其中，大春作物播种面积35120公顷，总产23.26万吨；水稻播种面积23533.33公顷，总产17.97万吨。玉米播种面积1万公顷、总产4.62万吨。红苕种植面积933.33公顷，总产0.49万吨。豆类种植面积193.33公顷，总产0.09万吨。高粱种植26.67公顷，总产0.005万吨。小春作物播种面积15580公顷，总产6.62万吨，小麦播种面积11086.67公顷，总产5.21万吨。土豆种植1733.33公顷，总产0.53万吨。豌豆播种面积640公顷，总产0.13万吨。胡豆播种面积526.67公顷，总产0.11万吨。油菜播栽面积16246.67公顷，总产4.21万吨。花生播种面积1286.67公顷，总产0.48万吨。完成推广优质水稻面积达15733.33公顷。全市建设部级粮油高产创建万亩示范片7个、总面积3853.33公顷，建立种植业科技示范基地10个，其中水稻6个、小麦1个、油菜1个、蔬菜1个、水果1个。

【经济作物】 2015年，全市蔬菜种植面积18233.33公顷，比2014年增加26.67公顷；上市量54.6万吨，较2014年增加0.2万吨；产值约12.33亿元，较2014年减少0.5亿元。水果种植面积4333.33公顷，较2014年增加180公顷；总产7.09万吨，较2014年增加3.59万吨；产值0.91亿元，较2014年减少0.2亿元。中药材种植面积1733.33公顷，较2014年增加393.33公顷；产量0.9万吨，较2014年增加0.3万吨；产值1.2万元，较2014年增加0.4亿元。茶叶种植面积433.33公顷，较2014年增加286.67公顷。蚕桑种植266.67公顷，较2014年减少33.33公顷；蚕茧总产量90吨，较2014年减少6吨。花卉苗木种植面积1600公顷，较2014年增加113.33公顷。全市建成“千斤粮万元钱”粮经复合产业基地2333.33公顷，“吨粮五千元”粮经复合产业基地1200公顷。在引进新品种新技术方面，引进优质辣椒江西农旺优胜104、农娇红、农娇红1号、更新818、香辣王Ⅱ型、香辣王Ⅲ型、辣秀1号、香辣3号等，优选出商品性好、产量高、抗病性强的香辣3号。引进费乌瑞它脱毒马铃薯示范种植605亩，实现亩平产量1800~2000公斤，亩平产值为3200元。新技术方面，进行冬瓜、西瓜、苦瓜、茄子嫁接育苗试验，培育冬瓜嫁接苗2万株、西瓜嫁接苗11万株、苦瓜嫁接苗5000株，茄子嫁接苗500株。首次实施蔬菜商品化育苗和蔬菜采后商品化处理农业生产全程社会化服务项目，完成茄果瓜类育苗110万株、叶菜类育苗20万株、蔬菜采后商品化处理1.15万吨，补助资金69.25万元。

【农村能源建设与管理】 全年新建农村户用沼气池1607口，完成总资金266.05万元，其中，中央资金160万元，全市达到9.64万口，占全市适宜建池农户总数的85.2%。新建设农村沼气服务网点5个，投入中央预算内专项目资金22.5万元，其他投资2.5万元。完成省级新村集中供气沼气工程建设3处，供气219户。新建、改建农村省柴节煤灶3100户。累计推广省柴节煤灶18.92万户。推广沼液浸种1466.66公顷，沼渣沼液种植喷施2000公顷，“三沼”综合利用率达90%以上。

【农业病虫害防治及检疫】 全年农作物病虫草鼠害发生面积141126.67公顷，指导完成防控面积227466.67公顷次，挽回损失8.1万吨，实际损失0.18万吨。全市农作物病虫损失控制在1.3%以下。实施专业化统防统治60066.67公顷。完成绿色防控示范面积5333.33公顷，建立粮食作物IPM绿色防控示范园区1个800公顷。建立经济作物IPM绿色防控示范园区2个面积、1633.33公顷。开展到2020年化学农药使用量零增长行动，全市化学农药实际用量822.5吨，比2014年实际用量854.4吨下降3.7%。示范园区化学农药使用量比常规对照减少31.6%。全年检疫豆类加工厂1个、农贸市场11个、超市18个、豆类批发点17个、仓库9个，共检疫豆类产品9.85吨。对杂交水稻、小麦制种、西瓜苗等主要产业进行产地检疫和调运检疫，产地检疫面积186.67公顷，检疫数量70.3吨；调运检疫5批48吨。出具调往省内检疫证书278份、省外225份。

【农业经营管理】 全市40个乡镇、涉及耕地保护补贴的363个村、3243个组，应享受耕地地力保护补贴面积35360公顷，发放补贴5712.91万元，平均每亩107.70元。全市享受种粮大户补贴69户，686.67公顷，发放补贴71.58万元。实施村级公益事业建设一事一议财政奖补建设项目366个，项目总投资7446.23万元，其中财政奖补3952万元。在太平等20个乡镇开展农村财务会计电算化试点，全市有23个乡镇实现农村财务管理电算化。在三合镇继续推进农村集体资产资源交易平台建设试点工作，组织招拍集体资产3起，交易资金67.5万元。在三合镇双江村2组开展2014年农村集体资产股份制改革试点工作基础上，2015年，增加大堰镇龙王村5组、战旗镇石庙村7组两个试点单位，试点工作得到绵阳市农业局充分肯定，三合镇双江村2组被确定为绵阳市农村集体资产股份制改革试点单位。2015年，江油市正式被农业部认定为全国农村集体“三资”管理示范县（市）。

【农田基本建设】 2015年，全市高标准农田建设完成面积3366.67公顷，总投资5225.5万元，其中，农业综合开发高标准农田建设项目完成480公顷，财政现代农业生产发展（水稻）项目完成513.33公顷，国土高标准基本农田建设项目项目2373.33公顷。完成田间作业道路72.59千米，灌溉渠系79.76千米，整治山坪塘20座。全年共投入提灌站建设资金503.5万元，新建改造提灌站24处，总装机629千瓦，恢复、改善灌面1206.67公顷。完成秸秆综合利用面积58086.67公顷，综合利用率达95.43%。推广测土配方施肥技术面积35400公顷，完成土壤有机质提升项目2333.33公顷。

【农业行政执法】 加强对重点农资产品的监管，依法认真清理整顿农资生产经营主体及其产品。2015年，共检查乡镇40个、农资市场126个次、生产和经营企业388个、检查种子品种489个、农药品种1150个，出动车辆145台次，出动执法人员681人次。依法查获经营违规种子20公斤、农药65瓶（袋），依法查处各类农资违法案件7起，挽回经济损失5万元。备案主要农作物品种489个，其中水稻142个，玉米229个，油菜118个。调解农资纠纷7起，为农民挽回经济损失16万余元。有效地维护农户的合法权益，全市农资市场进一步规范。

【农业制种】 2015年，重点推进国家级杂交水稻种子生产基地建设项目共4项，累计财政总投资1155.2万元。江油市2015年现代农作物种业提升工程项目，总投资150万元，建设地点龙凤镇鲁班村；备荒种子低温储备库建设项目，项目以备荒种子低温储备库、种子质量监管中心、种子加工中心3个建设内容征地8520公顷，位于江油市工业园区铁东路，计划分两期建设，一期工程总投资643.50万元建设备荒种子低温储备库及应急药械库，2015年10月开工建设，2016年5月竣工，7月投入使用；原种扩繁基地建设项目，总投资241.72万元，其中：各级财政投资168万元，企业自筹资金73.72万元。现代农业发展项目川优6203品种推广，总投资120万元，全市两个乡镇战旗及永胜镇共16个村推广杂交水稻川优6203品种1333.33公顷，用种数量2万公斤。首次开展杂交水稻制种特色农业保险工作，制种面积参保率达89.25%，制种企业参保率达100%。完成四川省水稻区域试验特早熟组试验任务，试验品种共9个。开展春季、秋季两季种子质量抽检工作，覆盖全市所有乡镇80%以上的种子销售门市部，完成市场监督抽样样品149个，合格率为98%。全市有11家种子企业发展水稻制种1020公顷，涉及12个乡镇，平均单产210公斤，生产杂交水稻种子321万公斤。

【农机管理】 2015年，农业机械总动力达到58.38万千瓦，机耕作业103万亩次，机收面积35800公顷，机播面积11466.67公顷，全市主要粮食作物耕、种、收综合机械化作业水平达到57.3%。全市成立农机专业合作社12个，服务农户27.06万户，从业人员拥有农机具703台（套），资金总额4728万元，作业服务总面积29980公顷，服务总收入4545万元。检查农机维修点125处、经营点125处，农机经销企业5个。与各拖拉机驾驶员签订安全责任书1000余份，全年共计检审各类农机821台，收割机7台。新办驾驶证“G”186个，新办驾驶证“R”5个，新办驾驶证“S”2个。新入户和转入的拖拉机39台、收割机7台。开展安全检查近110天，检查各类农机536台次，排查整改安全隐患167起，无重特大农机安全事故发生。全年共完成提灌站岁修965台/2.89万千瓦，组织投入固定抗旱提水机具1620台次、5.1万千瓦，共提水9410万立方米，灌溉稻田16533.33公顷次，加大对农业转型项目的支持力度，共有9处提灌站用于农业园区供水，试点推广安装5套提灌站信息化管理系统，总投资18万元。争取国家农业机械购置补贴资金908.60万元，接受农户购机申请2470份、机具2806台（套）、补贴资金501.64万元，带动农户投资1672万元。

【农产品质量安全】 2015年，针对农产品质量安全监管工作中的重要环节，精心安排，全面部署，明确责任，狠抓落实。重点开展农产品质量安全法律法规宣传、农业投入品监管、农产品质量安全检测和标准化生产技术推广等工作，推动全市农产品质量安全水平的不断提高。深入开展以农药为主的农业投入品的监管工作和农资打假活动。全市自行抽检蔬菜样品170个，合格170个，合格率100%。受省农业厅委派，达县市农产品质量安全监督检测中心工作组和绵阳市农产品检测中心对江油市进行8次农产品质量安全例行抽检工作。在蔬菜、水果粮油生产基地抽取蔬菜、食用菌、水果、水稻、玉米、土壤、水样等18个种类、145个样品，检测结果全部合格。全年完成绿色食品认证12个，无公害农产品人证4个，申报绿色食品企业4家，8个品种。

【养殖】 2015年，全市出栏生猪31.17万头，同比增0.2%；出栏肉牛0.82万头，同比增9.2%；出栏肉羊3.82万只，同比增3.0%；出栏肉兔352.67万只，同比增7.4%；出栏家禽656.09万只，同比增2.6%。肉类总产量4.02万吨，同比增2.2%；禽蛋总产量1.768万吨，同比增4.2%。生牛奶产量2117吨，同比增0.4%，完成水产品生产总量1.26万吨，鱼种投放1180吨，完成渔业经济总产值2.81亿元。全市现有规模养殖场5113个，成功争创国家生猪核心育种场1个、部级标准化示范场1个、省级畜禽养殖标准化示范场6个、绵阳市级畜禽养殖标准化示范场10个，江油市级畜禽养殖标准化示范场53个。建成年屠宰量达1000万集活兔宰杀、兔肉深加工、出口贸易于一体的现代化出口型食品加工企业1家和西南最大的裘皮加工基地，建成面积为1300平方米的兔文化、兔产业展示、展览、展销一体多功能展厅——中国兔文化博物馆，形成江油獭兔养殖、屠宰加工、裘皮服装生产销售的“全产业链”。2015年10月22—24日，中俄兔业合作交流圆桌会议中国畜产品流通协会兔业委员会第三届会员代表大会暨第三十二届中国兔业大会在江油市成功举办，江油市被中国畜产品流通协会授予“中国獭兔之乡”荣誉称号，江油市兔文化和兔产业发展受到国内外社会各界共同关注。

图21 江油附子GAP基地

【兽医】 坚持“预防为主，防重于治”的动物防疫方针，科学制定动物防疫规划，全面落实“计划免疫，强制免疫”措施，坚持“普免与突击免疫相结合，防检结合，以检促防”的工作措施，积极开展动物疫病监测工作，共监测病原学高致病性禽流感130羽份，猪口蹄疫230头份，猪瘟200头份，高致病性蓝耳病200头份，疯牛病10头份；布病、结核病检测奶牛207头，检测高致病性禽流感抗体1000羽份，猪口蹄疫抗体780头份，牛、羊口蹄疫抗体500头份，猪瘟抗体780头份，猪蓝耳病抗体780头份，抗体合格率均达到国家标准。认真做好检疫及监管工作，屠宰检疫、产地检疫和市场检疫均达100%，江油市2015年共免疫生猪146.59万头（含春、秋防免疫数），生猪的猪瘟、猪“W”免疫率达到100%，生猪耳标佩戴率的100%，鸡新城疫率免疫鸡549.33万只，养鸡专业大户鸡新城疫免疫率为100%；散养户鸡新城疫免疫率达到88.2%。全年重大动物疫病群体免疫密度达95%以上，重大动物疫病有效免疫抗体合格率70%以上，生猪规模养殖场和定点屠宰场病死猪无害化处理达100%。规范兽药管理，兽药抽检完成2个规模养殖场，3个兽药经营企业，5个批次，15个品种的抽样送检，均未检测出假药。开展动物诊疗机构专项整治活动，共检查动物诊疗场所7家，动物诊疗许可证行医2家，处理用药记录、诊疗记录无害化处理记录不规范3家，许可证过期，无证行医2家。动物卫生及兽药监督执法违法案件查处率100%。饲料产品质量合格率100%。

（农牧局）

林　业

【概况】 2015年，江油市林业工作以建设生态文明、美丽绿色江油为总目标，以改善生态、改善民生为总任务，加快林业发展，建设长江上游生态屏障，以建设林业经济强市为目标，扎实推进林业重点工程建设，大力发展林业产业，强化森林资源保护与管理，各项工作成效突出。

【承办四川首届生态旅游博览会】 2015年6月，由江油市林业局牵头推进的“四川首届生态旅游博览会”在江油隆重举行。各界领导、专家学者、企业嘉宾900余人，各地组团观摩代表2000余人出席盛会，吸引游客16万人次。该次博览会全面展示四川生态旅游建设成就，是一次引领四川乃至中西部生态旅游产业发展风向标的综合性盛会。被省委常委、省委农工委主任李昌平评为“创新发展生态旅游产业体制、机制的破冰之举”。

【造林绿化】 2015年，全市累计义务植树174.05万余标准株，公民尽责率达95.2%以上；栽植绿色通道50千米，新铺草坪3.5万平方米。完成营造林总面积2666.67公顷，经国家验收，造林成活率和苗木保存率均达到国家标准。积极推进第二期古树名木保护工作。完成市级绿化示范乡镇、绿化示范村、绿化示范学校的创建工作。截至2015年年底，全市森林面积超过13万公顷。

【退耕还林工程】 2015年，做好历年8万亩退耕还林的结构性和适应性调整，将工作重点转移到政策兑现、巩固成果和发展产业上来。历年退耕还林面积16万亩（其中退耕还林8万亩，配套荒山造林8万亩），涉及全市25个乡镇，受惠群众27609户、91107人。通过“一卡通”完成全市退耕农户兑现退耕还林补助任务。同时，高度重视退耕农户的生活问题，积极抓好后续产业发展。完成2013年、2014年巩固退耕还林成果后续产业自查验收工作，其中2013年巩固退耕还林成果后续产业通过省级检查验收。

【天然林资源保护工程】 2015年，依法对全市54.4786万亩生态公益林进行有效管护，并由市财政出资聘请307名护林员对全市201.89万余亩森林资源加强常年管护。与8.4万亩国有林管护人员签订管护合同，签订46.08万亩集体和个人国家级生态公益林双向目标管理责任书和管护合同，全市管护合同签订率100%。全面完成46.08万亩国家级生态公益林补偿金679.61万元，并增补兑现以前年度9568.45亩国家级公益林补偿金46.89万元。生态补偿金兑现率100%，是绵阳市唯一资金兑现率100%的单位。

【资源林政管理】 加强林木采伐程序管理，严格执行限额采伐制度。坚持凭证采伐、限额管理、分级审批。全年全市采伐限额指标为1.6万立方米，发放林木采伐许可证1061份，采伐蓄积1.1万立方米，商品林采伐蓄积量9983.35立方米，各分项指标也均未突破上级下达的采伐限额。强化木材运输管理，抓好木材检查总站执法工作，全年发放省内外木材运输证214份，运输木材3201.3立方米，运输竹材60吨；其中省外运输证60份，自产材省外运输123.9立方米，外来材省外运输509.2立方米。木材检查站总站全年共处理违法运输22起，没收处罚56立方米、活立木17株、处罚金额11万元。进一步规范木竹材经营加工企业行为。2015年3月初，市林业局召开专门会议，对全市140家木材加工企业业主进行林业政策法律培训，增强他们遵守木材加工、经营、运输等法律法规的自觉性。进一步强化林地征占用管理。市林业局坚持先批后占原则，对违反规定的业主，坚决责令其限期停工整改。全年全市共办理征收使用林地23宗，占用林地面积43.4827公顷(其中，市林业局批准临时占用林地13宗，批准占地面积8.0692公顷；批准森林经营单位修筑直接为林业生产服务的工程设施占用林地2宗；报省厅审核永久占地8宗，占地面积31.7913公顷)。

【生物多样性保护】 深入推进常年依法有效管护43.9万亩观雾山省级自然保护区，并对世界濒危植物—距瓣尾囊草进行抢救性保护，仅2015年收集距瓣尾囊草种子3.8万余粒，新建育苗大棚3个，育苗2500余盆，得到国家林业局、省林业厅领导和专家的好评。在江油太平镇和二郎庙镇先后新建2个野生动物救护站，陆生野生动物得以有效救护，填补江油无野生动物救护站的空白。开展“爱鸟周”和野生动物保护宣传活动，配合公安、工商、药监等部门联合开展强化野生动物保护执法检查。

【森林防火防灾】 通过强化多种形式宣传、应急保障、值班值守等日常管理，狠抓野外火源管控和督促检查，并多次举行半专业森林消防队伍培训和演练。尤其是2015年年初，江油市森林防火指挥部在武都镇组织开展森林火灾应急实战联合演练，提高市森林防火指挥部各成员单位协同作战能力。全市森林火灾的受害率低于国家和省控制标准同时，江油市对疑似松材线虫病进行常年有效管控，全市无公害防治率为100%；测报准确率为100%；森林植物及其产品检疫率为100%。

【林业执法工作】 开展“利剑行动”“全民禁毒”“剿枪”“林地行动”等专项行动，出动森林公安及林业行政执法人员576人次，出动车辆300余台次，林区重要通道设卡巡逻120次，开展法制宣传50余次，担负各类安保任务100余人次，印制禁毒、野保、综治宣传单2万余份，维护和翻新宣传牌10张，制作宣传横幅8条。查处各类涉林案件61起（其中，刑事案件5起，行政案件56起），打击处理违法犯罪人员61人，收缴木材42.333立方米，没收野生动物33只，涉案价值19.49万元，挽回经济损失35万余元，确保全市森林资源安全。

【林业产业化发展】 2015年，江油市以巩固生态建设成果，发展林业产业为目标，大力发展特色种植业、花卉苗木业和生态旅游业。新引进林产企业3家，完成招商引资任务7050万元。全市实现林业总产值18.8亿元（其中，生态旅游业产值4.85亿元），农民林业总收入8.9亿元，农民人均从林业中获得收入1460元。通过“四川首届生态旅游博览会”成功签约圣隆精致农业观光园建设项目（计划总投资7.1亿元），于2015年11月在彰明镇举行开工仪式。完成河西路、青西路道路绿化项目建设7.5千米，大康镇星火村大地景观及彩林建设项目9万平方米。

【林业改革创新】 江油林业部门主动适应新常态，突出抓好林业特色创新工作，做到以改革创新破解发展难题，以改革创业引领林业发展。在四川省范围内率先建立涉林案件有奖举报制度。借鉴外地先进经验，结合江油实际，探索出充分盘活林农自留山的办法，突破自留山流转瓶颈。同时，探索出集体林地所有权、承包权、经营权“三权分置”办法。2015年，江油市被国家林业局授予“第二批全国林业信息化示范县”称号。建成林业局生态建设陈列馆和养马峡野生动植物保护宣传教育陈列馆，对全市5个防火检查站全部重新进行布展。市林业局在全市各林业站推行一站式全程代理服务，群众对林业工作满意度明显提高。将林权交易纳入全市农村产权交易中心进行公开交易。年内已建立林权流转交易信息平台，并已配备专业人员和办公设备，免费不定期发布林权交易信息，保障林权交易的公开、公平、公正。

【创建国家森林城市】 按照绵阳市创森工作领导小组工作安排，江油市林业局创森办充分利用各大媒体、手机、门户网站等渠道发布公开信、短信，还印发并张贴海报、宣传单、创森宣传知识读本等方式大力宣传。经全市创森领导小组相关成员单位专家和绵阳市创森办专家的评估，40个指标全部达到或超过国家森林城市要求。全年全市森林覆盖率达到47.93%，城市建成区绿化覆盖率达到42%，人均公共绿地面积达到11.68平方米，水岸林木绿化率达到81%，干线公路林木绿化率达到80%，农民涉林收入年增长13%，公众对国家森林城市创建的支持率和满意度达到90%。

【林业扶贫】 2015年，全力落实局领导一对一帮扶困难户，并且每年不少于600元的物质救助。全年为贫困户送去物质、资金共计3万余元。另外，还重点从林业项目和技术方面进行帮扶。以异地植被恢复项目为依托，补助六合乡河石村资金23.57万余元。在河石村村委会附近修建1个群众休闲文化广场，总投资16万元。引导农民开展林下养殖和林下种植，对林下种植蔬菜进行200元/亩的政策补助，促进河石村农民增收。全年脱贫10户。

（罗　娜）

水　务

水利建设

【概况】 2015年，江油市农田水利基本建设共投入资金18685.236万元（其中：中央5435.18万元，省4847.876万元，市县乡8402.18万元），投入劳动力232万个，出动机械台班28320个，完成土石方392万立方米，水毁工程修复254处，新修加固堤防3.5千米，河道疏浚3.2千米，水库除险加固2座，建设村镇供水工程19处，塘堰整治250口，沟渠清淤240千米。新增蓄水能力115万立方米，新增灌面280公顷，改善灌面746.67公顷，新增节水灌面900公顷，新增除涝面积53.33公顷，改善除涝面积106.67公顷，新增旱涝保收面积160公顷，新增节水能力138万立方米，治理水土流失6.67平方千米，新增供水受益人口1.5万人，改造中低产田面积280公顷。计收水费200万元、水资源费350万元。

【小农水重点县项目】 中央财政小型农田水利重点县2015年项目在武都、永胜、新安3个镇的17

个村实施，2015年7月动工，12月15日完工，总投资3566.52万元(其中，中央财政1500万元，省级财政600万元，县级财政1050万元，群众筹资23万元，投劳折资393.52万元)，完成土石方工程量11.2万立方米。新建渠道42.59千米，整治渠道49.43千米，整治山坪塘115座，整治石河堰11处，新建蓄水池32口，新建及改造泵站8座。项目实施后，新增灌溉面积226.67公顷，恢复灌溉面积360公顷，改善灌溉面积806.67公顷，新增蓄引提水能力31.46万立方米，新增节水能力259.5万立方米，新增粮食生产能力476.42万公斤，新增经济作物产值673.59万元，新增旱涝保收面积660公顷，农民人均纯收入增加279.5元。

【大康百合博览园水利设施建设】 江油市大康镇国际百合博览园平通河堤顶道路项目被列入2015年社会融资项目，主要为左岸河堤绿化工程，右岸新建河堤、亲水景观及绿化工程。工程于2015年3月开工，6月完工。共投入资金952万元，完成土石方量4.2万立方米。

【李白文化产业园水系改造】 江油市李白文化产业园水系改造提升项目以改造提升涪济堰、磨针溪的输水、防汛能力，为产业园提供充足、清洁水量为目的，共硬化整治渠道6.8千米，新建排洪渠0.68千米，新建、改造渠道闸门8处，完成漫波渡开挖等，项目总投资0.11亿元。项目为2015年社会融资项目，于2015年3月月初开工，12月月底完工。

【三大河堰枢纽重建】 六合堰、涪西堰、大成堰3处中型引水河堰取水枢纽水毁工程重建项目为2015年社会融资项目，主要目的为将此3处中型引水河堰取水枢纽进行彻底改造重建，以解决长期以来存在的饮水困难、岁修量大、防汛安全隐患突出等问题。项目分别新建钢筋砼拦河坝228米、148.4米、150.9米（高度分别为5米、10米、5.4米），防汛冲砂闸2米×6米、2米×4米、2米×6米,下游均设钢筋砼消力池。项目投资分别为1659万元、1147万元、1092万元。项目于2015年1月开工建设，2016年1月25日全面完工。

【沉水水库建设】 枢纽工程完成骨料加工系统、拌和系统场地平整及硬化、拌和场实验室、常态和碾压砼拌和站、导流洞及洞内锚喷和进口闸门安装、牛背梁隧洞进尺60米及出口高边坡喷锚支护。上坝公路完成K0+000－K1+200路基土石方开挖及回填工作、砼挡墙120米、砼护坡浇筑800立方米、鸭子头隧洞进尺85米、鸭子头与石板垭隧洞间永久道路土石方开挖及回填、石板垭隧洞进尺310米及支护。进场路完成2.78千米土石方开挖及回填。临时用电线路架设基本完成。曹家岩料场、拌和站、大坝左右岸、牛背梁隧洞等施工场地的输变电线路和变压器安装完成，并投入使用。

【沉水水库移民与征地】 移民设施完成农村道路复建和通信工程；基本完成复建输变电工程；科源燃气工程年内尚在建设中。移民搬迁安置36户、117人，占规划任务的93.60%。完成征地补偿淹没区及影响区征地范围内的地上附着物（含附属设施、成片及零星林木等）赔偿、枢纽工程区永久道路（上坝路、进场路）建设征地范围内的实物复核和补偿、料场及生活区等工程建设临时用地区域的实物和土地补偿、渠道工程区约23千米征地范围内的实物复核工、农村道路复建征地范围内实物补偿。

江河管理

【堤防建设与维护】 2013年7月9日洪灾，致武都镇公坪村、下中脊村段堤防损毁。市委、市政府采用社会融资方式进行整治。武都镇公坪村、下中脊村段堤防重建项目批复投资510.039万元，由四川正方建筑工程有限公司中标承建，至2015年年底工程全部完工，进入审计阶段。2015度，省财政下达江油市国管水利工程养护资金260万元，其中堤防维修养护有涪江武都镇堤防1处，补助资金16万元，于2015年6月15日完工。河道汛前排查和隐患整治。2015年4月，由市防汛抗旱指挥部牵头，组织开展全市汛前安全检查，其中排查出河道堤防安全隐患11处，涉及10个乡镇。市政府下达整治资金138万元，安排当地政府进行整治，年底前完工验收和财政投资评审。马角坝河防洪治理工程建设被列入四川省2015年重点山洪沟防洪治理项目，批复投资1146.15万元。该工程于2015年11月12日开工，计划2016年5月完工。

【河道采砂管理】 整治河道采砂。根据《四川省河道采砂管理条例》《江油市依法整顿河道采砂工作方案》和《江油市河道管理河长制工作方案》要求，加强河道采砂管理，规范河道采砂秩序，推进依法整治河道采砂场工作，市原有河道采砂场32处，完成撤场24处。河道汛前安全检查暨2014年度河道采砂安全验收行动：由市水务局分管领导牵头，局办公室、江河管理所、水政监察大队、防办、质量监督管理站和各水务站抽人组成检查和验收小组，局纪检监察室全程参与监督。检查中，立案查处非法采砂1件，按照《中华人民共和国水法》第72条第2项之规定，将此案件移交江油市公安局按照《中华人民共和国治安管理处罚法》有关规定进行查处，给予当事人治安拘留10日；查处砂石料堆放在河道管理范围内阻碍河道行洪1件，行政罚款2.4万元，扣取其他违规开采履约保证金42.7万元。信访稳定工作。做好有关河道采砂信访稳定工作，将不稳定因素控制在萌芽状态，及时处理群众来信来访3件。城乡环境综合整治：投入资金约10万元，清除建筑与生活垃圾220吨以上，开展集中整治22次，参与保洁工作1400多人次，出动车辆110多台次。

防　汛

【概况】 2015年，属于暴雨日偏少、洪水偏低年，全市未出现重大灾情、险情。从雨情看，降雨量比历年同期平均值偏低2成，降雨强度偏弱、范围广、持续时间不长，降水时空分布不均匀，西北部山区暴雨频发。汛期全市平均降雨量为707.6毫米，比2014年同期减少88.7毫米，减11.1%。汛期全市出现5次暴雨过程，分别是5月21日至5月22日、“8·12”、8月16日至17日、9月8日至10日暴雨。城区最大日降雨量为9月8日和8月12日达73.5毫米，比2014年减少35.2%。从水情看，全市江河均以低水为主，涪江、通口河、平通河、潼江等主要河流均未发生灾害性洪水。从灾情看，总体偏轻，共发生1次（6月28日）较大洪涝灾害，全市8个乡镇多次不同程度受灾，累计受灾人口1.5万人，直接经济损失360万元（水利损失310万元），无一人伤亡。

【防汛日常工作】 3月30日至4月10日，围绕机构落实、预案修编、水库水电站度汛、山洪灾害防御、防洪物资储备、抢险队伍建设及度汛隐患排查等10个方面进行检查，查出26个乡镇山洪地灾隐患点108处（地质灾害点78处），市政府及时安排重点隐患应急整治资金200万元，6月20日前基本整治完毕。各级各单位调整成立以“一把手”为第一责任人的防汛指挥机构，层层落实防汛责任；全市40个乡镇和江河、水库、水电站、城市（镇）、堤防、山洪沟、重点塘堰落实行政、技术和监测责任人；市防汛抗旱指挥与各乡镇签订《2015年防汛安全责任书》。及时修订、完善全市各级各类防汛预案，特别强化防御特大洪水和超标准洪水的方案；市防汛抗旱指挥部于6月17日在武都镇龙安村开展全市防汛应急演练；将各水库预案摘编印制成《江油市××水库2015年防汛抢险避险明白卡》3000余份，下发张贴到水库下游各洪水影响区域。抢险队伍建设及防汛物资储备。全市共建立防汛抢险队伍235支，抢险人员2800人；常年储备（含代储）有编织袋17万条、麻袋2万条、编织布15万平方米、砂石料6万立方米、桩木150立方米、铅丝40吨、竹席4500床，冲锋舟3艘，救生船7艘、救生衣1550件、抢险车辆200辆、抢险机具150台、抢险工具7000件等主要抢险物资。4月30日前，各乡镇、各单位、各水库水电站都落实汛期值班，做到24小时值班和领导带班；进一步明确轮班、带班制度，做到无缝衔接，保证通讯畅通；加强与纵横向沟通和联系，保证上级指示、雨情、水情、汛情、灾情等信息的及时准确传递。按照省防汛抗旱指挥部《关于加强基层防汛抗旱体系建设的意见》，全市40个乡镇建立防汛抗旱指挥部，76个山洪防御重点村建立防汛抗旱指挥领导小组。各水库、水电站及重点防汛单位建立相应的防汛抗旱指挥机构。

抗　旱

【概况】　江油市地处四川盆地西北边缘，处在平坝、丘陵向山区的过渡地理带上，具有"旱洪交替、三年一小旱十年一大旱、冬干春旱频率高"的显著气候特征。而2014年冬至2015年春降水充沛，未发生冬春干旱。2015年6—9月大春作物栽种期间，降雨次数多，但每次降雨都极均匀，特别是7月两次降雨铁路以东老干旱乡镇降雨较少，导致较轻伏旱发生。

【旱情】　2014年6月，降雨130.8毫米；7月，降雨171.6毫米；8月，降雨113.0毫米；9月，降雨38.3毫米；10月，降雨72.5毫米；11月，降雨13.9毫米；12月，降雨2.2毫米。2015年1月，降雨10.6毫米；2月，降雨13.5毫米；3月，降雨22.1毫米；4月，降雨21.2毫米；5月，降雨86.1毫米；6月，降雨63.9毫米。分别为多年平均的97.03%、55.14%、42.74%、19.16%、106.46%、53.25%、34.92%、143.24%、113.45%、85.32%、30.03%、89.59%、48.52%。2014年10月，降雨充沛，2015年1月、2月、3月降雨充沛，未发生冬春干旱。全年仍属汛情旱发年。5月20—21日，降雨过程最大是龙凤镇雨量达144.9毫米，东安、新兴、战旗、新安、义新、贯山、东兴、大堰等干旱乡镇雨量超过20毫米。6月22—24日，降雨过程最大降雨89.1毫米，最小9.1毫米，8个乡镇大于50毫米，21个乡镇大于40毫米，32个乡镇大于30毫米。接着6月26日至28日，再次发生强降雨过程，最大降雨量226毫米。但进入7月以后降雨较少，气温偏高，铁路以东老旱区出现旱情，部分旱粮作物干枯，7月月底降雨旱情缓解，8月11日降雨后，旱情消除。2015年，汛期出现10次明显雨过程，5月下旬1次，6月下旬2次，7月上旬、下旬各1次，8月上旬2次，8月中旬2次，9月上旬1次，但降雨不均匀，发生较轻伏旱。

【抗旱服务队】　机构人员。市抗旱服务队成立于1996年，共计11个，其中县级1个、乡级10个。队员共计128人，其中队长11名、副队长2名。物资设备。有仓库1座、送水车2辆、挖掘机1台、水罐及水袋各1个、找水仪2台套、打井机4台套、空压机3台套、柴油抽水机组35台套、电力抽水机组35台套、输水软管2200米。制度建设。建立健全《抗旱服务队管理办法》《抗旱补助费管理办法》《物资储备管理办法》《财务管理办法》《安全生产管理制度》《设备管理制度》《设备维修养护制度》《保管员职责》等管理制度。

水政水资源管理

【概况】　2015年，全市总用水量3.99亿立方米，其中农业用水2.74亿立方米，工业用水0.83亿立方米，生活用水0.42亿立方米。全市共有取水户151户，其中省管4户，绵阳市管4户，江油市直管143户。

【水法宣传】　2015年3月22日是第二十三届"世界水日"，3月22日至28日是第二十八届"中国水周"。联合国确定2015年"世界水日"的宣传主题是"水与可持续发展"（Water and Sustainable Development）。中国纪念2015年"世界水日"和"中国水周"活动的宣传主题为"节约水资源，保障水安全"。以"世界水日""中国水周"为重点，采取城乡街头设点宣传、标语宣传、宣传车队等多种形式进行涉水法规宣传，开展送法进企业、进学校、进社区活动。全年出动宣传车辆10余台次，展出涉水法规展板16块，发放水利部宣传画及涉水法律法规宣传资料、图片12000余份，接受现场咨询500余人次。通过宣传，进一步增强全市广大群众涉水法律法规意识，为推进全市节水型社会建设，实施最严格的水资源管理制度，推进全市水利新跨越奠定良好的基础。

【水资源管理】　围绕落实"三条红线"（即水资源开发利用控制、用水效率控制和水功能区限制纳污），实施严格的水资源管理。强化取水许可审批和监管，开展水资源管理专项检查，进一步加强对取水户取水设施、计量装置的现场检查，认真核实取水水量及发电量情况，有力推进水资源管理工作。严格实施水资源论证工作，从源头上把好水资源开发利用关。严格水资源费征收管理，认真贯彻执行国务院460号令及《水资源费征收使用管理办法》，严格按照规定的征收标准按期征收水资源费，及时足额解缴入库，做到应收尽收。

【节水型社会建设】 2015年年底，四川省水利厅和省财政厅下达江油市省级水资源费节水型社会重点县建设专项资金2批共500万元，分别安排在八一镇、大堰镇和三合镇，主要用于秦家碾水库灌区和狮儿河水库灌区末级渠系整治及节水改造。

【中小河流水文站建设】 绵阳市中小河流水文监测系统建设项目计划在江油市新建中小河流水文站2处。一处为永平水文站，位于永胜镇朝阳村1组；另一处为方水水文站，位于方水乡官田村4组。2处水文站建设用地已被纳入全市2015年度土地征转报批计划，并上报省审批。

水土保持

【水土流失治理】 2015年4月，四川涪圣工程设计咨询有限公司编制完成《杨黎项目区（江油市）罗家湾小流域实施方案》；4月29日，通过省水保局技术审查；8月，完成项目立项；10月，完成招标；10月24日，项目正式实施，总投资300万元，治理水土流失面积6.67平方千米，其中坡改梯17.33公顷,经果林101.81公顷，封禁治理300.56公顷，保土耕作247.3公顷，蓄水池8个，沟渠3.9千米，沉沙凼20个，作业道路3.9千米，加上国土、财政、林业等其他部门投资3773.8万元，治理21.66平方千米和大户投资230万元，治理2平方千米。2015年，全市共治理水土流失面积30.33平方千米。

【预防监督】 全年共发放宣传单14000余份，书写固定标语156幅，组织法律法规培训会两次，主动送法上门86家。开展生产建设项目监督检查，其中检查国家级重点建设项目6次，省级重点建设项目12次，市级建设项目120余次。申报水土保持方案13份，审批11份，审批率达到85%。征收水土保持补偿费68.8191万元。市水保办被评为四川省水土保持预防监督先进单位和水土保持补偿费征收先进单位。

农村人口饮水

【工程建设】 2015年，农村饮水安全项目民生工程：中央预算内2014年度农村饮水安全项目民生工程投资645.85万元（其中，国家投资462.19万元，省级资金61.22万元，地方配套及群众自筹122.44万元），解决九岭镇1295人（大宝村200人、红岩村970人、粉石村125人），马角镇2756人（大炉山村961人、豹林村210人、龙宫村710人、前进村305人、油房沟村570人），八一镇3178人（中心村1699人、天台村375人、东岳村1104人），西屏镇1891人（白龙村755人、黑石村850人、凉风村286人），大康镇747人（下庄坝村628人、旱丰村119人），重兴乡1933（觉华村152人、龙山村211人、隆庆村345人、新街村400人、玉皇村487人、重兴村338人），新建集中供水工程34处，分散供水工程24处，共计11800万人饮水安全问题。中央维修养护项目。2015年，中央安排维修养护项目资金40万元，解决东兴、武都、大康、八一、含增5个乡镇部分供水工程的消毒设备、自动加药设施、水泵和管道。2015年度水量水质变化工程。市财政安排财政资金400万元，解决20个乡镇农村饮水工程水量水质变化群众饮水困难问题。江油市农村饮水安全水质检测中心建设：四川省发改委、省水利厅《关于转下达2015年农村饮水安全工程第二批中央预算内投资计划的通知》，下达建设任务。绵阳市水务局《关于江油市农村饮水安全水质检测中心建设方案审查意见的函》，同意建设方案。江油市农村饮水安全水质检测中心建设总投资240.18万元，其中中央财政补助资金72万元，其余不足部分通过本级财政配套和天一供水公司自筹解决。经市水务局研究决定，该项目由天一供水公司作为业主负责实施，中央财政补助资金用于检测仪器设备和检测车辆采购，年内完成仪器设备采购，并进入安装调试阶段。

【运行管理】 2015年，江油市人民政府出台《关于开展农村饮水安全攻坚行动的通知》，打破城乡及行政区域供水界限，最大限度优化供水资源配置。市鸿飞水务公司通过管网延伸方式，使供水范围覆盖中坝镇、太平镇、青莲镇、九岭镇、西屏镇、方水乡、二郎庙镇、厚坝镇、马角镇9个乡镇的城镇及其他可以进行集中供水的区域。市天一自来水公司尽可能利用管网延伸方式扩大供水范围，完成其他乡镇的集中供水任务。农村集中供水要最终实现资源整合、提质增效、优质供水、同质同价。

武都引水工程建设与管理

【概况】 武都引水工程由武都水库、取水枢纽、渠系、囤蓄水库、电站、提灌站等组成，总灌面21.8万公顷，分三期建设。武引一期灌区工程总投资21亿元，包括取水枢纽、总干渠（38千米）、石龙嘴电站（1.76万千瓦）、沉抗水库（0.98亿立方米）、涪梓干渠（67千米）及渠系工程，控灌江油、梓潼、游仙、三台、盐亭、射洪6个市（县、区）耕地8.47万公顷。二期包括武都水库和二期灌区。武都水库总投资35.25亿元，库容5.72亿立方米，正常蓄水位658米，最大坝高120米，坝顶长736米，坝后式电站装机3×5万千瓦；武引二期灌区工程（在建）批复总投资49.14亿元，包括西梓干渠（108千米）及渠系和金峰水库（0.98亿立方米），控灌江油、梓潼、盐亭、剑阁、射洪、南部6个县耕地7.02公顷。三期蓬（溪）船（山）灌区（前期工作）规划投资40亿元，设计灌面6.31万公顷。

【武都水库直灌区建设】 武都水库直灌区控灌15个乡镇、187个村1万公顷农田。左灌区渠道穿凉风垭隧洞后左分永（胜）重（华）支渠，右分永（胜）东（安）支渠。永重支渠又分铜星、铜（星）重（华）、重（华）厚（坝）、厚（坝）二（郎庙）斗渠；永东支渠又分永（胜）新（春）、永（胜）双（河）、双（河）新（安）、东（安）河（口）、东（安）新（兴）斗渠。右灌区支渠沿攀长钢四厂后山坡至大康设大康倒虹管跨平通河，设斗渠2条。大太斗渠自大康镇夏家湾起，沿平通河左岸至太平镇倪家大湾；大让斗渠自大康牟家道角分水，沿平通河右岸至原让水边界沟。左灌区凉风垭隧洞和右灌区隧洞建设已明确由四川省绵阳市武都引水工程建设管理局承担，属在建期间。左灌区渠系建设尚未明确。右灌区渠系建设由江油市武都引水工程建设管理局承担，完成招标设计，并进入招标阶段。

【武引一期灌区管理】 武都引水工程一期江油灌区于1994年建成投入运行，包括三新支渠1条和石岭、新安、义新、战旗、治新、东兴、大堰、大贯、贯山9条斗渠及常山、东岳庙、高泉山、石岭、杨安桥、黄莲嘴6座提灌站，设计控灌武都、三合、彰明、龙凤、新安、战旗、大堰、东兴、贯山、义新10个乡镇耕地、0.83万公顷。江油市武都引水工程建设管理局设灌溉管理股指导、协调和监督灌区管理，又设常山管理所具体承担灌区管理。至2015年度管理的基本形式是：常山管理所直接管理三新支渠和6个提灌站。三新支渠12.98千米渠道的维修养护和岁修由常山管理所组织实施，经费来源于水费；6个提灌站的维修养护和运行管理由常山管理所实施，包括请人抽水等费用开支列入提灌站成本，谁受益谁负担。9条斗渠由受益灌区乡镇政府直接管理，岁修等日常维护由受益村组分段分担，较大维修事项按照民办公助原则，由相关乡镇与市武引局协商处理。供水实行计划供水、合同供水，按方收费。2015年水费标准为自流灌溉0.12元/立方米，提水灌溉0.06元/立方米。2015年度武都镇供水3000万立方米，其他8个乡镇供水240万立方米。2015年，9条斗渠83.64千米渠道岁修由乡镇受益群众投工投劳完成；三条新支渠12.98千米渠道岁修由常山管理所组织完成；使用国家公益养护资金20万元完成常山提灌站的维修养护；其他

5个提灌站维修每个1—2万元。

（水务局）

农村工作

【幸福美丽新村建设】 全面实施扶贫解困、产业提升、旧村改造、环境整治和文化传承“五大行动”，以“三带七片”示范带（区）为抓手，全域全程全面推进业兴、家富、人和、村美的幸福美丽新村建设，累计建成幸福美丽新村90个、新村聚居点883个（其中：新建381个、改建502个）、提升改造农房风貌7万户，改造农村危房734户，建设农村廉租房440套，基本解决农村无房户、危房户、住房困难户住房问题。整合涉农项目和农村社会项目，统筹配套村级“1+N”公共服务设施，建成村级“1+N”公共服务中心90个。大康镇星火村和新安镇黑滩村分别荣获四川“最美乡村”称号和全国“最美乡村”称号。

【农民增收】 落实“农民增收县委书记和县长负责制”，建立农民增收乡镇党委书记和乡镇长负责制，将农民增收纳入县级领导干部“三严三实”“三走遍一深入”活动，实行乡镇党委书记主抓产业制度，争取通过三年努力，抓出规模、抓出成效、彰显特色，增加农民收入；建立市本级农村居民收入调查体系，在省定12个乡镇、140户调查户的基础上，江油市本级确定82个样本点、820户记账户，涵盖全市40个乡镇，科学、准确地开展调查工作，真实反映农民收入水平。

【新型农业经营主体】 2015年，全市新增农民专业合作社71个，总数达到377个，其中种植业128个，养殖业151个，水产业25个，林产业55个，生态旅游1个，农技15个，农产品贸易1个，市场物流1个。成员总数达到4.9万余户，带动农户6.3万多户，带动基地36万余亩。家庭农场增加200个，发展到235个，其中种植业92个，养殖业100个，水产业21个，林产业20个，生态旅游2个。建成国家级农民专业合作社示范社4个；省级示范社14个；绵阳市级示范社21个；江油市级示范社90个。省级示范家庭农场2家，其中2015年2家（首批）；绵阳市级示范家庭农场4家，其中2015年4家（首批）；江油市级示范家庭农场29家，其中2014年6家，2015年23家。年初开展对36个农民专业合作社2014年度财政专项奖励扶持，兑现奖励扶持基金100万元，有力推进合作社、家庭农场加快发展。

【土地流转】 2015年，全市土地流转面积8193.33公顷，新增流转土地面积600余公顷；江油市共发放抵押贷款5129万元，涉及流转土地面积840公顷；共审核设施农用地20件，涉及流转土地189.6公顷；全市完成1156个村民小组的野外调绘、130个村的二轮公示、20个村的一轮公示，涉及农户9.2万户，完成确权面积37260公顷，占应确权任务的59.5%。

（农　办　农牧局）

农村改革

【构建“1+6”农村改革体系】 深入贯彻落实省委深化农村改革推进会议精神，按照“系统谋划、积极稳妥、突出特色、重点突破”的要求，安排部署全面深化农村改革工作，形成“1+6”改革体系（1个《全面深化农村改革的意见》和6个专项改革方案），力求高标推进、率先突破、走在前列。

【农村产权确权登记】 作为全国50个农村土地承包经营权确权登记先行先试试点县市，全面完成试点任务，确权15.65万户。同步推进农村集体土地所有权、农村集体建设用地使用权、宅基地使用权、农民住房的确权登记颁证，完成农村集体土地所有权确权登记17.41万宗、面积26.16万公顷，登记率100%；农村集体建设用地使用权确权登记1.95万宗、面积0.2万公顷，登记率100%；宅基地使用权确权登记15.13万户、面积0.23万公顷，发放宅基地使用权证10万余本，发证率67%；农村房屋所有权初审录入5.8万户，登记发证3.2万户。整合农业、林业、国土、住建、水务等产权交易服务职能，设立

江油年鉴

工　业

Industry

工业园区

四川江油工业园区

【概况】 江油工业园区是1992年经四川省委、省人民政府批准成立的省级工业开发区。2001年，被省政府确定为省级重点开发区。原规划面积7.29平方千米；2013年，经省政府批复扩区后达到28.02平方千米。2009年5月后，先后被列为四川省“1525工程”成长型重点培育园区、新型工业化重点培育基地、“51025”重点培育产业园区、新型工业化产业示范基地、知识产权试点园区、“园保贷”试点园区。2015年，园区辖区规模以上工业企业达到138户（其中，“三大产业”规上企业达到101户），实现规模工业总产值408.7亿元，比2014年增长12.5%；营业收入390.3亿元、增长17.3%；产业集中度达到85.7%。全年完成固定资产投资55.5亿元（其中，技改投资42.8亿元），比2014年增长11.4%。

【发展规划】 江油工业园区结合江油市城市总体规划和土地利用总体规划、扩区发展规划，完成园区规划范围内控制性详规和基础设施、产业发展规划，同时结合“两新”（高新技术产业和战略性新兴产业）产业发展要求，优化装备制造、电子信息及光电、食品医药“三大产业”规划布局，注重用规划指导园区科学发展。

【基础设施建设】 到2015年年底，随着创元路北延伸段建成通车、110千伏开闭所建成和江油市科技孵化楼、现代食品医药产业园孵化中心等投入使用，规划区内19.16平方千米达到“九通一平”，综合承载能力全面提升。28.02平方千米规划范围内，累计建成各类标准道路40条、43.9千米，建成220千伏变电站1座、110千伏变电站4座、110千伏开闭所1座，10千伏开闭所2座，19.16平方千米区域道路、供电网架基本形成；建成自来水厂2座（城南水厂、三合水厂），日供水能力达到40万吨，19平方千米区域供水主管网实现全覆盖；建成配气站2座，园区日供气能力达到60万立方米；电信、闭路电视、宽带网络覆盖园区全域。

【要素保障】 充分发挥融资平台公司作用，2015年，园区实现融资到位资金7.449亿元、争取省级部门项目补助资金402万元。通过市场化运作，合资成立的江油燃气公司正式投运、供水公司正式组建，总投资4亿元的园区生产性生活配套服务区启动建设。获批省经信委“园保贷”试点园区，并部分放贷；与省投促会合作，启动“金融直通车”进园区暨金融服务站工作。园区关键要素保障能力进一步增强，投资创业、商务、金融等环境更加优良。

【项目推进】 2015年，签约高端装备制造、新能源新材料、现代医药绿色食品等“三大产业”和先导型服务业项目16个，协议总投资47.7亿元；完成到位资金25.3亿元（其中，国内省外20.1亿元），完成目标任务的101.2%。实施重点产业项目39个、项目总投资89.78亿元。其中，已建成星联电子、鑫鼎新材料、国鼎机械等项目9个，新开工兴盛源药业、万营实业、江虹线缆二期等项目19个。通过扩增量调结构、通过技改扩能推动转型升级，促进优势企业特别是“三大”产业企业集约集聚集群发展。

【园区改革】 构建“管委会+公司”的开发建设模式，通过整合平台公司组建工投集团公司，创元、凯盛公司与管委会管办分离，实现独立运作、自我发展。

建立项目预审批制度，提升园区主导项目的能力。财政体制按新模式运行，财政分成落实到位。通过因事设岗、以岗定员，机关科级及以下干部不限级别、不限身份，全部采用竞聘上岗、聘任（聘用）方式产生，园区干部能上能下的用人机制初步建立。

（杨先明）

工业类型

“两新”产业

2015年，根据绵阳市经信委《绵阳市高新技术产业和战略性新兴产业重点领域及产品指南》的规定，江油市委、市政府制定建设新材料基地，发展高端装备制造、电子信息及光电、生物医药“一基地三集群”的发展规划，培育“两新”产业。截至2015年年底，全市战略性新兴产业实现工业产值95.21亿元，高新技术产业实现工业产值84.81亿元，围绕“一基地三集群”产业的高端金属材料产业完成产值58.51亿元、装备制造产业完成产值27.02亿元、电子及光电产业完成产值4.99亿元、生物医药产业完成产值3.09亿元，占“两新”产业的79.4%。

金属材料产业

【概况】 金属材料产业是国民经济的基础，是高新技术产业化的载体，是国防建设的基础工业。江油冶金产业系依托国家三线建设时期建成的长城特殊钢公司（攀长钢）逐步发展壮大起来的。经过多年的发展，江油成为中国西部重要的特殊钢生产基地，现有攀长钢、六合锻造、长祥钢等规模以上冶金企业户，拥有自主知识产权独立钢种39个，可按照国际标准或国家标准，生产以模具钢、不锈钢等中高端产品为主要特色的12大类、350余个牌号、5000余个规格的高级优质钢，约占全省特钢总量94%，广泛应用于航空航天、高端制造业领域。2015年，全市金属材料产业实现规模工业总产值179.62亿元、增长6.4%，占江油工业总产值的37.3%。金属材料产业成为江油第一大产业。

【代表性企业】 攀钢集团江油长城特殊钢有限公司。具备年产特殊钢70万吨、成品钢材70万吨、钛材3000吨的生产能力，曾被列为国家512户重点企业、全国工业技术开发实力百强企业第5位，累计完成国家下达科研项目350余项、国家级科研新试课题2800余项，研制生产50余个牌号、300余个规格品种的新材料。其中，模具大轧棒、薄规格模具扁钢、高温合金、军工产品、核电材料制造技术处于国内领先水平，中高齿轮钢轧棒、不锈轧棒、高档无缝管产品技术处于国内一流水平，现已建成多条生产线，锻、轧、挤、焊、拔、铸等加工方式齐全。

长祥特殊钢制造有限公司。年生产电力设备配套的锻材、锻件、模具钢3万吨，已建成4500吨快锻水压机，年形成锻件生产10万吨。未来企业打造成国内一流的特殊钢材料锻造基地，重点发展大型特殊钢锻件及大型锻制模块。

四川六合锻造股份有限公司。超临界、超超临界和核电汽轮机组叶片、螺栓、转子、加强环等专用锻材锻件，年生产规模10000吨左右，军工及其他用途锻材锻件、叶片、螺栓，年产2000吨左右，尤其是该公司生产的多个超（超）临界机组动叶片用锻材锻件已逐渐替代国外高价进口，其市场占有率超过50%。拥有自主发明专利5项、实用新型专利12项。

装备制造产业

【概况】 江油市围绕攀长钢产业链形成的装备制造业有规模以上企业33户，以川矿集团、皇龙破粹为代表的机械集群，在矿山、水泥、化工设备制造方面位居西南地区前列，是国内唯一具有自主知识产权客货运输索道生产企业，主要涉及采矿、矿山设备制造、水泥成套设备制造、化工压力容器制造、建筑材料生产专用机械设备制造、锅炉及辅助设备制造等，具备年加工制造成套装备10万吨。2015年，全市装备制造产业实现规模工业总产值92.85亿元、增长9.25%，占江油工业总产值的19.28%。

【代表性企业】 四川矿山机器(集团)有限责任公司。1958年建厂，属于全国重型矿山机械行业、中国建材机械行业大型骨干企业之一，是国内机械制造企业中首批通过ISO 9001国际质量体系认证单位，是国家二级计量和理化认证企业。拥有木模、铸造、锻压、铆焊、热处理、金属切削加工、工模夹具加工、装配、气体、电气配套等12个生产车间和分厂。拥有Φ8毫米立车、Φ8毫米铣齿机、Φ6毫米筒体车床等各类机械加工设备800余台(套)。

江油皇龙破碎输送设备制造有限公司。产品包括C系列、G系列、M系列等上百种规格的破碎机，拥有40多项自主知识产权，年生产破碎机近千台套。

四川汇通能源装备制造有限公司。是集生产核电重型支撑用材料、10万~100万千瓦循环流化床电站锅炉吊挂装置及锅炉用冷拔扁钢的专业厂家，年产锅炉吊挂装置达6000余吨。

建材产业

【概况】 全市有规模以上建材企业60户，占规模企业总数29.7%。形成以水泥，墙材，石材，商混，精制石英砂，高、中密度纤维板材，轻、重质碳酸钙，玻璃纤维8个板块，门类较为齐全的建材产业。2015年，全市建材产业实现产值106.82亿元，占规模工业总量的22.18%。

【代表性企业】 拉法基水泥集团公司江油基地。系拉法基水泥集团在国内唯一的上市公司。该公司有职工1300人、拥有资产总额10亿元。年产各种水泥100万吨，年销售收入达4亿元的生产经营能力。可根据用户需要提供国内5大类各种普通水泥和特种水泥。

四川国大水泥公司。由中联水泥集团投资近10亿元新建日产4000吨熟料的新型干法水泥企业，该项目第一期日产4000吨熟料生产线顺利点火投产，年产各种水泥200万吨，年销售收入达6亿元的生产经营能力。

江油红狮水泥公司。由浙江红狮水泥集团公司投资8亿元新建一条日产4000吨熟料的新型干法水泥生产线。该项目于2010年6月18日点火投产，年产各种水泥200万吨，年销售收入达6亿元。

四川翠微新型建材有限公司。该公司有职工300人、拥有资产总额0.5亿元，是江油市“5·12”地震后最先建成投产的大型墙材规模企业。该公司年产加气粉煤灰砌块20万立方米，年产值0.5亿元。

江油市瑞康恒一建材有限公司。由该公司投资0.5亿元，建成年生产环保型墙材产品5000万块标砖，在充分利用建筑垃圾的同时，变废为宝为城市建设提供环保墙材产品。

天安石业有限公司。在石材开采、加工等环节都采用较为先进的生产工艺，公司征用矿区面积为0.212平方千米，占用储量217万吨。投资5000余万元，产值0.5亿元，年产标准板材50万平方米，并且开发马赛克和石材工艺品。

金时达石材有限公司。投资近2亿元，在香水镇镇江村有两个矿区，面积分别为0.14平方千米和0.68平方千米，占用储量737.4万吨，年开采荒料1万立方米、生产50万平方米的标准板材。

高密度纤维板。以众诚木业为首的高、中密度纤维板材企业为适应装饰材料的发展，计划分三步发展，首先完成阻燃化，以十溴二苯醚的更新换代产品作为阻燃剂，大力发展阻燃木业；其次实行部品化，像造汽车一样生产装饰材料，从以原材料生产为主转向以加工制品业为主。最终实现连锁化，建立大型木业公司，实现规模生产连锁经营的模式。

商品混凝土。以剑门商砼和为代表商砼企业具有年产商品混凝土100余万立方米，可保障200余万平方米建筑面积的工程用量。

玻璃及精制石英砂。以地大玻纤和南玻矿业为代表的玻璃及精制石英砂企业具有年产无碱玻璃球6万吨的生产能力，优质水洗砂60万吨的生产能力。

化工产业

【概况】 江油把培育壮大化工产业作为加快经济结构调整、提升工业发展水平的重要举措，坚持用高新技术和先进适用技术改造提升传统化工产业，积极培育发展精细化工和医药化工，有效促进化工产业的发展。拥有鑫达新能源、万利化工、启明星氯碱化工等规模以上企业13户，主要生产甲醇、离子膜烧碱、甲酸、甲醛、合成氨、二甲醚等20多种化工产品，甲醇年设计生产能力12.5万吨，离子膜烧碱年设计能力2万吨。2015年，全市规模以上化工企业实现产值14.14亿元、增长24.2%，占江油工业总产值的2.94%。

【代表性企业】 江油市万利化工有限责任公司。项目占地面积8.07公顷，采用“一段转化、低压合成、三塔精馏、汽提法回收甲醇”的先进工艺，产品符合国际AA级标准，年产甲醇15万吨，“佳信”牌甲醇先后获得四川省第六届、第七届、第八届名优产品称号。

绵阳市建诚化工有限公司：公司占地6.67公顷，主要生产经营工业甲醛及二甲醚等化工产品。2015年，生产销售甲醛、二甲醚产品9.5万吨，增长91%。2016年，公司计划总投资7亿元，占地260亩，分两期新建年产15万吨聚甲氧基二甲醚生产线。

食品医药产业

【概况】 食品医药是江油的传统产业，形成门类较全的工业体系，拥有清香园调味品、李白故里酒业、附子科技等规模以上企业25户，主要食用植物油、肉类制品、调味品、饮料制品、白酒、附子饮片等近百种类300多个系列产品。粮食年加工能力50万吨，食用油年加工能力5万吨，肉制品年加工能力16万吨，白酒年产约1万吨。2015年，规模以上食品医药企业实现工业产值38.85亿元、增长9.8%，占江油工业总产值的8.07%。

【代表性企业】 四川清香园调味品股份有限公司。拥有3个调味品专业分厂、采用传统工艺和现代技术生产酱油、食醋、复合调料等一百余种产品的四川省最大的酱油生产企业，年产调味品3万吨。清香园中坝酱油被评为“中国名食”和“中国土特名产”，近年连续获得“中国调味品著名品牌50强”“四川省名牌产品”和“四川省著名商标”等荣誉称号，全国酱油行业首家获得“中国地理标志保护产品”，并出口北美、东南亚等国家和地区。

江油市李白故里酒业有限公司。公司拥有固定资产总额近亿元，拥有窖池1000余口，储酒能力5000余吨。并建有先进的纯净水处理系统、全封闭不锈钢灌群和输酒管网及自动灌装线系统，年白酒灌装能力10000余吨。所产“诗仙阁”“玉罐”“川北人家”等系列产品，曾多次获得部优产品、省级优质产品，“中国历史文化名酒”“四川省著名商标”等称号。

四川江油中坝附子科技发展有限公司。为中国药材集团公司控股、江油鸿飞投资（集团）有限公司参股的中药饮片生产企业，位于江油市工业园区，占地2.2公顷，资产总额1500万元，公司有员工80余人，大中专以上学历员工占总人数的70%以上，有执业药师2人、主管药师2人、中药师8人。

绵阳神农药业有限公司。主要利用江油丰富的药材资源，研发生产和销售中药材、中药饮片。

已形成农、工、商、贸、服务一体化的经营体系，可年生产各类中药饮片及附子系列产品3000吨。

重大工业项目

神华天明煤电一体化循环经济产业园项目储煤基地工程年内已完成“五通一平”（即通水、通电、通路、通信、通气和平整土地），电厂获得省发改委核准并开工建设。鑫达新能源公司聚甲氧基二甲醚年内加快建设。中物院材料所军民融合产业园项目开展方案设计，首期项目确定。四川卓璟光电产业园项目推进有序。皇龙破碎一期、鑫鼎双（多）金属复合板生产线、星联电子年产30万平方米电路板生产线、附子科技附子产业升级改造项目和拉法基双马水泥现有生产线节能技改等项目进入竣工投产阶段。2015年，全市完成工业投资62.33亿元，完成技改投资64.46亿元。

（科工局）

部分重点企业及科研单位简介

中国石油川西北气矿

【概况】 中国石油川西北气矿（简称“川西北气矿”）主要担负四川境内北起广元，南至雅安、乐山等地矿权面积3.794万平方千米区域的油气勘探开发、管道运输、油气产品和天然气化工产品的加工及销售业务。生产天然气、凝析油、硫黄等油气化工产品，为广元至成都沿线及川西北地区的46个市（县）提供工业、民用和商业天然气。截至2015年年底，有机关职能科（部）室12个，直属机构7个，直属单位5个，基层单位15个。在册员工2737人，其中在岗员工2567人、退养4人、外借外派161人、其他5人。干部中具有高级专业技术职务职称67人、中级专业技术职务职称416人。工人中具有高级技师15人、技师93人。拥有固定资产原值117.40亿元，净值38.06亿元。累计发现地面构造152个，已钻构造68个，获气田7个，含气构造19个。累计钻井640口，有获工业价值油气生产井305口。拥有集气管线197条、588千米，输气管线79条、1008千米，气举管线22条、75千米，污水运输管线39条、154千米，输油管线2条、5.7千米，有天然气净化装置1个，回收装置1个，公用工程1个，轻烃生产装置1套，储运、充装装置1套。集配气站、增压站33座。

2015年，川西北气矿以合规管理为主线，突出油气勘探开发主营业务，着力巩固安全环保良好态势，努力推进降本增效，持续深化改革创新，全力维护企业和谐稳定，生产经营整体平稳健康运行。全年生产天然气6.14亿立方米，商品量5.75亿立方米，销售天然气10.33亿立方米，生产硫黄5207吨、石油液体5450吨。全年实现主营业务收入20.02亿元，与预算同口径调整后实现主营业务收入27.74亿元，完成年度预算的101.5%；实现账面内部利润总额-3.02亿元，与预算同口径调整后实现内部利润总额-2.74亿元，较年度预算减亏7106万元，完成年度各项生产经营指标。

【油气勘探】 依托川西地区重大科技专项，深化海相主要目的层系地质认识，明确气矿勘探方向和“122”领域，即一个主攻领域（下二叠统）、两个探索领域（川西地区震旦系—下古生界、川西南部雷口坡组）、两个深化领域（长兴—飞仙关组礁滩及须家河组）。通过技术攻关，逐渐形成川西地区深层海相地震勘探技术系列，复杂山前带构造展布格局进一步落实，川西地区深层海相储层预测技术逐步成型，有利区带（块）与目标优选更加落实，有效支撑地震勘探和井位部署。全年实施地震勘探项目6个，在平落坝、大观庙—柘坝场、龙泉—乐至、双鱼石等地区，实施二维地震1391千米、三维地震满覆盖面积499.2平方千米。针对川西地区下二叠统、寒武系龙王庙组，部署风险探井莲探1井、龙探1井；针对重点勘探开发目标区双鱼石、大兴场构造下二叠统、川西南部地区雷口坡组、川西北部地区长兴—飞仙关组，部署双探3、双鱼001-1、龙岗70、大深001-X4、邛崃2、龙016-H1等探井和滚动勘探开发井。目前，龙探1、双探2等6口井正钻。

【气田开发】 依据气藏动态分析成果，科学调整开发方式，全面优化产能结构，邛西气田高水气比效益差气井实施“关停并转”，中坝气田须二气藏实施“北排南控”，平落坝气田须二气藏实施“低动高维”，气藏开发整体受控。全面落实天然气产量“日跟踪、周分析、月调整”，及时解决开发生产管理中的突出问题，针对性制定异常井解决方案，确保气井稳定生产。精细论证，加快川西下二叠统气藏试采进程，先后完成龙004-X1井试采方案、大兴场构造下二叠统气藏试采方案。加快试采地面工程建设进度，双探1井投产一次成功，日产气30万立方米；龙004-X1井初步设计已获公司批复，气矿正组织实施。完成川西地区气藏开发潜力研究，进一步深化有水气藏水浸规律认识，形成5个气藏挖潜措施方案及排水采气方案，有力支撑低压气井效益开采，推进滚动勘探开发部署。积极采取电潜泵排水、气举排水、柱塞排水、泡排等采油气工艺措施，全年措施增产1.11亿立方米。2015年，综合递减率23.35%，单井日均产气1.3万立方米，气田保持稳定生产。

【安全环保】 推进QHSE体系建设。以“责任体系建设”为基础，综合运用体系工具，完成操作员工和基层管理人员能力评估工作；接受公司QHSE审核评估定级，发现问题140个，整改136个，另外4个已立项整改；加大三项制度审核力度，对审核发现的23类问题提出改进建议并进行整改，采取奖惩并重的考核机制强化制度有效运行，气矿2015年在三项制度推行中奖励14.44万元，处罚2.96万元，扣减基层单位HSE绩效分4分；公司对气矿作业许可审核平均得分91.9分，较2014年提升13.9%。开展安全环保合规评价，多形式加强新“两法”宣传贯彻，组织参加公司新“两法”知识竞赛，获优胜团体二等奖；开展新“两法”对标分析，完善3项安全环保规章制度，形成气矿《环保合规性清理报告》；认真落实建设项目“三同时”管理，完成10个建设项目安全、环保、职业健康评价和节能评估工作。开展安全大检查，发现问题73个，整改70个，另外3个纳入大修项目整改。2015年，气矿未发生一起安全环保责任事故。

【经营管理】 突出财务管理核心作用，严格资金计划，加强资金集中管理，提高资金使用效率，气矿在公司资金计划考核中名列前茅。开展“开源节流降本增效”活动，制定投资节约挖潜增效实施方案，投资成本得到有效管控，全年共节约或减少投资3360万元；开展“人均节约1000元”活动，严控、压缩“五项费用”和非生产性支出，节约操作成本488万元。强化招标和物资采购工作，全年共组织招标21项，招标金额1.09亿元，招标节约资金476万元。牢牢把控“选商、定价”两个关键环节，采购总金额8114万元，期末库存613.5万元，实现降库42.11%。强化天然气营销，市场开拓取得新进展，新开直供天然气用户4家，年需求能力1800万立方米；终端公司新开工业用户13家，新增工业用气472万立方米；积极储备市场，新发展临邛工业园区、崇州经济开发区、羊安工业园区3家潜在工业用户，年总需求天然气1亿立方米，全年增收2100万元。

【协调保障】 严格按照生产计划和调度指令指挥生产，加强主要管道运行压力和气量监控调配，严密制订和落实保供措施，崇州富士康配套产业园区等3个供气工程全部投运，全面提升供

图22 2015年12月28日，川西北片区召开矿服业务整合移交对接会

气保障能力，气矿日输供天然气创新高，达到450万立方米。加强炼化、净化装置受控管理，严格执行检修模式，完成轻烃厂增压机改造工程和雷三增压集气站、净化装置检修，提前5天开产。强化防洪防汛安全工作，做好灾害预警预报，规范应急储备物资账面出库实物管理行为，2015年，共落实自然灾害治理和恢复费用662.85万元。加强土地管理及地方协调工作，完成龙探1井等8个新增项目用地、44个建设项目用地、河7井2宗土地对外处置，确保用地手续完善和土地处置合法。

【科技创新】 有序推进川西地区重大科技专项，在地质、物探、工程、开发4个方面取得重要成果。在地质勘探方面，明确了川西地区下一步勘探主攻方向和领域；在地震勘探技术方面，山前带地震资料处理解释技术攻关取得技术进展；在工程技术方面，创新集成川西地区重点构造超深、超高压、超高温、含硫井钻完井工艺配套技术和“三高”复杂深井储层改造配套技术；在开发方面，明确气藏剩余储量分布状况，系统评价采气配套工艺适应性，老井产能得到有效维护。完成国内最高压力龙004-X1井放喷测试及动态试井，白浅102井穿芯连续油管打捞技术首次在公司成功应用，参与完成的《复杂油气储层裂缝定量识别与评价关键技术及工业化应用》首次获得国家科学技术进步二等奖，1项新型实用专利和1项计算机软件著作权通过股份公司审查，等待国家知识产权局受理和国家版权局审查登记。

（贾兴福）

中国石油西南油气田川西北公共事务管理中心

【概况】 中国石油西南油气田川西北公共事务管理中心（简称“川西北公管中心”）主要担负西南油气田公司、川庆钻探公司、成都宝石公司所属单位在川西北石油片区的物业管理、公共事务管理、离退休职工管理职能。截至2015年年底，有在册职工511人，其中，干部139人，工人372人。干部中具有高级专业技术职务职称13人，中级专业技术职务职称91人。工人中具有技师9人。机构设置有机关科室7个，基层单位8个。拥有固定资产原值61045.43万元，净值50025.42万元。2015年，川西北公管中心坚实履行三项职责，全力抓好服务保障、安全环保、燃气业务移交、社会治理等重点工作的落实与推进。上级下达关键绩效指标为，利润总额：全民-8488万元，集体经济53万元；社会化劳务收入：全民1900万元，集体经济1950万元。截至12月月底，全民利润总额-7465万元，考核认可后较上级下达指标-8488万元，减亏350万元；全民社会化收入实现1992万元，较进度指标1900万元，增收92万元。川西北公管中心第三次获得全国文明单位荣誉称号，荣膺全国文明单位“三连冠”，获矿区服务事业部2015年先进单位。

2015年12月28日，西南油气田进一步深化改革，撤销川西北公共事务管理中心，150余人划入川西北气矿，其余人员划入川西公共事务管理中心（双流县华阳）。

【生产保障】 2015年，川西北公管中心围绕主业发展所需和员工群众生活所需，做实生产保障服务，做优生活服务。累计供水75.06万吨，转供电760.47万千瓦时，转供天然气272.99万立方米；车辆安全运输74万公里；生产生活区域安防守护取得实效；清运垃圾4029吨；为驻矿单位员工提供健康体检3000余人，为社区提供巡诊、义诊等服务3030人次，石油小区社会医疗卫生服务实现全覆盖；新闻宣传坚持“三贴近”，超额完成上级下达的宣传任务，保持《中国石油报》“先进报道组”称号；完成2014年度文书档案收集工作和部分项目档案副本整编、录入、装盒工作，完成2014年鉴发行、2015年鉴编纂出版工作，为片区提供档案利用1500余件、750余卷。以创优达标工作为载体，制定并下发中心《三项基础工作检查整改推进方案》，进一步夯实矿区服务规范运行管理基础，持续提升服务质量；努力为入驻大厦单位提供会议、环卫绿化、秩序维护、电梯、空调维护等办公物业管理与服务，并借助大厦共同管理委员会，进一步规范大厦物业服务及管理，维持大厦安全、文明、和谐、舒适的办公环境。中油涪滨花园清风苑获“绵阳市物业管理优秀住宅小区”称号，石油天然气大厦获“绵阳市物业管理优秀大厦”称号。

【依法治企】 高度重视企业运行中的合规管理，注重合规管理中制度及流程的配套和完善，基本实现风险防控、问题整改与建立长效机制的有机融合。持续开展规章制度的专项清理，完善配套流程，推动全部业务流程管理从机关层面向操作层面延伸。全年共安排规章制度建设计划4项，其中新建规章制度2项，修订规章制度2项，废止规章制度10项。强化法律合同业务培训，与气矿联合举办内控与风险管理业务培训班，增强员工全局风险防范意识。开展矿服部分内控手册适用性分析，突出重要业务、重要事项的权限管理及风险控制程序。确保内控体系持续优化、运行有效、执行有力。贯彻落实公司“五项费用”专项检查启动视频会议精神和矿服部开展“五项费用”专项检查工作的要求，认真开展“五项费用”专项检查自查，查阅会计凭证957册，查找管理漏洞，完善制度流程，通过上级“五项费用”专项检查。做好彻底清理“小金库”和业务招待费报销专项自查工作，从制度上杜绝“小金库”的发生，中心无违反财经纪律的现象。贯彻执行公司《合同管理实施细则》，切实落实合同管理责任制，重视合同签订前的资格审查和履行中的全过程管理，严格执行相关绩效考核制度，有效防范企业经营风险，未发生一起因中心违约而引起的诉讼纠纷。加强纠纷案件管理。严格按照公司纠纷案件管理办法，积极作为，最大程度保障企业的合法权益。

【降本增效】 牢固树立过“紧日子、苦日子”思想，在盘活闲置资产利用、优化人力资源配置及强化公用水电消耗管理等工作上添措施、抓落实。围绕人均节约1000元目标，自上而下，开展群众性、多样性的“双增双节”活动，坚持节能目标考核和激励，层层分解节能节水指标，积极采用节能节水“四新”技术。全年，施中油涪滨花园电梯前室和电梯轿厢及地下车库灯具节能改造，调整涪滨花园地下室风机的开启时长，有效降低公用水电消耗。中油涪滨花园苑区公用耗电量下降37万千瓦时。优化人力资源配置，通过班组整合、改变岗位值守模式等方式，盘活现有存量，实现自己的事情自己干，清退保安、保洁、会议服务等外委用工45人，优化在岗职工44人，其中31人补充调整到清退的外包业务区域，全年将减少外委劳务费用约70万元。对电梯维保和化粪池清淘等外包业务采用招标等方式，有效降低外包业务费用约72万元。进一步清理中心存量闲置资产现状，不断提升资产的运营效益。先后出租三利苑闲置土地、龙桥基地办公楼及部分场地、原中心汽车服务公司办公场地，全年增加租赁收入42万元；针对年初中油涪滨花园商铺退租现象增多的情况，进行市场调研，加大宣传，制定优惠措施，积极催收前期欠交租金，有效缓解商铺租赁下滑的趋势，商铺出租率较年初增加近10个百分点。按照上级有关资产轻量化有关要求，完成资产清理工作。

【基础管理】 强化红线意识，多举措贯彻执行新“两法”。层层签订QHSE责任书474份；修订完成全员QHSE职责共计253个；安全联系和行为安全观察与沟通300余人次；完成中心QHSE体系审核问题的关闭和整改，通过矿服部QHSE体系审核组评定；完成全员危害因素辨识工作，形成中心“风险作业管理目录”；全面实施矿服部新版作业许可制度，并组织中心相关人员和承包商进行培训，确保新制度执行到位；深刻吸取天津市滨海新区“8·12”危险品仓库爆炸特别重大事故教训，全年组织开展危险化学品、出租场所、老旧危房、消防安全等综合、专项安全检查共计5次，发现并整改问题35个；开展高层建筑消防、防汛等各类针对性应急实战演练5次，参加人数600人次；共投入安全隐患治理资金56万元；在上级指导下，加强与地方政府、相关部门协调，积极推进燃气业务分离移交，与江油鸿飞公司签订燃气移交合同，4068户燃气用户移交地方，实现四川省启动“三供一业”移交工作以来，西南油气田首家燃气业务对外移交；加强对承包商的监管，考评承包商25家，处罚承包商一家，罚款5000元；中油涪滨花园46部到期电梯通过年检，全部电梯安全运行；对车辆运行实施动态监管，全年抽查中心运行车辆787台次；员工职业健康体检率100%，无新增职业病；“三废”排放合格率100%；2项QC成果分别荣获国家和四川省优秀QC成果奖；1个QC小组获得“全国优秀质量管理小组”。坚持用法治思维和法治方式化解矛盾、解决问题、维护稳定。围绕建设“平安矿区、和谐社区”目标，加强与地方的联系，发挥片区维稳综治牵头单位的作用，大力推进维护稳定和治安保卫基础工作，层层分解任务，严格落实责任制，充分调动和发挥中心上下及驻矿单位的积极性，努力形成维护稳定和治安保卫齐抓共管的大格局。加强舆情监控和治安、稳定信息收集，不断完善不稳定因素和治安隐患的排查、预警、调处及整改和应急处置、责任追究等工作机制；加强地企联防、警企联治，坚决遏制重大群体性事件、个人极端事件和重特大治安刑事案件的发生；完成全国“两会”、中共十八届五中全会、抗战胜利阅兵纪念活动期间等重点敏感时段维稳任务，实现片区维稳特别重点阶段零赴省、进京异常访和规模性集体访的维稳信访工作目标；全年来信来访办理率达100%；协调处理和解决困难帮扶、信访等事项690人次；组织开展以综治“四防”为主要内容的安全检查5次，查出并及时督促整改隐患16个；强化对外委保安业务的监管，严格门岗管理，强化治安巡逻，实现重大治安案件为零。中心荣获四川油气田“2012—2014年度社会治安综合治理模范单位”称号。

【民生工程】 全力加强阜丰花园小区建设项目施工过程的质量、安全、进度、投资管控。7月8日，川西北阜丰花园小区房屋加固维修项目通过参建各方现场竣工验收，如期完成。11月12日，中心全面启动阜丰花园房屋置换工作，对房屋置换中业主所关心的相关问题进行宣传解释。阜丰花园小区房屋置换工作有序推进。在灾后重建项目竣工结算方面。四川油气田江油基地灾后异地重建项目工程需要通过造价公司办理竣工结算的工程项目共计46项。除土建6、15标段未完成竣工结算审核外，其余工程均已完成竣工结算审核工作，并出具竣工结算审核报告，累计审定金额10.68亿元，审减金额1.79亿元，平均审减率为14.36%。按要求需送第三方审计的土建总包及专业分包工程共32项，已向第三方审计提交竣工结算资料30项，第三方审计已完成18项，累计审计金额约3.7亿元，审减金额约500万元，平均审减率为1.32%。在房屋权证办理方面。先后完成3、4、9、13、总平共5个标段的竣工备案，并在江油市住建局规划处完成施工图复审、测绘公司面积的终测等工作。以上5个标段已具备办理房屋产权登记条件。同时，对石油片区原产权房进行转移注销登记，完成初始登记录入1455户，住建局产权办理部门完成复审，出新产权证487户。在矿区扶贫帮困工程方面。贯彻落实集团公司《矿区扶贫帮困工作指导意见》和《矿区和谐稳定工作指导意见》，及时有效地实施生活帮扶、医疗帮扶和助学帮扶，让改革发展成果惠及片区各类群体人员。2015年，传统节日走访慰问困难职工、困难离退休职工、困难遗属及其他困难人员1677人次，支付慰问金172.17万元；大病帮扶56人次，支付帮扶金24.39万元；慰问住院病人119人次，支付慰问金19.39万元；助学77人，发放助学金10.10万元。在"夕阳红"关爱工程方面。认真学习"全国离退休干部先进集体"西南油气田川西南公管中心滨河离退休职工党支部的先进经验。落实离退休人员生活与政治"两项待遇"，深化"五心六点"服务，建立完善"网格化管理"模式，以离退休自管组、老年文体协会、老年大学和楼栋长制度为载体，搭建老同志"自主+自助"管理平台，离退休人员队伍继续保持稳定。为老同志发放、报销各种费用1759万元，组织老同志宣传教育和情况通报4420人次，组织开展各类文体活动23场次，共计7151人次参加；支持社区老年大学完成4个学期、25个班次、600余名学员的教学工作。老年大学国标舞班荣获2015年绵阳第二届体育舞蹈（国际标准舞）全国公开赛冠军、四川省2015年首届"希望之星"国标舞锦标赛金奖。在社会保险保障工程方面，按时足额征缴各类保险费5484万元，及时准确支付社保待遇9461人次、2257万元，实现参保率、缴费率、待遇支付率100%，切实维护参保人员的权益；住房公积金归集率实现100%，提取使用符合政策规定。

【综合治理】　贯彻落实矿服部创新矿区社会治理工作推进会精神，扎实推进创新矿区社会治理工作。中心主要领导率队，坚持每季度与涪滨社区领导班子进行工作座谈，就社区党建、居委会建设、便民惠民政策落地、居民自治等问题进行探讨和沟通交流，协调解决矿区社会治理推进过程中存在的问题。支持推动社区"大党委"和"网格化"建设，协调地方，将原石油社区400余名党员平稳过渡到涪滨社区，发展壮大社区党组织队伍。社区建立居民代表议事会等13个服务机构，制定《涪滨社区民主决策制度》《涪滨社区"两委"议事规则》等28个制度、流程。形成社区党总支领导，居委会为主体，社区服务工作站、驻社区单位、各类群众协会积极参与的社区多元治理格局。按照"融入型"社区管理和地企共建原则，参照全国文明城市社区建设标准，由地方政府和中心共同出资，对涪滨社区阵地进行改造，进一步完善社区功能。居家养老日间照料中心接待老人2万余人次；文化活动中心举办道德讲堂19期；综合服务大厅"一站式"服务为127人提供就业招聘机会；为1650名离退休人员办理基本养老金资格认证，29名老人享受由政府购买的居家养老服务。全力配合社区"单元化联户共建共享"工程，中心主导推选产生的35名中油涪滨花园楼栋长协助中心物管单位化解邻里各类矛盾纠纷229起，掌握特困户和居民关注热点问题71个，上报治安、安全隐患126处、监督隐患整改126处；全力支持社区警务建设，推动"涪滨社区警务室"微信公众平台和江油市首个社区警务室视频监控平台建设，社区居民实现足不出户，第一时间尽享警务信

图23　2015年9月18日，川西北公管中心召开年鉴编纂委员会会议

息，天然气大厦办公区域和涪滨花园生活区域纳入地方警务视频的实时监控；协调200余名石油相关人员进入社区“六员”组织体系，协同开展群防群治，形成“基础信息联采、矛盾纠纷联调、重点人员联控、区域治安联防、平安社区联创”的局面。

（贯兴福）

神华四川能源有限公司江油发电厂

图24　2015年3月7日，神华集团总经理凌文到江油发电厂检查指导工作

【概况】　神华四川能源有限公司江油发电厂（简称“江油发电厂”）系神华四川能源有限公司全资分公司，始建于1958年，历经四期建设和两次小机组关停，现有4台、300兆瓦等级燃煤发电机组，总装机容量1260兆瓦，为四川电网骨干电厂，是川西北地区重要电源支撑点。电厂内部设置总经理工作部、人力资源部、资产财务部、经营计划部、物资管理部、安健环监察部、设备管理部、生产技术部、发电运行部、燃料运行部、煤质检验中心、检修维护部、党群工作（企业文化）部、后勤保障部14个二级部门。截至2015年年底，有在册员工1251人。2015年，完成发电量37.47亿千瓦时，其中实发电量30.76亿千瓦时、同比下降25%，水火替代电量6.71亿千瓦时、同比增长61%。

【节能环保】　制定“三年降10克煤”的节能降耗目标，从管理、运行、维修、技改四个层面落实具体措施，厂领导每月对凝汽器真空治理、电除尘整治等5个重点项目跟踪检查进度，严格典型工况下的精益操作策略。积极探讨机组低负荷下的经济曲线，优化运行方式，确保综合节能效果，2015年，供电煤耗为330.41克/千瓦时，同比下降2.8克/千瓦时。2015年1月，神华江油发电厂2台、300兆瓦机组脱硫脱硝技改工程入选绵阳市十大民生工程。根据国家三部委《煤电节能减排升级与改造行动计划(2014—2020年)》要求，编制企业《绿色发电节能环保升级改造行动计划（2016-2020年)》。

【科技创新】　组织实施神华集团批准立项的《长周期存煤技术及数字化煤场研究与应用》科技创新项目，通过研究烟煤的自燃特性、热值损失特性、长周期存储、防止自燃技术，建立起一套基于GIS适合于企业的涵盖燃煤供应、燃煤计量、燃煤质量、煤场管理、燃煤耗用等燃煤全进耗存周期的集自动化、数字化、信息化三化融一的数字化煤场管理系统，达到煤场“实时监控温度、及时翻烧、自动盘煤、降低长期存煤的热值损失、实现精确配煤掺烧”的目标。

【结构调整】　针对电力市场需求不旺、发电量降幅较大的特点，神华江油发电厂大力推动转型发展，创新发展策略，依托内部富余的人力及技术资源，成立对外工程公司，坚持对外工程“走出去”工作举措，积极对外承揽电力检修及运行维护业务，对外创收额连年大幅增长。2015年，除进一步巩固川南片区业务外，在新疆、内蒙古、福建、重庆、广东等区域均实现较大突破，实现对外创收4377万元，比2014年增长46.23%。

（神华江油发电厂）

四川神华天明发电有限公司

四川神华天明发电有限公司成立于2013年1月15日，是神华四川能源有限公司的全资子公司。该公司计划在江油市双河镇规划建设4×1000兆瓦燃煤发电机组和100万吨国家煤炭应急储备基地项目。其中，一期建设2×1000兆瓦超超临界燃煤发电机组和50万吨国家煤炭应急储备基地，项目投资估算约82亿元。该项目建设目标是打造四川省首个超低排放火电标志性工程，建设“安全可靠、宽负荷高效、超低排放、盈利能力强”的标志性示范电厂。2015年，一体化循环经济产业园项目储煤基地工程完成施工前的前期准备工作，并开工建设。

（科工局）

攀钢集团江油长城特殊钢有限公司

【概况】 攀钢集团江油长城特殊钢有限公司原名冶金工业部长城钢厂，始建于1965年，1972年正式投产。1988年，进行股份制改造试点。1994年，其控股子公司——长城特殊钢股份有限公司在深圳证券交易所上市。2003年，完成债转股；2004年，攀钢重组长钢，公司更名为攀钢集团四川长城特殊钢有限责任公司（简称攀长钢公司）。2009年7月，攀钢集团完成整体上市工作，通过吸并原长钢股份公司，收购运输公司、钢管公司、房地产公司等，组建成立攀钢集团江油长城特殊钢有限公司（简称攀长特公司）。2010年5月，攀钢集团与鞍钢集团联合重组；2012年3月，公司成为鞍钢集团下属唯一的特钢公司。2014年9月，公司完成股东变更，成为攀钢集团有限公司全资子公司。

公司原设计产钢21万吨，产材17.65万吨。经过近50年的发展，具备年产特殊钢70万吨、成品钢材70万吨的生产能力，曾被列为国家512户重点企业，多次入选全国500家最大规模工业企业和最佳经济效益工业企业。1992年，被评为全国工业技术开发实力百强企业第5位。公司拥有国内先进的真空感应炉、真空自耗炉等特种冶炼设备，配套齐全的40吨LF炉、VOD炉等炉外精炼设备，25吨抽锭式管坯电渣炉、7吨德国LED保护气氛电渣炉、3吨保护气氛电渣炉等特种冶炼设备；拥有生产钛材的80M油压机、自动称混料系统、真空等离子焊箱等先进设备；拥有世界一流水平的精密无缝钢管生产线、国内先进水平的棒线材连轧生产线，引进捷克、奥地利45/50MN快锻机和18MN精锻机组、德国的1250kNm有轨操作车和10吨无轨装取料机、多功能自动淬火水池热处理线、18米超宽室式调质炉热处理线的锻造生产线，国内特钢行业唯一的3150吨热挤压机组、中西部地区唯一的Φ825初轧机、1000吨立式穿孔机及2000吨锻压机等加工设备。产品广泛应用于国防军工、航天航海、石油化工、家电等领域，主要优势品种集中在模具扁钢、高温合金、钛及钛合金、航空精密管及三化不锈精密管、军工产品、Cr不锈钢、140~220mm的大型优质合金钢材、250~400mm的优质合结钢锻材及高精度、超长、耐蚀不锈无缝管等方面。卫星装置用钢、抗氢脆HR系列钢、飞机涡喷发动机用钢等产品填补国内空白；汽轮机叶片用钢、高温合金及耐蚀合金、核电及火电设备用钢、军工用钢及电站锅炉用管、核级304L、316L不锈钢管等高技术含量新产品领先国内同行；高合金工模具扁钢、Cr不锈圆钢、民用高温合金等产品国内市场占有率达20%以上；Cu_2Ti、18Ni、G50、Cu_4Nb等产品居国内垄断地位，部分产品国内市场占有率达100%。截至2015年年底，公司在册员工9365人，在岗员工8395人，其中大专以上学历2500人。

2015年，攀长特公司累积产钢16.4万吨，产材33.2万吨，主营业务收入21.51亿元，考核利润-5.29亿元，存货占用下降23368万元，应收账款较年初下降762万元。

【降本增效】 全面落实降本责任主体，强化过程控制，细化降本措施，降低“两金”占用，严控费用开支，通过狠抓集中高效生产、节能降耗、工艺优化、质量提升、交货期保障等，深化了供销联动、工序物耗、科技攻关、工序费用等降本增效措施，降本工作取得明显实效。全年降本增效7755万元，同比增加5591万元。

【自炼钢】 加快向工模具扁钢、特殊钢锻材、不锈钢棒线材、特种材料等优势产品集中，提高自炼钢成材比重，重点品种效益贡献明显。1—12月，公司自炼钢成材12.93万吨，占全部成材产品的39%，同比提高1.4个百分点。其中，高温（耐蚀）合金1069吨，钛及钛合金2955吨，不锈钢线材6.97万吨，高合金工具钢3.20万吨。自炼钢销售14.4万吨，占总量的41%，销售收入16.8亿元，占总收入的83%，实现正边际贡献。

【产品研发】 成立特钢攻关分队、钛材攻关分队，着力解决300系列不锈钢厚壁管、9Cr18系列高碳马氏体不锈钢盘圆等7个不锈钢产品的工艺和质量难题；开发销售CTHQ25、En30B钎具钢，$17CrNiMo_6$、18CrNiMo7-6、$20MnCr_5H$（QC）、高碳轴承钢GCr15等结构钢9752吨，高端热作模具钢CT344系列、含S易切削塑料模具钢3Cr17NiMo（Y）、专用刀具用钢5Cr5MoSiV1、高品质铬不锈扁钢1.2083H等模具钢新产品4.7万吨，同比增长2.36%。

【军工新试】 联合钢铁研究总院，承担海装940球扁钢研制任务；联合鞍钢，开展潜艇用925A锻件转厂评审工作；依托鞍钢，向海装部门推广潜艇用HPD-1双相不锈钢管；与航空材料研究院联合，开展A100超高强度结构钢试制及推广应用；与中物院材料所达成战略伙伴关系，不断深化配套项目合作。

【工艺优化】 通过工艺研究，替代电渣的超洁净不锈钢关键技术研究获得重大突破，创效502万元；中碳铬不锈扁钢夹杂物控制技术攻关取得长足进步，达标率提高15%；钢锭红送工艺进一步优化，运输费用和天然气消耗进一步下降；提高钢锭有效利用率及钢锭表面质量技术攻关取得一定成效；锻造模块成材率提高至65.90%，提高3.37个百分点。

【课题研究】 加强科研项目管理，5项国家项目完成试制任务，3项公司级课题达到预期目标；新增专利8项，4项通过四川省成果鉴定，8项成果获得省市奖奖励。

【营销建设】 整合供销平台，完善管理制度体系，优化管理流程，提升供销效能。统一供、销经营平台，集中供应、销售职能，优化供应、销售机构设置和运营机制，建立适应市场竞争和快速响应客户需求的供销运营体系。调整销售职能，建立大销售“管理科室+营销中心+区域公司”的营销架构，发挥整体优势。

【重点产品销售】 对重点产品的重要客户实行“一对一”服务，强化技术营销，做好售前、售中、售后服务，全年实现模具钢销售4.27万吨，同比增加883吨；在不锈钢整体需求萎缩情况下，战略品种洗衣机轴用不锈钢稳中有升，市场份额进一步提升；气阀钢战略销售力度加大，气阀钢、9Cr18系列盘条销量分别达2624吨、3629吨，同比小幅增长；锻件、模块实现销售5482吨，同比增长30%；钎具钢得到顾客广泛认可，能源用管坯、海天塑机公司用4145H、陕汽公司车用42CrMo、

图25 攀长特公司军工产品生产线——六吨真空感应炉

株齿公司用22CrMoH等产品逐步打开市场空间。

【重大工程项目建设】 截至2015年年底，部分技改工程完工投产，扁平材作业区生产线改造、炼钢总厂中坝作业区双工位改造等6个项目完工投入使用；炼钢总厂武都作业区生产线改造投入试运行。

（攀长特公司）

中国燃气涡轮研究院

【概况】 中国燃气涡轮研究院始建于1965年4月，隶属于中国航空发动机集团有限公司，是以先进航空发动机技术预先研究、整机及零部件试验和航空产品研制为主业的航空科研单位，是中国中小推力航空发动机设计研发中心和燃气轮机设计试验基地。院注册地和设计研发主体位于四川省成都市，试验基地位于四川省江油市。2008年“5·12”地震后，选址绵阳市游仙区建设新的试验基地。2014年6月，贵州航空发动机研究所由涡轮院管理，涡轮院和贵发所一起组成中国航空发动机院成都分院。院先后获得科技成果217项，其中“九五”全国十大科技成就奖1项，国家科技进步特等奖1项，国家级科技进步奖22项，省部级科技进步奖130余项。

【科研实力】 中国燃气涡轮研究院一直以航空发动机技术预先研究为核心，坚持自主研制、技术创新，形成专业配套的发动机设计人才队伍，拥有完整配套、经实际验证的发动机设计体系，掌握先进的发动机数字化设计技术，以及先进的计算分析和数值仿真技术。拥有完整配套的整机试验设备和大中型零部件试验设备，并配有较高精度的数据采集、记录处理系统，其中三分之一的试验设备属于国内领先水平或是唯一。新建的绵阳航空城将能满足航空发动机预先研究及新一代航空发动机研制的需要，成为继美国、俄国之后，在世界排名第三的国际一流航空发动机试验研究基地。

（涡轮研究院）

四川国大水泥有限公司

【概况】 四川国大水泥有限公司原由上海国大建设集团有限公司投资建设，于2013年1月31日通过联合重组，正式成为中国建材集团西南水泥成员企业。公司占地46.67公顷，建成日产5000吨级带9兆瓦纯低温余热发电、年总产能220万吨水泥的大型水泥生产线。四川国大水泥有限公司是国家鼓励发展的大型现代化、高标号新型干法水泥生产企业，被列为四川省重点企业。公司产品生产线采用国际上最为先进的悬浮预热+窑外分解技术，全程计算机控制，12项均匀化工，38道质量检控程序，装备有美国拉姆齐Thermo Ram Sey的配料控制系统，德国施耐德Schneider DCS的运行控制系统，德国申克Schenck的流量控制系统，美国热电Thermo Electron的QCX质量控制系统等，在国内属领先水平。

【矿山资源】 四川国大水泥有限公司乌龙洞石灰石矿位于含增镇安湾村和花果村，是2008年勘探、设置的矿权。矿石储量1.7亿吨，开采有效期至2039年8月11日。乌龙洞石灰石矿质量优良，达到工业品级Ⅰ级。生产中将地表土和夹石全部综合利用，达到零排废。采用分台阶爆破作业，严格按照采矿工艺要求和《爆破安全规程》及相关技术指标开采，矿山开采状况良好，无安全隐患。2013年10月27日，获得省安监局颁发的安全标准化二级证书。2015年，被江油市人民政府水土保持办公室列为年度水土保持模范矿山。

【余热发电】 公司配套9兆瓦纯低温余热发电项目于2012年12月24日开工，于2013年11月30日完成，于2013年12月并网发电。该工程把保护环境、节能降耗、保证设计指标的先进性作为企业生存和发展的重要设计核心，切合实际采用设计新理念，满足企业自身发展和市场的需要。工程设计设备选型较先进合理，年发电量可达6578×104千瓦时，年供电量6249×104千瓦时。

【产品种类和特点】 公司产品有强度等级为52.5、42.5R、42.5的硅酸盐水泥，强度等级为52.5、42.5R、42.5的普通硅酸盐水泥；强度等级为42.5R、32.5R的复合硅酸盐水泥。企业可以定制生产矿渣硅酸盐水泥和粉煤灰硅酸盐水泥。产品具有凝结时间适中，早期、后期富余强度高，匀质稳定性好。碱含量低，水化热低，与外加剂的适应性好等特点；高强度等级水泥凝结硬化块，耐冻性、抗渗性好。

【环评工作】 环评报告批复设置的66台收尘设备、污水处理系统、循环水系统全部安装完成，运行正常。采取相应的降噪设施，而且还在继续完善降噪设施。环境卫生、厂区绿化有专门的队伍进行保障，并专门配备1台洒水车，厂区垃圾定时定点运送至窑尾焚烧。烟尘和粉尘有组织排放，采取的防尘措施主要是：从工艺流程上尽量减少扬尘环节，选择扬尘少的设备，物料采用密闭式装置，采取负压操作控制粉尘外扬；在主要粉尘排放点设置布袋收尘等除尘措施，对含尘气体进行净化处理。窑头窑尾废气安装了降氮脱硝设施和废气在线监控系统，实时数据传送至绵阳市环保局监控平台，各项监测结果达标并向社会公布。物料、燃料堆场无组织排放：主要采用堆棚及洒水降尘的方法减少扬尘对环境的影响。矿山开采及输送过程无组织排放：主要采用对路面进行洒水降尘的方法减少扬尘对环境的影响；对胶带输送机全程采取全密封输送。二氧化硫的排放：采用低含硫煤，并在窑中部分二氧化硫被物料中的氧化钙和碱性氧化物吸收形成硫酸钙及亚硫酸钙等物质后，再经95米的高烟囱排入大气。主要产生的气态污染物有二氧化氮和二氧化硫主要来源于含硫的煤在回转窑内的燃烧及煅烧熟料时生料带入的硫。由于窑内存在大量的碱性氧化物，大部分二氧化硫将被吸收，带窑外分解炉的水泥回转窑在物料的煅烧过程中对二氧化硫的吸收率为95%~100%。生产中排放的主要采用布袋除尘器及降氮脱硝予以处理60%以上被转化。二氧化氮的排放浓度降为400mg/Nm^{3}以下，既达到污染控制的目的，又变污为宝，实现双赢。

(国大水泥)

商贸流通

Commerce and Trade Circulation

概　述

2015年，江油市社会消费品零售总额实现144.9亿元，增幅、总额位居绵阳第二，同比增长14.3%；新增限额以上商贸企业39家，退库23家，净增16家，限额以上企业总数达到202家；服务业增加值实现119.57亿元，增幅9.7%，位居绵阳第二位；电子商务交易规模38亿元，网络零售额9亿元；实现外贸自营出口2510万美元，实际到位外资4415万美元，固定资产投资完成4亿元。江油市供销社全年招商引资1050万元，打造社区综合服务社、庄稼医院各2个，引导企业发展电子商务和完成农业开发项目各1个。全市粮食总购进68252吨，总销售62499吨，油菜籽购进7484吨，销售8400吨，实现工业总产值21899.2万元。卷烟销售25314.056箱，实现销售收入78912.9万元。销售盐产品8090.858吨，实现利润477.5万元。截至2015年年底，全市有各类商品交易市场45个，其中城区市场45个，专业化市场6个，批发市场2个。全市有物流公司33户，分公司29户，个人独资企业1户，物流信息服务等个体工商户8户；快递公司1户，快递分公司17户。邮政寄递类业务量496887件。

商　贸

【服务业发展】 2015年，全市服务业增加值实现119.6亿元，增幅9.7%，位居绵阳各县市区第二位，占GDP比重提升1.4个百分点至37.1%。其中批发零售业完成增加值20.8亿元，增长13%；住宿餐饮业增加值完成14.2亿元，增长7.9%；金融业增加值完成5亿元，增长12.6%；其他服务业增加值完成48.1亿元，增长10.3%。新增规上企业全年实现入库17家，完成考核目标170%。全年固定资产投资实现4.1亿元，完成考核目标102.5%。江油市人民政府出台《江油市人民政府办公室关于成立江油市服务业发展领导小组的通知》《江油市人民政府关于加快服务业发展的实施意见》。从规划布局和政策扶持两方面合理引导全市服务业健康快速发展。加快《江油市服务业发展规划》《江油市商业网点规划》《江油市物流产业规划》三大规划的编制工作和评审进度。充分发挥服务业工作领导小组牵头作用，实施完成再生资源分拣中心、中央大道·金街、金沙·奥特莱斯等重大项目，顺利推进颐江国际电子商务产业园、圣名国际、中润时代广场、大唐明月汇、联想科技城项目。成功申报省级电子商务集聚区项目、皇龙智能化信息平台建设项目、森林雨信息化改造及青莲省级商贸镇项目。联合财政局共同筛选32个本级财政支持项目，涵盖内贸流通、市场体系建设、电子商务、乡镇产业发展等各大板块，带动项目投资近3000万元。

【"互联网+"及电子商务】 为推进互联网+建设，江油专门设立500万元的电子商务专项发展资金。2015年，依托颐江电子商务产业园，科技孵化中心、电子商务创业中心、农村电商县级运营中心所构成的“一园区三中心”电商格局初步成型，宣传培训、创业孵化、集聚发展等功能基本实现“一站式”完成。2015年，全市实现电子商务交易规模38亿元。全年新增电子商务企业73余家，全市电子商务企业总数已经超过780家。《江油市人民政府关于加快电子商务工作的实施意见》《江油市电子商务和“互联网+”工作实施方案》《江油市人民政府关于进一步加快电子商务产业发展的意见》《江油市电子商务进农村实施方案》，明确发展目标、细化工作措施、制定扶持政策，设立每年500万元电子商务发展专项资金，进一步加大电商工作力度。指导江油电商协会、硕信贸易、小愚娘食品等7家企业申报绵阳2015市级电子商务项目。争取上级资金495万元。立足优势农特产业支撑，积极打造江豆网、心农门等本土平台，培育以中坝酱油、松岭百合、中坝附子、寻山记山货、雁门腊肉等特色农产品品牌，鼓励农产品“走出去”，2015年，实现农产品电商销售收入4.1亿元。依托“农业专合社”“种养殖大户”“农产品生产龙头企业”等生产主体，整合各式农村网点资源，建设新安镇黑滩村、双河镇桂花村、大康镇百合花基地等22个村级电子商务服务站。制定出台《江油市电子商务专项扶贫方案》，实施销售助农增收、服务体系建设、惠农生产服务、创新创业培训工程四大电商扶贫工程。建立市级农村电子商务运营中心，建成新安、武都等30个农村电商服务站点，扶持江豆商城、百强商城、蜀岭农业等特色农产品电商平台。2015年，全市农产品通过电商平台销售实现收入7400余万元，比2014年提高30%左右，人均助农增收30元。全市201户规模以上工业企业全部“触电上网”，长祥特殊钢制造有限公司、皇龙智能破碎技术股份有限公司和豫蜀夜视利反光材料有限公司等20余户企业入驻淘宝、阿里巴巴、京东、天虎云商及江豆商城等知名电商平台，2015年，全市工业企业电子商务交易额突破17亿元。立足于全市钢材、建材等特色产业，引进发材网、北京网库等知名平台商整合产品资源，建设和发展以江油市优势产业或特色产品为主导、辐射全国的专业性平台。

【外贸出口】 2015年，全市外贸自营出口创汇2510万美元。有出口实绩企业18家。新培育获得对外贸易经营者备案企业7家，截至2015年12月月底，全市拥有进出口经营资格备案企业80家。主要出口企业有四川长城特钢进出口有限公司、江油市长祥特殊钢制造有限公司、四川六合锻造股份有限公司、四川远方高新装备零部件股份有限公司、江油天安矿业有限公司、江油市泰生金属有限责任公司。主要出口产品为工具钢、模具钢、不锈钢及合金钢钢管材、外包工程材料、大理石石材等。

【外经发展】 2015年，江油市向马来西亚、越南、新加坡、安哥拉等国家输出劳务330人。四川六合锻造股份有限公司投资500万欧元成功收购德国凯曼德公司100%股权，是江油市唯一一家收购外国公司的企业。四川江油东超安装工程有限公司申报取得四川省商务厅颁发的“中华人民共和国对外承包工程资格证书”。绵阳市取得对外承包工程资格的外经企业有2家，分别是四川江油东超安装工程有限公司和四川江油南方建设工程有限公司。

【外资引进】 2015年，全市直接到位外资4500万美元。配合完成四川双马股份有限公司非公开发行股份购买都江堰拉法基法水泥有限公司25%股权项目（8.3亿元）。香港JD EIbrus Limited公司并购四川矿山机器（集团）有限责任公司项目成功签约。

【市场运行监测】 2015年，江油市商贸系统共确定市场运行监测样本企业21家（其中生活必需品6家，重要生产资料3家，重点流通10家，信息泵数据收集2家）。

【市场应急保供】 2015年，江油市共确定3家市场应急保供储备企业（其中生活必需品应急储备企业2家，冻猪肉储备企业1家）。

【商业预付卡管理】 2015年，江油市确定重点商业预付卡发卡企业绵阳级备案1家。

【节会经济】 2015年，江油市举办“2015四川（江油）迎春购物月”“2015年春季美食服装购物节”“第三届（2015）绵阳城际汽车巡展——2015江油站”“江油首届家博会”“江油市第二届李白故里音乐啤酒节”等18次大型节会，参会商家达2200余家，累计接待消费者110万余人次，拉动消费12亿余元。市商务局配合组织全省生态博览会、中俄兔业合作交流圆桌会议暨第三十二届中国兔业大会会展搭建工作；配合全市旅游发展大会、中秋晚会组织了江油市首届烧烤节、台湾特色美食节、青莲桃花节、方水枇杷节、新安梨花节、大康辛夷花节等乡村旅游节，对城市形象的提升起到极大的助推作用，进一步活跃地方经济，带动交通、住宿、餐饮等附属产业发展。

（商务局 农 办）

图 26　2015 年 4 月 28 日，江油市举办颐江国际电子商务产业园启动仪式

【生猪定点屠宰管理】　2015 年，全市共屠宰生猪 46.6 万头，屠宰环节病害猪无害化处理 478 头，兑现无害化处理补助资金 42.6 万元，“瘦肉精”自检 8.7 万头份，肉品品质检验率 100%。开展生猪定点屠宰资格审核清理工作，关闭 16 家不在规划范围内的生猪屠宰场，对在规划范围内的 22 家生猪定点屠宰场通过异地重建或技术改造达标升级。通过生猪定点屠宰专项整治，全市屠宰场全面开展“瘦肉精”自检、全程肉品品质检、病害猪无害化处理，无注水、违规添加、无屠宰未经检疫生猪的现象。

（农牧局）

供销合作商业

【概况】　2015 年，江油市供销合作社联合社（简称“市供销社”）认真贯彻中共中央、国务院《关于深化供销合作社综合改革的决定》，在深化改革、服务“三农”、信访维稳等方面做实事。全年招商引资 1050 万元，打造社区综合服务社、庄稼医院各 2 个，引导企业发展电子商务和完成农业开发项目各 1 个。

【综合改革】　2015 年 4 月 2 日中发〔2015〕11 号文件出台后，市供销社认真学习、宣传、贯彻和落实，并结合自身实际积极探索综合改革新路子。一是服务龙头企业，宣传推广江油造特色农产品。6 月，成功引进江油市皇嘉农业集团、翔风科技公司、清香园调味品公司等 8 家农业产业化龙头企业的 150 余个农产品入驻“绵阳造特色农产品展销馆”。二是加强基层供销合作社阵地建设，提升资产价值。在支持乡镇旧城改造中与房地产开发商合作，用下属企业江油市彰明供销合作社闲置破旧房产置换开发，兑偿还建造 800 平方米商住房。三是加强企业管理，搞好协调服务，促进两个参资企业的发展。四川翔风科技有限公司除已创的“寒雪骄”皮草品牌外，又新开发出休闲食品，成功投放市场。“诗乡兔”兔肉食品被评为“江油八品”。江油市青莲文广果蔬业公司发挥气调库功能，开展兔肉、蔬菜、水果等农产品经营，助农增收。

【为农服务】　首先是搞好农资储备。为防止化肥、农药等农资商品脱销，克服资金紧张、运输难度大、市场销售疲软等困难，积极组织江油市农资供货商，2015 年，市供销社调运化肥30000 吨，农药 280 吨，农膜 210 吨，供应到江油市 600 多个经销点，为稳定江油农资市场价格、保障农业生产发挥积极作用。同时，加强农业综合开发项目建设。市供销社参资企业——四川翔风科技公司新建的獭兔肉冷链物流项目，总投资 400 万元。2015 年 5 月 15 日，竣工投产；11 月 10日，通过省级验收。再者是发展电子商务。积极支持翔风科技公司通过京东网、淘宝网和中华全国供销合作总社农产品电商平台展销江油“八品”之一的“诗乡”牌獭兔肉系列产品，网上销售达 12 万余元。

【对口接待】　2015 年 10 月 22—24 日，中俄兔业合作交流圆桌会和第32 届中国兔业大会在江油市举办，市供销社承担接待参会的中华全国供销合作总社监事会会长潘忠树和国家畜产品流通协会社团部部长孔培聪一行10人。

【精准扶贫】 为做好对敬元乡沐水村99户贫困户的扶贫攻坚工作，市供销社在资金十分紧缺的情况下，从办公经费中挤出5.76万元对其进行帮扶，并因地制宜、发展种植业。2015年，敬元乡沐水村试种110亩乌药，增加贫困村民的收入。

（供销社）

粮油购销

【概况】 截至2015年12月月底，全市粮食总购进68252吨，总销售62499吨，油菜籽购进7484吨，销售8400吨，实现工业总产值21899.2万元。

【粮油购销经营】 2015年9月30日，江油市启动中晚籼稻托市收购执行预案，在全市设立3个委托收购库点。各库点积极组织托市收购，全市共收购托市稻谷2719吨。同时，抓好常规收购，全市共设收购网点20个，培育经纪人100名。共备仓间30个，仓容1.5万余吨。投资50万余元，购置和检修输送机、清理筛、校正检测仪器等30余台套。培训收购人员、培训化验、保管等业务人员60余人次。完成上级和江油市人民政府下达的目标任务。

【粮油储备管理】 严格储备粮油管理，确保储备粮油数量真实、质量良好、储存安全。截至2015年12月月底，全市各粮油国有购销企业粮油库存数量135280吨（其中：粮食131170吨，油脂4110吨）。

【粮油市场监管】 在开展《粮食流通管理条例》宣传的同时，加强专业队伍建设，争取专项经费对机关有执法资格的人员进行培训，提高粮食执行工作人员的执法水平和能力。建立粮食流通管理内部协调机制，理顺粮食行政管理部门内部管理职能。建立监督检查工作例会制度，设立举报投诉电话，及时掌握粮食流通的违法行为积极组织开展粮食库存、粮食流通统计、收购资格及收购行为、储备粮和粮食质量等重点专项检查。全年共组织开展粮食行政执法检查52次，出动粮食行政执法人员243人次，检查粮食收购网点和粮食经营户335处次，查处违规违法涉粮案件1件，其中实施处罚1件。有效地保护粮食生产者、消费者、经营者的合法权益，维护粮食市场的正常秩序。开展四季粮油普查工作，共查仓房66座，粮食13万余吨，油脂4110吨。

【服务新农村建设】 以“放心粮油工程”为中心，以助农增收、企业增效为目标，依托潼江河谷、别样红、盘江米业等龙头企业，引导种植户发展订单粮油。全年完成订单粮油面积2.67万公顷，订单收购4.1万吨。落实2015年油菜籽收购补贴资金360万元，收购油菜籽7200吨，提高市场收购价格每斤0.1~0.3元。

【提升企业仓储功能】 江油市“危仓老库”维修改造项目和江油市产后服务体系建设项目共维修仓库4.2万吨，产油大县奖励资金252万元主要用于收购贷款贴息、修建油罐项目顺利通过验收。产粮大县奖励资金660万元，用于青莲粮油收储站新建5000吨低温库完成立项。

（发改局）

烟草专卖

【概况】 2015年，四川省烟草公司绵阳市公司江油分公司共销售卷烟25314.056箱，其中，销售娇子卷烟3680.58箱；实现销售收入78912.9万元，比2014年增长6.9%；实现税利2.06亿元，同比增长20%；单箱结构31174元/箱，同比增长7.3%。

【营销工作】 深入推进精细客户货源需求预约营销模式，细分市场和客户，积极扩销增量，卷烟经营趋势向好。加强品牌培育，进一步巩固“娇子”品牌的发展势头，通过客户座谈会、印发新品娇子宣传单、站柜促销、评选明星客户等多项举措，持续推动“娇子”品牌增销量、上结构。开展《新货源分配管理办法》和"提税顺价"的宣传解释工作，引导客户推进价格调整，保障"提税顺价"平稳过渡。加强客户引导和沟通，召开客户座谈会，发放《烟草时迅直通车》、DM 宣传单，帮助客户分析和指导卷烟经营，有效提升客户经营能力。持续开展价格库存采集，兼顾采集主销规格市场状态信息，掌握总销趋势、价格走势、市场需求、社会库存情况变化，稳定市场价格、杜绝恶性竞争。加强专销结合，强化信息反馈，携手指导推进货源总量需求预约未履约客户的经营，共同打好卷烟销售"攻坚战"。

【专卖工作】 开展主题法制宣传活动，普及烟草法律法规知识、假烟鉴别常识、许可证办理程序、举报政策等，提高社会各界对烟草专卖法律知识法规认知度，营造浓厚的打假氛围。保持打击违法经营行为的高压态势，开展错时检查以及"天府金剑"等专项整治行动，强化公安、工商等部门联动，拓宽信息收集渠道，对辖区内的重点场所、重点经营户监管不松懈，成功破获"1·28"百万网络案件。坚持打击教育疏导相结合的方式，对不同类型无证户实施有针对性的监管办法，使其退出经营，规范市场经营秩序。强化标准化稽查中队建设，全面提升中队市场监管能力和案件查办技能，3 个稽查中队通过省局验收。提升行政管理能力和水平，依法行政；加强新办证管理，实地勘验，严把审核关，强化流程规范和后续监管，完善便民利民措施，提升行政能力和服务水平。强化内部监管，注重管销对接，在推进经营"效率和效益"稳步提高的同时坚持规范工作不动摇，抓好宣传教育、网上监管、全面自查，及时排查违规经营隐患，有效落实问题整改，规范水平进一步提高。年内查处 5 万元以上真烟案件 1 起，完成市局外流真品卷烟案件码段核查任务 43 户；处理系统预警 501 条，预警处理率 100%。2015 年，查处结案的各类涉烟违法案件 516 起，其中，销售假冒卷烟案件 121 起、非法渠道购进卷烟案件 267 起、无证经营案件 128 起。查扣各类违规真品卷烟 72.648 万支，收缴罚没款 8.813665 万元。破获 1 万~5 万元案件 21 起，10 万~50 万元案件 1 起，百万网络案件 1 起。行政拘留 6 人，逮捕 1 人，缓刑 2 人，判处有期徒刑五年以上（含五年）的 3 人。

（烟草公司）

盐　业

【概况】 四川省盐业总公司江油支公司（简称"江油盐业支公司"）是从事食盐、工业盐批发业务的全民所有制省属非独立企业，负责江油市以及平武、北川两个县部分乡镇的食盐和两碱工业用盐之外其他工业盐的供应，同时又担负所供应区域地的盐业市场管理，有员工 14 人。2015 年，江油盐业支公司销售盐产品 8090.858 吨，其中小袋盐 3020.754 吨，实现利润 477.5 万元。

【食盐专营市场管理】 2015 年，江油盐业支公司在保证完成专营任务、保证市场供应的前提下，改变销售模式，对产品销售量进行合理调节，在服务方面着重加大市场调查、市场检查、售后问讯服务，做到随时掌握市场动态信息。通过对市场进行深入调研，根据市场的实际情况及时调整销售策略，循序渐进的推广纸塑袋、品种盐的销售，扩大产品的销售面，满足多层次的消费需求。继续加强行业盐、工业两碱用盐管理，既满足全市行业用盐的需求，又要保证不冲销食盐市场，公司安排专人负责对工业两碱用盐、行业用盐大户进行长期监控，组织管理人员对中小散户实行经常性检查，掌握用盐动态。对新增用户进行上门核查后供应，满足客户需求，规范用盐行为。

【加强内部管理】 公司以财务管理为起点强化成本控制，开展节支增收工作。根据各部门业务工作的变化，完善岗位责任制、内部监督制度，对重要岗位形成一套形之有效的约束办法，对各环节做到有布置、有检查。完善公司安全生产管理办法，安全工作小组随时抽查各环节的安全措施，落实安全工作责任制，将各种事故隐患消灭于萌芽状态。

【强化商品质量观】 坚持把商品质量管理、消费者利益放在第一位，要求仓储人员从商品的进库、加工、出库方面严把质量关，落实公司商品质量管理规定，对进库盐认真核查，对加工袋盐过程严管理、严抽查，对出库盐外观、内在品质不符合标准坚决不出库上市，使全市人民都吃上放心合格的加碘食用盐。

（江油盐业支公司）

集贸市场建设与管理

【概况】 2015 年，以全国文明城市创建为契机，组织开展市场秩序专项治理，努力营造规范有序、公平竞争的市场交易环境，维护市场交易秩序。全年新建和改造城区农贸市场 3 个，乡镇农贸市场 6 个。截至 2015 年年底，全市有各类商品交易市场 45 个，其中城区市场 45 个，专业化市场 6 个，批发市场 2 个。集贸市场的流通和辐射功能进一步增强，促进了商品销售稳定增长。

【市场建设】 2015 年，按照江油市经济发展的总体规划，江油市食药工质局积极配合做好各类市场的监管、培育工作。同时，结合全国文明城市创建，对城区集贸市场进行改造升级，共完成“马路湾综合市场遮阳棚改造”“昌明市场活禽宰杀区改造”等 30 余个市场改造项目，建立统一摊位分区、统一坐商归店、统一车辆停放、统一证照悬挂、统一宣传提示语“五个统一”的市场秩序。

【市场管理】 2015 年，江油市食药工质局集中精力抓好对市场交易行为和竞争行为的监督管理。组织召开“遵章守纪诚信经营培训会”“新《广告法》培训会”等系列会议，开展“百城万店无假货”“放心购物一条街”等多个主题活动，营造良好的市场竞争氛围。在饭店、餐馆醒目位置张贴“文明用餐”宣传提示语和“文明餐桌公约”等资料 3000 余份。开展食品安全、餐饮卫生等多个专项检查。

（食药工质局　商务局）

物流业

截至 2015 年年底，全市登记注册物流公司 33 户，分公司 29 户，个人独资企业 1 户，物流信息服务等个体工商户 8 户；快递公司 1 户，快递分公司 17 户。

2015 年，江油市邮政公司寄递类业务量达到 496887 件，其中，进口邮件 393046 件，出口邮件 103841 件。

（食药工质局　邮政公司）

江油年鉴

交通运输·通信

Transportation, Communication

交通运输

【概况】 2015年，江油市交通运输工作紧紧围绕“建设大交通，促进大发展”的总体思路，聚力改革攻坚、项目攻坚、效能攻坚，各项工作取得新的成效。通过积极向上争取资金，创新融资手段，改进筹资模式，全年完成交通建设投资77000万元，再创历史新高。

【公路建设】 2015年，全市在建项目17个、254.381千米，建成通车140.118千米，新开工项目9个119.673千米。交通重点项目建设实现多项突破：江油大道（G5至G247连接线二标段）实现全市城区与高速公路“直通车”的突破，也创造江油交通建设单项投资最高纪录（总投资5.5亿元）。S205线江油段改造提升工程实现全市交通建设“新速度”的突破，经历60余天的昼夜奋战，全长12.5千米的S205线江油段改造提升工程主体于9月28日基本完成，国庆“黄金周”期间全线道路实现正常通行。大康农业产业园道路实现全市旅游道路“新款式”的突破，集车行道、隧道、绿道、观光平台、特色绿化景观建设于一体，展现旅游道路建设的多元化和生态化。民生工程：完成村道建设150千米；完成7座桥梁维修加固工作。2015年年底，江油市贯彻落实绵阳市委六届九次全会的决策部署，学习领会绵阳市交通建设攻坚大会战动员大会会议精神，迅速掀起交通建设大干快上热潮。全市计划通过开展五年交通建设攻坚大会战，力争交通建设投资超过160亿元，全面实现“高速公路到县、油路到乡、水泥路到村、硬化路到组”总体目标，形成适度超前、功能配套、安全高效、四通八达的现代化立体交通骨架网络。

【公路运输】 截至2015年12月31日，全市有客运企业8家，客运车辆667辆（含农村客运车辆519辆），从业人员1388名，客运班线167条（省际线路1条、市际线路24条、县际线路26条、县内农村客运线路116条），客车乡镇通达率达到100%，行政村通达率达到96%。全年完成客运量1070万人、旅客周转量56765万人公里，货运量1225万吨、货物周转量189674万吨公里，客货运周转量增速同比16%。

【公路养护】 江油市公路养护坚持专业养护和非专业养护相结合，国省干线和部分县道由专业公司进行专业养护，乡道和村道按照“谁受益，谁管养”的原则由乡镇和村委会进行非专业养护，部分县道暂由乡镇代为管养。2015年，专业管养公路里程共208.703千米。通过强化日常养护，确保安全畅通，全年累计清除塌方2800余立方米，设置中雁路等灾害隐患点7处，设置安全警示标志标牌40余块。完成九环东线省道205线北川桂溪至江油（江油段）提升改造工程，改造

图27 江油大道

道路12.5千米。小修工程共整治路面坑凼9800余平方米。完成省道4座桥梁和2座隧道定期检测，出具专业定期检测报告书。

【综合行政执法】 2015年，市交通运输局联合市公安交警部门开展全市综合整治非法营运工作，先后开展联合执法行动12次，查处案件483宗，有力打击非法营运的嚣张气焰。全年查处违法违规出租68辆，批评教育50辆；开展驾培违规经营行为专项整治工作，规范驾校招生、培训行为；开展客运站等级复核工作，提升全市客运站经营管理和服务水平。路政方面，全年共处理各类违法占道66起，拆除非公路标牌71块，出动执法车辆1300余台次，执法人员4300余人次，治理超限运输车1.2万辆，共查处路损赔补偿案件28起，行政处罚案件750起，执法过错率保持为零。

【安全管理】 2015年，全市水陆交通运输安全生产形势保持稳定。通过紧抓道路客运、危运、基建工程及水上交通等重点领域的安全生产监管和隐患排查治理力度，切实将安全生产工作落到实处。加大安全生产的宣传培训工作力度，全年出动宣传人员200余人次，制作宣传展板8块，发放宣传资料5000余份，开展系统各单位和企业的安全生产培训40余期。推进安全生产标准化达标建设工作，9家企业达到标准，其余企业向考评机构提交考评申请并签订考评协议。组织开展应急演练1次，通过成短信平台发送防汛信息50余条，提升应急救援工作水平，有效地遏制较大以上安全事故发生。

（罗文燕）

通 信

中国电信股份有限公司江油分公司

【概况】 2015年，中国电信股份有限公司江油分公司（简称“江油电信分公司”）在全省县级分公司综合评价排名中位列第7。其中，在全省属地人口80万人至100万人的区（县、市）公司中，收入规模及份额排名第一，获得全省“经营规模先锋奖”，连续3年成为全省同类区（县、市）标杆。全面完成考核收入，同比增幅12.2%，实现预期目标，收入市场份额在2014年的基础上提升3.45%。截至12月，天翼语音用户累计完成7.4万户，智能4G完成5.8万户，移动过网市场份额提升3.56%，居绵阳全市第二。全年有线宽带净增翻番，完成年计划的208.31%，H到达数、ITV到达数均居绵阳全市第一，其中电信电视用户突破10万户。行业信息化建设成为绵阳全市标杆。

【网络品质全面升级】 2015年，江油电信分公司投资11000万元，推进宽带网络全面升级，提前4个月建成“全光城市”（城区100%光纤网络覆盖，全市96%以上的电信宽带客户升级为光纤入户）；障碍发生率与2014年同比下降68%；电信光纤宽带客户平均上网带宽45兆，较2014年提升200%以上；169客户免费升至100兆，网速水平达到甚至超过经济发达的东部及沿海城市。

【“宽带乡村”工程】 2015年，江油电信分公司继续对城区、乡镇区域进行光纤改造。加快对农村区域线路进行整治，保障农村线路质量，对农村区域进行总体布局，加快“光进铜退”速度，加强网络能力建设，全年建成光纤到户的行政村240个，光纤到村通达率达96%，全面完成省发改委和江油市政府下达的“宽带乡村”发展建设任务。

【信息化建设】 2015年，江油电信分公司围绕地方政府中心工作，持续推进“智慧江油”信息化建设，顺利实施电信金融消费(翼支付)、智慧医保、智慧卫生、教育城域网、网格E通、天网改造、三网融合等重大项目，作为政府“两会一节”信息化牵头保障单位，江油电信分公司充分发挥综合信息化服务提供商的系统优势，全面提升“两会一节”的科技含量和保障水平，受到市委市政府的充分肯定、合作伙伴的高度认可和广大市民的赞扬。

(杨　槐)

中国移动四川有限公司江油分公司

【概况】 2015年，中国移动通信集团四川有限公司江油分公司(简称江油移动分公司)践行社会责任，推动产业发展，不断提高企业运营能力，在信息服务领域实现新的突破。全年上缴税收上千万元，围绕移动通信产业链，提供全市就业岗位超过4000个，各项指标均创历史新高。

【宽带发展】 江油移动分公司作为“宽带乡村”示范工程和“中西部地区中小城市基础网络完善工程”的主要承建单位，配合政府各级部门及省移动公司，大力推进江油市的宽带网络建设工作。2015年，城区小区光纤到户覆盖率95%，乡镇场镇光纤到户覆盖率98%。

【网络通信保障】 进一步提升应急能力，维护通信畅通、助力社会发展。全年完成各种抢险保障任务3261次，整治各类隐患240处。完成7次通讯保障工作，在青莲镇举办的央视中秋晚会、首届四川生态旅游博览会均达到国家级通信保障要求。

【信息化建设】 大力发展信息化应用解决方案，树立行业标杆项目，为地方政府、各行业提供广泛、优质的信息化服务。参与智慧城市建设，助力江油人居环境提档升级，建设“平安江油”。2015年，江油移动分公司继续承建江油市天网二期后续工程项目，推动信息化基础设施和民生工程建设。

【服务“三农”】 江油移动分公司响应“新农村”建设需求，以“三网”(即农村通信网、农村信息网、农村营销网)惠“三农”，帮助农民增收、助推农业转型和农村发展。联合新华社开通“新农通”现代农业企业信息服务平台，建立涉农企业统一信息发布接口、打造农村产业链，提升农业产业信息化水平，为农民提供大量实用涉农信息。在此基础上，结合单元化联户共享措施，在全市广泛开展“6995十户联防”(指在同一个村小组内，距离最近、彼此相邻、经常联系的家庭，以10户为1组纳入1个联防小组。当其中1户人家遇到紧急情况时，即可拨打十户联防求助电话“6995”请求帮助)信息化平安建设。

(江油移动分公司)

中国联合网络通信有限公司江油市分公司

【概况】 2015年，中国联合网络通信有限公司江油市分公司(简称“江油联通分公司”)深入实施“移动宽带领先与一体化创新”战略，以提质增效为中心，加快转型发展，推进改革攻坚，全面增强企业基础能力、内生动力和差异化竞争力。截至12月31日，江油联通拥有移网用户10万余户、固话0.37万户、宽带用户1万户；2G基站262处、3G基站261处、4G基站289处；3G/4G网络城区覆盖率达100%，乡镇覆盖率达100%。

【市场营销】 2015年，江油联通分公司以4G为引领，聚合内外资源，创新价值经营，统筹效益发展，实现终端、渠道、业务一体化运营。优化渠道结构，提高成本使用效能，开创以转型促发展的新局面；优化固移融合，扩大市场影响力，提升市场占有率；优化产品与销售的匹配，突出流量经营和客户运营，提升客户价值贡献。推进光改，提升资源转化能力；整合渠道资源，提升盈利能力；挖掘客户资源，提升价值创造能力；聚焦基站建设资源，提升网络价值；聚合合作资源，推进后向收益模式。围绕移动互联网，创新产品载体；围绕商业模式，创新平台化运营；围绕全渠道互联网化，创新协同营销能力；围绕电子商务，创新互联网运营能力。

【网络建设】 2015年，江油联通基站建设投资7770万元。完成江油区域内新建2/4G一体化基站建设200余处，实现区域内4G网络覆盖78%。为推进江油市政府“宽带中国智慧江油”工作进程，江油联通年内启动城区和乡镇“光进铜退”光纤到户改造工程，工程总投资1230万元，城市和乡镇家庭宽带客户接入能力分别达到100MBPS和20MBPS以上。其中，江油城区完成光纤改造建设投资730余万元，完成老旧电缆接入改造工程小区500余处，建设线数13000余线，覆盖用户达70000户。全年乡镇光纤接入工程投资500万元，实现厚坝、新安、马角、二郎庙、大康、双河口、九岭等乡镇的光纤建设共计2000余线，覆盖用户达3000余户。新建130处乡镇无线宽带信号站，无线宽带信号已覆盖30余个乡镇和100余个行政村，可实现8000户宽带用户正常使用。提升和改善农村基础网络建设和信息服务。

【社会服务】 2015年，江油联通加速推进4G应用普及，大力实施“宽带提速惠民”工程，助力“宽带中国智慧江油”战略的实施，促进经济社会发展。根据江油节日节庆活动、晚会的不同特点，制订相应的通信保障方案，配合完成2015年绵阳市旅游发展大会、2015央视中秋晚会、第32届中国兔业大会等活动开展期间的通信保障。

（江油联通）

江油市邮政公司

【概况】 2015年，江油市邮政公司下设1个室、2个部、5个业务经营中心、5个生产班组，辖32个支局（其中城市支局8个，农村支局24个）。公司在册职工220人，固定资产2960万元，房屋面积22827平方米，机动车14辆。全市共有邮路33条，全长750千米；投递段道147条，单程长度2912千米。所辖32个营业网点全面实现全国电子汇兑业务和邮政储蓄联网、通存通兑业务。全市设立报刊邮亭33个，便民服务站205个。邮政寄递类业务量达到496887件。

【经营发展】 2015年，江油邮政大力实施“三轮四力五体系”（三轮：团队建设、经营发展、组织管理；四力：服务力、创新力、竞争力、执行力；五体系：企业文化体系、考评体系、激励体系、营销体系、渠道建设运营体系）经营管理策略，取得经营发展在创新转型中加速、组织管理在规范整治中强化、渠道建设在整合融入中拓展、团队打造在以人为本中升华的成效。全年实现业务收入6624.66余万元，同比增长12.44%，绝对值增加747.66万元。年度绩效综合考评排全市第二位。

【企业文化建设】 江油市邮政公司积极开展“以人为本”的企业文化创建活动，通过“职工之家”“投递员之家”的建设，大力营造尊重知识、尊重人才、尊重创新的氛围，不断增强企业的凝聚力、向心力。

（邮政公司）

江油年鉴

金　融
Finance

概　述

2015年，江油市金融机构各项贷款169.87亿元，比年初增加15.99亿元，增长10.39%，同比多增0.2亿元。从贷款结构看，短期贷款增加0.27亿元，同比少增2.59亿元；中长期贷款增加11.09亿元，同比少增1.31亿元；票据融资增加3.67亿元，同比多增3.14亿元。12月月末，全市金融机构贷款增速有所减弱，信贷投放节奏与运行趋缓。分机构看，仅中行、商行2家贷款下降，其他7家机构贷款均为上升趋势，农发行、工行、建行贷款净增居前三位。全年金融机构各项存款386.64亿元，比年初增加44.12亿元，增长12.88%，同比多增13.55亿元，其中，储蓄存款增加32.97亿元，同比多增1.35亿元，单位存款增加14.45亿元，同比多增加18.67亿元。单位存款大幅度增长，表明企业流动性支付能力提升。分机构看，农发行1家存款下降，其他9家机构存款上升，农村信用社、工行华丰支行、商行江油支行存款净增居前三位。全市银行业金融机构实现盈利6.71亿元，同比增长48.45%；不良贷款4.93亿元，比年初增加0.61亿元，不良率2.9%，比年初增加0.07个百分点。

全年，中国人民财产保险股份有限公司江油支公司保费收入12095万元；处理赔案12000余件，赔付6427万元；上缴地税1271万元，其中代收车船税671万元。中国人寿保险股份有限公司江油市支公司总保费收入2.63亿元，其中期交新业务4415万元、短期意外险业务1395万元、短期健康险业务827万元、趸交业务4019万元、续期业务15600万元。全年公司赔案及给付金额合计2.05亿元，上缴税收326万元。

全年，华西证券江油营业部营业收入8006.74万元，支付营业支出1952.81万元，上缴营业税金及附加382.63万元，实现利润6053.93万元，比2014年增长154.59%。

金融服务与管理

【概况】　2015年，中国人民银行江油市支行（简称“人行江油市支行）认真落实稳健的货币政策，大力创新金融产品和服务方式，不断深化中小微和农村信用体系建设，深入推进金融基础设施建设，着力提升金融服务和管理水平，维护区域金融稳定，促进地方经济社会的持续健康发展。

【“科技和金融结合”试点】　人行江油市支行会同市金融办、科工局草拟《江油市促进科技和金融结合试点工作方案》《江油市科技和金融结合试点信贷融资业务风险补偿暂行办法》《江油市科技和金融结合试点信贷融资业务合作协议》等文件，并报送市政府审签后组织实施。推动市政府建立风险补偿机制，计划财政先期出资500万元建立“风险池”，给予合作银行贷款发放一定比例的业务奖励补助或坏账金额风险补偿。组织相关职能部门到绵阳游仙联社考察、学习“科技和金融结合”工作所取得的成效和经验，引导辖内机构加大科技金融产品创新力度。年内，城市商业银行、农村信用社推出股权质押贷款、专利质押贷款、存货质押贷款等产品。开展中小企业信用体系建设，逐步将辖内科技型中小微企业信用信息采集入库。辖区内720户科技型中小微企业采集入库485户，并组织科技型中小企业在“绵阳市科技型中小微企业信用信息服务网（融资对接平台）”注册、发布融资需求，金融机构发布金融产品，筛选对接目标企业，实现线上融资对接。在2014年绵阳商行江油支行建立小企业金融服务中心基础上，大力推动建设银行、商业银行、农信用社设立“科技型中小企业金融服务专营窗口”，加大对科技型中小企业的信贷支持力度。

【农村产权抵押融资试点】　江油市在2014年成功开展农村土地流转收益保证贷款基础上，于2015年6月成功发放首笔以农户房屋产权作抵押的抵押贷款50万元，标志着农房抵押融资业务在江油取得实质性突破。截至12月月末，累计发放农村土地流转收益保证贷款5849万元，农村产权抵押贷款1063万元。同时，大力推动扶贫小额贷款贴息工作，人行江油市支行会同市金融办、扶贫开发局草拟《江油市扶贫小额贷款贴息工作实施方案》，已报送市政府待审签后组织实施，以推动涉农金融机构创新方式、提高扶贫精准性和有效性。

【金融支持粮食产业基地建设】 人行江油市支行加强与市农办、农业局、涉农金融机构的联系沟通，摸清全市种粮大户经营及资金需求情况，引导涉农金融机构根据自身业务结构和特点发展粮食产业金融服务，持续发挥支农服务主力军作用。指导和推动江油农行开展“财补贷”业务惠农服务，通过财政惠农补贴资金作为担保，满足种粮大户融资需求，实现信贷资金与政府支农资金的有效配合，农行调查符合贷款条件的农户20户。

【农村及小微企业信用体系建设】 引导涉农金融机构不断创新金融新产品和服务项目，对信用户实行差别化利率优惠、贷款资金安排优先、简化信贷审批程序、金融服务机具优先等优惠措施，切实做好信贷惠农，加强对信用农户的信贷投入。借力农村信用体系建设，大力开展土地流转收益保证贷款、农村产权抵押贷款试点工作，有力助推辖区农村融资环境的改善。加大中小微企业信息的采集，2015年12月月末，小微企业建档入库488户；深入推进“中小微企业金融服务提升工程”工作，组织金融机构围绕“万家千亿”诚信小微企业融资培育计划名单，采取各种切实有效措施，做好银企融资辅导培育，构建多层次、多方式的银企融资对接平台。

【应收账款融资服务试点】 人行江油市支行主动向地方党政领导汇报，利用参加地方相关会议向相关部门介绍应收账款融资试点工作对江油市实体经济和中小企业发展的意义，争取地方党政领导和部门的理解和支持，代政府草拟《江油市企业应收账款融资服务试点实施意见》。同时，以江油以金融宣传月、征信、银行卡、2015年版第五套人民币100元纸币发行等专项宣传活动为契机，广泛宣传动员应收账款融资试点工作。工行华丰支行向绵阳市药王谷旅游发展有限公司发放以门票收费权及应收账款质押贷款8000万元。

【财税库银横向联网】 深入推广银行端查询缴税和工行二代销售终端机（POS）、银联POS机刷卡缴税业务，通过反复沟通，在工行的技术支持下，江油市地税局全部启用工行二代POS机；加强与金融机构沟通，将电子缴税纳入年终综合考评，金融机构加强对企业电子缴税的宣传，多数金融机构实现100%的国地税电子缴税。2015年，电子缴税笔数大幅上升；12月月末，电子缴税共计131380笔，金额13.46亿元，国税电子缴税比例达到96.53%，地税电子缴税比例达到93.85%，双双完成上级行下达的80%上线率的指标。

【完善地方法人金融机构信贷投放监测制度】 督导地方法人金融机构科学安排全年业务经营计划，合理测算和申报合意贷款额度，人民银行积极创造条件给予支持。为农村信用社、村镇银行2家法人机构新增合意贷款3.65亿元，12月月末，辖内2家法人机构新增贷款2.17亿元，占全市新增贷款的20.6%。

【综合运用货币政策工具】 2015年，人民银行5次调低存款准备金率，辖内农村信用社、村镇银行两家法人机构释放可用信贷资金约4.15亿元；农业银行“三农金融事业部”考核达标下调准备金率2个百分点，释放资金约1.1亿元。引导地方法人机构做好平均法考核存款准备金工作，提高风险防范意识，不断提高流动性管理的主动性和科学性。指导地方法人机构完善贷款利率定价模式，建立存款挂牌利率快速报备制度，落实四川省市场利率定价自律机制，维护辖内公平有序的市场定价秩序；指导地方法人机构持续加强定价机制建设，积极参加合格审慎评估，争取成为市场利率定价自律机制基础成员或观察成员。用好支农再贷款，对华夏村镇银行投放支农再贷款2000万元，增强新型金融机构资金实力，为增加“三农”信贷投入奠定坚实的基础。

【搭建银企对接平台】 组织召开金融联席会及银政企座谈会4次，加强政策传导，增进各方共识，保持信贷总量的合理适度增长。4月，在举办的银政企融资洽谈对接会上，人行绵阳市中心支行与江油市人民政府签订“江油市科技金融服务与创新合作框架协议”，绵阳市农行和绵阳市工行与江油市人民政府分别签订五年战略合作协议200亿元，10家银行业金融机构与76家项目业主和企业签订40.4亿元的融资协议；7月，绵阳市邮储银行与江油市人民政府签订战略合作协议60亿元；11月，银行与企业签约授信11.4亿元、计划发放意向性贷款19.7亿元，有效满足全市经济建设的资金需求。

【农房重建贷款贷后管理】 引导金融机构在继续做好农房重建收尾工作的同时，重点加强对农房重建贷款的贷后管理，推动政府继续将农房重建贷款清收纳入政府目标考核，以确保贷款的按期收回。引导金融机进一步创新金融产品，加大对助农增收的信贷支持力度。农房重建贷款余额11659万元，比年初减少2891万元。

【严格账户操作管理】 加强账户管理系统的数据维护，开展对商业银行、农村信用社账户存量核实工作，督促金融机构落实账户管理实名制，做好账户年检工作，确保开户单位信息真实有效。2015年，共办理账户开立2239户、变更434户、撤销1306户。深入开展银行卡宣传活动，推进“江油市刷卡无障碍示范街区”创建；组织金融机构开展国库、银行卡知识竞赛活动，提升金融机构从业人员银行卡知识；组织金融机构开展遏制和打击网上非法买卖银行卡的违法犯罪行为宣传活动，有效保护持卡人的合法权益。

【农村支付环境建设】 推动银行卡助农取款联网通用，组织创建助农取款优质服务示范点。积极推广非现金支付工具，提升刷卡无障碍示范区建设质量和层次。全市40个乡镇、364个行政村实现金融服务全覆盖，发展助农取款服务点1185个，2015年，累计助农取款838.83万元。

【人民币流通管理】 贯彻落实小面额现金供应三项制度，推进现金全额清分、冠子号记录和联网查询工作。完善与公安、金融等反假货币成员单位的沟通协调，组织金融机构开展反假货币宣传月活动和反假货币培训考试。全辖620人参加培训考试，综合合格率为94%。全年共收缴假人民币275515元。对金融机构开展2015年版100元纸币发行前培训、宣传工作，对新版人民币发行前金融机构机具升级进行现场验证，确保发行日前金融机构在用机具具备新版人民币识别能力。认真开展抗战纪念币兑换工作，通过制作方案，召开会议，分配任务，确保两次“抗战币”发行兑换工作透明、平稳、有序进行。

【依法行政】 组织金融机构全面开展反假货币及人民币流通管理、金融统计和综合执法自查工作，并对农行、中行进行综合执法检查，对10家金融机构反假货币及人民币流通管理进行专项检查，对查出的问题发出检查意见书，要求限期整改落实。按季对村镇银行支农再贷款进行专项检查，督导其完善支农再贷款台账，严格执行利率加点幅度。对村镇银行存款准备金缴存情况进行现场检查，对农村信用社4月2日欠交存款准备金101901294.67元处以61140.78元的罚款，维护存款准备金缴存的严肃性，推动依法行政工作的深入开展。

【反洗钱工作】 人行江油市支行加强与公安、工商、银监等核心成员部门的协调沟通，建立与公安机关反洗钱工作协调机制；认真做好大额和可疑交易报告工作，重点加大对可疑交易信息的分析和甄别，全面提高非现场监管报表的及时性和准确性；对农村信用联社实施反洗钱现场监管，对村镇银行反洗钱工作进行走访，有效推动反洗钱工作的深入开展。

【会计国库核算】 加强会计凭证监督审核，严格操作程序，准确办理每一笔会计业务，杜绝差错责任事故。加强对国库预算收支及会计报表的审核，密切监测国库账务数据、报表动态信息，及时核查、妥善解决异常问题，确保报表数据真实、准确。针对国库事后监督下放支行的变化，部室组织全员对《四川省国库会计标准化管理手册》进行重新学习，梳理不规范额操作13条，对1—7月的会计凭证进行复审，对不规范现场进行全面纠正。协助办公室设置系统参数，对事后监督人员进行操作培训。认真做好会计国库综合评价台账的日常记录工作，强化岗位制约机制，充分发挥会计国库核算对财政收支和金融机构的监督作用，有效杜绝不合规业务发生。2015年，共办理会计核算业务504笔，受理各类会计报表1791份。办理预算收入14.34万笔，金额34.15亿元；办理预算支出21188笔，金额55.15亿元，办理退库286笔，金额0.30亿元，办理更正业务112笔，金额1.12亿元，柜面监督退回各类不合规业务46笔，金额2.02亿元，未发生国库资金安全事故和案件。

（人行江油市支行）

银行业

中国工商银行股份有限公司江油市支行

【概况】　2015年年末，中国工商银行股份有限公司江油市支行（简称“工商江油市支行”）各项存款45.03亿元，增加3.32亿元；各项贷款26.76亿元，增加4.22亿元；实现中间业务收入0.23亿元；实现拨备前经营利润1.3亿元。工行江油支行党总支书记、行长：周世宏；支行党总支委员、副行长：霍菊蓉、蒲虹、马骞、陈坤。

【金融业务】　2015年，工行江油市支行坚持信贷投放与风险防范“两手抓”，加强对重点产业和重点区域的信贷投放，为地方重点项目四川神华天明发电有限责任公司发放银团贷款4.15亿元，为攀钢集团江油长城特殊钢有限公司办理低风险国内信用证议付业务0.96亿元。发挥小企业专营支行功能，在全面增强风险防范的基础上，满足小企业“短频急”融资需求，利用互联网贷款产品“网贷通”，累计向小企业客户发放贷款2.38亿元。坚持对重点公司、机构客户实施全方位、多层次的营销和维护，加强有贷户资金的归行管理和考核，积极争取政府主导的公共资源资金的支持，实现资产托管业务突破，全年增加对公存款0.83亿元。

【个人金融业务】　通过全方位拓展客户、推进精细化管理、实施公私联动营销、依托个人存款创新产品优势，开展精准营销等措施，竞争个人源头客户和终端客户，锁定客户资金在行内循环，全年净增储蓄存款2.49亿元。通过为个人高端客户提供专享的金融服务和产品，拓展高净值私人银行客户6户。坚持以优质楼盘锁定按揭资源，通过创新服务方式，提高工作效率等，全力抢占个人贷款市场和客户，全年净增个人贷款0.82亿元。

【中间业务和新兴业务】　通过做大客户总量夯实传统中间业务增收基础，全年净增有效客户1.2万户。通过实现信用卡量的扩张、加大商户拓户力度，推进信用卡刷卡消费、收单业务以及信用卡分期付款业务发展，实现信用卡发卡与收入同步增长，全年新发信用卡0.29万张，实现汽车分期付款业务“零”突破。积极推进互联网金融创新业务发展，通过全员参与互联网金融新产品的体验和推广，打造营业网点互联网金融产品体验环境，以及上门服务现场指导客户操作体验，推进互联网金融业务快速发展，全年上线或签约工银e缴费9户，融e购5户，注册工银e校园客户719户，新增企业证书版客户115户，工银e支付客户1.86万户，手机银行客户0.75万户。

【金融服务和社会责任】 围绕“服务体验建设年”主题要求，深化同业服务感受体验活动，强化服务分析总结和奖惩兑现激励，有效提升服务质量。以工行江油市支行营业室成功创建“中国银行业文明规范服务五星级营业网点”为契机，以点带面推动全行服务工作再上台阶。积极推进网点运营标准化改革，不断提升网点营运效能。强化网点阵地服务，合理安排劳动组合，增设对外柜台，提供满时点服务，有效提升客户满意度。积极开展联乡包村以及文明社区结对共建工作，开展捐资助学活动，履行企业社会责任。

【内控案防和风险管理】 围绕“建设最安全银行”主题活动，开展“重大操作风险大排查与检查”“三类案件涉及异常行为排查”“两加强、两遏制”专项治理和专项排查“回头看”等活动，消除安全隐患。加强贷前调查，把好信贷准入“关口”，强化存量贷款质量分析和风险排查，增强信贷风险防范预判能力，多措并举清收处置不良贷款，确保资产业务良性发展。加强运营风险成因及趋势分析，强化运行管理检查督导，及时对风险评估及检查辅导中暴露出的问题进行剖析和整改，减少和控制运行风险事件的发生。全年各项业务安全稳健运行，无各类案件事故发生。

（房梅平）

中国农业银行股份有限公司江油市支行

【概况】 2015年年末，中国农业银行股份有限公司江油市支行（简称“农行江油市支行”）各项存款余额52.4亿元，其中，储蓄存款余额41.2亿元，对公存款余额为11.2亿元；各项贷款余额28.4亿元，较年初增加1780万元，其中，个人贷款4.15亿元，法人客户贷款余额24.2亿元，法人贷款增量占全行贷款增量的85%。实现中间业务收入2745万元；实现拨备后利润1.25亿元。

【特色工作】 围绕江油“11321”发展战略，农行江油市支行认真研究市场，把握企业工资、养老金、项目拆迁和土地征用款补偿发放、企业改制金代发等资金源头，全方位、多层次拓宽储蓄存款增存渠道。个人贷款增量份额占比58%，及时跟进外部市场变化，主动强化内部资源配置，大力拓展个人助业贷款、农村生产经营贷款等，积极抢占个人住房贷款市场，推进个贷结构优化，实现个贷全面发力。营销获批项目超过12.5亿元。农行江油市支行充分发挥国有大型商业银行优势，围绕江油市民生工程“六大转型”和重点项目建设，积极支持地方经济发展。2015年，成功营销武引二期5亿元、成兰铁路4亿元、沉水水库1.5亿元、鸿飞新增授信2亿元。在经济下行的艰难时期，信贷风险释放压力加大、不良贷款加剧，农行江油市支行积极研究制定不良贷款压降方案，开展集中诉讼清收，司法清收初见成效，部门联动清收，信用风气得到有效净化。通过强化精细管理，降低运营成本，优化资产负债结构，实现利润逆势上涨。2015年，农行江油支行加快营销抢占市场份额，优化布局推进持续发展，做实渠道延伸服务网络，改革创新增强发展动力，精细操作提升风险防控，绩效考核排位实现较大提升。

【发展载体】 抓好对公账户的开立，尤其是推进有效账户的开立。做实代发工资，加大贵客客户的营销和维护，推广“e农管家”，推广国电电费办卡，与电信和江豆网合作建立30个“银讯通”助农取款点，提高覆盖面、代理交易量和有效服务点。

【风险防控】 2015年，农行江油市行不良余额、不良率实现双降；四季度风险考核评价在全市排名第一。深入推进“三化三铁”（即持续推进临柜业务“标准化、规范化、制度化”建设，促进营业机构实现“铁账、铁款、铁规章”的管理目标）创建工作，深入开展重点领域的案件风险排查，内控评价考核保持一类行。

（农行江油市支行）

中国银行股份有限公司江油支行

【概况】 2015年，中国银行股份有限公司江油支行（简称“中行江油支行”）存款余额208732万元，较年初增加314万元，其中，储蓄存款增加13987万元，市场份额提升0.21%；公司存款增加-13673万元（主要受财政灾后重建走款影响）。贷款余额60100万元，较年初增加6954万元，其中，发放公司类贷款23830万元，涉及企业24户；发放个人消费类贷款5555万元；办理银承票据贴现3323万元，涉及企业5户。资产质量保持优良。公司贷款不良率为0，个人贷款不良率较2014年下降0.05%，控制在0.23%内。实现净利润2072.35万元。

【渠道建设】 强化渠道建设，增强持续发展动力，于2015年2月7日完成涪江路支行的搬迁。3月，华正式启用丽世锦离行式自助银行。6月，涪江路旧址离行式自助银行及长钢二医院大堂式ATM投入使用。12月，长钢二医院银医项目通过验收投入使用。个别老旧网点重新选址，拟定2016年搬迁。为提升网点效能，加强网点公司业务营销能力，中行江油支行推行公司客户经理下挂机制并为网点配备综合客户经理。

【人才培养】 2015年，中行江油支行继续将人才的培养、队伍的建设作为支行发展的首要任务。支行自办各类培训20余次，并选拔派优秀员工参加四川省分行各项专业培训，其中公司金融类7次、个人金融类5次、管理服务类10次、运营控制类3次。同时，推荐优秀员工参加2015年省行直管干部后备人才选拔、四川省分行年轻优秀人才挂职锻炼和绵阳分行个人客户经理（理财）后备人员选拔。

【履行社会责任和义务】 2015年，中行江油支行积极参加社会公益活动，履行社会责任。认真落实江油市精准扶贫计划，2015年，投入扶贫资金1.3万元，帮助脱贫5户；积极参加江油全国文明城市创建，投入人力300余人次，拨付纪念碑社区帮扶经费6000元；党支部、团支部组织员工成立志愿者服务大队，积极参加江油市组织的“涪江河母亲河”清洁和城市清洁日活动；到根生博爱之家敬老院看望孤寡老人，为老人送上慰问品，帮助老人打扫卫生，放映健康知识讲座影片；向甘孜州白玉县城区第二完全寄宿制学校的孩子送上过冬的衣物，让孩子们在冬天不再寒冷。

（中行江油支行）

中国建设银行股份有限公司江油支行

【概况】 截至2015年12月31日，中国建设银行股份有限公司江油支行（简称“建行江油支行”）一般性存款余额35.6亿元，较年初新增2.6亿元，其中，个人存款余额25.4亿元，新增1.9亿元，对公存款10.2亿元，新增0.7亿元。各类贷款余额20.7亿元，较年初净新增2亿元，其中，公司类贷款18亿元，个人住房贷款2.7亿元。中间业务收入0.14亿元、利润0.68亿元。持续实现无案件、无重大违法违纪事件、无重大责任事故、无重大监管处罚的“四无”目标。

【公司业务】 贷款方面。全年共投放贷款3.89亿元，表外业务开票金额1.94亿元，贴现0.068亿元，表外余额0.71亿元。其中，大中型企业除对成绵乐、西成铁路投放1.39亿元贷款外，还对中国燃气涡轮研究院投放贷款0.6亿元，审批通过神华江油天明发电公司贷款12亿元，且贷款利率在基准利率上下浮10%。年内向省分行申请减免中雁路1150万元贷款利息，已获批准。中雁公路减免息方案获得省分行批复。将工作重心逐步向小微企业和个人助业贷款倾斜。通过主动加强对小微企业财务辅导，积极引入担保公司，对小微企业贷款合理定价，为小微企业减轻财务负担，对符合条件的小微企业客户积极推出不需抵押物的信用贷款，如善融贷、税易贷、POS贷、置业贷等系列产品，切实服务小微企业，特别是税易贷的推出，针对按时纳税的客户，根据其全年纳税额度放大配置信用贷款，极大地满足了众多小微客户的融资需求。小企业方面。实现分行辖内首笔“投标贷”“POS”贷的投放，小企业贷款余额0.86亿元，户数30户，2015年，累计投放1.1亿元。新增金谷植物油、迪龙化工、城投广告等8个小微企业客户。个人住房贷款。个贷发放1.12亿元，新增0.67亿元；公积金委托住房贷款投放0.44亿元，新增0.33亿元。全年新审批通过10个楼盘，积极为江油楼市的健康发展创造条件。

【个人银行业务】 继续坚持以存款为中心，固化和拓展并重，扩大存款规模和资金吸纳量新增额。抓好旺季增存，推行“一改、二推、三加强”举措，个金存款时点新增3.8亿元，创历史新高，在全省排名第二。在网点继续开展“定期增存有礼”活动，突出竞争优势，提升定期存款新增占比。截至2015年12月31日，个金存款新增1.98亿元，新增额居同业第三；新增占比由2014年的19%提升至2015年的21%。公私联动，加强批量代发资金的重点联防和拓展。维护拓展代发客户群体，逐一梳理代工单位，台账每月数据及时更新通报，代工客户新增1012人，个人类有效客户新增5330户，完成任务67%。抓好批量项目营销，全面启动拆迁资金营销，通过公私联动、上门营销等方式，营销拆迁项目从1个营销争取到5个（桂香村、宝轮村、城北村、松林村、洋河村），截至2015年12月月底，拆迁到账资金3750万元，90%的客户系建行江油支行新增客户。大力拓展有车客户群体，通过向有车客户免费赠送ETC，实现个人类有效客户新增、信用卡净新增发卡、借记卡发卡等关联产品的突破性增长，共安装ETC 3570台。重点抓信用卡外出营销及日化量达标的实施，员工深入到武都、厚后坝等乡区营销办卡，取得良好的效果，信用卡净增发卡6525张，完成任务149%。扩大个人电子银行客户群体，提高移动金融替代率，减轻柜面压力，分流交易渠道，新增手机银行活跃客户3943户，移动金融替代率较2014年提升20.14%，全省县支行第五名。大力推进POS商户发展，抓住市场机遇，大力营销商户，净增商户111户，完成任务126%，获得总行“旺季商户营销百佳网点”称号，绵阳分行年末考核综合性支行第二的优异业绩。加快推进社会保障卡项目建设工作，配合各单位、社区上门采集社保卡个人信息6343条，完成社保卡制卡4493张。

【中间业务和渠道建设】 全年共代理销售保险4841万元，代理收入358万元，较2014年同期多收入184万元。信用卡增发卡6525张，实现中间收入866万元，占支行个金收入的43%，较2014年同期多收入158万元，信用卡分期交易额3003万元，较2014年同期新增1367万元；新发展特约商户132户，安装POS机具150台，实现商户收单78万元。完成祥和苑自助银行建设，新增STM智能柜员机7台。

【内控管理与防范风险】 持续开展法律法规、业务规章制度、警示案例学习，进一步增强员工遵纪守法意识，自觉遵守规章成为自觉行动。多次开展各条线业务风险排查，切实查找风险隐患，防患于未然。定期不定期开展例行业务条线、关键风险点检查，及时解决发现的问题，对轻微违规者给予积分及扣罚工资。认真做好安全保卫工作，确保不发生安全事故。开展各种预案培训、安全知识学习、保安专题培训等；按季组织演练，提高员工应急处置能力。落实安全生产责任，目标落实到人。实现案件防控“四无”目标。

（李文林）

中国农业发展银行江油市支行

【概况】 2015年，中国农业发展银行江油市支行（简称“农发行江油市支行）累计投放贷款60900万元，比2014年增加25763万元，增长73.33%；各项贷款余额117704.45万元，比年初增加

53708万元，增长83.93%；各项存款余额达59285.07万元，比年初增加36152.95万元，增长156.29%；日均存款23877.55万元，同比增加9258.6万元，增长63.34%；盈利1690.47万元，同比增加342.05万元，增长25.37%。

【涉农贷款】　2015年，农发行江油市支行认真领会中央经济工作会议和全国金融工作会议精神，加强涉农贷款的营销力度，支持地方经济的发展。坚持把符合国家政策导向、党政关切、有利于推进城乡统筹发展、具有显著支农效果的新农村建设项目作为业务发展主要增长点，同时兼顾发展传统粮油购销业务和产业化龙头企业等实体经济项目，形成"粮油收储业务、政策性中长期贷款业务和商业性贷款业务"三驾马车并驾齐驱的业务发展格局。坚持粮油收储业务为基础，在坚持不"打白条"的前提下扎实做好粮油收储信贷资金供应管理。2015年，农发行江油市支行粮油储备贷款8285万元，地方储备小麦11566吨，油脂2610吨、稻谷9500吨，保证江油市地方粮食的储备供应安全。同时，代中储和市县储备粮油48884吨，代储国储棉花19859吨。以支持新农村建设为核心，以江油市政府关心的项目为重点，大力宣传支行在新农村建设中的信贷支持领域、业务发展优势、信贷管理政策，成功申报20亿元整体城镇化建设贷款支持江油市涪江东南片区两区同建整体城镇化项目。该项目将对江油市涪江东南片区(工业园区扩区启动区）5085.85亩范围内的土地整理、农民集中安置区、道路及配套管网等基础设施、幼儿园和小学校、金林农贸市场和明月农贸市场、生态环境整治和园区绿化提升工程，以及社区医院、文化体育中心、社区服务中心和创业培训中心等7个工程进行建设，年内首笔5亿元贷款已投放；投放贷款1亿元支持江油市三合、彰明镇3个村土地整理项目配套农民安置房建设项目。该项目将新建农民集中居住区1个，规划用地面积24.31亩，总建筑面积50688平方米，拟安置农民341户，合计1225人，按规定修建相应的水、电、气等基础设施。

【信贷管理】　保证统计工作的高质量，加强数据核对工作，确保统计数据真实、准确、及时上报，同时充分利用系统数据，加强统计分析，为领导决策和支行掌握业务动态、制定业务发展规划提供参考。做好财政补贴资金拨补，加强与地方财政局、粮食局的沟通协调，做好粮食风险基金等的拨补工作，至年末，补贴全部到位。加强资金调拨管理，对资金头寸的限额管理坚持小额勤调，对大额支付系统资金管理做到提前预报、及时划转，同时增强资金计划管理的前瞻性。做好支付系统前置机的维护工作及支付系统接口运行管理工作，对机房配套设施定期检查和维护，保证网络系统安全及其稳定运行。强化中间业务营销工作，推动咨询业务的快速发展。严格准入，充分发挥CM2006系统功能，做好信用评级和授信工作。抓好CM2006系统运行管理工作，积极组织部门职工开展CM2006系统学习。强化贷后管理，保证信贷资料的完整性和信贷流程的准确性，切实履行客户经理负责制，加大力度确保客户信贷资金专款专用和归行率比例足额，定期进行部门内的交叉自查工作，积极配合上级行的抽查，确保支行贷款检查工作的可靠性和有效性。

（农发行江油市支行）

绵阳市商业银行股份有限公司江油支行

【概况】　绵阳市商业银行股份有限公司江油支行（简称江油商行）下辖5个营业网点，内设综合业务部、综合保障部两职能部门，共有职工49人。截至2015年年年末，全行存款余额为381595万元，较年初增长64408万元，其中：对公存款150694万元，新增11356万元；储蓄存款余额230901万元，新增53052万元。全年累计发放各类贷款126146.5万元，贷款余额较2014年同期增长6074.36万元，其中，2015年度中小微型企业投放103339.9万元，贷款余额较2015年同期增长1502.37万元；个人住房按揭投放8854.79万元，余额较2015年同期增长5126.98万元；个人商用按揭投放3780.31万元，余额较2015年同期增长2111.03万元；累计签发银行承兑汇票13959.49万元。截至年末，江油商行网均、人均存贷款规模位居同业前列，全行账面利润12074万元，人均创利246万元。

【风险防范】 针对企业经营普遍不景气，银行资产业务压力巨大等种种不利，2015年，江油商行坚持严格从规范化、制度化、标准化入手，在严格执行信贷工作规章制度的同时，组织全行客户经理加强业务学习，不断提升风险意识和业务素质，并制定落实《江油支行资产业务限时办结管理办法》，通过绩效挂钩考核激励，有效地保障信贷资产的质量。2015年年末，江油支行贷款余额195075万元，全行无不良贷款，风险防范工作成效显著。在安保方面，江油商行坚持以人为本、以防为主，认真落实安全保卫责任制，完善管理制度，严格内部安全管理，做好安全防护设施建设，加强案件查防和保卫队伍自身建设等措施，确保全行正常经营无事故，有效地保障江油商行各项业务安全稳健的发展。

【惠民利民】 江油商行下辖营业部、纪念碑支行、恒丰支行、武都支行、三合支行共计5个经营网点，分布在中坝镇、三合镇及武都镇。为全面提升网点形象，更好地服务江油市民，江油商行在各网点内设置各类便民设施，满足客户需要。2015年，累计在江油城区安装POS机200余台、全行自助机具达到12台，其中取款机5台，存取款一体机7台，基本覆盖全市重点城镇。为给市民提供更优质的金融服务，2015年，江油商行结合业务经营进度组织一系列主题活动以提升服务水平，如“学习《优质服务案例汇编》答题竞赛”、网点经营转型服务提升、优质服务检查标准考试等，通过活动使全员进一步转变服务观念；提升服务技能。在江油市行风政风满意度测评中，江油商行连续第四年获得第一名。江油商行在金融政策方面也推出很多惠民举措，如科技城卡用户免收开卡工本费、年费、密码重置手续费、小额账户管理费、ATM跨行取款手续费、ATM异地取款手续费等，为广大市民跨行、异地取款提供诸多优惠。江油商行结合江油市民关注的热点，组织开展人民币反假、金融知识进社区，打击防范非法集资等活动。

（江油商行）

江油市农村信用合作联社

【概况】 2015年，江油市农村信用合作联社（简称“信合联社”）围绕改革和发展的工作基调，努力提升存贷款市场份额和综合竞争力，为江油经济发展做出应有贡献。年末，全市农村信用社各项存款总额107.97亿元，各类贷款总额47.47亿元。

【文明服务】 通过增设服务窗口、开设绿色通道、落实上门服务、实施专车押运、延长服务时间等措施，做实客户服务工作。同时，开展“五个一”活动，即搞一次上门服务、打一遍务工电话、发一次节日短信、催收一次不良贷款、补录一次基础信息，确保服务上水平、升品质。城区分社（部）以商圈、社区、学校为重点，积极拓展新兴市场；工矿区和纯农区分社以辖内工业园区、种养基地、重点项目和个体工商大户为重点，积极拓展传统市场。集中代发政府补贴期间，各分社（部）干部员工主动放弃休假，开辟绿色通道，千方百计做好代理资金留存工作。截至12月月末，共计代发29项涉农补贴资金59.05万户、2.38亿元，其中代发粮食直补3560万元、低保补助5050万元、民政“五保”4003万元、征地拆迁3234万元。在各类酒店宾馆、大型商场、批发市场等经营场所投放自助机具，在学校、医院、商贸集市等区域增设离行式自助银行设备，满足客户需求，打造便民银行。2015年，累计安装EPOS机884台，覆盖全市364个行政村；安装POS机609台，发展特约商户188户；累计安装自助银行ATM机100台（其中在行式ATM机86台，离行式ATM机14台）。加快电子银行推广，截至12月月末，累计办理短信服务7.05万户、开通网银1.24万户、手机银行4.24万户；

新发行蜀信卡4.3万张，累计发行蜀信卡50万张，活卡率达90%；电子银行替代率达到60.01%，实现7×24小时全天候服务，让市民足不出户即可尽享金融便利。

【网点转型】 按照省联社“硬转为体，软转为魂”的总体要求，江油信合联社扎实推进网点转型试点工作。结合本地实际，制定网点转型实施方案，明确全辖区64个网点的转型模式，制定转型批次、推进时间、实现目标，把永丰、武都、青莲、石油新区和新安分社作为第一批试点网点全力打造。对试点的网点配备电子银行、手机银行体验机、咨询台等，划分设置咨询引导、体验等候、自助服务、产品宣传等功能区，为客户提供差异化、特色化、便捷化的服务。着力机制、模式转型。围绕零售业务转型目标，实行柜员、零售客户经理（大堂经理）、厅堂主管三大协作营销、柜面服务“七步曲”(站相迎、笑相问、双手接、快准办、巧营销、提醒递、礼貌别)，建立“三会”（晨会、夕会、周例会），梳理下发员工营销、产品推介、电话约见、客户异议投诉处理话术，明确门市服务规定动作和流程，有效提升产品推介服务效率和客户满意度。通过试点网点转型的运行，网点转型工作取得良好效果，新安分社柜面替代率从试点之初的43.06%上升到11月月末的52.62%，网点自助银行设备从转型前每天75笔的交易提升到151笔以上，柜面压力得到有效缓解，门市分流取得良好效果，为全辖网点业务分流、客户分层、产品分销打下坚实基础。

【“惠农兴村”工程】 结合年初小额农贷授信评级工作，挨家逐户走访农户，重新采集农户信息。全年共对16.38万户农户重新评级授信，授信金额达19.94亿元，小额农贷余额达3.68亿元；签约“卡贷通”12848户，授信金额3.24亿元，累计发放3.03亿元，共有余额1.94亿元，有力地支持农民增收致富。通过向种养植业、小型加工业、手工业、运输业、农产品贸易、农资经营等专业大户或业主发放“联保贷”，支持其扩大生产经营规模。全年累计发放私营业主联保小组成员贷款30户，金额792万元。通过发放土地流转收益保证贷款，向生态农业和观光旅游农业发放贷款5笔，金额720万元。全年累计发放各项贷款54.56亿元，其中累计发放涉农贷款37.36亿元，占贷款总额的68.48%。

【“扶微助小”工程】 创新金融产品，加大小贷、微贷产品推介。积极参加市政府和工信局组织的银政企联系会、项目对接会以及商家节日促销和商展会，向客户宣传推介信用社的金融产品和服务。小企业金融服务中心针对客户装修资金短缺，结合小贷技术，推出“贷你装修”小微产品，满足小微客户多层次融资需求。加大小贷、微贷业务培训，4—6月，在全市精选11名小微条线业务骨干组成内训师资队伍，组织客户经理分批次参加小微贷业务培训，确保小微、小贷技术、流程和产品营销的推广复制。截至12月月末，累计向1246户小微、小贷客户发放贷款5.43亿元，共有余额2.28亿元，有效地解决小微客户的融资难题。推广按揭、贴现、助学等贷款业务品种，满足不同客户需求。截至年末，发放按揭贷款余额达3.71亿元；发放失地农民缴纳养老保险专项贷款42笔，余额36万元；发放助学贷款341笔，余额716.56万元。积极参加科技局和园区管委会组织的项目对接会，深入工业园区、孵化园内企业开展调研，听取客户建议，收集客户金融需求，做好融资对接后续工作。截至12月月末，累计向园区12户企业发放对接融资贷款1.21亿元，重点支持清香园调味品、众诚木业等县域产业龙头企业。针对经济下行压力逐渐增大，企业流动资金短缺的情况，推出“好期贷”产品，有效缓解企业由于贷款到期资金短缺，在外融资还款的压力。截至12月月末，累计办理“好期贷”业务6笔，金额6345万元。加大同银通担保公司的合作，积极投放企业担保贷款，化解企业融资难题。全年累计投放企业类担保贷款42户，金额1.79亿元。

【改制组建】 江油信合联社被确立为改制组建农商行后，江油市委、市政府将启动组建农商行、处置化解政府背景不良贷款、捐赠资产提上议事议程，写进政府工作报告。3月，通过江油市财政局、市审计局和信合联社三方共同清理核实，锁定政府背景不良贷款9933.79万元。7月，市政府成立由常务副市长担任组长的组建农商行改革领导小组。针对如何有效处置化解政府背景不良贷款和捐赠资产，召开多次专题会议，先后制定采取等价土地置换、政府债券置换和现金归还后再发放贷款三种方案进行解决，全力推进处置化解政府背景类不良贷款、捐赠资产的工作。江油联社多次向市委、市政府汇报近几年业务经营发展情况，以及在服务“三农”、服务县域经济、服务中小微企业等方面做出的贡献，争取市委、市政府的理解与支持。12月31日，收回政府背景不良贷款4967万元。

（尹　菲）

中国邮政储蓄银行股份有限公司江油市支行

【概况】 中国邮政储蓄银行股份有限公司江油市支行（简称“邮储银行江油支行”），位于江油市纪念碑中段318号。内设综合管理部、个人（“三农”）业务部、公司业务部，下设3个二级支行、32个代理营业机构。邮储银行江油市支行坚持“根植邮政，立足城市，面向农村，服务百姓”的市场定位，支持“三农”、中小微企业，关注民生，服务大众。2015年，邮储银行江油市支行各项存款余额346090.33万元，各项贷款余额48175.08万元。

【产品创新】 2015年，邮储银行江油支行为贯彻落实“走总部”活动，深化总对总合作，配合绵阳市分行与江油市政府签署战略合作协议。在做好传统贷款支持地方经济发展与建设的基础上，对接市妇联、人社再就业局，承办江油市妇女小额贷款、再就业贷款，支持创业妇女119户，支持贷款资金950万元，支持再就业下岗失业人员34户，支持贷款资金283万元。启动并推进全省农村产权抵押融资贷款试点工作，发放贷款145笔，金额1620万元，发放笔数列全省第一位，金额列全省第三位。与江油工业园区合作，全省试点承办园区企业贷款新产品“园保贷”业务，深入走访园区企业，发放贷款2笔，金额850万元。

【社会服务】 2015年，邮储银行江油支行克服涉及面广、人员复杂、客户年龄结构偏大、较为分散、服务成本高、服务压力巨大等诸多不利因素，为政府分忧解难，为群众办实事，服务“三农”，开展“普惠金融”等服务。做好社会养老金代发和新农保代收、代付两项大的民生工程。全年代发服务离退休人员84人次，代发金额65.6万元，外寄养老金2916人次，外寄金额831万元，代收新农保107776笔，代收金额约2246万元；代发新农保616704笔，代发金额5060万元。

【建立农村支付结算网络和体系】 依托支行网络优势，以邮储绿卡为载体，以“商易通”机具为交易平台，在全市农村范围内布放“商易通”及自动柜员机（ATM）自助设备，开通助农取款服务，共建立便民服务及助农取款点192个，布放ATM62台，扩大农村支付结算网络，让广大村民足不出村就能办理转账结算、小额取现业务。

【特惠服务】 开发特惠商户，打造便捷的用卡环境。开发集衣食住行娱乐等一体的商户群，利用优惠看电影、洗车、商场打折或邮储专场等方式，为支行各类持卡客户营造快捷、方便、实惠的用卡环境。

（邮储银行江油支行）

保险业

中国人民财产保险股份有限公司江油支公司

【概况】 中国人民财产保险股份有限公司江油支公司（简称“人保江油支公司”）有职工35人，内设1个室、10个部。为支持“三农”，在市境内设有11个农村营销服务部，建立40个乡镇“三农”保险服务站，365个“三农”保险服务点，聘请近40名“三农”保险服务站站长和365名“三农”保险服务农保员。有经济师6人，保险公估师3人，全市兼业代理机构10家。2015年，公司保费收入12095万元；处理赔案12000余件，赔付6427万元；上缴地税1271万元，其中代收车船税671万元。获绵阳市分公司“2015年度先进集体”、省公司“先进基层党组织”称号，继续保持四川省级“守合同重信用企业”“卫生先进单位”“文明单位”称号和江油市“星级示范窗口”称号。

【保险业务规模】 人保江油支公司开办有机动车辆保险、企业财产保险、货运保险、各种责任险和短期健康医疗保险等50余个险种。市境内的大中型企业资产，21000多台机动车辆等约60亿元的财产在人保江油支公司投保。同市境内的攀长钢总公司、四川矿山机械厂、川西北矿区、通力79队、顺辉集团等各个大中型运输车队及企业均建立合作关系。2015年，面对激烈的市场竞争，人保江油支公司通过创新经营管理，增强竞争能力。公司调整展业方式，把大企业、大单位牢固地掌握在经理室手中，各业务部将业务化解到人头，分片分类包干。在保在校学生责任险时，把上面公关与基层学校公关相结合，深入学校宣传，收到良好的效果。注重巩固挖潜，扩大效益性险种，其中承保城镇职工补充医疗保险485万元。加强银保合作，与各大银行签订代理协议，个贷保险业务全年共收145万元。加强与各大运输公司的联系，随时掌握保源的流动情况，出现漏洞，及时补救，巩固保源。随着社会保险意识的不断提高，保险主体的增多，采取招标投保的保户越来越多，公司在认真公关的同时，以严格的态度指导各业务部门作好标书，积极应标，做到全面、准确、及时，符合国家各项方针政策。

【政策性农业保险工作】 3月，召开2015年江油市政策性农业保险工作会议，全市31个乡镇分管政策性农业保险的乡（镇）长、农技站（或农服中心）负责人、畜牧站长共计100余人参加会议。会上总结江油市2014年工作，对2015年政策性农业保险工作作出安排，并表彰成绩突出的乡镇和先进个人。会后，公司组织职工，分片包干，进行宣传动员、造册收费，全面完成目标任务。承保水稻、玉米、油菜、蔬菜5.04万公顷，森林5.34万公顷，承保育肥猪386050头。共收保费2710.57万元。2015年，人保江油支公司共支付政策性农业保险赔款1458万余元。

【保险理赔】 人保江油支公司实行24小时值班和节假日值班制度，不分昼夜，接到报案及时赶赴现场查勘定损，帮助车主解决疑难问题。1万元以内无人伤，定损、核损、报价完成，责任明确，且无异议，1小时内通知赔付，客户也可授权协作修理厂代为办理理赔；单方事故只有车辆损失，客户授权协作修理厂或自己前去办理，人保江油支公司均采取无纸化理赔。定期安排回访客户，征求对承保及理赔服务工作的意见，以改进公司工作。坚持“赔偿手续简洁、严谨、有效、快速”的原则，以提高理赔效率为重点，实行理赔服务时限制，极大地方便保户。全年处理各种赔案12000余件，赔付金额达6427万元。

（人保江油支公司）

中国人寿保险股份有限公司江油市支公司

【概况】 中国人寿保险股份有限公司江油市支公司位于江油市新华路中段162号。2015年，公司下设个人业务部、团体业务部、银保渠道部、客户服务中心等部门，从业人员1190人，城区服务窗口1个，乡镇服务点13个，为江油80%以上的公民提供意外、医疗、重疾、养老、教育、分红等各类保险，致力于解决百姓生有所育、老有所养、病有所医、死有所赔的民生经济问题。

截至2015年12月31日，人寿保险江油支公司完成总保费2.63亿元，其中，期交新业务4415万元、短期意外险业务1395万元、短期健康险业务827万元、趸交业务4019万元、续期业务15600万元。全年公司赔案及给付金额合计2.05亿元，上缴税收326万元。

【个人保险业务】 以开展第二届保险文化节为契机，个人保险业务部回馈广大新老客户和提升客户服务品质，为全市20余万客户提供全面的人身保障，包括个人、家庭短期意外伤害保险、大病保险、防癌险、分红保险、养老保险、子女教育保险等，全年实现新业务期交保费3132万元，短险保费1182万元。在发展业务的同时，积极招募服务专员，既提升服务，同时解决社会就业1000余人。

【团体保险业务】 重点推广农村小额保险，全年实收农村小额保险保费701万元。公司在全市40个乡镇便民服务中心设立小额保险服务窗口，由农村小额保险专管员提供服务，方便客户理赔，全年共赔付农村小额保险510万元，为16万余农村客户提供保险保障。开拓信贷保险业务，实收信贷保费140万元。拓展学生平安险业务，实收保费321万元。大力推广计划生育保险，为全市18周岁以下的独生子女提供医疗、身故等保障，减轻独生子女家庭负担。全面开展大额补充医疗保险，为全市人民提供大额医疗保障。

【银行代理业务】 按照上级公司的安排部署，积极开展期交转型工作，渠道业务以“会员专享、荣耀财富”项目为抓手，以产品带给客户的“教育规划、养老规划、理财规划”为切入点，与代理渠道积极配合取得良好的效果，实现客户、代理渠道、公司三赢局面。运用理财规划师知识点激发高端客户需求，2015年，产生多张期交大单，为高端客户实现养老规划、资产保全、资产传承等资产配置，通过以上方法，转型取得成效，完成期交1283万元。

【客户服务】 客户服务中心大力推广“e宝账”电子化服务平台，让客户足不出户即可办理28项常见保全业务。针对广大客户查询理赔不便的情况，客户服务中心推出微信理赔服务，出险客户可以在手机上报案并提交理赔资料影像，减轻客户的负担，增加理赔工作的透明程度。客户服务中心组织培训销售人员前往医院驻点服务，让生病住院的客户在出院时即可享受到便捷的服务。

（人寿保险江油支公司）

证券业

华西证券江油营业部

【概况】 2015年，华西证券江油营业部销售型到账收入150.09万元，融资型息费收入895万元。年资金开户数净增3700户；重点客户3926户，净增795户；客户保证金额净增加10746.80万元，同比增长55.15%；客户现金净流入6663万元，同比下降47.29%；托管市值净增加22883.21万元，同比增幅21.97%；客户资产周转次数为30.94次，同比增幅169.98%；完成A股、B股，基金交易总量477.09亿元，比2014年增长322.05%；营业收入8006.74万元，支付营业支出1952.81万元，上缴营业税金及附加382.63万元，实现利润6053.93万元，比2014年增长154.59%。

【客户服务】 宣传推广网上交易、手机炒股等场外交易方式，提高短信服务质量。全年累计发送短信976407条，内容包括新股发行、上市提醒、重大信息、公司资讯产品及配股、配售、反洗钱等信息。同时，对所有开通短信接受业务的客户进行全面回访和梳理，了解掌握客户对短信服务的满意度，并针对客户的意见、建议对短信内容进行完善和丰富。继续开展现场客户网上交易培训，根据证券市场发展趋势，对现场交易客户进行座谈、安抚、培训，使客户理解并逐步认识场外交易的优势。细分客户，为客户提供“量身定做”的服务。全年新增签约财富赢1号客户95户，新增签约资产3621万元，营业部占比95%；实现增值收入45万元。财富赢签约数在地市州排名第12，增值收入排名第14位，比2014年下降5名。全年累计系统回访客户2万余条，寄送月刊240余份，上门派送100多份，节日上门慰问60户，加强日常沟通。组织投资者策略报告会两次；开办股民学校50期，内容包括证券基础知识、投资风险、技术分析、基本面分析、双融知识、港股通知识等证券投资知识及风险提示。组织现场客户学习网上交易和手机炒股实际操作流程，配合公司华彩人生一点通的不断升级，组织员工学习，并通过股民学校做好宣传推广工作。做好投资者教育宣传，创办反洗钱、融资融券、投资基金、证券欺诈行为案例等4期专栏，对投资者进行各项金融知识、反洗钱知识、法律的普及和风险教育。同时，做好营业部对外资讯信息发布及咨询产品的信息发送。多次开展针对分级基金和双融业务风险提示讲座，为客户极力回避市场大幅下跌的风险。

【业务拓展】 2015年，华西证券江油营业部主要的金融产品销售以农业银行、工商银行为主，农村信用社渠道为辅的业务推广及金融产品销售通道。全年持续开发社区服务渠道，并实现增值产品及金融产品的销售。同时，利用微信、公众平台、沙龙等多种渠道和形式拓展宣传渠道。存量不动户的二次开发实现增值产品签约。将3万~5万元资产无服务关系的客户分配由理财经理进行日常维护：重大事项通知，股民学校通知、日常亲情维护、引导树立资产配置理念，并实现金融产品、增值产品销售，减少客户流失。通过在小区、4S店、手机店、厂矿、医院、电视台等多地进行网开业务推广，为客户积累做准备。

（华西证券江油营业部）

江油年鉴

财政·税收

Finance, Tax

财　政

财政管理

【概况】　2015年，江油市财政工作牢牢把握“稳中求进、转型升级、统筹发展”的工作基调，围绕市委“11321”战略部署，全面深化财政体制改革，促进经济发展方式转变，着力保障和改善民生。全市经济社会持续稳定发展，财政运行总体平稳。

【财政收入】　面对经济增速下滑、财政收入增长乏力的困难局面，江油市财政局提请市人民政府召开2015年财税工作会议，分解落实财政收入任务；定期召开收入分析会，掌握收入变动情况；组织对重点税源、重点纳税企业摸底调查，掌握税源基础；细化增收措施，加大对非税收入的征收力度。安排政府引导基金1.7亿元，支持新兴产业、特色优势产业和现代服务业发展，为产业结构调整和转型升级注入新的动力和活力。通过一手抓征收、一手抓发展，有效地推进全市财政收入平稳增长。2015年，全市一般公共预算收入实现163116万元，同比增长8.3%。全面完成绵阳市政府下达的一般公共预算收入增长8%的目标任务。

【民生资金保障】　积极调整财政支出结构，优先保障民生支出。2015年，10件民生工程、20件民生实事共拨付资金84297万元，比2014年同口径增长8.4%，其中本级配套14723万元，同比增长36%。

【社会事业投入】　全市教育投入22217万元，教育优先发展地位更加凸显。其中，投入特奥会资金512万元，完成场馆改造维护、场地器材完善；投入安保工程资金400万元，为全市中小学、幼儿园及村小配备专业保安170余名，集中培训安全管理人员331人次；投入“互联网+教育”资金300万元，支持江油中学与北京四中网校合作开设12个“互联网+”教学实验班，建立“互联网+学科”教学的新模式；投入教育基础设施建设资金1500万元，用于新建江油一中宿舍，太白中学教师周转房等项目；投入职业教育资金1354万元，提高现代职业教育校企合作水平。全市社会保障投入28312万元，完善以基本养老、救助救济、就业创业为重点的社会保障体系，社会保障范围不断拓宽，保障水平显著提升。其中，投入就业资金2759万元，新增就业人员7355人；投入高校毕业生基层服务项目资金320万元，保障实施高校毕业生“三支一扶”计划。全市城乡住房投入55800万元，着力改善城乡居民住房条件，启动改造城市棚户区和危旧房4591套，让困难家庭住上放心房。全市文化事业投入5358万元，着力推进公共文化服务均等化，促进文体事业全面发展。其中，投入公共文化服务体系建设资金1437万元，建设留守儿童之家10个、农民工文化驿站5个、乡镇综合文化站6个、村级文化活动室80个、社区文化阵地4个；支持农家书屋、社区书屋、图书馆、红军文物陈列馆等公益性文化设施免费开放，丰富群众文化生活；投入重点文化产业发展项目资金3510万元，建成文农林旅融合的大康百合国际博览园，以李白文化为基底的国际诗歌小镇，提升江油市文化内涵，促进文化产业发展升级；投入115万元，支持体育事业发展，推进小区健身设施建设，支持体育场馆免费开放，群众锻炼身体的环境条件继续得到改善。

【支持全市经济发展】　全市产业发展投入13473万元，以促进产业结构调整为重点，推动经济发展方式转变。其中，投入产业园区建设资金2375万元，用于基础设施运行维护及产业发展；投入技改资金8112万元，支持企业技术改造和川矿改制；投入小型微型企业发展专项资金及小额担保贷款1191万元，支持民营经济发展；投入现代服务业发展资金960万元，支持农贸市场建设及促进内贸流通服务业发展；投入电子商务专项资金835万元，支持“互联网+”和农村电商发展。全市生态环保投入7513万元，加强重点流域污染治理，支持重点生态功能区建设，鼓励推广节能产品，促进环保产业转型升级。

【支持全市重点项目建设】 全市拨付重点项目资金148640万元，推进“四会一节”、旧城改造、李白文化产业园、太白公园扩园、新居工程、军民融合产业园、西成客专、涪江五桥、S205线等重点建设项目顺利实施。

【支农惠农】 全市农业投入47236万元，以推动新农村建设为重点，促进城乡统筹协调发展。其中，投入农业基础设施建设9748万元，推进高标准农田、小农水重点县、现代农业、农业综合开发等项目实施，夯实农业生产基础；投入农业产业化建设资金1270万元，支持农业产业化经营；投入“一事一议”“美丽乡村”财政奖补资金5777万元，支持新村建设，促进产村相融；投入土地确权登记资金760万元，推进农村土地承包经营权确权登记试点；投入各类补贴资金6193万元，全面落实农业支持保护补贴、农机购置补贴等财政补助政策，推动农民增收。

【扶贫开发】 全市扶贫开发投入2155万元，以改善基础设施，推动产业发展为抓手，全面推进新常态下扶贫开发工作。其中，投入易地扶贫搬迁资金600万元，用于8个乡镇、173户农户易地搬迁工作；投入农村危旧农房改造资金174万元，用于对极重贫困户的住房改造；投入基础设施建设资金225万元，使贫困村群众生活水平和生活质量得到有效提升；投入产业扶贫资金468万元，用于龙头企业产业基地建设及扶贫示范村建设，带动贫困户脱贫致富；投入技能培训资金50万元，开展贫困劳动力培训，提升贫困农民的劳动技能水平和致富能力。

【推进财政改革】 认真贯彻落实市委、市政府全面深化改革要求，推进各项财政改革工作。启动编制江油市三年滚动财政规划，对未来三年重大财政收支情况进行分析预测。转变财政支持方式，以财政贴息、以奖代补、风险补偿、金融激励等间接方式为主，引导和撬动企业资本、民间资本加大产业转型发展投入。推进政府向社会力量购买公共服务，把政府直接向社会公众提供的一部分公共服务事项交由具备条件的社会力量承担。在公共服务领域推广政府和社会资本合作模式，建立“PPP”项目库，向省财政厅报送项目53个，全市签约PPP项目1个。

【加强财政管理】 加强预算执行动态监控。突出监控重点，加强“三公经费”（指财政拨款支出安排的出国（境）费、车辆购置及运行费、公务接待费）监控，对大额支付进行实时查询，严禁预算单位将财政支出转入本单位零余额账户，对监控“违规”行为进行重点查处。在线监控共纠正违规支付使用资金223笔，金额650万元，同比下降2%。启用“银行账户”管理系统，将预算单位银行账户信息纳入大平台银行账户管理系统进行统一管理，规范预算单位的账户开户、变更、合并和销户等审批程序。加强一般公共预算、政府性基金预算、上级专项转移支付结余结转资金的清理整合。整合上级和本级各类资金12000余万元，切实发挥资金效益。推进预决算信息公开，分别于3月和10月对全市预算单位2015年部门预算、“三公经费”预算和2015年部门决算、“三公经费”决算在政府门户网站和部门网站进行公开。开展财政支出绩效评价，共开展县级绩效评价项目22个，资金90743.12万元，为财政资金有效分配奠定基础。深化公务卡改革，制定《公务卡强制目录》，要求预算单位公务卡刷卡消费金额，不得低于单位公务支出预算的35%；预算单位每月提取现金控制在5万元以内，全年不得超

图28　2014年8月7日，江油市财政局通过省财政厅绩效考核

过公用经费预算的10%，逐步实现个人补贴上卡发放。全市办理公务卡2143张，同比增长61%；办理公务卡支出3137笔，累计报销金额3146万元，同比增长143%。现金支出5124万元，同比下降58.2%。加强国有资产管理，做好国有资产管理和处置工作，办理和批复资产报损、报废48宗，残值收入8.51万元。依法依规处置闲置国有资产，共组织公开拍卖6宗，处置建筑面积13955平方米，拍卖收入25636万元，确保国有资产收益的最大化。严格执行国家投资项目财政投资评审制度，坚持凡投必审。纳入财政投资评审的一般国家投资建设项目（含政府采购）307个，评审送审金额22亿元，审减额达3.24亿元，资金节约率为14.72%。以沉水水库为突破口，重点推进国家投资建设项目现场跟踪评审工作。政府采购集中采购293次，预算采购金额8688.6万元，实际采购金额7960.3万元，节约政府采购资金728.3万元，节约率8.38%。全年开展“财政存量资金”“三公经费”“绩效监督”“农村运维资金”“会计监督”等专项检查工作。按照省财政厅“严肃财经纪律，落实监管责任，确保资金安全”专项整治工作要求，认真开展财政系统内部监督工作，对发现的问题及时整改，建立长效机制。

（财政局）

财政收支和预算执行情况

【概况】　2015年，江油市财政收入稳中趋缓，支出结构继续优化，重点支出保障有力，财政预算收支任务圆满完成，财政运行总体平稳。

【预算调整】　江油市第十七届人民代表大会第四次会议确定全市财政收支预算为：一般公共预算收入158130万元，政府性基金收入155500万元，国有资本经营收入279万元，社会保险基金收入44294万元；一般公共预算支出262834万元，政府性基金支出155500万元，国有资本经营支出279万元，社会保险基金支出38744万元。在预算执行过程中，由于四川省对江油市的一般性转移支付增加及下达地方政府债券等因素，经市十七届人大常委会第四十次会议审议通过，全市财政收支预算调整为：一般公共预算收入163000万元，政府性基金收入155500万元，国有资本经营收入279万元，社会保险基金收入44294万元；一般公共预算支出295716万元，政府性基金支出161666万元，国有资本经营支出279万元，社会保险基金支出38744万元。

【财政收入预算执行情况】　2015年，全市一般公共预算收入163116万元，完成调整预算的100.07%，同比增长8.3%；政府性基金收入155933万元，完成调整预算的100.3%，同比增长127.7%；国有资本经营预算收入279万元，完成调整预算的100%；社保基金收入47645万元，完成调整预算的107.6%。

【财政支出预算执行情况】　2015年，全市一般公共预算支出368363万元，完成调整预算的100.9%，同比增长14.5%；政府性基金支出173225万元，完成调整预算的99.6%，同比增长120.2%；国有资本经营支出279万元，完成调整预算的100%；社保基金支出39497万元，完成调整预算的101.9%。

【预算收支平衡情况】 全市一般公共预算收入加上中央、省转移支付补助收入、地方政府一般债务转贷收入、2014年结余资金等收入后，可供安排的收入总量为463093万元。收入总量减去是年支出、上解上级支出、一般债务还本支出、安排预算稳定调节基金等支出458715万元后，全市结余资金4378万元，主要是因项目跨年实施需要结转下年继续使用。全市政府性基金收入加上中央、省转移支付补助收入、地方政府专项债务转贷收入、2014年结余等资金收入后，可供安排的收入总量为175534万元。收入总量减去是年支出、上解上级支出、专项债务还本等支出174856万元后，全市结余资金678万元，全部为上级专项，需要结转下年继续使用。全市国有资本经营预算收支平衡。全市社保基金收入加上2014年结余资金后，可供安排的收入总量为86952万元。收入总量减去是年支出后，全市累计结余资金47455万元。

【市本级财政收入预算执行情况】 2015年，市本级一般公共预算收入实现117784万元，完成调整预算121000万元的97.3%，同比增长8.4%；市本级政府性基金收入155933万元，完成调整预算155500万元的100.3%，同比增长127.7%；市本级国有资本经营预算收入279万元，完成调整预算279万元的100%；市本级社保基金预算收入47645万元，完成调整预算的107.6%。

【市本级财政支出预算执行情况】 2015年，市本级一般公共预算支出322195万元，完成调整预算321615万元的100.2%，同比增长24.2%；市本级政府性基金预算支出167071万元，完成调整预算163702万元的102.1%，同比增长112.4%；市本级国有资本经营预算支出279万元，完成调整预算279万元的100%；市本级社保基金预算支出39497万元，完成调整预算38744万元的101.9%。

【市本级预算收支平衡情况】 市本级一般公共预算收入加上中央、省转移支付补助收入、地方政府一般债务转贷收入、2014年结余资金、下级上解等收入后，可供安排的收入总量为411062万元。收入总量减去是年支出、上解上级支出、一般债务还本支出、安排预算稳定调节基金等支出406684万元后，市本级结余资金4378万元，主要是因项目跨年实施需要结转下年继续使用。市本级政府性基金收入加中央、省转移支付补助收入、地方政府专项债务转贷收入、上年结余资金等收入后，可供安排的收入总量为175182万元。收入总量减去是年支出、上解上级支出、专项债务还本支出、补助下级等支出174504万元后，市本级结余资金678万元，全部为上级专项，需要结转下年继续使用。市本级国有资本经营预算收支平衡。市本级社保基金收入加上上年结余资金后，可供安排的收入总量为86952万元。收入总量减去是年支出后，市本级累计结余资金47455万元。

（财政局）

税　收

国家税务

【概况】　2015年，江油市国家税务局累计入库各项税收收入73817万元，累计入库完成64924万元，比2014年增长8893万元，同比上升20.51%。

【重点税源控管】　加强对年缴纳“两税”在100万元以上的90户重点税源企业的销售收入、实现税收、入库税收、税负等指标的监控。稳步推进“营改增”工作。对已纳入营改增的企业进行调查分析，及时解决执行过程中对政策理解等方面的问题。同时，加强与市地税局的沟通协调，掌握了解即将纳入营改增的行业状况。至2015年，全市共有“营改增”试点纳税人871户，年入库税收4493万元。

【税务专项检查】　组织开展税收专项检查，抓好大要案的查处工作。全年共计立案检查企业8户，组织企业开展自查26户。累计查补入库628万元，其中，查补入库税款562万元，罚款1万元，加收滞纳金65万元。

【税收政策管理】　落实小型微利企业优惠政策，政策享受面达到100%，全年享受小微企业增值税优惠政策纳税人89718户次，共计享受减免税额1965.92万元。加强民政福利企业、资源综合利用企业的增值税即征即退审核把关，全年共办理增值即征即退189笔，退税1856万元；有23户企业享受西部大开发企业所得税优惠，减免企业所得税2997万元。按照《出口退税工作规范（1.0）》要求，做好出口退（免）税日常审核、审批工作，全局共计办理出口退（免）税1298万元，其中，退税631万元，免抵667万元。

【日常税收征收】　开展税源调查，对年纳税50万元以上的企业进行摸底调查，深入分析经济形势及税收增减收因素和收入特点，并对全局管辖的106户一般纳税人生产经营情况进行调查，规范填报口径和填报数据来源，及时报送调查报表和总结分析材料。

【税收风险管理】　重新梳理和制定新的风险管理考核办法，结合“风险评估及电子档案系统”的系统设置，合理配置风险管理职责到相关岗位。安排专人负责风险评估及电子档案系统各风险指标的日常监控管理，加强风控制数清理，定期发布全市风险监控管理工作情况通报。截至2015年12月，全局风险任务准期完成率达到100%，日常指数、风险防控、风险任务应对、纳税评估入库税款变动与税收收入变动配比情况符合上级的考核要求。

（岳瀚诚）

地方税务

【概况】　2015年，江油市地方税务局（简称“市地税局”）累计组织各项收入135089万元，比2014年增收12478万元，增长10.18%。其中，入库税收收入128114万元，同比增收11853万元，增长10.2%；入库基金附加收入6975万元，同比增收625万元，增长9.84%。组织江油本级收入126571万元，同比增收12014万元，同比增长10.45%。收入进度和收入增幅在绵阳地税系统中双双排名第1名、收入规模排名第2名，收入总量在全省78个扩权县中排名第3名。

【税收征管】　市地税局全面推行专业化、精细化、程序化管理模式，常态开展分析研判。针对税源异动情况，准确预测税源变化趋势，进一步增强组织收入工作的预见性，并有的放矢制订管控方案。通过挖掘三方信息资源，扣缴入库全市首笔境外分红非居民企业所得税220余万元；扣缴收购海外非居民企业股权转让企业所得税1455万元，实现涉外税收历史性突破。2015年，全市38户重点企业累计入库税款46253万元，同比增收10870万元，同比增长30.72%。先后召集全市房地产业、建筑业、境内重点企业的法人代表和财务人员开展税务约谈，促进纳税人主动自查补税，化解税收违法风险。提升税法遵从度。

【纳税服务】 市地税局始终把“满足纳税人的合理需求”作为纳税服务工作的总导向。按照“材料简化、程序简便、职责明确、运行高效”的原则，深入推进纳税服务建设。启动“一台导税、一窗受理、一次性告知、内部流转、限时办结、一窗出件、一站式服务”的运行模式，促进《全国县级税务机关纳税服务规范(2.2版)》的全面落实。深化行政审批制度改革，减少审批环节，提升审批效能，推进落实“三证合一”（即工商营业执照、组织机构代码证和税务登记证三证合为一证）的登记制度，切实执行税收减免优惠政策。全年累计减免地方各税8268万元。2015年，在市政府组织的社会满意度公开测评中，江油地税位列第5名。

（地税局）

江油市2015年缴纳地方税100万元以上单位名单

表11

纳税人名称	企业法人	金额（万元）
江油鸿飞投资有限公司	金　泓	8188
四川广通建设有限公司	邓幼宁	4092
中国石油西南油气田分公司川西北气矿	赵　军	3597
江油市第十建筑有限公司	涂洪友	2936
四川省江油市建工建筑工程有限公司	刘双全	2928
攀钢集团江油长城特殊钢有限公司	江　宾	2461
四川石油管理局川西北矿区	王建成	2100
江油市农村信用合作联社	颜　勇	2001
江油市华丰房地产开发有限公司	陈清平	1914
四川中润远帮投资发展有限公司	范晓青	1849
四川省江油市建工房地产开发有限公司	赵登全	1750
神华四川能源有限责任公司江油发电厂	袁　平	1521
江油远太实业有限公司	陈清太	1427
中国人民财产保险股份有限公司江油支公司	左兴周	1277
江油市城北房地产开发有限公司	周　剑	1236
四川江油顺辉投资有限公司	周　辉	1208
四川省圣名实业有限公司	杨晓东	1194
四川鑫蜀江置业有限公司	徐双贵	1179
中国农业银行股份有限公司江油市支行	吴良栋	1054
中国工商银行股份有限公司江油支行	周世宏	977

续表

纳税人名称	企业法人	金额（万元）
四川神华天明发电有限责任公司	何成江	962
江油红狮水泥有限公司	章小华	921
四川广通房地产开发有限公司	陈清太	863
绵阳市商业银行股份有限公司江油支行	刘　承	812
四川品润房地产开发有限公司	陈坚俤	809
江油市宏安建筑工程有限公司	缪云高	782
中国建设银行股份有限公司江油市支行	连　凯	780
四川清香园调味品股份有限公司	邓　晓	776
四川巴蜀江油燃煤发电有限公司	何成江	769
四川六合锻造股份有限公司	熊建新	748
四川省汇星实业（集团）有限公司	任明辉	696
江油长双房地产开发有限公司	邓传富	675
江油新炜发展投资有限公司	郑　垒	650
四川双马水泥股份有限公司	高希文	634
江油第三建筑工程有限责任公司	胡绍蓉	634
四川江油宏安实业房地产开发有限公司	缪云高	627
国网四川省电力公司江油市供电分公司	刘梓明	578
四川佳运油气技术服务有限公司	钟　剑	573
四川省江油市新华建筑工程有限公司	王德刚	549
中国平安财产保险股份有限公司江油支公司	赵　耀	532
四川省江油华泰建筑工程有限公司	刘兴贵	447
江油市军魂建筑工程有限公司	舒光斌	420
四川国大水泥股份有限公司	张子斌	412
四川皇龙智能破碎技术股份有限公司	李寿海	407
四川汇通能源装备制造有限公司	吴宗权	378
江油华兴电力有限责任公司	杨　富	366
江油市人民医院	胡永光	353
中国人寿保险股份有限公司江油市支公司	雷　霆	350
绵阳市烟草公司江油分公司	何永强	290
江油城投国有资产经营有限公司	罗长华	289
四川双马电力股份有限公司	卢永钢	287
中国人寿财产保险股份有限公司江油市支公司	邓　婧	278

续表

纳税人名称	企业法人	金额（万元）
中国银行股份有限公司江油支行	陈　涛	264
四川富临运业集团江油运输有限公司	林　波	238
四川江油华夏村镇银行股份有限公司	王柏林	168
江油巴蜀通口河电力有限公司	蒋国俊	152
中国太平洋财产保险股份有限公司江油支公司	李权洲	148
四川天利科技有限责任公司	黄明镜	133
四川省江油市蜀玉实业有限公司	胡明东	127
四川长城钢管有限公司	谢元林	126
江油市金盛园商贸有限公司	漆刘建	121
四川江油川西北恒丰天然气公司	宁佐贵	120
安诚财产保险股份有限公司江油支公司	刘　萍	115
江油江浙大酒店有限公司	骆依军	102

江油年鉴

综合监管

Comprehensive Regulation

经济和社会发展

【2015年国民经济和社会发展计划执行情况】 2015年，江油市地区生产总值实现322.7亿元，比2014年增长9.2%，总量居绵阳各县（市、区）第1位，增速居第2位。其中，第一产业增加值40.8亿元，增长3.9%；第二产业增加值162.3亿元，增长9.9%；第三产业增加值119.6亿元，增长9.7%。三次产业结构为12.6∶50.3∶37.1。规模以上工业增加值增长11.2%；完成固定资产投资162.6亿元，增长8.3%；实现社会消费品零售总额144.9亿元，增长14.3%；实现地方公共财政预算收入16.3亿元，增长8.3%；实现城镇居民人均可支配收入26340元，增长8.5%；实现农民人均纯收入13078元，增长9.7%。

【三次产业发展】 农业平稳发展。第一产业实现增加值40.8亿元，增长3.9%，居绵阳第2位。粮食安全保障有力，建设水稻、小麦、油菜高产示范片9个，面积0.77万公顷，全年粮食总产量30.07万吨，同比增加0.612万吨；油料总产量4.68万吨，同比增加0.17万吨。现代畜牧业稳步发展，全年出栏生猪46.89万头，出栏小家禽1054.58万只。农业产业化快速推进，新发展家庭农场235个，新增绵阳市级重点龙头企业3家。特色产业基地不断扩大，精品蔬菜种植面积达到1.82万公顷，干果基地达到1.95万公顷，新增九岭、大康等乡镇花卉种植面积133.33公顷，花卉苗木基地面积达到0.17万公顷。

工业发展稳中有进。第二产业实现增加值162.3亿元，增长9.9%。全年新增规模工业企业16户，总数达到202户，实现规模工业总产值481.5亿元、增长9.1%；规模工业增加值增速达到11.2%，居绵阳第3位。市本级工业企业支撑作用更加突出，完成总产值361.8亿元，增长13.8%，增速高于市属以上企业16.8个百分点，占总产值比重达75.1%。科技型企业快速发展，新增科技型中小企业306户，新入规科技型中小企业8户，全市规模以上科技型中小企业达138户。产业转型升级成效初显，全市“两新”产业企业达29户，高新技术产业产值占规模工业总产值的比重超17%，战略性新兴产业产值占规模工业总产值比重达20%。工业经济运行质量逐步提升，实现利润总额23.8亿元，增长18.1%；实现利税总额46.3亿元，增长12.1%，利润率和利税率分别为5.4%、10.5%。

服务业发展逐步加快。第三产业实现增加值119.6亿元，增长9.7%，居绵阳第2位。消费市场持续繁荣，实现社会消费品零售总额144.9亿元，增长14.3%，居绵阳第2位；188户限额以上批发、零售、住宿、餐饮业企业实现零售额71.29亿元，增长21.9%，占社消零总额比重达49.2%，较上年提升5.8个百分点。电子商务加速发展，“一园区三中心”电商〔即颐江（国际）电商产业园、市级农村电商运营中心、科技孵化中心、电商创业中心初〕格局步成型，全年新增电子商务企业65户，总数达378户，新安、大康、永胜等17个农村电商村级示范站点全面建成，全年电子商务交易规模突破150亿元。文农林旅深度融合发展，借力“四会一节”和“两个国际”的精彩呈现，旅游业实现突破性发展，全年旅游总收入达到66.7亿元，同比增长40%，接待游客501.3万人次，同比增长29.7%。金融运行平稳，服务经济发展能力不断提升，金融机构各项存款余额386.6亿元，较年初增长12.9%；各项贷款余额173.6亿元，较年初增长10.4%；中小微企业贷款余额73.7亿元，较年初增长10.6%。

【固定资产投资】 全年完成固定资产投资162.6亿元、增长8.3%，总量居绵阳第2位，增速高于绵阳平均水平1.5个百分点。其中，技改投资64.5亿元，增长6.9%；基建投资67.1亿元，增长20.4%；房地产投资28亿元，下降3.9%；农户投资3亿元。投资结构不断优化，技改投资占投资总额的比重达到39.6%。全年实现民间投资84.2亿元，同比增长28%，占投资总额的比重达51.8%，同比提高8个百分点，增速快于投资总量增速19.7个百分点。

【重点项目建设】 全年共实施各类项目255个，其中，产业类项目159个，完成投资110亿元；基础设施类项目71个，完成投资41亿元；民生及社会事业类项目19个，完成投资6亿元；其他类项目6.6个，完成投资5亿元。中物院材料所军民融合产业园、纪念碑街人防工程等165个项目陆续开工建设，神华天明煤电一体化循环经济产业园、沉水水库、涪江五桥等90个续建项目按计划有序实施；中国百合国际博览园、星联电子精密电路板、江油大道、罗汉堰综合治理一期工程等137个项目建成投入使用。重点项目建设强力推进、成效明显，全市50个“四定”项目完成投资85.2亿元，5个省级重点项目完成投资28.9亿元、9个绵阳市重点项目完成投资16.4亿元。

（发改局）

物价管理

【价格管理和收费管理】 2015年，市发改局编制《江油市行政事业性收费项目目录清单》和《江油市涉企行政事业性收费项目目录清单》。从2015年1月1日起，全市统一停止收费许可证年度审验；2月1日起，统一停止收费许可证办理。认真贯彻落实国家及省有关降低、取消、停征和免征的各项收费政策，共减免各项收费约600万元，减轻企业和社会负担，优化了全市的发展环境。贯彻落实国家及省有关放开部分服务价格的文件政策，会计师事务所、资产评估服务、税务师事务所、部分律师事务所、房地产经纪服务、非保障性住房物业收费、住宅小区停车服务等收费放开，实行市场调节价，充分发挥市场在资源配置中的决定性作用。调整全市公办幼儿园保教费标准。调整全市非居民用天然气销售价格。核定武都—永胜—新春—重华—文胜—马角中型中级空调客车票价。协助市卫生和计划生育局草拟《江油市医疗废物集中处置管理办法（试行）》。核查鸿飞（集团）有限公司2014年度企业用气比例数据并书面请求省发改委协调解决用气结构比例，为企业减轻负担161万元。贯彻落实省政府、省发改委“关于资源要素价格管理稳定工业经济增长相关工作”，并与市科工局、江油供电局、川西北矿区做好沟通衔接工作，对全市的资源要素价格开展大检查。全面落实放开药品价格政策，并提前做好药品经营单位价格行为提醒告诫工作。全面建立全市居民生活用天然气阶梯价格制度。制定全市重点建制镇污水处理费标准。做好百年好合爱情谷、茅庵金栀四季花海观光园、中国海棠产业园“吉祥花溪”门票价格备案。处理好物业服务收费、停车场收费等5件投诉，保障群众权益。配合检查分局做好教育收费专项、涉企收费、景区价格等检查。

【价格监督检查】 加强法律法规宣传和普及，强化市场监管，维护市场价格稳定。重点检查商业银行收费、资源要素价格、教育收费以及旅游景点、停车场、出租车、加油站等明码标价情况。为规范市场价格行为发放汽车客运站停车场机动车停放服务收费、药品、车用压缩天然气（CNG）经营单位价格行为提醒告诫书，维护市场价格秩序，保护消费者的合法权益。做好价格监测预警工作，关注粮油、肉、蛋、菜、奶等居民生活必需品以及节日期间交通运输、旅游等重要商品的供应及服务价格动态，对市场商品价格进行动态分析，并及时进行预警预报。开展粮食流通、粮食库存、政策性粮食购销活动、转圈粮专项整治行动等专项检查。

【价格举报投诉】 加强“12358”价格投诉热线建设，认真接待群众来电、来信、来访，积极受理价格投诉和举报。全年共受理价格举报22件，其中网上信访6件，上级交办3件。所受理的举报（咨询）案件办结率为100%.

【价格认证】 2015年，为协助公安机关打击违法犯罪，稳定社会治安和改善全市法制环境，为公安机关和其他部门共办理案件247件，标的额192万余元。其中，刑事案件187件，涉案金额146万余元；行政案件60件，涉案金额45万余元。

（发改局）

国土资源保护与管理

【概况】 2015年，江油市国土资源局认真贯彻落实市委、市政府决策部署，严格耕地保护，依法行政，改革创新，改善和提高保障、服务能力，为江油社会经济发展提供强有力的国土资源保障。10月20日，根据《中共江油市委机构编制委员会关于整合不动产登记职责和设立有关机构的通知》，在市国土资源局加挂“江油市不动产登记局”牌子，成立市不动产登记中心。11月20日，江油市不动产登记局挂牌成立。

【耕地保护】 严格落实耕地保护目标责任制，严格实施土地利用规划管控，大力开展城市周边永久基本农田划定工作，大力实施“金土地”工程和改造完善高标准农田建设项目，整理土地2433.33公顷、新增耕地233.33公顷，建成高标准基本农田5500公顷，耕地保有量达70666.67公顷，基本农田保护面积达到58000公顷，达到绵阳市政府下达的耕地保护目标任务要求。

【国土资源保障服务】 积极争取用地指标，除年度用地计划指标45公顷外，另争取用地指标55.93公顷。科学完善规划调整，完成大康镇国际百合花产业园等38个建设项目226.53公顷用地规划局部调整。严格土地报批管理，上报省政府批次征地报件16个、单独选址报件4个，共使用各类新增建设用地计划276.29公顷，用地总面积395.22公顷。依法实施征地拆迁340公顷左右、拆迁农户1350余户、安置3020人。通过以上措施，保障中央电视台“月圆江油”中秋晚会的成功举办和青莲李白国际文化产业园、大康百合花国际产业园、中大路、神华天明电厂等重点项目用地。

【土地资源节约集约利用】 认真清理灾后重建所有报批土地，市政府3次召开会议研究布置该项工作，进一步明确责任，由土地所在乡镇具体负责，落实措施，重点加大灾后重建中用而未供项目的土地供应，加大基础设施供地，加大对政府国有独资企业的土地供应，土地供地率提高至67%。出台《江油市推进土地集约节约利用的意见》和《江油市规范土地出让工作的意见》，进一步规范批地、用地行为。在财政资金紧张的情况下，筹措7000余万元用于闲置土地征地拆迁，并按照统一的时间节点全面完成31宗、310公顷闲置土地处置，处置完成率100%。江油市严格执行四川省人民政府《关于进一步加强土地出让管理规定的通知》和四川省国土资源厅《关于贯彻四川省人民政府进一步加强土地出让管理规定的实施意见》，依法规范供地行为，严格供地程序，经营性用地全部以拍卖、挂牌方式公开出让，工业用地改变用途一律由政府收回并公开处置，并以政府常务会无记名投票方式审批土地出让方案。全年供地62宗、138.47公顷，征收土地出让价款9.25亿元。

【深化国土资源领域改革】 开展工矿废弃地复垦利用试点工作，《工矿废弃地复垦利用专项规划》通过省国土资源厅组织的专家论证，将1466.67公顷可复垦工矿废弃地资源纳入未来的复垦计划，并编制完成266.67公顷项目实施方案，调整变更233.33公顷不符合第二次土地利用现状调查的工矿用地图斑。项目的实施，可完全化解全市土地指标问题。争取城乡建设用地增减挂钩项目。争取到项目立项2个、周转指标54.67公顷，入库4个、周转指标111.33公顷；正组织申报挂钩项目7个，可取得挂钩周转指标3136亩；完成“双挂钩”项目4个，可获周转指标74.67公顷。积极开展耕地保护补偿机制建设试点工作。开展不动产统一登记工作，江油市被国土资源部列为全国不动产信息建设试点县市，2015年，完成不动产登记职能职责整合，不动产登记局及不动产登记中心挂牌成立，数据库整合、档案信息化等不动产登记前期工作有序推进。

【矿政管理和地质灾害防治】 完成2014年度全市矿产资源开发利用年报工作。对全市114家矿业权企业开展矿产资源开发利

图29 2015年11月20日，江油市不动产登记局成立

用、勘查年度检查，矿业权年检率100%，抽检率达80%以上。做好矿山地质环境恢复治理监督工作，完成矿山地质环境恢复治理310亩。完成矿产资源补偿费征收50余万元、采矿权使用费2万元、采矿权价款303万元。加强地质灾害防治，成立市乡两级地质灾害应急指挥系统，签订目标责任书，编制市乡两级应急预案，落实市、乡、村、社四级群测群防预警网络和零报告制度，开展地质灾害隐患点拉网式排查，对全市417处隐患点逐点编制防灾预案，逐一落实监测责任人、报警方式和疏散路线，设立应急临时避难场所26处，完成地质灾害应急排危除险治理项目57个，避让搬迁100余户，确保受地灾威胁群众安全度汛，实现全市2015年地质灾害零伤亡目标。

【国土资源管理基础工作】 完成2014年度土地变更调查与遥感监测工作；完成农村集体土地确权登记17.41万余件、261600公顷；完成国有土地登记发证9069本、查封登记92宗、抵押登记103宗。开展土地矿产资源动态巡查1000余次，立案12宗，收缴罚没款231万元。依法处理工业用地擅自改变土地用途15宗，查处整顿金属非金属矿山及加工企业6家，通过年度土地矿产卫片执法检查。全年共受理群众来信来访106件，其中受理群众来信7件，受理网络信访68件，接待群众来访31批次、126人次，全部办结。

（赵芷由）

工商行政管理

【概况】 江油市食品药品和工商质监管理局于2015年1月21日正式挂牌成立。为确保各项工作有序推进，立足转变职能、人员调整，配合编办拟订“江油市食品药品和工商质监管理局主要职责内设机构和人员编制规定”方案。坚持从机构改革大局出发，严格落实方案，全面征集干部意愿，妥善处理好改革中出现的矛盾和问题，推进改革平稳有序进行，做到人员不散、队伍不乱、工作不断，确保改革的顺利完成。2015年，江油市食品药品和工商质监管理局围绕市委市政府中心工作，以机构改革为突破口，以强化监管为手段，以服务发展为目的，牢抓机遇，统一思想，整合力量，明确方向，狠抓落实，各项工作取得明显成效。

【服务经济发展】 大力引导、培育电商企业，积极服务于两个“一号工程”，全年注册登记“互联网+”企业158户。推进商事制度改革。通过推行注册资本认缴登记制、放宽住所（经营场所）登记条件、拓宽融资渠道等改革举措，释放市场潜力。贯彻推行《企业信息公示暂行条例》，取消企业年度检验制度，推动企业信用信息建设工作。推进三证合一试点工作，提高审批效率，降低创业门槛，激发投资创业热情。在推行三证合一试点工作基础上，全面推进一照一码工作，共办理一照一码146户。全市新增市场主体4307户（新登记企业814户，新登记个体户3438户，新登记农民专业合作社55户），新设公司股东认缴注册资本32.44亿元，鼓励发展科技型中小企业276户，新注册登记家庭农场176户，办理股权出质登记52件，出质金额4.32亿元，债权担保6.34亿元。市场主体年报工作取得阶段性的成果，全市企业年报率95.69%。全市市场主体总量已增至36010户，注册资本（金）达到300.68亿元。

【推进商标战略】 重点打造名优品牌，深入推进商标质量战略。全年新办注册商标276件，助农送商标14件，全市共有有效注册商标2073件，其中中国驰名商标1个，四川省著名商标7个，绵阳市知名商标16个。建立健全制度，深入推进“商标战略进园区”工程。

【市场监管】 以效能建设为重点，紧扣职能，努力营造公平竞争的市场环境，不断创新执法方式，拓展执法领域，提升执法效能。全局共立案查办各类违法案件314件，未发生行政复议案件和行政诉讼案件。扎实开展各类专项整治行动，全年共开展元旦春节市场整治、中秋国庆市场整治、校园周边整治等专项整治行动共计20余次。全年共开展流通领域商品抽检商品185个批次，共检测出质量不合格商品100个批次，查处商品质量违法案件67件。

【红盾春雷行动】 深入开展“红盾春雷行动2015”。以集贸市场、超市、批发店、城乡接合部为重点区域，以家用电器、日用百货、农业生产资料、节日消费集中等为重点商品，以“元旦”“春节”“五一”“国庆”为重点时节开展集中整治，共查办保护消费者合法权益案件69件、不正当竞争类案件3件、侵犯注册商标专用权案件7件、虚假违法广告类案件29件。

【打击非法集资】 2015年5月，集中开展为期1个月的防范打击非法集资宣传教育活动。利用城区大型LED显示屏、楼宇LED显示屏发布打击非法集资公益广告7则、1600余次，发放《宣传手册》7500余册，接受群众咨询20余次，散发《防范投资理财类经营风险》宣传单、宣传册3000余

图30 2015年9月25日，江油市发出首张“一照一码”营业执照

份（册），提高群众的法律意识和防范风险意识。开展涉嫌非法集资广告资讯信息排查清理活动的工作，加强对涉嫌非法集资广告资讯信息的专项排查和巡查，做好户外媒体广告管控，坚决杜绝各类涉嫌非法集资广告资讯信息，检查公司30余户，各类广告112个条幅。强化协作配合，形成监管合力。查处虚假广告6起，向市金融办、公安机关移交非法集资案件线索12件。

【打击无照经营行为】 把查处取缔无证无照经营作为维护市场主体准入秩序核心工作来抓，结合市场安全，对娱乐场所的无照经营问题进行重点治理。结合道路安全综合治理工作，重点规范货运车辆市场，打击非法营运行为。对民办教育咨询行业进行整治规范。2015年，全局共查处取缔无照经营113户，其中立案查处68件，擅自改变主要登记事项案件1件，发出限期整改通知书42户次。

【消费维权】 积极推行消费纠纷联络站建设工作，建立消费纠纷联络站15个，全年促进消费纠纷和解126件。认真开展“携手共治，畅享消费”年维护消费者权益主题活动，副市长贺勋于3月12日代表市政府、市消委会在江油电视台作纪念“3·15”国际消费者权益保护日电视讲话。全年共受理消费者投诉316件，调解结案315件，调解率达99%。为消费者挽回经济损失61126元，接待来访和接受咨询1216人次。

（食药工质局）

审 计

【概况】 截至2015年11月30日，江油市审计局完成审计项目39项(其中，投资简易审计程序项目116项在统计报表中作为1个项目进行反映)。审计查出违规资金6191.95万元，查出管理不规范资金81776.21万元（其中，固定资产投资审减18069.11万元），应上缴财政资金4362.51万元，应归还原渠道资金1829.44万元，应调账处理资金100.50万元，共上缴财政资金4362.51万元，共归还原渠道资金1829.44万元，共调账处理资金100.50万元。审计决定执行率100%。提交专题或审计综合性报告5篇，印发审计信息、审计要情、审计简报47期，被批示、采用13篇（次）。2015年，江油市审计局获得“《现代审计》信息宣传优良单位”“绵阳市2015年度优秀审计案例”“2015年度审计业务绩效考核优秀单位”称号，通过“档案规范化管理达标”省一级标准复查验收。

【审计行政执法制度建设】 为提高审计项目质量，严格执行《审计署八号令》和《审计准则》。根据四川省审计厅《审计机关开展法制宣传教育第五个规划》要求，以“推进法制、维护民生、推动改革、促进发展”作为出发点，加强审计机关干部普法教育。局机关加快“金审工程”建设步伐，实现财政联网审计部署，充分运用OA（审计管理平台）和AO（计算机辅助审计）软件进行办公和实施审计，并组织完成AO（计算机辅助审计）案例5个。局纪检组始终坚持跟踪检查审计组和审计人员在被审计单位遵守廉政纪律情况回访制度，制作审计人员“八不准”（不准由被审计单位和个人报销或补贴住宿、餐饮、交通、通信、医疗等费用；不准接受被审计单位和个人赠送的礼品礼金，或未经批准通过授课等方式获取报酬；不准参加被审计单位和个人安排的宴请、娱乐、旅游等活动；不准利用审计工作知悉的国家秘密、商业秘密和内部信息谋取利益；不准利用审计职权干预被审计单位依法管理的资金、资产、资源的审批或分配使用；不准向被审计单位推销商品或介绍业务；不准接受被审计单位和个人的请托干预审计工作；不准向被审计单位和个人提出任何与审计工作无关的要求）廉政卡，坚持实行送达审计、审计经费自理、党风廉政建设责任承诺制和责任追究的承诺制，通过对被审计单位回访反映，审计人员能严格遵守“八不准”纪律。截至2015年10月31日，审计行政执法工作，无论从审计执法的内容和规范化程度及审计执法的工作质量效果，都有较大提高，全年无行政复议、行政诉讼案件发生。

【财政预算执行情况审计】 对市本级2014年财政预算执行情况及其他财政收支情况、市地税局2014年度预算执行及税收征管情况进行审计，并对市教体局、国土局、水务局、残联、机关事务管理局等10个部门、单位的财政预算执行及其他财政收支情况进行延伸审计。强化财政决算审计，对龙凤镇人民政府2014年度财政决算情况进行审计。

【专项审计调查】 完成对江油市2013年至2014年城镇污水处理、2014年度城镇保障性安居工程、2014年财政现代农业生产发展资金（水稻）项目财务收支以及太平镇、三合镇卫生院2014年度贯彻落实国家医疗卫生政策相关情况、2014年支农资金整合以奖代补项目、2014年农综开发产业化经营财政补助项目、2014年农综开发“一县一特”獭兔产业试点项目、2014年大康农综开发高标准农田建设项目、2014年农综开发水土保持项目、2014年3000吨獭兔冷链物流新建项目等11个项目专项审计（调查）。

【政府投资项目竣工决（结）算审计】 一方面，对江油市李白故居景区公共服务设施建设项目、市良种场灾后重建项目、市攀羊路工程项目、市东环线工程项目、市应急避难场所（太白公园）灾后重建工程二期及李白纪念馆陈列布展园林景观重建项目（海灯武馆重建及维修加固）等工程竣工决算审计133项（含投资审计简易程序项目），报审金额159537.75万元，审定金额141468.64万元，审减金额18069.11万元，审减率11.33%。另一方面，继续对中大路（改扩建）、涪江五桥和第二污水处理厂项目建设和资金使用情况进行全过程跟踪审计监督，并积极探索效益审计方法。

【领导干部任期经济责任审计】 在市委、市政府的统一安排下，按照江油市委组织部委托，完成对重华镇党委书记王剑、龙凤镇党委书记蒋永树、四川矿山机器（集团）有限责任公司总经理杨军、市教体局局长缑杨木、市住建局局长黄万贵、市工信局局长陈远乐6人的任期经济责任审计。

图31 2015年3月12日，四川省审计厅党组书记、厅长黄河到江油市审计局调研指导工作

【配合审计】 抽派1名工作人员参加四川省审计厅对西南科技大学党委书记王俊和校长、党委副书记肖正学任期经济责任审计；1名工作人员参加四川省审计厅对绵阳市农村义务教育学生营养改善计划进行督察；1名工作人员参加四川省审计厅对南充市2009—2014年市本级政府债券的管理使用情况专项审计调查；1名工作人员参加绵阳市审计局对四川江油市工业学校校长、党委书记郭汉祥的任期经济责任审计。

【服务经济建设】 加强对政府重大融资项目的跟踪和效益审计，先后成立对中大路（改扩建）、涪江五桥和第二污水处理厂项目建设跟踪审计组，对项目建设和资金使用情况全过程进行跟踪审计监督，并积极探索效益审计新路子。开展配合审计监督，加大对重点部门、重点单位、重点项目、重点资金的审计监督，配合开展执行中央“八项规定”和“三公经费”专项监督检查工作，有力促进各单位厉行节约和规范管理，推动俭朴政府建设。引导本地内部审计机构在加强单位经济管理和实现经济目标等方面发挥积极作用。

（杨玉金）

统　计

【概况】　江油市统计局是江油市人民政府的职能机构，负责全市国民经济和社会发展统计资料的收集、审核、上报、分析研究和对外提供使用，统计资料的编辑、归档和管理，全市统计工作的业务管理、技术指导、工作协调和业务考评，组织实施人口、经济、农业等普查和重大国情国力专项调查等。局机关局内设办公室、综合统计股、工业与能源统计股、农业与投资统计股、社会科技贸易统计股、核算与服务业统计股“五股一室”和1个参照公务员管理事业单位。2015年年年底，统计局机关、普查中心行政、事业、工勤编制总人数28人(其中，行编18人、事编9人、工勤1人)，实有在编在职人员22人(其中，行编15人、事编7人)，空编6人。配置局领导6人（局长1名、副局长3名、总统计师1名、纪检组长1名）、普查中心主任（副科职）1名。具有大专以上学历22人，其中本科学历10人。有专业技术人员15人，其中中级职称10人。全年准确、及时、全面完成各项统计工作任务和经济普查前期准备工作，在上级业务部门年度考核中获“四川省级统计系统信息工作先进集体”“绵阳市级统计工作一等奖”“规下工业调查工作一等奖”等荣誉称号。

【统计调查】　2015年，江油市统计局根据市委、市政府和上级业务主管部门的要求，结合统计工作的实际和业务，认真贯彻国家统计局“三个提高”工作要求，在统计系统推动“提高统计能力、提高数据质量、提高政府统计公信力”。做好统计年报、定期报表工作，加强对数据的评估审核，全面提高数据质量。完成常规统计工作25项，客观反映全市国民经济各行各业的发展水平。以质量为重点，加大统计数据评估和审核力度，全面完成国家和地方的统计工作及统计调查任务。实行统计“一套表”制度改革，扎实推进统计“四大”工程建设。

【服务地方经济和社会发展】为地方党政领导决策和部门服务，及时发布《2014年江油市国民经济和社会发展统计公报》，组织编辑《江油市2014年统计年鉴》和《领导干部手册》，撰写《统计月报》《工业专报》《扩权县主要指标手册》《绵阳反馈资料汇编》《江油城镇化思考》《基本单位名录分布状况》和县级经济分析、县域经济、扩权县、类区县、县级市等专题统计分析32篇等反应江油经济社会发展态势的分析文章。

【基层统计基础和统计队伍建设】　规范乡镇统计办公室各项规章制度，搞好统计继续教育、从业资格和专业知识的短期培训，全面提高统计人员业务素质。全年共举办各类统计业务培训16次，培训人数3421人次；开展统计从业资格教育和统计继续教育培训，共培训216人次。

【统计法治建设】　多形式、多渠道开展统计法律法规宣传，开展统计执法检查，加大对提供不准确统计资料等统计违法行为的打击力度，统计数据质量通过国家、省、市的检查验收。

【全国1%人口抽样调查】　开展2015年全国1%人口抽样调查，成立1%人口抽样调查协调小组及其办公室，组织各相关乡（镇）召开抽样调查、村级调查小区图绘制、调查摸底会议，对抽样调查工作的重要性及各类表格数据的填报进行培训，各项数据上报绵阳并通过审核。

（林　刚）

质量技术监督

【概况】　2015年，江油市食品药品和工商质监管理局围绕省、市质监局的工作重点，在机构改革、业务整合的磨合期，瞄准关键点、突破制约点，精心布局、精准服务，强力推进“质量强市”战略，以提质增效的新标准，为建设“诗意中国·李白故里·美丽江油”做贡献。

【计量工作】　2015年，以“能源计量、民生计量、安全计量”

为重点，不断提升计量工作服务经济社会发展的有效性。认真抓好民生计量各项工作，开展“元旦”“春节”“中秋”“国庆”等节假日计量监督检查。集中组织开展“关注民生、计量惠民”为主题的“四个走进”活动和有机产品认证企业的专项监督检查。同时，加强强制性产品认证监管，按照分类监管要求做好强制性产品认证企业建档、巡查、监管工作，进一步加强日常监督检查力度，从源头上保障强制性产品的使用安全。在城区内集贸市场开展计量器具免费检定。2015年，共检定各类计量器具24000余台（件），检测定量包装产品净含量20余批次。计量器具受检率达95%以上，检定工作及时率达100%。在检定工作中，落实《关于贯彻落实省政府稳增长政策的意见》，为企业减免检定费用35万余元。

【质量监管】 稳步推进质量强市工作，成立以市政府分管副市长为组长的质量强市工作领导小组，统筹组织协调质量强市工作。起草《江油市人民政府关于推进质量强市建设实施意见》，并经市政府常务会审定通过。加强质量监管工作，建立质量监管工作长效机制。加强生产许可证获证企业监管，抓好质量后处理工作；强化机动车安检机构监管，深入开展危险化学品生产企业质量安全专项整治，对全市食品用包装材料生产企业开展专项检查，确保食品相关产品企业按要求进行生产并根据检查结果实行分类监管。

【品牌培育】 对产值上亿元、科技含量高的企业进行调研，制定名牌产品培育计划，指导红狮水泥、新为橡塑等企业从质量体系、标准体系、管理体系、企业文化等方面入手持续改进，促进企业管理和技术全面进步，为争创第十二届四川名牌产品打下基础。全市共有13家企业的17种产品获得“四川名牌产品”称号，名牌产品数在绵阳市各县（市、区）中名列前茅。

【标准化建设】 2015年，江油市申报的“永顺生态农业标准化示范区”“大康果桑种植农业标准化示范区”“六合川御皇后香菇农业标准化示范乡”已经省质监局立项批准，创建工作在市食药工质局指导下有序推进。江油百合示范项目申报为第十二批四川省级农业标准化示范项目，同时正积极争取申报国家级农业标准化示范项目。2015年度绵阳市农业标准化示范项目建设推进会在江油市召开，是对江油市食药工质局农业标准化示范工作的给予充分肯定。江油市农业标准化示范项目数量名列绵阳市第一。积极申报“江油百合”地理标志产品保护，该项工作受到市委、市政府的高度重视和支持，成立由分管副市长任组长的“江油百合”地理标志产品保护申报工作领导小组。省质监局受理“江油百合”地理标志产品保护申报资料。积极鼓励行业和企业制定标准，随着企业标准化意识的提高，“有标持标、无标制标或采标”成为大多数企业的共识，标准备案的积极性也得到增强。2015年，全市共制定行业标准3个，企业新备案标准5个、复审备案2个。

【特种设备监管】 江油市特种设备使用数量位居绵阳市各县市区第二位。2015年，市食药工质局加强日常监管，开展好各项特种设备专项整治工作。成立专项整治领导小组，制定特种设备年度检查计划和各项专项整治方案并下发至各所。全年集中开展油气输送管道隐患整治攻坚战、全市电梯安全监管大会战、燃煤锅炉节能减排攻坚战、危化品行业特种设备安全隐患排查等八项安全大检查。强化重大活动重点保障。针对市白玉枇杷节、老君山民俗风情节、大康百合花景区、“四会一节”、老年人运动会等接待酒店使用的电梯、锅炉、压力容器、气瓶、观光车等特种设备进行安全大检查。节前和暑假期间对全市旅游景区、游乐园在用客运索道、大型游乐设施进行了全面安全检查。检查使用单位现场管理和设备是否符合《中华人民共和国特种设备安全法》《大型游乐设施安全监察规定》等法律法规要求，全面排查安全隐患。2015年，共检查特种设备使用单位、检验单位、制造单位142家，抽查各类特种设备291台，排除安全隐

图32 2015年5月27日，市食药工质局组织召开全市食品安全工作会议

患24处、发出监察指令书4份，发出责令整改通知5份，立案查处2起，处理电梯投诉3起。帮助18家特种设备使用单位办理特种设备安装告知、检验、使用登记及作业人员培训取证。全年未发生一例重特大特种设备安全事故。

【行政执法】 三局合一后，为提高行政效能，更有效地维护全市经济秩序，市食药工质局整合职能，统筹安排，高效开展执法工作。扎实开展“质检利剑”行动和“双打工作”，对电器、家具、建材、农资、燃油、液化气、汽车用品、儿童用品、知识产权保护九大领域开展重点执法检查。在生产和流通领域开展节日市场整治、货车改拼装整治、电动自行车综合整治、车用燃油市场整治等专项整治行动。共出动执法人员200余人次，检查各类企业（经销商）60余家，巡查企业40余家，查处产品质量不合格案件3件，伪造3C强制性认证标志案件1件。

（食药工质局）

食品药品监督管理

【概况】 2015年，江油市食品药品和工商质监管理局严守食品药品安全，以建设“食品安全放心市”为契机，以监管体系建设为抓手，突出监管重点，全面提升监管能力，食品药品监管工作获绵阳市第一名。全市未发生食品药品安全事故。

【夯实监管基础】 结合日常巡查和安全排查，全面启动行业调查摸底工作，详细掌握全市食品生产流通、小作坊、餐饮服务等行业生产经营基本情况，并做好名称、经营地址、经营范围、负责人、证照信息等基础资料登记造册工作，为明确监管方向、提高行业监管效能打下扎实基础。按照餐饮服务食品安全监管信用信息管理办法等要求，建立全市2200多份餐饮服务食品安全监管信用信息档案，并加强行政许可情况、日常监督检查情况、食品安全管理人员培训考核情况、量化分级管理情况、监督抽检情况和违法行为查处情况等信息管理。

【流通领域安全监管】 严格按照《餐饮服务许可管理办法》《餐饮服务许可审查规范》等餐饮服务许可要求，组织开展餐饮服务许可和许可证延续申请现场核查，办理食品流通许可证491张，餐饮服务许可667户。开展餐饮服务单位量化等级评定工作。对580户新开办餐饮服务单位开展动态等级评定工作，其中动态评级优秀6户、良好373户、一般201户。经推荐，初步确定6个餐饮服务量化评级A级单位，报上级业务主管部门复评。

【宣传培训】 以“3·15”“食品安全宣传周”、食品安全知识“进学校”“进社区”“进农村”活动为契机，采用媒体宣传、上街咨询、上门服务、悬挂横幅等方式大力宣传食品质量安全相关知识，使企业知法守法，使消费者懂法用法。联合市教体局开展春季和秋季开学前学校食品安全分管领导和食品安全管理人员专题培训，全年培训学校分管领导320余人次，培训食品安全管理人员410余人次。落实源头责任，组织召开《四川省食品生产质量管理规范》宣传贯彻会议，与105家食品加工企业签订《食品生产企业质量安全承诺书》，对200余名农村自办群体性宴席专业加工服务者进行食品安全知识培训，明确生产经营及加工人员各自责任。组织召开2015年江油市餐饮服务食品安全工作会议，进一步强化食品经营主体责任，与餐饮服务单位和学校签订食品安全责任书。

【提高监管水平】 探索建立食品安全授权制度，推动食品生产经营者落实首负责任。推动生产经营者建立自身食品安全制度规范，促使食品生产经营者加强质量自管自控，提升保障食品质量安全水平，共有6家企业初步建立起食品安全授权制度。组织开展春季、秋季两季学校及周边餐饮服务食品安全专项整治工作。对全市161所学校、幼儿园184个食堂进行检查指导，对四川幼专、江油中学等学校周边255户食品生产经营单位进行整治。现场检查发出食品安全监督意见书380余份，针对食品安全存在隐患的学校食堂和周边食品生产经营单位，下发限期整改通知书。积极倡导全市餐饮服务环节“明厨亮灶”工程建设实施，依据《中华人民共和国食品安全法》“倡导餐饮服务提供者公开加工过程”等法律精神和市局有关餐饮服务环节“明厨亮灶”工程实施任务和要求，市食药工质局认真组织实施餐饮服务环节“明厨亮灶”工程。2015年，全市512户餐饮单位完成“明厨亮灶”建设工作，完成比例20%，超额完成市局下达任务。做好重大活动保障。全年在江油市举办的“四会一节”和第九届太白灯会、首届第三届乡村旅游文化节以及中高考等20余次重大活动活中，出动保障人员1260多人次，全力做好食品卫生、住宿接待、游乐设施、特种设备等的安全保障工作。

【药品和医疗器械监管】 全年共检查药品生产企业6户次，药品批发企业5户次，药品经营企业155户次，医疗器械经营使用单位89户次。坚持按照国家总局“时限不延长、标准不降低”的总体要求，在2015年年底前完成全市药品生产GMP及药品经营GSP认证工作。进一步做好药品零售企业新版GSP推进和药品医疗器械经营企业现场核查工作，共完成340例药品零售企业的GSP认证工作和21例药品医疗器械经营企业现场核查工作。全面推进药品零售企业入网，对赋码药品逐一开展核注核销工作。组织全市400余人参加药品电子监管培训会议，进一步落实各药品经营单位专人负责药品电子监管扫码、上传、核注销及药品管理软件使用工作，使全市药品GSP工作迈上新台阶。根据《绵阳市2015年药品质量监督抽验计划实施方案》的要求，制定2015年全市药品质量监督抽验计划实施方案。全面完成药械抽检任务，全年共完成药品80批次，进行药品现场快速检测137批次，医疗器械10个批次5个品种抽检任务。抽检中对涉嫌不合格药品采用下架、暂停销售，建议追回等方式予以处理，并立案查处药品类违法案件3件。

【药械不良反应风险监测】 组织召开不良反应培训会，讲授《药品不良反应和监测管理办法》和《医疗器械不良事件监测和再评价管理办法》等法规知识，发放监测补助36000余元。加强药械不良反应监测网络建设，督促涉药单位完善监测机构，落实监测人员，注册网络直报系统，全市注册单位已达90余家，2015年1—10月，市食药工质局共初审上报药品不良反应752例。

【化妆品安全监管】 根据省局统一安排，在全市范围内开展化妆品经营使用单位调查摸底工作。建立化妆品经营企业电子基础数据库。组织召开全市2015年化妆品监管工作会，对全年的化妆品监管工作要点作出安排，并与化妆品经营企业签订安全责任书，明确化妆品经营企业的安全责任。对辖区内大中型化妆品经营企业进行专项检查，全面开展化妆品安全监管，共检查化妆品经营企业48家美容美发23家。查出化妆品违法案件1起。

【打击食品药品违法行为】 开展农家乐餐饮安全、“中药材、中药饮片”等专项整治行动，严厅打击食品药品违法行为。按照省局、市局工作安排，以旅游景区、农村、校园周边和城乡接合部为重点区域集中开展学校食堂及校园周边春季开学专项整治、农家乐餐饮安全专项整治、化妆品企业专项检查、白酒批发零售企业专项检查、进口食品的专项检查、火锅底料、冷冻肉制品等食品药品类专项治理16次，检查食品经营单位932户次，药品经营单位91户次，医疗器械经营使用单位60户次，化妆品经营企业25户次，查处案件38件。开展中药材及中药饮片专项整治、打击药品回收专项整治、药品流通领域专项整治、医疗器械“五整治”等药品医疗器械专项整治行动。共出动检查人员590人次、检查经营使用单位470家次。对辖区内4家中药生产企业，2家批发公司，208家经营中药饮片的零售药店以及52家医疗机构进行了检查，责令1家进行整改；同时配合绵阳局抽检中药饮片80批次，6批次不合格。通过专项整治进一步规范全市药品流通秩序，保障公众用药安全。保持对食品药品安全违法行为的高压态势，以案件查处为突破口，坚持有案必查、查案必严的原则。全年共查处食品案件41件，医疗器械案件5件，药品案件3件，化妆品案件1件，案件类型多样。

【食品药品抽检】 大力开展食品药品安全监督抽检工作，共开展粮油、肉类、乳制品、调味品、酒类等大宗食品监督抽检111个批次，委托餐饮食品药品化妆品监督抽检122批次（其中食品42批次，药品80批次），现场快速检测食品188批次，有效筛查问题食品2批次；委托绵阳食品药品检验所开展药品快检138批次，合格率100%。共检测出23个批次的食品不合格，检出率15.03%，12个批次的药品不合格，检出率为15%，对4家食品生产企业进行行政约谈，共立案查处19起食品违法案件，3起药品违法案件。

【食品药品投诉举报】 建立食品药品投诉举报奖励制度，并配备专职人员处理投诉举报。全年共接到投诉举报79件（含咨询和意见建议18件），处理投诉举报61件，办结率100%。通过投诉举报共查获4起食品药品类违法案件，向公安部门移交2起。

（食药工质局）

江油年鉴

城乡建设·环境保护

Urban and Rural Construction, Environmental Protection

概　述

2015年，江油市完成市政基础设施建设投资3.69亿元，村镇基础设施建设投资4.72亿元，实现建筑业总产值50亿元，房地产投资25.48亿元，保障性住房建设投资5.6亿元，各类行政事业性收费2893.53万元。

全年，江油市环保局以严格控制新增排污量，削减现有排污量为重点，以企业为主体，积极推动全社会共同参与。完成四川双马水泥股份有限公司降氮脱硝工程，新建武都镇等8个乡镇污水处理厂。城市第二污水处理厂开工建设。

全年，全市新增归集住房公积金3.85亿元，累计缴存住房公积金24.05亿元，支取职工住房公积金11.66亿元，缴存余额12.39亿元，提取贷款风险准备金4175万元，提取廉租住房补充资金4220万元。

城乡建设

【城市绿地改造提升】　邀月路延伸河堤景观打造工程除100平方米因未征收无法实施外，其余部分已完成。太白公园扩园工程完成45%工程量，2015年年内抓紧拆迁。

【城市水系综合治理】　完成罗汉堰综合治理工程（一期）和城区污水口整治工程。

【城市配套设施建设】　完成城市消防栓和路灯增补工程一期增设改造消防栓65处和100盏路灯安装；二期工程10余处路灯安装完工，2015年年内加紧增设改造消防栓85处。

【城市地下管网建设】　多渠道筹集管网建设资金，争取到位住建部以奖代补资金1613万元和省住建厅地下管网普查补助专项资金120万元。积极推进排水管网建设规划及管理办法的编制，做好城市综合管网普查工作。《江油市排水管理办法》完成初步审定，按程序上报市政府审定。《江油市排水（雨水）综合规划》和《江油市污水处理及中水利用规划》完成初步成果，按省厅初评意见修改完善。全面启动城市雨污水及综合管网的市政基础设施普查工作，为建立数字化、信息化管理平台奠定坚实的基础。

【城市基础设施建设】　2015年，市住建局组织实施涵盖城市道路、水系、桥梁、绿化、消防等方面的22个城市基础设施建设项目，年内完成14个项目，年度市政基础设施建设投资3.69亿元。

【城市道路、桥梁建设】　S205线三标段、南一环三标段、建新路改造工程等11个项目完工。涪江五桥、太平场棚户区改造配套道路、纪念碑街中段、解放路中段平战结合人防工程等6个建设工程年内加紧实施。

【城市美化、亮化、绿化工作】　市城市行政执法局苗圃2015年完成35万余盆鲜花生产任务，完成重要节庆日城区主要景点100万余盆鲜花摆放组景工作，并在涪江二桥桥头广场、江油大剧院广场、火车站广场、诗仙路等城区主干道新增了花箱、花车及休闲设施，对马踏飞燕广场更换铺装、增加绿地及鲜花种植带，极大地美化城市环境，对外展示江油市的良好形象。全年完成南一巷、顺江路、涪钢等28条背街小巷的路灯安装任务并投入正常运行，配合城区和青莲碑林建设共计拆除和更换路灯216盏，完成河西大桥及引桥28盏路灯更换。全年新装路灯218盏，铺设电缆8.5千米，路灯功率55千瓦。在火车站至二桥“三化提升工程”的实施过程中，配合做好供电设施的安装施工工作。

【村镇建设】　按照省“百镇建设行动”试点工作要求，指导武都、青莲、厚坝加快公共服务设施建设和集镇基础设施建设，积极参与大康国际百合花博览园、青莲李白文化产业园的建设。完成厚坝总体规修编和青莲总体规划、控制性详细规划、历史文化名镇保护规划编制；完成南片区7个乡镇的总体规划修编及南片区空间发展战略规划的完善；完成第二批10个乡镇污水处理厂规划选址、地形图测绘和大康百合国际博览园核心区及周边道路沿线农房风貌塑造规划设计；完成青莲磨针溪治污工程、青莲诗歌小镇污水干管安装工程，完成大康百年好合爱情谷核心区199户农房风貌塑造及环境整治，2000平方米绿化带，官渡村4、5、6组污水管网建设。全年依法办理“乡村规划许可证”5528份、“建设用地规划许可证”4份、“建设工程规划许可证”23份、“建设工程竣工规划验收合格证”6份。

（住建局　城市行政执法局）

城乡规划

【城乡规划编制】　完成《江油市城市总体规划（2014—2030）》的编制，待省政府批复后，及时向社会进行公示。报请省住建厅组织完成对《李白故里风景名胜区总体规划》的评审工作，完成《青莲镇总体规划》和《李白故里风景名胜区详细规划》对接和专题论证工作，并报请省政府批复。完成《江油市历史文化名城保护规划》报审前的各项准备工作，组织专家完成《江油市交通专项规划》的评审，协同编制单位完成江油智慧城市编制的前期资料收集工作。

【规划管理】　坚持重大项目公示制度、重大规划项目变更听证制度，提高规划审批的透明度。规范“一书三证”制度，共办理规划设计条件64份，“建设项目选址意见书”27份、“建设用地规划许可证”48份、“建设工程规划许可证”44份，为20个工程项目办理竣工规划验收；组织召开3次城乡规划委员会全体会议，审议城区控规调整成果、《颐江电子产业园方案设计》等32个议案。

【规划监察】　按照控制新增、存量递减的工作方针，落实“村巡查、市查处、园区（乡镇）拆除”查违治违新机制，共依法拆除违法建设445宗、面积4.3万平方米。

【测绘管理】　市住建局积极配合各项城乡建设工程，完成各类地形图测绘58处、建筑定位测量52处；完成江油市“绵阳-2000”坐标系的转换工作以及地下管网配套所需1：500数字化地形图测量工程。

（住建局）

建筑业管理

【概况】　2015年，着力在优化产业结构、规范建筑市场、提升工程质量安全管理水平等方面做工作，建筑业继续呈现良好发展势头，安全生产情况平稳，完成建筑业总产值50亿元。

【工程质量、安全管理】　采取定期抽查、重点检查、全面检查的方式，扎实开展建筑安全生产的检查和巡查工作。深入开展大气污染防治工作，有效控制城区在建工地施工扬尘。深化建筑工程领域重点环节的安全生产和专项整治，全面消除在建工程项目的安全生产隐患，确保全市建筑业未发生一起重大质量安全事故。全年办理施工许可证68份，新开工建筑面积159万平方米，竣工验收合格工程71个，竣工验收合格率达100%。开展综合性执法大检查、专项检查，发出停工整改14份、限期整改通知书149份，现场整改安全隐患1150余处，立案查处违法违规案件3件。

【工程招投标管理】　对62个房屋建筑建筑和市政基础设施工程项目的招标投标活动进行监督，中标金额3.75亿元，应公开招标率达100%。

【建筑劳务输出】　全年共输出建筑劳务1.8万人，实现建筑劳务产值4.9亿元。

【建筑节能】　全市完成散装水泥供应量169万吨，预拌混凝土生产58万立方米，预拌砂浆生产1万吨，散装率达55.9%。采用新型墙体材料的建筑竣工面积占建筑竣工总面积85%，新建建筑按节能标准设计和施工的达到100%。

【城建档案管理】　按照档案管理工作业务规范要求，及时做好工程竣工档案的指导、接收、归档工作，并对接收进馆档案进行科学分类管理，及时准确提供馆藏档案查阅利用服务。全年办理建设工程档案立项报建登记29个，核发《建设工程档案竣工验收审核意见书》58份，接收46个建设工程竣工项目2385卷，馆藏档案总量达31292卷，入库归档合格率达97%以上，馆藏全部档案案卷信息已进行案卷级录入，案卷信息检索实现计算机化。已对馆藏2072卷文字，1224卷图纸进行文件级扫描。

（住建局）

房产开发与利用

【房地产行业开发与管理】 加强商品房预售及其登记备案管理，做好网上签约审查和合同备案登记工作，强化房产市场的执法检查。全年房地产开发项目投资25.48亿元，办理商品房预售项目18个，预售面积95.48万平方米，合同登记备案7660余份，商品房销售70.88万平方米；对全市43家房地产开发企业、20家经纪机构、4家评估机构进行执法检查，建立开发企业诚信档案41家。

【房屋权属管理】 加强房地产登记管理，完善登记服务流程。办理房屋初始、分户、交易、变更、抵押及其他登记共12165件、面积311.94万平方米，交易、抵押金额51.81亿元；全面推进全市农村集体土地房屋产权发证工作，40个乡镇近2.92万户农房登记办证有序开展。

【物业管理】 规范前期物业管理市场，依法成立江油市物业管理招投标专家库，培训物业管理从业人员190余人次。归集物业维修资金1372.22万元，使用维修资金112.8万元。

【房屋安全监管】 积极开展国有土地上老楼危楼的安全排查，经核实，全市国有土地上共有危险房屋223栋、面积48.3万平方米，老楼158栋、面积27.79万平方米。与46个责任单位签订《危险房屋治理工作目标责任书》，督促责任单位拆除危险房屋5000平方米，加固危险房屋8794平方米。

【白蚁防治】 全年加强白蚁防治施工管理，完成白蚁预防施工面积70.9万平方米，进行白蚁灭治施工的共46处、0.65万平方米。

【城乡环境治理】 深化“五乱”（指垃圾乱丢、摊点乱摆、工地乱象、广告乱贴、车辆乱停）治理工作，实现治理常态化管理，加大日常督查力度，确保城市周边及主要公路沿线保持清洁卫生。大力推进农村环境治理工作，接受国家农村垃圾治理验收达标。抓好城乡环境示范乡镇、村庄建设，成功申报2015年环境优美示范乡镇1个、示范村庄7个。

【保障性住房建设与分配】 向上争取到公租房建设、棚户区改造、低收入租赁补贴、公租房配套资金共计5397万元。2015年，江油市跟上级政府签订的保障房目标责任书的任务数4406套，通过新建、筹集、棚改、配建等方式提前超额完成。全市实际落实4492套。审核发放职工住房补贴1065人1360万元，发放城镇低收入租赁货币补贴400户、27.2万元。规范保障性住房管理，审批合格经济适用房购买申请50户，提供农民工公共租赁住房251套。落实弱势群体租金和物业管理费减免政策，核减租金118户、59023.8元。

（住建局）

城市经营与管理

【市容环境卫生管理】 全年完成城区638万平方米道路的清扫保洁工作、城区27900余米道路隔离栏的擦洗工作和城区日产240余吨生活垃圾的及时清运工作，清运率达到100%，车辆安全运行达到100%。加强城区环卫所自管（代管）的40座公厕的维护、监督管理工作，保证公厕的整洁、卫生，方便市民使用。完成涪江河东岸片区环卫作业购买市场化服务试点工作的招标、合同签订工作。

【城市秩序容貌管理】 为顺利开展全国文明城市创建工作，市城市行政执法局针对占道经营、跨店经营、乱牵乱挂、烧烤油烟扰民等违章行为，开展集中整治。集中整治老太平场片区的违章占道经营、违章搭建等，拆除该片区所有违规搭建的帐篷；取缔东大街市场周边占道经营；在火炮街根据实际情况，采取疏堵结合的管理方法，设置特色小吃便民临时摊区，实现市容管理与市民需求、经营商贩的共赢局面。在市人防工程建设期间，市城市行政执法局执法大队抽调10名骨干队员，维护人防工程施工区域周边秩序。全年印制《城管执法温馨告知书》14000份，对市民商家进行积极的宣传引导。整治规范坐商出店及流动摊点10000余户，拆除违章搭建的帐篷60顶，暂扣违规摆放广告牌100余个，拆除违章搭建的帐篷1240顶、横幅87条，暂扣违章摆放的广告牌130个、经营工具720余件，纠正占道经营、坐商出店17360余起，全市的市容秩序有了较大的改观。

图33 春节期间在江油市城区悬挂灯笼

【市政公共设施管理】 2015年，清掏全城区道路雨污水检查井、雨水口25000余座；疏通城区雨污水管道近5.5万米；更换、补装、整改城区雨水、污水井盖、雨水篦500余座；修补主次干道沥青路面近6000平方米；修补大街小巷人行道地砖近650平方米；更换河堤、桥梁护栏60余处；对城区近十余个密集区域进行有毒有害及可燃性气体的排查工作；在城区人口密集区域、检查井盖易损坏地段安装安全防护网20套；对城区85座市政桥、涵进行日常巡查；全年审批道路、人行道开挖35批次。完成城区约180万平方米绿地和14万余株乔木整形修剪等日常维护管理工作。抓好城市照明基础设施的维护管理工作，累计完成检修、维修路灯8300盏次，其中大、中修3200盏次，小修5100盏次。更换各类光源电器2000套，维护电缆160余处，更换电缆7000余米，维护检修箱式变电站80余台/次。使全市路灯亮灯率达到98%、设施完好率达到90%、安全生产率达100%。

【重点项目建设】 百合国际博览园项目。位于江油市大康镇，规划面积约15平方千米，建设项目67个，总投资近6亿元，按照国家AAAA级旅游景区标准建设。园区于2014年至2015年5月完成一期项目建成营运，命名为“百年好合爱情谷”，总面积约67.5万平方米。2015年5月至2015年12月，启动二期项目建设，完成百合酒店基础建设，总建筑面积7239.73平方米；完成商业街建设，用地面积约2000平方米。该项目成为全市乃至全省农旅发展示范点。在项目的营运中，公司积极探索建立政府、集体、企业和农民“四方搭伙”的混合所有制经济形式，形成利益共同体。该模式为江油市深化农村改革的一个前沿示范窗口。

火车站游客中心项目。于2015年6月经江发改〔2015〕274号文件批准立项。截至2015年年底，该项目完成主体工程修建，出站口、广场改造、一楼大厅通道在“四会一节”投入使用。火车站游客中心的建成大大提升了江油旅游城市的形象。

江油市第二城市生活污水处理项目。被列为绵阳市十大民生工程项目之一。该项目建成后将全面担负江油城东片区生活污水的处理问题，有效减轻第一污水处理厂处理负荷。该项目分两期实施建设，一期建成后日处理生活污水2.5万立方米，二期建成后日处理能力将达到5万立方米。处理工艺采用改良A2/O为主体的生化处理+微过滤工艺深度处理方案的三级处理工艺，污泥采用机械浓缩脱水工艺，消毒采用紫外线消毒工艺。项目一期总投资约12000万元，于2015年4月8日开工建设，建设周期16个月。鸿飞公司在项目建成后将与四川四通欧美环境工程有限公司合作成立合营公司投入运营。

【电力供应】 国网江油供电公司担负江油市40个乡镇以及平武、北川等部分地区供电任务，供电面积约3100平方公里，供区人口约110万。共有营业户数356268户，其中专变客户2616户（含大工业客户242户），低压客户343914户（含智能表客户336420户），供电营业网点18个(其中城区2个，农村16个)。辖区内有35~220千伏变电站25座，总容量1800.45兆伏安。城区配变170台，容量61.045兆伏安；农村配变3317台，容量321.5兆伏安；35千伏线路16条，总长度177.014公里；10千伏线路102条，其中城网线路41条，总长度317.025千米；农网线路61条，总长度2547.46千米，低压线路11104.59公里。2015年，国网江油供电公司完成售电量18.4222亿千瓦时，同比下降7.36%；目录均价633.84元/千千瓦时，同比上升0.45%；电费总收入12.6416亿元，电费回收率100%，线损率5.96%，城网供电可靠率99.9788%,农村供电可靠率99.9542%。完成电网建设改造资金2.3665亿元，上缴国税3620.9万元，地税555.96万元。

【燃气供应】 截至2015年年底，江油鸿飞投资（集团）有限公司燃气分公司拥有中等城市的供气规模，建成输配气门站2座，储配站1座，调压站45个，调压箱（柜）1477座，年供气量7000万立方米以上，拥有天然气用户13万余户。

【城市供水】 江油鸿飞公司自来水分公司拥有城市自来水生产场站3座，供水能力为11万立方米/天（其中城区供水能力9万立方米/天），自来水用户达13万余户。

【城市公交】 江油鸿飞公司公交分公司拥有公交营运车辆近200辆，开通公交线路20余条，实施无人售票线路19条，建成公交站台220个，拥有汽车修理厂、CNG加气站各1处。

【生活垃圾处理】 江油市生活垃圾综合处理有限公司城市垃圾卫生填埋场设计库容量110万立方米，日均处理生活垃圾能力达150吨，服务期限15年，垃圾渗沥液日均处理能力达110吨。

【机动车检测服务】 江油鸿飞机动车检测服务有限公司拥有机动车检测及驾驶员考试中心1处，考试专用车辆13辆，汽车安全技术性能检测线（10吨级）和摩托车检测线各1条，环保检测线1条，年检车能力达2万辆，年容纳驾驶员考试能力达1.5万人。

【国有资产管理】 2015年，江油市城市投资发展有限公司开展资产接收处置及核销工作。加强清理转租转让工作力度，维护市场租赁秩序。开展经营性资产招租竞租工作。完成“华丰桥休闲街”“新景家园”等13余处闲置资产及租赁期满经营性资产的公开招租工作，增加租金收入287万余元。

【城市广告经营】 按照经营城市的理念，江油市城市投资发展有限公司充分利用城市空间，完成塔九路、中大路广告牌建设，涪江二桥人行天桥LED广告牌建设，并投入经营，增加收入80万元。寻求新的利润增长点，开发农村公交车身广告、城际列车及成都东站广告位，实现业务发展多元化。

【城市建设投资】 2015年，市城投公司取得开发资质并启动诗仙路59商业楼建设，年底完成主体工程，并开展对外销售。同时，做好原中坝派出所等宗地的测绘及开发方案工作。

（城市行政执法局　国网供电公司　鸿飞公司　城投公司）

住房公积金归集与管理

【概况】 绵阳市住房公积金管理中心江油分中心（以下简称“分中心”）是直属江油市人民政府不以盈利为目的的财政全额拨款事业单位，负责统一归集、管理、运营江油市行政区域内行政机关、企事业单位和个人缴存的住房公积金。核定事业编制14名，机关工勤人员事业编制1名，内设办公室、资金归集股、职工贷款股、财务会计股。2015年，分中心有在岗职工20人，其中，财政全额供给14人（含事业干部和工勤人员各7人）、长期合同工3人、临聘人员3人。全年新增归集住房公积金3.85亿元，新增缴存单位37个、1166人，办理住房公积金提取3.77亿元，发放住房公积金职工个人住房贷款941户、1.95亿元，提取贷款风险准备金708.8万元，提取廉租住房补充资金1200万元。实现增值收益2200万元。截至2015年年底，全市累计缴存住房公积金24.05亿元，支取职工住房公积金11.66亿元，缴存余额12.39亿元（其中，贷款余额7.09亿元，银行存款余额5.3亿元），提取贷款风险准备金4175万元，提取廉租住房补充资金4220万元。

【资金归集管理】 加大非公有制企业建制扩面，分中心通过政策宣传、上门服务等方式向非公有制企业大力宣传住房公积金政策，提高企业职工的维权意识。根据市中心下达的业务目标，结合工作实际，按月将考核任务进行分解，并对照考评细则，有效地调动股室人员工作的积极性。针对伪造资料骗取、套取公积金行为，加强对提取资料审核及相关环节的监督。截至2015年12月月底，清理追回利用虚假材料骗提资金12.67万元。积极与攀钢集团江油长城特殊钢有限公司沟通协调，解决因企业缓缴住房公积金致使单位退休职工不能及时办理支取的问题；为川矿改制400余户职工提供政策支持。认真贯彻落实住房公积金提取、贷款新政，有效提高资金使用率。科学分析研判住房公积金新政实施所需资金，有针对性地做好资金筹措调度。切实关注民生，对特殊困难群体办理提取业务。全年为65户困难家庭支取147.66万元，发挥住房公积金制度的惠民作用。做好职工账户信息的完善和清理工作。对全市缴存单位住房公积金职工个人账户姓名、身份证、职工缴存账户等基础资料信息的比对、补充和完善工作。

【职工贷款管理】 认真做好各级政府关于促进房地产发展的有关新政，注重风险防控，实施贷前贷中贷后全程控制管理。深入新泰国际、龙湾半岛、涪江新苑等开发楼盘开展住房公积金贷款政策宣传和业务操作流程培训。强化对借款人征信报告的审查，核实房源信息，杜绝骗贷行为发生，特别是对公积金贷款信用认定的知识进行讲解，提高职工诚信意识。加大逾期贷款催收力度，风险控制成效显著。通过电话、上门发催收通知、单位协助催收、回购、送达《律师函》等多种方式加大对逾期贷款的催收，确保贷款资金安全，贷款逾期率均控制在1‰内。切实解决职工具体困难，实现“住有所居”，全年协调保障房服务中心为长城实验学校教师刘某办理住房公积金贷款，解决她因购买经济适用房贷款多次上访的问题。

【财务管理】 抓财务基础工作，促进“四方”（住房公积金管理部门、委托银行、缴存单位、职工个人）对账制度落实，细化业务流程和稽核事项。完善会计核算和财务管理制度，严格管理，规范运作。根据提取新政要求，科学制订资金使用计划，及时调整存款比例，合理确定沉淀资金存款组合，推动收益水平再创新高。在网站公开经费运行情况，接受社会监督，提高透明度。公开“12329”自动查询电话和人工服务查询电话，方便缴存职工查询账户余额以及缴交情况。

【政务服务】 加强窗口管理，住房公积金中心窗口属整体入驻政务大厅的单位之一，共有A岗8人、B岗4人，对公积金窗口的服务范围、岗位设置、岗位职责作出明确的规定，分工负责，各施其职，窗口管理高效、快捷、正常运行。严格落实中心各项规定和纪律要求，窗口工作人员开展公开承诺活动，按照着装制度和礼仪规范上岗服务，坚持微笑服务、热情服务，按照首问责任制、限时办结制、一次性告之制，“三声四心五服务”（“三声”即来有迎声，问有答声，走有送声；“四心”即接待群众要热心，听取意见要虚心，解答问题要耐心，办理业务要细心；“五服务”即文明待客热情服务，坚守岗位保证服务，提高效率快速服务，搞好咨询主动服务，熟悉业务准确服务）的要求认真履职，提高服务群众满意度。2015年，分中心被市政务服务中心评为红旗窗口，有11人被评为先进个人。全年共办理业务16314件在窗口服务中善于学习借鉴，向商业银行学习先进服务理念，提升服务水平；增加工作人员和办件窗口；增设座椅、饮水机、便民箱等设施设备；启用大厅叫号机并严格按顺序办理业务；落实专人在大厅内受理咨询，引导服务，提高办事效率。

（住房公积金中心）

环境保护

【总量减排】 2015年，市环保局以严格控制新增排污量，削减现有排污量为重点，以企业为主体，积极推动全社会共同参与。落实责任，强化监管，突出重点，综合推进，全面完成上级下达江油市的“十二五”主要污染物排放总量指标任务。争取上级环保补助资金400多万元，完成四川双马水泥股份有限公司降氮脱硝工程，新建武都镇等8个乡镇污水处理厂。城市第二污水处理厂完成各项前期工作并开工建设。

【项目审批】 进一步加强行政审批和政务服务规范化管理，落实“两集中、两到位”（指为深化行政审批制度改革，建立规范高效的审批运行机制，提高行政服务效能，推进一个行政机关的审批事项向一个处室集中、行政审批处室向行政审批服务中心集中，保障进驻行政审批服务中心的审批事项到位、审批权限到位），提高行政效能和政务服务水平。将所有的6项行政审批项目全部纳入行政服务大厅进行集中办理，完全禁止行政审批体外循环。认真执行建设项目环境影响评价制度及环保“三同时”（指新建、改建、扩建的基本建设项目、技术改造项目、区域或自然资源开发项目，其防治环境污染和生态破坏的设施，必须与主体工程同时设计、同时施工、同时投产使用）制度，严格环评报批程序，严把环保审批关，防止新污染源的产生；完成建设项目环境影响评价审批事项272件，新建项目环评执行率和“三同时”验收合格率95%以上。严格按照法律法规拒批不符合产业政策、选址不符合环保规划或高能耗、高污染的建设项目。新建项目环评执行率和“三同时”验收合格率均为100%。建设项目环评审批手续按照国家法定的时间提速70%以上，年内开通绿色通道和网上审批政务平台。

【环境监管】 加强重点企业环保监管，对国控企业、重点企业每周不少于两次现场检查，对一般污染源及新建项目每月不少于一次现场检查，共出动执法人员3763人次，对企业进行1556次现场检查，对70多家企业的环境问题发出限期整改通知，对17家企业的环境违法行为进行立案查处，其中处罚15家、处罚金额50.57万元，行政警告2家，立案查处率和结案率达到99%以上。强化环境信访回复，着重解决群众关心的热点、难点问题，办理各类信访案件共513件，接件率与办结率均达到100%。加强排污费征收工作，按照“依法、足额、及时”的原则加大征收力度。全年入库排污费551.2万元。

【生态创建】 启动省级生态工业园区建设。紧扣生态市创建的7项基本条件和35项建设指标，召开全市生态市创建工作推进会。完成武都等8个省级生态乡镇的创建任务，完成全市79个生态村，25706户生态家园，2所环境友好学校的创建任务。邀请省级专业机构，开展生态红线规划的前期工作，对国家下发江油市的生态红线区域进行修改完善，完成修改方案上报上级部门。

【环境监测】 全年完成全市大气、水体和噪声例行监测任务。监测结果显示，城区空气环境质量优良天数达到344天；涪江出入境断面水质达到地表水Ⅲ类水域水质标准，城区和乡镇饮用水源地水质达到国家相应标准；功能区噪声达标。完成15家国控、省控和绵阳市控重点污染企业和76家江油市控一般污染企业的监督性监测及排污收费监测和环境污染纠纷监测；共获有效监测数据3万余个，为环境决策管理和环保行政执法提供了科学依据。接受国家、四川省和绵阳市三级监测部门的多次比对考核，现场考核样品12个，考核结果全部合格。完成四川省环境监测资质复查和计量资质认证复查工作。

【专项行动】 2015年，市环保部门作为市禁烧办牵头负责全市秸秆禁烧和综合利用日常工作，在市委、市政府的领导和强力推动下，与有关部门、乡镇紧紧围绕“不烧一把火、不冒一股烟”的禁烧目标，以前所未有的力度，展开一场声势浩大的秸秆禁烧工作。通过强化责任、落实措施、严防死守、狠抓利用，形成“政府主抓、部门配合、标本兼治、堵疏结合”的工作机制，呈现“上下齐动员、全面抓禁烧”的良好局面。全市秸秆禁烧工作取得全面胜利。全市共投入秸秆禁烧资金2652万元；签订秸秆禁烧承诺书23.7万份；编发秸秆禁烧工作特刊12期，发放各类宣传资料130多万份；成立1600只禁烧巡防应急队，出动禁烧人员14万人次；投入各型机械22000台，秸秆综合利用率95%以上。江油市环境保护局积极开展政风行风民主评议工作，受访的企业单位对环保局工作表示满意，对近年来环保工作取得的成绩表示肯定。经过认真梳理，将收集到的40条意见和建议归纳为5个方面的问题进行整改落实。2015年，对境内的企事业单位开展环境保护大检查。同时，按照市政府的统一安排，依法对116家金属矿非金属矿及其加工行业进行专项整治和清理。

（环保局）

图34 2015年9月，江油市环保局召开农村环境保护工作培训会

江油年鉴

科学技术

Science and Technology

科学技术

【概况】 2015年，江油市委、市政府通过培育、引进、创办多轮驱动，人才、资金、载体多重保障，创新创业氛围日渐浓厚。全年完成高新技术产业产值88亿元，培育高新技术企业6家，新增规模以上科技型中小企业9家，新增科技型中小企业306家、总数达到855家，新入规9家、总数达到138家，科技型中小企业对经济增长的贡献率达到26%；全市申请专利488件，授权专利300件；新增高新技术企业4家、总数达到23家，高新技术产业实现产值88亿元。建设完成科技型企业孵化器12600平方米。

【实施创新驱动发展战略】 为助推"双创"工作上台阶，成立以市长为组长的江油市创新创业工作领导小组，研究制定"科技成果自主创新与成果转化、科技型中小企业发展、'两新'产业发展"等10个指标的年度和中期发展目标任务，建立与之相对应的职责分工和考核体系。出台《关于支持创新创业的若干政策（试行）》《关于加快发展高新技术产业和战略新兴产业的实施意见》，筹备设立10亿元的"两新"产业发展资金，落实2000万元的科技型中小企业发展专项资金、300万元的科技和知识产权发展资金，发放各类奖励和补助1106万元，为企业争取无偿科技创新基金、成果转化、创新平台建设、技改补助等专项资金1.07亿元。

【创新创业工作】 2015年，新建江油市"创客空间"、江油市电子商务创业中心、武都镇小企业孵化服务中心孵化器3个、面积1.26万平方米，全市孵化器达到6个，面积3万余平方米，入孵企业118户，江油市科技孵化园被认定为绵阳市级孵化器。开展创业导师行动，成立青年创新创业俱乐部，组建20名包括市境内外有丰富经验和创业资源的企业家、成功创业者、高校和科研院所专家在内的创新创业导师队伍。推行企业工商注册"三证合一"制度，在政务中心设立科技型中小企业窗口，实行科技型中小企业工商注册"一个窗口"进出。组织申报上三级项目37项，争取上三省级各类科技计划项目16个，项目资金824万元。对全市科技型中小企业运行情况进行全面监测，按拟入规企业、规模以下优势培育企业建立数据库。建立优势培育企业问题清单和市级领导帮扶责任人，确定从土地、资金、项目等方面分类扶持具体措施，新入规科技型中小企业9家，全市科技型中小企业规模以上企业达到138家，成为全市经济转型升级新的增长点。进一步优化众创环境，召开创新创业暨群团工作大会，表彰创新创业典型、发布创新创业政策；举行江油市首届创新创业大赛，在市内外广泛征集创新创业项目，为"大众创业、万众创新"汇聚群众的智慧和力量，并在江油电视台、电台等市内媒体，以及绵阳日报等6家市外媒体广泛宣传江油创新创业典型、创新创业政务环境，营造浓厚的创新创业氛围。与西北大学、西安理工大学、重庆大学等建立校地战略合作，举办冶金机械企业与高校和科研院所，科技企业与金融机构对接会。全市新认定高新技术企业4家，通过复审1家。截至2015年年底，全市拥有高新技术企业23家，产值达到88亿元，占全市工业总产值的27%。

【科技项目申报和管理】 全年组织申报部省级各类科技计划项目27项，立项17项，到位项目资金731.15万元；征集评审市本级科技计划项目42项，投入项目资金200万元。全年申请专利488件，授权专利300件，转化专利成果35项，新增专利产品产值20亿元。

【交流合作】 组织100余家科技型企业参加北京科博会、绵阳创新创业投资高峰会、第三届中国（绵阳）科技城国际科技博览会，发布技术需求项目132项，重大科技成果65项，与高校和科研院所合作开发项目26项。

【科协工作】 在厚坝镇、江油大剧院广场等地开展"科技之春"宣传月、全国科技活动周等大型科普宣传2次，发放科普宣传资料26000余份，义诊疾病3000人次，健康咨询5000人次，防邪宣传的环保袋围裙2000余件，展出科普挂图500幅、展板200块。

（科工局）

防震减灾

【地震监测分析】 2015年，江油市防震减灾局进一步建立健全台（站）管理运行制度，保护地震监测设施和地震观测环境，全市16个地震台（站）运行正常。全年完成地下水水位和水温数据采集18250组、倾斜数据采集26363组、电磁波数据采集25509组；地下水观测年运行率达100.00%、地倾斜观测年运行率达98.85%、电磁波观测年运行率达95.31%，均超过行业要求的95%标准。4月28日，市防震减灾局收到香水乡元门村一组群众关于草鞋虫大量爬入家中的异常事件上报，局主要负责人和相关技术人员立即前往现场了解核实情况，确定草鞋虫当时正处于交配期，受几日连续暴晒影响大量爬入农户家中，属于草鞋虫喜欢阴凉潮湿环境正常反应，与地震无关。全年根据各相关台（站）前兆观测数据，结合江油市及周边地区地震活动情况，组织例行会商2次，临时会商2次，参加绵阳市震情会商2次，向绵阳市防震减灾局提交半年、年度会商报告2份。

【地震灾害防御】 2015年，市防震减灾局加强与发改、科工、住建等部门协作，依法开展“危害地震监测设施和观测环境建设项目审查”和一般建设工程抗震设防监督管理，确保新建、改建、扩建建设工程严格按照国家规定进行抗震设防。全年组织和参加“科技之春科普宣传月”、全国“防灾减灾日”等大型宣传活动8次，共计发放宣传资料20000余册，展示宣传展板36块次，回答群众询问1000余次，群众防灾减灾意识和自救互救能力得到提升。8月中旬，市防震减灾局举办全市防震减灾业务培训班，邀请省、绵阳市专家就地震科普知识、地震应急等内容对各乡镇、市防震减灾领导小组成员单位、部分学校和社区兼职人员约80人次进行科普培训。

【地震应急准备】 2015年4月，以中小学地震安全教育为重点，市防震减灾局会同市教体局向全市各中小学发出《关于开展地震应急演练的通知》，全市100余所学校踊跃参加，积极开展避震、疏散、自救互救等内容的地震应急演练，进一步提升应对地震灾害的能力。5月，市防震减灾局根据上级地震部门作出的年度震情趋势判断，结合江油市实际，通过征求防震减灾领导小组成员单位意见，起草并发布《江油市2015年地震应对工作方案》。

（徐小燕）

政务网建设与管理

四川党政网绵阳江油管理中心原与市委机要局合署办公，2015年9月独立办公，并更名为“江油市政务网络管理中心”（简称“网管中心”）。核定编制10名，设主任1名，副主任2名。网管中心负责“市网络安全和信息化领导小组”日常事务，统筹协调全市电子政务平台的规划建设、维护管理、安全保障等工作，牵头协调“智慧江油”建设工作。

（网管中心）

农业科技宣传

江油市“科技之春”科普宣传月活动于2015年3月9日在厚坝镇举行，市供销社展出农技宣传展板3张，印发小春农作物病虫害防治、无公害蔬菜栽培、水果病虫害防治等宣传资料1800余份，现场解答农民咨询60余人次。2015年9月21日，江油市科技宣传周活动在中坝大剧院举行，市供销社现场发放宣传资料800余份，解答30多人次咨询。

（供销社）

气象预报与服务

【主要气象灾害】 2015年，江油市主要气象灾害为暴雨洪涝、夏旱和伏旱。汛期共出现5次暴雨天气过程，其中6月28日达到洪涝标准，根据江油市防灾减灾办统计，共造成直接经济损失360万元，全市8个乡镇、1.5万群众受灾，农作物受灾面积达220公顷，其中农作物成灾面积189公顷、农作物绝收面积0.5公顷，直接损失163万元，基础设施损失187万元。

2015年3月至7月，受持续高温干旱天气的影响，江油市辖区降雨量比往年偏少。多月持续高温干旱天气致使江油市大部分乡镇农田脱水开裂、玉米干枯至死，茶叶、蚕桑等经济作物严重缺水，大量减产；山塘干枯、水位降到最低水位。根据江油市防灾减灾办统计，共造成全市3793.3公顷农作物受灾，农作物成灾面积2980公顷，直接经济损失705万元。其中，粮食作物成灾面积2433.3公顷，粮食损失2110吨，经济损失605万元；经济作物成灾面积546.7公顷，经济损失100万元。

【气象灾害防御】 2015年，江油市气象局积极健全气象灾害防御组织体系，召开乡镇气象防灾减灾工作暨业务培训会，落实责任；认真开展汛前检查，加强技术保障，对新一代天气雷达业务应用系统、区域自动站、人影作业装备、应急保障设备等业务系统进行全面检查和维护。汛期积极参与涪江片区天气联防会商，全面开展中小河流洪水和山洪地质灾害气象风险预警。气象部门强化与应急办、防汛办、国土局以及宣传部门的协调配合，认真参与防洪应急值守班，推动部门联动机制的形成。

【气象预报服务】 2015年，市气象局向市委、市政府报送旬、月报48期，季度和年度气候趋势预测13期，发布72小时天气预报365期，乡镇天气预报365期，重要天气预报15期，节假日、中高考、春运、“央视中秋晚会”等大型活动16个专题天气预报共93期，森林火险等级预报162期，临近天气预报38期。

【预警信息发布】 2015年，市气象局发布暴雨预警7次、寒潮预警2次，发布暴雨预警信号5次、高温预警信号4次、大雾预警信号6次、雷电预警信号9次、大风预警信号1次、霾预警信号1次，报送天气情况通报94期，发送各类预报、预警短信300余万条。

【应急处置】 2015年，气象预警预报信息在应急工作中发挥重要作用。各地各相关部门在收到气象预警信息后，加强应急值守，积极开展应急处置工作。各乡镇和地质灾害隐患点责任人根据预警预报，及时组织群众防灾避险，避免山洪地质灾害可能造成的群死群伤现象，最大限度减轻人民生命财产损失。

(张健龙)

教育·体育

Education, Sports

概　述

2015年，江油教育体育工作以“推动各类教育高位均衡发展，建设人民满意的教育名市”为总目标，全面深化教育综合改革，切实保障校园平安稳定，持续提升教育质量，全力落实国家和省市体育赛事承办工作，被国务院教育督导委员会授牌认定为“全国义务教育发展基本均衡县（市）”，被省体育局认定为“四川省县级业余训练重点单位”，安全竞赛、教育宣传、校园艺术节组织等多项工作受到省教育厅表彰，再次获得绵阳市高中教育质量综合评估特等奖。

全市有各类公办学校101所，其中，完全小学46所，村小19所，初中16所，九年一贯制学校6所，高中3所，职中1所，特殊教育学校1所，公立幼儿园5所，建制成人教育学校2所，教师进修学校1所。公办在园幼儿7102人，在校小学生31337人，初中生12996人，高中生13984人。有各类民办机构125所，其中培训学校47所，幼儿园75所，义务教育阶段学校3所。民办在园幼儿12957人，义务教育阶段学生4956人，培训学校学生13833人。有公办教职工5444人，其中高职中1145人，义务教育4106人，幼儿园85人，事业单位108人。

全市有体育馆1座，全民健身中心1处，综合性体育场1处，标准游泳池1个，国家青少年体育俱乐部2家，体育社团和单项体育协会23个。有公共体育设施面积61460平方米，人均拥有公共体育设施面积0.49平方米。

教　育

【教育行风建设】　全力落实党风廉政建设主体责任，切实做到党风廉政建设工作与业务工作同步谋划、同步部署、同步落实、同步考核。严格执纪问责，全年共组织校长驻校制执行情况督查5轮、局机关效能督查7次、学校作风建设情况专项督查4次、教育重大项目招标采购监督19次，作风、效能监察进入常态化。

【两支队伍建设】　持续深入加强师德师风建设，广泛开展“我最喜爱的老师”评选活动和“岗位学雷锋”活动，全市共评选出656名优秀教师、推选出16名敬业标兵和2个学雷锋先进集体。加强干部队伍建设，完成义务教育学校校级干部交流轮岗工作，提拔任用校长13人，副校长31人，交流校长19人，副校长20人。深入实施“请进来、走出去”人才培养战略，全年完成校长及管理干部培训567人次，各类教师专业培训6546人次。

【教育综合改革】　推进教师“县管校用”用人制度改革，进一步完善学校管理干部上挂锻炼、城区学校教师到山区支教、农村学校教师到城区学校培训学习等教师交流使用的常态机制。全力开展“互联网+教育”实践探索，江油中学与北京四中网校合作开设12个“互联网+”教学实验班，运用互联网+技术整合资源开展学生发展指导；江油一中与北京创数集团和北京师范大学合作，探索建立“互联网+学科”教学的新模式。

【依法治教工作】　积极配合江油市创建省级法治示范市暨“六五”普法终期检查验收工作，收集整理近五年法制宣传教育相关资料，完成教体系统创建验收组档工作。认真落实“法律进学校”工作，华丰初中作为“法律进学校”示范点接受并通过省上考核验收。按照市法制办安排部署，对法律法规赋予的教育行政权力进行了全面清理，确认行政许可5项、行政处罚10项、行政强制2项、行政确认1项。同时，对责任事项和追责情形进行界定，保证教育行政权力在法律的框架下阳光运行。

【校园安全卫生】　全市中小学、幼儿园及村小配置专业保安170余名，全年签订责任书87781份，发放告知书614467份，集中培训安全管理人员331人次，健康教育骨干教师、食品从业人员培训1989人次，安全专项检查6次，组织学校及校园周边食品安全和手足口等传染病防控专项督查13次，开展应急疏散演练400余次，完成学生体检8万余人次。大力实施油烟净化、“明厨亮灶”工程，到年底，安装油烟净化装置的学校98所，完成“明厨亮灶”62所。全年无安全责任事故发生。

【实施免费营养午餐】 在全面推行农村义务教育学生营养改善计划的基础上，从2015年9月开始，在全省市县中率先实施农村义务教育学生免费营养午餐，标准从4元提高到6元，惠及67所学校、23000名学生。同时，全面加强农村留守学生关爱，努力推进农村寄宿制学校建设，完善全市8369名留守学生档案，建成94个乡村（社区）少年宫和62个留守儿童之家。

【提升教育质量】 紧密配合江油创建全国文明城市工作，大力开展美德少年评选、德育经典案例评选、精彩德育视频展评等德育特色创新活动和中小学生社会公益大行动。全市参与公益行动学生达到20000人次，艺术类作品获绵阳市表彰达45项，有1个艺术节目、4件美术作品被推荐参加四川省第八届中小学生艺术节评选。全市6638人参加高考，重点本科上线1377人、上线率20.67%，本科上线4404人、上线率66.12%，万人上线比达50.05，本科上线和重点本科上线人数创历史新高。上线率、万人比及重点本科、一般本科增幅再居绵阳各县（市、区）第一。

图35 2015年5月，江油市成立义务教育学校联盟。图为长城实验学校联盟情况说明会

【义务教育】 2015年6月，江油市被国务院教育督导委员会认定为“义务教育均衡发展县”，并正式授牌。全年先后落实四项创新举措巩固义务教育均衡发展成果：一是整合城区胜利街小学与外北街小学，进一步优化城区教育资源配置；二是成立长城实验学校联盟和雁门山区学校联盟，加快推进教育区域协作联盟办学试点工作；三是设立江油中学学生发展指导中心和江油一中学生发展指导中心，加快推进义务教育与高中教育的衔接融合；四是深化教育管理改革，将月爱村小、古柏村小分别设立为文化街小学分校和中原爱心学校分校。

【现代职业教育】 全年完成中职招生4202人，投入国家专项资金383万元，对数控、汽修、建筑、机械等专业实习基地进行打造，进一步加强实习实训基地建设。组队参加绵阳市第四届中职学生技能大赛，中坝职中获集体一等奖，学生获2个单项一等奖、12个单项二等奖。中坝职中与市境内汽修、建筑、制造等企业广泛合作，产教融合办学成效显著。以“大众创业、万众创新”为契机，加强学生就业创业指导，2015年，职中毕业生就业率达98.5%。大力实施农村劳动力转移培训、农村实用技术培训、再就业培训、创业培训、成人继续教育五大培训工程，全年完成各项培训6124人。

【学前和民办教育】 认真落实中央及省级支持学前教育发展政策，落实奖补专项资金166万元，积极改善普惠性民办幼儿园办园条件。加强学前教育师资培训，组织21名园长赴南京培训学习和130余名幼儿教师参加“幸福工程——建设书香型园所高级研修班”培训学习。组织开展全市民办学校年检工作，对全市121所民办学校进行全面严格审核和办学规范化检查。加大对非法办学的清理力度，会同太平镇和新安镇人民政府取缔镇域内4处非法办学点，维护民办教育有序发展。

（黄　涛）

体　育

【全市体育运动开展】 大力推进校园“三大球”运动，举办校园“三大球”联赛，全市共有153支代表队，1800余人参加联赛，累计比赛场次达500余场。高度重视体育创建工作，成功创建全国校园足球特色学校3所，绵阳市青少年体育业训武术、拳击基地4处。全力落实体育设施对外开放工作，中小学体育场馆免费开放健身人数达2.87万人次，市级体育场馆免费对外开放达17.68万人次。不断完善社会体育基础设施建设，全年新建农民健身工程30个、全民健身路径3条。认真组织市级体育赛事活动，全年共组织中小学生体育竞赛9次、群众性体育竞赛11次。

【承办国家和省市重大赛事】 江油市教育和体育局作为承办全国第六届特殊奥林匹克运动会部分赛事项目的主体职能部门，完成场馆改造维护、场地器材完善、赛事准备和组织等重大任务，确保了本届特奥赛事成为江油举办的规格最高、规模最大、观众热情最高、保障最有力、运动员最满意的国家级体育赛事。随后，又相继承办四川省第八届老年人运动会羽毛球比赛、四川省青少年女子足球锦标赛、四川省青少年女子篮球锦标赛等赛事和四川生态旅游博览会等会展活动，全面展示江油承办国家和省市级体育赛事的能力和水平。

【校园足球发展】 2015年，江油市学校组队参加国家和省市校园足球比赛获得重大荣誉：市花园小学组队参加2015年全国校园足球冠军杯总决赛获得小学女子组亚军。江油中学、江油一中、华丰初中、花园小学等学校参加省级系列赛事获2015年四川省校园足球联赛总决赛冠军、2015年四川省高中生女足联赛冠军、2015年四川省中学生足球锦标赛女子组冠军、2015年四川省校园足球冬令营小学组一等奖等荣誉。

图36　2015年9月，江油市花园小学获得2015全国青少年校园女子足球总决赛亚军

【其他重要赛事获奖】 全市组队参加2015年全国第十二届武术之乡武术套路比赛获7金、6银、12铜；参加2015年四川省中学生田径锦标赛获乙组团体亚军；参加2015年绵阳市青少年羽毛球锦标赛获高中组团体冠军；参加2015年绵阳市青少年乒乓球锦标赛获小学甲组团体冠军、初中团体冠军；参加2015年绵阳市青少年棋类锦标赛获围棋和象棋小学甲组团体冠军。

（黄　涛）

学校选介

【四川幼儿师范高等专科学校】 四川幼儿师范高等专科学校是2009年3月经教育部批准在原江油师范学校的基础上建立的高等专科学校（简称“四川幼专”）。2015年11月20日，绵阳市人民政府第七十九次常务会议议定“原则同意江油工业学校与四川幼儿师范高等专科学校整合”。2015年，学校新建实践教学基地7个，开展各类园校合作、校校合作及校企合作23项次。全年引进硕士研究生学历新教师15名。2015年，新生报到2394人，报到率85.28%；应届毕业生2554人，其中，专科毕业生初次就业率为93.19%，初中起点三年制中专毕业生初次就业率为93.84%，高中起点两年制中专毕业生初次就业率为93.44%；162名大学生通过SYB大学生创业培训，获得人力资源和社会保障部颁发的创业培训合格证书，20项省级大学生创新创业训练计划项目获得立项。2015年，成人大专6个专业招收新生327人，在校生人数1100余人，应用型自考3个专业招生500余人，在籍学生人数达2000多人，被四川师范大学评为优秀办学点；培训重庆中等学前教育师资培养学校教务主任（教研主任）50人，江油幼儿教师100人，国培幼儿园教师200人，国培幼儿园园长60人。学校与加拿大ACC学院、韩国东国大学签订合作办学协议，与英国坎特布雷学院和阿基米德森林教育协会联系合作事宜，与法国艺术家协会举行合作备忘签字仪式。

（黄　平）

【江油市教师进修学校】 江油市教师进修学校于2002年5月与绵阳电大江油分校、江油市成人中等专业学校合并，实行一个机构、三块牌子。学校业务范围包括成人学历教育、非学历培训、继续教育和学术交流，是四川省合格县级教师培训机构、全国示范性基层电大、江油市专业技术人员继续教育基地、江油市先进定点职业培训学校、江油市劳务输出培训基地。学校位于江油市解放北路79号，占地面积14000平方米，有功能齐全的住宿、餐饮及会议培训设施。学校坚持“精业、引领、发展、服务”的办学理念，把打造优质高效的培训机构、提升培训机构软实力作为发展的新目标。2015年，教师教育统筹各级各类培训，完成校长及管理干部培训567人次，完成教师培训6546人次。其中，名优骨干教师外出培训159人次、农村薄弱学科教师技能提升培训217人次、幼儿教师培训724人次、信息技术提升工程培训1302人次、新课程理念应用等专题培训2462人次、名师工作室研修培训1004人次、组织安排678人参加国培和省市培训。获得江油市高中教学质量管理先进集体，提升工程培训在全省交流会上作经验交流。2015年春秋两季共招收电大、网校新生835人，其中电大469人，网校366人。西南大学学习中心获“2015年优秀校外学习中心”，奥鹏教育获“2015年春季招生工作支持服务优秀奖”，获2015年绵阳广播电视大学综合业务考评一等奖。2015年，学校完成职业培训1383人次。春雨工程就业再就业培训716人、扶贫培训230人、新型职业农民培训120人、退役士兵培训317人，被市民政局认定为江油市退役士兵定点培训机构。

（罗小刚）

【江油中学】 江油中学（简称“江高”）创办于1956年。2000年，创办成四川省重点中学；2003年，与长城高中合并创建成“国家级示范性普通高中”；2013年年底，被确认为首批“四川省一级示范性普通高中”。学校占地面积近13.33公顷，在校师生8000余人。2015年高考，陈姝蝶获得四川省文科第8名；陈姝蝶、吴佳玉分获江油市文理科第1名。特优生江油市文科前10名江高占7人，江油市理科前10名江高占10人（含并列）；重本上线852人，本科上线2476人。陈姝蝶、吴佳玉、蒋康杰、李哲考入北京大学、清华大学。

（李淑梅）

【江油市第一中学】 江油市第一中学（简称“江油一中”）创办于1914年。2000年，成为四川省重点中学；2002年，晋升为四川省首批省示范学校。2015年，被教育部命名为“全国青少年校园足球特色学校”，并带动女足布点学校花园小学、华丰初中同时入选。学校成功创建成四川省阳光体育示范学校。被授予“四川省2015年度招收空军飞行学员先进单位”称号。2015年高考，重点本科上线456人，比2014年增长108人，增幅31%；本科硬上线1330人，比2014年增长128人，增幅10.6%；艺体双上线26人，总上线1356人。北京大学、清华大学上线3人，录取2人，空飞、民航各录取3人。连续11年获得绵阳市高考综合评价特等奖。

（赵　斌）

【江油市太白中学】 四川省江油市太白中学是一所绵阳市示范性普通高中，位于江油市武都镇。学校原名长钢四中，2001年，从长钢剥离并更名为“四川省江油市太白中学”。2015年，学校有教职工218人，教学班60余个，在校学生3000多人。学校先后被评为“四川省卫生先进单位”“四川省甲级校风示范校”“绵阳市现代教育技术示范学校”“绵阳市实验教学示范学校”。2015年高考，本科上线597人，连续7七年位居绵阳市示范高中榜首。2015年，获得“绵阳市高中课改教师培训工作先进集体”“绵阳市家庭教育工作先进单位”“江油市德育工作先进集体”“江油市中小学社会公益行动先进集体”“江油市妇女工作先进集体”“武都镇先进基层党组织”等荣誉称号。

（王　丽）

【江油实验学校】 江油实验学校是教育行政主管部门批准创建的民办学校，创办于2003年。2015年，有教学班48个，师生员工3000余人。有四川省优秀校长1人，中学高级教师、四川省级以上骨干教师22人。2015年中考，囊括全市前20名。全市前40名，占39人。全市前100名，占94人。全市前600名（A1优），占447人。700分以上特优生全市共71人，占67人，占全市94.4%。普通高中上线人数，达838人。学校获江油市2015年初中教育质量综合评价（C组学校）一等奖。2015年，学校代表绵阳参加四川省青少年曲棍球冠军杯赛，获得甲组第五名，乙组亚军。2015年，学校参加江油市级以上艺术体育赛事，获奖集体奖项25次。学生个人获奖达80余人次。

（王小敏）

【江油市华丰初级中学校】 江油市华丰初级中学校位于中坝镇太平中路127号，系1996年由原江油城郊初中与工农街初中合并而成，并成为首批绵阳市示范初中。学校占地面积2.92公顷，建有教学大楼、综合楼、实验楼、学生公寓、学生食堂、体育馆各1幢，塑胶运动场1个。各功能用房配备齐全，设施设备配备标准。2015年，有30个教学班，学生近1800人，是江油市规模最大的一所公办完全初中。学校有在岗专任教师117人。获江油2015年度初中教育质量综合评价一等奖，8个学科获一等奖。

（胡　杰）

【江油市长城实验学校】 江油市长城实验学校创办于1958年，2002年从企业剥离到地方，是江油市办学规模最大的一所九年一贯制义务教育学校。该校是国家基础教育中心外语实验学校、四川省《区域性心理健康教育发展研究》实验学校、绵阳市首批甲级校风示范校、绵阳市教育科研重点联系学校、绵阳市示范学校、绵阳市少先队工作示范学校、绵阳市校园文化特色学校、绵阳市体育传统项目学校、绵阳市依法治校示范校。2015年，小学和初中获江油市中小学教育质量A1类学校一等奖，成功创建四川省爱路护路宣传教育示范学校，学校在参加上级主管部门教学教研、德育评价、艺体活动等方面获得集体荣誉45个。

（王衍明）

【江油市中原爱心学校】 江油市中原爱心学校创办于2009年，是“5·12”特大地震后河南省对口援建江油市新建的1所九年一贯制学校。学校占地面积5.27公顷，建筑面积20805平方米。2015年，有40个教学班，1个附属幼儿园，学生1753人，教职工108人。学校先后被评为绵阳市教育工作先进集体、绵阳市初中教学质量先进单位、绵阳市安全管理工作先进集体、绵阳市校园文化建设特色示范学校、绵阳市示范性学生公寓、绵阳市传统体育项目（中国象棋）特色示范学校、绵阳市依法治校示范校、绵阳市特色少年宫学校、江油市灾后重建工作先进集体、江油市“义务教育示范县”创建先进集体、江油市学校综合评估一等奖、江油市“未成年人思想道德建设先进单位”、江油市社会公益活动先进集体、江油市消防安全管理工作先进单位、江油市“德育工作先进集体”、江油市“十星校园”。

（杨仕伦）

【江油外国语学校】 江油外国语学校是一所全封闭、寄宿制民办学校，创办于2013年9月，总投资1.7亿元，占地8公顷，毗邻风景秀丽的西山公园。2015年，学校有教职员工243人，教师121人，42个教学班，学生1816人。2015年，获江油市小学教育质量综合评价一等奖。参加绵阳市2015年航空航海车辆模型锦标赛，“米奇一号”电动自由飞、纸船承重电动直线车竞速赛3个项目获团体第1名。先后获得江油市小学生男子篮球联赛第1名，女子足球联赛第3名，女子排球联赛第3名。还获得江油市田径比赛第2名，江油市第八届中小学生艺术节展演活动综合评比特等奖。2015年，学校被评为江油市“现代教育技术先进集体”“德育工作先进集体”。

（吴　刚）

【江油市青莲镇初级中学】 江油市青莲镇初级中学（简称“青莲初中）创办于1958年，位于江油市青莲镇，距江油市区10千米，经过初中、高中、职中、中专的办学历程，现为一所农村寄宿制初中。学校占地面积35787平方米，建筑面积19785平方米，2015年，有教学班级18个，教职工92人，专任教师86人，学生700余人。学校获绵阳市、江油市各类奖励40多次，学校先后被授予“绵阳市示范初中”“绵阳市校风示范校”“绵阳市少年宫特色学校”“绵阳市篮球特色项目学校”“江油市环境友好学校”“江油市德育先进集体”“江油市十星校园”“江油市‘语文阅读’课题实验基地学校”等多项荣誉称号。2015年4月，学校成为“江油一中学生发展指导实验学校”。

（青莲初中）

【江油市彰明中学校】 江油市彰明中学校（原江油二中）是江油市教育和体育局直属的一所农村中学，创办于民国19年（1930年），初名为彰明县国立女子中学。1953年，成为省教育厅直属县立初级初中；1988年，更名为江油市彰明中学（完全中学）。学校距江油城区7千米，占地面积5.3公顷，学校有教职工103人。2015年获江油市教育体育局综合评价二等奖、中考教育质量综合评价三等奖、德育工作先进集体、精彩德育活动展评二等奖。

（孙　勇）

【江油市中坝镇文化街小学】 江油市中坝镇文化街小学创办于1904年，占地8000余平方米。被共青团中央授予“少先队红旗大队”称号、被省教育厅授予“首批省级重点小学”称号。学校多次在江油市教育质量综合评价和江油市小学综合目标考核中获得一等奖，先后被授予“绵阳市教师职业技能示范小学”“绵阳市校风示范小学”“绵阳市示范小学”“绵阳市小学教育质量先进单位”“绵阳市警校共建示范学校”“世界卫生组织/WHO健康铜牌促进学校”“四川省语言文字规范化示范学校”等30余项荣誉称号。学校开设教学班24个，在校学生1312名，在编在岗教师60人。2015年，学校被评为江油市文明行为“十星”学校和德育工作先进集体。2015年，参加市级及以上的各项体育、艺术竞赛，获得绵阳市青少年棋类锦标赛小学甲组第一名；合唱《山童》获江油市第八届中小学生艺术节特等奖，戏曲《李白诗词联唱》获江油市一等奖。

（廖先春）

【江油市花园小学】 江油市花园小学创办于1993年，是江油市教育体育局直属小学。2015年，学校有36个教学班，在校学生2132人。学校努力践行“给学生最快乐的童年，给人生最坚实的起步”的教育理念和“以人为本，科研兴校，和谐发展”的办学思想，强调“育人为首，全面发展”，在学校各项工作的开展中，始终坚持“德育为先”，坚持走素质教育之路。经过20多年的发展，学校获得多项省市先进学校殊荣——“四川省德育工作先进学校”“四川省艺术教育先进学校”“四川省百所艺术教育特色学校”“四川省教师职业技能示范学校”“四川省绿色学校”“四川省校风示范学校”“绵阳市体育传统项目学校”“国家首批青少年校园足球布点项目学校”。

（范先文）

【江油市世纪奥桥小学】 江油市世纪奥桥小学原名江油市太平街小学。2008年“5·12”地震后，北京草桥实业总公司捐资

1000万元重建并易名。学校有24个教学班，师生员工近1300人。学校以“办有特色的学校，育能感恩的学生”的办学目标，并在“知恩于心，感恩于怀，报恩于行”的办学理念的指引下结合“教有特色，学有特长，校有特质”的办学宗旨，以《感恩奥桥赋》《奥桥三字经》《奥桥之歌》和《奥桥园》为主线，扎实践行知恩思源，好学致远；使学校真正成为师生“生命的乐园、理想的学园、精神的家园”。学校多次获得“四川省家长学校”“绵阳市校风示范校”“绵阳市红旗大队”“江油市德育先进集体”“十星校园”等殊荣，并连续四年获江油市综合目标考核一等奖。

（奥桥小学）

【江油市中坝镇东方红幼儿园】

江油市中坝镇东方红幼儿园创办于1956年，原名“江油县机关托儿所”。1992年，被四川省教育委员会命名为首批“省级示范性幼儿园”；2000年，被确定为“绵阳市科研重点联系幼儿园”；2005年，获得“首批绵阳市一级幼儿园”称号；2006年，通过省级示范幼儿园复查验收。幼儿园地处江油市中区，占地面积5836平方米，建筑面积4283平方米。“5·12”地震后新建的综合楼教育功能设施齐全。室外场地宽敞、绿化到位、布局合理。软质操场、戏水池、玩沙坑和多种大型组合玩具，相映成趣。园内共有大、中、小12个教学班，在园幼儿503名，每班配有活动室、午睡室、盥洗室和卫生间，教具、玩具数量充足，品种丰富。2015年，幼儿园有教职工65人，专任教师38人，教师学历达标率100%，其中大专、本科以上学历34人，四川省特级教师1人，江油市名优教师1人，幼儿园高级教师8人。先后有多名教职工获得“绵阳市级优秀教师”“优秀保育员”称号。教师的幼研论文、活动方案设计、自制教玩具等教学成果多次获得国家、省、市、县级殊荣。

（东方红幼儿园）

【江油市中坝镇人民街幼儿园】

江油市中坝镇人民街幼儿园创办于民国26年（1937年），原为中坝商会傅香圃发起集资兴建的“私立培本幼稚园”。1984年，即为江油唯一的县级示范性幼儿园；1992年，评为“四川省示范性幼儿园”，是“绵阳市一级幼儿园”“四川省语言文字规范化示范学校”“四川幼儿师范高等专科学校教育实习科研基地”“江油市教师进修学校教师继续教育实践基地”。园舍占地面积2360平方米，建筑面积3582平方米，幼儿园设施完善、功能齐全，管理规范。2015年，有教学班12个，在园幼儿515名，有教职工66人（其中在编教职工21人，自聘教职工45人）。在岗教师32位。先后完成“自制纸盒纸箱玩教具在幼儿区域活动中的运用研究”“自制纸质玩教具在幼儿区域活动中的实践研究”“解读幼儿绘画作品途径与方法的研究”等课题，多名参研教师的活动方案、经验文章、自制玩教具获得省、市、县各奖项，有2篇文章在《幼教金刊》《幼教博览》杂志上发表。

（姚飞云）

文 化

Culture

概　述

江油市文化工作由市文化广电新闻出版和旅游局负责，主要贯彻执行党和国家有关文化艺术、文化遗产保护、新闻出版版权、旅游、广播影视和新闻宣传工作的法律、法规、政策；研究起草全市有关文化艺术、文物、广播影视、新闻出版、版权管理、旅游管理等方面的政策规定，拟订相关产业发展规划，经批准后的组织实施。负责全市文化艺术、社会文化、文博、文物（行业）管理。指导艺术创作与生产、艺术教育和研究，推动各艺术门类的发展与繁荣；管理全市重大文化活动；指导基层文化建设；负责文化遗产（含非物质文化）保护和优秀民族文化的传承普及工作；负责全市文物保护管理工作。负责全市新闻出版、版权管理工作。对新闻出版机构和新闻出版活动实施行业管理；负责著作权管理工作，组织查处著作权侵权行为。负责全市广播影视（行业）管理。协调、指导广播影视重大导论和宣传活动；负责对全市广播电视、电影发行放映、信息网络视听节目服务机构的业务及安全播出进行监督管理；参与拟订全市信息网络的总体规划。负责全市“扫黄打非”的组织、协调、指导工作；承办市“扫黄打非”工作领导小组日常工作。负责归口管理文化艺术、文博、广播影视、新闻出版、版权、旅游人才队伍建设；指导和管理文化艺术、文博、广播影视、新闻出版、版权、旅游工作等方面的对外交流与合作。负责管理直属文化、文博、新闻出版、广播影视、旅游事业单位；指导相关行业协会、学会的业务活动。指导市直文广系统的体制改革。负责全市文化、广播影视、新闻出版、版权、文物、旅游行政综合执法工作。

江油市委、市政府把文化建设作为协调政治、经济、文化共同发展的重要举措，把文化事业发展纳入全市国民经济和社会发展总体规划，纳入干部政绩考核的重要内容，多次召开市委常委会议和市政府常务会议，专门研究文化工作，市政府分管领导深入一线，帮助解决工作中的实际困难和问题，从政策、机构、编制和资金投入上大力支持文化事业的发展。

2015年，市文广新旅局围绕市委、市政府的中心部署，以建设全省“文化强市”为总目标，以建设“诗意中国·李白故里·美丽江油”，强化文化旅游深度融合为抓手，坚持文化乐民、惠民、富民，坚持“文化搭台、旅游唱戏”，有力地促进文化产业新突破，公共文化服务设施进一步完善，城乡群众文化活动更加丰富多彩，群众文艺创作硕果累累，全市文化事业呈现出繁荣景象：2015央视中秋晚会——月圆江油成功举办，央视中秋晚会首次进入西部；江油获得“中国诗歌之乡”称号，中国诗歌排行榜永久落户江油；市文化馆通过文化部验收，创为国家一级文化馆。文化产业、公共文化服务、文艺创作、文化民生工程、文物保护、全民阅读等工作通过绵阳市文广新局考核，江油市文广新旅局获“2015特色工作考核优秀单位”荣誉称号。

文艺创作

【概况】 江油市有文化馆1个，始建于1952年，历经时代变迁，几经易址。2008年“5·12”汶川特大地震后，中共江油市委、江油市人民政府在灾后重建中本着集中财力、整合资源、节约用地的原则，将市文化馆、中坝剧场、川剧团、电影院、非物质文化遗产展览馆、民俗文化展览馆、艺术培训基地7个项目整体重建，并命名为江油大剧院，于2012年10月竣工并对外开放。文化馆属于国家公益性群众文化事业单位，是全市群众文化活动的组织者和实施体，负责全市各类大型演、展、赛文化活动和文艺创作，配合地方党委、政府中心工作，宣传党的方针政策，贯彻落实习近平总书记在文艺工作座谈会上的重要讲话精神，以及国家、省、市有关文化的部署和决策。

【群众文艺组织】 江油文化艺术门类齐全，群众文艺爱好者阵容强大。江油市文联有作家、美术、书法、摄影、音乐、舞蹈、民间文艺等9个直属协会，会员共计2000余名。2015年，新增会员76人、国家级会员6名、省级会员34人。全市拥有国家级会员18人，省级会员230多人，绵阳市级会员600多人。

【群众文艺创作】 群众文艺创作实现历史性突破。2000多件（篇）文学、美术、书法、摄影、音乐、舞蹈等作品在国家、省、市级报刊发表、参加展演和比赛。江油诗歌方阵创建实力在全国影响巨大。江油“70后”女诗人敬丹樱的《纸上春天》23首、组诗《鸽子飞鸽子的，雪下雪的》9首分别被《诗刊》《人民文学》重点推介，另有110多首诗歌在全国、省、市级报刊发表；蒋雪峰的组诗《雨》被《诗潮》《四川文学》发表，诗歌《一千只白鹤把我的亡灵送回故乡》入选《力的前奏——四川诗歌99年99家99首》；刘强的10余首诗刊发于《诗潮》《星星》；龚志坚的《时间的距离》等20首诗刊发于《四川文学》《星星》《诗潮》杂志；吴天富的《乡村物语》等17首诗发表于《诗刊》《青年文学》《星星》《四川日报》；蒲永见、桑格尔、南地、廖馀、蒋晓青等公开发表有诗作；廖伯逊的散文《海誓到三亚，山盟到江油》引起较大反响；李立散文集入选四川省作家协会主编、花山文艺出版社出版的《四川中青年作家散文丛书》。网络小说创作异军突起，谢林的百万字巨著点击超过千万人次。张大明的《青林口高抬戏》、张小林的《花涌圌岭》荣获“看四川——摄影创作工程”优秀作品奖并参展；邓涛摄影作品荣获西班牙国际大赛金奖；周敏的雾山石刻《圌岭揽翠》、谭路的铝箔画《牡丹双鸽》获“看四川——民间文艺创作工程”优秀奖；朱裕蜀绣《上阳台》入围“看四川——民间文艺创作工程”；彭耘的雾山石刻《普世观音》、冯启冰的铬画《荷花》获“四川工艺美术大师精品展”金奖；刘术云的《李白的传说》获四川省民间文艺文学类优秀作品；王渝的书法作品入选“四川诗书画工程”；邓闳的美术作品《雄关漫道》入选省委宣传部、成都军区举办的“纪念抗战胜利70周年画展”；罗会平绘制的连环画出版。现代小品《看》获四川首届艺术节、第十五届戏剧（小品）大赛剧目奖、编剧奖、个人表演奖；《重华美》获四川民歌大赛铜奖；舞蹈《羊角花开》获四川省舞协主办的第七届“金秋乐”舞蹈展演赛金奖；江油形象歌曲《喜欢江油你就来》唱红网络；创作编排新戏剧作品5个。同时，市川剧团参与的川剧节目在中央电视台亮相。

专业艺术表演

【文艺辅导】 2015年，江油市文化馆安排馆内业务人员深入乡镇、社区开展辅导培训，除参加农村大型文化活动外，还对部分乡镇组织的农村文艺队伍进行辅导培训。在小溪坝、大堰、义新、新安、重华、龙凤、中坝镇天宝社区、太平镇涪滨社区等地组织建立基层文化活动示范点16个，其中文化活动示范点12个，未成年人活动示范点2个，外来务工人员活动室2个。业务人员深入农村、社区，组织辅导、培训文艺队伍40余次。文化馆带领文化志愿者赴小溪坝、新安、含镇、铜星、重华、贯山、义新、西屏、武都等乡镇综合文化站进行实地指导，了解和熟悉乡镇文化工作的特点和性质，不断提高农村文化活动质量和服务水平，践行文化志愿精神。培训全市40个乡镇的分管领导、文化专干共90人，并到成都等地参观学习，有效促进农村文化活动的开展。

【公共文化服务体系建设】 文化馆依托文化活动阵地，加大公共文化服务体系建设，及时实施阵地免费开放，“非遗”陈列室、外来务工人员电子阅览室、排练厅、展览厅等公共空间常年开放，对基层队伍和业余文艺骨干实行普及性免费文化艺术辅导培训。文化馆免费开放项目达13项。2015年，文化馆免费开放280次，对外开放场馆使用人数多达5万余人次，为广大市民提供免费观看文艺演出、艺术展览等文化惠民活动，年内接待参演队伍、观展、观演人数累计8万余人次。

【文艺培训】 文化馆艺术培训中心积极开办各类文艺培训班，培训学员2000余人。高考美术培训班常年开班，2015年，培训学员45人，其中考入中央美术学院1人。此外，文化馆为市委办、市公安局、城管局、住建局、卫生局、检察院、汇星商场、社区等培训辅导文艺骨干3000余人次。

文化市场

【概况】 2015年，全市共有网吧149家，其中新办7家、城区58家、乡镇49家、停业42家，营业总收入2605万元。歌舞娱乐56家，其中城区43家、乡镇13家，营业总收入5200万元；文艺表演团体9个，其中城区6个、乡镇3个，营业收入110万元。

【市场监管】 对文化经营市场采取部门联合执法、突击检查、布点暗访、社会监督等多种形式加强对市场经营行为的事前预防、事中引导和事后查处教育，将日常监管与专项行动相结合，提升市场监管效能。

【法律法规宣传】 在“4·26”世界知识产权保护日、“安全生产月”“法律夜市”“12·4”法制日等活动中广泛宣传文化市场法律法规，共印发宣传单（册）1500余份，接待法律咨询370人次。2月，组织全市文化经营业主召开安全工作会议；7月，组织网吧协会成员召开暑期网吧安全工作会议；10月，组织全市城区内文化经营业主召开迎接创建全国文明城市实地考察和问卷调查工作会议，提高文化市场从业者和广大市民的法治意识和守法经营自律意识。

群众文化工作

【文化阵地建设】 2015年，完成6个乡镇综合文化站、80个村级文化活动室文化设施设备的采购和发放；完成4个社区的文化阵地建设；65%的村建有文化活动室阵地，100%的城区社区建有文化活动室阵地。在龙凤、雁门等乡镇完成10个留守儿童之家建设项目。完成重华、太平等5个农民工文化驿站建设

【群众文化活动】 举办2015新年音乐会；举办江油首届春节联欢晚会，使江油人民在欢声笑语中，度过一个阖家欢乐、喜庆祥和的团圆夜；举办“李白故里之夏”演、展、赛系列文化活动30场，观众10万余人次；举办纪念抗战胜利70周年文艺演出和书画展览；举办第三届农村文艺会演，共有40个乡镇、95个社区参演；配合市委组织部举办“放飞青春梦想·共建李白故里”演讲比赛和“中国梦·劳动美”全市职工歌咏大赛；完成第三届乡村旅游节暨含增梨花节开幕式文艺演出；完成文化科技卫生“三下乡”活动和“科技之春”文艺演出及其他文化活动。

【协会文化活动】 市作家协会持续第五年在清明节组织近20名会员在青莲名贤祠李白衣冠墓前举行“清明祭拜李白”活动。4月17—19日，由市作协、青莲诗社协办的第三届“新世纪诗典”在李白纪念馆举行，全国诗人云集江油。8月，市作协与江油广播电台阳光调频联合推出《为你读诗》《为你读文》栏目，陆续播出江油20多位诗人、作家的作品。市美术家协会举办“诗意中国·李白故里·美丽江油——中国画作品展”。市书法家协会坚持举办各类型的书法培训活动，辅导中老年和青少年学习书法。协会连续3年举办会员联谊活动。市音乐家协会李白故里合唱团、喜洋洋乐团坚持进行固定每周两次的排练活动，公益性文化活动培训——江油市少儿合唱团对外免费开放，招收成员60余人，利用少儿的课余时间进行音乐培训工作。市舞蹈家协会组织节目参加2015江油、绵阳的春晚及春节团拜会，编导并表演的歌舞《踏青》《莲颂》参加“2015年乡村旅游节暨含增梨花节开幕式”文艺演出。承办李白故里之夏系列活动。举办5期舞蹈培训班，培训人数共计116人。市摄影家协会在李白纪念馆举办“首届会员摄影作品届展”，共展出会员作品50余件。举办“美丽江油”摄影作品评比活动。市戏剧曲艺杂技电视艺术家协会在中润时代广

场举办“庆元旦、迎新春”文艺演出。5月27日，协会组织队伍参加江油市哪吒庙祖庙开光典礼，精彩的节目受到来自中国港、澳、台地区的同胞以及海外华人、华侨的赞扬。市民间文艺家协会分别组织会员对东兴民间狮灯、云集山歌等进行调查、走访和资料收集，参与协办新春乡2015农民文化艺术节开幕式文艺演出。3—6月，受四川省民间文艺家协会委托，刘术云主持江油市二郎庙镇青林村立档调查项目（文字）工作，重点对青林村的年代、形成原因、类型、地质、自然面貌、民族、姓氏、生产、历史见证物、物质文化遗产、非物质文化遗产、自然遗产、现状、村落简介等用文字进行了全面、深入、多角度、多层次的立档调查。邓涛拍摄图片500多张，于7月提交成果，9月，通过省民协验收。

图书管理

【概况】 江油市图书馆成立于1978年，位于江油市诗城路西段383号，有馆藏文献21万余册，在编职工5人。图书馆365天开放，实行通借通还“一卡通”服务，每周开馆时间为56个小时，设有外借室、综合阅览室、电子阅览室、少儿阅览室等16个服务窗口和功能区。2015年，图书馆共接待读者9.2万人次，图书流通量达24万余册次，接待各项资料查询450余人次，办理借书证1600个。采购入库纸质图书7000册，订购各类期刊350种、410份，报纸52种、62份，收集古籍2种、4册；地方文献33种、41册。

【大力推广全民阅读活动】 全年举办春节赠书赠春联活动、元宵节猜灯谜活动、“书香之家”评选申报活动、“4·23”世界读书日图书漂流活动启动仪式、“玫瑰书香、品读经典”“三八”妇女节图书推荐活动、“品书香，知父恩”父亲节赠书及经典图书推荐活动、“阅读伴我成长”青少年阅读活动、“你读书我买单”便民活动，与组织部联合举办“放飞青春梦想，共建李白故里”演讲比赛，与市教体局共同举办第十二届中学生“青春风采”辩论赛。举办“论李白精神的时代意义”和“国学”等公益性讲座5次、专题图片展12次、“牵手走进图书馆”阅读参观活动6次、送书进社区、进学校、进军营等赠书活动8次、“文化扶贫送书到村”活动3次。

文物保护与管理

【概况】 江油市文物保护管理所成立于1983年，主要承担全市地面、地下文物、馆藏文物的保护、管理、研究工作，并对其他文博单位进行业务工作指导。另有云岩寺文物管理所，负责对全国重点文物保护单位——云岩寺古建筑及“飞天藏”的保护与管理。全市共有全国重点文物保护单位3处，省级文物保护单位9处，市（县）级文物保护单位25处，可移动文物8434套。2015年完成第一次全国可移动文物普查工作，累计登录藏品数量8434件套。

【文物保护安全巡查】 文物保护单位安全巡查由原来的季度巡查改为每月一次现场督查，加强消防安全专项检查，并为每个文物保护单位落实具体的负责巡查的人员,全年完成各类巡查100余次。建立安全档案300余册页，整改青林口、文胜普照寺、福田寺、月爱寺、五显庙等文保单位消防器材老化、设施不足的问题。完善各级文物保护单位的应急预案，将田野调查、文物执法、文物维修等管理制度的规定落到实处，通过巡查发现万寿寺、河西普照寺、月爱寺3处文物建筑有漏雨现象，根据应急预案做出相应处理，使文物建筑得到及时有效的保护。

【健全和完善市、乡（镇）、村三级文物保护机制】 与各文物保护单位所在的乡（镇）、村或管理使用人签订《文物安全管理责任书》31份，做到应签尽签，使相关的乡镇、村、组对文物的保护意识有较大提高。与文物所在地政府、村、使用人建立联系，及时掌握文物现状，以便处理各种突发事件。完成青林口古建筑群消防、安防、防雷立项报告编制，争取国家重点文物保护专项补助经费用于完善青林口古建筑群的“三防”工作。报告由省文物局转报国家文物局待批。

【文物维修与保护】 推进省级文物保护单位——南雁塔维修工程的施工建设。编制彰明文庙和清真寺维修概算；省级文物保护单位——蜚英塔（东塔）保护维修方案委托省文物考古研究院编制。完善文物保护单位“四有”工作。完成第七批省级文物保护单位——“大水洞遗址”“牛雪樵德政坊”，第五批市（县）级文物保护单位——“福田寺”“月爱寺”“五显庙”保护标志的设立。推进云岩寺的维修工作，上报《云岩寺消防工程方案》，编制并上报《云岩寺防雷工程方案》，收集整理飞天藏及飞天藏殿工程维修文献。

【文物专项调查】 配合市人防工程建设、青莲李白文化产业园等重大项目，派员开展项目涉及区域文物专项调查工作。对群众举报的二郎庙镇龙潭村明代石椁墓、永胜镇青竹村明代石椁墓、新春乡梓江村清周氏墓、龙凤镇飞凤村汉代崖墓、青莲镇李白洗墨池、云集乡龙桥石构件、六合乡梅花洞硝洞遗址等进行田野调查，并制定相应的保护措施。

【革命传统教育】 2015年，江油红军文物陈列馆、青林口红军桥等红色景点接待游客20余万人次。

李白纪念馆和李白文化研究

【陈列展览】 2015年，李白纪念馆共举办各类临时展览11次。1月，举办“春节摄影艺术展”；3月，举办“江油市职工书画摄影作品展”；8月，举办“纪念中国人民抗日战争暨世界反法西斯战争胜利70周年书画作品展”；9月，举办“纪念长钢建厂50周年钢城记忆纪实摄影展”“2015李白故里文化旅游节精品奇石展”“全国硬笔书法名家书李白诗邀请展——中国百名硬笔书法家手书李白诗全集代表作品展”“李白重要游踪地书画作品展”“李白重要游踪地摄影作品展”“当代书画名家李白诗意书画邀请展”；10月，举办“四川省七市第十三届老年书画联展”；12月，举办“2016迎新春美术书法作品展”。历时3年完成雾山石刻巨砚《蜀道难》，陈列于归来阁。

【李白文化研究普及工作】 召开四川省李白研究会理事会1次。9月，举办李白文化高端论坛，开展学术交流两场。收集论文39篇，并编印《2015李白文化高端论坛论文资料集》；举办李白文化讲堂12场。《李白纪念馆馆藏精品书画及碑刻叙录》申报省级科研课题。同时，组织江油专家参加马鞍山中国诗歌节、西北大学国际李白学术研讨会等活动。

非物质文化遗产保护

【非物质文化遗产普查】 对40个乡镇进行非物质文化遗产普查，新发现“道教羊皮鼓、黄荆凉粉制作工艺”等项目。为绵阳市非遗博览中心“李白故里”篇章的布展提供“青林口高抬戏、雾山石刻、李白民间故事、重华烟火架、中坝口蘑酱油酿造工艺”等国家级、省级、市级的“非遗”项目的实物、图片、视频、简介资料。

【非物质文化宣传与展演】 在国家第十个“非遗”日期间，通过展览、电视、视频广告、文艺演出等形式向广大民众宣传非物质文化遗产保护传承知识和法律。编排高抬戏结合川剧的《高抬戏展风采》参加“庆祝中国第十个非遗日”绵阳市非物质文化遗产文艺会演获得特等奖。设立“雾山石刻”“重华烟火架”“中坝口蘑酱油酿造工艺”3个传习所。组织江油市国家级非物质文化遗产项目——青林口高抬戏，省级非物质文化遗产名录项目——雾山石刻，绵阳市级非物质文化遗产项目——中坝口蘑酱油参加由文化部、联合国教科文组织主办，成都市人民政府、四川省文化厅承办的第五届成都国际非遗节展演活动。其中，《高抬戏展风采》在绵阳主题日的演出获优秀奖。

【保护与传承】 2015年12月，江油市人民政府发出《关于江油市第一批非物质文化遗产名录及代表性传承人的通告》，公布二郎庙镇青林口高抬戏、李白纪念馆雾山石刻、铜星乡重华烟火架、李白民间故事、中坝口蘑酱油酿造工艺、江油庙馆灰塑技艺、中坝附子栽培及炮制工艺、云集乡嬉娱歌等17项进入江油市非物质文化遗产名录。同时，还公布聂建璋、邓均朝、邓国军、彭耘、刘术云、邓贵昌、张云、冯晓林等27人为江油市非物质文化遗产代表性传承人。

文化稽查

【文化稽查专项行动】 全年开展“固边”“护苗”和“扫黄打非”等各类专项行动，共出动执法人员2038人次，检查文化新闻出版经营单位1800余户，立案查处各类违法违规案件50件（其中网吧违规经营案46件，违规从事营业性演出1件，擅自改变游艺机设施1件，违规销售非法出版物1件，非法设置广播电台1件），收缴罚没款10.1万元，责令停业整顿歌城8家，收缴盗版光碟1000余张、盗版书籍300余本。

电影放映

【概况】 继飞天影城、太平洋影城、新时代影城之后，江油市第四家商业影院——星空影城于2015年12月投入使用。四家影院均具备高清数字放映及3D立体电影放映能力，可满足2893人同时观影的需要。2015年，全市共计放映电影1.7万场，观众达38万人次，票房收入1166万元。

【农村公益电影放映】 全年放映农村公益电影4380场，覆盖全市40个乡镇、364个行政村，达到“每村每月看一场电影”的放映要求。同时，完成11个乡镇级农村固定电影放映厅、48个村级放映点建设；启动9个乡镇级、46个村级农村固定电影放映点建设规划选址及招标工作。

广 播

【概况】 江油人民广播电台发射频率97.6兆赫。2015年，电台有员工10人，其中专职主持人8人。开设有《新闻早播报》《生活在江油》《食全食美》《都市夜归人》等14个栏目，其中直播栏目11个，录播栏目3个。每天7：30至24：00播出节目16.5小时。开通热线电话、短信平台、微信平台、网络直播，在世界最大的网络收音机蜻蜓FM、考拉FM收音机均能收听“江油电台阳光调频”的直播和回听。全年广告创收350万元。2015年，江油广播电视台阳光调频FM97.6获“全国城市广播电视台创新频率”称号。

【农村广播“村村响”工程】 按照安全可靠、经济实用、长期通的建设原则，2015年，继续投入资金388万元，分两期对广播村村响进行招标建设。截至2015年年底，全市村村响建设完成346个（其余村在城区已经建成社区），95%的行政村实现广播“村村响”的目标，达到“十二五”期间基本实现广播“村村响”的工作要求。

（文广新旅局）

电 视

【概况】 四川省有线广播电视网络股份有限公司江油分公司(简称“四川广电网络江油分公司”)拥有连接全市40个乡镇中326个行政村的光纤骨干网，有线电视信号实现市、镇（乡）、村三级贯通，网内传输43套模拟电视节目和省广电网络公司传输的220余套数字电视节目以及宽带数据业务，城区数字电视、宽带双向网覆盖城区95%的小区，农村90%实现光纤到行政村。2015年，四川广电网络江油分公司完成全市有线数字电视整体转换工作。截至年底，公司拥有注册电视用户约21.8万户，其中有线数字电视用户16.6万户，无线数字电视用户1.9万户，IPTV用户6000余户，暂时没有整转收看公司免费传送的6套模拟节目的用户5.7万户（其中电信叠加用户3万余户）。

【出台《保障困难群体享受基本有线数字电视服务政策》】 2015年5月11日，江油市文化广电新闻出版和旅游局、江油市财政局、江油市民政局、四川广电网络江油分公司联合发文《关于保障困难群体享受基本有线数字电视服务工作的通知》，明确困难群体享受基本有线数字电视服务的优惠政策和办理流程。具体政策：由四川广电网络江油分公司为民政部门认定的城乡低保对象家庭和农村“五保”对象等，配置1台单向标清基本型有线数字电视机顶盒（含智能卡），使困难群体家庭基本实现有线电视数字化；对困难群体收看基本有线数字电视节目给予减免优惠：农村“五保”对象，免收主终端（农村264元/年/户）有线数字电视基本收视维护费；上述范围外的重点优抚对象以及城乡低保对象家庭，主终端有线数字电视基本收视维护费实施减免（每月每户减免10元，全年减免收视费120元/户）。截至2015年年底，四川广电网络江油分公司用半年的时间共解决困难群体看电视3039户（其中城乡低保、残疾、重点优抚对1603户，敬老院、福利院752户享受10元/台，农村“五保”全免684户），总计为困难群体免费送机顶盒和减免收视费100多万元。

（刘晓燕　邓　强　王　超）

互联网

【广电网络】 2015年，四川广电网络江油分公司投入2000余万元对全市37个乡镇、235个村双向化网络实施改造，覆盖用户22.7万户。建成数字电视1550NM传输环网和IP城域环网，城区建设1个80GB双归路由中心机房、6个10GB双归路由环节点机房，乡镇建设南北双环共计7个10GB环节点机房，市乡环网下设36个二级机房，部署14台电信级万兆交换路由设备、41台万兆光无源（EPON）OLT设备，实现中心机房到各镇乡机房的数字电视和数据业务信号双归路由，业务达到电信级的高可用性,实现城区、乡镇数据网络全覆盖。公司共有互联网用户4.5万户，高清互动用户4万户，集团专网用户30余家，专线链路700余条。

【移动网络】 江油移动分公司作为“宽带乡村”示范工程和“中西部地区中小城市基础网络完善工程”的主要承建单位，配合政府各级部门及省移动公司，大力推进江油市的宽带网络建设工作。2015年，城区小区光纤到户覆盖率95%，乡镇场镇光纤到户覆盖率98%。

【联通网络】 江油联通全年投资7770万元用于基站建设。完成江油区域内新建2/4G一体化基站建设200余处，实现区域内4G网络覆盖78%。为推进江油市政府“宽带中国智慧江油”工作进程，江油联通年内启动城区和乡镇“光进铜退”光纤到户改造工程，工程总投资1230万元，城市和乡镇家庭宽带客户接入能力分别达到100MBPS和20MBPS以上。其中，江油城区完成光纤改造建设投资730余万元，完成老旧电缆接入改造工程小区500余处，建设线数13000余线，覆盖用户达70000户。2015年，乡镇光纤接入工程投资500万元，实现厚坝、新安、马角、二郎庙、大康、双河口、九岭等乡镇的光纤建设共计2000余线，覆盖用户达3000余户。新建130处乡镇无线宽带信号站，无线宽带信号覆盖30余个乡镇和100余个行政村，可实现8000户宽带用户正常使用。提升和改善农村基础网络建设和信息服务。

（广电公司　江油移动　江油联通）

旅　游

Tourism

概　述

2015年，江油市围绕建设“诗意中国·李白故里·美丽江油”发展战略，把打造文创融合的新型旅游产业作为转型升级的战略考量，坚持“大手笔谋划、大项目带动、大投入驱动、大产业联动、大活动推动”的理念，探索出一条创意化、特色化、智慧化、品牌化的江油旅游产业发展新路，全市旅游业呈现良好发展态势。全年旅游总收入66.67亿元、同比增长40.01%，接待游客501.3万人次、同比增长29.68%。全市拥有开放性景区13个，其中，国家AAAA级旅游景区3个(窦圌山、李白纪念馆、李白故居)，AAA级旅游景区1个（佛爷洞)；星级酒店6家，星级农家乐15家，旅行社7家，旅游从业人员15000余人。2015年7月22日，由市国有资产监督管理办公室出资，注册成立江油市文化旅游发展有限公司。

2015年，江油市获“全国休闲与乡村旅游示范县（市)”称号；李白纪念馆景区获首批“全国旅游价格信得过景区”和“四川省级旅游行业文明旅游先进单位”称号；大康镇获“四川省乡村旅游特色镇”称号；二郎庙镇青林口村被评为绵阳“最美乡村”；11家旅游企业被评为“绵阳市诚信旅游企业”。

全年，江油市高水平打造“青莲国际诗歌小镇”和“百合国际博览园”两个新景区；强力推进九环东线旅游要素及窦圌山、养马峡、青龙峡漂流等老景区的提升和佛爷洞景区创建国家AAAA级景区工作。启动32个厕所、534个厕位的A级旅游厕所改建和新建工程。打造独具特色的京昆高速江油出口景观、游客接待中心、高铁站游客集散地。启动智慧旅游基础设施建设，开通“美丽江油”官方微信平台，设置有“魅力江油、玩转江油、爱尚江油”3个板块。

旅游资源

江油旅游资源丰富，独具特色，是四川省历史文化名城，李白文化精品旅游基地，大九寨国际旅游环线和三国蜀道文化国际旅游线上的重要节点，李白文化、火药文化、红色文化、三国文化和现代文化交相辉映。境内有国家级地质公园、AAAA级旅游景区——窦圌山，风景秀丽的乾元山、观雾山、老君山、涪江六峡等一大批旅游景区，以及王右木纪念馆、青林口古镇等“三基地一窗口”。国家AAAA级旅游景区李白纪念馆、李白故居和太白公园构成全国最大规模的李白文化纪念体系。加快推进李白国学文化教育学院、艺术家村及艺术品交易区、五星级酒店、体育运动休闲公园、农业生态旅游观光区及现代化农庄、文化主题商业街、养生养老住宅及配套医疗机构等李白文化产业园项目，着力将青莲打造成中国诗歌小镇、李白文化的主要承载地，建成后将创建国家AAAAA级旅游景区。

景区、景点

【窦圌山景区】 窦圌山位于江油市武都镇，距市区25千米，以奇险幽秀著称，李白曾在此留下“樵夫与耕者，出入画屏中”的著名诗句，为国家AAAA级旅游区。窦圌山地处四川盆地东北部，涪江上游东岸，系龙门山构造带与四川盆地沉降接触地带，地层出露为侏罗纪泥岩、砾岩。由于地质运动，风蚀雨溶，形成三座笔直矗立的石峰，其主峰海拔1140米。三峰耸峙，如刀砍斧削，直插云天。峰顶各有一庙，依山取势。西为问月峰，上有东岳殿；北为神斧峰，上建鲁班殿；南为飞仙峰，建有窦真殿。三峰中仅问月峰有石径可上。三峰之间铁索勾连，形成“圌岭飞渡”的奇观，被誉为“华夏一绝”。云岩寺为窦圌山现存古建筑的主要部分，位于窦圌山主峰下，始建于唐，重建于清乾隆年间。寺庙以三座奇峰为屏障，东傍悬崖绝壁，西邻群峰密林，临岩负云，极有气势，殿宇重叠，高低错落，主次分明。窦圌山现存古建筑中以飞天藏历史最为久远。据清雍正版《江油县志》载：“飞天藏在窦圌山。宋淳熙八年（1181年）建，元至正时重葺，明季遭兵火，城郭居室荡然，惟此独存。”1988年，云岩寺被国务院公布为全国重点文物保护单位。景区不断完善旅游基础设施建设，开设有林中穿梭、滑草等游客参与性项目，服务水平也有所提升。

【佛爷洞景区】 佛爷洞位于江油城西北14千米处的大康镇境内，李白曾读书十载的大匡山下，为国家AAA级旅游景区。佛爷洞是一个岩溶风景区，因民国23年（1934年）人们在洞内发现一尊3米多高的石刻如来佛像，故称佛爷洞。佛爷洞地处前龙门山北段，南西端宣陵山区，海拔700米，年降雨量1000毫米以上，年均气温15℃左右。该洞形成于山原期，距今约1200万年。佛爷洞全长3700多米，分上中下三层。第一层为佛手迎宾至南天门，第二层从盘陀路进入“东海龙宫”，第三层是一条地下河。洞内景点近两百个。“佛手迎客”“南天门”“一柱厅”“半边天”“东海龙宫”“定海神针”“五彩神泉池”等天然造型气势磅礴，相映成趣，尤为壮观。驾船寻胜探幽，可直达“西方境”景点。

【李白故居景区】 李白故居为国家AAAA级旅游景区，位于江油市区以南15千米处的青莲古镇，由陇西院、粉竹楼、太白祠、太白碑林等几大部分组成。其中陇西院为李白旧宅、粉竹楼为李白胞妹李月圆的妆楼、太白祠为宋代修建的李白纪念场所。陇西院、粉竹楼始建于唐代，太白祠始建于宋代，这三处建筑几经兴废，当前保存的建筑系清代乾隆年间重建，在2008年汶川特大地震中损毁，2010年修复，为四川省级文物保护单位。太白碑林是21世纪兴建的集书法碑刻园林景观于一体的大型李白文化主题园区。根据李白诗风的特点，碑林分为“李白诗精品园”“清风明月园”“故园山水园”“磨针寻梦园”“诗仙醉酒园”五大部分。景区内的巨碑广场最具代表性的是巨型的浮雕墙碑。上面刻有被称为江南四大才子之一的明代著名书画家祝枝山书写的《蜀道难》，明代书法家徐渭书写的《梦游天姥吟留别》和毛泽东主席书写的《将进酒》。李白故居依天宝山而建，天宝山顶为“清风明月园”，以太白楼为主体建筑。登临太白楼，青莲古镇四面风光尽收眼底。太华山、磨针溪、洗墨池、名贤祠、文昌宫、法华寺、石牛沟、衣冠墓、盘江、漫坡渡等大量与李白有关的景点和遗迹遗址环绕古镇周围，文化氛围十分浓厚。米芾、李调元、张大千、莫言等书法家、知名文人曾前来吊谒并留下珍贵墨迹。

【李白纪念馆】 李白纪念馆为国家AAAA级旅游景区，坐落在江油市风景秀丽的昌明河畔，占地40余亩。馆内清幽高雅，太白堂、归来阁等仿唐建筑错落有致，镶嵌在花林竹海之中。纪念馆融资料征集、学术研究、陈列、宣传、文化交流、旅游服务于一体，1962年筹建，1982年10月开馆。馆内藏有历代有关李白的碑刻、墨迹，各个时期中外版本李白著述、画册，邓小平、江泽民等中共中央和国家领导人题词，祝允明、杨慎、石涛、张大千、郭沫若、启功、吴作人、黄君璧等名人书画作品，珍贵文物和资料近万件。建馆之后，接待中外游客1500多万人次。2008年汶川特大地震致太白堂、精品陈列室、临江仙馆等主体建筑和游道损毁，部分围墙、建筑坍塌，受损面积14000平方米。2010年，河南省对口援建江油市，投资4000万元修复李白纪念馆大门、太白堂、临江仙馆等建筑，并在馆内增建杜甫堂，凸显诗仙诗圣情意。2011年，江油市投资4200万元提升陈列，对园林进行改造，5月8日对外开放。从2012年5月1日起，李白纪念馆免费对外开放。为第四批全国爱国主义教育示范基地、四川省级平安景区。

【乾元山风景名胜区】 乾元山风景名胜区位于江油市西部16千米的含增镇，与北川羌族自治县通口镇隔河相望，是古典小说《封神演义》《哪吒传》等神话故事的主要发祥地，也是传说中的太乙真人炼丹修道和哪吒拜师学艺之地。乾元山景区有与道教封神文化和神话故事相关的哪吒肉身坟、哪吒点将台、哪吒号、乾坤圈及天地二旋坑、太极峰、金光洞太乙真人炼丹池等景点。

金光洞又名太乙洞，坐落于乾元山太极峰右侧，是西蜀道教尊崇的圣地，洞外现存唐代、宋代、元代、明代、清代道教石刻造像三十余尊。主要景点有太乙真人三道炼丹池、九龙柱、九转宫、龙池、孝子跪天桥、张三丰藏身处等。近年，有中国台湾、香港地区、泰国、新加坡等地的上千信教同胞到此寻根问祖、朝拜游玩、寻仙访道。每年农历六月初六为朝山会。景区尚在开发建设之中，已建成哪吒大桥，并修通了游道。

【吴家后山】 吴家后山位于江油市大康镇，乾元山与观雾山之间，距市区约60千米，区内岩溶峰丛、漏斗及近水平的溶洞发育，且多数坡面呈深切割的峡谷景观。吴家后山每年的辛夷花海是其一大特色，在花庙子、韭菜园、烂房子一带有大片的辛夷花林，有上万棵树龄在百年以上的辛夷花树，面积达105公顷。辛夷花又名木兰、木笔，当地人称老木花，其花蕾在春天开放，花朵硕大，外紫内白，十分美丽，有较高的观赏价值。2013年，有10万名游客上山观花，成为四川最佳赏花地之一。吴家后山除辛夷花自然景观外，还有奇特的岩溶漏斗、洞穴、峰丛和茂密的松林以及镶嵌其间的小块田园与农家相融，构成极富诗情画意的山乡田野风光，可供开展生态旅游与徒步登山，进行多项科普考察专项旅游。吴家后山大水洞遗址为新石器时代晚期遗址，距今约5000年，与川西宝墩文化、三峡梢棚嘴文化处于同一时代。

【老君山·藏王寨景区】 老君山又名藏王寨、唐王寨山，由严家岩、老君山、魔芋山、藏王寨山、寨子山、贺家山、梨树坪峰等山峰组成，主峰梨树坪海拔2345米，其余山峰海拔均超过2000米。山岭南北延绵21千米、东西宽14千米，面积300余平方千米。在此区域分布着众多的古硝洞遗址，这些洞穴多位于悬崖绝壁上，形态各异，洞穴入口狭小，洞深在几十米至十余里不等。硝洞内，古代炼硝留下的硝渣、下脚料等堆积如山，人工开采痕迹清晰可见。经过考古专家和地质专家多次深入洞内考察，确认江油藏王寨老君山古硝洞遗址群是迄今为止全国发现的生产规模最大、生产设施保存完好的古硝洞遗址。2006年6月，老君山硝洞遗址被国务院公布为第六批全国重点文物保护单位。老君山水体资源非常丰富，主要以3条溪沟为主，并形成表态各异、数量众多的潭、叠水、瀑布等。老君山雄伟壮观，主峰海拔近2400米，在10千米距离内形成1800米落差，山前构造对称，呈二龙戏珠状，具备风水玄机。老君山保留着许多以道教建筑为主的庙宇，尤以建于500多年前的老君山道观最为典型。老君庙是古代道教的遗存，与旅游区的核心文化“火药文化”形成响应，建筑特色显著。明惠帝朱允炆隐居老君山的传说，更增添了旅游区的魅力。

【养马峡风景区】 养马峡风景区位于江油市文胜乡安顺村，距江油市区53千米，景区总面积约80平方千米，属于藏王寨自然保护区的重要组成部分。养马峡相传为三国时期魏将邓艾攻占江油关后歇马休整之地，现通过进一步挖掘三国文化资源，开发生态旅游，按照“休闲、消夏、避暑、观光”的指导思想，进行总体旅游规划。景区交通规划将与九环线连通。景区以苍翠的群山、茂密的原始森林和草地为基调，一谷一坝三洞四峡景观为代表，峰丛绝壁、群潭众瀑、古镇古道古寺为主景，三国蜀汉和明代文化为背景，组成多景型综合性的中低峡谷自然景观和独特的历史文化人文景观。景区已开发出望天峡、蒲家沟、转迁峡等景点，并提供骑马等娱乐项目。景区地质构造奇特，良好的气候条件孕育了众多的动植物资源，其中包括国家一级、二级保护动物、植物，享有“地质公园”“植物王国”“天然氧吧”“动物天堂”等美誉。养马峡景区共有碧园、蓝光谷、云集园、龙福园等农家乐、休闲庄60余家，餐饮可接待游客5000人，会议1000人，住宿3000人。年接待游客30余万人次。

【白龙宫景区】 白龙宫是四川省级风景名胜区乾元山的重要景点之一，位于市区西南约16千米处的含增镇境内，紧邻通口河北岸，有公路可达。白龙宫是1991年3月被两位探险者发现的，1992年9月，对外开放。因其地质实测剖面图恰似一条游动的巨龙，第三大厅石壁上有较完整的龙形状态，白龙宫便由此而得名。全洞长1200余米，共分两大景区，800米旱路步行观赏区和400米水路划船观赏区，石钟乳、石柱、石笋、石幔等形象生动的天然造型共一百余处。大景气势恢宏，小景玲珑剔透。水景、旱景各领风骚，彼联偶合，相映成趣。因乾元山一带流传着许多封神故事，白龙宫中的不少景观又与许多封神人物相似，所以白龙宫又被人们称为天然的“封神演义艺术宫”。

【天音洞旅游区】 天音洞旅游区是四川省级风景名胜区乾元山的重要组成部分，不仅有奇妙的洞景，而且还有独特的自然山水和湖泊。位于江油市含增镇南侧，距江油市区12千米，景区总面积约20平方千米，是万（源）阿（坝）公路的必经之路。景区西邻北川羌族自治县，北靠平武县。对面为千年梨园花果山，背靠唐僧西天取经途径的石马山，洞外为著名的香水湖。“天音洞”名称的来历，缘于原来在这个溶洞里有一根横卧的钟乳石，上面的纹理犹如古琴的根根琴弦，另外在一处洞壁突出的岩石一端，用手轻轻敲击，会发出清脆悦耳之声；还有阴河内的潺潺流水声，以及外面从缝隙吹进洞的呜呜风声，让人联想到来自九霄之外的天籁之音。洞内千姿百态的钟乳石，可联想到哪吒传说的踪迹。天音洞属于自然山水和喀斯特地貌与石灰岩岩溶结构断裂形成的溶洞群景观。洞长约5000余米，100~800平方米的大小宫廷十余座，洞内有暗河，自然通风良好，冬暖夏凉，常年恒温在16℃左右，洞内石蔓、石花、石笋、珊瑚、钟乳石、天然盆景等组成的景观高低错落，交错别致。景区自然环境优美，文化积淀深厚。

【青林口古镇】 青林口古镇系中国历史传统村落，全国重点文物保护单位，位于江（油）梓（潼）剑（阁）三市（县）交界处，享有“川北第一古镇”之美誉。始建于元末明初，丁字形街道，至今仍保持着明、清时期的建筑风貌。古色古香的陕西馆、江西馆、火神庙、绣花楼飞檐翘角、气势雄伟。民国24年（1935年），红军北上曾在该处短暂驻扎，并留下了许多宣传标语。古镇豆腐宴尤为出名，高抬戏为国家非物质遗产项目，曾获“山花奖”。每年3月，前往观光的游客甚多。

【武引工程与涪江六峡】 武都引水工程是川东北部工农业和城市经济发展重要的水源工程，是四川省以防洪灌溉为主，兼发电、航运、城乡供水、环保、水产养殖、旅游以及国土资源综合开发利用等功能的大型骨干水利工程，被国务院列为《九十年代中国农业发展纲要》中重要的大型水利基础设施项目。工程主要由取水枢纽、武都水库、总干渠及其配套的各级渠系、渠系电站、提灌站和囤蓄水库组成。全灌区规划六级渠道119条，总长2109千米。工程从江油市武都镇涪江上游取水，控灌绵阳、遂宁、南充、广元4个市、8个县(市、区) 的农田228万亩。工程建设原计划分三期进行，后中共中央实施西部大开发战略，调整为两期进行：一期工程建设涪梓灌区，灌面127万亩，总投资18.06亿元 (其中使用世界银行贷款6767万美元)，于1988年复工，于2000年年底基本建成；二期工程建设武都水库 (含坝后式电站)、水库直灌区、西梓灌区三部分，灌面101万亩，发电装机150兆瓦，总投资44.114亿元。武引工程曾于1958年和1978年两次动工兴建，又两次下马。1988年，经国家经委和水利部批准，武引一期工程正式复工，至2000年年底建成。工程全部建成后，彻底解决四川涪江以东、嘉陵江以西区域3.2万平方千米土地、1000余万人口和44万公顷耕地的水源和干旱问题，同时将涪江中上游绵阳、江油、射洪、遂宁等城市的防洪能力由原来的50年一遇提高到百年一遇，并在成都至九寨沟的旅游环线上形成一处国家级风景区。涪江六峡位于原北城乡的涪江干流段，北起于平武县响岩煽铁沟之南泽坝，东南至武都镇北城之白石沟，全长20千米以上，总落差近50米。自煽铁沟向南，六个峡依次为石门关峡、平驿峡、喇叭峡、二郎峡、唢呐峡、牛鼻峡，其中前4个峡在平武县境内，武都水库建成后，库区回水长37千米，可直达平武县南泽坝。武都水库建成后，六峡连为一体，形成一个较大的人工湖，将实现游艇通航，沿江有公路相通。游客可任意选择水路与公路游览，充分领略景区内优美的自然风光。

【太白公园】 位于昌明河左岸，与李白纪念馆隔河相望。太白公园系取川派园林之长，集苏、杭、扬等园林之精粹。园内曲折迴廊、瀑布吟唱、垂柳婀娜、繁花馨香。

【西山公园】 地处市区西侧的二郎山中段，总面积约1000余亩，距城区1.5千米，其中原有苗圃、花园157亩，植被率达90%以上。1986年后，逐步被改建为公园。作为近郊的生态公园，林木以柳杉、柏、马尾松，香樟等为主，游道附近则种有梨、樱、桃、竹等。登临西山公园，西可眺望龙门群山，东可俯看市区风光。

【"果语花溪"农业公园】 "果语花溪"农业公园是2012年后，江油市在原新安生态农业公园的基础上，按照"体验现代农业、畅游美丽新村"的理念，集中连片打造既是现代农业公园又是社会主义新农村综合体的万亩农业观光产业园。新安镇位于江油城东18千米，具有较好的区位优势和产业发展基础。为此，江油加大对新安镇的规划、投入、建设力度，在产业发展中，集中连片发展猕猴桃、早熟梨、葡萄11000亩，引进伊顿、金蓉等企业9户。在新农村建设中，引导农民相对集中居住，改旧房、建庭院，打造依山傍水、风貌优美的新型村落。在设施建设中，整合项目资金7000余万元，实施山水田林路综合整治，形成田成方、路相通、沟相连、林成形的现代农业设施格局，社会事业公共服务相配套的新农村示范片。"果语花溪"总面积达19平方千米，涉及4个行政村，集中连片发展猕猴桃、葡萄、早熟梨三大主导产业，新建环形游道、农家乐、湿地公园等设施和景点，一个集农耕体验、乡村旅游、文化娱乐、生态保护于一体的休闲农业生态田园新区已初具规模。

【中国百合国际博览园】 中国百合国际博览园（百年好合爱情谷）位于江油市西北部大康镇，距离江油市区8千米。景区依托平通河沿岸的地形地貌与旅游资源，有序地开展旅游开发与规划建设。经过近5年的发展，百年好合爱情谷已建成为标准化百合种植基地，成为全国最大的百合专类公园。百合公园拥有"风情悦意、青梅竹马、青云花梯、爱情索桥、一见钟情、两情相悦、情定三生、四季花海、海誓山盟、百年好合"等10余处特色景点，并开发建设有平通河水景带、匡山、百合温室大棚、百合风情街、情定三生广场、一线牵桥、百合户外种植基地等游览项目。

【李白文化产业园】 位于青莲镇，总规划用地面积约1200公顷，预期项目建成总投资在100亿元以上，分三期建设。展示中心建筑面积3500平方米，主要展示江油丰富的文化旅游资源。磨针溪景观改造提升项目共规划设计有磨针亭、磨针遗址、暮云春树、粲花之论、梦笔生花、由水流觞、竹林迷雾、一道青、满月入镜、浣纱得鲤、蛮婆古渡、水上集市等景点。改造提升后的溪流两岸山水环绕、风景秀丽。漫坡古渡景点占地28亩，为集休闲、娱乐、观光、购物等功能为一体的水上集市。太白古村落的规划功能为李白文化产业园拆迁群众安置区，共可安置群众442户。整个村落融居住、商业、休闲、度假等功能为一体，并严格按照新农村建设的相关要求规划设计施工。村民们可以在该处经营餐饮、旅店，借助诗歌小镇获得更多收入。剑仙大道起于青莲高铁站前广场，向南连接太白古村落和太白祠，全长约1.3千米，为双向四车道。建成后，可减轻青莲高铁站前广场至太白祠的交通压力，优化太白古村落居民的出行环境。国际诗歌小镇整体采用"七大洲"的空间布局设计，集展陈、体验、休闲、度假等多种功能为一体。建成的欧洲院子占地3000余平方米，由展示馆、咖啡图书馆以及6幢欧洲诗人之家小屋等建筑组成。诗歌大道全长约870米，集中呈现上古到盛唐六个阶段的中国诗歌文明发展史。地处道路后段的"春江花月夜”景观创意源自唐代著名诗人张若虚的诗作《春江花月夜》。该景观水域面积达6000余平方米，主要采用大型水景、园林、建筑等表现形式，实景呈现《春江花月夜》描绘的美好意境。太白祠改造提升项目重点对祠内文物进行修缮，对水池进行堆坡造型，重新栽植绿树和铺设草坪。此外，水系改造提升项目将对长青堰、涪济堰、磨针溪等水系进行水道疏浚，并引入清流、加大水量，为产业园打造清新明快的水环境。太白碑林改造提升项目重点对金樽广场、南大门广场的园林进行全方位提升，移栽新木、铺设草坪使太白碑林景区更富吸引力。

【青龙峡漂流】 青龙峡位于江油市敬元乡境内，清江河流经高山峡谷，河水清澈，两岸青山吐翠，或激流险滩，或河水迂回，河内野鱼成群。已开发漂流项目，整个漂流长渡达三四千米，用时3小时左右。

【中国酱文化观光园】 中国酱文化观光园以清香园“日晒夜露，国色天香”古法制作工艺及百年成长历程为背景，全面展现“中坝酱油，川菜味魂”的品牌价值。2015年底，中国调味品协会授权清香园独家使用“中国酱文化观光园”称号。

【清沟】 清沟位于江油市马角镇，距江油市区50余千米，因沟内溪水四季清澈见底而得名。清沟风景区山清水秀，动植物品种繁多，自然景观优美，溪水长年不断，气候适宜，景色迷人，素有“小九寨沟”之美誉。

【申家沟生态旅游度假区】 申家沟生态旅游度假区位于江油市三合镇，距江油市区12千米，主要有拓训基地、越野基地、樱桃新品种种植基地等项目及休闲垂钓、自助烧烤、特色餐饮、林间别墅、亲子农场等休闲娱乐设施，是集生态旅游、休闲度假、康养健身、运动体验为一体的休闲度假区。

【武彩香都】 武彩香都位于江油市武都镇，距江油市区20千米，主要种植有郁金香、彩叶树等珍贵花卉苗木景观，辅以休闲娱乐、绿色餐饮等配套设施，是一个集花卉观赏、休闲度假为一体的生态旅游度假区。

【枫顺红叶】 枫顺红叶位于江油市枫顺乡，距江油市区118千米。该乡枫树遍布，尤以小院村古枫橡林最具特色，林中有上百株枫树树龄超过百年，每年深秋，枫顺乡层林尽染、五彩斑斓，是秋冬时节观赏红叶的好去处。

旅游线路

【一日游线路】

线路一：国际诗歌小镇—百年好合爱情谷

线路二：国际诗歌小镇—李白纪念馆

线路三：窦圌山—佛爷洞

线路四：百年好合爱情谷—佛爷洞

线路五：乾元山—金光洞—天音洞

线路六：青林口古镇—养马峡

【二日游线路】

线路一：国际诗歌小镇—李白纪念馆—百年好合爱情谷（住宿：江油城区）

线路二：百年好合爱情谷—佛爷洞—窦圌山（住宿：窦圌山）

线路三：窦圌山—佛爷洞—李白纪念馆—天音洞（住宿：江油城区）

线路四：乾元山—金光洞—天音洞—翠屏山（住宿：江油城区）

线路五：养马峡—青林口古镇—青龙峡漂流（住宿：养马峡）

【三日游线路】

线路一：百年好合爱情谷—佛爷洞—窦圌山—李白纪念馆—国际诗歌小镇（住宿：江油城区、窦圌山）

线路二：窦圌山—佛爷洞—养马峡—青林口古镇—青龙峡漂流（住宿：江油城区、养马峡）

旅游景区规划和建设

【旅游发展规划】 2015年，《江油市旅游发展总体规划》经过反复征求各方意见，顺利通过省旅游局组织的专家组评审。规划从2014—2025年，对江油旅游产业布局、定位，特别是李白文化、哪吒文化、火药文化的开发利用，乡村旅游发展、精品线路打造、旅游纪念品开发等进行科学详细的规划，对江油旅游发展具有重要的指导意义。养马峡、吴家后山、青龙峡启动旅游发展规划的编制工作，并初步征求意见。

【旅游招商】 2015年，包装涪江六峡、养马峡、吴家后山等旅游招商项目11个，编制《旅游招商指南》，并分别赴成都、北京、西安等地开展旅游招商。全年共招商2.15亿元。

【景区建设】 乾元山景区加快推进游客中心、宾馆的建设，完成主体工程；窦圌山景区完成道路扩建和提升；佛爷洞景区投入800多万元对景区游道、景点、洞内灯光等进行改造；敬元乡青龙峡投资近1000万元修建游客中心，完成一期旅游设施建设，并对外开放；养马峡景区进一步完善和提升，农家乐达60多家，夏季旅游目的地基本建成。顺辉酒店主体工程建设进入三层。同时，更新全市35块道路旅游标识标牌。

旅游宣传促销

2015年，江油市加大旅游宣传促销活动，多层次、多渠道、多领域开展宣传促销活动。在高铁列车上进行“李白故里·江油号”冠名；在成都高铁站、江油高铁站、成绵高速投放景区广告；组织成立成绵乐沿线电视台旅游宣传联盟，组织拍摄江油旅游形象宣传片、MTV形象歌曲——《喜欢江油你就来》，编印《江油旅游指南》。组织市境内旅游企业前往重点客源地成都、西安、重庆进行城市互动营销，并举办专场旅游推介会，邀请外地涉旅企业和组织前往江油采风考察。

乡村旅游发展

2015年，江油市乡村旅游健康快速发展。3月31日，以“畅游李白故里，感受美丽江油”为主题，为期10个月的第三届乡村旅游节在含增镇隆重开幕，相继举办“含增梨花节”“大康辛夷花节”“香水骑游节”“重华海灯武术节”“方水白玉枇杷节”“佛爷洞山歌节”“武都荷花节”“青龙峡漂流节”“新安采摘节”“枫顺红叶季”十大活动。2015年，江油市被评为“全国休闲与乡村旅游示范市”，大康镇获“四川省乡村旅游特色镇”称号，二郎庙镇青林口村被评为绵阳“最美乡村”。全市乡村旅游共接待游客251.86万人次，旅游综合收入14.28亿元。

旅游行业管理

【安全检查】 2015年，江油市抓好节庆安全检查和行业自律工作。分别在元旦、春节、清明、“五一”、端午小长假、国庆黄金周对旅游市场安全检查。全市未发生重大安全事故。

【景区创建】 李白纪念馆景区被评为首批“全国旅游价格信得过景区”，大康镇被评为“四川省乡村旅游特色镇”，二郎庙镇青林口村被评为绵阳首批“最美乡村”；江油市11家旅游企业被评为“绵阳市诚信旅游企业”。成功创建4家乡村酒店。江油宾馆、国际大酒店、太白大酒店、诗城大酒店、马记饭店通过2015年星级饭店年度复核。全市旅行社使用2014新版旅游合同使用率达100%，投保旅行社责任保险参保率达85%以上，旅游投诉处理率达100%。全年共培训服务人员1380人次。

【旅游商品开发】 开发和包装太白剑、雾山石刻、李白诗意绣、江油八品、李白头像烙画等系列旅游商品28件，并在绵阳市首届旅游纪念品、伴手礼设计大赛上获得1金、3银、3铜和1件创意作品奖、6件优秀作品奖。

宾馆、酒店、旅行社及名小吃

【四星级酒店】 江油宾馆、江油国际大酒店。

【三星级酒店】 太白大酒店、诗城大酒店。

【一星级酒店】 马记酒店。

【档次较高的社会宾馆】 宏泰威图酒店、戴斯大酒店、怡家城市酒店、华丽大酒店、金园盛酒店、明华饭店、江浙大酒店、七禧酒店等。

【旅行社】 阳光旅行社、畅游旅行社、天添旅行社、李白故里旅行社、青年旅行社、印象旅行社、龙行天下旅行社。

【星级农家乐】 三星级：桃花仙境、兰桂坊、瑞雪花园休闲庄；二星级：青龙湾、逸景苑、一品苑、土鱼馆休闲庄、梅花山庄、青莲养生堂休闲庄、龙丰源休闲庄；一星级：雪丰苑、青松生态园。

【特色农家乐】 五洲聚龙、西草坪、江南别苑、紫竹苑。

【三星级乡村酒店】 蓝光谷大酒店、河边休闲山庄、山野休闲庄、明海度假村。

【土特产和旅游纪念品】 江油八品、中坝酱油、诗仙阁系列酒、江油附片、太白花茶系列、青林口白花桃、雾山石砚、太白剑、李白诗意绣、青林口豆腐、雁门老腊肉。

【名小吃】 小小吃、建明肥肠、仁和小吃、关肥肠、川罗肥肠。

【江油烧烤】 客临屯、三笑、老冬瓜。

【中餐】 川香园、荔枝园、清真饭店、仙客宴、凯宴庄园、盛世粮仓、七味渔府。

【火锅】 森林雨、老外婆、刘一手、山珍宝、野山椒、一品羊、油麻仔。

（文广新旅局）

江油市文化旅游发展有限公司

【概况】 2015年7月22日，由市国有资产监督管理办公室出资，注册成立江油市文化旅游发展有限公司（简称“市文旅公司”）。公司成立之后，在市委、市政府的领导下，全力以赴做好文化旅游产业转型升级，进一步夯实文化产业底部基础，因地制宜整合发展资源，分类指导拓宽发展渠道，重点突破树立发展标杆，统筹兼顾助推全面发展。

【主导产业】 按照“11321”发展战略市文旅公司立足实际，整合旅游资源，探索发展具有“李白故里”特色旅游业，包装申报李白文化生态旅游区基础设施建设项目、西屏镇中国海棠园——海棠小镇项目、城西体育活动中心项目、云乐山生态旅游休闲度假区建设项目、含增镇医养融合——养老小镇项目、江油市城区地下停车场建设项目等文旅产业项目6个，争取到国家开发银行专项发展基金先期贷款1900万元。同时，通过中国主题公园研究院的联系，全面展开与深圳华强文化科技集团股份有限公司的战略合作谈判，力争将方特主题公园项目引入江油。用好“互联网+”，和“飞毛腿网络销售公司”建立起战略合作伙伴关系。加强与江油本地文旅企业合作，合力整合、优化旅游产业资源，在“百年好合爱情谷”打造围绕“李白故里”为主题的文创商品创意小店。

【为央视中秋晚会筹资】 2015年中央电视台中秋晚会落户江油后，在市文旅公司设中秋晚会市场开发组办公室。公司组织各类推介会，积极联系市内外、省内外百余家知名企事业单位，先后召开座谈会10余次，为晚会筹资营造氛围。以江油本土实力企业为重点，着重争取地产业、销售业、服务业等知名企业。先后与

53家企业签订赞助协议，共接收赞助金额计3440万元，其中现金计3340万元，各项物资合计100万元。

【建设京昆高速江油站服务区】 京昆高速江油站服务区项目是市委、市政府为成功举办“四会一节”和央视中秋晚会作出的一项重要部署。服务区建设不仅能够完善中大路的使用功能，且作为江油迎接各地宾朋的门户，具有重大意义。公司会同施工方以及当地村委会，对征地拆迁障碍进行逐一划分，动态监控，雇佣大量当地村民参与工程建设，极大地缓解了征地拆迁矛盾，加快了施工进度。公司多次邀请交通局、大堰镇、李白纪念馆以及绿化所的相关专家和人员出谋划策，为服务区建设提出指导意见。8月20日，接到建设任务，于9月23日完成项目工程建设，建成集旅游咨询中心、游客接待中心为一体的具有川西风情特色的李白故里服务区，“十一黄金周”接待大量省内外游客。

【编辑出版《全国百名硬笔书法家手书李白诗全集》】 2015年7月，由市政协组织的征集全国百名硬笔书法家手书李白诗全集编辑完成。市文旅公司于8月中旬接收该书稿独家版权，与成都幻彩福宝设计有限公司签订制版印刷合同，由四川美术出版社公开出版。该书内容丰富，制作精良，具有较高的艺术及社会价值，为江油市举办“李白重要游踪地书画摄影联展暨当代书画名家李白诗意书画作品邀请展”提供精美艺术素材。

（文旅公司）

卫生与计划生育

Department of Health and Family Planning

概 述

2015年，江油市有各级各类医疗机构654家，包括政府举办县级公立医疗机构9所、未被纳入取消药品加成改革的县级公立医疗机构7所、政府举办的乡镇（中心）卫生院40所、社区卫生服务中心5所、社区卫生服务站14个、村卫生室387个、民营医院诊所192个。纳入取消药品加成改革的县级公立医疗机构9所：市人民医院、中医医院、第二人民医院、骨科医院、传染病医院、第四人民医院、华坪医院、城东医院、铁路医院9所本级政府举办的医疗机构，从2013年10月1日起，被纳入县级公立医院取消药品加成改革范畴。未被纳入取消药品加成改革的县级公立医疗机构7所。公共卫生系列单位4所：政府举办的妇幼保健院、职业病医院（设疾控中心）、第三人民医院（精神病医院）、计划生育指导站。厂矿企业举办的医院3所：川西北石油医院、三〇五医院、九〇三医院。编制床位数5469张（实际开发床位6744张）每千人口拥有病床6.14张，每千人口执业（助理）医师2.45人，每千人口执业护士2.23人，实际床护比1：0.37。公立医疗机构（不含乡镇中心卫生院）编制床位数3984张，占全市比72.84%。

全年，全市总人口87.38万人，育龄妇女22.07万人，已婚育龄妇女18.15万人，出生人口7794人,死亡人数5754人，人口自然增长率2.37‰。

医药卫生体制改革

【概况】 按照国务院、四川省、绵阳市深化医药卫生体制改革主要工作安排要求，在江油市委、市政府的领导下，各医改领导小组成员单位积极配合，医改工作围绕“保基本、强基层、建机制”的要求，稳步推进医药卫生体制改革。按照上下联动、内增活力、外加推力的原则，围绕缓解群众看病难、看病贵问题，探索公立医院管理体制、补偿机制、人事分配、药品供应、价格机制等综合改革。巩固县级公立医院取消药品加成工作。按照全省统一部署，市人民医院、市第二人民医院、市中医医院、市传染病医院、市第四人民医院、市骨科医院、市华坪医院、市城东医院、市铁路医院9所县级公立医院取消药品加成（中药饮片除外）。

【健全现代医院管理制度】 推进管办分开，完善法人治理结构，落实公立医院法人主体地位和用人自主权。完善公立医院院长选拔任用和任期目标管理制度。严格执行医院财务会计制度和内部控制制度。卫生行政部门负责人未发现兼任公立医院领导职务的现象。建立健全收入分配激励约束机制，严禁将医务人员奖金、工资等收入与药品、医学检查等业务收入挂钩。

【巩固法人治理结构改革工作】 市第四人民医院、市妇幼保健院、市骨科医院、市传染病医院开展法人治理结构改革试点工作，县级公立医院法人治理结构改革达到57%。逐步形成功能明确、治理完善、运行高效、监管有力的管理体制和运行新机制。推进厚坝镇医疗卫生资源整合。根据江油市人民政府常务会议纪要（第53次），按照《江油市厚坝镇医疗卫生资源整合实施方案》，有序推进厚坝镇医疗卫生资源整合工作。

【完善县级公立医院药品采购机制】 县级公立医院使用的药品，全部依托省级药品集中采购平台，严格按要求进行上网采购，优先使用基本药物，坚持公开透明、公平竞争。推进高值医用耗材网上阳光采购，全部在省级集中采购平台开展网上交易。在保证质量的前提下，鼓励采购国产高值医用耗材。建立县级公立医院药品采购、管理、使用、阳光积分定期通报制度、约谈制度；建立药品生产、供应企业配送情况通报制度、约谈制度。

【建立分级诊疗体系】 建立分级诊疗制度。推进基层首诊、双向转诊及医师多点执业工作。按照省卫计委、市卫生局的要求，研究制订《江油市开展基层首诊及双向转诊及医师多点执业工作实施方案》，进一步完善上下联动、对口支援、签约服务等机制，各二级、三级医疗机构与基层医疗机构签订双向转诊协议书220余份；通过技术合作、人才流动、管理支持等多种方式推动建立基层卫生机构、县级医院和大医院之间分工协作机制；充分发挥医保（新农合）制度的杠杆调节促进作用，进一步完善医保差别化支付政策，合理确定各级医疗机构的起付线和报销比例，不断推进分级诊疗工作，基本形成“基层首诊、双向转诊、急慢分治、上下联动”的新型就医格局。社区（乡村）医生与居民契约服务试点地区签约率达20%以上。普遍开展预约诊疗和便民门诊服务，包括门诊挂号室预约、移动平台预约、114平台预约、双休日及节假日门诊等服务。优化医院门急诊环境和流程，创新便民、惠民举措。综合医院开展延时门诊、错峰服务和分时段诊疗服务，简化就医手续，缩短群众等候时间。积极推广优质护理服务工作。三级乙等医院开展优质护理服务覆盖率达到50%。二级乙等以上医院开展优质护理服务覆盖率均达到40%。

【社会办医】 按照省、市相关文件要求，研究出台《江油市人民政府办公室转发市发改局等部门〈关于进一步鼓励和引导社会资本举办医疗机构实施意见〉的通知》。拓展社会办医空间，实行“非禁即入”。减少审批环节，公开审批程序和条件，提高审批效率。优化社会办医政策环境。逐步落实非公立医疗机构和公立医疗机构社会保险定点、重点专科建设、职称评定等平等政策，优先支持社会资本举办非营利性医疗机构，放宽对营利性医院的数量、规模、布局以及大型医用设备配置的限制。严格执行非公立医疗机构医疗服务价格实行市场调节、推进医师多点执业等实施意见，支持非公立医疗机构提高服务能力和技术水平。江油市有民营综合医院5所，民营专科医院2所，民营门诊部3所，个体诊所192所，社会办医疗机构床位数占总床位数的比例6.7%，社会办医疗机构住院服务量占总住院服务量的比例3%。

【基本医疗保障制度实现全覆盖】 2007年开展新农合试点以来，城镇职工医疗保险、城镇居民医疗保险和新农合保险参保率逐年提升，基本达到全覆盖。2015年，城镇职工医疗保险参保人数12.68万人，城镇居民参保人数12.67万人，完成参保任务80%。新农合农民参合率达102.55%（含失地农民参保），基本实现农民应保尽保。2015年，新农合补偿82.70万人次，补偿1.18亿元。实际报销比达到60.38%。新农合政策范围内住院费用报销比例稳定在75%以上。重特大疾病保障机制进一步建立健全。将儿童白血病等20种重大疾病纳入新农合大病医疗保障工作。农民群众基本实现病有所医，因病能医，分级诊疗，有效缓解了参合农民“因病致贫、因病返贫”的问题，且农民受惠程度逐步提高，新农合制度的惠民性得到充分体现。创新基金支付方式，逐步建立由医疗机构和经办机构共同承担基金风险防控职责的双控制度。形成医保经办机构与医疗机构的谈判机制。如建立单病种定额补偿制度、总额预付控制制度，有效降低不合理医疗支出，确保基金收支平衡。加强基金收支预算管理，提高医保管理能力和服务水平，建立基金运行分析和风险预警制度，控制基金结余，提高使用效率。实现医疗费用即时结算，及时结报乡镇卫生院、县级医疗机构、绵阳市级定点医疗机构，基本实现参保人员统筹区域内医疗费用即时结算。积极推进省内跨市异地就医及时结报工作。流动就业人员基本医疗保险关系转移接续工作按政策规定实施开展，城镇居民无转移续接人员，异地就医退休人员在绵阳市城区内实现即时结算，在绵阳城区外的退休人员未实现即时结算。积极开展经办人员和医务人员培训工作，确保优质服务；强化医疗服务收费和补偿公示制度，确保新农合补偿公开、公平、公正；通过加强医疗服务规范，控制医疗费用的不合理增长。

【巩固完善基本药物制度和基层运行新机制】 加强组织领导，广泛宣传重点培训。下发基本药物工作要点，全市55所基层医疗卫生机构与配送公司均签订廉洁购销合同和阳光采购合同；对辖区内所有医疗机构召开专门会议，组织学习、传达实施国家基本药物制度相关政策、文件；通过电子显示屏、内部网站、固定展板、宣传橱窗等对基本药物相关政策、药品目录、价格等信息进行全方位、立体化、多层次宣传；对全市基层卫生人员（含乡村医生）开展《国家基本药物临床应用指南》《国家基本药物处方集》、基本药物合理使用、药品（疫苗）电子将等专题培训，有力推进全市基本药物制度的全面实施。规范执行国家基本药物制度。根据省、市文件要求，全市40个乡镇（中心）卫生院、社区卫生服务中心（站）和387个村卫生站全部执行国家基本药物制度，在基本药物集中采购、配备、使用、零利润销售、集中支付等方面达到要求，阳光积分合格率为100%。55个基层卫生机构每月上网采购药品400余万元。其他非基层医疗机构严格按照《四川省医疗机构药品阳光采购管理暂行办法》及实施细则规定，优先配备使用国家基本药物并实行双比例控制。落实专项补助，提供长效支撑。2015年度各级财政拨付乡镇卫生院基本药物补助1067万元、村卫生室基本药物补助434.9万元。强化四项监管，确保工作实效。对县、乡、村三级卫生网络基本药物制度实施情况进行全面督查，实现全覆盖；分别召开基层医疗卫生机构（乡镇卫生院）、非基层医疗卫生机构药品、高值耗材集中挂网采购工作通报会和管理工作会；督促乡镇（中心）卫生院严格按照相关规定兑现落实乡村医生基本药物专项补助及其他政策性补助；加强对基层医疗机构药品配送企业的监管，召开药品配送企业约谈会，要求严格执行省、市相关文件规定，加强配送行为的约束，有效提高药品配送率和及时性，充分满足临床用药需求；加强社会监督，医院在醒目位置设立宣传专栏、信息公示及监督举报电话，让国家基本药物制度这一惠民政策接受社会各界监督，基本实现政府得民心，群众得实惠的目标。完善岗位设置58家单位；加强市直医疗卫生单位的岗位管理。完善基层医疗卫生机构绩效考核。实施好医疗卫生单位绩效工资制，完善公共卫生、医疗卫生机构绩效工资实施方案，实施绩效考核工资。推进收入分配制度改革工作。严格按照《江油市卫生局、江油市财政局关于印发江油市基层医疗卫生机构绩效考核办法（试行）的通知》《关于印发江油市公共卫生与基层医疗卫生事业单位绩效工资实施方案的通知》要求，进一步明确以服务质量、数量、效果和居民满意度为核心的绩效考核指标，并积极推进展绩效考核工作。

【统筹推进相关领域改革】 公共卫生服务均等化水平进一步提高。基本公共卫生工作成效凸显。三级公共卫生服务体系进一步完善，经费保障并按照绩效考核办法拨付全市基层医疗卫生机构。人民群众身体健康得到有效保障。加强疾病防控工作，严防重大疾病和传染病发生流行。认真落实重大疾病、传染病监测、报告制度，严格实行制度化、规范化、网格化管理，传染病报告率99%。重点抓好手足口病、鼠疫、霍乱、艾滋病等重大疾病的防控工作，无重大传染病流行发生。加大卫生执法监督力度，学校卫生、生活饮用水、公共场所卫生监督覆盖率达100%。大力开展健康教育活动，居民健康知识知晓率达70%，行为形成率达60%。大力开展基本公共卫生相关工作，城乡居民规范化电子建档率达96%，高血压、糖尿病健康管理率分别达60%、50%，老年人健康管理率达90%，重性精神疾病患者检出率、检出患者管理率、在管患者病情稳定率分别达4‰、85%、65%。组织开展爱国卫生运动，巩固卫生城市成果。

【推进基层中医药服务能力提升工程】 鼓励开办中医诊所，允许符合条件的药品零售企业举办中医座堂诊所，全市开办有中医类别的个体诊所8家（中医3家、中西医结合5家）。把中医药服务纳入基本公共卫生服务范围，在适龄儿童和老年人的健康管理中，免费为他们提供中医药服务，目标人群覆盖率达到30%以上。在城镇医保和新农合制度中提高中医药报销比例。将中医适宜技术纳入医保报销范围，参加医保病人就诊，鼓励使用中医药。全市医疗机构中，普遍能为群众提供安全、有效的中医药服务。加强重点中医专科建设。根据国家和省中医药管理局要求，积极开展重点中医专科建设，市中医医院妇产科、心脑血管科、康复科、肺病科成功创建市级重点中医专科，肛肠科成功创建省级重点中医专科，肺病科成功申报省级重点中医专科建设单位。巩固全国农村中医药工作先进单位成果，开展中医药适宜技术和特色疗法。以江油市中医医院为龙头，建立江油市基层常见病、多发病中医药适宜技术推广培训基地和远程会诊系统；中医医院开展中医诊疗技术项目达到54种，研制和使用疗效确切的专科院内制剂，能够生产中药制剂21种。每个乡镇卫生院和社区卫生服务中心掌握不少于12项中医药适宜技术，每个村卫生室和社区卫生服务站掌握不少于5项中医药适宜技术。强化中医药人才队伍建设。采取“一引、二送、三培”的办法，大力加强中医药人才队伍建设，全市医药人员总数4000余人，其中中医药人员总数1413人，占医药人员总数的35.3%；中医初级及以上职称997人，占医药人员总数的29%。继续在基层医疗机构开展“西医学中医、中医学经典”、中医全科医生转岗、护理人员中医药知识技能等系列培训，全年共培训中医全科医生12名、中医临床技术骨干2名。加强中医药文化建设和宣传普及。开展“中医药进乡村、进社区、进家庭”和普及“中医传统健身操进社区”活动，加大中医药治未病、养生康复等理念的宣传力度，不断提高中医药在群众中的影响力。参加绵阳市首届中医药知识技能竞赛活动获得一等奖。

医政医管科技

【医疗机构审批】 2015年，依法受理设置医疗机构14个，完成相关公示及备案工作，完成全市90余个医疗机构换证及变更注册登记的审核工作。发放2014年医师资格证180余个；审核执业医师注册、变更注册110余人次。协助绵阳考点办组织好2015年度全国医师资格考试报名工作。对2014年护士资格考试合格的40余人开展执业注册材料的审核、上报和执业证书的发放工作。组织市卫生执法监督大队开展医疗服务市场秩序清理整顿专项检查，加强对医疗机构、药店、血浆站及城区农贸市场、乡镇农贸市场、城乡接合部进行专项检查，加强打击超范围行医、违法违规行医、医托、号贩子、药店违法坐堂医等工作整治力度，共计出动卫生执法监督人员110余人次。二级及以上医院重点专科建设。按照统筹协调、错位发展的总思路，对全市8家县级公立医院的医疗服务能力建设情况作出详细的要求，各县级公立医院制定重点专科建设措施和方案，并逐项落实重点专（学）科的建设与发展，促进医疗服务事业的可持续、健康、协调发展的工作思路。

【医疗卫生人才进修培训】 组织40名乡镇（中心）卫生院和相关卫生专业技术人才参加2015年基层人员培训，全市共有36名各县级医院的骨干人员到三级医院进修学习，乡镇卫生院及社区卫生服务中心医技人员到县级医院进修学习、进修的人员共有75人，较2014年增长5%以上。积极开展各项专业培训工作。组织市卫生人员进修学校培训。2015年3月至4月20日，开展全市在岗乡村医生继续医学教育培训工作，培训乡村医生650余人；2015年1月至10月，组织开展“舒适化医疗麻醉与镇痛专题培训”“活力清晨——中国基层慢性病高血压管理示范工程”讲座、“医学救援与急救技能培训”“普通外科新技术应用与推广研讨会”“基层医疗机构临床检验分析前质量控制相关培训”“儿科学术讲座”学习班、“中医药急诊急救及糖尿病防治知识培训”讲座、“重症医学知识培训”等22个专业课题培训，共培训2100余人次；2015年3月至4月27日，开展2014年中央补助乡村医生内儿科培训工作，共培训390人。培训基层人员量较2014年增长6%以上。组织1200余名在职卫技人员参加“好医生网”继续医学教育学习，领发学分证书4800余份。急诊急救工作。积极组织各乡镇（片区）卫生院及二级医疗机构开展急诊急救指导和演练4次。组织全市150余名救护车驾驶员开展为期2天的急诊急救知识培训工作。

【医疗纠纷处置】 全年受理医疗纠纷投诉共53起，及时开展医疗纠纷调查、组织医患双方座谈13轮次，积极依法妥善处置纠纷；协助市人民调解中心调解重大医疗纠纷50余起（含2015年以前的医疗纠纷），及时化解医患矛盾，维护社会和谐。

【义诊服务】 积极参加市委宣传部开展的“2015科技活动周”科普进社区活动、“2015年科技之春宣传月”活动，文化、科技、卫生“三下乡”活动、2015年四川省文化科技卫生“三下乡”集中示范服务活动暨首场送文化下乡演出举行、四川省第十五届迎新春科技大场送科技下乡活动等，组织开展“服务百姓健康行动”江油市大型义诊活动、江油市纪念“5·12”国际护士节大型护理义诊、世界肝炎日义诊、“全国科普日”、全国“爱眼日”等13个义诊宣传活动，共计有二级、三级医院及部分乡镇卫生院等30余个医疗机构参加，共义诊病人3800余人次，测血压2700余人次，健康咨询3500余人次，发放各类健康教育宣传资料32000份，免费发放价值1万余元的药品。

【医疗信息统计与发布】 开展民生工程工作信息的统计和上报工作；统计、发布医疗信息4期。完成绵阳市卫计委及市政府相关部门的工作安排，按时收集、报送各类统计报表。共计收集数据、报表2000多份，报送年度、季度、月度及临时性报表180余份，无重大差错。

【医疗保障】 2015年，市卫生系统完成省市部门及江油市委市政府、各部门布置“全国第九届残运会暨第六届特奥会”“四会一节”“女子足球”“中学生运动会”“老年人运动会”及各类会议、考察活动、拆迁活动等85次医卫保障任务，编制重大活动医疗卫生保障工作方案40余份，先后90余次组织救护车310余台次、值守医护人员600余人次。医疗保健任务中无差错事故发生。全市80%的二级及以上医院机构参加医疗责任保险，鼓励其他各级各类医疗机构按照绵阳市的统一规划部署要求参加医疗责任保险。

【对口支援】 制定《江油市2015年市县级医疗机构对口支援基层医疗机构工作实施方案》，安排11家城区公立医院对口支援10个社区卫生服务站和16家乡镇（中心）卫生院,城乡医院对口支援下派人员量达280人次、基层诊疗服务量达3400余人次，较2014年均增长12%以上。督导市第二人民医院对阿坝州基层医疗机构、市妇幼保健院对红原县妇幼保健院的对口支援工作，共计无偿派遣支援医务人员28人次。

【家庭医生和健康顾问服务】 2015年，市卫生局组织40个乡镇卫生院、市级公立医疗卫生机构继续开展家庭医生和健康顾问服务工作；全面推进乡村医生签约服务工作，乡村医生以优质服务模式，通过多种形式广泛宣传乡村医生签约服务的基本医疗服务、基本公共卫生服务、健康评估、转诊服务等内容和要求，引导农村居民自愿签订服务协议，充分发挥村卫生室的“网底”作用，进一步强化基本公共卫生服务任务的落实，促进分级诊疗和有序就医格局的形成，不断提高农村居民的健康水平。根据对全市在岗和不在岗的乡村医生进行4次轮次调查和测算，拟定《关于支持乡村医生解决养老保障问题的实施方案》。

【征兵体检】 按照2015年度征兵工作及市征兵领导工作小组工作安排，组织50余名中高职称医务人员参加夏秋季征兵体检工作，并按照标准开展培训，完成应征青年1286人的征兵工作体检任务。

【贫困白内障患者复明】 按照绵阳市卫生局、绵阳市残疾人联合会《关于印发绵阳市2014年“百万贫困白内障患者复明工程”项目实施方案的通知》和绵阳市卫生和计划生育委员会绵阳市残疾人联合会《绵阳市2015年贫困白内障患者复明工程项目实施方案的通知》要求，组织市人民医院和市中医医院开展贫困白内障患者筛查并开展复明手术。市人民医院和市中医医院分别提前完成220例贫困白内障患者复明手术任务。

【医师资格遗留问题】 按照省卫计委的统一安排，开展四川省执业医师资格认定补办清理与审核、乡村医生执业注册资格考试工作，完成33名乡村医生的执业注册资格考试，协助完成绵阳市卫计委组织的乡镇卫生院、个体诊所的四川省执业医师考试。

【建立疾病应急救助制度】 按照《江油市人民政府关于建立疾病应急救助制度的实施细则》要求，市卫计局委托市新型农村合作医疗服务中心管理和报销，预计审核资料150余人份，报销15万元左右。

【平安医院建设复评】 根据《江油市卫生局关于印发〈2013年“平安医院”创建活动实施方案〉的通知》《江油市卫生局江油市社会管理综合治理委员会办公室关于深入开展“平安医院”创建活动的通知》《江油市卫生局关于印发〈2014年社会管理综合治理及平安建设工作要点〉的通知》等要求，深入开展“平安医院”创建活动，及时对创建活动工作上报月报表。

【县级医疗质量控制中心建设】 按照《江油市卫生和计划生育局关于进一步加强医疗质量控制中心建设与管理的实施意见》要求，2015年度江油市拟建立县级医疗质量质控中心19个，其中，市人民医院申报18个专业，市第二人民医院申报18个专业，九〇三医院申报妇产科、护理、普通外科、重症医学、消化内科、心血管疾病6个专业。8月，组织市人民医院、市第二人民医院、九〇三医院的分管副院长、医务科主任针对3家医院分别申请的医疗质量控制中心挂靠事项召开协调会议；9月，再次与3家医院进行沟通协调；10月15日，拟发《江油市卫生和计划生育局关于开展江油市县级医疗质量控制中心比选评审工作的通知》和制定《2015年江油市县级医疗质量控制中心比选工作实施方案》；10月16日，组织开展2015年江油市县级医疗质量控制中心比选工作。

【医疗机构设置规划】 按照国务院《医疗机构管理条例》《全国医疗卫生服务体系规划纲要（2015—2020年）》、卫生部《医疗机构设置规划指导原则》《四川省医疗机构管理条例》《四川省城市社区卫生服务机构管理办法实施细则（试行）》《关于进一步鼓励和引导社会资本举办医疗机构意见的通知》及绵阳市卫计委的要求，进行详细的调查并编制《江油市医疗机构设置规划（2016—2020年）》呈报绵阳市卫计委审定。

【无偿献血】 组织市卫计系统370余家医疗机构医务人员、三〇五厂区职工、长城特殊钢公司职工、江油汇星实业集团员工等单位应急献血5次，完成绵阳市政府下达的1200名人员组织应急献血的任务。协助临时献血点每周三、四、五、六开展无偿献血活动共45次。2015年，全市共有4700余人次参加无偿献血，总献血量1200余升。审核献血后临床用血报销资料680余人次，报销用血费用680余人次。

【医学继续教育】 江油卫校2015年对6个片区的610名在岗乡村医生、民营医疗机构护理人员150名进行历时6周的继续教育培训。

公共卫生

【建立国防动员卫生应急大队】 2015年7月7日，江油开始创建省级卫生应急综合示范市，相关部门和医疗机构，学校重点厂矿企业、餐饮等企事业单位迅速建立卫生应急组织预案、制度体系及协调机制，开展一系列创建工作。12月2—3日，省卫计委“省级卫生应急综合示范县”专家评审验收组一行5人对江油市“省级卫生应急综合示范市”创建工作进行评审验收，江油市通过验收成功创建为“省级卫生应急综合示范市”。为提高全市突发公共事件卫生应急处置能力，2015年10月30日，成立江油市（国防动员）卫生应急大队，下设医疗救援分队78人、卫生防疫分队21

人、卫生监督分队6人、中毒救治分队8人、核与辐射分队12人、心理干预分队6人、卫生应急宣传分队5人组成。同时，成立江油市突发事件卫生应急专家咨询委员会，下设5个专业组，有成员45人，应急指挥部办公地点设江油市卫生和计划生育局。

【传染病防控】 截至2015年10月28日，全市报告乙丙类传染病20种、1710例，发病率223.03/10万，与2014年同期相比下降25.68%。法定传染病报告率为100%，全年无重大传染病疫情和重大食物中毒发生。认真开展霍乱、钩端螺旋体、麻风、疟疾等重点传染病的监测和防治工作，霍乱监测84个样本，均为阴性；按照《全国钩端螺旋体病监测实施方案》，开展钩端螺旋体传染源监测调查，全年无钩端螺旋体病报告病例；开展2015年度麻风病人自我护理、预防性服药等工作；各医疗机构共监“三热”病人（指临床诊断疟疾、疑似疟疾、不明发热病人）2102例；开展病媒生物苍蝇、老鼠、蚊子、蟑螂密度监测工作。

【免疫规划】 以维持无脊髓灰质炎状态、消除麻疹、预防和控制疫苗针对传染病的发生为重点，强化免疫规划质量管理，积极做好常规免疫接种、疫苗管理、脊灰疫苗及麻疹疫苗查漏补种、省级免疫规划示范区常规工作、规范化门诊建设、儿童预防接种信息化建设等各项重点工作，有效控制和降低疫苗针对传染病的发病率。2015年1—9月，年常规免疫接种情况以接种门诊为单位应报告423，实报告423，报告完整率100%。截至9月月底，全市新出生儿童建卡、建证5306人，全市国家免疫规划疫苗基础、加强免疫报告接种率均在97%以上；适龄儿童建证、建卡率100%，卡证符合率100%，卡证符合率98.80%，国家免疫规划疫苗基础、加强免疫均在96%以上。在全市范围开展脊灰疫苗及麻疹疫苗查漏补种活动，共摸底调查12周岁以下目标儿童数66072人，其中需补种含麻疹成分疫苗1626剂次，实补种1580剂次，补种率97.17%；脊灰疫苗需补种3039剂次，实补种2944剂次，补种率96.87%；含麻疹成分疫苗补种前零剂次儿童34人，脊灰疫苗补种前零剂次儿童11人。在15个监测点开展麻疹、AFP监测，免疫规划疫苗针对传染病发病维持较低水平。截至9月月底，按现住址统计共报告疑似麻疹病例18例，经实验室检测排除14例，排除病例报告发病率2.39/10万，确诊麻疹病例4例，发病率为5.04/100万；按现住址统计共报告AFP病例4例，报告发病率4.19/10万，其中3例经省专家组最后诊断为脊灰排除病例，1例麻痹后60天随访时间未到；麻疹、AFP各项监测质量指标均达到国家规定标准，全市网络报告AEFI病例数53例，组织召开江油市预防接种异常反应调查诊断专家组诊断会2次，AEFI规范处置率达到100%。进一步预防接种门诊规范化建设。2015年6月，市卫生和计生局组织江油市规范化门诊考核小组对龙凤镇卫生院、重兴乡卫生院申报AAA级门诊进行初审，初审合格后向绵阳市卫计委申报验收申请；9月，对全市2013年通过AA级门诊验收的17家单位进行复审。10月，绵阳市卫计委对江油市2013年通过AAA门诊验收的19家单位进行了复审和对1家AA级门诊进行复核，同时对2015年新申报的2家AAA级门诊进行现场评审。严格按照《疫苗流通和预防接种管理条例》《疫苗储存和运输管理规范》加强疫苗和冷链设备的管理，建立健全制度，专人负责，实行冷链定点按月运转，全市预防接种门诊和产科接种单位共54个，均坚持实行二级冷链运转。截至9月月底，对市境内各接种单位发放27种生物制品计194663剂次，在使用过程中未发现差错事故和疫苗积压浪费。各接种单位严格按照省、市、县、乡四级单位逐级供应逐级加价原则采购二类疫苗，全市执行二类疫苗统一零售价。

【狂犬病防控】 加强狂犬病防治宣传力度，及时处置狂犬病疫情，组织召开狂防领导小组协调会，形成多部门配合共同参与的工作机制，确保狂防工作落到实处。

【突发公共卫生事件应急管理】 进一步健全和完善应急组织体系，全面加强卫生应急管理，切实提高应急管理能力和水平，充实应急人员，细化工作流程，明确工作职责。举办卫生应急处置业务培训班4期，开展应急演练2次，应急处置排查各类疫情相关事件起104起，成功应对处置输入性登革热疫情引起的突发公共卫生事件。

【重性精神病人管理】 成立“江油市慢性非传染性疾病综合防控工作领导小组”，制定并下发《重性精神疾病管理工作协作机制》。组织成立治疗应急医疗处置组、信息系统管理小组、治疗技术指导专家组、乡镇（社区）管理治疗工作队伍，各乡镇卫生院、社区卫生服务中心明确专人从事重性精神病的随访管理工作，建立科学、规范、覆盖全市的县、乡、村三级精神卫生防治体系。定期组织召开市级部门协调会，互通信息、沟通协调、无缝对接，及时解决工作遇到的问题，最大限度发挥整体优势，做到底数清、消息通。在“世界睡眠日”“世界精神卫生日”，利用电视台、LED、镇村广播、发放宣传资料、健康讲座等形式，在全市范围内大力宣传精神卫生知识、积极倡导健康生活方式、普及心理健康知识。以集中培训为主，采用分层、分级、自我培训相结合的方式，对卫计行政部门、相关部门的行政管理人员重点培训管理方案、对乡镇（社区）管理治疗队伍重点培训重精患者个案跟踪随访治疗能力。各乡镇（社区）卫生院举办村级培训，旨在提高村医常见重性精神疾病早期症状的识别能力；对民警和社区重点培训重性精神疾病防治的宣传要点、核心信息和与患者及家属沟通技巧等；对患者家属重点护理知识和健康知识。全年开展大型宣传1次，发放宣传资料9000余份、现场咨询4000余人次，培训996人次。将病人筛查发现纳入医疗机构常规工作。要求有关医务人员结合病人接诊、慢病随访等日常工作及时发现新增患者；通过走访，精神专科医生下乡排查，乡村医生、公安、社区、家属报告及精神专科医院反馈等方式多渠道排查患者，并将新发、确诊的病人及时纳入项目对象进行规范管理。共新排查出重精患者87人。各乡镇（社区）医疗机构为辖区每位重精患者建立健康档案，每季度入户开展患者随访管理工作（对病情不稳定的调整为半月随访一次），进行免费健康体检，及时了解患者身体健康状况及适药状况，避免肇事肇祸事件发生。并将随访、体检等情况录入国家严重精神障碍信息系统。全年随访7661人次、体检1434人次。市疾控中心严格审核各单位录入系统的信息及数据，查看新增患者创建和在管患者随访录入情况。市第三人民医院（市精神病医院）成立项目办公室，相关专业技术人员实行划片包干，任务落实，定期到负责片区开展筛查、诊断、复核评估工作，对病人的危险度等级及管理分类情况进行重新复核评估，进一步明确病人下一步的管理原则和随访要求。2015年，全市共复核评估2894人次。市卫生计生局每季度组织开展专项督导，进行质量控制，半年和年终进行全面考核，通过听取汇报、现场查看档案资料、电话询问等方式了解患者管理效果，并将督导、考核结果及时予以反馈，对发现的问题要求及时整改。全年开展3次督导和1次考核。第三人民医院接受住院治疗的病人500余人，其中收治在院“三无”精神病人（指无劳动能力、无生活经济来源、无赡养抚养人）73人、“流浪乞讨”精神病人30余人、优抚对象在院治疗45人；每年“五保”户、低保户等对象的收治近300人次。同时，通过市残联、民政部门，为病情严重及家庭困难的病人争取优抚政策，使符合条件的患者享受到国家政策的实惠，免费服药患者90人。

【基本公共卫生】 新建居民健康档案4521份，累计建档792583份，建档率99.87%；规范化电子建档781696份，规范化电子建档率98.5%。健康教育。各乡镇卫生院、社区卫生服务中心均印制了健康教育折页、健康教育处方和健康手册等12种，免费发放288545份；播放录像带、VCD、DVD等影像资料6种，每周滚动播放达到3次及以上；乡镇卫生院和社区卫生服务中心设置宣传栏2个及以上，村卫生室和社区卫生服务站设置宣传栏不少于1个及以上；利用各种健康主题日广泛开展公众健康咨询活动，全年共开展1032次，参加咨询活动居民138880人次；乡镇卫生院、社区卫生服务中心（站）、村卫生室定期举办健康知识讲座，全年各乡镇卫生院、社区卫生服务中心共举办1176次，村站开展健康教育知识讲座1770次，健康教育覆盖率为93.7%，参加健康知识讲座活动居民109827人次；医务人员在提供门诊医疗、上门访视等医疗卫生服务时，开展有针对性的个体化健康知识和健康技能教育。辖区内所有居住满3个月的0~6周岁儿童均建立预防接种证和预防接种卡，全年全市建立预防接种卡7385人，报告接种国家免疫规划疫苗11种共计153986剂次，报告接种第二类疫苗17种、119274剂次。各预防接种门诊做到了接种前告知、接种时核对、接种后留观，并利用入学入托接种证查验开展疫苗补种，新入托、入学儿童预防接种证查验补证补种工作补证率100%，疫苗补种率达96.87%。接种率调查显示全市0~6周岁儿童建卡率、建证率100%，卡证符合率100%，国家免疫规划疫苗接种率达96.26%。传染病及突发公共卫生事件报告和处理。62个网络直报单位共报告乙、丙类传染病2091例（无甲类传染病报告），总发病率263.48/10万,报告率100%，及时率100%。报告突发公共卫生事件1起，报告率100%。0~6周岁儿童健康管理。0~6周岁儿童42418人，保健管理41453人，儿童保健覆盖率97.73%；3周岁以下儿童系统管理18086人，系统管理率97.23%；5周岁以下儿童死亡31例，死亡率5.89‰；婴儿死亡21例，死亡率3.99‰；新生儿死亡13例，死亡率2.47‰；无新生儿破伤风发生。孕产妇健康管理。孕产妇保健管理5215人，孕产妇保健覆盖率99.09%；辖区活产5263人，住院分娩5263人，住院分娩率100%，新法接生5263人，接生率100%；高危孕产妇653人，高危孕妇住院分娩653人，住院分娩率100%；无孕产妇死亡发生。老人健康管理。共健康管理65周岁以上老年人61195人，健康管理率70.1%。慢性病患者健康管理。高血压患者健康管率60.2%；规范管理率60.04%。糖尿病患者健康管理率50.1%；规范管理率60.02%。重型精神疾病患者管理。共检出重性精神疾病患者3313人，检出率4.2‰；管理3065人，管理率96%(3065/3198)。卫生监督协管。40个乡镇（中心）卫生院均成立卫生监督协管室，各乡镇卫生监督协管员开展学校传染防控巡视、培训、职业卫生咨询指导；开展食品安全信息、非法行医和非法采供血信息报告，卫生监督协管信息报告率100%；协助开展的饮用水卫生安全、学校卫生、非法行医和非法采供血实地巡查，共巡查8519次。中医药健康管理；0~3周岁儿童中医药健康管理13504人，覆盖率68.1%；65周岁以上老年人中医药健康管理44172人，覆盖率50.6%。结核病患者健康管理。共推介可疑结核病患者3230人，管理结核病患者675人，报告发现的结核病患者（包括耐多药患者）管理率100%。

【国家重大传染病示范区项目】 项目开展后，成立以分管副市长为组长，相关部门、各乡镇人民政府负责人为成员的领导小组，下设项目管理办公室、项目技术专家组，专职负责处理重大传染病综合防治、示范区项目的组织领导、管理实施工作。市政府与各乡镇政府、相关部门签订目标责任书，纳入政府年度目标考核。在市重大传染病综合防治领导小组办公室的组织协调、统筹安排下，江油市全面完成绵阳市重传领导小组下达的目标任务。

【血吸虫病防治】 落实血防工作经费，配套本级财政专项经费，2015年，对方水镇、小溪坝镇、东兴乡、新兴乡、永胜镇、双河口镇6个乡镇的10个历史有螺村，采用系统抽样和环境抽样相结合的方法进行钉螺滋生情况抽样调查，共调查历史螺面101048万平米，查出有螺面积2110平方米，压检钉螺122颗，无阳性钉螺，灭螺27000平方米。在小溪坝镇、新兴乡、永胜镇和双河镇共采集居民血500份，血检阳性者进行粪检，粪检结果均为阴性。在全市开展血吸虫病流动人口监测，采集血样150份。全年未发现急血感染病人。

健康教育

【概况】 全市健康教育工作以深化医药卫生体制改革为重点，以提高全民健康素养和自我保健意识为根本，不断强化工作措施，完善工作机制，确保健康教育工作层层覆盖，稳步推进，全面发展，广大市民健康知识知晓率和健康行为形成率进一步提高。2015年，全市城镇居民健康知识知晓率达82.98%，健康行为形成率73.12%，农村居民健康知识知晓率70.02%，健康行为形成率65.33%。

【重大疾病防治健康教育】 针对重点人群、重点场所，抓住关键环节，加强乙肝、结核、艾滋病、霍乱、流感、手足口病、狂犬病等重点疾病和心脑血管疾病、恶性肿瘤、糖尿病等慢性非传染性疾病健康教育。各医疗卫生单位在目标人群较集中的地方设置了健康教育宣传专栏，定期更换宣传内容。同时，通过张贴宣传画、印发宣传资料等形式宣传控制艾滋病等重点疾病的预防措施，并开展流动人口、农民工、青年学生、妇女等重点人群及农村、城市社区、学校、工作场所等重点场所的宣传教育。通过开展艾滋病等重大疾病健康教育进机关、进企业、进学校、进社区、进工地、进乡村的“六进”活动。2015年，共开展艾滋病防治知识讲座50余场，悬挂宣传标语60余幅，发放艾滋病防治、重点疾病预防知识等宣传画、宣传单和宣传折页等共3万余份，接受群众咨询、义诊6000余人次。继续在全市初中及以上学校均开设艾滋病、结核防治健康教育课。学校通过开设健康教育课、主题班会、知识竞赛、板报、宣传图片、讲座等教学形式向学生传授预防艾滋病和结核知识。

【健康教育宣传】 开展预防和应对突发公共卫生事件知识的宣传教育和行为干预，增强公众对突发公共卫生事件的防范意识和应对能力。围绕群众关心的科学就医、合理用药、烟草危害等问题，各医疗卫生单位结合当地实际开发和制作各类传播材料，组织人员进机关、进学校、进企业、进社区等单位开展健康巡讲活动。2015年共开展健康巡讲100余场次，受益人数10000余人，巡讲中发放宣传资料25000余份。扎实开展国家基本公共卫生服务健康教育项目，积极协助开展“十二五”重大传染病示范区全民健康教育等健康素养行动促进项目。采取多种形式全面开展健康教育宣传活动，引导广大人民群众自觉养成良好的卫生习惯和生活方式。广泛开展吸烟有害健康科普知识和相关法律法规宣传，提高公众对烟草危害的正确认识，营造全社会支持性环境。每季度分片区对全市45家基本公共卫生项目实施单位健康教育项目工作进行专项督导检查。在督导的同时还对全市的乡村医生进行健康教育能力培训。全年共开展督导检查4次，下达督导意见书180余份，培训医院健康教育人员及乡村医生500余人。按照上级有关要求，印发《江油市健康教育示范乡镇、村建设工作实施方案》，成立以分管副局长为组长的江油市健康教育示范乡镇、村建设工作领导小组。确定大康镇星火村，健康教育示范乡镇，村建设工作试点单位。成立示范点建设领导小组，制定《实施方案》，召开市范点建设动员会，并按方案要求开展系列活动，基本达到示范乡镇、村（社区）建设要求。按照《江油市健康教育“六进”活动实施方案》的要求，继续广泛深入地开展健康教育“进机关、进学校、进企业、进社区、进军营、进乡村”系列活动，各医疗卫生单位先后开展健康知识讲座九百余场次，开展健康咨询、义诊活动一千余次，发送手机短信二十万余条，发放各类宣传资料十万余份。

【农村健康教育】 2015年，各乡镇卫生院结合本乡镇开展新农村建设、城乡环境综合整治的实际情况，成立领导小组，制定示范村（社区）建设工作方案，并按照方案利用广播、电视、宣传专栏等形式，对传染病防治、食物中毒预防、地方病、农药中毒、优生优育、改水改厕等知识进行了宣传。医务人员利用随诊教育、健康咨询、健康讲座、发放健康处方等途径向就诊患者和家属传播健康知识，努力使亿万农民健康促进行动再上新台阶。

【行业健康教育】 按照《中华人民共和国职业病防治法》等法律法规要求，各医疗卫生单位大力推进，帮助、指导企业建立健康教育机构、宣传阵地。积极配合企业利用职工岗前培训、班组学习等形式开展健康教育宣传活动。同时，协助厂矿、企业管理者和各种作业人群开展培训，学习有关职业卫生、疾病预防、卫生保健等方面的健康教育知识，企业的新职工、接毒接尘工人的岗前、岗位安全与健康培训率达到100%。制定《江油市健康教育工作绩效考核实施办法》，将健康教育工作纳入卫生局年终目标进行考核。健康教育所采取定期或不定期对直属医疗单位和乡镇（中心）卫生院进行督导检查，针对存在的问题进行现场指导并下达督导意见书180份，要求进行整改并抓落实。充分发挥健康教育专业机构对全市的业务指导作用，确保各项工作稳步推进。

疾病控制

【概况】 健全和完善应急组织体系做好卫生应急处置工作，全面加强卫生应急管理，切实提高应急管理能力和水平。截至10月28日，全市报告乙丙类传染病20种、1710例，发病率223.03/10万，与2014年同期相比下降25.68%。举办卫生应急处置业务培训班4期，开展应急演练2次。共应急处置排查各类疫情相关事件起104起，成功处置输入性登革热疫情引起的突发公共卫生事件，全年无重大传染病疫情和重大食物中毒发生。

【霍乱监测防治】 2015年5—10月,采集昌明河上、中、下游江河水12份，重点人群样本30份，污水厂污水6份，自来水6份，海产品30份，共计样品84份，经培养，均为阴性。对具有一定临床症状或流行病学特征的腹泻病人采集腹泻物、呕吐物或肛拭开展霍乱弧菌培养，全年共培养样本84份，均为阴性。钩端螺旋体病防治。按照《全国钩端螺旋体病监测实施方案》，开展钩端螺旋体传染源监测调查。鼠密度监测共放置2500只、收夹2497只，捕获野鼠104只，有效接种104只；采购猪肾50只，青蛙50只，进行病原学分离和培养，结果均为阴性；采集健康人群的血清100份进行检测，查出抗体阳性7例。全年无钩端螺旋体病报告病例。麻风病防治。现症服药病人2例，现症监测病人8例，历年治愈病人69例，线索调查34例，密切接触者检查（家属）55人，判愈3例，危重病人处置1例，2015年开展自我护理、预防性服药等工作。疟疾防控。截至2015年10月29日，共报告输入性疟疾病例11例，均开展流行病学调查和疫点处置，无本土病例发生。

【病媒监测】 2015年1—10月，开展病媒生物苍蝇、老鼠、蚊子、蟑螂密度监测工作。苍蝇密度监测。在中坝镇、太平镇、三合镇3个片区的农贸市场、餐饮点、居民小区、绿化带随机布点放置蝇笼120个，捕蝇1190只，平均密度9.92只/笼。主要蝇种为家蝇、丝光绿蝇、铜绿蝇、麻蝇。鼠密度监测。在中坝镇、太平镇、三合镇3个片区的居民小区、农村自然村、特殊行业布放鼠夹5937个，捕鼠共78只，平均密度1.31%，主要鼠种为四川短尾、褐家鼠、黑线姬鼠为主。蚊密度监测。在市区附近的医院、居民区、民房、猪圈棚、公园5类环境开展监测，共放诱蚊灯140盏，平均密度2.79只/小时·盏，主要蚊种为致倦库蚊为主。蟑螂密度监测。在中坝镇、太平镇、三合镇3个片区的医院、农贸市场、酒店、餐饮、居民小区布放粘蟑纸1800张，收回蟑螂纸张1637张，捕获蟑螂2103只，平均密度1.28只/张，主要为德国小蠊。

【寄生虫病、地方病、血吸虫病防治】 截至2015年10月29日，对方水镇、小溪坝镇、东兴乡、新兴乡、永平镇、双河镇6个乡镇的10个历史有螺村，采用系统抽样和环境抽样相结合的方法进行钉螺滋生情况抽样调查，共调查历史螺面101048万平方米，查出有螺面积2110平方米，压检钉螺122颗，无阳性钉螺，灭螺27000平方米。在小溪坝镇、新兴乡、永胜镇和双河口镇共采集居民血500份，血检阳性者进行粪检，粪检结果均为阴性。在全市开展血吸虫病流动人口监测，采集血样150份。包虫病防治。按照《江油市2015年包虫病防治项目实施方案》，在厚坝镇、二郎庙镇和重兴乡3个乡镇全面开展包虫病防控工作。共入户调查2539户，问卷调查1000份，包虫病人群B超筛查3028人（村民2184人、学生844人），发现肝囊肿、包块、钙化点的异常人群91人，采集血液标本91份，其中3份血检阳性，犬粪473份、猫粪49份，检测无阳性标本，捕获老鼠36只，均进行肝肺等脏器的解剖检查，触摸脏器内是否有囊状物和硬结，对其中可疑采集鼠肝标本7份，在四川省疾控中心实验室检测。碘缺乏病防治。严格按照随机原则划分为5个片区，每个片区随机抽取1个乡镇开展碘盐监测。在20个行政村随机抽取15户居民户的100克食盐进行盐碘监测，共检测300份盐样，均为含碘盐，碘盐覆盖率为100%，其中有7份为不合格碘盐，碘盐合格率为97.67%。实验室检测碘含量范围为13.1~52.6毫克/千克，中位数为28.5毫克/千克。在战旗等5个乡镇各随机抽取1所村小学，每所村小学抽检40名（共计200名）8~10周岁学生进行尿碘检测及甲状腺触诊；8~10周岁学生尿碘中位数为172.7微克/升，尿碘含量低于50微克/升的比例为0.5%，经临床医生触诊，200名学生均未见甲状腺肿大。在大堰镇等5个乡镇各抽检20名孕妇的尿样检测尿碘，孕妇尿碘中位数为202.9微克/升，同时采集孕妇家中食用盐进行检测，孕妇合格碘盐食用率为93%。在省疾控中心的指导下开展大骨节病的防治，中心对枫顺乡和石元乡7~12周岁儿童进行临床检查，并拍摄右手X线片（包括腕关节），共检测131名学生，检测结果均为阴性。同时，开展监测工作资料收集、汇总、分析和上报。

【艾滋病防治】 在政府组织领导、部门各负其责、全社会共同参与下，加大艾滋病检测力度，全年开展免费自愿咨询143013人次。完善监测体系，开展对暗娼、男男性行为者、吸毒人员、性病就诊者等高危人群的干预，共发放安全套34000个，针具交换点发放针具18737支，截至10月，开展CD4检测251人，其中72人转介接受抗病毒治疗，全市累计接受抗病毒治疗338人。完成艾滋病防治主要措施落实质量考评指标，加大艾防宣传力度，提高人群艾滋病防治知识的知晓率。

【结核病防治】 以创建“四川省结核病综合防治示范区”为契机，进一步加强结核病医防合作，进一步落实病人的发现、转诊、治疗和规范管理。截至10月31日，共接诊可疑肺结核患者2592例，对其中1616例疑似患者进行免费胸片检查，为2494例可疑肺结核患者提供免费查痰，查痰率为96.21%。登记结核病患者561例，结核性胸膜炎32例，其他肺外结核7例，为114例初治涂阳患者家属开展筛查工作，密切接触者筛查率为100%。成功组织承办四川省“3·24”大型宣传现场活动，积极推进“十二五”国家重大传染病综合防控示范区项目第二轮结核病患者发现及追踪管理工作，“十二五”重大科技专项“结核病发病与干预模式调查研究项目”第三轮现场调查工作，完成省级患病率调查项目工作。强化督导管理培训，对40个乡镇进行210次督导，对11家综合医疗机构分别进行每月一次的督导，全市开展培训3次，培训人数500余人次，发展结核志愿者670人，志愿者服务团体1个，进行城区内24块LED宣传8次，电视宣传10次，电台宣传1次，发放宣传折页、宣传单共计60000份，发放结核健康宣传扇5000个，通过以上举措不断完善结核病防治工作体系，进一步提升现代结核病控制实施策略的质量。

【非传染性疾病防治】 开展高血压、糖尿病、重性精神疾病宣传日活动，健康咨询一万余人，发放宣传材料两万余份。建设健康社区、单位、食堂、餐厅各2个。共报告居民死亡4531人，全人群户籍人口报告粗死亡率611/10万。对三合、二郎庙等7个项目点选定学校班级的7~9周岁儿童开展口腔健康检查，共检查2205人，选定班级口腔健康检查率98%。共封闭1278人，5060颗牙齿，封闭任务完成率101.2%。

报告新发恶性肿瘤和中枢神经系统的良性肿瘤1403例，死亡1093人。报告急性心肌梗死、心脏性猝死、脑卒中发病1516人，死亡1073人。对文胜乡小学、新安镇初级中学等10所中小学开展监测评估工作。全市各乡镇卫生院均开展辖区居民人群合理膳食指导工作，共督导756次，覆盖88.87万人，覆盖率100%。

妇幼保健

【概况】 2015年，孕产妇保健管理5215人，孕产妇保健覆盖率99.09%；辖区活产5263人，住院分娩5263人，住院分娩率100%，新法接生5263人，新法接生率100%；高危孕产妇653人，高危孕妇住院分娩653人，高危住院分娩率100%；无孕产妇死亡发生。全市0~6周岁儿童42418人，保健管理41453人，儿童保健覆盖率97.73%；3周岁以下儿童系统管理18086人，3周岁以下系统管理率97.23%；5周岁以下儿童死亡31例，5周岁以下儿童死亡率5.89‰；婴儿死亡21例，婴儿死亡率3.99‰；新生儿死亡13例，新生儿死亡率2.47‰；无新生儿破伤风发生。

【农村孕产妇住院分娩补助】 全市参加新型农村合作医疗的孕产妇在定点医疗保健机构住院分娩继续实行由中央资金和新农合资金同时补助，单胎顺产实行全免费。截至10月31日，全市应补助3425人，实补助3425人，补助覆盖率和补助率均为100%，中央补助资金171.2万元。农村妇女增补叶酸的服用率、依从率明显上升。根据《"降消"项目工作方案》的要求，为更深入、更科学地开展项目工作，进一步提高全市农村孕产妇住院分娩率，保障母婴安全，有效降低孕产妇和婴儿死亡率，各乡镇卫生院结合本单位实际，完善方案，建立健全工作领导小组，并将责任落实到人头，保障"降消"项目工作的顺利实施。全年共举办县级培训班4期，培训县级、乡级产科及妇幼保健人员200人余次。市妇幼保健院协助各乡、镇卫生院对所辖村医进行短期培训，全市接受培训的乡村医生150余人次。健康教育情况。市、乡、村共办板报612期、电视广播6期、发放宣传资料23000份、制作母婴安全小册子4500份。未发生孕产妇死亡，无新生儿破伤风发生。

【预防艾滋病、梅毒和乙肝母婴传播】 全市各医疗机构对预防艾滋病、梅毒、乙肝母婴传播工作的重要性逐步提高，认真按照《江油市预防艾滋病、梅毒和乙肝母婴传播工作实施方案》各项要求落实执行。截至2015年10月31日，全市医疗机构产妇总数6993人，艾滋病咨询6993人，其中，产时咨询0人，孕期咨询6993人，咨询率100%；孕期检测6993人，产时检测0人，检测率100%；发现阳性病例2人。梅毒检测6993人，检测率达100%，其中阳性病例9人。乙肝检测6993人，检测率达100%，其中阳性病例241人，24小时内注射了乙肝免疫球蛋白儿童241人。

【农村妇女"两癌"免费检查】 2015年，全市农村妇女"两癌"检查项目工作于7月1日启动，10月31日全部结束。江油市提前足额完成省政府下达免费检查2.5万人的惠民民生工程目标任务。项目实施单位工作扎实，普查工作人员认真负责，广大农村妇女踊跃参加，克服人员少、时间紧、任务重等种种困难，高标准，严要求，使整体普查普治工作开展得很顺利。为全市35~64周岁已婚农村妇女免费检查25969人，其中，宫颈癌检查20193人，乳腺癌5056人，完成率为103.87%；查出宫颈癌前病变96例，发病率为36.96/万；确诊宫颈癌6例，发病率为2.31/万；确诊乳腺癌4例，发病率为1.54/万。

【免费婚前医学检查】 市妇幼保健院与市民政局积极协作，实行婚检和婚姻登记"一站式"服务，积极改进优化服务措施，实行婚检人员免费车辆接送，为受检者提供免费营养早餐，与市计生市站合作配套提供免费孕前优生检查。免费婚前医学检查5674对，婚检率90.16%；检出各种疾病和异常情况人数1665人，占婚检总人数的29.34%，其中疾病人数455人，占婚检总数的5%。在检出的疾病人数中，法定传染病

109人，占婚检总数的3.27%，其中HIV感染3人，梅毒感染10人，乙肝感染558人，分别占疾病和异常总数的0.09%、0.3%、16.75%；暂缓结婚人数3人，占婚检总数的0.02%；建议采取医学措施1450人，占婚检总数的12.79%；婚前卫生指导率为100%，卫生咨询率为100%。

【孕产妇、0~6周岁儿童健康管理】 5月、6月、8月、10月，四次组织相关人员，深入40个乡镇和11家社区服务中心，督导检查项目落实情况，并针对各单位存在的问题现场出具指导意见书。结合卫生局组织的年终检查，对各乡镇卫生院开展基本公共卫生服务情况进行专项检查考核。检查中发现，各单位均能按照“新标准”开展产前检查、产后访视、产后42天检查、新生儿访视等服务项目。检查组现场反馈考核组的意见，并给予技术指导。

【妇幼保健技术服务】 严格执行出生医学证明管理制度。全市实行网络管理，电子办证，所有助产机构均购置专用设备，所有补发均由市妇幼保健院办理。截至2015年10月31日，全市医疗机构出生活产7024人，共首次签发出生医学证明6962份，首次签发率99.11%，废证率0.44%。全市各医疗保健单位均未发生违规收费办理现象，各种登记按要求规范填写，原始资料定期装订成册归档备查。新生儿疾病筛查工作运转良好。全市38家开展产科助产技术服务单位全部开展新生儿疾病筛，各单位切实做好新生儿疾病筛查告知和将《新生儿遗传代谢性疾病筛查同意书》归入病历保存等工作。市妇幼保健院质控员每季度要抽查辖区内50%的采血卡质量，并在《新生儿疾病筛查工作质量抽查表》中做好记录，每季度按时上报《新生儿疾病筛查工作情况统计表》。新生儿疾病筛查6922例，筛查率达98.54%。逐渐规范新生儿听力筛查的操作流程和转诊流程,逐步提高新生儿听力筛查工作质量。依托四川省听力筛查中心建立集中筛查与分级管理转诊模式，初筛、复筛、转诊和随访紧密结合，管理效率明显提高。全市4家医院开展新生儿听力筛查工作。截至2015年10月31日，全市医疗机构活产7024人，新生儿听力筛查6375例，听力筛查率90.76%。

【托幼机构保健管理】 托幼机构保健管理工作逐年规范，儿童年度常规体检、入园体检、工作人员年度体检率明显提高。根据相关规定和属地管理原则，明确托幼机构在园儿童常规体检，由各乡镇卫生院免费实施，通过扩大体检覆盖面，提高全市学龄前儿童健康检查率，缩小城乡间儿童享有均等健康服务的差距。2015年3月和9月，分别对全市所有托幼机构卫生保健工作进行督查指导，全市儿童年度常规检查率为95.67%；入园体检4330人，检查率为83.57%；工作人员年度体检1615人，体检率为84.46%。

【妇幼卫生统计】 妇幼卫生信息平台高效运转。落实妇幼卫生信息人员职责，强化妇幼卫生监督评估、质量管理和控制，全市所有医疗机构信息妇幼统计人员均加入江油市妇幼QQ群，所有妇幼卫生信息及时上传报告，运行状态良好。积极建立健全绵阳市母子保健管理“一卡通”。全市56家服务机构均开通“一卡通”，运行后累计建立儿童档案36052份，孕产妇档案13923份。坚持一月一次报表，一季度一次业务培训一次工作例会，基础报表逐步实行电子报表，统计分析总结全部实行电子打印，资料按统一规定存档保存，每季度对报表进行一次质量控制分析，对存在的问题及时反馈，及时纠正，保证报表质量。

【基层保健工作指导】 2015年，妇幼保健人员累计下基层指导妇幼卫生工作600余人次，开展孕产妇保健、儿童保健、高危妊娠管理、妇幼卫生信息统计知识培训，共计400余人次。

120急救中心江油分中心

【指挥调度】 120急救中心分中心指挥调度工作严格按照就近、就急、快捷、科学原则进行，2015年1月至10月，共接警60528次，处警26003次，其中有效接警7805次；出动救护车8412台次，接回病伤员6949人；处理重特大事件99件。分中心进一步加强对指挥调度员岗位专业技能训练，对接处警技巧、车辆调度、现场急救处理指导、大型事件病人分流、全市地理概况、计算机信息系统操作等相关知识都进行重点培训,尤其对重特大事件、复杂事件等，每周组织全体职工进行个案讨论和分析，共组织业务培训13次，从实践中不断促进调度工作更科学、合理。为检验《江油120分中心突发公共卫生事件应急预案》的启动流程，提高指挥调度员的处置能力，针对全国各地大型突发事件频发，分中心开展以突发踩踏事件为背景的急救桌面推演。组织开展“心中有民”调度员演讲比赛，对演讲内容、普通话、着装、礼仪、时间5项进行考核打分，激发调度员对指挥调度工作热爱和责任感，更好地服务于大众急救需求。

【院前急救管理】 规范院前急救管理，树立良好的行业形象，确保院前急救工作的质量和安全，分中心在全市内开展院前急救人员规范着装及救护车专项整治月活动。通过日常抽查、突击检查，检查急救医务人员规范着装情况和救护车违规停放、救护车规范标识、执行离院报告等情况，对检查中发现的问题及时暴光和通报批评。共开展日常督查4次，夜间抽查2次，突击检查6次，出动人员57人次，车辆23台次，督查救护车85台次，开具督导意见书34份，进一步宣传120职能和急救理念，规范救护车安全使用，保障院前急救良好秩序。通过片区技术交流平台开展院前急救专业技术信息交流和演练互动工作，不断创新平台建设，着重提高乡镇级网络医院院前急救技术水平。共开展青莲、新安、小溪坝片区、二马厚片区、雁门、彰明、武都片区7次急救实战演练和技术交流，演练首次将心肺复苏与气管插管技术两项考核同时进行，增加实战演练的难度和实际操作性。派业务人员80余人次，对53家网络医院采取突击演练考核，实地查看等多种形式进行督导，对检查中发现的问题即时下达整改意见书，督促院前急救工作规范、有序开展。

卫生执法

【医政服务监管】 卫生大队执法人员和乡（镇）防疫保健站卫生协管执法人员累计共出动车辆842台次，执法人员11238人次，检查二级以上医疗机构9家，乡镇卫生院40家，社区卫生服务中心3家，社区卫生服务站16家，门诊4家，个体医疗机构180家，村卫生站380家，城区农贸市场10个，乡镇农贸市场45个，城乡接合部3处，药店241家。打击非法行医专项工作，共取缔无证牙科摊20家，无证行医9家，没收违法所得人民币2.31万元，针对部分医疗机构出现的违规现象，当即下达监督意见书2200份，要求违规现象在规定期限内整改完毕。受理处理群众来电、来信、来访举报投诉案件7起，并将查处结果反馈给举报者。卫生执法大队组织执法人员对全市单采血浆站、储血点及临床用血医疗机构进行了专项执法检查，共检查采供血及临床用血机构39户次。先后7次对青莲单采血浆站工作实施监督，出动执法人员32人次，出动车辆7台次，下达监督意见书7份。对14家临床用血医疗机构、1家储血点进行专项检查，发出监督意见书21份，对限期整改的单位进行回访，督促整改到位。加大传染病防治执法检查力度，预防和控制各类传染病和突发公共卫生事件的发生。2015年，对市境内各级各类医疗卫生机构、公共场所、学校等相关单位进行传染病防治专项检查。共出动人员1020余人次，车辆80余台次，监督检查各相关单位490余户次。开展母婴保健技术服务专项执法检查1次，共出动车辆60台次，出动执法人员385人次，监督检查各级各类医疗机构126户次。检查发现，大部分医疗机构都能依法开展执业活动。针对少部分乡镇卫生院从事母婴保健技术服务的人员未取得相关资格证件、业务用房不符合相关要求等问题，执法人员进行现场指导，并发出书面监督意见书。受理申请办理“母婴保健执业许可证”1户。加强放射卫生的监督管理。积极组织开展放射卫生监督检查，共出动车辆22台次，出动执法人员53人次，检查21户次。医疗机构从事放射诊疗活动的医疗机构17家，个别乡镇卫生院业务人员无相应从业资格。针对检查中发现的问题整改意见书。审查办理“放射诊疗许可证”1家。加强消毒产品、麻醉药品、精神类药品监督检查。对全市消毒产品和使用麻醉药品、精神药品的单位监督检查，共检查使用麻醉药品、精神类药品的医疗机构58家，现场监督审查麻醉药品、精神类药品印鉴卡32家，监督销毁麻醉药品、精神类药品10批。通过监督检查，进一步规范麻醉药品、精神类药品的使用和管理。

【学校卫生监管】 全年出动车辆120余台次，执法人员905人次，分别对全市80所中小学校、78所托幼机构、1所大专院校、1所技工中专校共计160所学校和托幼机构进行监督检查。全市共有学生111723人，托幼机构共有学生18361人。学校均建立传染病防治领导小组，落实责任人，负责传染病防治的日常管理工作，包括传染病疫情报告以及对全校学生的出勤、健康情况进行巡查，并做好记录。各学校均加强对学生的健康教育，做好传染病预防知识的宣传教育，使学生养成良好的个人卫生习惯，提高学生的传染病预防知识水平和自我保护意识。加强晨检制度和全日健康观察制度，建立健全疫情报告制度，一旦发生传染病人或疑似传染病人，能做到早发现、早隔离、早报告、早治疗。有住校学生的学校，定期对学生公寓、食堂、厕所等重点区域进行全面的清扫和消毒，经常保持场所内空气流通，有效控制传染病的发生与流行。组织执法人员于2015年春、秋季开学前，对学校食品安全开展集中整治，共出动车辆110余台次，执法人员420余人次，分别160所各类学校、托幼机构的生活饮用水、传染病防治等工作进行监督检查。为保障中高考、央视中秋晚会、旅发大会及兔业大会期间食宿卫生健康安全，于各时间点进行卫生安全专项检查和驻点监督，累计出动卫生监督人员160余人次，对36个食宿点和学校进行全面监督检查，对生活饮用水卫生、环境消毒等进行了监督指导，下发监督意见书49份。确保中高考及会期间的卫生安全。全年对全市132所使用城市或城镇自来水、27所自建集中式供水的学校和托幼机构进行监督检查，重点加强对自建集中式供水的学校饮水安全监管。主要检查卫生管理制度落实情况、水源防护、饮水消毒等情况。大众生活饮用水日常监督，共出动车辆38台次，出动执法人员256人次，实施监督户数90户次。开展街头专题宣传1次，发放宣传资料1000余份。监督集中式供水单位34家，自备水1家，培训供、管水从业人员100余人次。

【公共卫生监管】 全年共培训公共场所卫生管理员、公共场所经营单位负责人800余人次，培训一般公共场所从业人员2000余名，并出动宣传车4台次。开展街头宣传2次，发放宣传资料3500余份。加强公共场所卫生日常监督，全年共出动车辆210台次，出动执法人员5875人次，实施监督2106户次。责令整改11户次。新办、延续、公共场所卫生许可证840户，复核许可证347户，立案查处违法案件二起，共罚款人民币3000元。受理举报投诉案件3起，处理3起。积极开展公共场所量化分级管理工作。开展公共场所量化分级评审工作，对全市住宿、美容美发、沐浴、游泳场所等进行量化分级初步评审和复核工作。共对282家公共场所经营单位进行量化分级初步评审，其中“B”级单位39家，“C”单位243家。加强公共场所卫生专项整治。游泳场馆专项整治发出监督意见书11份；26家使用中央空调通风系统的专项整治发出了监督意见书12份；对5家餐饮具集中消毒单位进行专项检查，发出监督意见书5份。共发出卫生监督信息52期，先后被四川省和绵阳市卫生局网站、绵阳卫生监督网、《绵阳市场信息报》、江油卫生网转载刊播30余篇次。在大队办公地点设置9块执法监督体系展板。

新型农村合作医疗

【概况】 2015年，全市参合农民62.4万人（含失地农民），参合率为100%，基本实现农民应保尽保。各级政府对新农合补助标准提高到每人每年380元，农民个人筹资提高到90元/年，人均筹资标准逐年提高达到470元。2015年1月至9月，全市新农合基金补偿288.58万人次，补偿1.69亿元。其中门诊统筹补偿140.23万人次，补偿1245.87万元；一般诊疗费补偿137.58万人次，补偿1188.17万元；个人家庭账户补偿1.78万人次，补偿38.95万元；门诊慢病补偿1987人次，补偿652.14万元；定额补偿2662人次，补偿207.31万元；住院统筹补偿87951人次，补偿1.37亿元，人均补偿1558.63元，住院基金使用率达到66%。门诊统筹补偿受益率224.26%，住院统筹补偿受益率14.11%。截至9月，全年新增加的大病保险报销242人次，报销金额120万元，人均受益4958元。农民群众“小病拖，大病扛”的现象得到改善。农民受惠程度逐步提高。

【监督管理】 市卫生计生局、市新农合中心不断加强对新农合工作的监督管理，力保全市新农合工作实现稳步推进。各级定点医疗机构普遍提高对新农合工作的重视程度，将新农合工作作为各单位工作的重中之重进行安排部署。加强医疗机构监管，确保基金稳定运行。积极创新基金支付方式，逐步建立由医疗机构和经办机构共同承担基金风险防控职责的双控制度。2015年，在市卫生计生局和新农合中心的组织下，先后开展针对新农合经办人员、医务人员、网络人员的培训和各类会议共计4次，培训内容包括医疗费用的审核、网络管理、医疗费用的控制、合理用药、合理检查等多个方面，进一步提高广大医务人员和经办人员的业务能力和综合素质，促进江油市新农合工作的规范、健康发展。市农合中心加强对各项公示制度落实情况的检查，对存在公示不到位的单位给予通报批评和限期整改的处理，通过强化公示制度，提高医疗机构收费和补偿的透明度。通过加强医疗服务规范，控制医疗费用的不合理增长。6月，新农合开展针对定点医疗机构新农合基金安全的专项督查，深入各级定点医疗机构进行督查、检查，查找当前新农合工作存在的问题，消除新农合基金运行中存在的隐患，对新农合主要指标控制较差的医疗机构试行住院统筹基金总额预付控制。按照“总额预算、以收定支、收支平衡”的原则，对定点医疗机构住院统筹基金、门诊基金实行总额预付控制，超支不补，结余收归市级调节基金。坚持按病种付费控制。依据医疗机构主管部门制定的胃癌等23种疾病的限价标准和补助标准，超出部分由定点医疗机构承担，从而鼓励医疗机构提高诊疗水平，降低医疗成本，杜绝诱导病人住院的现象。坚持按床日付费控制。对重型精神病人住院费用实行按床日付费，降低管理成本，消除非目录药品，有效控制诊疗费用。坚持按人头付费控制。对新农合门诊病人执行一般诊疗费按人头付费，有效控制推诿病人、分解处方的现象。

爱国卫生

【城区公共卫生设施建设】 投资打通改造断头路、丁字路6条，建成城市东、西环线，“四纵四横一环”城区交通网络基本形成；完善道路标识、标牌、隔离栏的红绿灯等设施；完成集三级闸坝、河堤改造及景观工程为一体的“涪江河堤综合整治工程”。新建、改建道路强弱电线入地埋设率达100%，城区道路亮灯率达到98%以上。污水处理设施、中小型垃圾中转站建成投入使用，城区污水收集处理率达83%，垃圾清运率和集中无害化处理率均达100%。建成公厕55座，城区粪便无害化处理率82%。以开展绿色江油、生态细胞工程创建为载体，采取拆违建绿、拆墙透绿、见缝插绿等措施，完成太白广场、迎宾路广场、醉仙苑等绿化休闲广场改造，推进太白公园、西山公园扩园改造，城区绿化覆盖率达40.13%，人均公共绿地面积10.17平方米。

【环境卫生】 依法加强环境管理，采取切实有力的措施，加大对城市大气污染、水环境污染、噪声污染、烟尘污染和固定废物污染进行持续长期综合的整治力度，大气环境质量趋于稳定并不断提高，未发生大的环境污染与破坏事故。认真贯彻《中华人民共和国食品安全法》（以下简称《食品安全法》），城区未发生重大食源性疾病和食物中毒事件，食品卫生质量逐年提高。认真贯彻国务院《公共场所卫生管理条例》和《四川省生活饮用水卫生监督管理办法》，不断完善管理制度，全市火车站、汽车站、影剧院等人员集中地的空气质量、饮用水、环境卫生等指标均达到国家规定标准，公共场所卫生管理更加规范有序。认真贯彻执行《中华人民共和国传染病防治法》，积极建立“专+群”联动模式，加大“甲型H1N1流感”、艾滋病等传染病的防控力度，全市法定传染病报告率达100%。坚持以环境治理为主的综合防治原则，按照“三有三结合”（即有组织、有计划、有措施；坚持突击性与经常性消杀相结合，专业队伍与群防群治相结合，器械药品消杀与环境综合治理相结合）的要求，彻底清除卫生死角，铲除“四害”滋生地，有效保障人民群众的身体健康，营造良好的生活、工作和投资环境。

【专项治理】 大力实施环卫设施工程、市政设施工程，乡镇基本实现生活污水达标排放。在农村，按照典型引领、整体连片、梯次推进的思路，完成绵江产业带新农村示范片“一圈三点”的风貌塑造和庭院整治。按照“三打破、三提高”的要求，全面配套建设40个集镇、323个新农村建设示范点饮用水、电力、通讯、道路、污水垃圾处理等设施，功能完善、环境优美、村容整洁的新型农村社区初具雏形。在交通要道，以路畅、物洁、景美为目标，实施九环线、万阿路、宝成线等公路、铁路沿线风貌塑造和绿化治理，提升进出通道节点的景观水平和生态防护功能，成为彰显江油魅力的一道亮丽风景线。

【农村改水改厕】 提高农村居民生活质量，加大对农村改水改厕工作的力度，依靠中央财政对农村民生工程的投入，自来水累计受益人口62.8万人。定期对全市集中式供水单位进行水质监测，保证了居民生活饮用水安全。农村改厕成效显著，是年新增无害化卫生厕所1806户。通过改水改厕项目的实施，全市各乡镇有效改善农村居民生存环境、提高生活质量。

【爱国卫生月活动】 市爱卫会在全市开展以“全民参与爱国卫生共建共享健康中国”为主题的第27个爱国卫生月活动。爱卫月期间，全市多次召开动员会议，层层发动广大群众，大力宣传开展爱国卫生月活动的重要性和必要性。新闻媒体多次对爱卫月活动进行报道，在市区主要路段设立大型宣传广告牌；各地在辖区显著的位置上张贴爱国卫生运动条幅，悬挂卫生宣传横幅及标语。卫生系统结合4月7日“世界卫生日”、4月25日“预防接种日”、健康教育“六进”活动，组织全市各医疗卫生单位开展“从我做起，从身边的事做起”的一系列活动。共发放各种宣传材料103500份，制作横幅47幅，预防接种知识宣传专栏40期。教育系统结合“小手牵大手”“青年志愿者活动”组织辖区学校开展清除垃圾、污物、杂物；全面整治乱涂乱画乱贴行为，清理校园内外各种张贴物、悬挂物；并通过学生将印发的预防手足口宣传手册发放到家长手中，进行预防传染病宣传。市文广新旅局加大文化场所健康教育工作，在各影剧院等文化公共场所设置宣传专栏，在景区景点设置卫生健康教育宣传专栏，各娱乐场所设置禁烟标志，严禁观众在场内吸烟；坚持在演出、放映前播放科教影片，进行卫生知识宣传。组织干部职工开展卫生大扫除活动。各地按照“环境治理为主”的病媒生物综合防制原则，全面组织开展病媒生物防制工作，动员群众开展大规模的除害活动，彻底清除病媒生物滋生地，全方位开展消杀工作，做好春季灭鼠、灭蝇、灭蟑螂工作，各乡镇组织群众对镇周边主干道沿线，村子周边垃圾进行重点清理，开展对居民楼院、农户院坝进行城乡环境综合治理活动，彻底治理环境卫生死角，群众参与23891人次，出动车辆189台次，清运垃圾30吨。共投放鼠药（杀鼠剂）500公斤，投放灭蝇蚊药品200公斤。

【世界无烟日活动】 5月31日是第27个世界无烟日。江油市爱卫会下发《关于开展第26个世界无烟日活动及相关控烟履约工作的通知》，结合健康教育“六进”活动，在全市开展健康知识进军营主题宣传活动。市健康教育所邀请相关专家，开展以“控烟履约、我做表率”的控烟健康知识讲座，同时还为群众发放控烟资料、中国公民健康素养基本知识与技能（健康66条）等宣传资料1000余份。市工商联围绕“禁止烟草广告、促销和赞助”主题，大力开展控烟宣传和健康教育。龙凤、二郎庙、厚坝、东兴等乡镇卫生院按照市卫生局及爱卫会的部署和要求，运用LED电子显示屏滚动播放，张贴宣传标语，在乡村医生例会上开展戒烟日活动宣传培训，利用逢场天组织乡村医生一起对过往人群开展戒烟日宣传咨询活动并发放宣传资料的方式积极开展控烟宣传和健康教育。

【“全球洗手日”健康教育】 10月15日，市卫生局、市健康教育所在江油市城东幼儿园举办“全球洗手日”健康知识讲座及宣传活动。邀请第二人民医院儿科副主任医师黄卫东讲解。通过该次讲座，让幼儿家长及幼儿了解到不洗手的危害以及正确洗手的时间、方法和意义，强调坚持洗手，用肥皂或洗手液洗手的好处。活动现场给幼儿家长发放手足口病宣传折页300余份。

【爱卫工作和文明素质提升】 坚持爱卫工作和文明素质提升同步，建立健全市、乡镇（街道）、村（社区）三级健康教育工作网络，积极推进大众传媒健康教育、社区健康文明宣传、行业健康教育等活动，城区中小学健康教育开课率达100%，累计举行健康教育讲座820场次，开展社区卫生服务站健康咨询12万人次，印发宣传资料20余种50多万份，居民健康知识知晓率达82.7%，卫生行为形成率达73.7%。充分运用电视、广播、网络、报纸、电子显示屏、公交传媒等多种媒介向群众广泛宣传环境质量、食品卫生、传染病防治、公共卫生等方面的科普知识，做到电视有影像、广播有声音、报纸有文章、论坛有热点，群众参与热情日益高涨。

政策法规和执法监督

【普法宣传】 开展普法宣传，提高法治意识。开展多种形式的普法宣传教育活动，充分发挥载体作用，结合普法活动，依托人口学校、广播电视、宣传折页等向群众宣讲卫生和计划生育法律法规、相关政策、办事程序、服务承诺等，利用市、镇、村三级政务公开栏，对卫生和计划生育相关法规，政策进行长期公开，既提高群众对健康和计划生育知识知晓率，又保障群众知情权。充分利用卫生执法检查、医疗卫生知识培训以及法治宣传日等多项特色活动的方式，利用“三八”妇女节、“六一”儿童节、世界卫生日、人口日等节日，开展打击非法行医普法知识宣传活动。注重群众政策咨询解释工作，据统计政策咨询达2000余人次（含电话咨询）。组织全市卫生计生系统干部职工认真学习卫生和计划生育法规，邀请市人民法院的法官围绕执法过程中的行政合法性作专题讲座，组织行政执法人员参加市法制办举办的执法培训班，不断增强工作人员的法律意识，提高依法行政能力和水平。进一步完善卫生计生行政执法责任制，确保行政执法责任制和行政执法规范的全面落实。积极开展“会前讲话”活动。根据市纪委的要求，积极开展“会前讲法”和“执法责任制”示范活动和充分利用卫生计生系统各种会议和培训时机开展讲法活动，每次半小时以上，并将该项活动延伸到镇乡和直属事业单位。在全市建立健全“首问负责制、服务承诺制、限时办结制和一次性告知制”等工作制度。利用下村帮扶结对时机，向农民宣传合作医疗政策，做到服务上门、帮扶上门；开展“法律六进”宣传活动，向企业和社区宣传《职业病防治法》《食品安全法》《传染病防治法》等法律法规，增强广大职工和群众的自我保护能力与维权意识；通过为新婚、生育对象办理预约服务、上门服务、代办服务，缩短与群众间的距离，使卫生和计划生育便民维权活动体现在管理和服务的各个环节，覆盖各类服务对象。以政务公开带动“阳光管理”，及时向社会公开生育服务证发放、二胎审批、流动人口管理、违法生育处罚等办事程序、内容以及办理情况，增强工作透明度，接受社会监督。加强卫生和计划生育行政审批和行政执法办案岗位工作人员的监督，提高依法行政、廉洁从政意识，促使行政执法人员自觉遵纪守法，廉洁高效行政，同时设立举报电话和举报箱，实行实名举报制度，发动社会各界监督卫生计生执法行为。

【法治建设】　严格依法行政，全面推进法治建设。贯彻实施《中华人民共和国行政许可法》，不断规范卫生和计划生育许可工作，认真实施行政执法责任制，不断提高卫生和计划生育执法水平，不断加大卫生和计划生育执法力度，依法打击各种违法行为，做到四个强化。一是强化食品卫生执法监督，确保市民餐桌安全。认真贯彻《食品安全法》等卫生法律法规，按照“专项治理与日常监督相结合，重点打击与综合治理相结合，打假治劣与扶优扶强相结合”的原则，在强化日常卫生监督的基础上，认真开展食品安全专项整治，针对中小学食堂、建筑工地食堂及小餐饮等食物中毒高危行业和薄弱环节，采取有效措施，开展量化分级管理工作，有效预防食物中毒的发生。二是强化医政综合执法，全面规范医疗市场。贯彻《中华人民共和国传染病防治法》（以下简称《传染病防治法》）《医疗机构管理条例》等法律法规，依法加强传染病疫情报告、医院消毒隔离、医疗废弃物处置、医院污水处理等传染病预防控制措施和医疗市场监管，加大打击与取缔非法行医力度，规范医疗市场秩序。三是强化调查取证处理，做好投诉举报的受理。卫生执法监督大队设立受理投诉举报热线，建立健全受理投诉举报制度，实行24小时值班制。在处理投诉举报案件过程中，认真记录、耐心解答、行动迅速、依法查处，并及时反馈查处结果。四是强化社会抚养费征收，遏制政策外生育。为征收好、管理好、使用好社会抚养费。江油市由纪委、监察局牵头，财政局、审计局和卫生计生局配合，对部分镇乡当年度社会抚养费的征收、管理和使用进行清理，规范社会抚养费的审批和征收程序、实行“收支两条线”，使用专用票据，杜绝下达征收任务和“打白条”“放水养鱼”、坐收坐支的现象发生。确保执法人员佩证上岗、文明执法、正确执法，加大社会抚养费征收力度，有效遏制政策外生育行为。构建诚信运行机制，夯实依法行政基础。严格行政处罚审批程序。以建设服务型、法治型、效能型和廉洁型人口计生为目标，着力转变部门职能、优化结构、理顺关系、形成权责一致、规范行政审批程序，严格首问责任制、限时办结制、责任追究制、提高行政效能。2015年，处理违法生育673例，征收社会抚养费851.56万元。全年网络问政12例，回复及时率100%，群众满意度100%，违法生育有奖举报4例均已落实，无行政审批复议、行政调解和应诉案件。严格执法主体和执法文书。为确保基层群众自治示范活动的顺利进行，对近年来全市的行政执法文书进行清理规范存档，对行政执法的资料规范作明确规定，启动新的执法文书，全市印制下发共100余卷。严格执法主体、文明执法、亮证执法、正确执法，对2015年申报参考办证人员64人，落实执法人员网上办证和执法证年审工作。开展法治政府创建活动，从行政决策、公共服务、行政执法、化解矛盾、行政监督和保障措施等方面规范制度，梳理行政执法依据。深入开展基层文明执法活动，进行宣传发动、自查清理、整改提高、抽查总结四个阶段工作，着力查找和梳理在行政执法中的突出问题，查找工作方法简单，行政执法不规范和乱收费、乱罚款不作为等问题，认真督查加以整改，并向市卫生计生委专题汇报清理落实情况。扎实进行行政执法案卷评查。按照市政府法制办的要求，对人口计生行政许可，行政处罚及办事程序进行规范，社会抚养费执法文书，在两次计生质量调查中，对40个乡镇的行政执法案卷进行全面检查。针对市卫生计生委行政案件评查的情况，对存在的问题进行自查自纠。

【专项治理】 为密切干群关系和医患关系，在卫生和计划生育依法行政工作上，开展四项专项治理：开展卫生行风专项治理。深入推进“三好一满意”主题活动，向社会公布投诉电话、服务承诺、行业禁令、聘请行风监督员、社会发放问卷调查等措施，树立广大职工忠于职守、爱岗敬业、乐于奉献的敬业精神，不断提升在人民群众心目中的形象。开展餐饮、公共场所、打击非法行医等领域的专项治理。在各领域集中开展专项整治、联合检查行动，有力维护全市餐饮消费、公共场所、就医等环节的安全、稳定。开展对违法生育行为进行专项治理。在出具出生医学证明，办理各类证件时必须审核生育是否合法，通过开通举报、投诉电话发现违法生育行为，协调法院等部门实行联合执法，在工作中采取先难后易方式征收社会抚养费。突破典型案件，强制执行“钉子户”，达到执行一例、教育一片、震慑一方。

重点医院

【江油市人民医院】 全年门诊人次761965人，比2014年同期增加100581人次，增长15.21%；入院30743人，增加2191人，增长7.67%；手术15505台次，增加1964台，增长14.5%；健康体检73314人，增加13218人，增长21.99%。病床使用率112.4%，同比提高3.59个百分点；患者平均住院日10.2，下降4.67个百分点。2015年3月，四川省卫生和计划生育委员会公布2014年四川省三级医院护理服务调查患者体验与满意度检测报告，江油市人民医院位列全省第三名。进一步完善急诊医疗体系建设。强化急危重症病人先救治、后缴费绿色通道和一体化治疗。2015年，开展各种应急演练4次，参加市政府、红十字会组织的大型急救演练1次、市120组织的急救演练3次,增强突发事件应急处置能力。加强中医科建设，按照《全国农村中医药工作先进单位建设标准》，进一步规范中医管理，推进中医科及中医相关专业发展。积极推广中医适宜技术，开展省级推广中医适宜技术4项，包括中药灌肠疗法在妇科疾病中的应用、针罐配合治疗带状疱疹、针灸治疗周围性面瘫和偏头痛针灸治疗技术。广泛开展中医外治，包块穴位贴敷治疗哮喘、穴位贴敷治疗胃肠疾病、中药直肠滴入、中药外敷、中药熏洗、穴位注射等中医技术。新开展“火龙灸法”治疗风湿性关节炎、体质虚弱患者及亚健康患者保健。骨科通过评审验收建成绵阳市级重点专科；普通外科和骨科获四川省甲级重点专科建设立项；在建的绵阳市级重点专科，神经外科、呼吸内科、普通外科、放射科、检验科等各项工作稳步推进。申报四川省卫计委科研课题9项、四川省医学会科研课题5项、中国医师协会科研课题1项、绵阳市卫计委科研项目21项、江油市科工局科研项目9项。获省卫计委科研课题立项1项、省医学会科研课题立项1项、国际合作科研课题立项1项。承担国家科技部863科研课题的子课题和国家卫生部“‘十二五’国家新药创制”科研课题子课题的研究。参与澳大利亚乔治全球健康研究院科研课题工作。完成科研课题成果鉴定3项；获江油市科技进步二等奖1项、三等奖2项。并申报绵阳市科技进步奖1项、四川省医学科技进步奖1项。在A类期刊发表论文24篇，B类期刊发表论文188篇，总计212篇。3月2日，与四川中医药高等专科学校合办的临床教学班开班，承担临床医学专业30名学生的临床教学工作。完成教学大纲要求的教学任务。教学班第四学期期末考试全校成绩第一名，获校级“先进班集体”称号。在参加四川中医药高等专科学校临床技能大赛中获冠军、参加四川医科大学临床技能大赛中获三等奖。加强职工继续教育工作。借助华西和郑大的远程网络教学平台，组织职工参加继续教育课程学习和考试；派出40人到上级医院专业进修，400余人次参加各级举办的学术交流会议和培训。职工继续教育完成率为100%，学分达标。申报并立项省级继教项目8项，举办7项。推进住院医师规范化培训。2015年，共有规培医师50人，其中新注册规培医师2人，结业规培6人，在培规培42人。推进医疗联合体和分级诊疗工作。制定疾病分级诊疗管理和转诊标准及转诊转院流程。先后向四川大学华西医院、绵阳市中心医院等申请加入联盟医院、医疗联合体。与江油市境内所有基层医疗机构和绵阳市中心医院、四〇四医院及第三人民医院等上级医疗机构签订双向转诊协议。协议双方明确了转诊流程以及双方责任义务。建立便捷、畅通的双向转诊通道，为下级转该院的患者提供优先就诊、优先检查、优先住院等便利。加强预约诊疗服务工作。开通预约挂号系统，实现诊间、电话、现场和微信、银行网点预约挂号；并与建行、农行合作开通银医一卡通，投入自助挂号缴费机40台，实现自助挂号预约和自助缴费。加强信息化建设。围绕临床需求，对系统不断进行升级。完成全院网络改建为1000米到桌面、检验科自助提示程序上线、病案系统升级、郑州大学附属医院远程教学系统调试，以及微信预约、网站预约和手机软件预约服务项目开发。同时完成居民健康卡、异地医保卡的刷卡环境生成、线路调试、HIS系统接口和对码工作，计划进入21个地市州的刷卡测试。并接入省卫计委的“健康四川”平台，使用“健康四川”平台提供的双向转诊模块，加强与上级和相关单位的双向转诊。开通平武县医保网络直报工作。

【江油市中医医院】 2015年门诊量132083人次，出院8552人次，麻醉手术2485台次。医院总收入6755.70万元，同比增长0.1%。全院处方抽查合格率达到97.0%，甲级病历率92.35%，入院3日确诊率99.5%，手术前后诊断符合率99.9%，Ⅰ类手术切口甲级愈合率98.9%，Ⅰ类手术切口感染率0.2%，临床与病理诊断符合率83.4%，抢救成功率95.6%。成分输血率达99.0%。加强急诊急救能力和ICU科室建设。继续加强急诊急救技能培训，规范医院“120”急救工作流程，提高快速反应能力和急救水平。规范完成院前、途中及院内的急诊急救工作，院前急救按时出车及回复率达99.8%，各项考核指标均名列“120”网络成员单位前列。医院成功处置2起重大车祸。全年在彰明片区乡镇卫生院、大堰卫生院、大康卫生院开展急救操作技能培训，促进片区医务人员急救能力提升。规范ICU的运行管理，不断提高危急重症病员的诊治水平和监护能力，确保危、急、重症患者的诊疗质量。全面贯彻落实《中华人民共和国母婴保健法》《关于加强禁止非医学需要的胎儿性别鉴定和选择性别的人工终止妊娠等有关管理的具体规定》等法律法规，严禁“两非”行为。2015年8月后，全院无14周以上终止妊娠病例发生。认真贯彻执行《传染病防治法》及其相关法律、法规，规范传染病管理。传染病报告率100%，及时率98%，无漏报。结核病转诊率100%，到位率100%。坚持开展医院感染管理常规性监测和现患率调查。医院环境、物表、空气、器械等消毒灭菌监测达标；一次性医疗用品管理、使用、处置规范；医疗废物收集、存放、处置管理规范，污水处理达标。医院感染发生率1.97%，漏报率10.2%，现患率调查实查率100%，现患率1.55%，有效控制院内感染的发生。肛肠科为省级重点中医专科，肺病科为省级重点中医专科建设单位，心脑血管病科、针灸科和妇产科为市级重点中医专科。在国家中医药管理局印发的诊疗方案基础上，各重点专科结合临床实际，制订本专科优势病种和常见病种中医诊疗方案，突出中医药诊疗方法的综合运用，有效提高临床疗效。有22个院内制剂品种运用于临床。院内制剂生产销售额30.71万元，同比增加28%。

【江油市第二人民医院】 2015年全院门诊人次257773，同比增加10%；住院人数15797，同比增加7%；急诊人数17469，同比增加8.97%；住院急危重人抢救量（人次）1122，同比增加43%；病床使用率82.55%，同比增加109.09；平均住院日11.6，同比增加4%；急危重症抢救成功率88.4%，同比增加2.8%；甲级病案率95.5%，同比降低1.01%；院内感染率1.46%，同比增加0.16%；

门诊处方合格率97.8%，同比增加0.9%；药品比例29.46%，同比降低2.43%。大力推广新业务技术的发展，通过加强新技术、新业务开展和实施过程中的督导和指导，达到扩大业务范围、促进科室长远发展、促进医院学科建设、保障医疗质量安全的目的。2015年，开展房颤导管消融治疗、颅内动脉瘤夹闭术、腹腔镜联合胆道镜治疗胆囊结石合并胆道管结石、食物过敏源IgG抗体检测技术等院级新技术10项。开展“试点医疗助理”项目，10个临床科室分别设置科室助理1名，作为科室的联络人，搭建医、护、患沟通桥梁。结合医院“现代服务体系建设方案”，召开全年服务工作会、医德医风管理工作会，先后下发《优质服务标准及考核细则》、启动“优质服务月”活动和“微笑医院工作”，通过开展“最美医务人员”评选、优质服务季评活动等抓典型、树先进；建立满意度调查、在院服务走访、多部门联合服务查房、服务投诉管理、服务不良体验质量追踪会、出院患者院级电话随访等多维度的服务监管体系。通过服务标准体系和监管体系的建设，有效提升科室的重视度和职工的参与度。2015年先后建设和启用全新互联官方网站、“趣医院”医疗软件系统、微信公众平台、银医互联系统等，通过新媒体、微平台等途径告知医院就诊时段分布信息，引导患者错峰就诊。通过自助机、手机等设备自助查询、打印、支付功能，减少患者排队次数，缩短挂号、缴费排队时间。按时完成居民健康卡系统改造工作，完成异地就医及时结算系统的改造。医院从完善医疗急救制度与抢救流程的“立制”管理着手，特聘省内权威急救专家培训、指导，对医疗资源进行有效整合，科学布局，打造集院前急救、院内救治、急诊ICU和危急重症专科化救治“四位一体”急救中心建设。2015年1—10月，执行各级行政部门各类活动医疗卫生保障工作26次。在“健康循环体系建设方案”的引领下，通过深化和落实便民“五项服务”——延时服务、预约服务、上门服务、代理服务、假日服务，进一步健全居民健康档案管理、完善出入院服务流程、规范住院服务管理、深化出院患者随访和探索家庭医生签约服务，从院前、院中、院后三个层面延伸服务范围、内容和形式，积极为患者提供延续性医疗保障和服务。加强重点学科管理及评估考核，逐步完善重点专科体系建设，全院重点专科总体规划和布局已见雏形。完成四川省卫生和计划生育委员会县级重点专科的推荐（骨科、心血管内科），完成四川省重点专科建设项目现场评审（检验科），评选出2015年院级重点专科（急诊科、护理部），并组织神经外科、急诊科积极申报绵阳市重点专科，检验科、泌尿外接收绵阳卫计局重点专业验收。通过不同层次创建平台，提升重点专科内涵，对医院医疗技术和服务水平起到引领作用。形成临床教学新规模。加强院校合作交流，成为四川中医药高等专科学校建立非直属附属医院。举办首届院校临床教学交流会，70名医务人员成为院校的特聘教授；全年共培养进修生27人，接收四川医科大学、成都医学院、成都中医药大学、四川中医药高等专科学校、华西卫校等实习生138人，临床教学规模和能力较以往显著提升。带动科研管理创新。成立临床医学研究所，在全院范围内开展科研活动状况调查及分析，找准服务临床的科研切入点。举办首次院级科研立项会，参与申报院级科研立项27项，10个临床科研项目获得院级科研立项；强化科研意思，积极推进科研工作：申报绵阳市科研立项11项，江油市科技局科研项目5项；突破临床科研的盲点——专利、科技成果：2项实用性专利正在申报，1项科研项目获得江油市科技进步三等奖；成功举办省级、绵阳市级和江油市继续教育项目4项。多渠道、多方位做好人才引进工作，不断提高医院软实力。根据医院人才发展规划，全年共录用新进人员33名，引进紧缺的专业技术人才，其中包括具有硕士学位、高级职称的专业骨干1名，具有硕士学位的研究生4名；医院开通网上图书馆，加强院内医护人员华西远程学习，新增省院远程教育，鼓励在职教育，外派26人到省内外医院进修，外出学习交流239人次，启动联合规培7人。为加强干部管理能力建设，举办中干培训班6期，特邀中国台湾地区和大陆知名医管专家到院进行系列培训，年内参培共计482人次，其中：送外培训78人次，院内培训404人次。选派院领导和中干4人参加医院管理研修班，年内共有27人取得高一层次学历。升级硬件服务设施。医院以美化医院环境、优化诊疗流程、提升服务感受为出发点，进一步加大硬件投入，新增64排CT、高压氧舱等大型诊疗设备和关节镜、肌电诱发电位仪、血滤机等高新诊疗设施；克服时间紧、任务重、资金压力大等困难，按期完成县级医院能力建设项目——康复内科综合楼建设项目；加强信息化监控和精细化管理，对后勤服务推进网格化管理。不断完善基础设施，不断提高硬件设施。

人口与计划生育

【概况】 2015年，全市总人口87.38万人，育龄妇女22.07万人，已婚育龄妇女18.15万人，出生人口7794人，符合政策7188人，违法生育606人，符合政策生育率92.22%，与2014年同期相比上升1个百分点，违法生育人数有所减少；死亡人数5754人，死亡率6.66‰；自然增长率2.37‰；出生人口性别比100:104。完成绵阳下达的人口计生工作各项目标任务。

【统计日常工作】 指导督促乡镇开展好统计日常工作。坚持每月一次指导乡镇例会，提高例会质量；网上督促全市各乡镇完成好网上信息的变更，完成全员人口信息管理平台系统网上录入修改工作。按时召开计生统计例会。坚持做好县级计生系统季度例会和季度赛账，对季度指标完成情况进行分析，找出工作中存在的薄弱环节，分析出原因，给部分乡镇提出意见建议，通过该种方式督促暂未完成目标任务的乡镇积极应对工作中存在的问题，及时解决问题，达到促进全市工作平衡发展的目的。认真开展计划生育统计培训工作。为加强计生队伍建设，提高计生队伍的业务素质，2015年6月2日和9月15日分别召开年度计划生育工作业务培训会。会上对47个单位的统计人员进行业务及操作培训，并与公安、教育、妇幼保健等信息与计生基础数据进行交换与比对。做好各类计划生育报表和统计资料的上报和分析工作。全年除按时上报各类计划生育报表外，还坚持每个季度对全市报表显示的各种指标进行分析，并将分析结果上报给局党委，提出具体建议，对全市计划生育工作的平衡发展起到一定的促进作用。

【专项工作任务】 计划生育“三金”申报工作。一是独生子女父母奖励金申报工作。完成培训、调查、登记、核实、公示、网上录入指导工作，对数据上报准确度进行了抽查，全年完成100890人（其中，新增3303人，退出7363人）独生子女家庭的年审和统计上报工作。二是农村计划生育家庭奖励扶助工作。2015年，按要求完成27357人对象的调查、登记、核实、公示、录入的指导工作，并按期完成资料审核、网上录入审批、资料归档汇总和继续享受对象的年审上报工作。其中，省上4073人（退出1851人，新增2242人），国家23284人（退出295人，新增4747人）。三是计划生育家庭特别扶助工作。全年完成1159人对象的调查、登记、核实、公示、网上录入的指导，数据上报、准确度的抽查工作。其中，伤残225人(新增35人，退出4人)；死亡934人（新增175人，退出15人）。四是手术并发症确认工作。全年完成51人（新增14人，退出0人）对象的登记、上报、组织工作。计划生育统计监测点工作。2015年，全市4个监测点均属省级第二年监测，4个监测点单位都做到机构不散、工作力度不减，层层签订责任书，明确工作目标落实工作任务。对四个乡镇进行业务培训；指导成立各级监测点工作机构；对4个乡镇育龄妇女数据库的清理进行全过程督察和指导，做到每月到4个监测点进行工作指导；每季度对监测点数据指标进行分析，找准问题帮助立即核对和修改，以达到符合省、市的要求；完成监测点每季度对国家、省市的各种报表和统计资料的审核、上报工作。“计生e通”试点扩面工作。2015年，全市完成18个乡镇的191个村，38

个社区289部终端的安装、培训、使用工作。各单位可实时动态进行人口信息采集录入和信息修改，大力提升全市卫生计生统计管理水平，提高工作效率，提升统计质量，同时减少采集信息的复杂度，取代纸质工作。截至9月月底，全市登陆289人，登陆17890次，新增525条，修改6951条，报表查询5239次；应处理13702条，共处理13702条，处理率100%，有效处理率91.97%。信息掌握的及时性、完整性显著提升，实现信息管理质的飞跃。做好育龄群众生育意愿调查工作。按照省卫计委要求，对公安数据、育龄妇女数据进行比对核查工作。为全面完成育龄妇女数据修改工作，市卫计局制定实施方案，组织督查组，实行定期进度通报，纳入业务工作目标考核范围抓落实，指导各乡镇采取入户调查和信息比对等方式开展核查和调查工作，做到“不漏户、不漏人、不漏项”。加强部门协作，收集公安户籍信息、教育入学信息、新农合信息、出生医学信息、预防接种信息、流动人口出生信息等相关部门信息进行核查，并协调公安部门将全市88.3万户籍人口基本信息数据共享，在规定时间优质完成比对和修改工作；逐一核实，对全市221726名育龄妇女（包括其配偶信息及子女信息）基础信息进行核查，修正错误信息25928条、漏报人数757人。其中信息有误育妇人数9280人，含姓名错误1282条、性别错误235条、出生日期错误831条、身份证号码错误含缺失3350条、婚姻状况错误3582条，漏报人数199人。信息有误配偶人数6305人，含姓名错误1297条、性别错误247条、身份证号码错误（含缺失）2472条、与育妇关系错误489条、婚姻状况错误1800条，漏报人数218人。信息有误子女人数10343条，含姓名错误3179条、性别错误334条、出生日期错误505条、身份证号码错误（含缺失）5815条、与育妇关系错误319条、政策属性错误55条，孩次错误136条），漏报人数340人。完成阶段性工作任务。

【综合治理出生人口性别比】 2015年，市卫计局联合市公安局、市食药工监局、市文广新旅局、市民政局和市妇联等部门制定相应的实施意见，成立领导小组，进一步加强加大全市出生人口性别比综合治理工作力度，完善党政重视、部门协作、社会参与的综合治理工作机制，开展集中整治“两非”专项行动，促进社会性别平等和人口性别比趋向自然平衡，全市出生人口性别比始终稳定在合理区间。

【流动人口管理】 一是做好信息平台监管及督促通报工作。建立卫生计生单位互动机制和市外区域协作机制，完善各乡镇流动人口计划生育服务管理平台的应用，坚持执行“周二回复制”和“月通报制”。保持重点服务管理对象信息反馈率、避孕节育登记信息通报接收率、一孩生育服务登记信息通报接收率、手术服务登记信息通报接收率四个100%。2015年，全市总人口87.38万人，全市流动人口总数150762人，其中流出人口147674人，流出已婚育龄妇女56883人，办证41372人，办证率90.31%，流入人口3088人，其中跨省流入514人，省内流入2574人（其中跨省流入育龄妇女218人，验证196人，建档218人），验证率89.9%，建档率100%。二是做好流动人口卫生计生公共服务均等化工作。2015年，江油市被确定为绵阳市流动人口卫生计生公共服务均等化建设示范县，市卫计局按照工作要求，采取点面结合，试点示范相对集中的方式统筹组织实施，层层抓落实，形成行之有效的流动人口服务管理模式。把大堰乡红豆村作为流出人口卫生计生公共服务示范点，太平镇永丰社区作为流入人口卫生计生公共服务示范点，通过示范点建设，形成可借鉴、可复制、可推广的经验，为下一步在全市推开流动人口卫生计生公共服务均等化打下坚实的基础。三是强化流动人口管理区域协作。2015年，江油市卫计局与成都市成华区签订《流动人口计划生育一盘棋区域协作协议》。双方履行协议内容，加强交流，提升流动人口管理服务质量。四是加强流动人口一孩网络办证和推进流动人口婚育证明电子化改革工作。进一步优化流动人口计划生育办证程序，全面推行网上办证服务。谇举措为流动人口提供了高效、便捷的服务。

【计生协会工作】 深入开展协会工作，推动基层协会建设。2015年，因卫生计生机构改革，迅速调整计生协会成员，进一步统一思想，并根据实际情况，进一步制定工作目标，指导乡（镇）认真对照标准，按照目标、现状、差距、措施、完成期限和责任人等内容，进行逐条量化细化，并作为有关人员年终考评奖惩的依据，做到目标明确，责任落实，推动协会各项工作的开展。把协会活动与计划生育综合改革和计生各项工作结合，与开展“婚育新风进万家”活动结合，与推进计生“三结合”、搞好优质服务结合，与开展创优活动结合，与青春期健康教育培训相结合，使协会活动真正落到实处。按照省计生协会的要求，完成江油市《计划生育协会组织机构及人员基本情况》的统计上报工作。全市共有498个协会组织，有协会成员93960人。

【计划生育“三结合”工作】 计划生育“三结合”（即计生工作与发展农村经济相结合，与帮助群众勤劳致富奔小康相结合，与建设文明幸福家庭相结合）帮扶工作与为民办实事、办好事、联乡包村工作相结合，同部署、同检查、同奖惩，各乡镇积极配合帮扶单位做好相关工作，确保帮扶取得实效，帮扶对象得到实惠。2015年，重点帮扶750户，其中新增户215户、帮带户540户，完成率100%；建帮扶基地40个，完成率100%。

图37 2015年10月14日，国家卫计委到江油市人民医院督查卫生计生工作

【生育关怀】 积极开展生育关怀行动，组织实施“计生特殊家庭帮扶模式探索项目、独生子女家庭意外伤害保险项目、青春期健康教育项目工作”。全市“计划生育特殊家庭帮扶模式探索项目”投入20万元，覆盖780余户，1200余人，全年开展心理抚慰、生活关怀、邻里照顾，整理家务等帮扶活动1015人次；走访慰问特困家庭185户；看望40余户生病住院的家庭；对11户家庭遭遇重大变故的家庭给予紧急救助和慰问；看望慰问3户再生育子女的家庭；举办一次失独家庭联谊会。开展独生子女家庭意外伤害保险工作，投保30万元，办理子女死亡理赔11人，理赔金额11万元；生病住院理赔10人，理赔金额25500元。

（卫计局）

江油年鉴

社会民生

Social Livelihood of the People

概　述

江油市民政局是负责全市社会救济救助、地名区划、婚姻登记、殡葬管理、基层政权建设、拥军优属等与人民群众的生产生活息息相关的综合行政管理部门。承担着维护和保障社会困难群体基本生活权益、基层民主政治建设、为军队和国防建设服务、专项社会事务管理四大方面共70多项业务。内设党委办、行政办、监察室、救灾救济福利和社会救助股、优抚安置股、最低生活保障股、财务审计股、基层政权建设和社会事务股、政务服务股、慈善总会办公室。机关直属事业单位市老龄办、社区建设办公室。下属事业单位10个：精神病医院、社会福利院、殡仪馆、光荣院、救助站、军干所、皮肤病防治院、殡葬管理所、老年大学、救灾物资储备仓库。至2015年，全系统共有在编干部职工165人，其中公务员23人，参照公务员管理4人。

2015年，市民政局秉承“以人为本、全程服务”民生工作理念，按照“依法行政、规范管理、创新实干、勇创一流”工作要求，严守低收入群众的“底线民生”、改善群众急盼的“重点民生”、保障惠及全民的“基本民生”，坚持服务发展大局，各项工作得到顺利推进。2015年，江油市获“第十届省级双拥模范城（县）”称号，市第三人民医院成功创建为“全国二级甲等专科医院”。民政部副部长宫蒲光亲临江油调研第二次地名普查、社会救助和养老服务体系建设工作给予高度肯定。全国“双拥”办副主任、总政治部群工办主任少将李辉实地调研督导江油市创建全国“双拥”模范城工作，并给予高度评价。2015年11月，四川省民政厅在江油市召开全省儿童福利服务指导中心现场会，并介绍推广江油经验。在江油市“政风行风满意度测评活动”中获第一名。

全年，全市城镇职工基本养老保险参保人数达19.39万人（其中，领取退休待遇9.56万人），基金本级收入9.28亿元，本级支出20.35亿元。全市城乡居民社会养老保险覆盖35.43万人，实际缴费人数19.85万人，实现基金本级收入5094万元，本级支出12982万元。全市城镇职工基本医疗保险参保11.3万人，实现基金本级收入3.13亿元；城镇居民基本医疗保险参保13.1万人，实现基金本级收入1720万元。全市工伤保险参保6.67万人，实现基金本级收入3008万元，为4365人次支付待遇2277.05万元。生育保险参保5.85万人，实现基金本级收入1197万元，为651人支付待遇567万元。失业保险参保3.92万人，实现基金收入3661.25万元，基金支出3456.25万元。

江油市有23个少数民族，有宗教团体4个，开放的宗教活动场所17处，有登记备案的宗教教职人员96人，有信教公民约12万人。随着中国共产党的民族政策和宗教信仰自由政策的全面贯彻落实，全市的民族宗教工作逐步规范化、制度化，民族宗教领域和谐稳定。

全年，全市城镇新增就业人员7355人，城镇登记失业率3.97%，动态消除零就业家庭；组织开展特色招聘活动15场，提供就业岗位24000多个，达成意向性用工协议3000余人；农村劳动力实名制登记入库转移就业人数23.8万人。

全市实施幸福美丽新村、基础设施、特色产业、电子商务、医疗卫生、文化惠民、社会保障、能力提升、生态建设、社会参与、金融支持、基层组织建设、旅游产业“十三大重点扶贫工程”。2015年，全市6975人实现脱贫。

城乡居民生活

2015年，江油市城镇居民人均可支配收入26340元，比2014年增加2058元，增长8.5%。其中人均工资性收入16088元，增长4.7%。人均消费支出17572元，增长7.8%，其中食品支出6635元，增长4.2%。城镇居民恩格尔系数为37.8%。

2015年，全市农村居民人均可支配收入13078元，比2014年增加1158元，增长9.7%，快于城镇居民收入1.2个百分点，城乡居民收入差距逐渐缩小，收入比由2014年的2.23∶1降为2.01∶1。其中工资性收入5550元，增长9.7%。农民人均生活消费支出10537元，增长10%。其中食品支出3893元，增长11.5%。农村居民恩格尔系数为36.9%。

（统计局）

社会福利

2015年，全市配套落实社会养老服务体系建设资金1168.6万元，全面完成各项养老床位民生工程目标任务。其中，民办公办养老机构新增、维修改造养老床位550张；45个（城市25个、农村20个）城乡社区老年日间照料中心建设项目和为困难家庭失能老人及80周岁以上老人1.14万人提供居家养老服务项目提前全部完成；城乡社区居家养老服务覆盖率分别达到100%和62%。

灾害救助

【救灾救济】 加强救灾应急指挥体系建设，实现省、市、县三级视讯信号互联互通。按照“防大灾、备大灾、救大灾”要求，建立和完善救灾预警、应急响应、灾害评估等工作机制。加强灾害信息员队伍建设，采取多种形式，对全市村（社区）干部进行灾害信息报送培训，切实提升灾害应急响应和灾害评估、核查、报送能力。积极开展防灾减灾和救灾应急宣传教育。围绕“识别灾害风险，掌握减灾技能”主题活动，针对不同群体，大力开展形式多样、内容丰富的防灾减灾和救灾应急管理宣教活动，发放宣传画册1000多册。加强市救灾物资储备仓库、7个山区乡镇物资储备站、9个村级物资储备点的规范化建设管理，提前做好棉衣、棉被、帐篷等救灾应急物资的储备，确保救灾应急期间的物资需求。截至2015年年底，市物资储备仓库储备有帐篷405顶、棉被4560床、棉衣1676件、棉褥400床、毛毯500床；乡镇站（点）储备有棉被3620床、棉衣2796件、大米35吨，保障困难群众安全温暖越冬需求。

【慈善救助】 积极开展扶贫济困慈善救助活动，协助富临集团、市运管所、慧兴众（北京）能源科技有限公司、江油市汇星电器等企业（单位）开展慈善帮扶工作，累计发放慈善资金近50万元。积极组织开展慈善募捐活动，为尼泊尔、中国西藏强烈地震灾区募捐1.62万元。落实金秋助学金15.4万元，资助46名学生。

城乡最低生活保障

2015年，城乡低保工作全面贯彻国务院《社会救助管理暂行办法》，加大对低保工作从业人员业务能力定期培训力度；全面推行分类施保；进一步完善动态管理下的“应保尽保和应退尽退”机制；全面建立居民家庭经济状况核对机制，实现社会救助信息化核对、网络化管理，核对信息资源共享。截至12月月底，全市共有城市低保对象2298户，3350人，月发放低保资金193.2万元，累计人均月补差297.7元，累计发放保障金1274.4万元。1—12月，新增城市低保对象250户，330人；取消城市低保对象571户，944人。全市共有农村低保对象11497户，18705人，月发放低保资金702.298万元，累计发放保障金3436.18万元，累计人均月补差156元。1—12月，新增农村低保对象2702户、3877人，取消农村低保对象1987户、3705人。

精神卫生

2015年，江油市第三人民医院完成并通过“国家二级甲等精神专科医院”的等级评审。医院按照二甲专科医院标准，进一步完善各项规章制度，持续改进质量与安全管理各项工作。全年收治入院病人1362人次，出院病人1317人次，门诊就诊27733人次；收治优抚对象60人次，为327人进行精神残疾、智力残疾鉴定，为群众提供免费检查和咨询6030余人次。

城乡医疗救助

完善城乡医疗救助制度，全面建立“一站式”医疗救助，城乡低保对象参保参合率达到100%。医疗救助工作规范运行，政策范围内住院自付费用救助比例不低于70%。完善以住院救助为主，突出重特大疾病救助，兼顾门诊的医疗救助模式。探索大病医疗救助的办法，适时提高救助比例。拓宽筹资渠道，加大资金投入。截至2015年12月月底，全市城乡医疗救助累计救助29773人次，发放救助资金832.8万元。城乡医疗政策范围内住院自负费用救助比例达75%。

拥军优抚

【拥军优属】 春节、“八一”建军节期间，市委、市人大、市政府、市政协主要领导组成4个慰问团,走访慰问市境内10个驻军单位，2个优抚事业单位（军休所、光荣院）。在全国首个烈士纪念日（9月30日）举行“江油市烈士纪念日烈士公祭仪式”，四套班子在家领导和市级各部门负责人，老战士、军休干部、烈士遗属代表，学生代表、人民警察代表、驻江官兵代表等390余人参加公祭仪式；走访慰问全市289户烈士遗属，发放慰问金14.4万元。发放义务兵家庭优待金749.9129万元（785户），达到2014年度农民人均纯收入9533元的标准。江油市获得“第十届全省双拥模范城”称号，并启动争创全国第十届“双拥”模范城工作。

【安置工作】 接收2015年度退役士兵417人。其中，选择自主就业退役士兵406人（义务兵272人、一级士官77人、二级士官20人、三级士官19人、四级以上士官18人）；符合政府安排工作条件的转业士兵25人；选择老政策自谋职业退役士兵9人；市属以上厂矿、企事业单位子弟2人。做好退役士兵就业技能培训工作，退役军人职业技能培训率在自愿的基础上达到100%。全年共培训退役士兵279人。对符合政府安排工作的转业士兵落实工作岗位，2015年12月，江油市民政局与市编办、人社局、财政局共同协商，对全市2015年7月转业的25名士官安置就业岗位。

【优抚工作】 2015年，全市共有各类优抚对象7846人（其中，“三红”5人、“三属”136人、老复员军人683人、带病回乡退伍军人721人、伤残人员535人、“双参”人员658人、60周岁农村籍退役士兵4971人、烈士子女137人）。严格执行各类优抚政策，保障优抚对象的合法权益，对优抚对象的抚恤补助实行资金封闭式运行，通过银行直接打卡至优抚对象的“一折通”账户，伤残金每半年发放一次，其他优抚对象定抚、定补每月发放一次。伤残金、定抚定补执行《关于调整部分优抚对象等人员抚恤和生活补助标准的通知》标准，所有优抚对象的定补、定抚经费均按要求按时、足额兑现到优抚对象手中，全年共计发放优抚金2910.1万元（其中，伤残金809.8万元，定抚定补1976.3万元）。继续推进优抚对象医疗费“一站式”结算服务工作，2015年，优抚对象住院二次补助金额达到56.5万元，惠及优抚对象896人次；下拨优抚对象医疗补助22.55万元，解决部分优抚对象看病就医难的问题；支助重点优抚对象参保参合，惠及2366人，支助参保、参合费用共26.7万元。

基层政权建设

【基层政权】 开展村（居）委会成员培训，邀请省民政厅基政处领导就《中华人民共和国村委会组织法》《中华人民共和国城市居民委员会组织法》和“五民”（即村事民议、村务民决、村财民管、村廉民督、村干民评）工作法对440名换届后的村（居）干部进行培训，提升基层干部业务水平和工作能力。按照《关于全面深化改革和加强基层群众自治和创新社区治理的通知》，指导全市各村（社区）建立和完善“村规民约”“居民公约”和村（居）民自治章程。进一步抓好村（居）务公开，深入开展民主评议和村(居）委会主任述职、述廉工作。进一步完善村（居）民诉求表达、利益协调、矛盾调处和权益保障等机制。不断完善村（居）务监督委员会运行机制，充分发挥村(居）务监督委员会的民主监督作用。

【社区建设】 2015年，全市社区阵地建设共计新增面积1500平方米,投入30万元打造15个标准化社区，新增3个志愿者服务标准化社区。市民政部门指导各乡镇政府（办事处）依法规范居务公开的形式、时间、程序和内容。坚持做到“事前、事中、事后”全程公开，坚持把财务公开作为居务公开重点，实现居务公开从“单项”到“多项”，切实保障居民的知情权。进一步加强社区工作者队伍建设，与西南财经大学社会工作发展研究中心签订2015年社工人才队伍建设合作协议，共计培训240余人次。截至2015年年底，全市社区工作人员通过社工师考试的人数已达到46人，占社区工作人员的14.8%。严格按上级要求落实社区经费保障，全市场镇社区、城市社区办公经费分别提高到5万/年、8万/年，社区干部保险费用纳入市财政统一预算并按时拨付到位。

（民政局）

老龄工作

【老龄人口变化】 截至2015年12月，全市总人口885620人，其中60周岁以上户籍老人201140人，占总人口的22.7%,比2014年增加7899人。100岁以上老年人口数为41人，比2014年增加5人。

【高龄补贴】 2015年，全市补贴90~99周岁老人2123人20183个月1009150元；补贴100周岁以上老人47人464个月92800元。

【敬老宣传】 省老龄网站采用江油老龄办稿件6篇：《不留死角，江油全面排查养老机构安全隐患》《耄耋老者晕倒街边无人敢救，七旬大爷仗义扶救“不怕摊上事儿”》《贴心服务老人，细心彰显真情——江油市2014年开展政府购买居家养老服务工作简报》《江油市六标准评选“江油十佳孝星”》《江油市隆重表彰“十佳孝星”》《八旬老人，孝的坚守》；绵阳日报采用3篇：《年轻的江油义新乡敬老院院长张巧浙江卫视秀梦想——带爷爷奶奶们看看外面的世界》《三种模式关爱困难老人》（绵阳日报2015年5月25日第A3版）、《特困退役军人获结对帮扶》（绵阳日报2015年6月8日第A3版）；绵阳老龄工作简报5期、今日江油采用15篇、江油电视台报道老龄新闻26次。开展第一届江油市“十佳孝星”评定。市老年大学被评定为A级老年学校。

（老龄办）

殡　葬

深化殡葬改革，提升服务能力，加强殡葬法规、政策宣传，全市火化率稳中有升。进一步落实惠民殡葬政策，实现惠民殡葬政策的扩面、增项和提标。大力倡导生态安葬、绿色低碳祭扫、文明节俭办丧。继续完善“三标一体化”（指方针、目标统一化，管理职能一体化，体系文件一体化，过程控制协调化，绩效监控同步化，持续改进综合化）管理，切实提升殡葬行业服务理念和服务水平。火化区火化率保持在99.9%以上。

（民政局）

婚姻与家庭

【婚姻登记】 依法规范开展婚姻登记工作。进一步增加婚姻登记处服务项目，协调引入江油市法院婚姻家庭巡回法庭、婚前免费医学检查等便民服务项目。加强婚姻登记员业务培训，先后2人次到省厅学习并取得婚姻登记员资格证书，切实提升婚姻登记质量。全年累计办理结婚登记7259对，离婚登记3220对，补领结婚证4569对，补领离婚证197

对，出具无婚姻登记记录证明4964份，查询婚姻档案1143份，婚姻登记合格率100%。

【寻找“最美家庭”特别行动】 2015年1月，江油市委宣传部、市文明办、市网信办、市妇联联合开展以“家风力量·幸福守望”为主题的“向幸福出发”——寻找“最美家庭”特别行动。经过广泛宣传，全市广大家庭积极参与，通过层层筛选、严格审核、投票公示等环节，最终评选出最具代表性的10个家庭为年度江油市“最美家庭”。

（民政局 妇 联）

2015年度江油“最美家庭”一览表

表12

序号	户主姓名	家庭人口（人）	家庭住址	事迹简介
1	彭 莉	3	江油市涪江路西四巷恒瑞爱嘉 1-601	彭莉系江油市第四人民医院外一科护士长，丈夫 1989 年应征入伍，在沈阳军区某部服役 12 年，作为军嫂她独自承担了很多。丈夫转业后，她依旧努力工作，默默奉献，获得好评
2	赵志梅	4	马角镇岳村 2 组	担任村干部，带领全村发展种养殖致富，热心公益，照顾“五保”户，成立老年协会，为老人提供居家服务
3	马继惠	6	江油市鸿馨家园	爱国守法、诚实守信、家庭和睦、邻里团结，全家人互相尊重，互敬互爱。马继惠鼓励下岗子女自谋职业，大孙女在 2014 年全国高考中以优异成绩考取中国政法大学法学专业本硕连读
4	叶开碧	3	江油市中坝镇滨江社区滨江巷 3 号	丈夫失明，一家通过辛勤劳动，开面店，幸福和睦
5	文在军	4	河口镇生产街 19 号	孝敬父母，家庭和睦，夫妻齐心，热心公益，积极帮助弱者，开展学雷锋服务活动
6	马永英	3	广胜村 2 组	一家人不放弃，照顾从小患脑瘫，生活不能自理的女儿
7	黄 欣	5	江油市金信小区	作为一名军嫂，默默在后方支持丈夫，独自承担家庭重担，抚养孩子。一家幸福和睦
8	李映桂	4	新兴乡双沟村 3 组	家庭和睦，妻子照顾全身不遂的丈夫
9	瞿永康	4	武都镇和平街	年近八旬的双亲不离不弃照顾领养女儿（2006 年因车祸成植物人），助其康复
10	徐永蓉	4	云集乡牛郎村 2 组	丈夫在外打工，妻子尽心尽力服侍和抚养因患白内障双目失明的婆婆和两个女儿

（妇 联）

社会保障

【基本养老保险】 2015年，全市城镇职工基本养老保险参保人数达19.39万人（其中，领取退休待遇9.56万人），基金本级收入9.28亿元，本级支出20.35亿元。全市城乡居民社会养老保险覆盖35.43万人，实际缴费人数19.85万人，覆盖率达96%，实现基金本级收入5094万元，本级支出12982万元。办理退休6963人，初审转报并办结特殊工种提前退休665人；办理企业职工基本养老保险关系转移接续手续1849人，其中转出540人，转入1309人；办理城乡居民保险向城镇职工养老保险转移3407人；解决老失地农民参保历史遗留问题653人；清缴社保欠费7244万元，催缴成效排名全绵阳市第一。

【基本医疗保险】 2015年，全市城镇职工基本医疗保险参保11.3万人，实现基金本级收入3.13亿元；城镇居民基本医疗保险参保13.1万人，实现基金本级收入1720万元。全年共计拨付171家定点医疗机构医疗费用3.09亿元（其中，职工医疗保险拨付2.82亿元；居民医疗保险拨0.27亿元）；基本医疗保险经办机构窗口手工报账4824人次、报销金额达6423.38万元（其中：职工医疗保险报销3247人次、金额5671.22万元；居民医疗保险报销1577人次、金额752.16万元）。做好大病补充医疗保险工作，创新性与承办保险公司签订《补充协议》，针对限价特殊医用材料报销作出详细规范。住院和门诊发生的经审批同意使用的特殊医用材料费用中超过基本医疗保险最高限价部分，由大病补充医疗保险按进口材料45%、合资材料50%、国产材料55%的比例报销。全年共计赔付金额1181.24万元（其中，职工大病补充医疗保险赔付7894人次、金额831.37万元；居民大病补充医疗保险赔付10664人次、金额349.87万元）。

【工伤保险】 2015年，全市工伤保险参保6.67万人，实现基金本级收入3008万元，为4365人次支付待遇2277.05万元，对全市135名领取工伤固定待遇的人员进行了生存验证。确定工伤职工定点协议医院12家；正式启动工伤医疗费用“专家库”联审工作；协助绵阳完成84人的劳动能力等级鉴定工作。

【生育保险】 2015年，生育保险参保5.85万人，实现基金本级收入1197万元，为651人支付待遇567万元。

【失业保险】 2015年，失业保险参保3.92万人，实现基金收入3661.25万元，基金支出3456.25万元，其中，为失业人员1957人，13989人次核发失业保险金1404.77万元，职工医保支出528.3万元。审核并发放2014年度、2015年度失业保险支持企业稳岗补贴1523.18万元。

【社保基金管理】 基金财务核算严格按照社会保险基金财务会计制度，真实、完整地反映基金收入和支出，严格执行收支两条线管理。2015年，对全市定点医疗机构、零售药店、诊所分别开展集中整治活动，共查处违规（约）单位31家次，按协议5倍扣除罚款18.5万元，另处违规（约）金共计12.5万元，暂停定点资格8家，限期整改12家。

【机关事业单位养老保险制度改革】 认真贯彻落实国务院《关于机关事业单位工作人员养老保险制度改革决定》和四川省有关文件精神，切实做好机关事业单位养老保险制度改革前期准备工作。至2015年年底，基本完成全市661家（含下属事业单位571家）机关事业单位，在编人员19570人的参保登记和基础数据申报审核工作。

【企业离退休人员社会化管理】 2015年，登记新办企业离退休人员6963人；完成企业离退休人员领取基本养老金资格的认证95063人，认证率99.96%。组织乡镇就业和社会保障站（社区）开展好有益于老同志身心健康、寓教于乐的各项文体活动、节日庆祝活动462场，参加人员40898人次。创建达标企业离退休人员标准化管理服务社区13个。

【基层平台建设】 2015年，以42个乡镇就业社保中心（分中心）、439个村（社区）就业社保工作站为依托，按照“调研—试点—全面铺开”三步走部署，全力推动人社经办服务向基层延伸。全年实现下移经办服务项目8大类、51项，其中，延伸到乡镇中心（分中心）的经办项目32项，延伸乡镇社区（村）的经办项目19项，方便基层群众享受人力资源和社会保障服务。

（人社局）

民族宗教事务管理

【概况】 江油市有回族、满族、羌族、藏族、彝族、土家族、苗族、布依族、蒙古族、侗族、白族、高山族、壮族、朝鲜族、哈尼族、傣族、锡伯族、水族、纳西族、仡佬族、撒拉族、维吾尔族、土族23个少数民族。全市有宗教团体4个，开放的宗教活动场所17处，有登记备案的宗教教职人员96人，有信教公民约12万人。随着中国共产党的民族政策和宗教信仰自由政策的全面贯彻落实，全市的民族宗教工作逐步规范化、制度化，民族宗教领域和谐稳定。针对江油民族宗教工作面宽量大、任务重的情况，江油市委、市政府高度重视民族宗教工作，将民族宗教工作列入重要议事日程列入各乡镇（部门）工作考核内容。坚持突出党委政府在加强民族宗教工作中的领导作用，在全市营造宣传民族宗教政策、落实民族宗教政策的良好氛围，为江油经济社会发展起到积极的推动作用。

【民族工作】 高度重视民族工作，经常深入到少数民族当中，与他们交换意见、谈心，加强沟通，增进感情，了解他们的生活情况，帮助他们解决实际困难，最大限度维护民族团结和少数民族的权益。2015年年初，江油市政府拨付专项资金22万元用于西山回民墓地围栏建设，清真寺管委于2015年9月建成西山回民墓地围栏；11月，市财政拨付专项资金10万元用于西山回民墓地危房改造；市民宗局、民政局部门联动，利用清真寺闲置房屋投入30万元建设回族群众日间照料中心。针对少数民族流动频繁的特点，建立少数民族流动人口一人一卡的登记制度，详细登记其流出地、籍贯等，做到外来人口管理底子清、情况明。

【宗教事务管理】 全面贯彻中国共产党的宗教信仰自由政策，依法管理宗教事务，积极引导宗教与社会主义社会相适应。坚持每季度组织宗教界人士集中学习，认真开展以“纯正信仰、持守教规、清静道场”为主题的和谐寺观教堂创建活动。切实解决宗教教职人员和信教群众最关心、反映最强烈的教风方面问题，着力提升“教风年”创建活动实效。加强农村社会主义精神文明建设，在全市开展滥建小庙专项治理工作，有效遏制滥建小庙现象。截至2015年年底，全市拆除小庙386处，改作他用291处，就地封存185处；对初步具备开放条件的15处予以保留。加强宗教场所重大活动的管理，各宗教场所举行大型的宗教活动必须提前申报，每次各场所的重大宗教活动，市民宗局的工作人员全程参与活动。建立健全“两室六员一队”制度［“两室”指警务室、调解室；“六员”指警员、调解员、安全员、法制宣传员、卫生防疫员、村（居）协理员；“一队”指义务消防队）］，促进宗教场所的规范化管理。完善宗教维稳排查工作机制，加强对重点宗教场所、重要时期的排查工作，把矛盾纠纷化解在萌芽状态。建立宗教领域维稳矛盾纠纷调处机制。进一步健全江油市宗教工作联席会议制度，定期召开会议，强化宗教维稳工作的领导力度。增强场所责任主体意识，严格落实安全责任制，加大宗教活动场所内部安全隐患排查整治力度，全面提高场所安全防控能力，确保宗教活动场所的安全。按照国宗局“依法、依规、科学、有序管理”的要求，要求各场所着眼长远，高品质编制总体规划，并根据总体规划，开展对宗教场所的拆除、迁建、修建和撤并等工作，使宗教场所的布局合理，功能逐步完善。2015年，市政府投入资金200余万元，对罗汉寺山门前道路进行亮化、绿化，新建停车场，解决信众停车难、出行难的问题，实现弘扬、传承宗教文化和江油旅游文化产业互补性发展的良性互动。在全市范围内组织开展形式多样的反邪教宣传活动，其中二郎庙镇党委、政府联合民宗、司法、科技、防邪办等部门针对宗教活动场所及其教职人员开展宗教事务、普法、科普和防邪反邪方面知识的集中教育培训活动。通过开展警示教育活动，进一步增强各宗教团体、各活动场所处理邪教问题的能力，使爱国主义教育和反对邪教、抵御渗透更加深入人心。市民宗局与司法局、法院、律师事务所联合举办“法制宣传教育”进宗教场所活动，向宗教教职人员、宗教场所（团体）管委会成员及信众代表专题宣讲《宗教事务条例》《中华人民共和国消防安全法》等方面的法律法规知识，改善以罗汉寺为代表的开放宗教场所的法制环境，进一步提高宗教教职人员和信教群众的法律意识、国家意识和公民意识。统战部、民宗局的组织全市宗教界和信教群众积极参加在2015年开展的“宗教慈善周”活动。以宗教活动场所为单位开展扶贫、济困、助残、救灾、养老、助学等公益慈善活动10余场次，共支出善款2万余元。

（民宗局）

劳动就业

【就业促进】 2015年，全市城镇新增就业人员7355人，其中，城镇失业人员再就业1941人，“4050”等就业困难人员再就业768人；城镇登记失业率3.97%，动态消除零就业家庭；组织开展“就业援助月”“春风送岗位”“民营企业招聘周”“高校毕业生现场招聘会”“退役士兵专场招聘会”等线上线下特色招聘活动15场，提供就业岗位24000多个，达成意向性用工协议3000余人；农村劳动力实名制登记入库转移就业人数23.8万人。

【“大众创业、万众创新”工作】 制订出台《江油市人民政府关于大力促进高校毕业生创业的实施意见》《江油市人民政府关于进一步做好新形势下就业创业工作的实施意见》等一系列支持政策，扩大创业扶持范围，将未纳入国家机关、事业单位编制管理的年龄35周岁以下，毕业超过5年未满10年的普通全日制高校毕业生和毕业未满10年的国民教育非普通全日制大专及以上毕业生全部纳入，并将本级创业扶持资金增加到300万元。深入开展以“弘扬创业精神”为主题的第三届创业明星和创业能手争创活动，并在5月江油市创新创业大会上对江油创业明星和创业能手进行了表扬。10月，启动“众创江油、联想未来”江油市首届创新创业大赛。积极搭建科技孵化园（省级高校毕业生创业孵化基地）、创客中心、颐高电子产业园、大康百合花国际博览园、新安农业公园等创业就业平台。全年累计培训创业学员584人，创业指导服务200余人次，发放小额担保贷款288万元，扶持成功创业196人。

【职业培训】 全年组织各类培训129期、4892人，其中，品牌培训248人，35周岁以下青年劳动者2467人，创业培训584人，春雨第六期项目举办技能培训、种养殖技术培训422人，涉及20多个专业（工种）和农业种养殖技术，覆盖第一、第二、三产业。

【劳务输出】 全年农村劳动力输出转移23.4万人，公共就业机构组织化转移输出2400人，实现劳务收入32.98亿元。

【劳动监察和农民工合法权益保护】 2015年，全面实施建设领域农民工保证金制度，收到15家单位缴纳保证金1400余万元。清理检查劳务派遣单位100家、涉及2000余人，及时纠正16家劳务派遣单位不规范用工行为。全年共处理拖欠（农民工）工资投诉举报案件200余件，涉及4500余人、涉案金额近1.1亿元，其中处理大型恶意欠薪案件7件，涉及3000余人、5800余万元，严厉打击拒不支付劳动报酬的违法行为，维护劳动者的合法权益。

（人社局）

扶贫开发工作

【概况】 2015年1月21日，将市扶贫和移民局的扶贫开发职责整合，组建市扶贫开发局，为市政府直属事业单位。秉持“全域、全员、全面、全程”的理念，坚持大投入拉动、连片扶贫与精准扶贫双轮驱动，构建“2+13”脱贫攻坚体系，市委制定《关于创新实干坚决打赢扶贫开发攻坚战确保同步全面建成小康社会的决定》和《江油市农村扶贫开发规划（2010—2020年）》两个指导性文件，实施幸福美丽新村、基础设施、特色产业、电子商务、医疗卫生、文化惠民、社会保障、能力提升、生态建设、社会参与、金融支持、基层组织建设、旅游产业“十三大重点扶贫工程”。2015年，全市6975人实现脱贫，贫困发生率下降至2.5%。

【成立脱贫攻坚领导小组】 2015年12月28日，江油市成立由绵阳市委常委、江油市委书记李江，市委副书记、市长马辉任双组长的脱贫攻坚领导小组，并制订领导小组议事规则，将脱贫攻坚工作纳入年度目标绩效考核，层层签订责任书，在全市上下形成“党政一把手负总责、五级书记一起抓”的局面。

【宣传工作】 2015年，市扶贫开发局编印发放《精准扶贫工作60问》《脱贫攻坚实战手册》《扶贫手册》《资料清单》等宣传资料4万余份（册），开设扶贫开发信息网站、编印工作简报，提炼、深化经验典型和特色做法，营造良好脱贫攻坚氛围。

【体制机制建设】 建立领导小组办公室发文办会、廉洁自律、首问责任等19项规章制度，完善贫困户数据库动态管理制度、贫困户收入台账登记制度、脱贫攻坚监督举报制度，建起以建档立卡业务子系统为中心、“六有”(即户有卡、村有册、乡有簿、县有档、市有卷、省有库）数据平台和“雨露计划”系统为支撑的数据掌控体系，全面监测全市脱贫攻坚进程。构建“验收评估、持续跟进、动态查摆、返贫帮扶”四项机制，严格贫困人口、贫困村“脱贫销号”标准和退出程序，落实“八个一”（即一个村派驻一个工作队、制定一套帮扶措施、确定一批帮扶项目，一个贫困户制定一个帮扶措施、确定一个增收项目、落实一名帮扶人员）帮扶机制，让“高标准全面小康”更持续、更长效、更彻底。

【贫困识别】 落实“两公示两公告”制度，按照“市县—乡镇—村—户”四级网络运行和村民公开测评比选的方式，采用“层级式”纵向和“评议式”横向相结合的方式精准识别贫困对象，广泛接受群众监督，精准识别40个乡镇、77个贫困村，复核锁定贫困户8215户、贫困群众22472人（另复核特殊困难群众118人）。

【“五个一批”扶贫工程】 2015年，分类实施扶持生产和就业发展一批3534人，移民搬迁安置一批79人，低保政策兜底一批1191人，医疗救助扶持一批2445人“五个一批”扶贫工程，开展建档立卡回头看，完成“六有”数据录入。

【脱贫帮扶】 梳理和把握各乡镇、村、户的脱贫需求，细化村摘帽规划和户脱贫计划，29名县级领导、4896名干部职工与扶贫对象“联穷亲、结对子”，89个市级部门和103户企业与77个贫困村“一帮一、多帮一”，做实“百企帮百村”活动，依托爱心扶贫网、广播电视台和论坛等平台，将贫困户、贫困村的需求信息与社会扶贫资源互联共享。截至2015年年底，发动103家企业爱心奉献，帮扶资金600余万元，培训贫困户400户，帮助就业2100人。

【基础设施建设】 大力实施区域交通建设大会战、幸福美丽新村建设、易地扶贫搬迁、职业技能培训工程，实施“道路畅通”“农村用水”“宽带乡村”等扶贫基础设施项目11个，通村公路硬化率达100%，修建一批水利设施，解决2万余农村人口安全饮水问题，架设一批供电设施，解决300余户、1000余名群众用电问题。完成120户特困户农房改造。启动永胜、武都、二郎庙、云集、新春、石元、敬元、枫顺8个乡镇、9个点、173户贫困户易地扶贫搬迁工程。培训贫困户651人、培训“第一书记”622人次。

【产业发展】 落实乡镇党委书记抓主导产业责任制，深入实施“农业产业转型升级和贫困群众增收提速计划”，坚持市场运作与群众自主相结合、部门带动与社会帮扶相结合、“短平快”项目与长效项目相结合“三个结合”，围绕特色农业、优势工业、乡村旅游等产业生成一批增收项目，打造“一带一业、数村一品”的产业发展格局。围绕推进文农林旅深度融合发展，采取“公司+专业组织+农户”“专业组织+基地+农户”“合作社+大户+贫困户”等运作模式，引导有发展基础的乡镇、村组，打造建设产业扶贫示范区和产业扶贫示范村。实施产业项目10个，新建贫困村产业基地23个。

【扶贫专项资金】 2015年，产业发展投资省级财政扶贫专项资金338.4万元，整合2000万元山区丘区发展资金，进一步优化财政支出结构，逐年加大脱贫攻坚资金预算和安排涉农资金整合力度，以当年计划脱贫摘帽的贫困村和贫困户为重点，集中80%以上的项目资金投向贫困村和贫困人口。

【移民帮扶】 2015年，发放移民后期扶持资金、养老保障金387.58万元。完成近6000人的移民后扶人口和150余个移民后扶项目的数据录入。组织实施2014—2015年跨年度切块资金项目、应急资金项目15个，投资295万元。启动2015—2016年跨年度切块资金项目11个，投资225万元。通过项目实施，为移民安置区村组新建硬化机耕道18.35千米、建成人畜饮水工程1处、维修提灌站1处、新修农业灌溉用渠道720米，项目受益群众4310人，使移民安置地生产生活设施条件得到明显的改善。完成沉水水库库区和影响区37户、116人的移民搬迁安置任务。完成进场路、上坝路、环库路涉及3个村、7个组、137.66亩耕地及林地的征地实物补偿工作，兑付资金310余万元。完成施工区4号渣场、生活区等临时用地涉及2个村、5个组、25.6亩耕地及林地的征地及实物补偿工作，兑付资金约15万元。完成沉水水库116人的后期扶持直发直补申报工作，并国务院批准，于2016年1月正式向移民发放直补款项。启动沉水水库淹没区、枢纽区涉及3个村、6个组约950亩耕地及林地的征地补偿费计算工作。实施沉水水库库区719.8米高程以下、距坝址1.55千米范围内库底清理工作，完成林木砍伐310.6亩、房屋拆除5320平方米。

【移民技能培训】 全年开展移民群众政策法规培训、技能培训和实用技术培训1130人/次，投入培训资金30万元。

（扶贫开发局　农牧局）

江油年鉴

办事处·乡镇简介

Introduction to the Office, the Villages and Towns

办事处

江油市华坪办事处

【概况】 江油市华坪办事处辖3个社区（华坪双马、华坪君山、华坪银河），总户数2495户，人口10700余人，其中常住人口6659人；管理离退休人员3425人（其中离休干部19人、超龄退休人员125人），退养人员191人，公伤残人员14人，遗孀25人，军烈属15户；有在册中共党员967名，其中社区中共党员924名。

2015年，办事处加强中国共产党的建设，继续做好中国共产党的群众路线教育实践活动整改落实各项工作，深入推进“单元化联户共建共享工程”，开展精准扶贫和“双联”工作，在“三严三实”专题教育中认真开展“三走遍一深入”活动，坚持民生优先，不断加强各项社会事业建设，努力维护辖区和谐稳定。全年解决辖区住房困难群众经济适用房15套、公租房22套，并完成分配工作；落实原国营八五七厂职工破产清算期间3个月生活费补发工作和住房公积金建立补交核算工作；组织开展辖区群众文化娱乐活动10次，丰富居民精神文化生活；完成对江油基地住房排水管网改造工作，改善江油基地人居环境；组织辖区下岗失业、就业困难人员参加就业招聘会4次，参加人员106名；开展辖区环境综合整治工作，对辖区“三乱”进行专项治理，为辖区居民提供良好的生活环境；认真开展大调解及“六五”普法、平安江油建设工作，进一步加强辖区内社会治安综合治理和矛盾纠纷排查、化解工作；加强计划生育宣传工作和精神文明建设工作；开展精准扶贫各项工作，认真落实帮扶措施，赠送枫顺乡清花村异地搬迁2户群众建房水泥15吨，提供该村发展车厘子产业购置种苗资金5000元；全年实现8户、17人脱贫，走访慰问31户贫困村民，共计发放慰问金1.86万余元；完成对八一镇、文胜镇联系村“双联”帮扶工作；认真开展拥军优属，拥政爱民活动，为8户军属1户烈属家庭统一挂上“光荣军属”门牌，认真开展对革命伤残军人、军烈属走访慰问活动，完成创建全国“双拥”模范城资料组卷工作；健全机构，强化组织领导；积极宣传防震减灾知识，增强辖区群众防震减灾意识；深入排查、消除安全隐患，修订完善应急预案，提升救援实效。

【综治维稳】 大力开展“平安创建”活动，建立完善“组织、制度、责任、落实、督查”五个保障机制；健全落实维稳工作责任制和不稳定因素台账，对涉及社会稳定的重大信访矛盾及时召开专题会议，限期解决。落实领导接待日制度和重点信访包案制度、信访调处联席会议制度，2015年，信访案件量呈下降趋势。认真履行网格化服务管理工作职责，及时排查治安、安全隐患解，解决群众诉求。继续建立健全信访维稳信息网络；加强群众思想政治宣传工作，对网上信访和上级转办件进行及时处理；认真做好反邪教工作，加强防范控制工作，认真贯彻执行上级处理邪教组织及有害气功组织的各项政策，加强教育转化和回访帮教工作，深入开展宣传活动，提高人民群众认识邪教、辨别邪教、防范和抵制邪教的意识和能力；进一步丰富辖区居民业余文化生活，加强群众思想政治工作，充分利用标语、宣传栏、画廊等形式，宣传中国共产党的路线、方针和政策。

【环境综合整治】 高度重视城乡环境综合治理工作，积极开展专项治理，加强环卫管理，持续治理“五乱”现象，为辖区居民提供良好的生活环境。落实社区环境卫生工作责任制，确保辖区主要街道的干净整洁。积极广泛宣传环境整治的重要性和必要性，加强华坪综合市场、双马辖区临时市场日常监管。通过网上宣传、发放宣传资料等方式扩大宣传力度，使“七进”活动的开展深入人心。

【扶贫开发】 扎实开展精准扶贫工作，认真落实干部驻村帮扶和结对帮扶各项措施，积极开展走访和慰问贫困户活动。做好八一镇、文胜镇联系村“双联”和联乡包村工作，不断推进对联系村扶贫工作的开展。

【惠民服务】 华坪君山社区老年日间照料中心建设项目完成并投入使用。完成双马辖区门卫至桥街道路面铺设工作。完成江油基地168户居民楼下水及卫生间改造工作。完成双马辖区健身娱乐设施建设工作。按时足额发放离休人员津补贴、退养人员生活费，代收、代缴退养人员基本养老保险及大额医保，完成城镇居民医疗保险参保目标任务，办理企业离退休人员、超龄退休人员领取养老金资格认证，发放独生子女家庭奖励金。完成低保普查、社会救助工作。对原八五七厂破产清算中有毒有害岗位和保全工未做认定档案进行清理。

【安全生产】 加强供水、供气的安全管理，定期进行安全检查，及时排除安全隐患，抢修天然气主管线漏气点6处，完成供水3号机组改造更换工作和对辖区住户水、电、气故障的维护维修和部分供水管道的改造工作，保障辖区居民正常生活秩序。高度重视安全生产教育和管理工作，认真组织开展消防安全隐患排查工作，严格执行安全检查制度，防范安全事故发生，全年无安全事故发生。

【基层党建】 华坪办事处党委年初与辖区3个社区党总支签订党建工作责任书，带头向社会公开承诺，全年召开党建工作专题会议4次，到社区调研党建工作3次，对班子抓党建工作存在的问题进行专题研究并进行整改，确立专（兼）职党务工作者2人，按时为社区党组织划拨工作经费并投入5万余元专项工作经费加强社区党组织配套设施建设，确保党建工作的顺利开展。

【单元化联户共建共享工程】 2015年，华坪办事处辖区共建立33个联建单元小组，有1299户联建户、3300余人参与。办事处研究制定“单元化联户共建共享工程”实施方案并成立领导小组，建立健全奖惩机制。同时，把“单元化联户共建共享工程”纳入社区年度目标考核重要内容。组织动员机关干部和辖区党员群众积极参与“五联”创建（即党建工作联抓、扶贫济困联扶、文明新风联倡、和谐平安联创、公益事业联办）活动，充分发挥示范带头作用，进一步增强服务群众的意识。

【“三走遍一深入”活动】 落实工作责任，机关、社区干部普遍走访辖区群众，对贫困残疾人、空巢和孤寡老人、老上访户等困难群体的走访基本实现全覆盖。同时，办事处党委将该项工作纳入各股室及干部个人年终考核，实行量化考核，从制度上保障办事处“三走遍一深入”〔即市级领导干部走遍乡镇（街道），县市区（园区）县级领导干部走遍村（社区），乡镇、村干部走遍群众，市、县机关干部深入一线〕活动开展得有质量。活动期间，办事处全体干部累计走访784户家庭，召开座谈会4场，对268户贫困残疾人、空巢和孤寡老人、低保家庭、待业人员、老上访户、老中共党员等群体进行专题走访。

（赵丽娟）

江油市长城办事处

【概况】 江油市长城办事处负责中坝、厚坝、含增、武都四个镇原长钢生活区居民的社会化管理和服务。办事处内设党政办公室、劳动社会保障股、社会事务和计划生育办公室、社会治理办公室、社会事务服务中心、劳动保障所，下设9个社区（中心、南二、北二社、南苑、临江、二万八、西坪、盘江、潼江）等。成立9个党总支，40个党支部（含9个流动党支部），90个党小组。有常住人口2.13万户、70770人，其中攀长钢公司退休和买断职工2.3万余人（含集体企业退休人员约3200人），中共党员约5200余名。2015年，长城办事处积极开展“三严三实”主题教育实践活动，认真贯彻落实中央“八项规定”，不断探索和创新德治、法治和自治相结合的社会治理新模式，克服新常态下面临的诸多困难和压力，全面完成全年各项目标任务。

【社会治理创新】 2015年，长城办事处党委围绕市委总体部署，上下联动，着力提升四种能力：以狠抓道德建设，提升居民自我教育的能力；以创新基层民主自治，增强居民自我服务的能力；以加强法治宣传，增强居民守法用法的能力；以坚持依法行政，增强社会治理的能力。并坚持立足于“五个结合”：法治建设与道德建设相结合；法治建设与居民自治相结合；法治建设与政策落实相结合；法治建设与社会治理相结合；法治建设与解决实际问题相结合。深入开展“法律七进”活动，重点宣讲《中华人民共和国老年人权益保护法》《中华人民共和国婚姻法》《中华人民共和国城市居民组织法》《中华人民共和国物权法》《中华人民共和国劳动法》以及有关案例等；办事处和社区均设立法治宣传专栏，累计发放各类法治宣传资料万余份，更新法治宣传栏1000余期，悬挂法治宣传标语200余副，网页刊登法治宣传新闻300余条，自制法治宣传读本3册，法律法规汇编2本。坚持依法行政，构建良好的社会秩序。收集整理各类便民惠民政策50余条，编制《便民惠民服务指南》，确保政策的公开透明，营造良好的政务服务环境。针对各类上访，办事处请当事人和法律顾问进行面对面的沟通，正确引导居民通过合法途径维护自身权益。认真组织学习居民自治条例，深入开展“单元化联户共建共享工程”，着力构建“1355”群众工作模式，各社区制定《居民公约》《五联公约》，大多数居民从过去依赖企业大包大办的观念转变为主动参与自治的观念。办事处围绕社会公德、家庭美德、个人品德、职业道德的教育和引导，先后涌现出一大批优秀传统道德的先进个人。通过道德模范的引领作用，热心公益、谦让友爱的良好氛围正逐步形成。深入推进网格化服务管理，年内通过网格化办理各类事项5943件，居民信息登记78292条。办事处依法治理工作先后接待市各乡镇及部门200余人，红原县、凉山州依法治市办公室30余人学习交流，绵阳市依法治市工作督导组10余人检查指导，《绵阳日报》《四川法制报》等媒体专访。办事处依法治理工作得到市委、市政府的肯定。

【民生工作】 加强各项政策的落实和执行力度，保证中国共产党和国家的惠民政策最大程度地惠及辖区居民群众。办事处便民服务中心对计生民政、劳动保障、综合咨询、信访接待4个服务窗口积极推行“开放式办公、一条龙服务、一站式办结”的服务模式。全年共接待群众咨询1000余人次、接待退休人员异地就医办理事项76余人次、解答就业和医保、养保及退休人员社会化管理相关政策380余人次、办理失业人员证明60余人次、办理退休人员养老金账号变更230余人次、办理退休人员死亡的相关手续130余起、办理“生育服务证”66余份、办理“独生子女父母光荣证”68份、“流动人口婚育证”17余份、对外出具婚育证明310人次、解答各类计生问题咨询500余次、办理申请补领婚姻登记证明100份、出具各类涉及婚姻、低保、优抚、残疾等方面的证明30人次。2015年，确定低保户98户，141人；实施城市医疗救助5人，发放医疗救助金1.3万余元；办理居民养老保险4400人；新增就业44人；做好残疾人“量服”工作的入户调查和个性化服务方案的制定。9个社区开展了为期4天、269人参加的白内障筛查工作；对中坝辖区内65周岁以上老年人进行健康免费体检；积极开展社会救助和社会保障工作，利用节假日开展送温暖活动，走访慰问困难群众850余人次，其中对38户因家庭成员患重病造成生活困难的家庭，发放临时生活救助金5.6万余元，确保困难群众正常的生活需要。

【信访和综治维稳】 长城办事处制定出台《政法工作要点》《2015年信访工作要点》《长城办事处加强和创新社会治理工作实施方案》和《加强和创新社会治理宣传工作方案》等指导性文件和工作方案。将社会治理工作纳入全年目标管理。领导班子坚持每月召开维稳工作例会制度，对出现的不稳定因素和突出信访问题进行分析和研判，讨论化解方案。创新矛盾纠纷大调解机制，深入开展“平安联创”。整合社会力量资源，参与社会管理，先后组织辖区内企事业单位、社会各界人员积极参与化解各类社会矛盾纠纷，办事处90个党小组全建在网格中，以社会网格化管理为载体，对基层矛盾纠纷发现及时、协调有序、处置有力。社区建立健全矛盾纠纷调解档案和台账管理，据统计，办事处全年共排查矛盾纠纷73件，成功调处42件，维护辖区社会稳定。对屡次到省、市非正常上访、缠访、闹访的老户，强化思想教育转变，做好稳控工作。完善信访稳定调处机制。实行领导接待日制度。办事处全年接待群众来信来访63人次，处理各类信访问题15件次，未发生一起群体上访事件及民转刑案件。加强防邪警示教育，全年开展领导干部学法4次，举办法治讲座3次。各社区充分利用宣传栏、橱窗和标语加强反邪教宣传工作，各社区共出防邪专栏30期，向“凯风网”投稿6篇。认真开展排查工作，积极组织各社区对“法轮功”等邪教组织进行调查摸排工作，建立健全邪教历史对象、邪教关注对象、邪教重点对象、邪教防范对象等台账。坚持定期回访、座谈、跟踪管理，随时掌握他们的思想动态和现实表现情况，认真落实帮教措施，用心关爱，用情转化，有效预防和减少反复现象的发生。

【单元化联户共建共享工程】 充分发挥基层党组织的政治引领作用，突出基层实践创新，制定工作措施。各社区认真组织实施“三级联评”机制，共设立“居民小组”77个、划分“联建单元”433个，推选热心公益、公信力强、敢于担当的居民担任联建单元小组长。先后召开60余次推进会，制作、更新宣传橱窗（栏）30余期，制作各类宣传手册5000余份，制作各种宣传物品1万余件（环保袋、纸扇等），举办知识竞赛3期，开展“我与‘单元化联户共建共享工程’”征文活动，收到各种征文20余篇，举办宣传文艺演出5场，召开居民小组宣传动员会1.2万余人次，通过形式多样的宣传方式使辖区常驻居民知晓率达到85%以上。加强对中共党员的教育引导，让广大党员主动融入、模范带头、示范引领，带动群众全面参与。以解决热点、难点问题为工作切入点，如荒废绿化带的地面硬化、树木排危修剪、排污管道的疏通、路灯楼道灯等56件问题的解决和处理，赢得辖区群众的广泛认同。建立长效机制，抓骨干、树典型，做到相互学习，探索积分奖惩机制，养成群众参与活动的积极性和自觉性，真正实现居民自我教育、自我服务、自我管理、自我监督、自我评价、自我提升的目标。

【帮扶工作和精准扶贫】 摸清辖区内困难家庭、留守家庭、留守妇女、留守儿童、待业人员、老上访户、外出务工中共党员、残疾人、低保户、孤寡空巢老人等情况，分类建立台账10个。认真走访贫困残疾人、空巢和孤寡老人、留守妇女儿童、低保家庭、待业人员、老上访户等困难群体。办事处党委成员每人重点联系走访2户困难家庭，机关干部重点走访联系1户困难家庭。据统计，办事处党委成员和机关干部共走访困难群众90余户。推动精准扶贫工作，对所联系村开展实地调研，听取意见建议，了解精准扶贫工作开展情况和贫困群众的生产生活情况，重新核定精准扶贫对象27户，协助联系村制了产业发展规划、基础设施建设规划、贫困户帮扶工作方案。建立制作帮扶标识、公示栏等宣传内容。着力打造将台村“无公害土鸡”“无公害生猪”养殖基地和“无公害核桃”“葛根”种植基地。长城办事处通过与市扶贫局和云集乡联系，对联系的村开展实用技术和勤劳致富意识培训，使百姓增强致富本领和致富观念。全年支持村上基础设施建设10000元；走访慰问贫困户15户、60人，帮扶资金每户600元，共计9000元。2015年，帮扶的15户中共有14户脱贫。

【环境综合整治】 根据市委市政府统一部署，结合实际，长城办事处成立创建工作领导小组，配套制定宣传工作方案、“六类”专项治理工作方案、文明劝导工作方案，做到组织保障、责任到人、过程督导、实效明显。将全国文明城市创建与单元化联户共建共享工程、网格化管理与服务等工作紧密结合，加大宣传力度，引导居民逐步主动参与，自觉维护良好社会、生活环境的创建成果。加大以“环境卫生、市场秩序、食品卫生”为重点的“六类”专项治理工作力度，组建文明劝导队，在重点时段、重点路段开展交通秩序文明劝导工作，宣传创建全国文明城市工作内容及意义，规劝居民、商户的不文明行为，提升辖区居民的文明意识。机关干部和共建单位每月按期参加中心社区“城市清洁日”活动。中坝四个社区党员志愿者服务队开展义务劳动2000人次。

（陈荣辉）

图38 2015年4月20日，江油市委副书记李平率乡镇和市局领导参观交流长城办事处依法治理工作成果

综合发展类乡镇

中坝镇

【概况】 中坝镇是中共江油市委、江油市人民政府所在地，为全市政治、经济、文化、交通、通信中心，东连三合镇，西接太平镇，南距绵阳41千米、成都175千米，北距广元160千米。宝（鸡）成（都）铁路，绵（阳）江（油）高等级公路、绵（阳）广（元）高速公路纵贯其中，交通、通信十分便利，是四川省历史上的“四大名镇”之一。全镇面积10.09平方千米，辖21个社区居委会（涪利、花园、画屏、明月、银河、纪念碑、桃源、天宝、天府、先锋、新场、诗仙、金轮、太白、滨江、明珠、华丰、昌明、大河、涪江、东胜），4个行政村（幸福、城北、华丰、金轮），17个村民小组。境内有3

2015年江油市中坝镇各行政村基本情况一览表

表13

村名	面积(平方千米)	户数(户)	人口(人)	农村经济收入(万元)	农村经济总费用(万元)	农村经济净收入(万元)	农民人均纯收入(元)
幸福	0.3	439	918	8810	8260	550	14285
城北	3.5	1189	2879	8485	7291	1194	11992
华丰	0.5	425	920	7875	7481	393	10955
金轮	0.7	423	756	2611.74	1740.42	871.32	13148

所幼儿园、4所小学校、1所初中、1所卫生院。耕地面积144公顷。辖区常住人口为137889人(其中，农业人口0.33万人)，主要为汉族，也有回族、羌族、藏族等少数民族。

2015年，中坝镇实现规模工业总产值4.27亿元，比2014年增加5.7%；规模工业主营业收入38340万元，同比增加3%；协议引资6.45亿元，实际到位资金5.1亿元。财税收入实现2.41亿元，同比增长11.36%。农民年人均可支配收入达15186元。

【农村工作】 2015年，全镇帮助9户、22人脱贫；新型农村合作医疗保险参保人数达11198人；农村小额人身保险2200人；全面完成政策性农业保险投保等各项惠农政策保险工作任务。

【第三产业】 2015年，全镇现代服务业增加值增幅18.7%，服务业税收占三产业比重88.6%；限额以上社会消费品零售总额完成45.65亿元，同比增长18.9%。

【招商引资】 全年引进1亿元以上项目2个，5000万元以上项目2个；培育限额以上企业16家，培育科技型中小企业21户。

【城市建设】 旧城改造：新场三组片区全部签订协议，全年共拆迁26户，拆迁面积13898.03平方米；原职中片区旧城改造共拆迁40户，拆迁面积约14000平方米；解放北路片区项目拆迁151户，拆迁面积16900平方米；2015年9月，重新启动太白公园拆迁工作，共拆迁45户，拆迁面积13834平方米；涪江北路西区新居工程竣工交付使用，被拆迁群众已入住。2015年，全镇共拆迁368户，拆迁面积68717.03平方米。按时完成4宗闲置土地清理工作。纪念碑人防工程施工进展顺利，基本完成路面施工项目。拆除治违。全年共投入工作经费20余万元，工作人员22人，完成重点区域房屋图片锁定共1682栋；建立违建摸底台账502宗；镇违建监察中队配合江油市城市城建监察大队共查处违法建设154处（其中已建立台账的有105户），发出停工、整改通知93份，依法拆除非法占地和违法建设共14759.4平方米。

【文明城市创建工作】 为创建全国文明城市，中坝镇投入经费20余万元，出动人力1000余人次，发放各类宣传资料5.2万份，悬挂张贴大标语35幅，小标语1800余幅，开设专栏95处，组织群众性宣传活动21次。集中治理“五乱”（即垃圾乱丢、摊点乱摆、工地乱象、广告乱贴、车辆乱停），将治理工作重点向背街小巷、城中村延伸，累计清运垃圾1000余立方米，清除城市小广告3.6万余处。大力整治集市周边环境，配合市级部门，参与规范占道经营120余次、规范停车位220余处等行动。

【信访和维稳】 2015年，中坝镇共接待来访群众15批次，接待来信来访12件，办理完成12件，上级交办的8件全部办理完毕，“省长信箱”交办1件、“书记信箱”交办18件、“市长信箱”交办4件全部办结，信访局交办件全部办结。全力做好“两会”“涉原八五七厂”、人防工程修建期间、“四会一节”、企业军转

图39 2015年4月3日，中坝镇电子商务进社区启动仪式暨培训会在江油市诗城大酒店举行

干部以及日常的信访稳定工作。“大调解”机制工作成效显著，全镇各人民调解委员会全年共受理调解申请1037件，成功调处率达100%。

【安全生产】 开展“安全生产月”活动，进行安全大检查，每半个月均对全镇进行全面的安全隐患排查，全年开展各类安全检查30余次，查处并整改隐患50余处。开展各类宣传40余次、发放各类宣传资料13000余份；与各村、社区及辖区有关企事业单位签订《安全生产目标管理责任书》《消防安全管理责任书》《农村交通安全管理责任书》。

【民生事业】 低保优抚：对低保对象实行动态管理和“应保尽保”，在全镇范围内进行低保家庭经济收入核查，规范管理低保档案资料。全镇有农村低保53户、85人，全年累计发放资金16.8万元；城镇低保455户、721人，全年累计发放资金244.8万元。为全镇380名优抚对象全年发放优抚金325万余元，为9名特困重点优抚对象发放补助5.4万元。困难帮扶。为全镇162名一级残疾人、154名二级残疾人申报重残护理补贴；为74名残疾人申报居家托养补贴；为17名残疾人申报每人每年365元的机动轮椅车燃油补贴；为44名残疾人申报居家灵活就业直补。办理城乡医疗救助21户，救助金额5万元。审核办理临时救助83户、22.47万元。全镇312名90周岁以上老人，每人每年发放高龄补贴600元，6名百岁老人，每人每年发放高龄补贴2400元。为辖区553名困难失能老人提供每人每年300元的养老服务。

（李斌娥）

三合镇

【概况】 三合镇位于江彰平原的涪江以东，面积86平方千米，与市中心隔江相望，东靠贯山乡、新安镇、大堰乡，南接彰明镇，北及武都镇、双河镇，西临涪江。全镇丘陵与平原各占辖区总面积的50%，其中城镇面积10.1平方千米。三合镇东北为丘区，林木葱郁，景色宜人，西南部为平坝区，土地肥沃，工业发达。全镇地势北高南低，平均海拔550米，北部石岭片区为浅丘地形，南部三合片区属平原地形。气候温和，日照充足，雨量充沛，年平均气温17℃，年降水量700~1200毫米，属亚热带湿润

2015年江油市三合镇各行政村基本情况一览表

表14

村名	面积(平方千米)	户数(户)	人口(人)	农村经济收入(万元)	农村经济总费用(万元)	农村经济净收入(万元)	农民人均纯收入(元)
双流	2.5	1292	3076	18994	16829	4608	14315
柏盖	1.5	887	2302	4273	2777	3474	14442
桂香	3.5	961	2707	5724	4049	3938	14202
松林	3.2	813	2586	4333	3054	3845	13600
宝轮	2.6	670	2069	7432	6705	3171	13515
羊河	3	1256	3832	12501	10236	5706	14275
新发	2	824	2395	4823	2531	3567	13546
广胜	5.6	1043	3193	8582	6248	4582	13590
喻家观	8.6	1286	3785	7755	5395	5082	14073
龙桥	1.9	792	1976	7260	5707	2677	12705
北林	2.5	1300	3500	16527	13715	5507	14257
白至	2.7	708	2025	5775	3954	2986	13047
双江	2.5	836	1578	3207	1787	2061	13040
蟠龙	1.5	847	1700	3316	1673	2462	13052
杨家庵	11	994	3000	4418	2930	387200	14315
石岭	4.9	1068	2948	5779	4143	439270	14442
劳坪	2.7	557	1669	11753	10225	220943	14202
高坪	10.1	808	2645	6794	5027	348300	13600
瓦店	3.5	436	1296	3461	2377	169330	13515

季风气候类型。土地主要为冲击潮土，土质肥沃，水利资源丰富。境内蕴藏丰富的石油、天然气资源。江油发电厂、川西北石油矿区位于境内，工业能源充裕。全镇辖19个行政村（双流、柏盖、桂香、松林、宝轮、羊河、新发、广胜、喻家观、龙桥、北林、白至、双江、蟠龙、杨家庵、石岭、劳坪、高坪、瓦店），8个社区（江东、双流、迎宾、建北、石油、双江、老坪、川矿），总人口13.08万人，其中农业人口4.6万人。

图40　2015年9月，在三合镇召开全市党建推进现场会

2015年，全镇实现规模工业总产值76.3亿元，比2014年增长15.7%；规模利润总额5.5亿元，新增规模企业2家；实现财税收入1.82亿元，增长3.1%；固定资产投资6.3亿元；招商引资到位资金5.2亿元，引入亿元以上企业2个，5000万元以上企业2个，2000万元以上企业2个；实现社会消费品零售总额8.1亿元，新增限额以上商贸企业3家；农民年人均纯收入达到13969元，增长10.7%。

【工业经济】　全年新增规模工业企业2户、达到24户。新增科技型中小企业22户。投资6500万元的长祥特钢“易切削高端模具钢产业化项目”、六合锻造和新川矿技改升级项目全面完成。万利化工、陆亨能源等新能源项目顺利实施。完成工业集中区输气、供水管线及10千伏、35千伏高压线改建工作，东高东瓦10千伏线路新建工程成功实施，集中区主干道“喻火路”建成并投入使用，工业集中区配套能力和承载能力全面加强。

【农业经济】　全年新增龙头企业2户、种养大户8户、家庭农场2个、专合组织2个。投入农业基础设施建设资金400余万元，硬化村组道路13千米、水渠3千米，新建沼气池50口，维修塘堰12口。投入惠民资金150余万元，重建松林桥、何家桥、东岳庙桥等3座危桥。松林村天盛核桃基地、翠屏山食用竹笋基地、高坪村绿清蔬菜示范基地加快建设，以三旺科技、泊西农业等企业为主的生猪养殖业壮大发展。

【社会事业】　三合镇围绕产业发展做文章，着力实施精准扶贫。白至村打造食用玫瑰产业园1000亩，劳坪村发展附子种植园300亩，杨家庵村试种葛根40余亩。高坪村蜀丰农业，流转土地500余亩，种植核桃，养殖跑山鸡，发展循环经济。以产业促就业、以发展助民富成效初显，实现产业脱贫28户、51人。全镇全年实现脱贫47户、108人。社会保障体系更加完善，解决老失地农民参保486人，城乡居保覆盖95%以上。全年发放城市低保590户、7667人、297万元，发放农村低保783户、10953人、193万元，发放城乡困难群众临时生活救助金1082户、1659人、102万元。居家养老服务工作扎实开展，建成8个老年人日间照料中心，7个村级老年人活动中心。新居工程一期分配安置房806套、安置2256人，新居二期建设安置房1570套、计划安置3860人。分配1批公租房60户，发放货币补贴50户、4.82万元。全面落实“双拥”优抚政策，发放“三红三属”等人员补助金831万元。开展“单元化联户共建共享工程”周年纪念活动、机关职工迎春趣味活动。工青妇、民兵预备役、民族宗教等工作正常开展。

【城镇化建设】　在全市率先完成西成客专主线拆迁。全面完成中大路南一环、火车站游客接待中心拆迁工作。军民融合产业园、太合医药、东方玻璃、龙富东泰、羊河路（含宝羊路）、两新产业园（鑫鼎二期）等项目征地拆迁顺利，全年共签订房屋拆迁协议324户、附着物拆迁协议428户，拆除房屋210户、附着物311户。

【新农村建设】 争取“小农水”项目、“一事一议”、移民后扶、村级公共事业运行维护等专项资金590余万元，新增硬化村组道路10千米，新建维修塘堰24口，沼气池50口，硬化U型槽17千米。落实惠农政策，发放惠农补贴资金308万元。加大农业技能培训，全年进行农民职业培训240人次，有效转移农村剩余劳动力17345余人。

【环境治理】 深入推进全国文明城市创建，投入600余万元加大基础设施建设，组织1200余人次开展城乡环境综合治理、600余人次进行城市管理文明劝导。整治违法建设304宗、18379平方米。新建四川幼专校外摊位集中点1处，组织9名城管工作人员开展校外秩序常态监管。健全秸秆禁烧联防联控体系，杜绝焚烧现象。

【社会治理】 严格落实安全生产责任制，全年未发生较大以上安全生产事故。成功建设“四川省安全社区”。推进“六五”普法，提供法律援助27人次、法律咨询340人次，群防群治观念全面强化，不稳定因素有效防控。全年接待群众来访296批、1200人次，受理群众来信来访336件，办结330件，办结率98%。

（三合镇）

太平镇

【概况】 太平镇位于江油市城市西区，是江油政治、经济、文化中心的重要组成部分、江油市构建50万人口城市的重要核心。东与中坝镇相连，南与彰明镇、青莲镇接壤，西与含增镇、西屏镇交界，北与大康镇、武都镇毗邻。1992年9月建镇。全镇面积86.86平方千米，有耕地面积2.98万亩，其中，水田2.4万亩，旱地0.58万亩。辖4个城市社区、25个

2015年江油市太平镇各行政村基本情况一览表

表15

村名	面积（平方千米）	户数（户）	人口（人）	农村经济收入（万元）	农村经济总费用（万元）	农村经济净收入（万元）	农民人均纯收入（元）
龙茶	8.31	1680	5407	6369.5	3181.5	3188	11134
安丰	1.81	1203	3341	2602.1	1323.1	1279	11273
红旗	2.41	572	1607	2135.5	1498.1	637.4	11315
五星	2.2	850	2276	3160.2	1790.1	1309.4	11405
新华	2.17	1743	6497	6592	3764.7	2827.3	11435
大莜	6.68	1256	3090	4186.5	2452.3	1734.3	11213
德胜	2.15	2034	5204	2669	1269.7	1399.3	11356
会昌	2.57	1075	3689	3857.6	1938	1919.7	11213
红庙	1.75	1189	3352	3983.2	2057.3	1926	11721
桥楼	3.55	1026	3307	6456.8	3558.5	2898.3	14493
合江	2.23	852	2595	4420	2641.6	1778.4	14541
双胜	1.63	611	2113	3241.4	1601	1640.4	15002
竹林	1.53	582	2006	2523.3	1138	1385.4	11930
月爱	2.23	965	3064	3326.6	1765.3	1561.3	11193
泗洲	1.75	586	2068	2188.8	1204	984.9	11204
龙门	3.6	882	3007	3601.6	1910	1691.6	11111
天池	1.63	413	1303	978	518.7	459.3	11054
清华	5.9	599	2112	1933.8	980.1	953.8	11101
普照	2.34	714	2318	4064.7	2251.9	1812.8	14754
古柏	3.01	747	2459	6089.5	3498	2591.5	14801
石磐	5.75	903	2934	3178.5	1705	1473.4	11113
读书台	2.43	532	1789	1432.1	826.5	605.6	11302
边界沟	3.21	286	913	782.6	468.4	314.2	11088
青龙	11.2	769	2780	2916.3	1758.2	1157.8	11089
菱角	4.82	267	904	908	558.9	349.1	11081

行政村，225个村民小组。辖4个社区居民委员会（文风、德胜、永丰、涪滨），25个行政村（龙茶、安丰、红旗、五星、新华、大莪、德胜、会昌、红庙、桥楼、合江、双胜、竹林、月爱、泗洲、龙门、天池、清华、普照、古柏、石磬、读书台、边界沟、青龙、凌角），225个村民小组，总人口12.7万人（其中农业人口6.16万人）。境内有省级文物保护单位小匡山（李白读书台），县级文物保护单位月爱寺、龙门寺、普照寺等，有西山公园、天马森林公园、石磬景区、太阳岛等旅游、休闲胜地。

2015年，全镇实现工农业总产值17.8亿元，其中工业总产值12.5亿元，农业总产值5.3亿元。固定资产投资2.5亿元，招商引资、5.6亿元，财税收入实现2.14亿元。农民人均纯收入13660元。新建生猪养殖小区1个，引进农业产业化项目（草莓采摘园）2家；新增适度规模养殖大户5户，种植业大户6户。

【现代农业发展】 让水片属城市生态涵养区，也是城市水源地保护区，坚持以发展生态循环农业为重点，通过建沼气池，改建厨房、卫生厕所及标准牲畜圈舍，有效利用有机肥实施灌溉等方式形成种、养结合，循环利用的生态循环模式，取得良好的经济效益、社会效益和生态效益，初步建立起一个合理、高效、稳定的农业生态系统。在河西片区，坚持高效安全生态的发展理念，走规模化标准化路子，突出“一村一品”特色，大力发展大棚反季节蔬菜基地、附子及深加工基地和梅花鹿特色养殖基地，组建专业合作社，初步探索形成“专业合作社+公司+基地+农户”的产业化模式。2015年，全镇蔬菜种植面积达18400余亩，产量5.4万吨；特色中药材附子4200亩。绿色蔬菜和特色中药材基地成为农民增收的主要产业。

【提升服务业水平】 以镇党委书记主抓产业为导向，扎实推进城西新城区第三产业发展。积极支持发展壮大恒大国际商贸城、水果批发市场、九峰物流等物流市场；逐步完善西山片区内商业网点布局，川香园配送中心全面建成，片区所有入住楼盘均布局有超市、商铺片区服务功能得到进一步提升。全年新增限额以上商贸企业9个，达到50个，实现限额以上社会消费品零售总额9.2亿元。

【项目建设】 针对全镇拆迁项目任务多、时间紧，群众利益诉求格局多变、历史遗留问题复杂等问题，镇党委政府举非常之力、行非常之策，在尊重群众合法利益的基础上，坚定不移地推进各项项目拆迁工作。完成联想科技城、岳家桥、金燕路、A28、C21、风情月意、颐江国际电子商务产业园、S205线产业路等征地拆迁项目；S205线风貌打造、罗汉堰水系综合整治工程全面竣工；稳步推进李白大道西片区旧城改造、老政府北侧城中村改造、C22、汇星商贸中心等商业综合体、彰明铜星路、安丰567土地整理等征地拆迁工作。全年共拆迁房屋268户，附着物补偿300余户，征地安置1500亩，协调解决阻挠施工纠纷42起，有效化解矛盾，确保一大批重大项目高效强力推进。

【基础设施建设】 为进一步夯实农村发展基础，加大道路、沟渠等农田水利设施建设，进一步打造农村交通网，提高抗旱除涝和水资源保障能力，夯实农业和农村经济快速发展基础，2015年，新硬化水渠3.2千米，保养、维护、维修提灌站38处；对2处水库、31口塘堰和涪西堰、彰明堰、七里堰三大灌区的支沟毛渠进行紧急维护清淤，其中精修山坪塘6口；硬化整治村级道路11.5千米；解决凌角、青龙11个村民小组1980余人饮水困难问题。

【生态环境建设】 2015年，太平镇全力推进城乡环境综合治理工作，共投入42余万元用于环境综合整治，共清理垃圾、杂物213余吨、清污泥163余吨。村（社区）有日常保洁人员112人；在郊区及路口建垃圾房4处、垃圾池105处，添置清洁工具98余套，做到垃圾日产日清。同时，为打造江油道路风景线和城市名片，全镇大力推进S205线风貌改造工程，对沿线居民房前屋后环境卫生进行统一清理，对垃圾进行分类处理，全年共完成风貌改造1000余户，并通过全国农村生活垃圾治理检查验收。

【社会事业】 以开展计划生育优质服务、计划生育基层群众自治、婚育新风进万家等活动为突破口，积极搞好人口计生服务，全镇政策生育率达93.7%，长效节育率达73%，发放独生子女奖励51万余元，处理违法生育55例，征收社会抚养费158万元，计生工作连续7年被评为全市一等奖。加大教育文化事业投入，全面落实“两免一补”和“营养午餐”计划，关心关爱教师和学生生活，中小学生巩固率达到100%；广泛开展科技、文化、卫生“三下乡”活动，支持各村社区开展有益身心健康的文化娱乐活动，全年共举办群众活动20余次。

【社会保障】 2015年，大力实施精准扶贫、精准脱贫，经过精准识别，全镇共有贫困户165户414人。同时，全镇建立领导干部“一帮一”脱贫机制，到年底，共脱贫23户、44人。全面落实各项惠民政策，全年共计为18720人次城乡低保群众发放生活补贴资金320余万元，为8868人次优抚、优待对象发放生活补贴资金187万余元，为77名义务兵发放优待金73.4万元，为4名大学生入伍士兵发放奖励金1.2万元，为38名伤残军人发放伤残金57万元，对残疾群众进行实用业务技能培训130人，残疾人灵活就业300人，扶贫帮困残疾人25人。严格落实计划生育政策，全年共处理违法生育48例，共计为7700余户独生子女家庭发放奖励金89万余元。

【社会环境治理】 针对全镇历史遗留问题多，信访问题类别多、数量大等问题，整合派出所、司法所、国土、工商等各部门力量，深入推进“三访两解一考”“法律七进”“六五”普法、邪教人员“四帮一”、吸毒人员“五帮一”和平安创建工作，分类别建立重大矛盾纠纷台账、重点工程项目台账、特殊人群台账、突出信访问题台账等16个台账，建立矛盾研判、化解联系制度，领导包案制度，有效化解和解决了一大批涉及群众切身利益的困难和问题。2015年，共调处民事纠纷25件，接待来访群众170余人共计9件，接待市转案件7件，共帮扶吸毒人员274人，红庙村、德胜村被评为无邪教示范村。全年没有发生越级上访和群体性事件。

【安全生产】 按照“党政同责、一岗双责”的原则，全镇将责任目标层层分解，与各村（社区）、各部门、场镇单位签订包括校园安全、非煤矿山、道路安全等各类安全目标管理责任书10余项，健全安全生产检查、隐患整治等制度15项，制定并完善各项应急预案10余个，形成“纵向到底、横向到边”的安全生产责任网络体系，并召开专题安全知识培训会20余场，分行业对食品卫生、特种设备、校园周边环境等安全知识开展宣传咨询活动8次；设立警示牌25处，发放宣传资料8600余份，强化全民安全意识，营造出“以人为本、安全第一”的舆论氛围。2005年，全镇没有发生一起安全责任事故。

【单元化联户共建共享工程建设】 镇党委、政府将单元化联户共建共享工程作为加强基层组织建设、现代社会治理、精神文明建设的有效抓手，将全镇29个村（社区）共划分为928个联建单元，并制定五联公约，明确评比标准，建立奖惩机制，各村（社区）结合实际制订《党支部及村委会职责》《村民小组组长职责》《联建组长职责》《联建户的权利与义务》等制度，并围绕五联创建组织开展“优秀联建户”“优秀联建小组”“好媳妇、好公婆”“好邻居”等评选活动。2015年，通过开展单元化联户共建共享工程，全镇涌现出涪滨社区、永丰社区、双胜村和普照村等一批先进典型。

（余　希）

武都镇

【概况】 武都镇是江油的老县城、四川马克思、列宁主义先驱王右木的故乡，位于江油市境中西部，距江油市区15千米，面积146平方千米。东与永胜镇、双河镇连界，南与三合镇、太平镇相交，西与大康镇、北川羌族自治县毗邻，北与平武县接壤。全

2015年江油市武都镇各行政村基本情况一览表

表16

村名	面积（平方千米）	户数（户）	人口（人）	农村经济收入（万元）	农村经济总费用（万元）	农村经济净收入（万元）	农民人均纯收入（元）
公坪	2	898	1936	3453	1553	2669	13786
双埝	2.5	656	1612	1338.5	565.59	2198.61	13639
五通	1.1	778	2285	2954.2	1329.4	3401.1	14884
接官厅	7.8	1191	3759	6102.79	3114.08	5573.71	14828
豆坪	4	482	1524	2331.76	1006.96	2220.9	14573
汝州	4	639	1873	2608.75	1261.74	2557.76	13656
龙安	7.5	1040	3322	3886	1889	4456	13414
涪阳	2.9	725	2339	2484	1117	3147	13454
海金	3.3	1087	3591	5091.06	2286.31	4945.56	13772
圌山	7.8	564	1728	2030.1	923.77	2296.51	13290
金武	12.8	767	2322	3382.5	1623.6	3120.3	13438
田坝	5.8	401	1273	1831	897	1729	13582
兴印	9.8	623	2023	3581.56	1753.84	2716.69	13429
永放	15	565	1765	3013.47	1510.56	2348.6	13307
北山	34	468	1502	2218.62	1010	1981.14	13190
东坪	22	288	890	1430.58	676	1161.18	13047

镇辖16个行政村（公坪、双埝、五通、接官厅、豆坪、汝州、龙安、涪阳、海金、圌山、金武、田坝、兴印、永放、北山、东坪），3个社区居民委员会（圌山、右木、汝州），164个村民小组。全镇总户数20871户，其中农业户11172户；总人口6.6万人，其中，农业人口33744人，有外来人口1126人。人口自然增长率4.47‰。山林面积7472.48公顷；耕地面积1375.6公顷，其中水田1096公顷。

2015年，武都镇实现规模工业总产值36.8亿元，比2014年增长15%；财政收入0.65亿元，增长55%，其中，地方财政收入0.31万元；上缴国税、地税1.22亿元，增长34%。农村经济总收入47737.89元，增长7.2%；村级集体经济总收入635.26元，增长222%；农民人均收入13787元，增长16.3%。年末银行存款余额0.032亿元，减少0.021亿元。荣获“全国文明村镇”，绵阳市“先进基层党组织”“六好基层关工委”“老干部工作先进集体”及江油市“单元化联户共建共享工程先进单位”等称号。

【农业经济发展】 武都万亩蔬菜（香葱）、莲藕、高山种植和万头生态猪“四大主导产业”整体连片基地达到800公顷，新引进农业综合开发项目2个。大力推动农业由“生产导向”向“需求导向”转变，结合幸福美丽新村建设，启动勇辉农文旅综合体建设，勇辉生态农业新三板正式挂牌。豆坪观光农业核心区建设初具规模，接待能力达到200余人。武彩香都花博园农旅融合综合体项目一期核心区域建成并具备接待能力。围绕“业兴、家富、人和、村美”的新村目标，完成接官厅村、五通村、海金村幸福美丽新村建设。结合“黑宝彩谷”生态产业园建设，启动投资2亿元的“彩谷新村”建设。全年共新增种养殖大户7户，新成立家庭农场4家。同时，积极践行“互联网+”的发展理念，在省级贫困村永放村实施电子商务平台建设，在五通村全力打造电商服务中心，初步建立“互联网+农村”工作机制，引领互联网助力于农村农业发展。做好精准扶贫和异地扶贫搬迁工作，完成扶贫解困脱贫人口244人。

【工业发展】 以引进和培育高新技术产业及战略性新兴产业为重点，大力推进武都工业从传统冶金机械产业向新型材料、电子元件转型升级，共新增规模工业企业2家、限上商贸企业3家、服务业企业1家、科技型企业16家；招商引资成功引进新项目7个，其中投资上亿元的项目2个——金辉石业、伟尧电子，2000万元以上项目3个，协议投资额达23.9亿元，到位资金3.1亿元。加大重大项目建设力度，完成江油红狮水泥窑协同处置固废、东尼电子元器件一期、小企业孵化中心一期等项目建设，金辉石业精加工项目一期完成工程进度的80%，伟尧电子产业园开工建设。不断优化发展环境，进一步简化办事程序，真正做到“全程代办”，加强与企业的沟通联系，主动帮助企业解决生产经营的实际问题，协助企业争取上级的各种政策资金，稳住发展的基本面。

【商贸与旅游】 以农文旅融合发展为依托，唱响武都山水田园主题，成功举办第四届荷花节，初步形成集观光、旅游、养生、度假为一体的“泛旅游产业体系”。大力彰显武都厚重的历史文化底蕴，完成王右木纪念园灾后重建主体工程和省级文物保护单位东塔的重建、王右木故居的维修。

【村镇基础设施建设】 完成圌山大桥重建、垃圾压缩站、排洪沟清淤整治工程和农贸市场项目主体工程。建成日处理3300吨的污水处理厂，生态效益显著。不断完善农村基础设施建设，实施村道建设10千米，新建、整治渠道40.24千米，整治塘堰45口，新建、改建提灌站6处，整治地质灾害2处，完成3个村的农村安全饮水主管网铺设工程建设，为解决9000余人的农村群众安全饮水问题奠定了基础。有序推进农村集体土地确权发证工作，完成农村危旧房屋改造5户。进一步规范场镇停车位，着力改善场镇交通秩序。规范垃圾收集管理，对城镇垃圾进行无害化处理，实现城区及城区周边的7个村生活垃圾集中清扫清运处理，营造整洁的生活环境。持续开展秸秆禁烧工作，加大农村面源污染整治力度，还原农村原有生态风貌。

【社会事业】 加大困难人员救助力度，困难群众临时生活救助40余人次，网上医疗救助449人次，发放各类民政资金500余万元，发放残疾人各类补助资金20余万元。认真落实好基本养老、基本医疗等惠民工程，城乡居民社会养老保险缴费达10837人，完成汝州社区老人日间照料中心、桃花岛老年公寓建设和570余名80周岁以上失能老人的居家养老服务工作。新型农村合作医疗参合率达到100%，城镇居民职工医疗保险缴费1434人，村卫生站标准化建设全面完成。大力实施就业促进工程，城镇新增就业和失业困难人员再就业达到350人。进一步完善计生服务管理工作，“稳妥推进单独两孩”政策，人口自然增长率为2.45‰，符合政策生育率93.12%。全面促进教育均衡、优质、特色发展，太白中学本科硬上线达597人，获得绵阳市高考综合评价特等奖，本科上线人数、上线率、上线增幅连续7年位居绵阳市示范性高中第一。全年组织群众文化活动近10次，并在全市“中华经典诵读”文艺会演中获一等奖。文化站主体工程全面完工，并完成3条国家健身步道初步规划方案。推行“网格化管理模式”，划分网格19个，有效化解各类社会矛盾212件，解决历史遗留案件12件，处理来信来访82件，综治、反邪防邪等工作顺利推进，保持大局和谐稳定。扎实做好11个地质灾害点监测工作和安全生产工作，确保全年无重特大安全生产事故发生。基层政权建设、殡葬管理、公共卫生、食品药品监管工作成效显著。进一步完善预警、应急机制，突发事件应急处理能力不断增强。扎实开展兵役、妇女、儿童、老龄、移民、保密、档案、民族宗教、广播电视等工作。

【举办武都第四届荷花节】 “武都第四届勇辉生态荷花节”于2015年6月28日至8月20日举办，主要依托武都万亩荷塘基地，以“山水武都·诗画荷香”为主题，吸引八方游客驻足观莲赏莲。同时，在活动期间，还开展生态食品展、名优特新小吃展以及各种优惠活动。荷花节期间，共接待游客10万人次，实现旅游收入500万元以上。

【武彩香都花博园建设】 武彩香都花博园位于窦圌山下，自然条件优越、生态环境优美，历史文化底蕴深厚。该项目总规划设计面积66.8公顷，预计总投资7939万元，共分三期建设。其中一期建设核心区域占地面积约32.8公顷，截至2015年年底，投入资金3500万元，完成其核心区域建设并初步具备接待能力。

【“互联网+”农村综合平台】 该项目融合中科院的技术优势、

图41　2015年6月，武都團山大桥建成通车

电子商务企业的平台优势、地方党委政府的组织优势，探索建立扶贫开发、有机食品基地建设、农村电子商务、农村基层党建综合信息平台，力求构建“互联网+农村”的崭新优势，并于2015年9月正式启动建设。2015年年底，基本完成精准扶贫、农村电子商务、基层党建“三合一”数据平台以及永放村试点贫困户标准化家庭农场打造、农村电子商务服务中心和产品开发等。该平台全部建成后，将成为全国首例农产业全程全链实时信息互动体系，创造精准扶贫和电商进农村模式，建立基层党员数据化、责任化管理体系。

【电子产业园建设】 该项目总投资20亿元，规划占地29公顷，计划3年建成，建成投产后，预计年产值可达35亿元以上，年税收7000万元，解决就业3000人，实现电子元器件产、供、销一条龙服务，建成集二极管、电阻、电容、三极管电子元器件超市。投资2亿元的一期于2015年12月3日开工建设，入驻四川联创电子、苏州化成电子2户企业，将进一步推动武都工业转型升级。

【金辉石材产业园建设】 该项目概算总投资10亿元，规划用地33.33公顷，共分三期投资建设，预计全面建成后年产值可达16亿元，税收约1.2亿元，提供就业岗位800余个。截至2015年年底，立项注册3家公司，备案1.8亿元，占地10.73公顷，其中2家公司建设顺利推进。

（武都镇）

青莲镇

【概况】 青莲镇位于江油市西南部，东邻涪江，隔江为彰明镇、龙凤镇，南与九岭镇隔盘江相望，西与香水乡毗邻，北与太平镇、西屏乡接壤。青莲镇是唐代伟大诗人李白的故居，全国文明村镇，国家级环境优美乡镇，国家级改革与发展试点镇，省级历史文化名镇，省级风景名胜区，省级文明卫生城镇，面积23.4平方千米，常住人口2.1万人，辖7个行政村（月圆、太白、诗仙、太华、裕光、文丰、邀月），1个社区居委会（李白故居社区）。青莲镇地处绵阳、江油两市之间，是绵阳市打造绵江经济走廊的支撑点，距江油市区12千米，绵阳市区23千米，108国道（绵阳—广元）高速公路入口处10千米，距绵阳机场28千米，距省会城市成都仅150千米。绵江快速通道穿镇而过，是我国黄金旅游线路——九（寨）黄（龙）旅游环线东线上的重要节点，是绵江经济走廊的重要连接点，是绵阳、江油旅游的重要组成部分。

2015年江油市青莲镇各行政村基本情况一览表

表17

村名	面积(平方千米)	户数(户)	人口(人)	农村经济收入(万元)	农村经济总费用(万元)	农村经济净收入(万元)	农民人均纯收入(元)
月圆	1.1	780	1838	4793.99	2540.84	2253.15	12669
太白	1.3	440	1192	1112.10	322.51	789.59	14435
诗仙	3.1	784	1948	1940.00	750.96	1189.04	15656
太华	3.2	449	1117	1814.00	596.00	1218.00	15517
裕光	3.0	506	1447	2052.00	868.00	1184.00	15349
文丰	2.3	699	1794	3122.76	1280.34	1842.42	15380
邀月	9.4	1338	3783	4324.00	1634.00	2681.00	13870

境内李白文化旅游资源丰富，名胜古迹众多，其中省级文物保护单位5处。有李白生活、学习、居住的遗址，如陇西院、粉竹楼、太白祠、白玉堂、洗墨池、衣冠墓等十余处景点，以及名贤祠、文昌宫、牛雪樵德政坊等古迹，是怀古抚今、凭吊诗仙的好去处，是当今世界上反映李白文化最完整、最集中的地方。有诗云，“太白文光照九州，青莲雅秀自古流，陇西映日彩霞涌，粉竹千年茂而幽，罗汉仙洞堪避暑，红岩夜雨卧石牛，四方碑对月圆楼”，正是对青莲重要景点的高度概括。

2015年，青莲镇工农业总产值达到9.91亿元，比2014年增长12.6%。其中，工业总产值达到6.5亿元，增长16%；农业总产值实现1.91亿元，增长6%；现代服务业实现1.5亿元，增长7%。全年固定资产投资1.1亿元，招商引资到位资金1.4亿元；农民人均纯收入实现14948元，比2014年增长15%；财税总收入达到2577万元，比2014年增长20%。

【文旅融合】 经过近年的科学规划和精心打造，李白故居环境进一步改善，内涵不断丰富，知名度不断提高，李白文化旅游、乡村旅游逐步实现同步协调发展。成功主办“2015诗意中国·李白故里第九届青莲桃花节”，协办“首届李白故里文化旅游节”和“2015中央电视台中秋晚会——月圆江油”、绵阳市旅游发展大会，充分彰显了诗歌小镇的独特魅力，并吸引大量的游客前来旅游观光。特别是央视秋晚史无前例地走进青莲李白故居，全球94个国家和地区4亿华人华侨观看直播，创央视秋晚收视率之最，让青莲国际诗歌小镇走向世界，也让全世界感知到诗仙李白故里的风采。青莲国际诗歌小镇荣膺2015年最具文化创意旅游小镇。

【李白文化产业园建设】 李白文化产业园计划总投资100亿元，规划用地1200公顷，从2015年至2023年分三期实施。2015年，实施金樽广场景观提升、综合展览馆，改造磨针溪，太白祠修缮及陈列布展，提升打造太白碑林、太白古村基础设施建设、剑仙大道建设、诗歌大道建设、诗歌小镇建设9个项目，总投资4亿余元。镇村组干部三级联动，深入一线宣传政策，认真听取群众意见，耐心解答群众疑问，努力争取群众支持，有效确保“依法、公平、廉洁”拆迁。通过10余月的工作，500余户房屋、73.33公顷土地，依法依规拆迁，确保九大项目建设如期完成，保证央视中秋晚会及绵阳市旅游发展大会的顺利召开。同时，坚持“文旅融合”“品牌旅游”发展之路，将李白文化与旅游发展深度融合，全面有效完善文化旅游基础设施，李白故居AAAA级景区提档升级并移交竹园公司经营，盘活“陕西会馆”资源，启动太白古村建设，不断为青莲文化旅游产业注入新的活力。青莲国际诗歌小镇全年接待游客近100万人次，实现旅游收入9000余万元。

【农旅融合】 2015年，青莲镇启动实施现代精致农业产业园和农旅融合发展规划，以农旅融合、农民增收为目标，大力改善农业基础设施，以元春、紫宝、天顺、万丰为代表，大力发展无公害蔬菜、水果，着力打造现代精致农业产业园，不断提升法华片区现代农业水平。发展黄秋葵20公顷，葡萄33.33公顷，油牡丹66.67公顷，花卉苗木66.67公顷，无公害蔬菜达到233.33公顷。新发展种养业大户

6户，培育农产品营销及加工大户1户，新增家庭农场3个。引进农业综合开发项目2个，到位资金2000余万元。

【小城镇建设】 2015年，青莲镇抓住四川省百镇示范镇建设、高铁青莲站开通、李白文化产业园建设的机遇，激活盘活现有政策、项目、土地和旅游文化资源，建管并重，加大城镇配套建设投入，小城镇建设快速推进。完成4公顷小城镇建设用地指标落地，修建罗家垭临时便道，投入380余万元改造提升明月路两侧人行道和文化广场，投入60余万元改建垃圾压缩中转站，新建16个垃圾池，添置70余个垃圾桶。整合资金50余万元提升改造明月路等4条公路。投入2.6万元完善城镇供水、道路、绿化及垃圾处理等基础设施。提升改造场镇220余个店招，完善城镇停车标示标线进。完善古镇亮化设施，清理古镇广告，优化空间布局。改建村组道路3千米，协助水务局完成涪济堰4千米渠系整治工程，完成1千米“一事一议”道路建设，投入4.5万元修复裕光村桃花山堡坎3处，进一步完善农业基础设施。利用单元联户共建共享活动载体，搞好村庄院落绿化、美化，集中整治环境10余次，投入资金50余万元。严控“两违”（指违法占地和违法建设）建设，组建综合执法队，建立条块划分的巡防体系，小城镇建设质量和管理水平有效提升，人居环境进一步优化。

【民生工作】 2015年，青莲镇坚持民生优先、民生为重，积极落实精准扶贫帮扶措施，慰问困难群众36户，帮助解决实际困难42件，提供帮扶慰问资金3万元；对33户贫困户进行结对帮扶，其中8户、28人实现脱贫。全面落实农业、民政、计生等各项惠民政策，认真宣传落实小额人身保险、新农合、新居保、新农保、免费孕检等惠民政策，及时足额发放低保、优抚、助残、奖扶、特扶、独子奖励、种养直补等各类资金、补贴。建成太华村、李白故居社区老年人日间照料中心。镇卫生院、村卫生站医疗卫生水平明显提升。全面推进青莲小学、初中素质教育，提升整体办学水平。不断完善镇综合文化站、村农家书屋、文化小广场、村社区活动中心等活动场所，群众文化活动主题鲜明、形式多样、健康向上。城乡生产生活环境得到明显改善，文明村镇建设不断巩固提升，继续保留“全国文明村镇”称号。

【社会事业】 整合资源和力量，有效承接扩权下放的审批权限、服务事项，有效规范整合镇机关和派驻机构干部队伍，建立和完善管、用机制，健全综合执法队伍，实现优势互补，相互促进。规范办事服务流程，将下放的11项行政审批事项、9项公共服务事项和本级28项审批服务事项进行分类整合，完善群众办事“首问负责”和“一站式服务”工作机制，科学设置7个便民服务窗口，入驻部门9个，服务项目37个，进一步提高行政效能。全年办共接待群众3200余人次，办理业务2000余件，村社区代办事项3500余件。

（青莲镇）

厚坝镇

【概况】 厚坝镇位于市境东北部，距江油市区43千米。北靠二郎庙镇，东连重兴乡、河口镇，南与小溪坝接壤，西与重华镇、文胜乡相邻，面积61.8平方千米，是全国重点镇、四川省百镇建设试点镇、扩权强镇试点镇、省中小企业创业基地、省环境综合治理示范镇、部级粮油高产示范基地、江油市北片区中心镇、“一园四带”重点镇之一。全镇辖8个行政村（万寿、烧坊、高院、玄武、林镜、犀牛、白马、香龙），1个社区（白塔社区），69个村民小组，总人口3.5万人，其中城镇常住人口2.1万人。绵广高速、宝成复线、中雁公路穿镇而过；西成客运专线及江油北站正在建设中。镇内有江油市第五人民医院（由江油骨科医院、镇卫生院合并而成）；有初中1所、小学1所、幼儿园2所；有规模企业11家，中小企业30余家。全镇有耕地1.8万亩，森林覆盖率39.9%。属亚热带湿润型季风气候区，气候温和；全年平均气温16.8℃，全年日照大约1300小时，年降水960~1150毫米；

2015年江油市厚坝镇各行政村基本情况一览表

表18

村名	面积(平方千米)	户数(户)	人口(人)	农村经济收入(万元)	农村经济总费用(万元)	农村经济净收入(万元)	农民人均纯收入(元)
万寿	7.777	971	2725	3399.61	2240.95	1158.66	13104
烧坊	5.168	420	1160	1742.57	966.84	775.73	12943
高院	6.648	865	2538	4425.78	2506.43	1919.35	13109
玄武	7.083	369	1181	1806.71	955.74	850.97	12872
林镜	15.137	771	2169	3225.10	1646.82	1578.58	12893
犀牛	4.853	647	2048	2445.02	959.08	1485.94	13077
白马	6.388	993	3370	2675.64	1290.82	1384.82	13131
香龙	8.28	998	3463	3263.44	1856.90	1406.54	13109

山区无霜期约为290天，坝、丘为305天。

2015年，厚坝镇规模工业总产值实现32.38亿元，工业利润2.38亿元，招商引资2.5亿元，固定资产投资1.1亿元；财税收入4720万元；农民人均纯收入达到13055元；新增种养殖大户6户；完成沼气池建设85口；硬化村组道路2.0千米，硬化渠系2.5千米；精修塘堰11口；城乡居民社会养老保险参保6367人，享受保障待遇2763人；城镇职工基本社会养老保险参保3218人，享受待遇1803人；完成2015年67户、200人脱贫任务。

【工业经济】 全年新建、在建、扩建项目9个。炳辉公司投资1.2亿元利用二分厂闲置208车间进行二期建设，年产防水卷材1000万平方米，其母公司与印度尼西亚洽谈成功原材料基地建设项目，基地建成后原材料价格将下降30%，为炳辉二期建设打下基础。大汉集团投资7000万元对一期生产线进行技改，生产环保节能墙体材料，年内正在施工，计划于2016年8月完工。四川交安征地40亩，投资7000万元新建道路隔离栅、声屏障、屋顶通风器、地铁槽道、污泥处理设备生产项目已开始施工，计划2016年8月建成投产。改造升级虹泰环保旧厂房，2016下半年开始征地工作。润凯农业利用二分厂闲置场地已建成秸秆综合利用生产线，拟新征地扩大规模生产。大鑫公司塑化橡胶添加剂生产项目部分设备已到位，预计于2016年9月投产。正成焊管新建4000平方米锅炉发电机预热交换器和建筑模具生产车间已建成投产，投产后新增年产值5000万元，利税500万元。中林化工投资1500万元新建无氟冷却添加剂生产线项目，完成试生产，正在进行厂房改造，扩能升级。意向投资项目3个。卓璟光电投资4000万元新建电杆及五金设备生产项目。铁鹰机械投资1500万元新建、重装实验基地项目。四川恒基投资3000万元新建石英砂深加工项目。

【新农村建设】 以基础设施建设促进农业产业化和新农村建设顺利推进，2015年争取“一事一议”项目资金70万元，运维项目资金47万元，青川失地农民安置资金268万元全部到位，完成玄武村、林镜村人饮工程，农业农村生产生活条件进一步完善。不断提升农业综合效益，坚持效益优先，突出示范带动，因地制宜，加快推进农业现代化。投资80万元种植羊肚菌70亩；引进江油市平喆聚农业科技有限公司，投资112万元种植大棚生姜70亩；完成小麦高产创建工作任务2000亩，平均每亩增加产量25%；养殖土蛋鸡20000只，年产蛋40万个；开展秸秆禁烧宣传100天，查处违禁事件28起；春秋两季无重大动物疫情发生；全面完成政策性农业保险；基本完成小额人身保险及理赔。强化人力、资金、社会资源整合，因村因户实施精准扶贫，扶贫攻坚全面提速。全年共慰问困难群众396户，帮助解决实际困难10件，提供帮扶慰问资金40万元，积极争取扶贫资金6万元，大力开展生姜种植、生猪养殖等技术培训。镇政府投入3万元，帮助林镜村改造闲置资产，开展鹌鹑养殖，大力支持该村产业扶贫。经帮扶干部与贫困户的共同努力，2015年，底全镇脱贫67户，共200人，其中贫困村林镜村脱贫21户、73人。

【城镇建设管理】 厚坝镇城镇总体规划编制完成并报市政府批准。编制完成西成客专江油北站站前广场及进出口下穿立交初步设计方案。高铁征地拆迁安置小区和东大街延伸段建设项目前期工作已完成，即将进场施工。镇政府与江油市骨科医院资产置换工作已完成，医院投资方式已落实，2015年年内筹备医技住院综合业务用楼新建项目。厚坝小学扩建已完工，并于2015年9月交付使用；厚坝初中棚户区改造，征地拆迁顺利进行。污水处理厂项目规划已完成施工招标程序。场镇绿化项目正在施工。华联集团新建2500平方米大型超市项目投入使用。四川首能实业新建商务宾馆和1万平方米商品房项目正在进行方案设计。四川合德投资公司拟利用长钢二分厂闲置资产打造商贸综合体，开始资产评估。城镇管理不断加强。对场镇300盏路灯进行两次维修，场镇绿化带除草和行道树修剪两次，全面维护垮塌沟堰，更换损坏下水道井盖，主次干道亮灯率达100%；持续加强背街小巷、小区楼院、农贸市场等重点区域治理，常态推进卫生秩序、经营秩序和交通秩序整治，公共服务设施完好率达97%以上；深入推进环境整治，扎实开展“五乱”治理，投资50余万元，整治垃圾填埋点，新建垃圾池56个，配备18名环卫工人，负责对场镇道路进行全面清洁；配备垃圾运输车1辆，定期对全镇9个村（社区）生活垃圾进行集中清理，日清运垃圾8吨，城镇环境质量大幅提升，群众满意度提高。

【社会事业】 坚持把增进民生福祉放在政府工作首位，不断加强社会事业建设，维护社会平安稳定。计生政策稳步实施，农村计划家庭奖励扶助620户，独生子女父母奖励1667户，单独“两孩”审批办理124件。民生保障持续有力。全镇享受农村低保438户，城镇低保30户；敬老院入住49人；临时性救助79户生活困难户；新增就业和再就业658人；城乡居民社会养老保险参保6367人，享受保障待遇2763人；城镇职工基本社会养老保险参保3218人，享受待遇1803人；新型农村合作医疗完成100%；完成重度残疾人护理补贴审核110人；优抚安置政策全面落实，“双拥”共建成效明显。成立厚坝镇公共事务理事会，下设爱心基金为绵阳首创，募集善款本金90余万元，通过理财的方式，收益累计达9万元，开展爱心帮扶活动2次，共帮扶困难群众27户，发放爱心帮扶资金6万元；争取市政府安全生产隐患整治专项资金15万元，在厚坝小学门口设置机动车减速带，安装防护栏及警示标志，新建辅桥，消除师生进出校园交通安全隐患。便民服务中心正常运转，政务公开有效开展，网格化管理卓有成效，信访形势平稳可控，安全生产形势向好，有效遏制食药品事故，国防动员和后备力量建设效果明显，14名优秀青年走进军营，群团工作取得新进展。

（厚坝镇）

图42 2015年3月16日，绵阳市委常委、江油市委书记李江陪同绵阳市委常委、组织部长岳勇考察厚坝镇高铁站建设

含增镇

【概况】 含增镇位于江油市西部，东与大康镇、太平镇连接，南与西屏镇相交，西与北川羌族自治县香泉乡、通口镇毗邻，距江油市区13千米，面积80.7平方千米。全镇辖1个社区居委会（乾元），6个行政村（含增、谭庄、界池、安湾、长春、乾元山），54个村民小组。2015年年底，全镇总户数3724户，其中农业2774户；总人口9691人，其中非农业人口1186人，农业人口8505人。实有耕地面积325.27公顷，其中水田102.4公顷，旱地222.87公顷；人均耕地0.58亩。有退耕还林254.67公顷，共有天然林保护面积5660公顷，森林覆盖率为55%。

2015年，全镇实现规模工业总产值24.4亿元，比2014年增长14.2%；规模工业主营业务收入实现23.5亿元，比2014年增长15%；规模工业利税实现1.7亿元，比2014年增长21%；招商引资实现3.3亿元，同比增长30%；限上商贸流通企业营业收入0.9亿元，同比增长15.3%；固定资产投资2亿元。

【农村经济发展】 2015年，全镇农民纯收入实现12785元，比2014年增长12.5%；劳动力转移3812人，新增种养大户5户，引进农业产业化项目2个，财税收入实现5568万元。不断深化农旅融合发展，成功举办江油市乡村旅游含增梨花节和海峡两岸哪吒文化民俗节。梨花节期间，新增农家乐20家，接待游客2万人次，实现乡村旅游收入80万元。全面贯彻落实国家惠农政策，及时发放粮食直补、综合直补、农机补贴等资金。

【社会保障】 2015年，全镇农村新农合保险人数达8367人，参合率99.55%；城乡居民保险人数达3122人，综合完成103.54%，居全市第五名；城镇居民基本医疗保险人数308人。

【重点项目推进】 抓好精准扶贫工作。成立镇精准脱贫工作领导小组，建立驻村扶贫工作队，采取“一对一”“一对几”方式结对帮扶，做到机构、人员、经费、责任“四个到位”。强化宣传，统一思想。使群众知情权和参与权得到充分保障。为确保工作规范有序、数据真实，定期对各村精准扶贫工作开展情况进行督查指导，确保工作成效。严把审核调查关，严格审批程序，做到全面摸排、调查真实、合理定性、全程公开。共计投入资金671.08万元改善农业生产基础设施，为保障民生和产业发展奠定基础。同时，用好专项扶贫资金，加快长春、安湾贫困村产业发展步伐，大力发展小家禽养殖和魔芋规范化、规模化种植。通过深入调研，找准不同贫困户致贫的根本原因，为贫困村和贫困户量身制定帮扶规划，通过政策兜底，切实解决具体困难。截至2015年年底，全镇实现脱贫118户，占应脱贫户60.2%。启动千年梨园申报中国农业遗产工作和景区提升打造工程。加强旅游资源整合，引进资金7.4亿元对天音洞景区进行改造升级。3月2日，镇人民政府与江油立信涂料有限公司签订立信涂料总部基地建设协议，项目总投资6000万元。充分利用三分厂闲置资产，依托老年病医院成熟的医养融合优势，积极探索引进国际领先的CCRC（持续照料退休社区模式），开发建设医养融合智能养老社区，着力打造医养融合养老小镇。8月27日，镇人民政府与四川颐养生态农业开发有限公司

2015年江油市含增镇各行政村基本情况一览表

表19

村名	面积(平方千米)	户数(户)	人口(人)	农村经济收入(万元)	农村经济总费用(万元)	农村经济净收入(万元)	农民人均纯收入(元)
含　增	12.5	639	1691	293500	136000	157500	12402
谭　庄	10	571	1675	287148	129217	157931	12488
界　池	5	486	1846	201308	90588	110720	14218
安　湾	2.2	359	1080	186656	83995	102661	12494
长　春	11	265	873	90650	49857	40793	12144
乾元山	40	454	1340	220473	133284	87189	12321

签订投资协议，项目总投资1.5亿元，主要投资修建可容纳500老人集修养和娱乐一体的颐养苑。12月6日，镇人民政府与江油市银鑫科技有限公司签定投资协议书，项目总投资3500万元。

【新农村建设和环境综合治理】不断改善农村基础设施，2015年，通过“一事一议”等项目整合新建村组道路4.5千米，修建人畜饮水蓄水池1口，精修整治水渠1500米，农村生产生活环境进一步改善。集镇街道环卫管理水平显著提升，居民群众安居乐业，社会秩序稳定和谐。加强新农村建设规划，强化城乡环境综合治理，完成全年两次秸秆禁烧工作，进一步提升城乡环境综合治理成效。加快场镇污水处理厂项目建设，年内主体工程基本竣工，计划于2016年全面投入使用。全镇的人居环境和发展环境进一步优化。

【社会事业】　坚持和落实计划生育基本国策不动摇，抓好省级计生监测点工作。2015年，全镇出生人口103人，其中男性56人，女性47人，人口出生率为10.8‰。其中符合政策生育人数91人，政策生育率为88%。死亡人口83人，人口自然增长率为2‰。全面落实计生奖励扶助政策，新增农村计生家庭奖励扶助94人。进一步提升农村居民社会医疗保障水平，促进社会医疗卫生事业健康发展。高度重视民政事业发展工作。2015年，继续完善农村低保动态管理，做到应保尽保，及时发放民政优抚等资金，国家惠民利民政策落到实处。

【社会治理】　着力推进“单元化联户共建共享”工作，调动发挥各村社及场镇单位、社会组织和群众的主体作用，培育良好风尚，构建起整合多元社会力量、容纳多元利益诉求、融入多元责任义务、服务多元主体人群的组织建设、社会治理、文明建设的体制。高度重视综治信访和安全生产工作，全年处理民事纠纷26起、信访案件15件、上级批办信访件8件，接待上访人员63起，全年无进京赴省上访事件发生，全年无安全生产事故及森林火警、火灾发生。7月14日，绵阳市委常委、副市长付康带领市国土局等部门负责人，到含增镇金光洞详细察看危岩隐患，并仔细询问安全隐患整治工作推进情况，要求要进一步强化监测，通过清除危石、增设防护网等多种方式，进一步完善防护措施，及时消除安全隐患，确保人民群众的生命财产安全。同时，积极推进各项社会事业全面发展，为全镇经济社会事业发展创造和谐稳定的社会环境。

（杨　虹）

大康镇

【概况】　大康镇位于江油市西北部，距江油市区11千米，面积120平方千米。东与武都镇连界，南与太平镇相交，西与含增镇接壤，北与北川羌族自治县桂溪乡毗邻。因境内大匡山得名，宋时因避太祖赵匡胤讳更名大康山，清代建制即以大康为名。1992年9月，撤乡建镇。全镇辖8个行政村（官渡、旧县、星火、因明、下庄坝、旱丰、水口庙、前锋），1个社区（匡山），99个村民小组，总人口21798人。辖区地形为平原、丘陵、高山“三分天下”，平通河贯穿其中，镇内矿

2015年江油市大康镇各行政村基本情况一览表

表20

村名	面积（平方千米）	户数（户）	人口（人）	农村经济收入（万元）	农村经济总费用（万元）	农村经济净收入（万元）	农民人均纯收入（元）
官　渡	17	763	2333	3866.3	1125.2	3249.1	15167
旧　县	14.8	1104	3802	4428	1328	5138	14888
星　火	6.7	1039	3163	4062	1600	5210	16513
因　明	7	831	2611	3279.95	1344.78	3730.18	14286
下庄坝	13	784	2588	2176.9	957.83	3111.13	12021
旱　丰	45	423	1281	1230.75	331.05	1439.51	11237
水口庙	5.8	697	1939	1398.82	489.73	2461.97	12697
前　锋	6.7	823	2794	2390.67	1021	3537	12659

产资源品种多、储量大，主要为石灰石、硅石、大理石等，石灰石储量达6000万吨，大理石储量达4800万吨。人文自然资源丰富，主要有大匡山、佛爷洞、吴家后山等。

2015年，全镇实现工农业总产值5.82亿元，其中农业总产值1.99亿元，工业总产值3.83亿元；农民人均可支配收入达到14418元，比2014年增长21.4%；农业总产值达到1.99亿元，同比增长13.7%；规模工业总产值达3.83亿元，同比增长12%；完成固定投资1.2亿元，同比增长20%；完成招商引资1亿元，同比增长25%；实现财税收入1673万元，同比增长10%。

【百合花国际博览园建设】 以精致农林为依托，围绕百合花做文章；以文化创意为核心，围绕爱情做文章；以农村院落为载体，围绕民居做文章：按照国家AAAA级景区标准，通过市场化运作，组团式打造，建成以百合花为主题的农林文旅融合发展景区。自2014年3月月初开始论证、规划、设计，11月基本形成设计方案，在15平方千米的土地上建造中国百合国际博览园。2015年5月，一期26个项目基本完工。6月12日，百年好合爱情谷开园迎客，是中国最具特色的婚庆基地、中国最大的百合种球繁育基地、中国最大的百合鲜切花基地。6月20日，在该处成功举办四川省首届生态旅游博览会开幕式。2015年9月，二期建设完工，成为2015年绵阳市旅游发展大会暨首届李白故里文化旅游节、首届中俄兔业合作交流圆桌会议暨第三十二节中国兔业大会首要参观点。百年好合爱情谷打破传统模式，将一朵百合花全身变成宝。游客不仅能购买到现代工艺精制的百合花茶、百合干片，还能徜徉于浪漫百合花海观赏自动化控制栽植的珍稀百合，更能悠闲地坐在百合茶室、百合酒店品一壶百合茶。爱情谷接待游客高峰每日达1万人，日平均收入30万元，解决官渡、旧县村2000余人就业，并大幅度提高村民收入。积极探索建立政府、企业、集体、农民“四方搭伙”投入机制：政府整合各级涉农项目资金“打捆”投入，年内将1600万元农发项目资金量化到558名群众手中，并颁发“股权证”；园区涉及的官渡、旧县、星火3个村将河滩地、荒坡地等作为集体资产入股；村民承包土地采用“股田制”，自愿入股，保底分红。务工收入每年1000余万元，每亩土地集约收益800元，每隔4年流转价格上浮5%，预计一年的土地集约收入不低于300余万元。村民的土地有租金，股份可分红，务工拿工资，种花能卖钱，还能开办农家乐和商店，卖土特产品，园区周边村民人均纯收入可增加2400余元。

【工业转型与环保事业】 大康镇境内因碳酸钙资源丰富，石灰加工也较发达。原有矿山5户，石灰加工企业5户，石灰窑5座。年设计产能25万吨，年产氧化钙13万吨，氢氧化钙5万吨，氢氧化钙粉体2万吨。年销售收入7000万元。除玉海石灰厂、高堂石灰厂两户企业窑型不属于淘汰窑型外，其余石灰窑均属于淘汰窑型。将5户矿山整合为3户，5家石灰企业统一整合为1家，组建符合国家产业政策的股份制公司绵阳市康派环保科技有限公司，新建项目选址高堂石灰厂现址，主要生产加工含低氧化镁的石灰石及深加工产品。项目分两期建设，总投资7500万元，建设周期1.5年。修建大康镇污水处理站及配套管网，工程位于旧县村16组，厂区占地面积约2.33亩。项目建设工期7个月，建设城镇生活污水处理厂1座，建设配套管网2346米。年内基本完工，日处理污水300吨。项目的完工，结束大康没有污水处理的历史，有效地保护江油城区水源地平通河，并美化村民居住环境，成为官渡村建设幸福美丽新村的重要配套设施。

【文林农旅融合发展】 依托中国百合国际博览园，建成中国最具特色的婚庆基地、中国最大的百合种球繁育基地、中国最大的百合鲜切花基地。3月，举办第三届吴家后山辛夷花节，半个月共接待游客8.92万人，比2014年增长33%，旅游收入732万元、同比增长46%。6月，在陈塘关成功举办海峡两岸哪吒文化交流会。7月，举办佛爷洞山歌戏水

图43 2015年，大康镇星火村“单元化联户共建共享”活动集中评比暨走基层文艺下乡活动

节,共接待游客5万余人，旅游收入190万元，投资7000万元进行AAAA级景区升级打造，年内完工并等待验收。引进彩虹渡生态旅游项目，由康乐祥和生态农业开发有限公司与马来西亚财团共同投资，一期投资计划7950万元，预计总投入3亿元。年内完成园区道路10公里、20个饮水池、80套木屋的修建。因明村连片流转土地66.67公顷，建成无公害优质黄心猕猴桃种植示范基地，前4年投入资金800万元，2015年，共收获猕猴桃40万斤。对桑葚种植基地进行详细可行性规划，果桑种植面积达200公顷，企业果桑系列酒生产能力达到3000~5000吨，圣露桑葚酒不仅获得第12届中国国际农产品交易会产品金奖，更成为2022年北京冬奥会指定庆功酒。

【社会民生】 全年为35人发放临时生活救助26100元，为72名高龄老人申报补贴38900元。积极争取上级补助资金31万元，修建下庄坝村老年人日间照料中心和官渡村、旧县村老年活动中心。实施村级公共运行维护项目13个，总投入51.771万元，财政补助资金32万元。发放林业2014年退更换林补贴户1610元，补助资金450662.5元；发放各种良种补贴201174元；发放2015年粮食直补、综合补助1145390元；发放各项民政补贴资金607433元。累计慰问困难群众310户，帮助解决实际困难171件，提供帮扶慰问资金109000万元。2015年，全镇脱贫78户、262人，贫困村19户、77人。

【基础设施建设】 全年硬化道路12千米、维修桥梁1座、完成渡船改造1处。新修整治沟渠10千米及40余口塘堰，新修蓄水池6个，新建垃圾池10个，发放分类垃圾桶90个。以境内平通河治理为切入点，依法关停或搬迁饮用水源区内的37处污染源，新建污水处理站1个，确保流域内群众饮用水安全。

（吴　素）

新安镇

【概况】 新安镇位于江油东部，面积51.35平方千米，东接战旗镇，南临义新乡、贯山乡，西连三合镇，北靠双河镇、新兴乡。植被覆盖率29.9%，耕地面积1366.5公顷。辖11个行政村（新店、大岩、石桥、南山、天岭、黑滩、许家桥、晒经、金瓜岭、黄土、古道），1个社区（金果），92个村民小组，总人口18552人。京昆（G5）高速公路、国道347公路纵贯全境，是四川省小城镇示范乡镇、四川省农业标准化生产示范乡镇，素有“梨花之乡”之美誉。

2015年，新安镇实现农村经济总收入29289万元，固定资产投资18386万元，招商引资6100万元，财政收入420.4万元。新增中小科技企业8个；新增种养殖大户9户；农民人均可支配收入增加1254元，达到13794元，比2014年增长10%；镇农村信用社和邮政银行存款余额净增长6000万元，达到3.7亿元。

【新安农业公园建设】 围绕“产业聚园区、园区变景区、新村成社区”，2015年，新安镇完成农业公园概念性总体规划，新修生态停车场5个、水果展厅5

2015年江油市新安镇各行政村基本情况一览表

表21

村名	面积(平方千米)	户数(户)	人口(人)	农村经济收入(万元)	农村经济总费用(万元)	农村经济净收入(万元)	农民人均纯收入(元)
新店	4.51	736	2007	3634	1787	1847	14469
大岩	4.15	478	1505	2526	1659	867	13435
石桥	3.08	396	1143	1952	1062	890	12528
南山	6.15	536	1660	2896	1392	1504	13916
天岭	6.44	566	1826	3109	1476	1633	13708
黑滩	4.80	500	1559	2659	1330	1329	15228
许家桥	5.67	450	1449	2478	1238	1240	14224
晒经	3.77	416	1270	2113	1092	1021	12811
金瓜岭	4.20	574	1695	2864	1366	1498	13605
黄土	2.85	239	716	1258	713	545	12584
古道	5.73	688	2258	3800	1747	2053	13871

个，新增花坡花带8公顷，沿路栽种紫荆花树6千米；增添亲水平台、廊道、凉亭、水车、绿雕、门庭等景观小品70多处。成功引进千山农业、仁信养殖场等5家业主发展特色种养殖。成功举办梨花节和采果节等系列农旅融合活动，全年吸引游客30万人次，实现旅游收入近4800万元。完成全国休闲农业与乡村旅游示范县新安示范园、创新创意产业园、省级特色水果公园建设，成立江油市返乡农民工创业园。通过对接江豆网等电商平台，建立黑滩、新安场镇村镇两级电子商务服务点，实现园区线上销售水果水产12万公斤，销售额230万元，进一步丰富农业公园产品销售渠道。新安高速服务区拓展项目作为四川交投集团与市政府战略合作首个启动项目，年内公司正在注册中。

【产业经济发展】 2015年，新安镇实现大小春作物总产量10072吨，蔬菜总产量6820吨，水果3500吨；存栏生猪1.9万头，出栏生猪2.9万头，仔猪外销10000余头，禽蛋产量660吨，家禽肉产量105吨。全镇水产养殖面积318.98公顷，水产品总产量4297.5吨，产值5157万元。积极发展水果、花卉苗木种植和红虾、泥鳅等特色水产养殖，全年新增红虾养殖基地20公顷，全镇总量达到86.67公顷。

【基础设施建设】 2015年，全镇硬化村组道路10.7公里，完成新中路烂路维修工作，完成全镇村道“波形”防撞护栏的安装和石堰子危桥维修加固。新修塘堰17口，新建、整治水渠14千米，新建提灌站1个，新延伸天然气管网6千米、自来水管网4千米；全面完工总投资460多万元的小农水项目；完成村级公益事业“一事一议”项目6个，涉及财政奖补资金75万元，受益群众6000余人。完成9个村级电影放映点的建设。

【社会事业】 全年发放民政资金283万元，开展临时救济120人次，开展残疾人员“量体裁衣”服务645户。实现新增就业85人，大学生创业3人。组织开展各项技能技术培训300余人，涵盖农村实用技术、家政服务等多项内

图44 2015年8月22日，江油市第三届乡村旅游节暨正禾农业新安第二届采摘节开幕

容。投入35万元新建金果社区老年人日间照料中心。成立公共事务理事会。新建场镇文化活动广场，组建文化队13支，开展科技、文化、卫生“三下乡”活动5次，举办较大型群众活动25次。在“江油市第二届社区文艺展演”活动中，新安镇选送的3个节目分别获得一、二、三等奖。

【安全稳定工作】 全年开展安全综合检查20余次，与各村（社区）、镇内企业签订安全生产责任书13份、承诺书8份，组织防洪演练1次。；接待群众来信来访24件次，办结24件。排查各类矛盾纠纷40余件次，其中涉及农业公园遗留问题10余件，调解率达100%，成功率达95%。全年没有发生重大群体性事件和重大安全生产责任事故，没有发生群体越级赴省进京上非正常访事件，社会保持和谐稳定。

【精准扶贫】 2015年，新安镇按照“六个精准”和“五个一批”的要求，制定“三整合、两结合、一融合”的精准扶贫工作思路，全年慰问困难群众220户，帮助解决实际困难128件，提供小家禽、生猪、肥料、树苗，以及桌椅、床铺等生产生活物资38万元。在省级贫困村黄土村，以“千亩梨树千亩虾、水果水产富农家”发展思路为指导，3个月内建成33.33公顷的香梨和20公顷稻田养虾产业扶贫基地，并拟定新建生态停车场、日间照料中心、电子商务服务站等现代农村发展设施规划。新安镇扶贫工作得到省委脱贫攻坚督导组的肯定。

（新安镇）

九岭镇

【概况】 九岭镇位于江油市西南部，绵江产业带中部，紧邻宝成铁路和绵广高速公路，东与龙凤镇隔涪江相望，北接青莲镇，西连香水乡、八一乡，西南与方水乡接壤，南临绵阳市涪城区龙门镇，总面积43.46平方千米，辖9个行政村（柏河、景云、大宝、红岩、扎营、苏溪、双石、中河、藕塘），1个社区居民委员会（双江），78个村民小组。2015年，全镇总户数6052户，其中，农业户5666户；总人口18148人，其中，农业人口16743人，非农业人口1405人。有山林面积814公顷；耕地面积1026公顷，其中，水田817公顷。

2015年，九岭镇实现农业总产值35876万元，同比增长11.55%；新增蔬菜种植面积520亩，新增特色果蔬面积330亩；发展大鲵、龙虾等特色水产养殖100亩；新建景云葡萄基地、中河村蓝莓基地2个基地，并投入使用；新增家庭农场6个，新增种养殖大户8户；农村剩余劳动力转移4330人；全镇农民人均纯收入达到15833元，较2014年增长12.3%。规模工业企业总产值62126万元；新增科技型中小企业6个；招商引资到位资金6650万元；固定资产投资4950万元；工业技改投资2300万元；限额以上商贸收入完成3500万元，新增限额以上个体1户；财政税收实现900万元，增长3.4%。

【民生事业】 2015年年底，全镇城乡居保缴费完成100%，农村小额意外保险投保完成3350人，完成任务的63.81%；共发放

2015年江油市九岭镇各行政村基本情况一览表

表22

村名	面积（平方千米）	户数（户）	人口（人）	农村经济收入（万元）	农村经济总费用（万元）	农村经济净收入（万元）	农民人均纯收入（元）
柏河	368	698	1825	3813.69	1537	3013.43	16512
景云	283	730	2127	3993.4	1597.54	3530.01	16596
大宝	299	623	1852	3756.24	1245.41	3106.81	16775
红岩	495	469	1334	2295.35	1065.81	1758.91	13185
扎营	691	510	1451	4102.86	2325.14	2246.72	15484
苏溪	403	448	1376	3094.67	1231.34	2347.02	17057
双石	871	954	3004	7241.40	4229.43	4089.37	13613
藕塘	374	468	1344	3086.25	1419.24	2074.01	15432
中河	562	766	2430	5757.19	2096.07	4343	17872

临时救助159人次、126450元；核定城乡低保301户、503人次，发放低保金950439元；为低保、“五保”户一站式医疗救助69人次；举办专业技能培训班2期，组织外出务工人员5784人，完善数据库人员信息8500条；对九岭镇大学生创业项目进行跟踪服务，完成2名大学生创业，并协助1名大学生创业户成功申请创业贷款，为4名大学生申请创业补贴。全镇完成脱贫9户、25人；看望、慰问特困难重点优抚对象10人次，共计35000元，办理优抚对象生活补助204人次，共计693740.5元；对藕塘村5户贫困户进行环境整治及房屋维修；建立特困难优抚对象一对一帮扶机制；为重度残疾人申请居家托养补助121人，向市残联申请残疾人创业项目一家；为85岁以上老人上门服务3次，涉及534人次，救助流浪人员17人；全面整理归档2012年至2015年“双拥”档案，组织开展“双拥”进社区、进乡村文艺活动各一次。大力宣传单独“二孩”政策和《四川省计划生育条例》、举办人口计生定点宣传咨询活动3次，悬挂横幅标语10幅，书写墙标、纸质标语100余幅，发放计生政策宣传资料1000份；组织开展免费生殖健康检查活动2次，组织农村妇女“两癌”普查人数达629人；认真贯彻落实国家奖励扶助政策、国家特别扶助政策、独生子女家庭奖励金政策，全年新增奖扶人员130名，新增特扶人员11名，新增独生子女父母奖励金155户，共发放奖励金195960元；加强对违反计生工作条例案件的查处工作，全年查处计划生育违法生育22例，立案处理36例，征收社会抚养费365069元。

【城乡综合治理】 全年新增各村社保洁人员70余人，村社集垃圾池61个，户垃圾桶5000余个，垃圾转运车辆9台；对全镇辖区内交通道路、河流、铁路沿线村庄院落等进行全方位治理，累计出动机械560台次，人员3500人次，清理河道3千米，清扫道路45千米。配合国土部门做好农房建设审批，共审批企业选址6户，农房建设38户；办理集镇居民国有土地使用证2户；场镇新建房屋15400平方米；完成污水处理厂管道开挖500米，安装400米。

【社会稳定工作】 大力开展省级安全社区创建工作，全年共召开安全生产会议6次，培训会议4次，安全社区建设各项培训会议8次，开展密集型企业消防安全、烟花爆竹行业危险化学品隐患排查、职业病防治专项整治等各类安全专项检查12次，发现安全隐患36处，整改隐患32处。对7座危桥设立限行标志；检查地质灾害5处，拟定小修受损桥5座、加固病害桥5座，重建危桥1座；全年共对17个企业开展安全生产委托行政执法26次，下达整改指令2个，当场处置决定书2份，当场处罚决定书1份；对地震后绵江路沿线5个村（柏河村、景云村、大宝村、中河村、红岩村）的人口饮水工程管网进行改建，改造456户，完工1586户。整治塔九路、扎营村地质滑坡，上报滑坡土地88.3亩；6月月底，完成大宝村，红岩村，双石村6个组人口饮水工程。加强公共卫生安全检查，重大传染病健康体检14100余人；组织食品药品安全检查4次，处理超市过期食品1家。

【单元联户共建共享工程】 大力推进依法治镇，通过法治宣传教育、法治政府建设、法治文化建设和基层依法治理。全年召开各类秸秆禁烧工作专题会议10余次，结合标语张贴、横幅悬挂、宣传单发放、“小手牵大手”、宣传车巡回宣讲等多形式，促进干部和群众自觉禁烧意识的形成，全年未发生一例秸秆焚烧事件。积极探索基层治理方式，深入推进“单元化联户共建共享工程”，共召开小组会520余次，悬挂横幅10条，书写宣传标语11000条，印发宣传资料1万余份，广播每天3次连续宣传。活动中涌现出大量先进典型，受到市委表彰的优秀联建单元小组长1名、优秀联建户3名，受到镇党委表彰的先进单位1个、优秀联建单元小组长9名、优秀联建户20名；藕塘村2组村民宋清芳被市老龄办评为“江油市十佳孝星”。

（九岭镇）

西屏镇

【概况】 西屏镇位于江油市西南部，绵江快速通道西侧，东与太平镇连界，南与青莲镇接壤，西与香水镇相交，北与含增镇相连，是绵江产业带的重要组成区域，是江油市獭兔现代养殖园、中国海棠小镇所在地，距江油城区12千米。全镇辖1个社区（永安），9个行政村（永兴、常青、柏林、黑石、桃园、四方、凉风、祥和、白龙），64个村民小组，5552户，总人口17854人。辖区面积41.9平方千米，以浅丘为主，有耕地979公顷。

2015年，西屏镇规模工业产值实现2400万元，固定资产投资6620万元，财税收入达到388万元，招商引资到位资金6850万元，农民人均可支配收入达到14349元。全镇新建家庭农场4个，新增种养殖大户12户，新注册科技型中小企业5个。

【项目建设】 西屏镇坚持以经济建设为中心，根据全镇实际，围绕巩固“中国獭兔之乡”地位，打造“中国海棠小镇”建设目标，调整产业结构，转变经济增长方式，稳中求进，好中求优，始终保持镇域经济持续稳定发展，经济实力不断增强。2015年，西屏镇新建项目10个，实现总投资1.3亿元。其中，兔业大会相关建设项目7个，投资约1.16亿元，建成无公害屠宰加工厂、兔文化博物馆，建成污水处理厂，全长3千米的獭兔圈产业环线道路全部黑化，周边农房风貌焕然一新。高标准农田建设项目投资960万元，硬化道路6.9千米，改造沟渠16000米，整修塘堰调整田形73.33公顷。美丽新村建设项目投资300万元，硬化海棠产业园区道路3千米，新建文化广场1处，西青路沿线绿化美化工程效果逐步显现。农村“一事一议”建设项目1个，投资50万元，硬化道路3千米。退耕还林项目总投资118万元，硬化道路2千米，整修沟渠2000米。该类项目的实施，增强了西屏的发展动力。

2015年江油市西屏镇各行政村基本情况一览表

表23

村名	面积(平方千米)	户数(户)	人口(人)	农村经济收入(万元)	农村经济总费用(万元)	农村经济净收入(万元)	农民人均纯收入(元)
永　兴	3.2	717	2383	3735.26	1221.68	2513.58	13531
常　青	4.19	802	2539	3869.99	1398	2471.99	13587
柏　林	2.26	508	1563	1883.64	648.6	1235.04	13240
黑　石	2.54	420	1027	640.36	146.96	493.4	12612
桃　园	4.55	677	2140	4339.56	1800.6	2538.96	16100
四　方	6.3	980	3205	6418	2899	3519	16022
凉　风	3.28	370	1192	2022.43	824.66	1197.77	12778
祥　和	5.5	720	2298	3183.88	1430.08	1753.8	12799
白　龙	10.08	349	1037	666.13	146.39	519.74	12366

【产业转型升级】 西屏镇坚持走农林旅融合发展的新路径，稳定獭兔养殖规模，加快獭兔产业改造升级，全面推广国家级獭兔养殖标准，实现獭兔产业持续稳定发展。加紧完善“中国海棠小镇”整体规划，不断培育提升西府、垂丝等优良品系，海棠种植面积达到2000余亩，不断提升西屏海棠的美誉度、知名度和影响力。2015年3—4月，吸引观光游客7万余人次，带动附近从业人员200多人，农旅融合发展前景看好。积极引导发展农业适度规模经营，全镇实现土地流转达533.33公顷，大棚蔬菜种植面积33.33公顷、露地蔬菜133.33公顷、莲藕133.33公顷、桂花66.67公顷，种养大户60余户。

【协办兔业大会】 2015年10月21至23日，中俄首届兔业交流圆桌会议暨第32届中国兔业大会在江油市召开，西屏镇作为兔业大会主要参观地，积极助推獭兔这一传统优势产业转型升级。坚持面向市场，保护生态环境，限制养殖规模，将商品兔年出栏量控制在100万只以下。依托四川皇嘉农业集团，以年加工能力1000万只的屠宰场为中心，以科研成果推广和标准化生产为动力，上游发展种兔繁育，下游发展食品生产，形成完整的全产业链。坚持农旅融合发展，以中国兔文化博物馆为核心，进一步挖掘兔文化、荷塘景观，集知识性、趣味性和观赏性于一体，吸引各地游客赏河塘之美、品玉兔文化、尝兔品美食，形成新的经济增长点。

【民生工程建设】 2015年，苍林新桥建成通车，完成西河路及环线10.8千米黑化工程，群众出行更加便利和安全。改善农村生活条件，新安装自来水840户、天然气1380户。将生态建设纳入新农村建设规划，采取多种形式进行宣传，以创建环境优美乡镇和省级生态村为目标，完成生态乡镇和9个生态村、1个生态社区、500户生态农户建设建设。2015年，启动常青村“美丽乡村”建设项目，人居环境得到提升。

【精准扶贫】 按照“五个一批”(即发展生产脱贫一批、易地扶贫搬迁脱贫一批、生态补偿脱贫一批、发展教育脱贫一批、社会保障兜底一批)、“六个到村到户”(即结对帮扶干部到村到户，产业发展扶持到村到户，教育培训安排到村到户、农村危房改造到村到户，扶贫生态移民到村到户，基础设施到村到户)要求，结合“困难联帮”“致富连带”，大力实施精准扶贫、精准脱贫工程，切实做到五个到位，即党委、政府重视到位、干部责任到位、产业扶持到位、教育培育到位、基础设施建设到位。全镇70户、187人贫困家庭，2015年内19户、50人实现脱贫。

【惠民帮扶】 全镇适龄儿童入学率达到100%。认真落实单独二孩政策，2015年内累计出生188人，政策生育率90%，征收社会抚养费31.6万元，1021人享受奖励扶助。全镇有农村低保277户503人、农村“五保”59人，城镇低保10户、16人，民政优抚对象22人，临时救济91人，全年累计发放各类救助救济资金260余万元。新农合参合率在96%以上，实施新农合、新农保、农村小额保险三费合缴，全年新农保6152人缴费123.6万元，城镇医保参保90人。2015年，劳动技能培训226人，劳务输出6532人，为群众拓宽增收渠道。全面兑现耕地地理保护、农村房屋确权登记颁证，移民后期扶持、助残、居家养老等各项惠民政策；51名农村青年应征入伍。

【改善民生】 完成白龙村饮水工程，解决近千人多年的饮水困难问题。永安社区、四方村日间照料中心投入使用，为300余名老年人提供优质服务。海棠小镇文化广场竣工，群众文化活动又添新场所。持续深入推进城乡环境综合治理，落实乡村保洁人员80名，结合“环境联治”活动，全镇群众筹资筹劳，对辖区主要街道、交通干线全天候保洁，实

图45 江油市西屏镇中国兔文化博物馆

现生产生活垃圾日产日清。规范城乡建设管理，强力整治违法建设，拆除违法违章搭建1400余平方米。持续开展超载超限专项治理，采用联合执法的方式，保障道路安全畅通。

【社会管理】 严格执行安全稳定目标管理、领导接访和包案制度，强化责任落实。全力做好重大事件节点安保工作，维护社会稳定大局。每月开展不稳定因素排查，及时化解矛盾纠纷，切实做到小事不出村，大事不出镇。做好群众信访工作，着力解决移民、河道采砂、华昇公司破产等遗留问题，有效控制越级上访和集体上访事件的发生。

（西屏镇）

文胜镇

【概况】 文胜镇位于江油市西北部，距江油市区56千米。西北与平武县、东北与江油市六合乡接壤，东与马角镇、二郎庙镇相连，东南与厚坝镇、西南与新春乡、重华镇连界。全镇面积120.20平方千米，集镇面积1.7平方千米。全镇辖6个行政村（长坪、潼梁、仁和、花石、白洋、安顺），1个村联建社区（文星），62个农业合作社，总人口9427人（其中，农业人口9145人）。人口自然增长率为1.16‰，政策生育率89.9%。全镇有耕地524.8公顷，其中田376.73公顷。粮食作物主要以水稻、小麦、玉米为主，油料作物以油菜、花生为主。经济作物主要有生姜、西瓜、海椒、豇豆、番茄等。养殖业以养猪、牛、羊、兔为主，小家禽主要有鸡、鸭、鹅等。森林覆盖率为78%。

2015年，文胜镇工农业总产值实现1.56亿元，比2014年增长15.23%。农业总产值5691万元，其中畜牧业产值实现2931万元，占农业总产值的51.5%；工业总产值实现3000万元；规模企业产值3000万元，实现税收85万元。农民年人均纯收入12545元，比2014年增加1660元，增长15.25%。全年转移农村剩余劳动力3545人（次），创收6925万元。

2015年江油市文胜镇各行政村基本情况一览表

表24

村名	面积(平方千米)	户数(户)	人口(人)	农村经济收入(万元)	农村经济总费用(万元)	农村经济净收入(万元)	农民人均纯收入(元)
长坪	4	607	1966	1455.9	656.77	799.13	12444
潼梁	2.6	215	698	904.49	412.34	491.85	12807
仁和	12.6	783	2521	1386.26	623.41	762.85	12407
花石	16.8	508	1545	1243.86	574.87	668.99	12182
白洋	36.2	593	1730	2539.32	1254.61	1284.71	11905
安顺	48	225	660	1550.3	775.3	775	15689

【经济工作】 2015年，文胜镇以推进农业产业化为重点，拓宽农民增收，努力实现增产增收。全镇有各类企业4家，其中百万元以上1家。招商引资1.5亿元。工业总产值3000万元，实现税收85万元。外出务工人员3545人，劳务收入达6925万元。稳步推进农业产业化发展：一是稳定粮食生产，积极调整农业结构，促进农民持续增收；二是坚持走“公司+基地+农户”“支部+协会+农户”模式的农业发展思路，进一步加强农业产业化基地建设；三是以市场为导向，以效益为中心，规模化为主道，大力推进养殖业发展；四是注重培育大户，全年培育新增种植、养殖业大户6户，特色养殖大户28户。

【基础设施建设】 通过“一事一议，财政奖补”，全镇的交通状况和水利设施得到较大的改善。硬化长坪村9组机耕道1000米,白洋村12组、16组、17组机耕道1420米；潼梁村3组浆砌排洪沟93米；投入“一事一议”财政奖补资金45万元，使全镇通组交通条件和水利设施得到很大改善。

【教育文化】 文胜镇小学在校学生义务教育192人，学前教育101人，在职教师23个，通过全校师生的努力教学质量有很大的提高，考上江油实验初中1人，并获得江油市教学质量评价一等。全镇共有6个村级图书室，藏书1

万余册；有老年活动场所2个，腰鼓队2个。

【卫生事业】 文胜镇卫生院在编职工9人，有门诊大楼、住院楼各1幢，共1700平方米。实际开放床位25张，年门诊23000人次，住院800人次。2015年，全镇新农合参合8840人，全年65周岁以上老年人体检900人次，管理与服务高血压、糖尿病、重性精神疾病850人，计划免疫服务与管理儿童540人，孕产妇保健服务76人。

【旅游业发展】 2015年，正式启动养马峡景区整体开发，景区公路改造工程于2015年11月全面动工，开始景区旅游公路宽6.5米、长9.3千米双车道沥青混凝土路面的建设，并与平武县交通部门取得联系，进行安响公路的建设规划。

（何万松）

重华镇

2015年江油市重华镇各行政村基本情况一览表

表25

村名	面积（平方千米）	户数（户）	人口（人）	农村经济收入（万元）	农村经济总费用（万元）	农村经济净收入（万元）	农民人均纯收入（元）
华红	4.25	657	2255	3838.8	1144.1	2694.7	11950
双河	2.66	508	1619	2956.3	1000.2	1956.1	12082
集体	1.99	403	1289	2279.2	717	1562.2	12120
大兴	4.28	439	1385	1879.8	229.4	1650.4	11916
平桥	5.78	475	1618	2888.5	966.2	1922.3	11881
福胜	10.57	518	1717	3004.5	948.8	2055.7	11972
广利	16.06	382	1210	2018.5	560.5	1458	12050
双石	8.48	914	2877	4639	1112.7	3526.3	12257
星顺	3.96	661	1935	3776.1	1389.7	2386.4	12333

【概况】 重华镇位于江油市境中西部，距江油城区约40千米，东与厚坝镇交界，南邻小溪坝镇、新春乡，西与铜星乡、西北与新春乡毗连，东北与文胜乡接壤。全镇面积68.48平方千米，集镇建成面积2.5平方千米。辖9个行政村（华红、双河、集体、大兴、平桥、福胜、广利、双石、星顺），1个社区（公安），共95个村民小组，村（居）民5617户，总人口18000人。全镇有耕地1104.4公顷，其中水田859.33公顷，旱地245.07公顷。重华镇是著名武术大师——海灯法师的故乡，在老君山自然风景区内的全国重点文物保护单位——老君山古硝洞遗址是迄今为止世界上发现的规模最大、开发最久、持续时间最长的火药原料生产场所，2006年6月在国家工商总局正式注册“中国火药之乡”。

2015年，重华镇实现农业总产值1.62亿元，固定资产投资5510万元，招商引资到位资金6762万元，财税收入完成190万元，限额以上社消零总额达到957.1万元。全年引进农业综合开发项目3个，新增专业大户8户，新增家庭农场12个。农民年人均可支配收入增加1645元，达到12079元，比2014年增长15.8%。

【文旅发展】 2015年，重华镇先后举办第三届传统民俗文化节暨第二届海灯武术节，并被绵阳市列入2015年重点文艺项目扶持名单。2015年3月，编纂出版《重华镇志》，并于7月24—25日，与绵阳市社科联联合举办“中国科技城·绵阳智库论坛——镇域发展论坛”之“《重华镇志》及重华镇科学发展研讨会”。创作重华形象歌曲《重华美》，并于2015年8月22日获“四川省第二届民歌大赛”铜奖。通过制作宣传画册、招商引资手册，举办“同叙家乡情，共谋发展梦”招商引资推介会等方式提高老君山景区的知名度。年内投入80余万元，实施天雨洞亮化工程，硬化景区道路1.5千米，维修游道10千米，新建停车场2000平方米，安装太阳能路灯20盏，新设安全警示牌、路牌10余处。同时，加强景区管理和环境卫生整治，推动农家乐上档升级。

【现代农业发展】 重华镇立足农业固本强基，积极推动现代农业转型升级，以“产区变景区、田园变公园、产品变礼品”为理念，大力构建“一区两园三基地”现代农业发展格局。星顺生态观光农业示范区规模达到233.33公顷。投入8000万元完成羌山健康猪生态产业园一二期建设，并促成羌山农牧科技股份有限公司于9月2日在新三板上市。建成以双石青黛种植基地为中心的中药材产业园53.33公顷。青花椒种植基地、运承鳝鳅养殖基地分别达到53.33公顷和33.33公顷（其中稻田养鳅13.33公顷），江樱谷鸭养殖基地存栏种鸭达5万只。

【脱贫攻坚】 实施胜利水库灌区项目、“一事一议”财政奖补、农网改造等项目改善交通、电力、农田水利等基础设施建设，硬化道路5千米、整治水库1座、维修塘堰8口、维修灌溉渠系3.5千米、安装护栏2000米，有效改善农业生产条件。与10名贫困学生签订供读至高中协议。开展种养殖业技能培训3场，举办妇女电商、裁剪技能、农民工就业技能培训等8场，1000余人接受培训，普及生猪养殖、台湾鳗鳅养殖、干果种植、中药材种植技术。江油石板山胖墩科技有限公司投资1000万元在平桥村（贫困村）修建标准化万头生猪养殖场，探索“群众代养”模式，建立双河村泰宇华君农场，带动发展家庭农场12家。落实产业扶持资金，实现企业及农家乐与贫困户对接，定向为重华籍企业家及建筑承包商推荐务工人员等方式帮助群众增收。充分发挥联系单位、帮扶人的作用，有效利用各项政策，有序推进五大扶贫工程，全年实现脱贫59户、200人。

【社会民生】 深入推进“单元化联户共建共享工程”，大力开展村居环境大改善、致富连带大发展、互帮互助大团结、树立新风大提升和综合治理保安全等活动。巩固绵阳市安全社区创建成果，建立健全安全生产责任制，切实保障公共安全和有效处置防范突发事件。大力推进依法治镇促进和谐稳定、巩固“六五”普法成果，积极开展依法治镇工作，大力开展小庙整治，拆除公路沿线小庙9处。建立健全信访工作综合协调机制和信访问题排查化解机制，做好“四会一节”等重点节点期间的信访稳定工作。纵深推进城乡环境综合整治，投入250余万元启动老君山景区改造、集镇农贸市场、古镇绿化和亮化“两改两化”利民工程，改善景区集镇秩序和面貌。全力抓好建设用地审批和违建防治查处工作，确保全镇无违法用地建设情况发生。

（万　刚）

图46　藏王寨老君山

永胜镇

【概况】 永胜镇位于江油市西部，东与新春乡相邻，南与双河镇交界，西与武都镇毗邻，北与平武县接壤，是四川省小城镇建设试点镇、绵阳市村民自治模范镇，辖16个行政村（河口、水牌楼、朝阳、青竹、双庙、海棠、龙宫、桐柳、红莲、高庙、文明新、金安、金凤、文化新、新北、白云），1个居民社区（文峰），172个村民小组。全镇总户数9400户，其中农业户8820户；总人口30129人，其中农业人口27908人，人口自然增长率3.02‰。山林面积5373.3公顷；耕地面积2027公顷，其中水田1492.6公顷。

2015年，永胜镇实现工农业

2015 年江油市永胜镇各行政村基本情况一览表

表26

村 名	面 积（平方千米）	户 数（户）	人 口（人）	农村经济收入（万元）	农村经济总费用（万元）	农村经济净收入（万元）	农民人均纯收入（元）
河口坝	3.13	712	2281	2942.49	1177.4	1765.09	12900
水牌楼	3.33	699	2246	2852.42	1101.48	1750.94	12700
朝 阳	1.17	531	1720	1730.75	722.45	1008.3	12103
青 竹	1.61	596	1908	1835.5	881.04	954.46	12923
双 庙	2.23	602	1900	2530.22	1214.51	1315.71	12916
海棠铺	2.61	588	1891	1692.07	791.12	900.95	13060
龙宫寺	6.43	453	1546	2091	1087	1004	13163
桐 柳	3.52	649	2020	3763	1875	1888	13163
红 莲	5.82	724	2262	4757.26	3400.48	1356.78	12523
高 庙	1.18	454	1434	2126	1109	1017	12629
金 凤	1.26	394	1196	2615	1450	1165	13236
金 安	1.45	362	1173	2102	1109.67	992.33	12859
文明新	5.16	1022	3285	3427	1596	1831	12256
文化新	4.03	678	2099	2283.9	932.36	1351.54	13120
新 北	9.80	217	586	1004.39	571.3	433.09	11913
白 云	24.70	139	361	288.95	106.07	182.88	12006

总产值3.15亿元，其中，农业总产值2.91亿元，规模工业总产值2400万元；固定资产投资5000万元；招商引资2700万元；财政收入225万元，较2014年增长22.95%；限额以上社会消费品零售总额达到7700万元，同比增长23.97%；农民人均纯收入12759元，比2014年增长1773.5元，增长13.9%。

【农业经济发展】 永胜镇经过2014年和2015年各大项目的实施，建设高标准农田1000公顷，修建渠系153.1千米，精修塘堰138余口，新建田间生产作业道38.2千米，整治山坪塘10余口。2015年，生产粮食18564吨，人均663千克，其中水稻9856吨，小麦4081吨。主要经济作物有油菜、花生、生姜等。油料作物种植面积976公顷，产量2528吨，其中油菜2268吨；蔬菜种植面积517.4公顷，产量9450吨。2015年，生猪饲养8.31万头，年末存栏3.8096万头；羊饲养量0.99万只，年末存栏0.4468万头；牛饲养量0.2339万头，年末存栏0.1735万头；家禽饲养量141.089万只，上市家禽100万只；兔饲养量21.405万只，年末存栏3.7182万只；仔猪外销4.73万头；畜牧业总产值1.35亿，占农业总产值的43%。2015年，鱼塘养殖面积160公顷，产量527吨，水产品总产量527万吨，渔业总产值527万元，占农业总产值的1.7%。农民人均纯收入7436元。

【商贸与旅游】 2015年年末，全镇共有商业网点322个，职工450人，社会商品销售总额达7700余万元。旅游发展主要以建设“画屏湾”农林旅融合发展区和文金双花果产业园为主。“画屏湾”农林旅融合发展区主要以抓住“涪江六峡”的开发机遇和窦圌山旅游景区，规划并逐步建设林旅、农旅融合发展区。文金双花果产业园以永胜镇初具雏形的千余亩“文金双果蔬产业基地”为基础，着力将海棠、双庙、金凤、金安、文化5个村串珠成链，实现与18.67公顷海棠生态立体农业示范园有效对接，及早建成集餐饮、旅游、娱乐为一体的“文金双花果产业园”。

【村镇基础设施建设】 按照“整体谋划、全域规划、注重特色”的要求，加快推进棚户区改造工程，6号、8号楼主体工程、穿城堰1期工程已完工，并通过设计验收，9号楼于10月月底正式动工，平根商务文化广场、污水处理厂、钦顺食品厂主体建设完工，正在完善配套设施。加快实施国家第六批“小农水”重点县项目，新建渠系35公里，整治塘堰、蓄水池、拦河堰共77处，维修提灌站2处，新增和改善灌面1000公顷。持续推进人畜饮水工程，全面完成水井和管网建设。

新建和改造村道4.5千米，加快推进杨家桥维修工程。以绿化、净化、美化为目标，深入开展城乡环境综合治理，加大农村秸秆禁烧力度，改善城乡人居环境，提高居民生活水平。

【社会事业】 全年转移农村劳动力10863人，发放耕地地力保护补贴306万元。加强农村低保制度规范管理，享受城乡低保624户、1069人，发放补助约14.7万元/月，加大社会救助力度，救助困难群众299人次，金秋助学10人次。稳妥实施“单独二孩”政策，持续抓好计生监测点审计工作。扶贫攻坚变“大水漫灌”为“精准滴灌”，农村困难群众脱贫1083人。稳步推进白云村易地扶贫搬迁工程，完成场地平整工作，推进挡土墙、房屋建设，2015年春节前，13户易地搬迁户喜迁新居。统筹推进城乡社会保障工作，新农保参保率达98%，新农合参保率达100%。创新开展“单元化联户共建共享”工程，成立“五联督导队”，建立“五联示范片”，确立“五联主题月”，有效地促进该项工作深入人心。敬老院改扩建完工并投入使用，积极推行居家养老服务模式，完成老龄人身意外保险1104人。创新安全生产监管巡查机制，开展节前安全生产大检查，全年安全形势稳定。

（永胜镇）

雁门镇

【概况】 雁门镇地处江油市东北部山区，距江油城区83千米，东南与石元乡、东北与青川县马鹿乡相连，南与马角镇接壤，西南与六合乡、西北与敬元乡交界，辖区面积110.2平方千米。2015年，全镇辖8个行政村（大桥、园坝、云锣、柳坝、西坝、斑竹园、北口、会龙），1个社区居委会（双桥），总人口10215人。

2015年，雁门镇实现规模工业总产值1.408亿元，完成固定资产投资4882万元，招商引资2504万元。全年实现财政税收486万元；农业生产总值5500万元；农民人均年纯收入达1.05万元，比2014年增加1193元，。

【特色产业发展】 支持冠尚农业开发有限公司发展，整合山区特色农产品加工销售，建设“老鹰茶+”生态农业产业园区。规范发展农民专业合作社，走“公司+合作社+农户+市场”路子，带动农户发展种植老鹰茶。培育老鹰茶、黄花、藤椒种植大户30余户，土鸡、肉牛、山羊、猪等养殖大户15户；注册发展家庭农场1户。按照绿色、生态、高效的要求，塑造铸造冠尚农业的“寻山记”品牌。组织冠尚农业、柳坝灵芝等公司到绵阳、成都农产品展示展销，进一步打响“寻山记”和“雁门山珍”品牌，在引进和培育冠尚农业公司发展的基础上，按照“两线一片一中心”的产业规划布局和“一镇一主业，一乡一特色”“生态绿色高效”的要求，将“老鹰茶+”产业作为雁门的主导发展产业。以老鹰茶为主导，在“+”上做文章，茶树间种黄花、杂粮、中药材、蔬菜等经济作物，最大限度提高土地综合利用率，增加经济效益。扩建獭兔养殖场600平方米，新带动獭兔养殖大户10户。积极支持鑫犇肉牛养殖公司

2015 年江油市雁门镇各行政村基本情况一览表

表27

村名	面积（平方千米）	户数（户）	人口（人）	农村经济收入（万元）	农村经济总费用（万元）	农村经济净收入（万元）	农民人均纯收入（元）
大　桥	7.67	397	1136	960.1	336	624.06	9494
园　坝	9.6	370	1119	986.3	335.3	650.96	9698
云　锣	13.72	335	1042	526.67	200.13	356.5	9065
柳　坝	12.72	244	704	580.66	178.8	401	9181
西　坝	17.94	490	1576	1220.35	334.1	886.2	9491
斑竹园	11.56	513	1547	756.22	226.86	529.36	9393
北　口	20.04	436	1339	781.26	234.5	547.23	9520
会　龙	16.35	247	711	471.38	141.4	329.97	9494

建生态循环产业园。依托冠尚农业公司建立江油北部山区（雁门）电子商务区域服务中心，大力发展电子商务示范村、示范店、示范户，充分利用网络开展营销，将雁门老鹰茶、腊肉、土鸡、薏仁、灵芝、石斛、黄花等特色农产品推销出去，提升知名度和知晓度，进一步促进产业结构转型升级。

【社会事业】 全面落实民政社保等惠民政策，按标准及时足额发放低保等各类优抚救助资金，其中农村籍退役士兵补助5.4万元，农村低保金25.2万元，定救人员补助10.75万元。全镇新型农村养老保险参保人数达2422人。完善贫困儿童助学机制，义务教育入学率达到100%，中考文化成绩和素质教育在全市名列前茅；乡镇基本公共卫生服务名列前茅，新农合实现全覆盖，解决山区群众上学难和看病贵的问题。严格执行国家耕地补贴等一系列强农惠农政策，按时按户按地发放补贴，加强督促检查，确保政策落实到位。加大教育培训力度，帮助农民掌握先进的农业科技知识和农业实用技术，着力培育有文化、懂技术、会经营、守法纪的新型农民，大力提升农民增收致富能力。全年推荐新型农民培训10人，开展农村实用技术培训800人次，培育科技示范户3户，带动农户23户，发放各类技术资料1000余份。积极宣传政策性农业保险新政策，规范赔保流程，进一步提高农户参保积极性，化解农户种养殖风险，确保农民增收。务实推进精准扶贫，2015年，召开9次会议专题研究部署精准扶贫工作。制作扶贫攻坚宣传展板9块，进出乡镇的主干道有大型固定扶贫宣传标语（展板）12幅，在贫困村村委会及主干道悬挂宣传标语共15幅，印发扶贫宣传资料1000余份，写宣传信息简报15篇。全年完成扶贫解困319人。

【基础设施建设】 利用各项涉农基础设施项目，整合集中投入，改善农村山、水、田、林、路等生产型基础设施及电、气、通信等生活型基础设施建设，不断夯实农业发展基础，提高综合生产能力，提升农民群众生产生活水平。全年完成村组道路建设8.5千米，入院入户道路2千米，田间机耕道路2千米，修复水毁道路5处，启动4.9千米雁（门）七（佛）公路建设。完成水毁工程修复4处，堤防整治1千米，新建排灌渠道6千米，精修（维修）塘堰3口。实施土地整理33.33公顷，新建人畜安全饮水工程3处；开通会龙场隧道红绿灯，方便群众出行。进一步巩固退耕还林成果，对天然林保护工程生态公益林面积进行有效管护。积极开展森林防火宣传和防火知识科普活动，坚持值班人员每日巡查制度。进一步加大秸秆综合利用，大力推广机械化秸秆粉碎还田、覆盖还田、秸秆养畜等，在云锣村建机制木炭厂一处，利用秸秆制作木炭，提高资源综合利用率。全年秸秆综合利用率达80%。在柳坝村建集中供气项目1个，通过实施规模畜禽场沼气治理，建设循环生态产业园，利用沼液生产液态有机肥，发展无公害黄花等种植。开展农村环境综合整治。加强场镇规划和基础设施、公共设施建设，对雁门场镇进行绿化、亮化、美化，完善场镇服务功能；开展沟渠、塘堰、水库环境整治，杜绝乱倒、乱排行为，加强广场、道路、庭院卫生管理，建立健全生活污水处理及生活垃圾收集和无害化处理机制，全面治理农村面源污染；继续开展以房前屋后为重点的农村房屋庭院整治，拆除不在规划范围内、私搭乱建、违法违规的棚舍，彻底清理卫生死角；建立环境综合治理长效机制，新建垃圾池18个，改扩建垃圾池8个，添置垃圾桶80个，组建保洁队伍9支，每个行政村落实1~3名保洁人员，建立健全清洁费征收及日常保洁机制，营造干净、卫生、宜居农村新风貌。

【社会管理】 完成斑竹园村"1+6"村级公共服务体系建设，合理设置完善村级便民服务中心、农民培训中心、文化体育中心、卫生计生中心、综治调解中心、青少年未成年人教育活动中心等设施设备，优化综合服务功能。建设双桥社区日间照料中心，建成活动场所共200平方米，改善社区老年人照料能力。全面推进"法治江油"建设，坚持系统治理、依法治理、综合治理、

图47 四川冠尚农业开发有限公司

源头治理，推动社会治理方式向系统性、整体性、协同性转变，维护好群众利益，确保社会环境安全稳定，不断增强群众幸福感。充分发挥“大调解”体系作用，建立社会矛盾排查和化解工作责任体系，畅通信访渠道，及时解决群众反映强烈的突出问题，积极妥善处理长期遗留的信访难题。开展安全隐患排查和整治，建立安全生产责任制，开展安全生产大排查。修订完善应急预案并强化演练，落实应急队伍和抢险器材，对水库、塘堰、地质灾害点进行系统的安全检查，强化地质灾害、防汛避险知识的宣传教育。同时，做好食品、药品、学校和道路交通安全工作。推进“单元化联户共建共享工程”，按照“人员相熟、地缘相近、产业相融”的原则，建立联建单元135个，推选热心公益事业、公道正派、身体健康、具有较高威信和较强组织能力的家庭户主担任联建单元小组长，负责统筹协调单元联户共建有关事项，带动全镇群众共同参与。在“环境联治”“平安连创”“致富联带”“新风联树”方面涌现出一批先进模范。

（杜维勤）

大堰镇

【概况】 大堰镇地处江油市东南部，距江油城区8千米，东连贯山镇，南接绵阳市游仙区凤凰乡、忠兴镇和云凤乡，西邻东兴乡、彰明镇，北靠三合镇。俗称大堰塘，2014年9月，撤乡建镇。辖区面积48.6平方千米，有耕地1374.85公顷，辖11个村（群光、爱国、红豆、泉水、集贤、复兴、南河、龙王、宝回、开化、青龙），1个社区（飞跃），总户数5544户，总人口16199人。京昆高速途经大堰6个村，全长8.6千米，京昆高速江油收费站距场镇仅400米，是江油城区进出国道的主要道口。全镇有中心小学校1所，场镇中心幼儿园2所，其中私立幼儿园1所，教职工54人，就读学生、幼儿489余人；镇卫生院1所，有专业医护人员38人；自来水厂、畜牧站、客运站、供电所、信用社、邮政所、燃气公司等便民商业网点、生活服务设施一应俱全。大堰镇境内有小（1）型水库1座，小（2）型水库

2015年江油市大堰镇各行政村基本情况一览表

表28

村名	面积（平方千米）	户数（户）	人口（人）	农村经济收入（万元）	农村经济总费用（万元）	农村经济净收入（万元）	农民人均纯收入（元）
群光	2.68	405	987	1167.63	585.21	582.42	12545
爱国	2.4	348	930	1181	625.93	555.07	1191.21
红豆	6.5	715	2109	2932.66	1524.89	1407.77	11866
泉水	1.67	450	1345	1776.1	889.05	887.05	12713
集贤	8.4	674	1908	2252.43	1171.26	1081.17	12452
复兴	3.5	444	1283	1428.44	728.5	699.94	12178
南河	3	469	1393	1373.39	700.43	672.96	12427
龙王	4.1	506	1572	1429.93	729.26	700.67	12976
宝回	8.6	648	1890	1668.36	830.86	837.5	12426
开化	3.5	460	1357	1773.4	939.9	833.5	13373
青龙	2.75	399	1110	1279.82	652.9	627.12	12707

9座，山坪塘885口。新型集镇面积约1.5平方千米，以康乌鱼为代表的特色餐饮远近闻名。

2015年，全镇实现地区生产总值1.99亿元，完成固定资产投资2042万元、到位招商资金3175万元，新增科技型中小企业4家，新增种养殖大户6户，家庭农场1个，发展农业产业化项目2个。农村剩余劳动力转移6613人，实现财税收入499.7万元、农民人均纯收入达到12655元。

【农村经济】　大堰镇以农业经济为主导，全力打造杂交水稻制种基地。全年落实水稻制种面积61.33公顷。小麦高产示范面积673.3公顷，6个田块平均单产619.99千克，连续6年高产创建达到600千克以上。验收专家组通过对万亩示范片田间产量考察及产量自测，确认江油市2015年小麦高产创建大堰镇小麦高产示范片平均单产593.5千克，较全市大面积小麦平均单产313千克增加280.5千克，增长89.6%。促进全镇蔬菜产业发展和推进“公司+合作社+农户”的生产经营模式。成立金朋家庭农场，种植花菜13.33公顷，总产量215吨，平均亩产1075千克，种植紫山药面积6.67公顷，总产量合格品总计110吨，楠竹片293.3公顷，利润52万元。采取多种形式发展畜牧业依托向阳种植养殖合作社建设肉鹅养殖基地。全年出栏家禽46.8万只、出栏肉兔37.6万只、出栏生猪1.6万头、出栏肉牛319头。畜牧业总产值6960万元。

【重点项目推进】　G5—G247联网畅通工程（江油大道）建设于2014年3月启动，江油大道扩建工程全长7.1千米，大堰镇涉及4个村，15个村民小组，拆迁户数98户。2015年6月10日，江油大道建成通车。2015年8月20日京昆高速李白故里旅游咨询服务中心（餐饮、特色商品销售、电子商务）项目竣工。2015年9月24日，完成江油大道沿线房屋外立面及屋顶风貌打造，涉及460户农房，总面积达13万多平方米，投入资金2300万元，3个集中居民安置点全部修建完工，入住拆迁户79户。

【基础设施建设】　水库移民后扶资金项目，整治山坪塘6口，沟渠300米，拦河堰1处，硬化道路2千米（该项目涉及红豆、集贤、龙王村），财政资金100万元。修建东大路（宝回村八组至东兴朝天村五组），全程1.7千米，投资60万元，建设内容C30砼3.5米宽、0.2米厚。该工程于2016年2月1日通车。2015年，一事一议财政奖补项目硬化道路6950米，其中，红豆村道路硬化1200米，南河村道路硬化800米，泉水村道路硬化1400米，开化村道路硬化850米，宝回村道路硬化1700米，群光村硬化道路1000米。精修塘堰9口，其中群光村精修塘堰5口，泉水村精修塘堰1口，开化村精修塘堰2口，青龙村精修塘堰1口。

【社会事业】　大堰镇爱国村日间照料中心于2015年6月20日动工，10月20日竣工。日间照料中心占地面积650平方米，建筑面积224平方米，总投资25万元。

【招商引资】　2015年1月，大堰镇紫色山药规模化种植及深加工项目正式入驻开化村。该项目在开化村组流转土地53.33公顷，种植紫色山药。全面种植完毕后，建设深加工基地3000平方米。该项目的实施，带动全镇农户产品规模化发展生产。

（王晓洁）

图48　京昆高速江油收费站

方水镇

【概况】 方水镇位于江油市最南端，属绵阳涪城、安县、江油三个市（县、区）交汇的三角地带，距江油城区22千米。东南与绵阳市龙门镇交界，西南与安县黄土镇相邻，东北与九岭镇接壤，西北与八一镇相连。2015年4月，撤乡建镇。新塔九路横贯乡境。全乡面积48.06平方千米，耕地面积17833亩，辖9个行政村（官田、广义、白玉、高包、宝塔、宝珠、元门、古树、西林）和1个社区（永镇），农业人口4878户、15229人，劳动力9678人。

2015年，方水镇实现规模工业总产值1.4亿元，农村经济总收入3.57亿元，财政收入315.66万元，农民人均纯收入达到15088元。

【产业发展】 2015年，全镇推广粮食、蔬菜、水果新品种9个，新技术4项，水果种植面积达1133.33公顷，蔬菜种植面积达2000公顷，特色产业凸现规模效应。发展家庭农场4家，新增种养殖大户10户，年末生猪存栏达2.29万头。新型农业经营主体培育呈现新亮点，张德明、刘晓松分别被评为江油市创业明星、创业能手。

【招商引资】 2015年，全镇引进投资上2千万元的项目2个，投资上1千万元的项目2个，白玉加气站完成建设，进入正式营业；天和机电完成整体搬迁，成为方水镇第二家规模以上工业企业；天农生态在上海股权交易中心挂牌，是江油第二家农业产业发展上市公司。

【基础设施建设】 2015年，全镇硬化村级道路8千米，精修山坪塘7口，硬化水渠0.8千米，维修提灌站1处，新建集中供水1处，处理设施病害8处，农业基础设施条件进一步夯实。全面完成“7·9”洪灾灾毁土地自行复垦和工程复垦；白玉村金土地升级项目通过验收；城乡建设用地增减挂钩完成复垦旧宅基地630亩，基础设施配套处于设计阶段；农村集体建设用地共清理储备89宗98.7亩；广义、宝珠、古树村22户危旧房改造全部入住；启动建设官田、古树、西林村的土地整理项目；方八路路面改造提升工程、水纹站和污水处理厂正按任务要求同步推进。永镇社区阵地投入使用，社区日间照料中心改造全部完成。

【民生和社会事业】 2015年，坚持连片扶贫与精准扶贫“双轮驱动”，突出政府主导与干部帮扶“双管发力”共整合资金400余万元，实施扶贫攻坚，全面清退不合格对象户147户、492人，全年脱贫248人；全年解决城乡低保458人次，发放低保金80.28万元；帮扶“五保”户65人次，发放“五保”金8.4万元；救助城乡困难群众300余人，发放救助资金17.6万元；发放优待金61.06万元。转移农村剩余劳动力7081人，实用技术培训1800人次；发放耕地地力保护补贴179.83万元，农机购置补贴14.45万元。新农保参保率达90.06%，新农合实现全面覆盖，农村小额人身保险4141人，全面共理赔46239万元。全镇政策生育率达88.6%，计生奖扶661人；农村义务教育学生免

2015年江油市方水镇各行政村基本情况一览表

表29

村名	面积(平方千米)	户数(户)	人口(人)	农村经济收入(万元)	农村经济总费用(万元)	农村经济净收入(万元)	农民人均纯收入(元)
官田	2.19	410	1138	1935.24	834	1018.7	15199
广义	7.9	670	2173	3626.5	1742.98	1965.02	13765
白玉	8.14	859	2589	6655.51	2928.46	3727.15	17635
高包	2.13	387	1183	1676	723	953	13700
宝塔	3.23	344	1237	1577	720.5	856.5	13860
宝珠	6.57	581	1836	2800	1288	1512	13775
元门	6.5	654	2065	2552.21	1112.76	1439.45	14792
古树	7.8	549	1642	2558	1455	1103.94	13276
西林	3.6	424	1366	3695.8	1887	1808.8	17675

费午餐计划惠及全镇337名学生，小学毕业生升学创历史最好成绩，有5名学生就读于江油实验学校。

（杨　敏）

马角镇

【概况】　马角镇位于江油市北部潼江上游，距市区62千米，东与二郎庙镇、石元乡相邻，西南与文胜乡接壤，北与六合乡、雁门镇毗邻，面积147.63平方千米。全镇辖8个行政村（龙宫、岳村、大炉山、马阁寺、前进、沉水、印坪、油房沟），69个村民小组和1个社区居民委员（梓江），总人口21217人，其中农业人口12854人。全镇有耕地600公顷，其中水稻286.67公顷。马角镇是江油市综合类乡镇，境内有拉法基双马矿山、南联矿业有限责任公司、中航物流、铁骝木业加工厂、国家物资储备局438处等国有及民营企、事业单位。镇内基础设施较为完善，江油市鸿飞集团马角水厂可供马角、二郎庙、厚坝地区生产、生活、工业用水，2座11万千伏输变电站保障辖区工业、农业、生活用电；有可供城镇5000户居民用天然气站1座；有中心小学、卫生院各1所；电信、移动、联通信号覆盖全境；有线电视线路覆盖面达到95%；有火车货站、汽车客运站各1个，宝成铁路纵贯南北，县道中雁公路、武马路穿镇而过。距绵广高速出入口约20千米，交通较为便利。境内自然资源十分丰富，有石灰石、铁矿石、石英砂、白云石、页岩等矿产资源，尤其以石灰石含量最大，碳酸钙含量最高达55%，且品位高，可供上百年开采利用。有林地1.47万公顷。境内有梓江、潼江两大水系交汇穿过。四川省级生态小区青沟、鸡膝沟四季青翠，流水潺潺，清澈见底；青龙宫内怪石嶙峋，悠长深邃，是人们度假、避暑、旅游、休闲的理想去处。

2015年江油市马角镇各行政村基本情况一览表

表30

村名	面积(平方千米)	户数(户)	人口(人)	农村经济收入(万元)	农村经济总费用(万元)	农村经济净收入(万元)	农民人均纯收入(元)
龙　宫	7.11	844	3028	2370.75	711.17	1659.58	12789
岳　村	24.45	478	1600	2060	1144	916	12746
大炉山	32.5	472	1445	1884	1001.1	882.9	12839
马阁寺	17.6	649	1998	1998.53	957.96	1040.57	12633
前　进	6.19	581	1800	2958	1181	1777	12674
沉　水	16.71	396	1243	1570	785	785	12660
印　坪	41.67	288	900	1110	555	555	12198
油房沟	5.5	325	940	1180	590	590	12511

2015年，马角镇实现规模工业总产值2.9亿元，农业总产值1.51亿元，固定资产投资4000万元，招商引资5000万元，项目包装7个，农村劳动力转移达到5630人，农民人均纯收入实现12599元，财税收入352.12万元。

【工业发展】　马角镇立足镇域资源优势，推动产业转型升级，优化产业结构，壮大工业总量。加大招商引资力度，编制招商引资手册，包装项目7个，外出招商4次，在谈项目3个。对工业存量土地进行清理，完成闲置工业资产调查，共清理存量工业用地400亩。强化服务工作，支持现有企业上档升级。南联环资新三板成功上市，千里马科技有限公司新型耐火材料一期项目如期建设，铁骝木业技改项目进展顺利，有序推进年产十万吨生态有机肥料项目前期工作。进一步整合矿山资源，全年共关停矿山企业4家，全镇生态环境进一步好转。

【农业产业化发展】　以全产业链发展思路，加快推进现代农业发展，不断优化全镇“2+5”农业产业规划，完成经济林果种植扩面66.67公顷，新增种养大户4户，培育和支持家庭农场等新型经营主体1个。加强农村专合组织发展，新发展专合组织3个，全镇专合组织达到9个。大力发展电子商务，通过“互联网+”模式，与江豆网等现代新兴电商合作，把全镇香菌、香猪等精深农产品推出去，马角农产品的影响力不断扩大。不断深化农村改革，推动土地、林地适度流转，提升农业基地建设规模和水平。

【社会保障】 促进就业和社会保障，坚持就业指导与创业培训相结合，坚持职业培训与职业介绍相结合，新增就业岗位123个，办理就业援助11人。新型农村养老保险完成3731人，上缴养保资金112.32万元。新型农村合作医疗整体推进，享受医保面不断扩大。完成城镇居民医疗保险508人。全镇享受农村低保272户、412人，城镇低保71户、100人，发放低保金110万元，做到应保尽保。全年新增就业123人，就业失业登记人口183人。社会居家养老工程有序推进，投资25万元的岳村日间照料中心全面完工。

【社会事业】 推进农村土地承包经营权确权登记、农村宅基地使用权确权登记、农村房屋所有权登记工作。新型农业经营体系初步构建，培育1家家庭农场，进一步规范水果、蔬菜、养殖等专业合作社管理。推进“单元化联户共建共享工程”，“1355”社会治理模式初步形成。全年发放各级助学资金1.8万元，救助学生9人；发放临时生活救助12.6万元，救助困难群众48人。认真落实各项优抚政策，着力解决军烈属生产生活困难。以创建全国农村生活垃圾治理示范市为契机，深入开展城乡环境综合整治，对群众反映强烈的老区公所危旧房和周边脏乱差现象，依法依规进行拆除和整治，场镇面貌进一步改善。改革和完善计划生育服务管理，促进人口均衡发展，优化人口结构，提升优生优育水平，注重对新生孩儿及育龄妇女的服务工作，做好独生子女家庭奖扶申报、失独家庭的帮扶照顾工作。大力支持重点工程建设，确保沉水水库建设工程进展顺利，基本完成库底清库工作，为下一步围堰施工创造有利条件。有序开展小庙整治、秸秆禁烧、防汛工作、森林防火、整治违法建设等工作。

【社会管理】 坚持依法治镇，深入开展法律“七进”和普法教育，坚持会前学法，聘请法律顾问，开展法律培训。全年开展普法宣传2次，会前学法37次，张贴各种标语30余幅。积极推进社会管理理念、机制和方法创新，构建和谐社会管理格局。充分发挥“大调解中心”、司法服务所、法律服务所的积极作用，搞好矛盾纠纷排查，坚持领导包案制度，努力化解矛盾纠纷。加强社会治安综合治理，严厉打击、严密防范各类违法犯罪。构建“党政同责、一岗双责、齐抓共管”的安全责任体系，安全隐患排查不留死角，“打非治危”和各项专项治理活动有效开展，确保全镇社会稳定、人民群众安居乐业。2015年，全镇处理民事纠纷53起、信访案件12件、上级批办信访件8件，接待上访人员12起，无进京赴省上访事件发生。

【基础设施建设】 马角镇通过向上争取资金项目和发动群众投工投劳相结合，全年共硬化道路4.9千米，维修泥结石道路7.8千米。整治排灌沟渠长5千米，精修塘堰7口，新修拦河堰3道，精修贫困村蓄水池5口，集中供水点3处。大力开展环境整治，新建公共卫生厕所2个、垃圾集中收集点8处。

（刘　江）

工业主导类乡镇

二郎庙镇

【概况】　二郎庙镇位于江油市东北部，距江油市区54千米，面积148.42平方千米，东临云集乡，南接厚坝镇、重兴乡，西与文胜乡、马角镇接壤，北与石元乡相邻。有耕地1195.13公顷，人均耕地面积0.72亩。辖13个行政村(明镜塔坝、新安、八角、东华、渭河、雷江、龙潭、金石、高坝、青林、桥上河、保林、芭蕉湾)，122个组，2个社区居委会(南山、二青)，总人口3.16万人(其中农村人口2.35万人)，主要为汉族。森林覆盖率67%。为省级试点小城镇，四川省卫生镇，绵阳市级文明城镇，绵阳市安全生产示范镇，绵阳市爱国主义教育基地，四川省小企业创业基地，国家级“亿万农民健身活动”先进乡镇。

2015年，二郎庙镇工农业总产值达17.4亿元，其中，规模工业总产值14.3亿元，农业总产值3.1亿元。招商引资到位资金12330万元，财税收入3097万元；农民年人均可支配收入达到13082元，比2014年增长1634元。

2015年江油市二郎庙镇各行政村基本情况一览表

表31

村名	面积(平方千米)	户数(户)	人口(人)	农村经济收入(万元)	农村经济总费用(万元)	农村经济净收入(万元)	农民人均纯收入(元)
明镜塔坝	12.6	1115	3123	4786	2592	2194	15326
新安	10.7	859	2736	3802	2479	1323	13896
八角	8.1	679	2155	2947	1205	1742	13673
东华	4.3	408	1247	1750	930	820	14037
渭河	9.7	510	1613	2134	875	1259	13227
雷江	24.3	602	2036	2641	978	1663	12972
龙潭	18.5	372	1235	1624	827	797	13148
金石	8.6	327	1053	1131	765	366	10742
高坝	4.2	349	1057	1523	675	848	14406
青林	18.6	783	2150	3399	1807	1592	15808
桥上河	7.5	344	1088	1291	945	346	11863
保林	14.2	364	1154	1292	1003	289	11194
芭蕉湾	8.7	752	2825	4305	2698	1607	15240

【工业经济】　二郎庙镇是江油市工业重镇之一，矿产资源丰富。镇党委、政府建立健全领导联系企业制度。围绕上市公司拉法基双马公司产生大批服务公司或配套生产企业，主要以水泥生产、矿石开采、石英砂加工、玻纤生产、木材加工、生态农业建设为主，并逐步形成规模生产。2015年，全镇实现规模工业产值14.3亿元，坚持高端发展、绿色发展。拉法基双马投资2.1亿元的7号窑技改如期完成，于10月点火投产；新引进石原玻纤、久祥造型覆膜砂、鼎鑫硅钙板、青林食品、双马余热发电、天龙达、德鑫实业、磊源矿山技改等工业项目8个，新增规模企业1个。以非金属矿山整顿为契机，关停5家矿山。以国储255处投资2.3亿元的储油库区扩容项目和盘活原479部队闲置资产引进龙门石化投资2.5亿元成品油储售项目为基础，整合境内天鑫贸运、兴文运输等物流企业，建设工业物流园，提升工业发展配套空间。抓好招商引资工作，全年累计招商引资12330万元。

【小企业创业园】 抓住江油市委、市政府在二马厚地区建立新型建材工业集中区的战略机遇，率先在二郎庙镇芭蕉湾村开工建设小企业创业园。创业园于2006年9月26日开工建设，以新型建材、木业加工、玻纤制品为主，基础设施建设正逐步完善。创业园分A、B两个区，规划占地20公顷亩，开工建设A区，占地8公顷。创业园建设初具规模，2008年11月，被四川省中小企业局授牌为四川省小企业创业基地。2015年，石原玻纤公司租用地大玻纤公司场地进行生产、川闽胶合板厂正常运转。宇丰玻璃公司和二郎庙机砖厂暂时停产。

【农业发展】 依托天安农业、祥瑞农业、天悦农场、鑫意合作社等专合组织、家庭农场和农业产业化龙头企业，按"公司+基地+农户"模式大力拓展五龙生姜、天安金银花等优势产业，发展休闲农业、观光农业等促进农村发展、农民增收、农业增效。推进土地有序流转；农村电子商务有效推广。全年新增养殖大户6户，新增养殖专业合作社3个，新增4个家庭农场、发展46.67公顷皂角种植和雷竹种植；青林口白花桃产量达9250吨，产值3910万元。2015年，全镇粮食总产量8512吨，水果总产量8169吨，生猪出栏12266头。

【旅游景点及其发展】 青林口古镇保留着明、清时代的建筑风格和历史文化遗迹，具有独特的民情民俗和民间文化。整个场镇占地大约1平方千米，依山傍水、风景优美，有完好的文昌宫、闽粤会馆、火神庙、黄家大院、红军桥、红军石刻碑文及墨写宣传标语墙、《西游记》《大话水浒》外景拍摄地等，为全国重点文物保护单位、绵阳市级爱国主义教育基地。每年农历二月初一的古庙会尤为热闹，白天有"高抬戏"表演、夜间有"烧火龙"表演。青林口"高抬戏"于2006年10月代表四川在广东番禺参演获得第八届中国民间文艺展演最高奖——山花奖，并被列入第二批国家级非物质文化遗产名录。二郎庙镇抓住文化产业大发展大繁荣战略机遇和"青林口古建筑群"升级为国家级文物保护单位以及青林口入选"中国传统村落"的特殊优势，认真做好青林口古镇的规划开发管理工作，不断提升古镇文化品位，推动青林口古镇旅游、商贸、休闲等生活性服务业的繁荣。2015年，接待中央电视台"记住乡愁"纪录片以及央视中秋晚会背景拍摄等活动。佛教圣地石岩寺，相传"安史之乱"时，唐明皇西蜀避乱，路经此处，见其风景优雅，便在石碑上题诗以做留念，后人在此建起寺庙，终年香火不断。距场镇11千米的黄龙洞，曲幽险奇，风景独特，是观赏溶洞的好去处。青云湖的旅游开发正在招商引资。2015年，二郎庙镇实现商贸旅游产值9757万元。

【社会民生】 宝成复线铁路、京昆高速公路、中雁公路、通往广元的明三路、通往剑阁县的三江路、通往梓潼县的浒青路纵贯全镇南北，设有二郎庙火车站、京昆高速公路进出口和二郎庙客运站。镇内村级公路纵横交错。邮政、电信、互联网、通信、有线电视、金融等网络完善。2015年，整合农村公共运维项目资金97万，以生态乡镇创建为抓手，以美丽新村建设为契机，按清洁化、秩序化、优美化、制度化的要求实施农村环境连片整治行动。投入35万元新建垃圾池135个，配备农村兼职保洁员150人。利用"一事一议"硬化村组道路11千米，精修塘堰26口，维修完善13个村的农村安全饮水设施。完成潼江桥重建工程。投资1248万元的城镇污水处理厂即将竣工使用。投资30万元建设15个点位的"小天网"工程，民政、医疗、教育、群团、社会保障、食品安全工作全面加强。完善便民服务中心，实行服务事项全程代办制。扎实开展统计、兵役、妇女、儿童、保密、"双拥"、档案、民族宗教等工作。西成高铁正在建设中。

【精准扶贫】 2015年，二郎庙镇围绕全面建设小康社会的战略部署，坚持立足"精"和"准"，聚焦突出贫困问题，开展分类识别，做好贫困户建档立卡资料整理归档，核实补充贫困户信息，开展干部联户帮扶工作，落实结对帮扶各项措施。全镇年初共有贫困户322户、873人，到12月共脱贫130户、376人。启动省级贫困村金石村19户、70人的易地搬迁工作，年内全面进入建房阶段。同时，二郎庙镇与希望集团合作代养生猪，为农业产业化脱贫开发注入新力量。

（万川友）

彰明镇

【概况】 彰明镇地处四川盆地第二大平原——江彰平原腹地，位于江油城区东南部，面积23.8平方千米，西临涪江河，西南与青莲镇相望，北与太平镇接壤，东连三合镇和东兴乡，南接龙凤镇，处于城市规划范围内，属于江油市工业开发区。全镇辖8个行政村（昌明、长庚、金林、明月、北江、南江、福田、五龙）和1个社区（治城社区），其中，北江、明月、金林3个村和昌明、长庚2个村部分共约7.8平方千米区域纳入城市规划区范围。全镇总人口18020人（其中，城镇人口3471人，农村人口14549人），是江油50万人口大城市建设南部重要组成部分。

2015年，彰明镇实现工农业总产值20.96亿元，比2014年增长16.4%；规模工业总产值20.96亿元，同比增长16.4%；招商引资3.545亿元，财政收入2907.33万元；工矿企业49户，其中规模以上工业企业13户（水电能源类2户、冶金机械类2户、建筑材料类3户、食品加工类4户、皮革和家具加工类2户、农产品加工1户）；完成固定资产投资1.9576亿元，实现技改投资1.0446亿元；农民人均纯收入实现14018元，同比增长20.4%。

【工业发展】 2015年，彰明镇加快转型升级步伐。紧扣深化改革主题，紧握转型升级主线，推动全镇工业向高端装备制造、新能源新材料、现代医药绿色食品“三大产业”方向发展。着力培育发展科技型中小企业，促进经济结构调整。全年新增江油市江欣农业有限公司、江油市信安科技有限公司等科技型中小企业12户，累计达到34户。依托技术改造，提高企业市场竞争力。完成鑫临附子药业公司GMP认证；鑫临附子药业生产线技改项目、雄飞2万吨精密铸造生产线项目、雄峰电力灾后修建拦水坝项目、和盛农业配方肥生产项目、德华皮革技改升级与厂房建设等6个项目完工投产。借助“兔业大会”东风，德华皮革标准化鞣制生产线、德华皮草展示厅先后建成展示和投产，成为西南首家县级皮草工厂店；建成金谷植物油公司精深加工生产线，大力延伸附子种植加工产业链，把“彰明附子”的种植优势转化成厂品优势，全年实现技改投资1.0446亿元。以招商引资为抓手，打造经济增长点。西部国际裘革产业城建设进度持续加快，西部一流裘革产业基地即将建成。以全力推进两个“一号工程”为契机，增强经济活力。依托工业园区扩区建设和西部裘革产业城等孵化平台建设，初步建成德华皮草电商店；江油市农村电子商务服务站在明月村落户，彰明特产“刨附片”“诗诚酒”“金富泉菜籽油”“水岸居鲜鸡蛋”等全面进驻服务站；大学生“村官”领跑零投资创业，彰明“微商”悄然兴起。

【农业产业化发展】 2015年，彰明镇以生猪养殖、附子种植、

2015 年江油市彰明镇各行政村基本情况一览表

表32

村名	面积(平方千米)	户数(户)	人口(人)	农村经济收入(万元)	农村经济总费用(万元)	农村经济净收入(万元)	农民人均纯收入(元)
昌明	2.667	770	2093	4185.49	1085.13	3100.36	14813
长庚	2	404	1138	2363.30	738.92	1624.38	14274
金林	2.97	767	1876	3582.99	804.63	2778.36	14810
明月	2.423	860	2064	4001.42	1053.20	2948.22	14284
北江	3.044	551	1873	3729.21	895.36	2833.85	15130
南江	2.733	700	2057	3777.64	958.32	2819.32	13706
福田	2.733	539	1661	3908.67	1834.25	2074.42	12489
五龙	5.2	574	1787	4059.84	1843.25	2216.59	12404

芹菜种植为代表的特色农业发展壮大。全镇新增养殖大户4户；发放家庭农场营业执照4家；附子种植33.33公顷，实现销售收入810余万元；芹菜种植面积达66.67公顷，复种面积达166.67公顷，实现年销售收入1600余万元；江油市维农农机专业合作社被评为省级示范合作社，通过科技带动、高产示范，引领彰明粮食生产“加速跑”。坚持创新驱动，加快农旅融合发展之路，主动对接圣隆精致农业观光园项目，完成项目区153.33公顷的土地流转工作。

【项目建设】 全年实施各类重大项目9个。引进圣隆精致农业观光园、西部国际裘革产业城2个投资过5亿元项目。加快推进涪江五桥、城南一环线、第二污水处理厂3个市政重点项目建设。涪江五桥已完成主题桥梁和桥板铺设；城南一环线三至四标段建成通车；第二污水处理厂、兴盛源等拆迁安置工作严格按照时间进度完成征地拆迁，全面启动建设，全年完成征地拆迁287亩；奥特莱斯建成并投入运营；南一环一至二标段征地拆迁工作、农贸市场片区改造有序推进；“完成一会一节”沿线风貌打造；新居二期昌隆家园项目即将完工。依法整治违法建设和违法用地，确保重点项目建设顺利推进。开展常态化巡查，高压整治违法建设，全年开展大规模集中整治5次，依法处置14宗、1100余平方米违法建设，拆除板房、彩钢棚、雨棚、广告牌等17处，依法强制移除被征收土地上抢种抢栽苗木，依法打击扰乱公共秩序、阻挠正常施工等突出行为3起、10余人次。

【社会事业】 针对拆迁安置人群比例逐年增加的情况，彰明镇坚持“以人为本、全程服务”理念，扎实推进“单元化联户共建共享工程”，认真做好群众就业、医疗、教育、交通等民生问题。全年民生工程投资资金200余万元。新增就业120人，就业技能培训245人次，转移农村劳动力5943人；灵活就业10人，发放补助7000元；新农保参保率110%。福田、南江、昌明日老年人间照料中心建成并投入使用。发放城镇农村低保资金130.84万元，优抚救济资金148.68万元，临时生活救助18.79万元，重度残疾补助金1.38万元，精神三级残疾补助金1.3万元。镇工会积极向上级申请困难补助资金，全年慰问特重疾病5名，困难群众15名，申报金秋助学5名，发放慰问金2万余元。强力推进精准扶贫，全年脱贫17户、58名建卡困难群众，累计已脱贫40户、135人，无返贫群众。完成地名普查、创建全国“双拥”示范市等工作。

（彰明镇）

龙凤镇

【概况】 龙凤镇位于江油市东南部，东与东兴乡接壤，南与绵阳市游仙区相邻，西与青莲镇、九岭镇相连，北与彰明镇毗邻，距江油市区16千米，距绵阳市18千米，面积35.12平方千米，人均占有耕地1.26亩，有林地512.8公顷，森林覆盖率14.6%。全镇辖区内6个行政村（飞凤、顺江、龙云、中坪、岐山、鲁班），1个社区（龙泰），68个村民小组，总人口14710人（其中非农业人口2678人），人口自然增长率为2.8‰。

2015年，龙凤镇实现地区生产总值5.02亿元，规模工业总产值10.02亿元，规模工业增加值3.4亿元，招商引资3.52亿元，固

2015年江油市龙凤镇各行政村基本情况一览表

表33

村名	面积（平方千米）	户数（户）	人口（人）	农村经济收入（万元）	农村经济总费用（万元）	农村经济净收入（万元）	农民人均纯收入（元）
飞凤	8.65	778	2385	1358.82	673.00	685.82	11931
顺江	3.7	607	1917	1398.71	640.30	758.41	16341
龙云	7.2	1061	3236	1849.13	608.12	1241.01	12200
中坪	5.2	552	1039	1408.32	718.24	690.08	11720
岐山	3.8	466	1325	1010.61	495.20	515.41	11309
鲁班	6.53	716	2130	3412.20	1740.20	1672.00	12283

定资产投资2.5亿元，财政税收2447万元；农民人均纯收入达到12596元，人均增收1560元；完成科技型中小企业申报7家。

【精准扶贫】 按照省、市相关要求，结合“单元化联户共建共享工程”，调动社会力量助推扶贫攻坚，2015年，40户、130人实现脱贫。与驻村工作组、第一书记、岐山村两委一道，扎根贫困村，摸清基本情况、寻找问题不足，选准切入点，适度超前编制贫困村摘帽总体规划和贫困村产业发展规划，确保贫困村早日脱贫摘帽。

【工业集中区建设】 完成“三规划一评审”（即工业集中区产业发展规划、总体规划、控规性详规和环境影响评价）工作。2015年12月，区域环评通过省环保厅专家评审。全年完成鑫达新能源公司聚甲氧基二甲醚项目的河道改造和场地平整，路博润滑油脂公司4万吨/年废矿物油综合利用项目建设初步完成，凯尔驱油剂项目标准厂房建设基本完成，设备安装、旧厂房搬迁等工作年内正抓紧实施。全年共投入820多万元，对园区四川鑫达新能源公司项目用地的440米河道及场地挖填平整工作进行改造；投入47万余元，修建凯尔驱油剂项目的300米河堤挡土墙；筹资17万余元对园区400米排污管网进行整治；投入39.8万元改造园区电力用线。绵州燃气公司投资300万元年供气量1亿立方米的配气站管道建设完成。另外，为解决园区污水排放问题，龙凤镇精心编制污水处置方案，并通过专家评审和市政府的同意，年内进入前期规划设计阶段。全年完成招商引资3.52亿元，引进曼斯特化工科技有限公司总投资7000万元溶剂油项目，四川禾泽肥业科技有限公司投资1.2亿元建年产10万吨新型环保水溶肥等项目4个。

【新农村建设】 进一步提升农村基础设施。争取“一事一议”项目资金128万元和中央财政农田水利建设项目总投资606.4万元，争取土地提升项目投资200余万元，共计硬化村组道路11.9千米，整治沟渠18.57千米，精修塘堰20口，精修拦河堰2道；投资230万元的国家级杂交水稻制种基地一期项目建成。新建沼气池70口，全镇农村基础设施得到进一步提升，农村生产生活条件进一步改善。全年流转土地213.33公顷，“五个千亩”基地得到提质扩面，引领全镇农村多种经济发展。进一步加大对澳中农业有限公司、龙东种养殖有限公司以及鑫海等农村专业合作社的支持，形成“支部+公司+协会+农户”的发展模式，带动全镇农民发展。加大对养牛、养猪、养鱼大户的支持，促进农民在养殖业发展上实现新突破。全年培养种养殖大户6户，家庭农场5家，专合组织1户。落实各项惠农政策，全年兑现食粮直补、综合直补、良种补助171.1万元、农机补贴14.06万元。加强农村实用技术培训和农村劳动力转移力度。邀请专家技术人才有针对性地开展实用性技术培训4场次，参培人员达310余人。全年转移农村劳动力5400余人。

【扩权强镇试点工作】 龙凤镇为江油市委确定的首批扩权强镇试点镇之一。为将该项工作落实到位，调整党委成员分工，调整内设机构、人员及职责（具体内设行政机构为5个，即党政办、社会事务管理办公室、经济发展与投资促进办公室、财政所、社会治理与安全生产管理办公室。镇属事业单位为2个，即农业服务管理办公室、规划建设与土地管理办公室），进一步细化工作职责。对市级下派的8个部门、13个工作人员调整到相应办公室做归口管理，进一步理顺条块关系。对下派的部门、人员，在镇便民服务中心统一制作办公桌，安排办公地点，落实办公场所，为下放行政权限的顺利实施及工作开展奠定基础。

【单元化联户共建共享工程】 根据“人缘相熟、地缘相近、产业相容”原则健全三级体系，在全镇6个村、1个社区，72个村(居)民小组，划分212个联建单元，共4193户参与共建共享工程、订立村规民约和《五联公约》、完善评比办法。通过宣传动员，提高党员干部群众参与的主动性和积极性。每名机关干部联系指导1个至2个联建单元，村（社区）四职干部包片负责各组、联建单元的各项工作，并探索、创新举措，使该项工程深入落实、有效开展。

【社会事业】 2015年，全镇政策生育率92%，人口自然增长率为4.66‰，综合节育率达到90%以上，落实长效节育措施及时率达到92%。加大社会抚养费处罚征收力度，截至2015年12月月底，共征收社会抚养费258900元，其中，是年征收245400元，历欠征收13500元。加强秸秆禁烧和综合利用工作，采取巡逻宣传、完善奖惩措施、与群众签订秸秆禁烧告知书、与责任单位签订目标责任书等方式，引导农村群众使用秸秆腐熟剂、机子粉碎秸秆等办法，提高秸秆综合利用，秸秆焚烧现象得到有效控制，并严禁在河道、拦河堰、泄洪渠等影响排洪的地方堆放秸秆，及早消除安全隐患。做好防灾减灾工作，汛期及时转移老街地质灾害点飞凤村1组12户、40人和顺江村7组9户、25人，并做好地质灾害点农户宅基地统一规划等前期工作，确保人民群众生命财产安全不受影响。扎实开展安全维稳工作，通过四川省安全社区评定工作，并启动创建国家级安全社区相关工作。全年组织集中安全检查15次，发现问题和隐患58起，整改58起。全年排查不稳定因素41件，化解41件。排查受理矛盾纠纷75件，调处75件。加强21名社区矫正人员的帮扶教育管理，无一人重新犯罪。深入开展防邪反邪宣传活动，加强食品安全专项整治检查工作。坚持“公平、公正、公开”的原则，对符合城乡低保条件的“应保尽保”，同时做到“应退即退”，全年低保普查共排查清理出不符合农村低保政策和条件的对象261户、413人，新增年低保10户、29人，取消不符合城镇低保政策和条件的22户、32人。年内，全镇共享受农村低保153户、246人、城市低保46户、70人、农村“五保”66户、66人，高龄老人补助15人。新农保缴费4015人，新农合缴费12232人，人身意外小额保险缴费6567人。全年发放优抚金89.87万元，发放临时帮扶救助金1.6万元，完成残疾人量服工作。城乡环境综合治理坚持长效机制，做到常抓不懈，全年投入35万余元，进一步加强农村环境设施建设，积极为群众创造洁、净、美的生产生活环境。对辖区内所有从事第二、三产业活动的法人单位、产业活动单位及个体经营户逐一进行普查、登记、上报，完成龙凤镇全国第三次经济普查工作。开展省级生态乡镇创建工作，完成全部资料收集整理工作。推进教育、文化、卫生、统战、工会、共青团、妇联、人武、老龄、关心下一代和残疾人等事业全面和谐发展，龙凤镇小学教育质量连续3年获得全市乡镇综合考评第一名。

（王晨曦）

小溪坝镇

【概况】 小溪坝镇位于江油市中东部，北与重华镇、厚坝镇相邻，东与河口镇接壤，南与东安乡交界，西与新春乡毗邻，面积48.4平方千米，城镇面积1平方千米。全镇共辖8个行政村（小溪、阴坪、三合、人民、五里坝、鲜花、鲤鱼口、民政）、1个社区居委会（新民）、85个村民小组，总人口17565人（其中农

2015年江油市小溪坝镇各行政村基本情况一览表

表34

村名	户数（户）	人口（人）	农村经济收入（万元）	农村经济总费用（万元）	农村经济净收入（万元）	农民人均纯收入（元）
小溪	978	2892	3838.06	1715.63	2122.43	12826
阴坪	643	2086	2407.21	925.85	1481.36	12851
三合	473	1606	1557.38	700.82	856.56	12721
人民	694	2175	2115.07	919.34	1195.73	12411
五里坝	577	1810	2021.17	960.67	1060.50	12558
鲜花	377	1248	526.28	236.12	290.16	12111
鲤鱼口	504	1656	2751.00	1228.00	1523.00	13125
民政	438	1287	1491.74	574.32	917.42	12625

业人口17652人，非农业人口2805人）。镇内有小（2）型水库4座，山坪塘388口，排灌渠道110000米，水源丰富，网络布设合理。全镇耕地总面积998.8公顷（其中，田面积800公顷，地面积199.13公顷），林地面积2018.4公顷。镇内共有企业24家，规模企业7家，其中农产品加工企业6家。

2015年，小溪坝镇实现工农服三产总值10.6亿元，比2014年增长16.5%，其中规模工业总产值实现68930万元，规模工业增加值实现6500万元，规模工业税金实现380万元，规模工业利润实现2561万元。财税收入519万元；固定资产投资7500万元；招商引资4000万元。农民年人均纯收入达到11560元，比2014年增长14.8%。

【招商引资】 全年新增科技型中小企业6家。引进江油市川坝农业科技有限公司投资2000多万元建设集现代种养殖业、餐饮住宿、休闲观光农旅融合项目；引进杨荣投资1000万元发展杨梅园产业；引进浙江种植大户种植大棚西瓜13.33公顷，种植林芝3.33公顷。

【农业和农村工作】 全镇围绕“三园两区一基地”（三园，即甜果香菜观光产业园、刘家山休闲养生产业园、生态畜果循环农业产业园；二区：农产品加工区、生态粮经复合农业示范区；一基地：优质生态粮油生产基地）发展规划，以促进农民增收为基础，以生产高品质绿色生态农产品为重点，以加强农业基础设施为保障，全力构建现代农业产业形态。大力实施“万亩生态优质粮油基地”建设，发展优质稻533.33公顷，在五里坝村实施全程机械化粮油种植示范，为推动全镇绿色、生态、优质粮油产业发展先行探路。成立农民专业合作社2个，家庭农场2家，新兴产业迅速发展。川通生态农业实行种养循环模式，在休闲、养身产业上迈出新步伐。稳步提升传统产业，在全国种子业大调整，公司压缩面积的情况下，稳定发展制种产业，落实水稻制种2个村、16个社，共66.67公顷；建立养殖小区1个，覆盖养殖户20户，生猪、仔猪产业稳步发展；生姜、辣椒、特色水果等产业面积逐渐扩大，新增种植大户3户。进一步推广农业技术。推广抛秧栽培466.67公顷，测量配方施肥400公顷，旱育秧30公顷，建立水稻和油菜高产示范区13.33公顷，科技大棚西瓜种植80公顷，无公害绿色粮食生产示范33.33公顷；加大土地适度规模流转，规模流转面积达66.67公顷。加强农业基础设施建设，完成丘区发展、“一事一议”、水稻种业提升、移民后扶、产粮大县等项目，并通过上级验收。硬化村组道路16.5千米，精修塘堰9口，精修水渠10.5千米，新建沼气池50口。进一步落实农业政策性保险：完成投保水稻666.67公顷（其中水稻制种50.67公顷）、玉米270公顷、蔬菜30公顷、油菜688.67公顷、能繁母猪450头、生猪1220头，森林保险2032.67公顷。种植业保险赔付金额全部通过一折通发放到受灾农户。

【城乡环境综合治理及场镇建设】 大力开展城乡环境综合治理，聘请4人组建城管队，负责场镇日常管理。深入宣传《四川省城乡环境综合治理条例》，发放宣传单、宣传册2000余份，环境治理工作深入人心。对场镇“五乱”进行专项整治，纠正违规搭建行为2起，处理建材、建渣乱堆乱放3起，纠正处理乱摆摊点60余起，处理车辆乱停乱放70余起。年初和村社区签订城乡环境目标责任书，分季度对村、社区和企事业单位进行交叉检查、评比打分，并将检查结果纳入年终目标考核。加大投入，添置垃圾桶，适当增加和维修垃圾池，完善基础设施。大力实施美丽新村建设,严格执行农村建房审批制度，加强巡查工作，杜绝农村乱搭乱建、未报先建行为。积极争取上级资金，在小溪村4组新建污水处理厂及污水管网，项目估算总投资1740万元，日处理量300吨污水。该项目已完成征地、青苗及附着物补偿、“三通一平”工作。项目建成后，将改善居民居住环境，大大提高居民生活质量。全面落实秸秆禁烧，全年未发生一起秸秆焚烧事件，保护了生态环境。

【社会事业】 加强基层武装规范化建设和人防体系建设，完成年度征兵任务。规范城乡低保，通过普查取消城镇低保10户、14人，新增农村低保9户、31人。全镇现有城镇低保19户、26人，农村低保274户、476人，实现“应保尽保，应退尽退”的管理目标。提高政策性保险覆盖面、完善退管机制，全面推动困难人员灵活就业补贴政策的实施。新型农村养老保险参保人数达到6317人，城镇居民医疗保险参保人数292人，新农合参保人数14427人。困难人员灵活就业补贴2人次，共计补贴资金0.53万元。企业退休人员验证765人，验证率达到99.8%。争取资金为敬老院更新消防系统，安装视频监控系统，及时排除安全隐患。认真落实优抚工作，修缮烈士墓，发放60岁农村籍退伍士兵生活补助金6万元，伤残军人抚恤金15.52万元，参战、涉核军人补助金16.64万元。扎实开展困难群众帮扶，建立干部结对帮扶制度，制订帮扶计划，落实帮扶措施，实施对困难群众的相关救助，全年脱贫89户、271人。收集、审核并在网上系统中录入残疾人量服工作607人，为77名行动不便的残疾人办理二代残疾证，持证总人数达到488人。全面落实计生政策，广泛宣传“单独二孩”政策，全年共办理再生育51对，其中单独再生育40对，占总数的78.4%；申报办理2016年计生奖扶186人，特扶2人，0~18周岁独生子女父母奖励金新增102人；组织120人参加国家免费孕前优生健康检查，独子意外保险赔付1万元。开展校园校车、食品药品安全、九小场所、企业安全生产、道路交通、消防安全、农村聚餐等各方面专项安全整治，全面取缔非法托管学生场所。以平安创建为抓手，进一步社区矫正和社区戒毒工作。深入开展防范和处理邪教问题，保证“三个零指标”的实现。加大矛盾纠纷排查、处置工作力度，在春节、国庆、央视中秋晚会等重要节点集中处理信访突出问题，调处各类民事纠纷216件，成功210件；受理和接上级转办违纪信访调查11件，办结11件。开展“单元化联户共建共享工程”，建立联建单元416个，覆盖率达到100%。推进法治建设，聘请法律顾问1人，认真开展“六五”普法宣传教育。教育质量教学水平不断提升，初中、小学获得多项省级、市级表彰。进一步提升公共卫生服务水平，全年为15281人建立居民健康档案，为1387名65周岁以上的老人和中共党员免费体检。举办《巾帼建功绽美丽联户共建谱新篇》、庆“七一”等大型文体活动；定期播放坝坝电影，丰富群众精神文化生活。积极推进综合文化站建设，采购一批文体器材，使群众休闲娱乐、体育锻炼具有一个舒适的场所。

（小溪坝镇）

双河镇

【概况】 双河镇位于江油市中部，北与永胜镇、新春乡接壤，东与东安乡、新兴乡连界，南与新安镇、三合镇毗邻，西与武都镇相连，距江油市区19千米，面积52.46平方千米。全镇辖9个行政村（分水岭、八角庙、邓家塔、天明、桂花、报恩寺、蒲溪、望乡台、牛踩石）和1个居委会（双百），总人口17864人，其中农业人口16584人，非农业

2015年江油市双河镇各行政村基本情况一览表

表35

村名	面积（平方千米）	户数（户）	人口（人）	农村经济收入（万元）	农村经济总费用（万元）	农村经济净收入（万元）	农民人均纯收入（元）
分水岭	9.8	891	3011	3419.2	1961	1457	11030
八角庙	6.24	439	1417	1771	1054	711	10798
邓家塔	4.9	561	1869	2478	1403	1075	10980
天　明	4.15	511	1690	2364	1000	1364	12116
桂　花	10.25	904	2961	4314	2560	1753	12306
报恩寺	6	599	2003	3702	2221	1481	11079
蒲　溪	3.5	517	1690	2295	1377	918	10854
望乡台	3.6	335	1050	1489	887	601	10989
牛踩石	4.1	286	893	1109	612	497	10895

人口1280人。全镇耕地面积1052.67公顷，其中，水田631.6公顷，旱地421.07公顷。森林覆盖率43%，1996年，被国家绿化委员会授予“全国造林绿化百佳镇”，被国内外友人誉为“有机食用玫瑰之乡”。2002年被省农业厅授予“无公害农产品生产基地”称号。2015年被绵阳市综治委评为“铁路护路先进单位”。境内有小（1）型水库1座，小（2）型水库5座，山坪塘849口，排灌渠道25000米，水源丰富，网络布局合理，是江油的主要粮油产区之一。宝成铁路、中雁公路、西成高铁纵贯全境，交通十分便利，宝成铁路在镇区内设有客、货运站台，物资交易及运输十分方便。另有红永路、双新路、双一路与周边乡镇相通。全镇各村新修通村组道路硬化27千米，村组道路基本实现全面贯通。

2015年，双河镇完成地方生产总值3.68亿元，比2014年增长11.6%；实现工业总产值1.27亿元，同比增长21.8%；招商引资到位资金5.37亿元，同比增长165%；完成固定资产投资4135万元，同比增长5%；财政税收1001.6万元，同比增长50.2%；农民人均纯收入达12883元，比2014年增长13.8%。

【重点项目建设】 2015年8月19日，绵阳市重大项目集中开工仪式在双河镇举办。神华天明煤电一体化项目电厂区、储备基地、中心·铁路区间线应拆迁324户，共拆迁315户；全面完成西成客专项目61户拆迁任务。全镇共投入资金1000余万元，先后在天明村3组、邓家塔8组、蒲溪村、分水岭村统规自建新居安置点11个，年内共完工入住141户，126户尚在修建中，50%以上的拆迁户新年入住新居。对拆迁户提出的安置点配套设施、集体资金管理、社会保险购买和就近务工等问题，逐一研究解决措施，最大程度保障群众利益。累计为项目周边群众提供就业岗位300余个，为西成客专和神华天明项目933名失地农民配套社保资金7200余万元，实现“应安尽安”。

【基础设施建设】 采取“四个一点”，即群众集资一点、上级补助一点、本级政府匹配一点、企业捐助一点的方式，筹集资金168万元，硬化村组道路27千米，精修塘堰9口，修建沟渠5.2千米，解决3个村、8个组、3000余人的出行难、用水难问题。运用市场化手段，投入资金110万元，新建农贸市场、增添附属设施，改变场镇面貌破旧的状况。投入资金52万元，完成双百社区、八角庙村、报恩寺村、桂花村的网络改造。深入推进城乡环境整治工作，投入资金8万元，新建农村垃圾池90口，解决垃圾处理设施落后问题。

【农业产业化发展】 2015年，双河镇有机食用玫瑰种植面积突破40公顷，实现劳务收入186万元。金银花种植突破53.33公顷，带动就业228人，年创收416万元。金椒园专业合作社“二荆条”辣椒种植面积扩大到13.33公顷，年产值突破100万元。“金猪园”猪业、“健之源”山鸡、“益达”山鸡等优势养殖业蓬勃发展，新建生猪标准化养殖场1个，全镇年出栏生猪达1.2万头，仔猪2万头，小家禽畜50万只，禽蛋产量1400余吨，实现产值7200万元。

【社会民生】 全年发放城乡低保、救灾救济、医疗救助、优抚安置等民政惠民资金140万元，惠及5000余人；参合参保人数达14578人，参保率达94%。严格控制违法生育，政策生育率均保持在95%，全年发放独生子女父母奖励金13万元。镇党委、政府办公经费中挤出12万元，在元旦、春节、“六一”、“八一”、中秋、重阳节期间，先后深入村组，慰问孤寡老人、离职村干部、退伍复转军人、贫困中共党员、特困群众、特困拆迁户、特困退休老干部等弱势群体共248人，及时送去党委政府的关爱，让他们共享发展成果。协调大巴开进校园、进场镇，解决1500名学生周末返家、8600名群众节假日出行难问题。严格管控森林资源和国土规划用地，抓好森林防火和非法用地薄弱环节，严肃查处集镇违建用地2起。双河镇被绵阳市森林防火指挥部授予“森林防火宣传先进单位”荣誉称号。

（杨　鹏）

农业主导类乡镇

贯山镇

【概况】 贯山镇位于市境东南部，距市区12千米。东南与义新乡、南与绵阳游仙区凤凰乡毗邻，西北与三合镇相连，西南与大堰乡接壤，东北与新安镇交界。辖区面积37.38平方千米，耕地面积1058.47公顷。辖6个行政村(老君殿、高板、马凤、懒板凳、清平、三教)，1个社区（高新)，70个村民小组，总人口13444人。场镇设政府机构1个，公安派出所1个，场镇企事业单位9个。

2015年，贯山镇实现社会总产值3.46亿元，比2014年增长9.8%；农村经济总收入实现2.1亿元，增长13.5%；农民人均纯收入达到12328元，增长13.2%；招商引资实现2060万元，固定资产投资实现2000万元，财税收入实现200万元。新增科技型中小企业3家、新增种养大户5户，发展家庭农场3个。

【经济发展】 镇区内拥有烟花爆竹储备库、川西北化工储备库、双韵页岩砖厂、泰强页岩砖厂等企业4个；企业以物资储备、物流中转、生产红砖、粮油加工为主。红砖产量超过2000万块，产值为750万元。粮油加工、硫黄加工、个体运输业创产值800万元，货客运车辆达180辆。物流业年产值突破5500万元。2015年年末，共有商业网点112个，职工130人；2015年，社会商品零售总额达3555万元，比2014年增加3.0%。

2015年江油市贯山镇各行政村（社区）基本情况一览表

表36

村名	面积(平方千米)	户数(户)	人口(人)	农村经济收入(万元)	农村经济总费用(万元)	农村经济净收入(万元)	农民人均纯收入(元)
高新	6.1	798	2434	3430	3055	2969	12198
老君殿	4.7	553	1680	2540	2288	2018	12013
高板	4.5	567	1679	2488	2170	2026	12069
马凤	6.1	601	1890	3520	2775	2417	12787
懒板凳	6.5	945	2927	4623	4035	3724	12725
清平	3.5	398	1204	2830	2137	1570	13040
三教	5.6	554	1630	2050	1968	1869	11464

【农业旅游融合发展】 确定“两个三千亩”特色产业发展目标：以“清平—三教—懒板凳—高新”发展3000亩稻蟹共生种养基地；以“老君殿—马凤—高板”发展3000亩新品红心蜜柚、脐橙和林下生态养殖。投入近百万元栽种行道树、绿化美化鱼塘核心区和农户庭前院后，完善20公顷花卉苗木基地、山地运动基地和旅游休闲设施。“贯福香稻大米”获得绿色认证，“福有余”牌生态鱼、“太白蟹”两个商标注册成功。

【集镇建设】 加快城镇化建设进程，集镇功能日趋完善，拥有街道4条、农贸市场1个、自来水厂1个、超市3个、饮食餐饮4个、私营公交车10辆、通信基站1座、通信器材销售维修点3处、变电站1处、老年活动中心1个，常住人口达700余人。进一步实施场镇中心区风貌打造，翻新镇文化站、新建电影院1处、新建2000平方米停车场1处、新建30平方米管理房和50平方米公厕。

【基础设施建设】 完善稻田养鱼基础设施建设：新建30亩标准化水产种苗繁育池及功能用房；新建3个60米×30米标准钓鱼比赛池；修建法治文化公园。完善马

图49 贯山镇法治文化公园

凤村3000亩李园基础设施建设。水果交易市场平整场地2000平方米，C30混凝土浇筑场地、设施搭建。道路扩建，C30混凝土浇筑，路面加宽1米、长4千米、厚0.2米。

【民生工作】 建立民情档案，落实到户。全年发放耕地地力补贴160.31万元，普通临时救助77户207人、55200元，低保临时救助110户、138人、90184元，伤残补助124350元，新农合、新农保实现应参尽参，应保尽保。争取到救助站资金11000元，分别为高新村低保户张世华修建新厨房改善生活环境，为清平村低保户王阳解决医疗救助费，从源头上杜绝了外出流浪乞讨。大力开展产业扶贫工作，资助全镇76户养鸭15000余只、53户养猪100余头、6户养鱼30亩，共资助资金15万元。

【文化教育】 镇内建有老年活动中心2处，中心图书室1个，村级图书室7个，规格50平方米/个，藏书30000册，远程教育专用设施8套。群众文艺队8支、腰鼓队2支，农村文化活动中心设施齐全，群众文化活动事业蓬勃发展。幼儿园1所，学生71人，教师6人；小学1所，学生188人，教师38人。小学入学率、教育覆盖率达100%。

【环境综合治理】 规范各村垃圾站点，严格开展秸秆、垃圾禁烧工作，制定和完善城乡环境综合治理工作方案和制度，实施环境综合治理工作考评办法，每季度对村（社区）环境进行考核，施行奖惩。大力推进省级“美丽乡村”创建工程，清平村获“四川省美丽乡村试点村”荣誉称号。

（贯山镇）

战旗镇

【概况】 战旗镇位于江油市东部，距江油城区25千米，东与梓潼县黎雅镇交界，南与游仙区太平乡相接，西邻江油市新安镇、义新乡，北接江油市新兴乡，辖11个行政村（中和、梨园、青华、石庙、白沙、海棠、三清、白坪、白云、瓦子、回龙），113个村民小组，1个社区（和平）。

2015年江油市战旗镇各行政村基本情况一览表

表37

村名	面积（平方千米）	户数（户）	人口（人）	农村经济收入（万元）	农村经济总费用（万元）	农村经济净收入（万元）	农民人均纯收入（元）
中和	6.40	722	2121	2502.3	1273.7	1228.6	13197
梨园	4.28	412	1273	851.7	322.3	529.4	13128
青华	5.18	569	1712	2417.3	1103.5	1313.8	13184
石庙	5.91	722	2219	2718.7	981.3	1737.4	13427
白沙	2.65	292	918	1310.4	671.4	639.1	12943
海棠	5.45	555	1830	1672.1	762.7	909.4	13306
三清	3.10	314	1000	1815.7	1126.6	689.1	13219
白坪	3.62	403	1250	1838.4	1034.0	804.4	13158
白云	3.87	362	1092	1411.3	509.0	902.3	13142
瓦子	5.82	514	1539	923.1	129.7	793.3	13258
回龙	3.13	300	888	1190.5	614.4	576.1	13015

2015年年末，全镇总户数5593户、总人口16643人，其中农业人口15842人，非农业人口801人。战旗镇属于农业大镇，浅丘地貌，面积50.76平方千米，植被覆盖率36.5%。场镇通村、通组水泥路里程达102.3千米，万阿公路（省道302线）横穿全境。辖区内有中型水库1座。小（2）型水库5座，土石河堰13道，山坪塘1396口。有供水站1座，传输供水4镇、2乡，解决安全饮水5200余户，人口近3万人，其中战旗2600余户，近1万人。有10千伏高压主线路、500千伏超特高压主线路各1条，用电可靠率100%。燃气管网30千米，月供气2.4万立方米至3万立方米。通信基站5座，电信实现全覆盖。场镇有派出所、水务站、学校、泽芬幼儿园（民办）、卫生院、信用社、邮政营业所、新安供电所、畜牧兽医站等企事业单位。场镇建有综合集贸市场1个。全镇有耕地1511公顷，农民人均占有耕地1.42亩。农业以种植水稻、玉米、小麦、油菜为主，特色种植业有“九叶青”花椒、“二荆条”海椒、莲藕、水稻制种、石斛中药材、风景树等。畜牧业以养殖猪、鸡、鸭、鹅、兔等为主，注重发展生猪、蛋鸡、肉牛等养殖大户。年内转移剩余劳动力6167人，创收达7330万元，人均收入达到11885元。

2015年，战旗镇实现工农业总产值25224.6万元，其中工业产值618.3万元，农业产值24606.3万元；固定资产投资3958万元；招商引资2600万元；财税收入268万元；农村居民人均可支配收入达到13180元，比2014年增加1154元，增长9.6%。

【特色产业发展】 战旗镇因势利导，抓住传统种植、特色种养等主导产业，着力推进“三园一湖一工程”建设，基本实现“一镇一策”“一村一品”的产业架构。一是“双椒产业园”不断扩展，全镇种植海椒166.67公顷，实现产值1000万元，花椒种植面积达到140公顷，实现产值600万元。二是“石斛养生产业园”稳步发展，种植基地达到6.67公顷，种苗及鲜条产值实现3000余万元，新招引石斛种植企业3户，新发展农户种植石斛20户5亩。三是循环经济产业园得到拓展。大力推行“生猪—沼气—莲藕—渔业—水果”等多种“生态养殖+绿色种植”的种养复合型模式，以葡萄、青脆李、早天露桃、春建桔为主的33.33公顷水果种植、5000头生猪养殖、33.33公顷莲藕的循环经济产业园初步形成。四是战旗水库（湖）的整体规划已具雏形，发挥战旗水库旅游资源优势，加大招商引资力度，带动战旗乡村旅游的发展。五是“一村一品”产业发展逐步形成，种植蔬菜33.33公顷、果桑6.67公顷、核桃13.33公顷，灵芝、羊肚菌共3.33公顷，花卉、苗木和水果基地33.33公顷，新增年产眼镜王蛇5000条、产值100余万元的特种养殖户1户。六是传统种养殖业稳固发展。全镇水稻制种继续稳定在200公顷，优质水稻川优6203种植达到533.33公顷，实现产值1200余万元，以生猪、羊、小家禽等为主的养殖业稳步发展。

【基础设施建设】 积极争取上级各类项目资金，加大全镇基础设施建设投入，不断改善全镇农业生产和居民生活条件，通过产粮大县、革命老区建设和“一事一议”财政奖补项目顺利实施，全镇全年硬化道路8.7千米，硬化和改建水渠3000米，整治山坪塘11口。

【脱贫攻坚】 把扶贫攻坚列为重点工作，严格按照国家制定的扶贫对象识别办法，对每个贫困户建立帮扶台账，实行动态管理。整合项目重点抓好以农田水利建设为主的基础扶贫工程，在白沙村3组实施易地搬迁，在石庙、瓦子两个村完成新村规划和启动新村扶贫。2014年年底，全镇共有贫困人口183户、506人，贫困人口发生率3.19%，通过帮扶，2015年，全镇共脱贫73户、216人。

【社会事业】 全年共发放城乡低保、“五保”、孤儿、农村籍退役士兵老年生活补助、优抚对象、义务兵优待金等各类民政经费近300万元；发放耕地地力保护补贴22.48万元；发放计生“三金”（独生子女父母奖励金、计划生育奖励扶助金、计划生育困难救助金）105.2万元。临时救助

90户困难家庭，对166名重残和4名重病实施特别救助，完成565名残疾人“量体裁衣”个性化服务工作。建成石庙、瓦子等3个老年人日间照料中心，2个村级老年人活动中心。倡导积极向上、文明健康的群众性文化活动，整合农家书屋、远程教育等办公资源，将村级阵地打造成群众学习、办事、休闲于一体的活动中心，增建文化基础设施16处，有村级腰鼓队11支，社区腰鼓队、舞蹈队各1支。积极推进“依法治市”“依法治镇”工作，强化法治建设，三清村被评为“绵阳市法治示范村”。

【环境治理】 进一步巩固四川省“城乡环境综合治理优美示范乡镇”和“四川省卫生镇”等荣誉，统一购置户用分类垃圾桶200余组、规范设立再生资源回收点13处、统建高规格分类垃圾池32口。扎实开展以“五美”(最美单位、最美村落、最美院落、最美家庭、最美保洁员)评选活动，全年栽植村道行道树20千米，全镇生态环境得到进一步改善。

(战旗镇)

河口镇

2015年江油市河口镇各行政村基本情况一览表

表38

村名	面积(平方千米)	户数(户)	人口(人)	农村经济收入(万元)	农村经济总费用(万元)	农村经济净收入(万元)	农民人均纯收入(元)
燕子	3.5	484	1408	1874.8	974.9	899.9	13228
文星	5.3	385	1286	2029.1	1014.5	1014.6	13439
石寨	6.12	352	1141	1930.7	844	1086.7	13749
统一	8.5	577	1848	2568	1412.4	1155.6	13387
圣马	10	666	2217	3657.9	1682.6	1975.3	13135
合龙	8.6	531	1770	2896.44	1448.2	1448.2	13408
宏江	7.5	499	1647	2474.8	1237.4	1237.4	13537
石佛	8.01	398	1314	2321.9	1161	1160.9	13445

【概况】 河口镇位于市境东部边沿，地处江油、梓潼、剑阁一市两县交界处，距市区54千米。东与重兴乡接壤，东南与剑阁县东宝镇相连，南与梓潼县小垭乡、仙峰乡毗邻，西南方与梓潼县双板乡交界，西与厚坝镇、小溪坝镇、东安乡相连。全镇总面积58.03平方千米，辖1个社区（三千米），8个行政村（燕子、文星、石寨、统一、圣马、合龙、宏江、石佛），73个村民小组。全镇总户数4342户，其中农业户3889户；总人口13497人，其中农业人口12621人，有外来人口118人。人口自然增长率4.2‰。山林面积1217公顷；耕地面积1239公顷，其中水田940公顷。

2015年，全镇实现工农业总产值3.266亿元，比2014年增长8.5%；财政总收入855.23万元，增长53.15%，其中地方财政收入815.8万元，增长55.6%；上缴国税、地税39.43元，增长15.12%。

农村经济总收入19753.64万元，增长13.59%；农民人均收入12032元，增长11.4%。年末银行存款余额1.34亿元，增长19.58%。

【产业发展】 河口镇全面贯彻落实市委“党委书记主抓产业”相关部署，明确产业发展方向，一手抓模式创新，创新股份制、股田制等新型产业发展模式；一手抓资金投入，以基础设施建设项目、资金为支撑，激发群众积极发展蜜柚产业的内生动力。截至2015年年底，全镇发展农户760余户，栽种蜜柚2760亩，产销蜜柚400余吨，实现产值113万元。同时，坚持固本强基、统筹协调发展，以打造万亩优质粮油基地为目标，全面完成大春、小春抢种抢收，收获粮食总产9673吨，油菜籽总产1356吨。全年发展养殖大户5户，实现出栏生猪12600头、母猪存栏2430头，外销仔猪18600头，家禽养殖存栏量154700只。此外，合龙村水稻制种，统一村皇统庙西红柿等因地制宜的产业发展势头保持良好。

【基础设施建设】 争取扶贫开发、“一事一议”专项资金共

100万元，发动群众以劳折资（含自筹资金）105万元，硬化5个村共8.8千米组道。向绵阳市水务局争取资金10万元，对中兴水库左右干渠3处渡槽进行整治，硬化沟渠460米。争取市供电公司21万元资金对林家湾提灌站进行改造提升。争取市国土局45万元专项资金，完成各村“7·9”洪灾灾毁耕地自行复垦部分。引进林业局14万元生态绿化项目，对政府生态广场进行绿化美化，新建文化长廊300米。争取民政局30万元专项资金，将老政府旧房改造升级，建成老年人日间照料中心及社区文化活动中心。投入15万元完成河口敬老院消防设施升级及相关配套设施改善。投入35万元建成河口电影放映中心。

【脱贫攻坚】 以全面小康为目标，精准扶贫，全面推进脱贫攻坚。在2014年完成74户263人贫困户脱贫目标基础上，再次进行信息比对、精准识别，保留2015—2018年度共计62户、202人建档立卡贫困户。整合市委编办、镇机关、场镇单位、村（社区）干部力量，采取结对帮扶的方式逐户联系帮扶，帮扶干部定期到结对农户家中深入走访、谈心，掌握贫困户的基本情况、致贫因素、发展意愿、发展潜力，结合全镇扶贫规划为贫困户制定实施“量体裁衣”式的扶贫工作方法，帮助谋划思路、筹集资金、发展生产，2015年的14户、46人脱贫对象均按期脱贫。

【社会民生】 2015年，全镇人口自然增长率4.2‰，符合政策生育率91.6%。11月23日，河口镇作为全市计生工作抽查点迎接绵阳督察组全面检查考核并获得好评。新型农村养老保险参保人数达5253人，辖区内有2719名、60周岁以上农民领取养老金。新农合参保12004人，参合率93.2%，城镇医保参保率达100%。按时足额发放各类民政资金，包括民政优抚对象补助27.659万元，农村低保金40.913万元，“五保”供养资金36.372万元，农村籍退役士兵补助10.437万元，定救人员补助2.07万元。扎实推进政策性农业保险保费征收，全面保障农民权益，农村小额保险工作被绵阳授予“先进乡镇”称号。镇内适龄小学生保持100%的入学率，为226名学生提供免费午餐，为5名在校大学生申请到“金秋助学”奖学金。镇村两级便民服务点年办件8300余件，为群众代办业务825件次。

图50　河口全景

【人居改善】 创新社会管理，统筹使用农村垃圾无害化处理专项资金，新建垃圾池23个，改扩建垃圾池7个，添置垃圾桶24个，组建保洁队伍9支，建立健全清洁费征收及日常保洁机制，充分发挥“环境联治”作用，打造干净、卫生、宜居农村新风貌。认真落实“党政同责、一岗双责”安全生产工作责任制，及时对2处漫水桥桥面断裂及桥墩漩空，几处道路垮塌、滑坡点进行专项整治，确保群众出行、生产安全。新增行政执法人员2名，加大依法查处、依法行政力度，做好重大节假日的全面排查和日常宣传教育、监督检查，强化防汛度汛、地质灾害防治，全年无1起安全生产事故。高度重视信访维稳工作，坚持“处早、处小、处了”原则，确保辖区和谐稳定。依托群防联防，排查调处各类矛盾纠纷29件，成功调处率达100%。河口司法所被绵阳市刑释解教人员安置帮教工作领导小组表彰为基层规范化建设优秀司法所。

（周　游）

香水镇

【概况】 香水乡位于江油市西南部，北川羌族自治县、安县、江油三县（市）交界处，距江油城区30千米，东与西屏镇、青莲镇交界，西与北川县双潭乡相连，北接北川县香泉乡，南连江油市八一镇、九岭镇。全乡总面积32.04平方千米，辖7个行政村(战斗、镇江、元坪、洪林、紫宝、荣华、治胜)，1个社区，48个村民小组，总人口9133人，其中，农业人口8702人。有耕地491.33公顷，林地2279公顷。2015年3月，撤乡建镇。

2015年，香水镇规模工业总产值3.5亿元，主营业务收入3.2亿元，利润3414.8万元；实现农业总产值7500万元，农民人均纯收入10951元；固定资产投资10010万元；财税收入967.45万元。全年引进农业产业化项目2个，新增种养大户5户，打造乡村旅游点1个，村道建设6千米，转移农村劳动力3200人，新增小微工业企业2户、科技型中小企业5个。

2015年江油市香水乡各行政村基本情况一览表

表39

村名	面积(平方千米)	户数(户)	人口(人)	农村经济收入(万元)	农村经济总费用(万元)	农村经济净收入(万元)	农民人均纯收入(元)
战斗	3.96	279	745	872	516.9	355.1	11937
镇江	3.2	207	739	541	324.9	216.1	11832
元坪	3	383	1138	1090	338.42	751.58	13346
洪林	3.5	320	1004	886.8	354.72	532.08	11890
紫宝	7.9	516	1558	1250.35	528.58	721.77	12457
荣华	4.5	431	1338	1322.4	462.8	859.6	12889
治胜	5.98	665	2116	2078	727	1351	11952

【农旅融合】 按照市委、市政府“四季花海、果蔬飘香”的总要求，根据“产业香水、生态香水、休闲香水、和谐香水、幸福香水”总目标，香水镇全力推进精致农业试验园”建设，香水休闲观光农业取得显著发展。启动全镇农旅融合发展规划。推进温泉勘探，年内完成水质分析和前期可研报告，完成物探测试、确定具体钻探地点。引进紫宝农业开发有限公司，繁育120余万株红叶桃、杏梅、樱花、车厘子，依据紫山地形地貌，逐步推进“紫山花海”“紫山梅园”“紫山桃园”“紫山特种水果采摘基地”等项目建设。不断升级辣木基地形象，辣木面积达90公顷。整合项目资金，并利用单元化联户共建共享活动发动百姓积极参与，完成辣木基地农房风貌塑造，启动辣木基地中轴景观带、垂钓中心、农庄建设。流转土地近66.67公顷，引进4家公司种植车厘子、冬枣、青脆李等水果；整合各类项目资金，完善果园的沟渠及作业道、美化周边环境，打造治胜果品农庄、紫山车厘子农庄，努力建设特种水果采摘基地。提升骑游绿道景观，将荣华辣木基地、紫山台地景观、香水特种水果基地、香水湖等景观串珠成线，形成独特的农旅融合资源。投入专项资金90万元，修复香八路路面，确保绿道安全畅通；结合“单元化联户共建共享工程”，与紫宝农业公司合作，美化升级紫宝村近3千米绿道，使产业发展、绿道升级、环境美化达到完美统一。

【城乡建设】 扎实推进美丽乡村建设，通过“财政补一点、农户掏一点、社会筹一点”的渠道筹措创建资金，基本完成元坪村、治胜村风貌塑造和环境整治。香水镇经被省政府命名为“四川省环境优美示范镇乡”、3个村被命名为“四川省环境优美示范村”。以项目建设拆迁为契机，建设场镇新居。完成新居规划范围内的场平工作，拆迁农户按照规划的风貌基本完成农房建修。

【产业转型】 大力整治矿山开采，督促企业加快植被恢复速度，加大环境治理力度，在大力发展经济的同时注重改善生产生活环境，保护百姓赖以生存的青山绿水。加快推进已签约的金石鑫隆和晶堡工贸两个项目高水平设计、高标准建设，确保该两个项目成为合理利用资源、维护生态环境的典范。年内金石鑫隆完成前期筹建工作，正在进行场地平整；晶堡项目正在加快前期工作。

【社会事业】 2015年，奖励扶助新增对象67人，特扶1人，全镇享受奖扶政策共计371人，享受特扶政策15人；收取社会抚养费12.3万元，全额上缴市卫生和计生局；立案处理违法生育户4户。审批发放四川省单独“二胎”生育证32个。加大新农合政策宣讲力度，加强基本医疗和公共卫生服务，新农合缴费率达到99.5%。

【民生工作】 全年共发放城乡困难群众临时救助3.5万元，发放城市低保9900元、农村低保50.34万元、“五保”15.4万元，精减退职定额救助金14.1万元，优抚金19.07万元。

【安全和稳定工作】 深入开展平安乡镇和平安村（社区）创建活动，以维护国家安全和社会政治稳定为首要任务，以预防化解社会矛盾、完善社会治安防控体系和公共安全体系、夯实基层基础为重点，加大普法宣传，加强应急处置，有效维护社会和谐稳定。高度重视安全生产工作，认真开展“安全生产月”活动，成功创建绵阳市级安全社区，扎实开展各行各业安全隐患排查整治，组织开展各类安全生产执法大检查12次，全年无大型以上安全生产事故发生。

（香水镇）

八一镇

【概况】 八一乡位于江油市西南部，北与香水乡、北川羌族自治县交界，东与九岭镇、东南与方水乡相连，西与南同安县接壤，距江油市区约30千米，面积58.88平方千米，辖8个行政村（中心、团结、天台、永远、东岳、东山、白互、阳明），82个村民小组，1个社区（祥瑞），总人口18123人，耕地面积1223公顷。2015年12月，撤乡建镇。境内有7座小（2）型水库和1座中型水库，塘堰860余口，常年蓄水量在1800万立方米以上。境内交通便捷，两条县道安梓路（安县至梓潼）、香青路（香水至青义）呈东西和南北向贯穿全镇。

2015年，八一镇实现地区生产总产值3.121亿元，其中，工业总产值2794万元，农业总产值2.54亿元；财税收入130.31万元；招商引资1902万元；引进500万元以上农业产业化项目3个；新增科技型中小企业2个；新引进农业综合开发项目2个，新增家庭农场6个；新增种养殖大户13户；固定资产投资实现1130万元；年人均纯收入13151元，较2014年增加2319元，增长21.4%。

【农业经济发展】 2015年，按照全镇农业发展格局和现有的基础设施条件，继续强力推进“三园三区一基地”（珍稀苗木产业园、千亩李子园、千亩葡萄园、特色生态养殖区、雪宝矿泉水体验区、太白湖旅游风景区、万亩“三红”蔬菜种植基地）建设。同时，利用时间差，增加秋菜种植品种，扩大种植规模。年内，“三红”蔬菜基地形成红花藕90公顷、161.33公顷、红海椒156.67公顷的种植规模。其他经济作物达280公顷，秋菜种植达

2015年江油市八一镇各行政村基本情况一览表

表40

村名	面积（平方千米）	户数（户）	人口（人）	农村经济收入（万元）	农村经济总费用（万元）	农村经济净收入（万元）	农民人均纯收入（元）
中心	7.82	1064	3456	6438	3128	3310	12752
团结	6.97	795	2545	5370	2985	2385	12282
天台	9.84	456	1448	2772	1476	1296	11443
永远	9.42	467	1442	2949	1682	1267	11518
东岳	5.93	728	2325	4652	2489	2163	12727
东山	6.77	619	2029	3742	2086	1656	12007
白互	4.82	538	1636	3343	1664	1679	15611
阳明	6.36	708	2327	4352	2299	2053	12881

376.67公顷（含稻田、玉米地复种面积）。“三大园区”建设达到珍稀苗木41.33公顷、葡萄36.67公顷、李子66.67公顷的种植规模。

【工业发展】 成功引进中科国兴（北京）科技有限公司投资8000万元，在江油建设秸秆综合利用项目，其中在八一镇投资800万元建设四川省首家秸秆综合利用示范基地。雪宝矿泉水有限公司年产量23.67万桶，产值实现120万元，销售收入118万元。粟玉面粉厂销售收入达400万元，其生产的系列产品在各大超市均有出售。

【村镇基础设施建设】 全年硬化村、社道路7.5千米。人饮三期及水质水量变化工程全面完工。实施水资源项目、退耕还林项目。农业综合开发项目进入竞争性立项阶段。八方路改扩建工程获得省交通厅批准，前期工作已完成，年内开始实施。

【社会事业】 全年及时发放各类补贴资金330.08万余元。完成新农合、新农保、农业政策性保险、城镇居民养老保险等多项民生保障目标任务。认真开展好最低生活保障、医疗保障、农民工培训等惠民行动，继续关心、关爱残疾人等弱势群体，切实解决他们生产、生活中的困难。坚持计生国策不动摇，加强流动人口管理，加强社会抚养费征收力度，认真实施“单独两孩”政策。严格落实安全生产责任制，深入开展安全生产大检查和专项整治，消除安全隐患，确保全年无重大安全生产事故发生。把信访稳定工作放在各项工作的首位来抓，立足于早发现、早研判、早控制、早解决，坚持从源头上预防和减少不稳定因素发生，扎实做好化解矛盾、服务群众、凝聚人心等工作，确保全年无进京、赴省的不稳定事件发生。投入资金20余万元，新增垃圾池76个，垃圾集中存放地1处；大力实施场镇绿化、美化、亮化工程，极大改善农村及场镇环境。

图51 2015年12月18日，八一举行撤乡建镇挂牌仪式

投入资金近30万元对原老礼堂进行维修加固，建立群众文化生活平台。举办6起群众文艺汇演，设置综合性文化长廊，免费开放农村文化书屋，丰富群众的文化生活。

【社会管理】 落实社会管理机构，加强对流动人员、涉邪人员和境外人员的监管工作，及时掌控和有效化解不稳定因素。落实信访工作“一岗双责”责任制。开通书记乡长信箱。加强网络信访案件化解力度，坚持源头化解，确保“两会”及中共十八届五中全会等重要节点期间社会稳定和谐，全年全镇未发生到省、进京越级非正常上访事件。

（八一镇）

东兴乡

【概况】 东兴乡位于江油市东南端，距城区20千米，东与江油市大堰镇接壤，南与绵阳市游仙区云凤乡毗邻，西与江油市龙凤镇相邻，北与江油市彰明镇交界，面积30.5平方千米。全乡辖8个行政村（全平、新苏、双新、新建、丰收、朝天、莲花、阳光），64个村民小组。全乡有耕地1009.4公顷，人均耕地1.5亩。

2015年，东兴乡工农业总产值实现17630万元，其中工业产值2220万元，农业产值15410万元；固定资产投资1510万元；招商引资到位资金2510万元；财税

2015年江油市东兴乡各行政村基本情况一览表

表41

村名	面积(平方千米)	户数(户)	人口(人)	农村经济收入(万元)	农村经济净收入(万元)	农民人均纯收入(元)
全平	3.55	486	1487	2015.77	1806.41	180641
新苏	3.68	419	1092	1754.05	1336.16	133616
双新	3.33	355	992	1395.24	1179.29	117929
新建	5.34	611	1770	2407.80	2096.20	209620
丰收	3.43	467	1347	2014.68	1672.70	167270
朝天	2.69	302	847	1744.61	985.57	98557
莲花	2.33	256	822	2098.28	1356.87	135687
阳光	3.35	476	1407	1979.59	1785.06	178506

收入221.2万元；新增种植养殖业大户7户，新增中小科技型企业1家；农民年人均纯收入12514元，剩余劳动力转移完成4002人，引进农业综合开发项目2个，硬化产业道路16千米。

【特色产业发展】 2015年，东兴乡确定“农旅融合、生态东兴”发展模式。精心编制《东兴乡农旅产业发展规划》，提出“三线三园两基地”（三线，即围绕安梓路，东大路、龙东路进行产业布局。三园，即以全平村、新建村、阳光村为核心建立休闲农业观光园，以丰收村、新建村、阳光村为核心建立调味品种植园，以朝天村、丰收村、双新村为核心现代林果种植园。两基地：即以莲花村、阳光村为核心的循环农业基地，以全产村、新苏村为核心的特色蔬菜种植产业基地）的“332”农旅产业发展方案。以莲花村为核心建立种养循环产业示范点，大力发展种养循环产业。2015年，全乡出栏生猪1.8万头，种植以折耳根为主的特色蔬菜100余公顷。以双新、丰收、朝天为核心建立现代林果种植示范点，种植油用牡丹及水果近20公顷，以新建村为核心建立调味品作物种植示范园，动员群众种植生姜、辣椒等调味品作物133.33公顷。在全平、新苏村布局特色蔬菜种植示范点，种植以西红柿、榨菜等为主高附加值蔬菜40公顷。

【基础设施建设】 2015年，东兴乡积极整合土地整理、小农水、粮经复合、财政支农等项目资金3500余万元，集中对“三园两基地”产业区进行基础设施改造。共硬化渠道23.3千米，精修塘堰52口，新建新拦河堰9处，淘洗池（场）5口，硬化产业道路16千米，集中整理土地46.67公顷，新建提灌站2处，新建蓄水池2口，提升项目区基础设施水平，增强农作物抵御自然灾害和风险的能力，优化招商引资的投资环境。

【招商引资】 2015年，全乡共包装储备项目5个，实现签约项目3个，引进资金2510万元；先后引进新希望四川海波尔有限公司，四川丹卉农林科技有限公司，江油永能再生资源开发有限公司落户该乡，为东兴乡产业大发展奠定坚实基础。

【城乡面貌改善】 2015年，多方筹措资金，进一步加大城乡环境治理投入力度，先后投入10多万元绿化、亮化、美化场镇，整治安梓路两边的环境，添置垃圾箱13处，建垃圾池30处，建垃圾收集处置平台1处。加大秸秆禁烧工作宣传，考核奖惩力度，严防死守，综合利用，全乡乡容村貌、人居环境得到明显改善。深入推进“单元化联户共建共享”工程。全乡划分联建单元146个，结成帮扶对子282对，进一步完善村规民约和“五联公约”，制定详细的评比标准和细则，按月、季、年开展“五联”评比，充分调动村、组和群众的参与热情，党建工作、社会治理、精神文明建设协调发展。

【社会事业】 2015年，东兴乡认真各项惠农政策，深入实施民生工程，城乡居民低保、养保做到应保尽保；全面完成新农保、新农合以及小额意外保险年度目标任务。继续加大农村“五保”和弱势群体帮扶的投入力度，确保养保医保和小额意外保险应保尽保，全面完成发放各种惠民补贴422万元。

（东兴乡）

铜星乡

【概况】 铜星乡位于江油市境中部，东北至东南邻重华镇，西北至西南邻新春乡，距江油市区48千米，东距宝成铁路小溪坝站14千米，面积47.05平方千米。辖7个行政村（五佛、福长、兴旺、铜广、宝藏、白坭、菩堤），1个社区（铜星），76个村民小组。全乡总户数3830户，总人口13932人，其中，农业户3360户，农业人口12539人。人口自然增长率0.9‰。山林面积846.7公顷；耕地面积1126公顷，其中，水田741公顷。

2015年，铜星乡实现工农业总产值1.42亿元，比2014年增长9.15%；财政总收入520万元，增长7.79%；税收收入110万元，增长0.96%。农村经济总收入7254.19万元，增长8.87%；农民人均收入11552元，增长9.17%。

【农业发展】 2015年，全乡主打产业优质粮油完成600公顷，发展订单产业333.33公顷，农民人均增收150元。大力发展特色养殖业，在抓好生猪、鸡鸭等传统优势产业的同时，抓好五佛钓鱼村基地，养鱼面积达33.33公顷，小龙虾养殖面积1公顷，年产清水鱼50余吨。争取上级项目补助资金110万元建设生态肉牛基地，规划建设55个单元户，总投入500余万元、建成后可养优质母牛275头，满圈时可养小牛可年产150余头左右。进一步扩大“百羽飞歌”和创意家庭农场，位于宝藏村的绿色蛋鸽发展到1万余羽，白坭村的绿色蛋鸡养殖和雷竹跑山鸡养殖基地扩展到333.33公顷，养殖绿色蛋鸡和跑山鸡15万余只。绿色蛋鸡和雷竹跑山鸡实现电子商务销售，绿色蛋鸡进入“中国有机·铜星”网，扫描二维码即可看到绿色蛋鸡山林中原始生长情况和销售联系，通过电子商务增加销售收入30%。在同佳鑫生态猪养殖专业合作社的示范带动下，全乡年出栏生猪近2万头，羊1125头。万亩雷竹产业园长势良好。樱桃谷鸭养殖2万余只。种植香菇40亩，年收益45万元。种植灵芝25亩，年收入25万元。60公顷核桃、20公顷土李子等成为农民增收致富的重要来源。

2015年江油市铜星乡各行政村基本情况一览表

表42

村名	面积(平方千米)	户数(户)	人口(人)	农村经济收入(万元)	农村经济总费用(万元)	农村经济净收入(万元)	农民人均纯收入(元)
五佛	11.34	558	1823	1134.04	373.65	760.39	11292
福长	4.80	544	1787	643.12	98.06	545.06	11578
兴旺	7.56	764	2340	1505.73	319.75	1185.98	11573
铜广	4.41	563	1734	1203.34	270.72	935.62	11751
宝藏	4.36	573	1809	1295.27	148.82	1146.45	12078
白坭	3.90	507	1624	838.12	282.45	506.88	11281
菩堤	3.74	321	1055	634.57	235.97	392.82	11310

【基础设施建设】 2015年，全乡建设村道3.3千米，精修山坪塘5口。随着经济发展私家车增长，白坭村采取“一事一议”，投入资金12余万元扩宽道路2千米。投入资金15余万元为兴旺、宝藏、白坭3个村的村政地及文化广场增设文化体育设施。

【单元化联户共建共享工程】 成功创建省级环境优美示范村和绵阳级平安社区。乡机关干部结对帮扶困难家庭76户，走访慰问困难群众289户，为769位60周岁及以上老人提供免费健康检查。开展志愿服务活动，帮助有困难的23户农户收割、栽种水稻75亩。为36名留守老人、儿童、残疾人上门义诊、理发、打扫卫生、做家务。抓好致富连带，共建小康社会。村两委充分利用远程教育站点，组织群众收看种养殖技术节目，提供相关信息236条。组织群众到种养大户、致富能手现场，学习交流经验、传送技术。乡政府请专业技术人员集中培训养殖技术2次。大力倡导红白喜事等新事新办、简办的新风尚，倡导团结、勤奋、互信的邻里关系，全年大操大办喜事比2014年减少30%，邻里纠纷比

2014年减少45%。全乡各村新建垃圾池164个、购置垃圾桶600个，组织党员干部义务清理河道白色垃圾、打扫公路4次、83千米，各单元小组组织群众开展治安巡逻、有事互帮互助的平安创建活动。

【社会事业】 开展劳务培训和就业服务，培养由体力型向智能型转变的新型农民，积极开发劳务基地，促进剩余劳动力有序转移。按照“分片区、分领导”对点帮扶的原则，积极扶持农村贫困人口，提供信息、资金、技术支持，2015年，邀请市农牧专家培训种养殖户200人次。继续实施医疗救助行动，加大对新型农村合作医疗政策宣传，完善农村医疗保障工作。严格落实九年义务教育“两免一补”政策，推进教育督导工作。按时按标准兑现农村低保金。加强敬老院管理和“五保”户入住集中供养工作。抓好城市与农村低保保障工作。按照江油市统一要求，进行全面普查，进一步提高规范化管理水平。完善低保对象群众评议制度，确保不错不漏。全乡享受农村最低生活保障231户，共计459人，发放低保金886836元，城镇低保户3户、6人，发放低保金11160元；军烈属优抚对象41户、41人，发放抚待金308586元，“五保”老人73人，发放“五保”金295800元；移民1户，发放资金600元；遗属1人，发放资金3160元，清退干部定向补助27人，发放39420元；新型农村社会保险60岁以上享受待遇2426人，累计缴费3676人，充分运用档案管理手段和社会监督功能，建立完善跟踪核查制度，对低保对象实行动态管理。广泛宣传残疾人保障法、康复知识和实用技术的宣传，全年发放各类宣传资料共计1100余份，提供各项咨询300余人次、加强对敬老院管理，提高了老人的生活水平，让在院“五保”户享受到温暖和关爱。全面落实惠民政策，做好粮食直补等各项惠农补贴发放，政策性农业保险、新农保、新农合、计生奖励、民政优抚、小额人身保险等国家惠农政策资金的发放，使全乡群众真正得到实惠。深入开展计划生育服务工作，全年全乡出生人口105人，政策生育率88.6%；享受独生子女父母奖励614人，比2014年减少329人，发放奖励金70740元；享受奖励扶助人数576人，发放奖励扶助金552960元；享受特别扶助15人，发放奖励扶助金87600元；共发放各类资金711300元。计划生育三结合帮扶基地1个，结对帮扶5户；国家免费孕前优生健康检查共95人。

【文化活动】 2015年，全乡举办“美丽铜星，靓丽俏娘”评选活动、庆“五一”暨单元化联户共建共享工程庆祝活动、“同圆中国梦、永远跟党走”“七一”庆祝活动、“喜迎佳节月圆中秋”庆国庆活动、龙鱼溪钓鱼节、铜星乡秋季商品交易会等大型活动。

【医疗卫生】 加强公共卫生和医疗质量管理，规范医务人员操作行为、开展急诊急救培训及应急演练活动，提升医务水平，确保医疗质量安全。对困难群众实行“五免十减半”政策，共减免306余人次，涉及金额2.3万余元。建立居民健康档案11192人，规范化健康档案10968人。加强新农合的宣传、资金的使用和管理，完善制度，做到“三合理”。全乡参合总人数11447人，参合率达93%，

图52 2015年11月24日，绵阳市委常委、江油市委书记李江在铜星乡调研工作

2015年，乡卫生院共为409名住院患者报销医药费用2310950.70元，为33275名门诊患者报销医药费用538059.92元。加强村卫生站管理，全乡7个村卫生站全部实行一体化管理。举办健康教育宣传和传染病防治知26期，培训人员560人次。发放防传染病宣传单6500余份，监督指导群体聚餐468户，做到境内基本情况清楚，适时监控，及时处理。

【林业工作】 全乡建立义务扑火队8支，栽植森林防火警示牌24个，悬挂宣传标语18幅，组织宣传车巡回宣传共计102次。发放宣传资料1200余份，张贴森林防火公告100张。指导学校开展森林防火知识讲课，牢固树立“森林防火、人人有责”思想，全年无森林火险发生。严格执行天然林管护条例，办理农户自用材审批手续，审批树木183株、15立方米，共8户。全乡退耕还林1245.7亩，及时兑现退耕补助155712.5元。严厉打击乱砍滥伐，偷拉盗运行为。完善退耕还林资料，做到表、卡、合同一致。

【公共安全】 针对道路交通、项目施工、食品卫生、农村用电、地质滑坡等安全隐患，制定防范措施。2015年，市交通局投入500多万元为铜星乡道路、急湾、陡坡安装玻纹防护栏。利用各种会议、发放宣传资料、有线广播、办黑板报、宣传车、展板等多种形式大力宣传安全生产的法律法规知识，并对全乡的客运车辆驾驶员、农村工匠进行安全知识培训。全年未发生重大安全事故。

【维护社会稳定】 认真开展矛盾纠纷大调解工作，着力化解矛盾，维护社会和谐稳定。全年调处矛盾纠纷26起，处理信访案件6起，提供法律咨询23人次，法律援助3人次。对群众来信来访及时做好调查处理，并对信访人给予耐心的解答和回复，及时化解矛盾，2015年，全乡未发生重大上访事件。

（铜星乡）

义新乡

【概况】 义新乡位于江油市东南部，距江油市区26千米，属于浅丘陵农业乡。东与江油市战旗镇、梓潼县黎雅镇，南与绵阳市游仙区太平乡和凤凰乡，西与江油市贯山镇，北与江油市新安镇接壤。辖区面积45.6平方千米，有耕地1313.33公顷，人均耕地面积1.42亩。武都引水工程总干渠横穿境内，乡境内有2条溪河、10座水库、1216口山塘堰。全乡辖9个行政村（白庙、茅庵、书房、保宁、石音、新堰、大石、金顶、树家湾），65个村民小组，1个场镇社区（白庙）。2015年年底，全乡总人口13972人，其中农业人口13324人。

2015年，义新乡实现农业生产总值16886万元，比2014年增长11.4%；固定资产投资1430万元；招商引资完成1300万元；财税收入191.39万元；农民人均纯收入达到12673万元，增长21.4%，增值在全市同类乡镇排名第一。

【项目建设】 2015年，义新乡通过“对上争取”“对外引进”“对内集聚”等举措，实施项目建设15个，其中，“对上争取”项目10个，“对外引进”项目3个，

2015年江油市义新乡各行政村基本情况一览表

表43

村名	面积(平方千米)	户数(户)	人口(人)	农村经济收入(万元)	农村经济总费用(万元)	农村经济净收入(万元)	农民人均纯收入(元)
白庙	8.6	896	2629	2833	938	1895	13109
茅庵	3.93	487	1449	1598	529	1069	13416
书房	7	526	1615	1680	556	1124	12654
保宁	3.4	321	1003	1044	346	698	12662
石音	4.4	348	1151	1183	392	791	12503
新堰	4.4	419	1404	1389	460	929	12035
大石	3.6	318	1007	1012	335	677	12225
金顶	7.6	666	2055	2179	721	1458	12899
树家湾	4.7	321	1011	963	319	644	11587

“对内集聚”项目2个。全年争取各类上级财政资金500余万元、吸引工商资本和社会资金650余万元。

【深化农村改革】 按照宜于生态、宜于产业、宜于人居和错位发展的思路，在产业园区规划建设中，大力实施创新改革举措，全乡现代农业产业化加快，农旅融合发展新常态正在形成。加快发展“茅庵金栀”中药材产业，按时完成园区基础设施建设，统筹协调资金300万元，完成园区核心村茅庵村产业道路硬化5千米，整治塘堰22口，渠道7千米，蓄水池2口，拦河堰1道。注册“茅庵金栀”商标，开发3个系列黄栀子保健茶，产品审核正式生产上市，初步形成网络展示销售平台和专销点。金顶村与成都龙泉驿合作种植66.67公顷葡萄，大石村40公顷四季水果，培育农民合作社2个、水果种植大户5个、家庭农场2个、认证“三标一品”1个，带动农户150余户，加快“金（顶）（大）石”水果产业的启动。

【村镇建设】 按照“综合化的业态、差异化的文态、山水化的形态、景观化的生态”的村镇建设总要求。一是全力参与创建“全国文明城市”，大力开展“全国农村生活垃圾专项治理”，新修建垃圾池94口，用广播、横幅、宣传画等多种手段进行广泛宣传，坚持每月进行文明宣传1场、“村村响”每周播放2次，逢场日发放宣传资料1万余份，公路沿线村、单元小组集中清理生活垃圾12次，强力推进生产、饮用水水质治理、农村道路砍青、家庭庭院整理、“白色垃圾”整治等各类专项行动20余次。二是持续抓好秸秆禁烧工作，为“四会一节”提供优美环境保证。全乡上下层层建立责任制，将目标责任落实到村、组、人，制订符合本村实际的禁烧方案，全力确保禁烧工作顺利开展。结合秸秆禁烧法律、法规进行宣传，让秸秆禁烧成为全乡群众人人参与的自觉行为，使空气质量大大改善，农村生活环境得到提升。

【社会事业】 先后投入600余万元实施敬老院改扩项目、“孝亲广场”项目建设、敬老院交通整治项目等，极大地改善全乡养老条件和水平。10月20日，成功举办江油市首届“十佳孝星”颁奖典礼暨义新乡首届孝亲文化节。构建“阳光便民服务”体系，进一步整合公开信息资源，建立便民服务“代办处”，提高“一站式”服务效率，开展“公开亮丑、群众揭短”活动，规范服务人员文明礼貌用语，提升服务水平。落实强农惠农政策，提高社会保障水平。积极宣传劳动保障的法律、法规，组织农村技能和职业培训100余人次。加大劳务输出，实现农村剩余劳动力转移5500余人，人均直接收入达10000元左右。鼓励支持失地人员、大学生就业创业。及时按月发放社保资金27余万元；新农保参保率达92%，小额保险参保3419人，报案58件，赔付6余万元。全面落实计生工作，全乡开展孕环监测工作2次，已婚育龄妇女参与服务率达在家妇女的85%以上；享受独生子女父母奖励1066人，计划生育家庭奖励扶助在享受897人，计划生育特别扶持24人。稳步推进教育事业，全乡小学生199人，1人考上江油实验中学。2015年，乡卫生院获得省级“分级诊疗先进单位”称号，群团工作获得“全国基层团建示范乡镇”荣誉称号。

（张红玲）

新春乡

【概况】 新春乡位于江油市境中部，距市中心36千米，东与重华镇、铜星乡、小溪坝镇连界，南与双河镇接壤，西与永胜镇毗邻，北与文胜乡、平武县平驿乡相连，面积92.4平方千米。全乡辖8个行政村（梓江、双星、红塔、三圣、柳松、三星、佛牛、景台），1个社区（明阳），93个村民小组，总人口15638人。地形由西北向东南呈狭长走向，属高山、浅丘及和平坝交织地貌，地势差异较大。西北为高寒山区和深丘，面积占全乡的60%以上；东南为浅丘和平坝地貌。全乡最高海拔2345.7米（藏王寨林区梨树坪），最低海拔752米（双星村鲤鱼口龙滩子）。辖区内有发源于龙门山中段藏王寨山脉的

2015年江油市新春乡各行政村基本情况一览表

表44

村名	面积(平方千米)	户数(户)	人口(人)	农村经济收入(万元)	农村经济总费用(万元)	农村经济净收入(万元)	农民人均纯收入(元)
梓江	9.8	790	2686	1650.28	471.51	1178.77	12931
双星	5.8	735	2294	1744.32	503.83	1240.49	12840
红塔	3.2	485	1475	1792.76	371.66	1421.10	13134
三圣	3.5	437	1417	1017.67	304.66	713.01	12543
柳松	6.7	821	2428	1952.75	708.26	1244.49	12559
三星	6.07	773	2364	2038.46	638.34	1400.12	12834
佛牛	5.5	718	2150	1786.97	703.62	1083.35	12102
景台	19.8	82	217	109.35	33.06	76.29	10611

一条河流，流经梓江村、红塔村、双星村，境内长12千米，平均宽度4.5米，所辖支流有小阴湾支流、大松支流、菩提寺支流等。全乡农业以水稻、小麦、油菜、玉米为主，经济作物以生姜种植为主。畜牧业以养猪、牛、羊及各种小家禽。药材以天麻、杜仲、辛夷花为主，出产在高山林区。矿产资源以分布在山区的铅锌矿、硫铁矿和石灰岩为主。

2015年，新春乡实现地区生产总值3.2亿元；农民年人均纯收入达到12673元；转移剩余劳动力6959人；新增专业大户7户，发展家庭农场3个，引进农业综合开发项目1个；招商引资到位资金1000万元；完成固定资产投资1438万元；新增科技中小企业1个，完成财政税收121.09万元。

【农业产业发展】 2015年，新春乡粮食种植面积在1800公顷以上，粮食总产为1万吨以上，生猪养殖1.4万头以上。稳步推进以红塔、双星、三圣等村为主的66.67公顷高效生态水产基地，大力发展鱼苗养殖大户32户，养殖水面新增10.67公顷，成鱼养殖水面达266.67公顷；稳步推进以红塔、双星、三圣等村为主的66.67公顷生姜种植基地，引导农户自行发展生姜公顷；稳步推进以梓江、柳松、三圣村为主的66.67公顷生态优质稻米，组建蜀香生态优质稻米专合组织，搭建“农户+专业合作社+超市”的产业发展模式，发展生态优质水稻53.33公顷，梓江牌生态优质稻米已进入绵阳、成都各大超市；稳步推进以三星、三圣村为主的66.67公顷“折耳根种植基地”，截至2015年年底，达到40公顷；稳步推进以景台、佛牛、三星村为主的“畜产品养殖基地”，大力发展生猪、肉牛、羊养殖，新建肉牛、生猪、鸡鸭标准化养殖场3个，2015年，全乡肉牛出栏512头，生猪出栏14337头，禽类出栏51万只。通过以上五大产业的引领和带动，新增家庭农场3家（聚缘、三星、川西）、新增专合组织1个（川西贵源水产）、新增农业科技有限公司2家（梓江农业、耕根绿农业）、新增旅游开展有限公司1家（景发）等，取得较好的示范作用和经济效益。积极向上争取资金和本级财政投入以及群众自筹80余万元，着力打造藏王寨·归心谷生态旅游度假村，新建休息长廊1处，接待点1处，农家乐拦河堰戏水池4处，绿化带长500米，2015年夏季，避暑休闲游客每日均在200人以上，藏王寨两汉河休闲庄净收入达7万余元。

【基础设施建设】 积极向上争取土地整理项目、“一事一议”项目等300余万元，对全乡8个村，通村组公路和过境县道进行硬化与修复，里程为9.6千米，整治路肩11千米，维修公路路面4000余平方救，修复路涵2处，改造桥梁2座。积极向上争取“一事一议”项目、农村运维项目、市级财政补助、丘区产业发展基金等资金共计400余万元，整治病险水库1座、人行桥2处，病险塘堰19口、拦河堰4道，精修沟渠3400米，修建提灌站2座、挡墙340米，整治防洪沟460米。同时，还在5个村实施安全饮水工程，延伸安全饮水管网9600米，解决800余人的安全饮水问题。为9个村民小组实施农村高低压线路改造，增加变压器13台，改造配电室9个，改造农村电力智能表用户达4600多户。实施农村有线数字电视接收的整转，共安装机顶盒2000余台，完成景台村贫困户搬迁基础设施“三通一平”工程，实现“村村响”工程。向上争取丘区产业发展基金、市级财政补助和本级财政投入，整合资金共计70万余元，修复城镇道路1800平方米，绿化美化4100平方米，新换路灯50余盏，建设300余平方米老人日间照料中心一处。通过争取项目资金，为景台、佛牛、红塔、明阳社区基层文化活动室配备电脑、投影仪、电子琴等活动器械设备，通过农民体育工程建设为柳松、红塔两个村增添文体活动场所和设施，年内依托明阳社区日间照料中心建成场镇文化活动广场。并于12月2日成功举办第24届冬季物资交易会暨2015新春农民文化艺术节。

【社会事业】 建立健全乡领导联系学校制度，帮助学校解决工作中的实际困难，组织和督促适龄儿童、少年接受义务教育，全乡义务教育阶段入学率达到100%。逐步优化医疗卫生条件，完善医疗卫生服务体系，强化农村公共卫生管理。全年人口和计划生育工作政策生育率为89.9%，人口自然增长率为3.2‰，长效节育措施落实率为85.7%，全面落实“单独二孩”政策，全年兑现独生子女奖扶资金798户1543人9.258万元。全面落实城乡低保减量提标核查工作，发放城乡低保318户、566人、109.6万元。严格救助程序，发放救灾救济资金2.85万元。积极引导群众参加新农保、新农合、小额保险。做好“三关爱”、残疾人服务、居家养老服务工作，发放慰问金12万元，建成留守儿童、空巢老人、留守妇女联动管理机制。

【安全和维稳工作】 深入开展法律“七进”活动和“六五”普法工作，干部群众法制意识全面提高。全力做好信访稳定工作，坚持定期不定期对全乡信访稳定情况进行排查，深化领导包案制，认真有效解决问题，共接访71人次，调解各类纠纷35件，调解成功35件，调解成功率达100%。全年乡领导班子成员共接访群众10件，处理答复10件，机关干部开展走基层、访民情活动共400余次，答复和处理200余次，解决群众一般问题24件。严格落实安全生产责任制，层层签订安全生产目标责任书，进一步完善各村安全监管机构。全面贯彻新《安全生产法》，实现“五级五覆盖”、企业“五到位五落实”，绵阳市级安全社区创建通过验收。强化非煤矿山、私挖乱采、道路交通、建设施工、森林防火、防洪度汛、地质灾害、食品卫生等安全监管工作，完成地质灾害点治理2处，全年没有发生较大以上安全生产责任事故全。加强社会治安综合治理，严厉打击违法犯罪活动，全年共破获刑事案件2件，查处治安案件10余件，行政拘留4人，打击处理违法犯罪人员2人，维护社会和谐稳定。

【城乡环境综合治理】 抓好生态环境保护，制止乱砍滥伐，严格执行封山育林制度，加强森林消防和森林病虫害防治，进一步提高全乡森林覆盖率。加大对政府周边及公路沿线的保洁力度，以开展“除陋习，树新风”专项活动为契机，深入推进城乡环境综合治理进村社活动，营造清洁、整齐、优美的城乡环境，引

图53 藏王寨·归心谷生态旅游度假村

导居民养成文明、健康、进步的生活习惯，巩固城乡环境综合治理成果。加大秸秆禁烧宣传力度，与农户签订承诺书3000余份，发放宣传资料5000份，悬挂规范性横幅20副，自制宣传性标语200余幅，将秸秆禁烧工作目标、任务、职责层层落实，全天24小时开展无缝隙的宣传巡逻，做好秸秆综合利用工作，减少对大气污染。加大对畜禽养殖场的排污监管，引导生态渔业生产，做好水源保护，减轻水体污染。

【精准扶贫】 按照省委、市委扶贫开发攻坚的部署要求，新春乡成立以乡党委书记为组长、乡长为常务副组长、分管领导为副组长、各办公室相关人员为成员的扶贫开发结对帮扶工作领导小组，研究制定《新春乡党员精准扶贫示范工程实施方案》。扎实开展农村贫困户建档立卡工作，做到“三到位”，确保工作不重不漏、准确无误。实行乡干部包村、村干部包户的工作责任制，严格考核。充分利用宣传栏、标语、发放宣传资料、召开群众大会等形式，广泛深入地宣传，做到家喻户晓。乡干部及村组干部逐户进行调查登记，逐项填写调查登记表，群众参与贫困户建卡全过程，对最终确定的建卡贫困户进行张榜公示，真正做到户有卡、村有册、乡有簿。按照“突出重点、先难后易、分批实施”的原则，对全乡239户、601人扶贫对象逐一制定结对帮扶方案，落实结对帮扶责任人和帮扶措施。在重点路段制作大型永久型固定标语7幅，标语宣传21条次，制作发放扶贫宣传单2000余份，组织流动车宣传15次，乡村都分别制作扶贫工作宣传展板。2015年，通过基础设施帮扶、产业帮扶、技能帮扶、教育帮扶、保障帮扶、对口帮扶和劳务输出帮扶等措施，全乡脱贫61户、184人。在保障安全前提下，按“搬得出能致富”总体要求，加快易地搬迁点建设。

（新春乡）

新兴乡

【概况】 新兴乡位于江油市镜中东部，距市区29千米，东连东安乡，东南与梓潼县金龙场连接，南与战旗镇毗邻，西北与双河口相邻，西南与新安镇相交。地势西北高，东南低，海拔最高825米，最低570米，森林覆盖率28.5%，面积40.32平方千米。2015年，有耕地1020公顷，人均耕地面积1.1亩。全乡辖8个行政村（马蹄岗、银水、新红、双沟、玉清、佛岩、桅杆、中源），1个社区居委会（莲花），4832户，总人口14214人。主产水稻、玉米、小麦、油菜、药材。

2015年，全乡工农业总产值2.4亿元；农民人均纯收入增加1399元，达到12074元，比2014年增长13.1%。劳动力转移5560人，农村劳动力培训340余人次，新增种养大户4户，完成招商引资580万元，完成固定资产投资1100万元，新引进农业综合开发项目2个，项目包装1个。

【农村经济】 2015年，全乡农民人均纯收入增加1399元，达到12074元，同比增长13.1%。劳动力转移5560人，农村劳动力培训340余人次，新增种养大户4户，完成招商引资580万元，完成固定资产投资1100万元，新引进农业综合开发项目2个，项目包装1个。

2015年江油市新兴乡各行政村基本情况一览表

表45

村名	面积(平方千米)	户数(户)	人口(人)	农村经济收入(万元)	农村经济总费用(万元)	农村经济净收入(万元)	农民人均纯收入(元)
马蹄岗	1.23	640	1833	2334.02	1285.49	1048.53	11932
银水	1.39	564	1630	1486.94	610.98	875.96	11882
新红	0.86	381	1178	2121.27	816.67	1304.60	12005
双沟	1.92	744	2280	2655.28	1354.19	1301.09	11931
玉清	1.47	601	1903	2138.48	1090.62	1047.86	11855
佛岩	0.85	342	1100	1448.42	738.69	709.73	11994
桅杆	0.97	455	1468	2086.11	937.75	1148.36	13022
中源	1.51	709	2120	2360.79	1456.95	903.84	12121

【产业发展】 2015年，新兴乡按照“1+2+3”（即抓好一个中药材生态种植产业，建好特色水产养殖和猕猴桃种植两个基地，打响烤肉、竹编、土鸡三个传统品牌）产业发展思路，扎实推进“一二三”步走产业发展步伐，产业发展初具规模，农业经济稳步发展。全乡中药材种植面积达到132公顷，亩平增效1000余元。其中，马蹄岗村16公顷丹参、车前子、决明子和中源村26.67公顷白芷、射干喜获丰收；新发展的33.33公顷萝荭籽、莱菔籽长势良好；新引进总投资200万元的13.33公顷牡丹观光园项目正式落地中源村。投资350万元的猕猴桃产业园区一期项目初挂果，投资500万元的二期扩园工程开工建设。新引进投资2000万元的年出栏24万只肉鸡养殖项目，完成土地流转、项目报批、环评等工作；家庭农场发展至8家，新增农业专合组织1个，流转土地180公顷，提高农民的组织化程度。

【基础设施建设】 坚持把基础设施项目建设作为加快发展的重要抓手，以优化基础设施促发展、增后劲、强实力。全年通过“一事一议”项目资金、扶贫开发专项资金、丘区发展基金，组织群众投工投劳，硬化双沟村、中源村、桅杆村、新红村村组道路6千米；全面完成“7·9”洪灾水毁工程的修复工作，精修塘堰6口，维修塘堰540口，整治沟渠3.7千米，全乡的交通、水利等基础设施条件得到进一步提升。

【社会事业】 2015年，全乡人口计生工作政策生育率达89.09%，征收社抚费31万余元，新增奖特扶123人；低保实现应保尽保，新增低保户41户，共发放低保金56.2万元；困难群众临时生活救助85人、4.24万元；网上医疗救助96人次；发放自然灾害资金7.01万元解决因灾困难户282户；新农合参保13033人，新农保参保9072人，小额人身意外保险参保4499人，城镇居民养老保险参保9013人；义务教育阶段享受“两免”政策521人次，发放贫困住校生生活补助9万元；贴近生活的群众性文化娱乐活动经常化，新增各类科普、农业知识书籍至各农家书屋，文体事业迈出新步伐；乡、村医疗条件持续改善，卫生事业取得新进步；政务、村务公开及时准确；水稻、玉米、小麦、油菜各类农业保险赔付资金53.139万元，全部发放到农户；禁烧秸秆，环境面貌和空气质量持续改善。全乡其他各项社会事业均全面有序发展。

【脱贫攻坚】 稳步推进脱贫攻坚工作，先后通过两次精准识别，全乡共识别出建卡贫困户294户，贫困人口964人，省级贫困村1个（玉清村）。在各村成立以驻片领导为队长的精准扶贫工作队，市委下派的第一书记蹲点贫困村，采取创新社会参与机制，坚持产业发展和扶贫攻坚有机融合，加强与帮扶单位市工商联的对接和交流，细化专项考核细则等举措，着力解决一批贫困户和贫困村最关心最期盼的村级道路、饮水安全、电力保障、特色产业增收等突出问题，2015年，全乡精准脱贫43户、158人。

【社会治理】 乡政府以平安创建为载体，切实化解社会矛盾，极力维护社会稳定，努力营造管理民主、服务完善、治安良好、文明祥和的社会氛围，有效提升发展软实力。多形式、多渠道开展“六五”普法工作，广大干部群众学法守法意识明显增强；健全信访工作机制，完善领导干部轮流接访、主动下访和矛盾纠纷定期排查处置工作制度，开通视频接访系统，实现对信访案件的快速反应和处置，有效杜绝群体性事件和越级上访事件的发生；抓好安全生产工作，责任和预防体系建设落实到位，及时排除安全隐患，提高安全生产事故防范和应对能力；扎实推进“单元化联户共建共享工程”“五联创建”活动，定期评比、巡查督查制度落实到位，成效明显。

（何 丹）

东安乡

【概况】 东安乡位于江油市东北部，东邻江油市河口镇，南邻梓潼县金龙场乡，西与江油市新兴乡接壤，北靠江油市小溪坝镇，面积43.51平方千米，森林覆盖率29.2%，2015年年末，实有

2015年江油市东安乡各行政村基本情况一览表

表46

村名	面积(平方千米)	户数(户)	人口(人)	农村经济收入(万元)	农村经济总费用(万元)	农村经济净收入(万元)	农民人均纯收入(元)
马鞍	8.17	884	3007	3126.39	2288.93	3502.04	11831
构树	6.83	612	1947	2299.44	1742.81	2242.43	11787
银匠沟	3.91	382	1230	1492.37	1096.77	1419.55	11774
金宝	7.05	471	1654	2128.27	1437.82	1920.47	11779
印石	5.23	322	1151	1425.55	1065.37	1334.15	11795
泥村	3.68	307	1022	1400.23	1060.01	1184.94	11792
乌龙观	5.09	459	1611	1995.83	1447.92	1868.47	11799
福严	3.55	331	1041	1900.50	1505.24	1286.49	12558

耕地1212公顷。全乡有小(1)型水库2座:红豆嘴水库、擦尔岩水库;小(2)水库6座;山坪塘1260口;灌溉渠道50余千米,总蓄水量550万立方米,属典型的农业乡。乡村道路相通,江(油)梓(潼)路横贯全乡6个村,有线数字电视实现全覆盖。全乡辖8个行政村(马鞍、构树、银匠沟、金宝、印石、泥村、乌龙观、福严),80个村民小组,1个马鞍社区居委会,3个居民小组,总户数4345户,总人口13040人,其中农业人口12663人,非农业人口377人。

2015年,东安乡工农业总产值实现26800万元;财税收入72万元;招商引资1220万元;农村剩余劳动力转移5566人,劳务收入11000万元;农民年人均可支配收入达到12698元。

【基础设施建设】 东安乡抓住全市丘区经济发展战略机遇,以电力、能源、水利和道路建设等为重点,有序推进项目建设,全乡群众生产生活基础设施得到巩固完善,农业综合生产能力大幅提高,乡村发展环境得到不断改善。全年硬化道路11千米,精修塘堰4口,维修硬化水渠10千米;实施"产油大县"粮油高产项目;实施"7·9"洪灾工程复垦项目,完成地质灾害点搬迁1户;改造高压线路3千米、低压线路7.5千米,新增变压器6台;在场镇和重要路段栽种桂花树1200余株;完成8个村级卫生站建设;改建"老年人日间照料中心"1处;新增农村天然气入户300户;"宽带进村"入户200户。

【农业经济发展】 稳定全乡传统农业,发展优质粮油1000公顷,养殖清水鱼468吨,生猪标准化规模养殖场不断扩容增量。全年出栏生猪15000余头,销售仔猪11000余头,小家禽出栏达40余万只。壮大特色产业,新增"桂花树+粮经"套种33.33公顷,亩平收入突破6500元;新增"桂花树+树苗"3.33公顷,亩平收益达到13000元;桂花加工企业带动鲜桂花收购能力达到10吨。举办首届"桂香东安·木樨花节",接待游客5万余人次,创造商业产值120余万元。开展劳务技能培训,鼓励外出人员务工或回乡创业,拓宽收入渠道。全年外出劳动力人均收入达到1.9万元。

【招商引资】 2015年继续确定为东安乡的"招商引资深化年",运用招商手册、电子网络招商平台和与市投资促进局对接等手段,对外宣传推介东安独特的人文资源和良好的招商引资环境,在四川香之源桂花精深加工企业的带动下,引进江油市全辉农业开发有限公司投入700万元修建桂花观赏园区道路20千米。投资商王波成立珑香桂花合作社并投入520万元,种植桂花和基础设施建设。同时,委托诗仙阁酒厂开发监制的"蟾宫桂""嫦娥醉"系列桂花酒,进一步扩大东安"桂花之乡"的宣传影响。

【社会事业】 改善办学条件,提高教育教学水平,困难家庭教育"两免一补"(免杂费、免书本费,逐步补助寄宿生生活费)实现全覆盖。全面推进乡、村医疗卫生机构综合管理,全乡新型农村合作医疗参合、门诊和住院条件等得到较大改善,有效解决群众看病难、看病贵等问题。城乡居民养老保险、小额人身保险、老龄保险参保人数及赔付款增幅超过10%,群众切实受益。

政策性农业保险赔付金额达到18万多元，保障全乡基础产业的发展。社会保障体系不断健全，全年发放城乡低保金59.4万元、“五保”金9.9万元、各项优抚资金43.38万元，发放军属优待金7.63万元，发放90周岁以上高龄老人补贴1.6万元，精简职工生活补贴1.8万元，发放重点优抚对象特困补助5000元，发放临时生活救助40人次、3.54万元。为3名贫困白内障患者减免了手术费用。

【环境整治】 借助单元化联户共享平台，全面加强社会治理工作，以创建省级环境优美示范乡为契机，坚持落实秸秆禁烧和乡村环境整治工作。以场镇、居民集中点和公路沿线为重点，抓好重点单位、重点部位的环境整治。通过建立责任机制、扩大宣传影响、深入示范发动，群众的卫生意识、环境意识和文明意识明显提升，人居和生态环境进一步优化。2015年，东安乡创建省级环境优美示范乡通过验收。

【社会治理】 加强“六五”普法工作，深入开展“法治市”创建和“平安东安”建设，提高群众知法守法用法意识和防邪教反渗透能力。搞好治安联防和群防群治，巩固“无毒社区”成果，强化社会治安秩序，加大对各类违法犯罪行为的惩治力度。高度重视人民调解和信访维稳工作，及时化解历史遗留问题和社会矛盾。办理书记、乡长网上信箱10件，受理群众来信来电来访60余人次，妥善处理突发事件，切实解决涉及群众切身利益的热点、难点问题。全面落实安全生产责任制，健全突发事件预警和应急处置机制，提升预防和应对各类突发事件的能力。抓好农村道路交通运输、农机、农电、燃气、建筑等操作知识宣传和安全生产大检查，强化对地质灾害、护林防火、防洪度汛等抗灾减灾工作的职责值守和监测报告，加强对食品、药品、农资市场和校园、水库塘堰安全管理等工作的整治与维护。全年未发生重大安全责任事故。

（东安乡）

生态保护类乡镇

云集乡

【概况】 云集乡位于江油市境东北部，距江油市区63千米，面积81.34平方千米，东与剑阁县盐店乡、秀钟乡、西庙乡交界，南与剑阁县东宝镇和江油市重兴乡相连，西与二郎庙镇为邻，北连石元乡，属典型的山区乡镇，平均海拔850米，平均气温16℃。全乡辖7个行政村（云峰、关炉、牛郎、将台、洗脚、和平、高桥），1个居民委员会（黄橙垭），86个村民小组，2705户，总人口10033人。有耕地815.73公顷，森

2015年江油市云集乡各行政村基本情况一览表

表47

村名	面积（平方千米）	户数（户）	人口（人）	农村经济收入（万元）	农村经济总费用（万元）	农村经济净收入（万元）	农民人均纯收入（元）
云峰	9.6	482	1492	1297	856	441	9900
关炉	8.3	416	1214	1349	599	750	9917
牛郎	12	346	1209	1529	619	910	10785
将台	14.4	488	1638	1155	789.7	365	9886
洗脚	30	299	994	2286	1550	736	10000
和平	16.2	366	1153	993	620.6	372.5	11020
高桥	7.8	320	1036	1250	661.6	588.5	9843

林覆盖率74%，木材蓄积量居全市首位。境内有洗脚台、小圌山、旱瀑布、老龙洞等景点。

2015年，云集乡农业总产值实现9858.9万元；财政收入57.76万元；农民人均纯收入10175元，比2014年增加890元，增长9.58%。

【农业经济发展】 云集乡立足生态农业乡镇实际，准确把握山区经济发展规律，全力发展能繁母牛、云集土鸡、林下经济三大产业，走出一条经济效益好、技术含量高、资源利用足、生态保护强、产业发展快的新路子。按照“科学规划、分步实施、多元发展、市场运作”的思路，走产村相融联片推进道路，建设“Y”字型经济发展核心带，即以洗脚村为紧跟剑阁县五指山景区发展的生态旅游带，以洗脚村、牛郎村为发展生态农业的农旅融合示范带，以和平村为发展林业经济和林下经济的林业产业发展带。其他云峰村等4个村，以发展能繁母牛、云集土鸡等为重点，形成种养殖产业支撑区。全乡坚持以云清牧业为龙头，大力发展“五黑鸡”、跑山鸡养殖，进一步提升“土货”产业规模化和竞争力，年存栏数达到14万只。同时，支持专业大户发展食用菌、生姜等规模化种植，让云集传统优质种植业在农业改革中散发出新的活力。加快发展能繁母牛项目，全年扶持9户、10组能繁母牛大户完成圈舍建设。加速发展林下经济，延长产业链，增加附加值，在有效保护林业生态资源的同时促进全乡经济发展。以“土楼”为增长极，大力实施农旅融合战略。以洗脚村贾家大院易地扶贫搬迁点、云集传统建筑为点，以洗脚村新开辟10余公里人行游道为线，以洗脚台、小圌山、旱瀑布等旅游资源为面，点线面结合，布局休闲式观光农业，推动农旅融合的发展。同时，建立3个电商服务点，并开通微信公众平台。

【基础设施建设】 2015年，云集乡积极争取上级相关部门的政策、资金补助，整合各种资源，充分调动群众的力量，通过“一事一议”、村民自建等方式完成7.1千米村组道路（牛洗路）工作。投资200万元的整村扶贫项目和投资80万元的场镇饮水项目建成，全面改善各村生产生活环境，彻底解决场镇居民用水难的问题。同时，争取到1250万元的土地整理项目和335万元的道路提升工程项目，年内进入财评及设计阶段。

【民生保障】 积极改善教育教学条件，认真落实“两免一补”政策，全乡适龄儿童入学率达100%，入学巩固率达100%。认真落实计划生育综合治理责任制，强化对流动人口的管理和服务，坚持现行计划生育政策，认真落实“单独二孩”政策。积极开展群众性文娱活动，通过举办文艺会演、坝坝舞、坝坝电影等群体性文化活动，使广大人民群众的文化生活得到极大的丰富。建立健全综治目标管理责任制、领导责任制、一票否决制和安全生产“双线两级”责任制等四大制度，充分发挥职能作用，有效化解矛盾纠纷。同时，按照“网格化管理、组团式服务”工作要求，做好网格化管理及单元化联户共建工作。安全工作常抓不懈，持续开展“百日安全生产活动”，对全乡存在的安全隐患、烟花爆竹、道路交通等工作，进行定期或不定期开展安全生产检查，确保全乡无重大安全事故发生。2015年11月，通过绵阳市安全社区创建现场评审。足额发放2015年补贴资金121.4万元；发放民政各类经费80.2万元。

【招商引资】 云集乡结合本地特点，大力加强招商引资工作，成功引进绵阳牧盛农业公司，投入资金600余万元进行土鸡养殖，第一批土鸡成功上市。同时，结合脱贫攻坚工作，创新实施“企业+合作社”的模式，以企业现有产养销平台为基础，为贫困户为主体的合作社提供帮养、帮销服务；在经济发展上，以“典型人、典型事、典型产业”带动周边群众共同发展。把回乡大学生、复员军人、外出务工返乡人员作为重点人，把能繁母牛、土鸡作为重点产业，以“康家农场”和“云清牧业”两家公司为龙头，以“公司+合作社+农户”的发展模式带动广大群众主动参与，共同致富，加快山区群众的小康步伐。

【脱贫攻坚】 云集乡通过4个扶贫专项计划，把“五个一批”落到实处。在产业扶贫上，种植药材66.67公顷、葛根4公顷，种母牛养殖达到200余头，让更多群众在劳动中创造价值和财富；在“搬迁脱贫”上，建筑面积达到5000余平方米的云集乡洗脚村贾家大院子易地扶贫项目进入收尾阶段，12户群众全部搬入新房。为让这些群众能够搬得出、能致富，还专门有针对性地制定了土鸡养殖、花卉种植等致富增收计划；在“培训脱贫”上，云集乡邀请江油市成教学校、农业局的专家对青年农民进行培训，共培训4批、300余人次；在救助脱贫上，云集乡与帮扶的江油市中医院、骨科医院联系，全年组织义诊4次，就诊人数达500余人。市中医院还减免帮扶村百余名困难群众的住院费和医疗费。

（云集乡）

重兴乡

【概况】 重兴乡位于江油市境东部，距市区65千米，东依剑阁县东宝镇，东北靠云集乡，西与南连河口镇，北与二郎庙镇、西北与厚坝镇相邻，面积42.9平方千米。辖8个行政村（新隆、白土、紫荆、玉皇、隆庆、重兴、大石、石桥河），70个村民小组。全乡总户数3163户，其中农业户2950户；总人口9645人，其中农业人口9379人。人口自然增长率-2.68‰。山林面积1652公顷；耕地面积957公顷，其中水田376公顷。

2015年江油市重兴乡各行政村基本情况一览表

表48

村名	面积（平方千米）	户数（户）	人口（人）	农村经济收入（万元）	农村经济总费用（万元）	农村经济净收入（万元）	农民人均纯收入（元）
新隆	6.1	396	1285	1537.62	630.4	907.2	11545
白土	3.3	245	805	1215.38	583.38	632	11856
紫荆	6.8	482	1621	1835.4	770.96	1064.44	11263
玉皇	3.9	345	1056	1597.71	687.01	910.7	11488
隆庆	3.7	237	761	1073.86	504.71	569.15	10773
重兴	3.2	239	705	945.81	444.53	501.28	10060
大石	7.4	446	1496	2133.4	1173.37	960.03	10651
石桥河	8.5	561	1647	2217.11	1100.45	1116.66	9952

2015年，重兴乡实现工农业总产值1.18亿元，比2014年增长5%；固定资产投资1105万元；招商引资650万元；财政总收入528.8万元，其中地方财政收入34万元。农民年人均收入10929元，比2014年增长10.1%。年末，银行存款余额1.12亿元，增长15.5%。

【农业经济发展】 按照市委确定的“南部精致农业、中部标准农业、北部生态农业”发展战略，重兴乡主动融入“一线一片一中心”建设，坚持“三园两区”发展方向不动摇，全力打造高山苦李子、土鸡两个龙头产业和拳头产品，全乡高山苦李子种植面积达到53.33公顷，生态土鸡养殖示范基地2个。在抓好扩面和田间管理的同时，积极探索“苦李子+牧草+肉牛+蚯蚓+土鸡”的循环养殖路径，提升产业综合效益，石桥河村6组示范园年内正在建设中。2015年，全乡出栏生猪12305头，出栏本地土鸡8.8万余只，出栏肉牛390头，新增规模养殖大户8户。

【基础设施建设】 整合扶贫开发、“一事一议”等项目，在重兴村投入扶贫开发资金40万元，硬化村道1.8千米，发展生态土鸡养殖1万只。在石桥河村投入“一事一议”资金50万元，硬化道路2.5千米。在白土村投入“一事一议”资金75万元，硬化道路3.8千米。在全乡8个村投入32万元运维专项资金用于村组道路维修、塘堰清淤、渠系整治。在隆庆村实施水毁耕地复垦项目，总投入50万元，年内完成招投标工作。

【脱贫攻坚】 严格把握“精准”实质，成立专门机构逐户逐人走访摸排，清理核查。通过民主评议、审核、公示后共清退60户、174人，新增244户、621人，清退后共有479户、1324人。坚持

“脱贫攻坚”与“抑制返贫”相结合，严格贫困人口、贫困村“脱贫销号”标准和退出程序。建立动态机制，及时掌握因病、因灾、因学返贫等贫困群体，确保情况明、对象准、家底清，同时整合社会资源助力脱贫攻坚，召开重兴籍在外务工的成功人士联谊会，鼓励他们关注家乡精准扶贫工作进程，为广大贫困户搭建增收致富平台。2015年，全乡脱贫77户、256人。

【劳务经济】 按照“培训一人、就业一人、脱贫一户、带动一片”的理念，加强劳务技术培训，积极争取市级部门的支持。同时，积极搭建就业服务平台，着力解决好留守人员的就学、就医、生产、生活等问题，鼓励外出民工回乡创业。通过扶贫开发项目和新型农民职业技能培训，完成农民实用技术和农民工培训900余人次，转移输出劳动力3892人，有效增加农民收入，拓展增收渠道。

【安全和稳定工作】 始终把安全生产和维护社会稳定放在工作的重中之重，实行“一把手”负总责，坚持矛盾纠纷排查和月上报制度，做到排查一处、化解一处。扎实开展安全社区创建，11月4日，通过绵阳市安全社区建设专家组的验收评定。

【社会事业】 全面落实“两免一补”政策，解决贫困学生“上学难”的问题，认真贯彻落实寄宿学生生活费补助政策，发放补助36.2万元。连续3年与民建绵阳市委员会联系，为62名贫困学生资助助学金30.8万元。完善乡村医疗设施和卫生服务体系，加强对“赤脚医生”的管理，努力提升医疗服务水平。同时，开展新型农村合作医疗、高危孕产妇救助、结核病免费治疗、乳腺疾病普查普治，解决群众“看病难、看病贵”问题。新农合参合率达97.6%，全年为554名住院病人减免医药费322872.9元，门诊统筹234030.2元，农村医疗救助发放25302元。严格落实“三金”（独生子女父母奖励金、奖励扶助资金、特扶资金）奖扶政策，继续实施国家孕前免费检查工程，开展育龄妇女免费检查4次，共发放“三金”36.686万元，依法征收社抚18余万元，法院社抚费立案5例，政策生育率保持在88.51%。着力抓好城乡居民社会养老保险、新型农村合作医疗保险、小额人身意外保险等工作，全乡缴费参与新农保2800人，收交养老保险金79.03万元，发放60周岁以上的老人基础养老金2200人184.8万元，发放低保、“五保”、民政优抚生活救助金34.84万元。

（严春桃）

石元乡

【概况】 石元乡位于江油市东北部，距市区96千米，北与雁门镇，西与马角镇，东与青川县竹园镇，南与二郎庙镇接壤。位于龙门山脉中段，地势东高西低，以老鸦山、秤砣山、旱坪山为代表呈东西走向。境内最高海拔1661米，最低海拔为680米。有清江河段7千米，从西北角雁门镇流经石元乡后过青川竹园镇入嘉陵江。全乡属于高山地形山区乡，面积86.8平方千米，辖8个行政村（石瓶、青杠林、旱坪山、铁坪、樟木山、仙鹤池、五指山、楠木园），39个村民小组，

2015年江油市石元乡各行政村基本情况一览表

表49

村名	面积（平方千米）	户数（户）	人口（人）	农村经济收入（万元）	农村经济总费用（万元）	农村经济净收入（万元）	农民人均纯收入（元）
石瓶（石磐社区）	6.2	288	921	512.06	199.02	313.05	10456
青杠林	10.5	284	829	453.25	175.25	278.00	10522
旱坪山	11.5	93	239	209.14	83.67	125.47	10469
铁坪	12.2	147	412	330.58	76.50	254.08	10355
樟木山	11.6	104	288	212.06	58.58	153.48	10196
仙鹤池	13.5	139	359	262.39	71.73	190.66	10215
五指山	10.7	103	274	231.15	66.17	164.97	10497
楠木园	10.6	182	523	404.96	121.48	283.48	10242

总户数1300户，总人口3868人（其中，建档立卡贫困户99户、253人），均为汉族。2015年，全乡有耕地134.53公顷，森林6148.39公顷，植被覆盖率85%。境内蕴藏丰富的石英砂、煤炭等矿产资源，有黄花、木耳、茶叶、香菇等地方特产，有规模以上工业企业2家。

2015年，全乡实现规模以上工业生产总值1.6165亿元，财税收入264.8万元；农民人均可支配收入达10397元，比2014年增长1746元；农村剩余劳动力转移1431人；全年出生30人，死亡29人，自然增长率为0.26‰。

【经济发展】 石元乡始终保持谋发展、抓发展、促发展的专注定力，主动认识、适应、引领经济发展新常态。工业经济方面。按照市委、市政府总体部署，整合辖区内非金属矿山1处，完成规模工业生产总值1.6165亿元，实现工业利润1026万元，固定资产投资1160万元，招商引资1000万元，财税收入264.8万元，全乡工业经济运行总体平稳、稳中有进、稳中向好，工业生产总值在北部山区乡镇中综合排名第一。农业产业发展方面。引进、注册农业公司4个，新注册家庭农场18户，发展种养大户2户，注册成立专业合作社1个；乡内牛、羊存栏量达14600头，年内出栏量4380头；开展种养殖技术培训6次，培训700余人次，发放宣传资料2200余份。农业发展带动群众增收比重明显提升，农民人均可支配收入达到10397元，同比增长16.8%。

图54 石元乡猕猴桃产业初见成效

【脱贫攻坚】 全乡2015年度完成政策性清退建档立卡贫困户99户、250人，新增28户、87人，再识别后有建档立卡贫困户99户、253人，其中，年内脱贫26户、79人。落实组织帮扶，8个建档立卡贫困村组织都选派1名第一书记驻村帮扶，落实1~2个单位结对帮扶，1户企业支持帮扶；每个贫困户都有1名党政干部联系帮扶。紧扣发展理念，紧盯农业产业发展，投入200余万元支持农业产业发展配套完善和后续管理；全力推进仙鹤池村“异地扶贫搬迁”项目建设（涉及11户、29人），年内完成投资140余万元；落实企业等社会帮扶资金30余万元。按照脱贫攻坚工作要求，密集宣传力度，拓宽宣传范围，突出有形化展示，达到脱贫攻坚政策宣传和动员全覆盖，政策宣传家喻户晓。

【山区产业发展】 坚定不移实施农业产业发展升级，深入推进特色农业产业升级发展。完成以旱坪山村为核心的“石元高山生态经作园”规划和发展，规划面积200公顷，建成53.33公顷。持续提高红心猕猴桃产业支持力度，探索红心猕猴桃产业管理模式3种，整合投入资金160余万元，该产业管理水平明显增强，管理效果持续向好，青杠林村红心猕猴桃产业实现初挂果5000公斤。高稳步推进山绿茶产业培育发展，恢复管理的400亩绿茶长势良好，预计2017年形成产能；香菇种植产业发展喜人，种植规模达45万袋，带动150余名群众增收200余万元；种养大户、家庭农场等新型农业经营主体贡献比重明显增强。农业产业发展活力加速释放。

【基础设施建设】 以脱贫攻坚基础设施配套建设为重点，大力实施基础设施建设提速发展，着力改善农业产业发展基础设施条件，方便群众生产生活，实施基础设施建设项目。投资240余万元（其中，一事一议项目投入122万元），完成通组入户道路建设7千米，石瓶村便民桥2座，"石楠"路翻新改造2公里；投资130余万元，完成石瓶村等5个村"6·27"洪灾水毁基础设施恢复，实施"娃娃岩"地灾滑坡点工程治理，对场镇进行提升改造；投资140余万元（其中整合一事一议项目投入24万元），在仙鹤池村实施"易地扶贫"搬迁项目；投资100余万元，改进和完善人畜饮水、场镇亮化、排污整治、河堤加固、贫困户危房改造支持等方面工作。

【社会民生】 以用好用活惠民政策，解决群众实际困难，不断统筹推进社会、民生事业发展进步为导向，扎实开展惠民工作。社会保障体系更加巩固完善，政策性保险参保率达88.31%，政策生育率实现96.77%，政策性保险和计划生育政策全面落实。全年发放民政资金、物资共计60余万元，储备应急物资10余万元；开展惠民医疗3次，惠及群众187人，减免医疗救助费用3万元。高度重视群众创业就业工作，实现转移就业劳动力1431人，外出务工返乡创业2人，大学生回乡创业2人，困难群众就近就业200余人。支持全民健身和基层文化建设工作，新增8万元健身器材，全乡农村书屋新增图书4000册。携手江豆网开展"爱心传递·走进石元"系列宣传推介帮扶活动，筹集资金、物资折合2万余元，用于帮扶困难群众，并把石元生态资源及特色农副产品推向市场。明德小学获得2015年度江油市小学教育质量一等奖。"单元化联户共建共享工程"、城乡环境综合治理、秸秆禁烧、人武、妇女、儿童、老龄、残疾人等工作扎实有效推进。

（刘　涛）

敬元乡

【概况】 敬元乡位于江油市北部，距市区94千米，东部、北部与青川县相邻，南与雁门镇接壤，西与六合、枫顺相邻，总面积111.8平方千米，辖7个行政村（新房、大池、敬元、沐水、松潘、小石、潮阳），1个社区（新建），52个村民小组，总户数2531户，总人口7669人。全乡属于高山地形，最高海拔大龙池2150米，最低海拔毛坝子630米，境内气温相差大，最高气温34度，最低-5度，年平均气温16.3摄氏度。全乡有林地10000公顷，退耕还林622.16公顷，有耕地250.33公顷，其中水田92.2公顷，旱地158.13公顷。

2015年，全乡工农业总产值达到5544万元，较2014年增加496万元，增长10.6%，其中，畜牧业收入达到1642万元，占全乡经济总收入的32%；第二、第三产业收入达到1287万元，增长75%；农业收入减少52万元，减少8%；工业收入增加23万元，增长6%。全年实现财政总收入569.32万元，固定资产投资完成1330万元，农民均纯收入达到9069元。

【农业发展】 2015年，全乡大小春农作物总播种面积达460公顷；以柴胡为主的中药材种植新增53.33公顷，面积达406.67公顷，比2014年增加66.67公顷；以核桃为主的干果种植面积达266.67公顷；黑木耳种植40余万棒、香菌种植90万袋。新增种养殖大户3户，全乡养殖大户达到43户，其中养鸡大户5户，养羊

2015年江油市敬元乡各行政村基本情况一览表

表50

村名	面积（平方千米）	户数（户）	人口（人）	农村经济收入（万元）	农村经济总费用（万元）	农村经济净收入（万元）	农民人均纯收入（元）
新　房	15.7	290	954	805.1	342.6	462.5	9650
大　池	17.1	375	1175	638.3	242.1	396.2	9256
敬　元	8.2	501	1569	1237.8	752.4	485.4	10500
沐　水	10.2	342	1120	694.3	185.6	508.7	8560
松　潘	19.3	418	1258	866.3	375.8	490.5	10200
小　石	32.6	251	813	618.2	227	391.2	8250
潮　阳	8.7	235	715	683.7	228.5	455.2	8150

图55 敬元乡青龙峡漂流

大户11户，养猪大户7户，养牛大户12户，黑木耳、香菇种植大户7户，大池村引进车厘子种植13.33公顷，错季节蔬菜种植13.33公顷，实现劳务输出3221人。

【社会民生】 2015年，全乡3个行政村（沐水、潮阳、小石）建立农村电影放映室，3个行政村（沐水、小石、松潘）新建农村文化活动室。文教、卫生、计划生育事业全面发展。全乡新建科技文化室7所；小学入学率达到100%；全乡参加合作医疗的农户达到2045户，参保人数7000余人，占全乡总农户的95%，参加新农保人数2900余人，农民防治大病的能力明显增强，社会保障能力进一步提高。敬元卫生院新农合报销比例增加，提高参保率，减轻农民医疗负担，新增公共卫生免费服务，免费为老人体检。计划生育工作各项措施得到全面落实，加强流动人口计划生育管理，政策生育率达91.6%，并通过市计划生育工作考核。

【基础设施建设】 大池村3组村组道路硬化，新增堰塘1口，大池村4组治理地质灾害1处。敬沐公路16.56千米全面硬化，松岗公路4千米进行道路加宽，敬小公路12.3千米全面硬化，茅坝子院户路改造，偏坡里地质灾害治理，沐水村6组道硬化（新地窝），场镇垃圾池建设1处，建设青龙峡漂流码头。

【扶贫工作】 财政投资240万元完成7个村（新房、大池、敬元、沐水、松潘、小石、潮阳）扶贫工程，群众投工投劳折合100.7万元，解决群众生产、生活等基本问题。财政投资243万元为小石村12户异地搬迁基础设施资金。敬元村4组岗口河堤建设188米，财政扶贫资金投资40万元。

【旅游发展】 2015年，敬元乡青龙峡漂流旅游人数超过10万人。全乡新增农家乐5家，共计30家，带动全乡群众就业，为全乡人均收入提高500元以上。

（王乃玉）

六合乡

【概况】 六合乡地处江油市东北端，距江油城区100千米，属于典型的山区乡镇。东与敬元乡、雁门镇接壤，南与马角镇、文胜镇交界，西与平武县接壤，北与枫顺乡交界。全乡面积102.8平方千米，有耕地面积3257亩，人均耕地0.76亩。全乡辖8个

2015年江油市六合乡各行政村基本情况一览表

表51

村名	面积（平方千米）	户数（户）	人口（人）	农村经济收入（万元）	农村经济总费用（万元）	农村经济净收入（万元）	农民人均纯收入（元）
龙池	17.88	127	360	270.51	97.41	160.40	10309
白果	17.83	147	458	346.48	103.16	243.02	10298
吉安	15.21	205	599	466.72	172.84	293.87	10325
小池	10.06	73	183	127.33	27.81	99.52	10138
六合	18.18	258	871	813.21	185.02	528.19	10272
河石	7.05	177	504	441.80	258.41	183.40	10287
檬针	8.95	262	753	604.27	131.35	421.12	10273
杨家院	7.66	185	520	328.64	152.82	175.83	10312

行政村（龙池、白果、吉安、小池、六合、河石、檬针、杨家院），41个村民小组，1个硫铁社区居民委员会。全乡总户数1702户，总人口5106人，其中农业人口4248人，非农业人口858人。

2015年，全乡实现固定资产投资1400万元，招商引资500万元，新增科技型中小企业2个，完成转移农村剩余劳动力1713人，完成新增种养殖大户3户，实现农民人均纯收入10278，财税收入147.97万元。

【自然资源和旅游资源】 六合乡的粮食作物主产水稻、玉米、小麦等；经济作物有木耳、香菇、板栗、核桃、猕猴桃、梨、苹果、桃、蕨菜、竹笋、茶叶、特色老鹰茶；中药材有黄檗、杜仲、天麻、柴胡等；国家野生保护动物有金丝猴、黑熊、岩羊、獐子、大鲵等；矿产资源：硫铁矿、辉绿岩。全乡生态资源保护较好，无污染企业，自然风景优美，空气清新，气候宜人，是夏季避暑、秋季枫叶观赏、冬季赏雪、周末休闲度假的好地方。生态建设持续发展，夏季清凉游初具规模，充分利用六合优美自然的生态风光，延伸养马峡旅游线，推动原生态旅游业发展，开发打造出高山古寺玄帝岩，10千米无人烟大峡谷叶家沟，百年古寺庙莲花寺，避暑探幽圣地梅花洞群，生态休闲河谷五道河等各具特色旅游点，并配套3家农家乐、2家宾馆、3家餐饮店提供旅游后勤服务。

【农业特色经济】 六合乡充分利用山区优势资源，大力发自特色产业。全力推动香菇、羊肚菌、板栗、毛叶山桐、猕猴桃、油茶树、黑山羊、生态猪、跑山鸡等特色种养殖业的发展。2015年，全乡种植香菇300万袋，板栗规模超过3000亩，猕猴桃750亩，油茶树2500亩，毛叶山桐种植规模近5000亩；羊肚菌150亩，生态猪300头，黑山羊1500只，跑山鸡2000只。另外，积极推进种养殖业结构调整，在亮化六合生猪作为雁门山区特色品牌的同时，大力发展羊肚菌和蜜蜂等特种养殖；着力实施品牌战略，包装打造“川御皇后香菇”品牌价值，增强产品市场竞争力。

【项目建设】 全面完成龙池、小池、檬针、杨家院4个村整村连片扶贫开发项目；投资110万元，完成杨家院村饮水项目改造，六合村集中供水水源地延伸、小池村人畜饮水管道建设项目；通过一事一议、应急抢险、运行维护等项目筹集资金83万元，硬化道路1000米；新修堰渠2500米，维修堰渠2000米；新修河堤650米，维修河堤1000米；治理吉安村魏家沟地质灾害1处，河道清理1000米。通过项目实施极大地改善六合乡基础设施条件。

【惠民工作】 2015年，全乡新农合参合3625人、参合金额435000元，新农参保1403人、参保金额335500元。进一步加大政策性农业保险工作、小额人身意外保险宣传、征收力度，有效提高群众参保率。农村低保、“五保”、优抚、救助等工作有效开展。全年解决临时生活救助83户发放救助金39550元，帮助申报审批应急救助12人发放救助金1万元，解决因灾生活困难人群127户发放自然灾害救助金4万元，帮助生活困难重度残疾人43户、44人办理了农村低保。办理城乡困难低保户医疗救助6户。投资30万元，修建200余平方米，能容纳40余人日间照料照料中心，为空巢、独居无力照护的自理老人供提供便捷、放心、安全的照料场所。全年共发放耕地地理保护3263亩，补贴资金351425.1元，农机补贴9100元；退耕还林补贴8514亩，补贴资金1064250元，公益林补贴22529.4亩，补贴资金332308.65元。加强安全越冬工作的组织领导，摸排出28户、53人需要越冬物资救助的群众，并及时给予救助。同时，完善应急物资储备体系，通过“政府集中储备、以商代储、偏远村临时代储、农户自储”等方式，加强对柴油、汽油、粮食、衣物和其他生活用品等过冬所需应急物资的储备。全乡共设立5个越冬应急物资储备（代储）点，共计储备棉被550床，衣物100件，毛毯380床；电热毯50床、电烤炉15个、热水袋100只；大米和面粉等粮食5.3吨，方便面100件矿泉水200件；汽柴油料1.5吨、蜡烛2500支、电筒25支等相关救灾应急物资，确保全乡群众安全越冬。努力提高计生服务水平，积极落实计生优惠政策。全年全乡总出生15人，政策生育率为93.3%。育龄妇女生殖健康普查600余人，普查率达到85%。严把孕检质量关，对12位孕妇进行孕前优生检查，全面完成全乡人口数据库清理、比对工作。全年新增奖励扶助对象22人，特别奖励扶助对象2人。

【精准扶贫】 完善瞄准机制，“精准”再识别，解决“扶谁”问题。在严格坚持上级相关政策的前提下，通过调查摸底、走访群众，进一步摸清全乡贫困人口的基本情况，通过村社、群众代表的评议，对全乡8个行政村的所有贫困户进行再识别，进一步严格、认真比对，对不符合建档立卡贫困户的清退，对符合建档立卡贫困户的新增为建档立卡贫困户。经复核全乡共有贫困户282户、658人。夯实扶贫机制，“一对一”落实，解决“谁扶”问题。成立乡扶贫开发建档立卡和和建立精准扶贫工作机制领导小组，并下设办公室，下派8个驻村工作队；驻村帮扶单位，多次到帮扶困村进行走访调查；通过召开村两委班子座谈会，听取村两委对村里基本情况的介绍，逐步熟悉村情；各村第一书记走访典型户，有代表性的农户、深入家中或田间地头，进行个别交流，吃透村情，找出症结，从而更好地提供项目、技术、资金等多方面的扶持，结合实际确定帮扶工作重点，制定具体的帮扶举措。核查扶贫需求，多措并举，解决“怎么扶”问题。落实“12个扶贫专项方案”等扶贫惠民政策，按照建档立卡贫困户实际情况，围绕基础设施、住房环境、生产发展、生活改善、脱贫能力、政策兜底等方面的查清扶贫需求，制定帮扶措施，明确帮扶时限。科学规划，做好全乡精准扶贫工作实施方案。帮扶单位、第一书记深入基层，根据贫困村、贫困户的要求，制定基础设施帮扶措施，解决贫困村群众急需解决的出行难、饮水难、致富难等问题。开展扶贫数据规整，扶贫资料归档。以扶贫手册和建档立卡贫困户系统为重点，长期坚持扶贫资料的收集、整理和档案化管理。扶贫资料做到数量和种类上的齐备，数据上的统一和真实，档案资料的管理有序。

【城乡环境综合治理】 2015年，调整城乡环境综合治理领导小组，加强宣传，突出整治，注重实效制定具体的实施方案，与各村签订城乡环境综合治理目标责任书，明确治理责任。落实保洁人员12名，制定垃圾清运、垃圾场管理、场乡五乱治理、乡村干部包片管理以及卫生考核评比机制，坚持奖惩。为加强各村城乡环境综合治理力度，出资在全乡各村新建垃圾池4座，购置垃圾桶120个，租赁垃圾清运车1辆。全乡全年累计投入12万余元用于城乡环境综合治理工作。

【安全稳定工作】 全年4次深入皇嘉集团雁门硫铁矿、2次深入变电站施工现场检查安全生产工作，检查中排查整治安全隐患5起。同时，着力抓好食品、药品、学校和道路交通安全，加强领导、明确责任，严格检查，确保全乡无食品、药品、校园、道路交通安全事故发生；并于11月3日通过绵阳市专家组评定，被评定为“绵阳市安全社区”。全力构建社会和谐，上下各级单位部门明确辖区内的社情民意。及时掌握群众热点、难点问题，明确信访责任，与12个乡属单位签订信访稳定责任书，加强矛盾源头治理，大力实行领导包案工作制，重点落实解决信访积案问题。努力完善和探索信访工作机制，严格落实“一岗双责”制度，坚持开展领导接访和干部下访工作，确保每天有一名党委班子成员接待来访群众，驻村干部至少每周1次到村上解决群众反映的问题。2015年，全乡共处理19件群众来信来访问题。基本实现“小事不出村，大事不出乡”工作目标。积极协助相关部门协调处理雁门硫铁矿因股权纠纷而引起维稳事件，引导相关当事人不激化矛盾，依法诉求。健全社会稳定的监测预测、预报预警制度，在各村、各单位确定15名维稳信息员。在西博会、科博会、中共十八届五中全会、江油“四会一节”等重大时段无到绵、赴省、进京非正常上访事件发生。

(王素芳)

枫顺乡

【概况】 枫顺乡位于江油市最北端，距市区118千米，东与敬元乡相邻，南与六合乡相连，西与平武县接壤，北与青川县马公乡和石坝乡连界，最高海拔2356米，最低海拔750米，辖5个行政村（小坝、清花、枫橡、夏村、小院），22个村民小组，1个社区（红枫），共有872户、2324人，辖区面积94.6平方千米，有耕地140公顷，其中水田17公顷，旱地123公顷，有林地8529公顷。

2015年，枫顺乡农村经济总收入2661.83万元；农民人均纯收入10004元，比2014年增加909元；农村剩余劳动力转移950人，发展规模养殖场4个，全乡养殖大户累计达到26户；招商引资到位资金500万元；固定资产投资完成1000万元；财税收入完成56万元，新引进项目1个。

【农业经济发展】 枫顺乡重点抓好食用菌种植，特色生态养殖、高山水果和蔬菜、高山中药材与生态旅游五大产业。2015年，新建食用菌种植示范片4处，发展香菇110万袋，获纯收入257.5万元。发展椴木耳10万袋，获纯收入80万元。成立大红袍跑山鸡专业合作社，整合农户800户，年销售生态土鸡6万只，每只平均2公斤、每斤卖价18元，年收入432万元，获纯收入120万元；新发展生猪规模养殖场4个，全乡养殖大户累计达到26户。全乡共计养殖能繁母猪274头，生猪1470头，羊1600只。全乡年出栏肥猪3000头，每头收入2000元，年收入600万元。依托清花中药材种植合作社，种植天麻、乌药、葛根等中药材66.67公顷。

【乡村旅游发展】 枫顺乡党委、政府高度重视大农业生产建设，坚持生态立乡。在保护好生态环境的前提下，着力发展乡村旅游业。启动以小院村红叶景区为核心，创建四川省森林公园，发展红叶观光与康养游，以10月、11月、12月为观光期；以夏村、清花村3月看辛夷花、梨花、桃花、李花等为核心的赏花游；以小坝、清花、枫橡、夏村和小院村，在5—9月可垂钓。清江河里有毛白夹、大口白、白条子、青鱼子、红尾巴、大鲩、麻鱼子、线麻鱼子、花扁条、巴石子、桃花板等多种鱼类，除禁鱼期外，可以垂钓。以小坝村2组、3组和4组，清花村3组，枫橡村4组，夏村5组、6组和7组，小院村3组为核心，发展原始森林旅游，是枫顺特有资源。2015年，乡党委、政府努力将生态优势转化为经济优势，让绿水青山为枫顺百姓增加经济收入。枫顺红叶季，以小院村红叶景区为核心，发展红叶观光游，成立枫顺乡红叶旅游协会。新发展农家乐13家，红叶观光季开幕后，全乡共接待省内外各地游客2万多人次。村民通过开办农家乐，出售天然蜂蜜、野生猕猴桃、野生羊肚菌、腊肉、土鸡等；出售广东苔、蕨苔、春芽、折耳根、老鹰茶、野生杂菌等；出售核桃、板栗、花生等，共计增收110万元。

2015年江油市枫顺乡各行政村基本情况一览表

表52

村名	面积(平方千米)	户数(户)	人口(人)	农村经济收入(万元)	农村经济总费用(万元)	农村经济净收入(万元)	农民人均纯收入(元)
小坝	50.72	134	321	488.03	286.83	201.20	10231
清花	12.48	196	467	440.80	275.50	165.30	9747
枫橡	8.76	251	712	818.00	448.10	369.90	9168
夏村	14.00	183	500	512.90	314.20	198.70	9568
小院	8.60	108	324	402.10	229.76	172.34	9220

【林业工作】 持续发展退耕还林后续产业，完成中药材53.27公顷，特色经果林252亩，特色经济作物13.33公顷，食用菌90万袋建设任务。发放后续产业肥料34.19吨，做好1418.74公顷国家级生态公益林管护任务。兑现补偿金31.39万元。全面完成423.11公顷退耕还林管护任务。全年义务植树11285株。

【地质灾害户异地搬迁基础设施建设】 由市财政局、农业局、国土局、林业局、交通局和水务局共同打捆100万元资金，用于枫顺乡清花村3组地质灾害治理8户异地搬迁。在规划区内修建房屋512平方米。在规划区内修砌堡坎，硬化入户水泥路。建设篮球场、公共厕所、化粪池、排污管道300米，两处梯踏步25米，人畜饮水管子500米，1口6立方米蓄水池，1口3立方米的过滤池，1处绿化带。搬迁户入住新房。

【东雁路邱家沟平桥建设】 东雁路是青川县关庄镇东河口至江油市雁门镇穿枫顺乡而过的唯一一条进出道路。东雁路共连接青川县的关庄镇、红光乡、石坝乡、马公乡和江油市的枫顺乡、六合乡、敬元乡、雁门镇8个乡镇。该路不仅承担2个县、8个乡镇日常生产生活中物资运输，更是大灾大难时人民群众的生命通道。多年来，在市委、市政府的支持下，在乡党委、政府的努力下，东雁路旱季畅通。到雨季因邱家沟32米长的漫水路就无法通行，全乡行人和车辆需通行，只能涉水冒险而过，存在严重安全隐患。邱家沟平桥于2014年10月20日动工，江发改〔2014〕159文件批准立项，资金来源为市财政资金110万元；2015年6月1日江发改〔2015〕232号文件调整东雁路邱家沟平桥建设工程内容及追加投资42.7万元，总投资152.7万元。该桥上部结构为2米×13米现浇钢筋混凝土简支空心桥板，桥梁全长32.08米，桥宽6.1米。下部结构为柱式墩，桩基础两岸桥台为重力式U型桥台，扩大基础，两岸引道，与原东雁路接枫顺。汽车荷载采用公路Ⅱ级，设计洪水频率1/25，该桥2孔13米钢筋砼空心板，双桩柱式桥墩。邱家沟平桥于2015年2月20日竣工，建成后推动该区域经济社会的发展。

【劳动就业和社会保障】 全乡就业登记人数29人，实物证发证数1人；城镇新增就业17人；劳动力转移输出任务数为1000人，劳动收入0.15亿元，实际完成劳动力转移人数908人，劳务收入0.153亿元。全乡新农保任务人数为875人，任务金额为18.4万元。截至2015年12月16日，代扣成功人数769人，完成比例为88%；代扣成功金额17.4万元，完成比例为94.48%，综合完成比例为91.18%。

【单元化联户共建共享工程】 枫顺乡党委、政府将全乡756户群众划分为51个联建单元，在联建单元中建立评比考核奖惩机制。2015年6月，举办“单元化联户共建共享工程”文艺会演，丰富群众的文化生活。为巩固联建成果，乡党委表彰一批在推进“单元化联户共建共享工程”涌现出的“最美家庭”“最美婆婆”“最美儿媳”，在全乡树立诚实守信、孝敬父母（公婆）、尊老爱幼、邻里和睦、勤劳致富、勤俭持家的良好社会风尚。充分利用“单元化联户共建共享工程”成果，按照扶贫攻坚行动要求，重点实施“六大工程”，全乡基础设施全面改善，人居环境面貌焕然一新，增收产业不断壮大，农民收入稳步增长，全乡经济社会持续健康发展。2015年，通过精准扶贫和结对帮扶，全乡脱贫37户、86人。

【城乡低保普查】 2015年5月上旬，全乡启动最低生活保障普查、复查清理工作，采取进村社入户调查和邻里访问，对在册的低保户逐户进行公开评议，对城乡低保做到“应保尽保”和“应退即退”，严格按照申报、初审、评议、审核审批程序进行，坚持“公平、公正、公开”的原则，全乡共31户55人，每月发放金额为7093元。无村（社区）干部和低保工作人员的直系亲属享受低保。

（刘洪友）

江油年鉴

人　物

Figure

英模传

【徐迅】

(1964—2015),男,汉族,四川成都人,大学本科学历,农工民主党党员,江油市人民医院外科副主任医师。2015年1月25日,在莫桑比克参加援外医疗工作队期间病逝。

1987年7月,毕业于重庆医科大学医学系,被分配到江油市人民医院工作;1987年至1993年,为江油市人民医院外科医师;1993年至1994年,在华西医科大学附属医院胸外科进修学习;1994年,晋升为外科主治医师;1996年,加入农工民主党;2000年至2001年,担任江油市人民医院大外科副主任;2004年,晋升为外科副主任医师,同年3月,当选为江油市人民医院第五届工会委员会委员。

徐迅从事临床医疗工作28年,热爱本职工作,努力钻研业务技术,系统地掌握外科基础理论和专业知识,熟悉本专业国内外现状和发展趋势。他爱岗敬业、忠于职守、遵纪守法、医德良好,从不以医谋私;关心病人疾苦,急病人所急,想病人所想,时刻把病人放在心上,无论何时,只要病人有需要,随叫随到,加班加点通宵达旦参加手术和抢救病人的工作。擅长食管癌、肺癌、纵隔肿瘤及胃癌、大肠癌等疾病的诊治,在江油市人民医院首次开展了肺癌根治术、巨大纵隔肿瘤切除术、肺癌支气管袖式切除术等,多次被评为先进工作者和年度考核优秀。

2008年“5·12”汶川特大地震发生后,徐迅迅速投入到抗震救灾工作中,与全院医务人员一道夜以继日地抢救地震伤员,因表现突出,被中国农工民主党中央委员会授予“抗震救灾先进个人”称号。

2014年,徐迅自愿报名参加了援外医疗队,10月30日作为中国四川国际医疗队队员踏上了赴莫桑比克执行援外医疗任务的征程。在援外期间,他顾全大局,关心同志,对工作认真负责,任劳任怨。为尽快解决语言沟通障碍,他主动向当地医务人员请教,每天借助翻译软件刻苦学习外语。与受援国医务人员团结合作,努力为受援国人民健康服务。他发挥自己的技术优势,成功地完成了胸膜纤维板剥脱术、左全肺切除术等胸外科手术,并与同事把一位患有脓胸疾病只有两岁左右的非洲小孩,在心跳和呼吸已经停止的情况下挽救回来。同时,他认真传授技术,指导受援国医生开展先天性膈疝修补术等当地医院没有开展过的手术。他的技术水平和医德赢得了国际医疗同仁及病人和家属的赞誉和尊敬。

在援外期间,徐迅还奋不顾身冲向海水奋力救起了一个被海浪卷下沙滩的一岁多的非洲小孩,充分体现了国际人道主义精神。

2015年1月25日北京时间1时15分,徐迅在莫桑比克首都马普托突发大面积急性心肌梗死,经抢救无效不幸去世,年仅50岁。

2015年3月24日,由国家卫生和计划生育委员会和中国人民对外友好协会联合解放军总后勤部卫生部主办的“大爱无疆——寻找·最美援外医生”颁奖活动在北京举行,其中授予徐迅“最美援外医生特别奖”荣誉称号。

首届十大江油好人简介

孝老爱亲——李秀萍

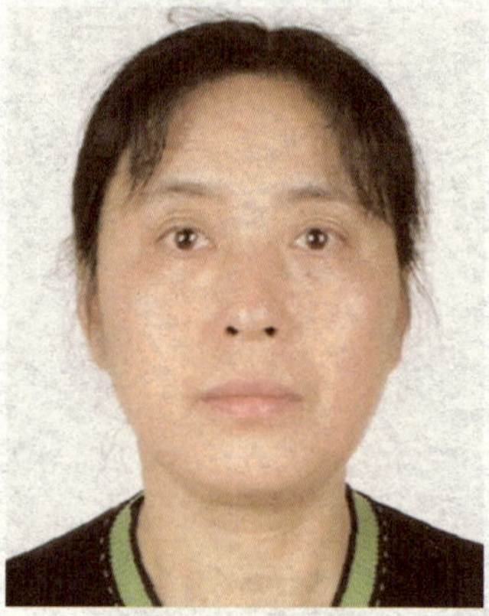

李秀萍,女,生于1952年,待业。1998年,警察丈夫因公受伤,双眼失明,从此她就成了丈

夫的双眼，不离不弃相濡以沫18年。先后获得“天府十佳警嫂”“绵阳市道德模范”“感动绵阳人物”等荣誉称号。

敬业奉献——张巧

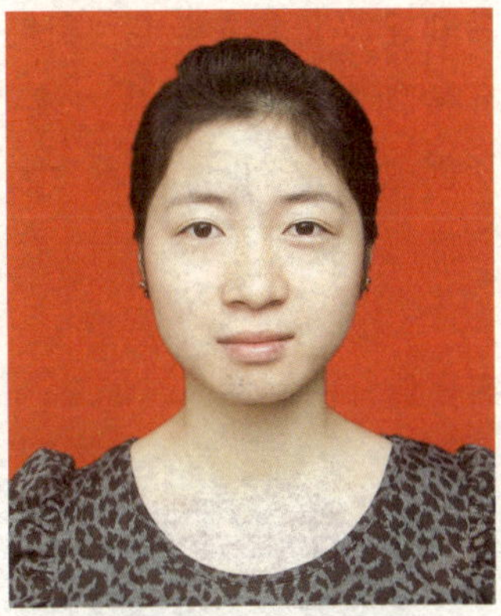

张巧，女，生于1988年，江油市义新乡敬老院院长、义新乡白庙社区主任，中共党员。一名年轻美丽的女大学生，放弃繁华的城市回到乡下竞选，担任义新乡敬老院院长，创立“院民自治”，通过老人们自己的双手改变生活，让敬老院变成老人的乐园。照顾老人，做饭、洗衣、拉家常、送汤送药成为她日常生活中一部分。她所在的敬老院获“省敬老文明号”“省二级敬老院”荣誉称号。

助人为乐——马远学

马远学，男，生于1963年，江油市马记酒店总经理，中共党员。每年重阳节、春节，为老人做饭、表演节目、送慰问礼品；每年腊月十三日，邀请本村100名老人到酒店过节；每年“六一”儿童节，将残疾儿童接到酒店，一起联谊，送文具、书包；2008年“5·12”地震期间的“千人免费食堂”“军人之家”，义务送菜7万余人次。其马记志愿服务队常年活跃在昌明河两岸、城区大街小巷，清垃圾、除污垢，被誉为当代的“活雷锋”。

孝老爱亲——郭作军

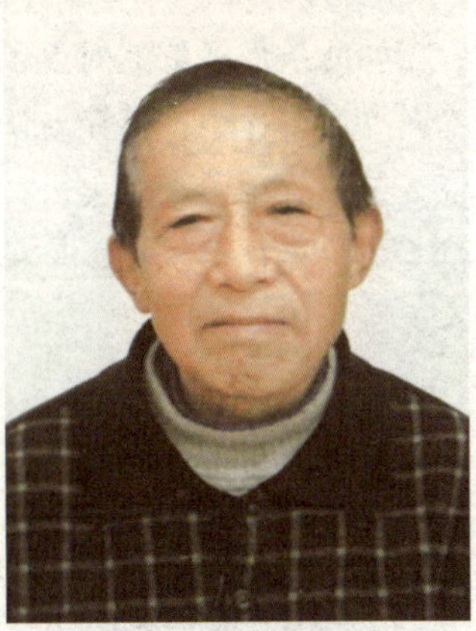

郭作军，男，生于1949年，江油市重兴乡紫荆村3组农民。1972年，来至遂宁的郭作军成了重兴乡紫荆村两位残疾老人的上门女婿，妻子因不堪忍受贫困生活于1981年抛弃亲生女儿和残疾父母离家出走，再无音讯。但是，郭作军没有抛弃家庭，继续抚养两位残疾老人和女儿，一晃42年，直到女儿成家、老岳父归天。他朴实、善良、坚毅、孝道演绎了平凡而动人的一生。

孝老爱亲——傅刚

傅刚，男，生于1978年，江油市财政局公务员。2011年，其父亲被查出喉癌，作为“双独”家庭的支点，傅刚毅然肩负起照顾重病父亲的责任。在这期间，岳母被查出患有脑瘤，他无所怨言、竭心尽力、无微不至地照顾被病痛折磨的亲人。工作期间，出色完成每一项工作任务，没有因家庭原因影响工作。

敬业奉献——霞新民

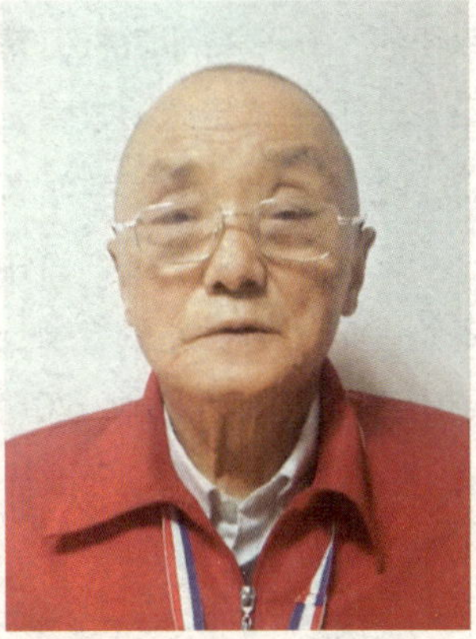

霞新民，男，生于1935年，退休干部，中共党员。对中国共产党忠诚，不恋退休安乐，14年如一日奔走各地查阅资料、热心公益事业，这位精神矍铄的红衣老人，常年穿行在城市社区、厂矿学校、乡镇村社。每天复制着这些脚步，将一幕幕烈士壮举、

一个个先进人物、一串串红色往事送给基层党员干部……他的背影，早已成为李白故里万名党员干部心中生动而熟悉的影像。

敬业奉献——罗晓琼

罗晓琼，女，生于1972年，江油市华丰初级中学教师，中共党员。从教21年，一直担任初中语文教学和班主任工作，教学业绩斐然，深得同行好评。她具有严谨执教、无私奉献、以身作则、率先垂范的师德；在教学中任劳任怨，认真钻研教材，精心备课，敢于打破传统的教育教学常规，进行大胆的教育教学新探索。真正把每一个学生都当作子女疼爱，是受学生爱戴、家长敬仰、社会满意的好老师。2014年9月，被教育部授予“全国优秀教师”荣誉称号。

孝老爱亲——岳元新

岳元新，男，生于1968年，江油市鸿飞公交分公司公交车驾驶员。二十年如一日照顾瘫痪在床的母亲和失明的父亲，用自己的行动彻底否定“久病床前无孝子”这句话。妻子患有小儿麻痹症，后来病情加重以至无法行走，在如此条件下依然对妻子不离不弃。在工作中，岳元新认真负责，乐善好施，多年来出色完成每一项工作任务，从未发生过安全事故。

助人为乐——刘建波

刘建波，男，生于1970年，江油市公安局警察，中共党员。从2001年以来，14年如一日，默默无闻，执法为民，模范践行党的群众路线，积极帮扶犯罪嫌疑人李某的残疾妻子和一对儿女，为两个孩子上户口、协调减免学费，支助两个孩子上学。李某出狱后刘建波又多方奔走，积极协调，帮助李某从实现从“就业”到“创业”的飞跃，堪称“人民好警察”。

诚实守信——帅兰

帅兰，女，生于1964年，四川兰兰食品有限公司董事长、江油森林雨火锅城总经理，民建会员。帅兰是一位自强自立的事业女性，不制造假冒伪劣商品，其生产食品深受市民群众的欢迎、好评。同时，热心于公益事业，为希望小学、各类公益活动、孤寡老人、留守儿童、残疾儿童捐款、捐物50余万元，先后获得“全国光彩之星”“全国先进个体工商户”“绵阳市道德模范”等荣誉称号。

统计资料

Statistical Data

2015年江油市国民经济和社会发展主要经济指标

表 53

指标名称	计量单位	2015 年	2014 年
一、自然资源			
行政区域面积	平方公里	2720	2720
年末实有耕地面积	公顷	38018	38030
二、人口和就业			
常住户数	户	311675	314725
年末户籍人口	万人	88.56	88.99
# 女	万人	43.49	43.69
# 农业人口	万人	60.34	60.8
非农业人口	万人	28.22	28.19
当年出生人口	人	7794	7158
当年死亡人口	人	5754	4151
常住人口	万人	79.34	79.46
# 城镇人口	万人	42.88	41.72
社会从业人员	万人	49.33	50.87
# 第一产业	万人	15.26	18.58
第二产业	万人	16.8	16.75
第三产业	万人	17.27	15.55
三、综合经济			
地区生产总值（当年价）	万元	3227387	3006171
第一产业增加值	万元	408241	395594
第二产业增加值	万元	1623422	1537277
# 工业	万元	1431628	1352021
# 规模以上	万元	192770	—
建筑业	万元	1195724	185256
第三产业增加值	万元	109.2	1081140
地区生产总值指数（可比价计算，上年=100）	%	103.9	110.1
第一产业	%		104.1
第二产业	%	109.9	111.3
# 工业	%	110.3	110.9
# 规模以上	%	111.2	112.7
建筑业	%	106.6	114.6
第三产业	%	109.7	109.9
人均地区生产总值（当年价）	元	40647	37856
人均地区生产总值指数（可比价计算，上年=100）	%	109.2	109.4

续表

指标名称	计量单位	2015年	2014年
四、农村经济			
有效灌溉面积	公顷	37260	37220
农林牧渔业总产值	万元	705797	658500
农业机械总动力	万千瓦	58.37	55.59
粮食总产量	百吨	3007.1	2946.22
五、规模以上工业			
规模以上工业企业单位数	个	212	193
规模以上工业总产值（当年价）	万元	3844345	4351332
规模以上工业企业从业人员年平均数	人	36817	36903
规模以上工业企业主营业务收入	万元	4447810	4010989
#主营业务税金及附加	万元	32417	31248
规模以上工业企业利润总额	万元	241365	196439
规模以上工业企业利税总额	万元	470322	405221
六、交通通讯能源			
公路客运周转量	万人公里	60664	58666
公路货运周转量	万吨公里	165128	162335
境内公路总里程	公里	2634.64	2626.54
#等级公路（含高级、一、二、三和四级公路）	公里	1849.17	1769.17
#高速公路	公里	80	80
邮电主营业务收入	万元	58075	60648
固定电话用户	户	143374	132904
移动电话用户	户	692410	687082
国际互联网接入户数	户	178923	138513
七、固定资产投资			
全社会固定资产投资	万元	1625889	1501526
固定资产投资（不含农户）	万元	1595889	1452026
房地产开发投资	万元	279974	291449
八、建筑业			
建筑业总产值	万元	502126	463227
九、国内贸易、对外经济和旅游			
社会消费品零售总额	万元	1449086	1271395
#城镇	万元	779923	680489
乡村	万元	669163	590907
进出口总额	万美元	1314	2084
#进口总额	万美元	68	9
#出口总额	万美元	1246	2075
当年实际使用外资金额	万美元	4500	1284

续表

指标名称	计量单位	2015 年	2014 年
十、人民生活			
城镇居民可支配收入	元	26340	24131
城镇居民人均消费支出	元	17575	17402
城镇居民恩格尔系数	%	37.8	39.7
农村居民人均纯收入	元	13078	10799
农村居民人均生活费支出	元	10537	7798
农村居民恩格尔系数	%	36.9	41.3
十一、财政金融			
地方公共财政收入	万元	163116	150634
# 各项税收	万元	99429	92456
地方公共财政支出	万元	368363	321798
其中：农林水事务支出	万元	51909	49196
科学技术支出	万元	2537	4499
医疗卫生支出	万元	54889	43187
教育支出	万元	58005	63189
年末金融机构各项存款余额	万元	3866399	3426024
其中：居民储蓄存款余额	万元	2835652	2491532
年末金融机构各项贷款余额	万元	1698697	1538741
十二、教育科技文化卫生			
小学在校学生总数	人	33210	32771
普通中学在校学生总数	人	29963	32502
中等职业教育学校在校学生数	人	10359	9688
医疗卫生机构数	个	658	641
医疗卫生机构床位数	张	6749	6334
医院、卫生院技术人员	人	5430	5340
# 执业（助理）医师	人	2218	2114
十三、资源与环境			
单位 GDP 能耗比 2013 年降低率	%	-10.2	5.91

（江油市统计局）

2015年江油市在全省经济发展中的排名

2015 年，江油市规模以上工业企业新增 14 户、达到 215 户，高新技术产业产值占工业总产值比重超过 17%，战略性新兴产业产值占工业总产值比重达到 18%，电子商务交易规模达到 150 亿元，全省县级经济综合排名提升 3 位，晋升至第 20 位，重回全省县域经济第一方阵。

附　录

Appendix

江油市四大班子领导干部名录

(截至2015年12月)

■ 中国共产党江油市委员会

李　江　绵阳市委常委　江油市委书记
马　辉　市委副书记　市长　工业园区党工委书记
李　平　市委副书记
韩晓清　常委　副市长　市政府党组副书记
陈　伟　常委　纪委书记
钟　培　常委　组织部长　市委党校校长
胥　洪　常委　宣传部部长
唐传凤　常委　总工会主席
杜廷才　常委　副市长
何　波　常委　人武部部长
唐顺江　常委　政法委书记

■ 江油市人民代表大会常务委员会

冯　钢　主　任　党组书记
梁学赋　副主任　党组副书记
陈学泽　副主任
邹　勇　副主任
蒋　琳　副主任

■ 江油市人民政府

马　辉　市委副书记　市长　工业园区党工委书记
韩晓清　市委常委　副市长　市政府党组副书记
杜廷才　市委常委　副市长
何思文　副市长
贺　勋　副市长
王　军　副市长
郝剑峰　副市长　公安局局长　督察长
徐　娜　副市长　市红十字会会长
王　磊　副市长(挂职)
杨晓敏　副市长(挂职)

■ 中国人民政治协商会议江油市委员会

范来山　主　席　党组书记
张瑞光　副主席
汤国平　副主席　统战部部长
任明辉　副主席
陈清太　副主席

中共江油市第十二届委员会委员、候补委员

(截至2015年12月)

■ 市委委员

李　江　绵阳市委常委　江油市委书记
马　辉　市委副书记　市长　工业园区党工委书记
冯　钢　市人大常委会主任　党组书记
范来山　市政协主席　党组书记
李　平　市委副书记
韩晓清　市委常委　副市长　市政府党组副书记
陈　伟　市委常委　纪委书记

钟　培　市委常委　组织部部长　市委党校校长
胥　洪　市委常委　宣传部部长
唐传凤　市委常委　总工会主席
杜廷才　市委常委　副市长
何　波　市委常委　人武部部长
唐顺江　市委常委　政法委书记
何思文　副市长
王　军　副市长
郝剑峰　副市长　市公安局局长、督察长
汤国平　市政协副主席　统战部部长
唐光荣　市人民法院院长
庞华均　工业园区党工委副书记
管委会常务副主任　市政府党组成员
李　海　市委办主任
陶小平　市教体局局长
缑扬木　市文广新旅局局长
陈远乐　市科工局局长
程　忠　市财政局局长
唐明君　组织部副部长　市人社局局长
卢先君　市发改局局长
黄万贵　市林业局局长
罗进红　市水务局局长
代　勇　市卫计局局长
史　伟　市交通运输局局长
周世明　三合镇党委书记

■ 候补委员

税国涛　市审计局局长
王爱平　市商务局局长
罗　富　市委党校常务副校长
陈潇潇　市直机关工委书记
万承金　市工商联党组书记、第一副主席
骆大林　市委统战部副部长
王拥军　市政务服务中心主任
金　泓　江油鸿飞公司董事长

江油市市级部门、乡镇领导干部名录

（截至2015年12月）

■ 工业园区

马　辉　市委副书记、市长　园区党工委书记
敬东阳　党工委副书记　管委会主任
庞华均　党工委副书记　管委会常务副主任
市政府党组成员
李　林　党工委副书记
李　山　管委会副主任
王　成　管委会副主任
敖国民　党工委委员　社会事务局局长
张　艳　党工委委员　经济发展局局长
敬　儆　综合管理办公室主任
张　峻　综合管理办公室副主任
张来清　财政局局长
许家祥　监察局局长（兼纪工委副书记）
舒启用　党工委委员 建设和环境保护局局长
刘　维　建设和环境保护局副局长
霞朝凤　社会事务局副局长
冯良蓉　招商服务中心主任
杨先明　招商服务中心副主任
尹常辉　招商服务中心副主任

■ 市人民法院、市人民检察院

法　院

唐光荣　院长　党组书记
王昭伟　副院长　党组副书记
刘玉锋　副院长（正科）
毛　彬　副院长
敬智勇　纪检组长
买志辉　政治处主任　党组成员
宋　强　执行局局长　党组成员

唐天武　审判委员会专职委员
冯昊鸣　审判委员会专职委员
仇　伟　机关党委书记　党组成员
敬显军　司法调解中心专职副主任
李光旭　三合法庭庭长
万　钦　武都法庭庭长
邓彦文　青莲法庭庭长
罗　勇　彰明法庭庭长
冯　艳　双河法庭庭长
陈龙贵　小溪坝法庭庭长
姜　勇　二郎庙法庭庭长
何自永　雁门法庭庭长

检察院

勾支洋　检察长　党组书记
吴　波　副检察长　党组副书记
郭　富　副检察长（正科）
王　志　副检察长
徐安兵　政治处主任　党组成员
胡　晓　纪检组长
王　强　反贪局局长　党组成员
张瑞明　反渎局局长　党组成员
王　斌　机关党委书记　党组成员
廖　强　反贪局教导员
张朝晖　反渎局教导员
李修建　检察委员会专职委员
田速波　检察委员会专职委员
曹　毅　检调对接中心专职副主任
刘　勇　派驻武都检察室主任
张崇高　派驻青莲检察室主任
毋丽坤　派驻国有企业检察室主任

■ 市纪委

陈　伟　市委常委　纪委书记
熊大斌　副书记　监察局局长
丁　勇　副书记
钟长征　纪委常委　纠风办主任
李勇华　纪委常委
张　杰　纪委常委　监察局副局长
陈奕辉　纪委常委
郎　艳　监察局副局长
王京伟　办公室主任
王云先　第二纪检监察室主任
羊　帆　第一纪检监察室主任
漆　鲕　干部管理室主任
邓雨青　案件审理室主任
李　健　招监办主任
马　骁　党风政风监督室主任
万金华　预防腐败和宣传教研室主任

■ 市人大、市政协机关

市人大机关

倪建华　党组成员　办公室主任
苏远钧　办公室副主任
贾明旭　办公室副主任
张亚平　办公室副主任
曹　迅　办公室副主任
鲁顺义　法工委主任　信访室主任
杨加洪　法工委副主任
何天均　信访室副主任
雍丕良　城环工委主任
鲁跃强　城环工委副主任
戴　强　财经工委主任
李成双　财经工委副主任
刘　伟　财经工委副主任
文国波　研究室主任
李中和　研究室副主任
罗　庆　研究室副主任
王永胜　农工委主任
万国荣　农工委副主任
刘海燕　教科文卫工委主任
黄龙林　人事代表工委主任
郭从洲　人事代表工委副主任
李晓燕　机关党总支书记
侯　毅　机关纪检员

市政协机关

陈启华　党组成员　秘书长
薛　斌　常务副秘书长
曾光全　副秘书长

陶　莉　副秘书长
李联万　办公室主任
李永强　办公室副主任
黄　滟　办公室副主任
朱　勇　研究室主任
刘明军　经济委主任
刘春品　提案委主任
刘　军　提案委副主任
文助长　农工委主任
罗　敏　法制群团联谊委主任
郭福宪　教科文卫体委主任
　　　　在外人才联谊办主任
伏德明　学习文史委主任
杨金成　委员工作委员会主任
何　阳　机关党总支书记
彭松廷　机关纪检员
罗　维　厚坝镇政协工作委员会主任
马玫双　新安镇政协工作委员会主任
罗　娟　青莲镇政协工作委员会主任
杨尚斌　三合镇政协工作委员会主任
邓海鹰　武都镇政协工作委员会主任

■ 市委工作部门

市委办（保密局、政研室、目督办、接待办、机要局、网管中心、密码局）

李　海　办公室主任
彭明建　办公室副主任
王宗荣　办公室副主任
蔡由勇　办公室副主任
薛　原　办公室副主任
杨　娟　纪检员
王　琴　机关党委书记
万　彪　研究室主任
　　　　专家咨询委员会办公室主任
杜向阳　研究室副主任
宋　军　研究室副主任
李　杰　保密局局长
严诚亮　保密局副局长
李昌军　机要局局长
尚　艺　密码管理局总工程师
谷东亚　网管中心专职副主任
胡景钧　目督办主任
黄海洋　目督办副主任
鲁　斌　目督办副主任
杨　洋　接待办主任

组织部（机关工委、党建办、老干局、人才办、远程办）

钟　培　市委常委　组织部长　市委党校校长
田　杰　常务副部长
唐明君　副部长　人社局局长　党组书记
敬发友　副部长　老干局局长
刘子国　副部长　党建办主任
唐何兵　副部长　人才办主任
王安宁　纪检员
胡仁强　机关党总支书记
蒲维东　党建办副主任
尹发胜　老干部局副局长
邓　伟　老干局副局长
陈潇潇　市直机关工委书记
彭　琳　市直机关工委纪工委书记
杨　剑　远程办主任　党员教育中心主任
张雪平　人才办副主任

宣传部（文明办、外宣办、新闻宣传中心）

胥　洪　市委常委　宣传部部长
尚　俊　常务副部长
伍　卫　副部长　社科联主席
谢　亮　副部长
王清全　部务委员
何在春　纪检员
刘　建　文明办主任
沈　俊　文明办副主任
杨艳明　外宣办副主任
黄　秋　互联网宣传与管理办公室主任
朱　霞　创建办主任
　　　　市志愿者服务指导中心主任
廖伯逊　市新闻传媒中心主任
肖赟梅　市新闻传媒中心副主任
苏圣人　市新闻传媒中心副主任

统战部（台办、民宗局）

汤国平　政协副主席　统战部部长
李　波　副部长
骆大林　副部长
吴水泉　副部长
喻大富　台办主任
袁治光　纪检员

政法委（综治办、维稳办、防邪办）

唐顺江　市委常委　政法委书记
　　　　矛盾纠纷“大调解”协调中心主任
丁大银　副书记　政治处主任
文　毅　副书记　维稳办主任
熊寿军　副书记　综治办主任
张　平　纪检员
谌　文　防邪办主任
张　鸿　防邪办副主任
杨洲平　综治办专职副主任
蒋小林　矛盾纠纷“大调解”协调中心主任

农　办

杨旭光　主任
李　季　副主任
姚绍满　副主任
曹大明　副主任
刘　毅　纪检员

市委群众工作局（群众来访接待中心）

郭从明　局长
王绍全　副局长
黄治贵　纪检员
丁　超　副局长
李仕清　来访接待中心主任

市委编办（事业单位登记管理局）

童彦国　主任
邓　斌　副主任
任　玉　副主任
余忠海　纪检员
邓睿智　事业单位登记管理局局长

■ 市政府工作部门

市府办（法制办、外侨办、金融办、应急办）

任　俊　市政府党组成员　政府办党组书记
　　　　主任
于　亮　政府办党组副书记、副主任
吴明亮　副主任
杨小勇　副主任
王剑锋　金融办主任
葛　秀　外侨办主任
梁永林　纪检组长
罗　勇　机关党委副书记　新推办副主任
唐　俊　法制办主任　行政调解中心主任
陈定伦　法制办副主任
何　涛　行政调解中心专职副主任
邓跃松　应急办主任
蒲　涛　侨联专职副主席

发展和改革局（粮食局）

卢先君　局长　党委书记　粮食局局长
李　焱　党委副书记　副局长
李世杰　副局长
龙　江　副局长
陈　果　纪委书记
李云乾　机关党总支书记
霞朝军　项目办主任
吴兴培　国民经济和装备动员办主任
罗　庆　价格和粮食监督检查分局局长

教育体育局

陶小平　局长　党委书记
冯文涛　党委副书记　副局长
曾仁亮　副局长
谢　兵　副局长
王扬金　纪委书记
曾　春　机关党总支书记
周荣胜　总督学　党委委员
盛　雄　招生办主任

科技和工业信息化局（企业工委）

陈远乐　局长　党组书记　企业工委书记
张静波　党组副书记　副局长
刘志强　纪检组长

雷钦蓉　副局长
赵　焕　副局长
王仕斌　机关党总支书记
母东林　党组成员　总工程师
陈　勇　企业工委副书记

公安局

郝剑峰　副市长　公安局长　督察长
王弟红　政委
薛　峰　党委副书记　副局长
胡锦凯　副局长
王晓东　副局长
蒋晓娟　副政委
林　斌　副局长
史铁壁　副局长
韩　雨　党委委员　政治处主任
陆　春　纪委书记　第一副督察长
陈宗康　机关党总支书记　党委委员
唐志国　指挥中心主任
李　江　刑事侦查大队大队长
帅　涛　刑事侦查大队教导员
沈　炜　交警大队大队长
葛龙明　交警大队教导员
张　戟　巡特警大队大队长
李　昕　巡特警大队教导员
杨柳松　国保大队大队长　党委委员
罗　宏　国保大队教导员
李　勇　治安管理大队大队长
但崇军　治安管理大队教导员
胡　涛　情报信息大队大队长
王　宁　情报信息大队教导员
陈　震　中坝派出所所长
张位国　中坝派出所教导员
彭　波　城北派出所所长
朱国平　城北派出所教导员
王柏盛　城郊派出所所长
刘　宁　开发区派出所所长
赵　凯　开发区派出所教导员
舒　刚　城东派出所所长
邹银红　城东派出所教导员
杨　晓　三合派出所所长
柯　竹　涪江派出所所长
李　静　涪江派出所教导员
罗本全　太白路派出所所长
向红刚　太白路派出所教导员
薛　韬　武都派出所所长
赵文全　武都派出所教导员
张　啸　乾元派出所所长
王松涛　乾元派出所教导员
康建勇　青莲派出所所长
杨　勇　青莲派出所教导员
李　伟　新安派出所所长
罗建明　新安派出所教导员
刘　亮　厚坝派出所所长
张　潜　厚坝派出所教导员
冯钦皓　九岭派出所所长
杨泽贵　九岭派出所教导员
杨继勇　彰明派出所所长
孟　强　彰明派出所教导员
王　毅　双河派出所所长
沈　斌　双河派出所教导员
安文海　小溪坝派出所所长
杜丕军　小溪坝派出所教导员
许　柠　二郎庙派出所所长
赵万国　二郎庙派出所教导员
张　超　雁门派出所所长
贾天元　雁门派出所教导员
罗　可　永胜派出所所长
张明龙　永胜派出所教导员
李红木　大堰派出所教导员

民政局（老委办、社区办）

林玉明　局长　党委书记
陈　静　副局长
王显成　副局长
向北平　副局长
代　勇　纪委书记
刘景寿　副局长
罗邦明　机关党总支书记
裴　刚　党委委员　老委办主任

张伟宏　老委办副主任
余　江　老委办副主任
罗梓亓　社区办副主任

司法局

杨明文　局长　党组书记
吴　勇　副局长
李　明　副局长
文福龙　副局长
胡茂洪　纪检组长
李保祥　机关党总支书记
王建敏　政治处主任　党组成员
何心宝　人民调解中心专职副主任　党组成员
史光辉　法建办主任

财政局（市国有资产监督管理办公室、财政监督检查局、国库集中支付中心、财政投资评审管理中心）

程　忠　局长　党组书记　国资办主任
魏　东　党组副书记　副局长
冯　勇　副局长
高明华　副局长
何朝品　副局长
黄　丹　纪检组长
尚恩斌　投资评审管理中心主任
何宝林　国库集中支付中心主任

人力资源和社会保障局（社会保险事业管理局、就业服务管理局、医疗保险管理局、人才服务中心）

唐明君　组织部副部长　局长　党组书记
陈义杰　党组副书记　副局长
李　娟　副局长
余　艳　副局长
蒋中勇　党组成员　就业服务管理局局长
蒲　益　党组成员　人才服务中心主任
郭建华　人才服务中心副主任
王　涌　就业服务管理局副局长
牟晓华　党组成员　社会保险事业管理局局长
赵　勇　社会保险事业管理局副局长
蔡道鑫　医疗保险管理局局长（副科）
　　　　党组成员
晏子国　军转办主任
蹇文海　劳务开发办主任　党组成员
张　渝　劳动监察大队大队长
薛　静　市劳动人事争议仲裁院院长

国土资源局（国土资源执法监察大队）

刘国虎　党组书记　局长
严大伟　副局长
严　涛　副局长
黄晓林　总工程师
吕　竹　纪检组长
王秀培　机关党总支书记
范加里　执法监察大队大队长
李阳韬　土地统征储备中心主任
肖　明　不动产登记中心主任

环境保护局（环境监察执法大队）

杨　文　局长　党组书记
强代友　副局长
杨显俊　副局长
杨　诚　副局长
杨茂华　总工程师
周立平　机关党总支书记
黄　勇　纪检组长
甘　勇　环境监察执法大队大队长
陈俊林　环境监测站站长

城乡规划建设和住房保障局（人民防空办公室）

金华松　局长　党委书记
朱丕国　副局长　党委副书记
钟武兴　副局长
黄　辉　副局长
赵　勇　机关党总支书记
唐　宏　人防办主任
郭忠云　纪委书记
陶学峰　总工程师　党委委员
彭　鸿　人防办副主任
皮　勇　总规划师　党委委员
王泽红　市城乡规划技术服务中心主任
吴　红　城市建设管理监察大队大队长

交通运输局（运管所、公路管理所、路政大队、航务管理所）

史　伟　党委书记　局长
许贤斌　党委副书记　副局长

胡正明 副局长

苏文钢 安全总监 党委委员

刘晓利 总工程师

张明惠 机关党总支书记

李 强 纪委书记 监察室主任

周代全 交通战备办主任

米 波 路政管理大队大队长

水务局（水保办）

罗进红 局长 党委书记

王兴发 副局长

唐德斌 副局长

王志伟 副局长

何悠志 党委委员 水保办主任

蒋晓蓉 纪委书记

邹天军 机关党总支书记

尹兴东 党委委员 总工程师

王 笑 党委委员 防汛抗旱办公室主任

汪靖发 水政监察大队大队长

刘高亮 水保办副主任

武引局

柯德俊 水务局党委副书记 局长

阳思太 水务局党委委员 副局长

余晓斌 副局长 侨联兼职副主席

农业和畜牧局

李克勇 局长 党组书记

尤文碧 副局长

许 芝 纪检组长

聂兴发 副局长

张泽民 副局长

黄玉斌 党组成员 总农艺师

曹文江 机关党总支书记

文清玉 党组成员 总畜牧师

刘世翔 农村经济经营管理服务站站长

赖 明 动物卫生监督所所长

林业局（森林公安局）

黄万贵 局长 党组书记

郭大明 党组副书记 副局长

蒋明均 副局长

曾礼东 副局长

李泽义 纪检组长

何利华 机关党委书记

周云川 党组成员 森林公安局局长

强中将 森林公安局教导员

刘光平 森林防火指挥办主任

商务局

王爱平 局长 党组书记

周兴海 副局长

何 东 副局长

曾志君 纪检组长

陈先荣 机关党总支书记

文化广电新闻出版和旅游局

缑扬木 局长 党委书记

景 勇 副局长 党委副书记

吴存发 副局长

张显勇 副局长

申鸿友 纪委书记

薛建林 机关党总支书记

冯正涛 扫黄打非办主任

黄 超 党委委员 文化市场综合执法大队大队长

广播电视台

陈爱民 文广新旅局党委委员 电视台台长

雷江天 文广新旅局党委委员 电视台副台长

罗见茂 副台长

何 勇 总编辑

卫生和计划生育局

代 勇 局长 党委书记

陈剑斌 副局长

张立超 纪委书记

欧文孝 副局长

谢 雷 机关党总支书记

周文军 副局长

何 勇 副局长

胡安定 党委委员 爱卫办主任

审计局（经责分局）

税国涛 局长 党组书记

任业宏 副局长

王大岚 副局长

伍　丹　副局长
王永双　总审计师
张建雄　纪检组长
黎炳胜　经责分局局长

统计局

陈晓鸿　局长　党组书记
郭长印　副局长
刘金波　副局长
李淑娟　副局长
刘俊飞　党组成员　总统计师
袁大军　纪检组长
范力军　普查中心主任

安全生产监督管理局

朱晓辉　局长　党组书记　政府安办主任
张　平　副局长
刘　韬　副局长
林　健　副局长
贺永全　纪检组长
邓志钧　安全生产监察执法大队

食品药品和工商质监管理局

唐立春　局长　党组书记
周　强　副局长　党组副书记
宋年合　副局长
刘　娟　副局长
董文进　副局长
郭　勇　副局长
李　宁　纪检组长
陈昌伦　机关党委书记

城市管理局

严　勇　局长　党委书记
李学奎　副局长
颜传勇　副局长
陈　路　副局长
陈　波　纪委书记

■ 派出机构

政务中心

韩晓清　市委常委　副市长
　　　　政务中心党工委书记
王拥军　党工委副书记　管委会主任
陈代安　副主任
廖　伟　副主任
陈少荣　纪工委书记
文玉林　政务中心党工委委员
　　　　公共资源交易服务中心主任

华坪办事处

文助东　党委书记
龙　合　主任
周仕华　副书记　纪委书记
严金华　副主任

长城办事处

董怀松　党委书记
蔡忠辉　副主任
袁乃文　纪委书记

■ 直属事业单位

党　校

钟　培　市委常委　组织部长　党校校长
罗　富　常务副校长
　　　　校务委员会委员（主持工作）
肖清安　副校长　校务委员会委员
王力生　副校长　校务委员会委员

党史办

李　立　主任

供销社

陈备英　主任
欧　强　副主任
杨文勇　副主任
蒲　柯　机关党总支书记
唐　敏　纪检组长

投资促进局（投资服务中心）

张　骋　局长　党组书记
张太华　副局长　党组副书记
彭　涛　副局长
管　华　副局长
夏　斌　纪检组长
张卫银　投资服务中心主任

档案局

张乐平　局长　党组书记

李明轼　副局长

陈华安　副局长

陈荣祥　纪检组长

防震减灾局

贾国松　局长　党组书记

杜　刚　副局长

扶贫开发局

刘　江　政府办党组成员　局长　党组书记

汪新国　副局长

张　晟　副局长

周　勇　纪检组长

方志办

张正银　政府办党组成员　方志办主任

研究室主任

住房公积金管理中心

罗　鸣　主　任

罗光辉　副主任

胡玉超　副主任

刘　强　纪检组长

机关事务管理局

杨　浩　政府办党组成员　局长　党组书记

李　超　副局长　党组成员

左泽榕　副局长　党组成员

熊晓光　纪检组长

■ 群团组织

总工会

唐传凤　市委常委　总工会主席

梁　东　常务副主席　党组书记

姜长全　副主席

叶　茂　党组成员　惠民帮扶中心主任

李　斌　纪检员

团市委

兰梓仁　书记

杨蕊铱　副书记

妇　联

韩银华　主席　党组书记

欧均丽　副主席

周跃红　副主席　纪检员

工商联

万承金　第一副主席　党组书记

姚　涛　副主席

付　谦　副主席

黄小群　纪检员

残　联

杨新天　理事长　党组书记

刘吉庆　副理事长

赵素君　纪检员

红十字会

徐　娜　副市长　会长

康金玉　专职副会长（正科）

文　联

蒲永见　主席

社科联

伍　卫　宣传部副部长　主席

李代兵　专职副主席

马晓燕　秘书长

科　协

任德远　科工局党组成员　主席　党组书记

吴光荣　党组成员　副主席

■ 企业、学校、医院

鸿飞公司

金　泓　党委书记　董事长

向德胜　党委副书记　副董事长　总经理

罗长华　党委副书记　副董事长

城投公司

罗长华　董事长

杨　洋　总经理

旅投公司

刘　虎　董事长

汤云钢　总经理

教师进修校

游金泉　校长　党支部书记

江油中学

梁玉帮　校长　党总支书记

江油一中

勾红蔚　校长　党总支书记

中坝职中

任慎兴　校长　党支部书记

人民医院

胡永光　院长　党总支书记

中医院

杨保华　院长

邓明林　党总支书记

第二人民医院

杨晓宏　院长

周春燕　党总支书记

■ 乡镇

中坝镇

刘　强　书记

刘　岚　副书记　镇长

刘正芳　人大主席

罗　军　副书记　纪委书记

覃昌国　副书记

向元对　人武部长　副镇长

杜　宏　副镇长

赵万平　专职党委委员

三合镇

周世民　书记

陈　刚　副书记　镇长

伍良忠　人大主席

张　兵　副书记　纪委书记

李昌海　副书记

田新蓉　人武部长　副镇长

何　勇　副镇长

李德蓉　副镇长

田江东　专职党委委员

太平镇

许　刚　书记

袁　全　副书记　镇长

宁德贵　人大主席

谢志强　副书记　纪委书记

江洁萍　副书记

李　敬　人武部长　副镇长

王国芳　副镇长

刘宗高　副镇长

林　岚　专职党委委员

武都镇

唐　禾　书记

薛　原　副书记　镇长

刘才学　人大主席

韦学清　副书记　纪委书记

周世沛　副书记

程正亮　人武部长　副镇长

钱和平　副镇长

冯　敏　副镇长

吴加友　专职党委

青莲镇

黄　建　书记

李兴桥　副书记　镇长

张　杰　人大主席

谢　勇　副书记　纪委书记

曾　波　副书记

朱　俊　人武部长　副镇长

庞　勇　副镇长

王　艳　副镇长

王建林　专职党委委员

大康镇

唐立成　书记

王成军　副书记　镇长

罗光双　人大主席

杨　飞　副书记　纪委书记

巩伟胜　副书记

罗长煜　人武部长　副镇长

刘玉华　副镇长

杜俊炳　副镇长

李晓燕　专职党委委员

含增镇

王琳铃　书记

萨皓文　副书记　镇长

王茂华　人大主席

万　林　副书记　纪委书记

鲁　刚　人武部长　副镇长
胡　桂　副镇长
郭定佑　副镇长
岳　斌　专职党委委员

彰明镇

曾俊锋　书记
郭增伟　副书记　镇长
陈旭升　人大主席
文　晓　副书记　纪委书记
柯全德　副书记
陈丽华　人武部长　副镇长
何明树　副镇长
王建军　党委委员
兰　英　专职党委委员

双河镇

尹学勇　书记
邱　川　副书记　镇长
何　敏　人大主席
何良斌　副书记　纪委书记
叶发刚　副书记
王　军　人武部长　副镇长
王　玲　副镇长
邓　丽　副镇长

新安镇

薛长灏　书记
夏虎森　副书记　镇长
李伦国　人大主席
唐　河　副书记　纪委书记
李世勇　副书记
贺　佳　人武部长　副镇长
吴　棋　副镇长
李　钊　副镇长

龙凤镇

蒋永树　书记　人大主席
范中林　副书记　镇长
万书才　人大专职副主席
唐　兴　副书记　纪委书记
高志强　副书记
姜华兴　人武部长　副镇长

邓乐琼　副镇长

小溪坝镇

杜　斌　书记
王小军　副书记　镇长
杨安向　人大主席
刘中顺　副书记　纪委书记
兰　波　副书记
田　甜　人武部长　副镇长
叶　欣　副镇长
张　森　副镇长
陈谦芬　专职党委委员

二郎庙镇

武功林　书记
胡国强　副书记　镇长
尹　红　人大主席
吴　云　副书记　纪委书记
范　强　副书记
李成刚　人武部长　副镇长
凌艳琼　副镇长
李骏伟　副镇长
马　谦　专职党委委员

马角镇

王　剑　书记
邱　钰　副书记　镇长
贺模英　人大主席
包雪梅　副书记　纪委书记
王成彦　副镇长　人武部长
周章频　副镇长
何　勇　副镇长
程顺斌　专职党委委员

厚坝镇

何　锋　书记
刘雨鑫　副书记　镇长
王兴海　人大主席
刘助国　副书记　纪委书记
陈　锐　副书记
徐伟炜　副镇长
王扶潘　副镇长
王大友　专职党委委员

战旗镇

郭志强　书记
林　伟　副书记　镇长
陈清富　人大主席
甘　泉　副书记　纪委书记
王定金　副书记
梁安科　人武部长　副镇长
贾　艳　副镇长
何芙蓉　副镇长
吴洪云　专职党委委员

重华镇

刘年高　书记
张　超　副书记　镇长
李菊华　人大主席
吴智佳　副书记　纪委书记
郑　垒　副镇长
朱　学　副镇长
曹安祥　专职党委委员

永胜镇

罗　润　书记
文　震　副书记　镇长
刘剑锋　人大主席
彭　友　副书记　纪委书记
卢　云　副书记
胥泽春　人武部长　副镇长
田　青　副镇长
邹方杰　副镇长

河口镇

赵和斌　书记　人大主席
田德全　副书记　镇长
王小树　人大专职副主席
李德豪　副书记　副镇长
唐云万　人武部长　副镇长
郭朝伦　专职党委委员

雁门镇

严　浩　书记
任　东　副书记　镇长
赵仕全　人大专职副主席
郭瑞敏　副书记　纪委书记
颜熙林　副镇长　人武部长
谢家庆　副镇长
欧阳再华　副镇长

九岭镇

彭健雄　书记
高　玉　副书记　镇长
黄　玲　人大主席
刘永勇　副书记　纪委书记
刘　勇　副书记
向　晶　副镇长　人武部长
彭　杰　副镇长
岳晓林　副镇长
罗晓容　专职党委委员

西屏镇

焦海平　书记
付寿军　副书记　镇长
秦义友　人大主席
王　琴　副书记　纪委书记
肖自华　副书记
何元信　人武部长　副镇长
强永辉　副镇长
李治新　副镇长
李　蓉　专职党委委员

大堰镇

王　宇　书记
熊　伟　副书记　镇长
刘多军　人大主席
邹小林　副书记　纪委书记
谢建萍　副书记　副镇长
汤友清　人武部长　副镇长
刘大旺　专职党委委员

贯山镇

刘先俊　书记　人大主席
余　淼　副书记　镇长
王永春　人大专职副主席
周永丽　副书记　纪委书记
卫海波　人武部长　副镇长
程在春　副镇长
赵　江　专职党委委员

文胜镇

杨　智　书记　人大主席

陈政辉　副书记　镇长

谢友俊　人大专职副主席

汪　蓉　副书记　副镇长

阮　锦　人武部长　副镇长

何天银　专职党委委员

方水镇

马　艳　书记

谭旭林　副书记　镇长

刘写华　人大主席

李英杰　副书记　纪委书记

易明德　副书记

钟武贵　人武部长　副镇长

周　纯　副镇长

陈　朴　副镇长

李高翔　专职党委委员

香水镇

余永革　书记　人大主席

彭　雷　副书记　镇长

左明培　人大专职副主席

张　静　副书记　纪委书记

蒲真明　副书记

宋成茂　人武部长　副镇长

董芳芳　副镇长

周太琼　副镇长

李　龙　专职党委委员

八一镇

饶中友　书记

范　勇　副书记　镇长

余　泽　人大主席

申益华　副书记　纪委书记

郑修林　人武部长　副镇长

蒲　果　专职党委委员

东兴乡

钟　伟　书记　人大主席

林　勇　副书记　乡长

刘昀钊　人大专职副主席

刘宏武　副书记　纪委书记

安正平　副书记　副乡长

黄　艳　副乡长

张兴明　专职党委委员

义新乡

李　昕　书记　人大主席

肖　帆　副书记　乡长

李文富　人大专职副主席

邹小斌　副书记　纪委书记

吴传斌　副书记　副乡长

王国洪　人武部长　副乡长

陈素英　专职党委委员

新春乡

王　超　书记

周　波　副书记　乡长

谌能常　人大主席

唐　勇　副书记　纪委书记

廖元友　副书记　副乡长

唐永琴　专职党委委员

新兴乡

赵　伟　书记　人大主席

李英飞　副书记　乡长

李华金　人大专职副主席

文明洪　副书记　纪委书记

胡　江　人武部长　副乡长

王代英　专职党委委员

东安乡

陈　坤　书记　人大主席

刘　汶　副书记　乡长

任斌成　人大专职副主席

陈　强　副书记　纪委书记

张　斌　人武部长　副乡长

王　勇　专职党委委员

铜星乡

黄　耀　书记　人大主席

肖江丽　副书记　乡长

张云金　人大专职副主席

王中洋　副书记　纪委书记

刘兴国　副书记　副乡长

田　勇　人武部长　副乡长

杨万刚　专职党委委员

云集乡

李　渊　书记　人大主席

王　刚　副书记　乡长

陈炳贵　人大专职副书记

佘文洋　副书记　纪委书记

唐　军　副乡长

纪建军　副乡长

王雨琼　专职党委委员

重兴乡

胡道全　书记　人大主席

康　明　副书记　乡长

何　林　人大专职副主席

曹金祥　副书记　纪委书记

唐晓莉　副书记　副乡长

陈　文　人武部长　副乡长

石元乡

胡　勇　书记　人大主席

丁大浩　副书记　乡长

王　强　副书记　纪委书记

张　剑　人武部长　副乡长

王　雯　副乡长

冯国波　副乡长

任继友　专职党委委员

敬元乡

姚来辅　书记　人大主席

刘　涛　副书记　乡长

王　永　人大专职副主席

李　冰　副书记　纪委书记

董桂光　人武部长　副乡长

蔡庆统　副乡长

文助能　专职党委委员

六合乡

胡永建　书记　人大主席

王　恒　副书记　乡长

何　明　人大专职副主席

毛　勇　副书记

杨晓波　人武部长　副乡长

王锦萍　副乡长

李洪远　专职党委委员

何　彪　专职党委委员

枫顺乡

夏远航　书记　人大主席

王　华　副书记　乡长

杨汉波　人大专职副主席

邓小川　副书记　纪委书记

唐兴勇　人武部长　副乡长

张　均　专职党委委员

2015年获绵阳市级以上表彰的部分先进集体

表 54

获奖单位	获奖称号	授奖单位
江油市	全国文明城市提名城市（县级）	中央文明办
	国家现代农业示范区	农业部
	全国农村集体“三资”管理示范县	
	部级新型职业农民培育工程示范县	
	中国獭兔之乡	中国畜产品流通协会
	全国休闲农业与乡村旅游示范县	农业部、国家旅游局
	全省转移就业劳动力实名制工作先进县	四川省就业服务管理局、四川省劳务开发暨农民工工作领导小组办公室
	转移就业农村劳动力实名制动态管理先进市	四川省就业服务管理局
	法治示范市	四川省依法治省领导小组

续表

获奖单位	获奖称号	授奖单位
江油市人民检察院刑事检察执行局	第四届全国检察机关派驻监管场所一级规范化检察室	最高人民检察院
江油市人民检察院控申科	全国检察机关刑事申诉检察优秀案件	最高人民检察院
江油市总工会	2015 年度全国工会经审工作先进集体	中华全国总工会
	2015 年度全国“安康杯”竞赛安全文化宣传工作先进单位	全国“安康杯”竞赛组委会办公室
江油市林业局	第二批全国林业信息化示范县	国家林业局
	四川省森林防火工作先进集体	四川省人力资源和社会保障厅、四川省林业厅
	2015 年度林业宣传工作先进集体	四川省林业厅办公室
	优秀省级中心测报点	四川省森林病虫防治检疫总站
	2015 年学会先进集体	四川省林学会
	四川省首届生态旅游博览会组织工作特别奖	四川省首届生态旅游博览会组委会
江油市义新乡白庙社区	全国综合减灾示范社区	国家减灾委员会、民政部
江油市义新乡	全国基层团建示范乡镇	共青团中央青年工作部
江油市森林公安局	2014 年度新命名二级公安派出所	国家林业局森林公安局
	2014 年度新命名三级公安派出所	四川省森林公安局
	全省森林公安机关执法示范单位	
	全省森林公安信息化建设应用示范单位	
江油市太平镇涪滨社区	全国科普示范社区	中国科协、财政部
	四川省依法治社区示范社区	四川省民政厅
中国银行股份有限公司江油支行	工人先锋号	中华全国总工会
	四川省模范职工小家	四川省总工会
	中银卓越集体	中国银行四川省分行
	巾帼文明示范岗	
	五十佳基层网点	
江油市华丰初中	全国青少年校园足球特色学校	教育部
	四川省 2015 年青少年足球锦标赛女子乙组第二名	四川省体育局
	四川省家庭教育工作先进集体	四川省文明办、省教育厅、团省委、省妇联
四川幼儿师范高等专科学校团委	第九届残运会暨第六届特奥会志愿者工作优秀组织单位	中华人民共和国第九届残疾人运动会暨第六届特殊奥林匹克运动会组织委员会志愿者工作部
江油市教育和体育局	第十八届全国青少年五好小公民“少年向上真善美伴我行”主题教育活动先进集体	教育部关心下一代工作委员会
	“赛斯特杯”第二届防震减灾知识暨四川省第四届中小学校安全知识网络有奖竞赛县（市、区）先进集体	四川省教育厅、四川省地震局、四川省人民政府应急管理办公室、四川省人民政府安全生产委员会办公室
	四川省中小学生艺术展演活动优秀组织奖	四川省教育厅
	2014—2015 年度四川教育宣传先进单位	四川省教育厅、四川教育报刊社
	2015 年度空军招飞工作先进单位	四川省教育考试院空军招飞局成都选拔中心

续表

获奖单位	获奖称号	授奖单位
江油一中	全国青少年校园足球特色学校	教育部
	全国校园足球比赛南区（女子组）决赛第六名	
	全国校园足球赛全国决赛（女子）小学组第二名	
	全国校园足球比赛（女子）小学组一等奖	全国校足办
	四川省招收空军飞行学员先进单位	四川省招生考试院
	四川省阳光体育示范学校	四川省教育厅
	四川省女子足球锦标赛甲组第二名	
	四川省女子足球锦标赛乙组第二名	
	四川省女子足球锦标赛丙组第二名	
	四川省女子足球锦标赛冠军	
	四川省校园足球比赛女子乙组一等奖	
	四川省校园足球比赛女子丙组一等奖	
	四川省高中校园足球总决赛（女子组）第一名	
	四川省中学生田径锦标赛团体总分第二名	
江油市雁门初中	首届全国青少年学生法制知识网络大赛组织奖	教育部
江油市文广新旅局	首批“全国旅游价格信得过景区”（李白纪念馆）	国家旅游局
	《阳光调频 FM97.6》获 2015 年度全国城市广播电视台优秀栏目奖	中华广播影视交流协会
	《2014 年度江油好人颁奖典礼》2015 年度全国城市广播电视优秀栏目奖	
	《成绵乐　同城乐》获 2015 度全国城市广播电视台十大创新栏目	
	全国 20 强市县电视台	
	《江油春晚》获全国市县电视台推优活动综艺晚会类二等奖	中国电视艺术家协会
	《公园里的美丽幸福新村》获全国市县电视台推优活动电视专题类二等奖	
	四川省第七届“金秋乐”中老年舞蹈展演比赛组织工作奖	四川省舞蹈协会、四川省舞蹈艺术协会
	四川省第七届“金秋乐”中老年舞蹈展演比赛金奖	
江油市武都镇	全国文明村镇	中央精神文明建设指导委员会办公室
	基层森林防火能力建设成效显著单位	四川省林业厅
	绵阳市先进基层党组织	中共绵阳市委
江油市青莲镇	全国文明村镇	中央精神文明建设指导委员会办公室
	2015 国际旅游度假目的地创新发展论坛最具文化创意旅游小镇	人民网、国际旅游学会
江油市司法局	人民调解工作先进集体	中华全国人民调解员协会
	推荐学习江油法治建设经验	四川省法治宣传协会
	重要经验推广先进单位	四川省司法厅
江油市太白律师事务所	四川省优秀律师事务所	四川省司法厅

续表

获奖单位	获奖称号	授奖单位
江油市川剧团	《一鸣惊人》获 2015 中央电视台戏曲频道“梦想微剧场”最佳原创奖	中央电视台
	《一鸣惊人》获 2015 中央电视台戏曲频道“梦想微剧场”银奖	
李白故居旅游景区	国家 AAAA 旅游景区	全国旅游景区质量等级评定委员会
江油市科技和工业信息化局	展团优秀组织奖	中国金属冶金展组委会
	2014 年度发展科技型中小企业先进集体	中共绵阳市委、绵阳市人民政府
	2014 年度工业经济发展先进集体（优胜单位）	中共绵阳市委
绵阳市商业银行股份有限公司江油支行	“百强班组”优质服务型先进集体	中国五矿金融业务中心
中国建设银行股份有限公司江油支行	商户营销百佳网点	中国建设银行股份有限公司
江油市委宣传部	四川省宣传系统先进集体	中共四川省委宣传部
政协江油市委员会	全省政协新闻宣传工作一等奖	政协四川省委员会
	2015 年度提案工作先进单位	四川省政协提案委
	2015 年度学习文史工作先进单位	四川省政协文史委
	2015 年地方政协联谊工作先进单位	四川省政协地联委
	2015 年地方政协农村扶贫调研工作先进单位	四川省政协农业委
江油市人民法院	2014 年度全省法院信息工作先进集体	四川省高级人民法院
	2015 年度全省法院信息工作先进集体	
	基层法院纪检监察工作先进集体	
	2014 年度争创“两个一流”集体三等功	
	2015 年度全省法院新闻宣传工作先进单位	
	全省法院司法警察技能大训练活动先进单位	
	2015 年度裁判文书上网工作先进法院	
江油市人民法院刑事审判庭	2014 年度全省法院十大典型案例	四川省高级人民法院
江油市人民检察院	省级文明单位	中共四川省委
	2015 年度全省《检察日报》发行成绩突出单位	四川省人民检察院
江油市公安局	全省公安机关“一标三实”工作成绩突出集体（集体三等功）	四川省公安厅
	2014 年度全省公安政治工作先进县级公安机关	
	“文化评选活动·县级示范点”	
	全省公安机关执法示范单位	
	2015 年度公安系统微政务优秀账号	四川省人民政府办公室、四川省互联网信息办公室和四川省人民政府信息公开办公室
	四川省五四红旗团委	共青团四川省委
江油市公安局三合派出所	全省公安机关“一标三实”工作成绩突出集体（集体三等功）	四川省公安厅
江油市公安局政治处	全省公安队伍思想政治工作成绩突出集体（三等功）	四川省公安厅
江油市贯山镇党委	四川省先进基层党组织	四川省委组织部

续表

获奖单位	获奖称号	授奖单位
江油市妇联	寻找“最美家庭”活动优秀组织奖	四川省委宣传部、省文明办、省网信办、省妇联
	2015 年度妇联宣传工作先进单位	四川省妇联宣传部
江油市委统战部	全省统战信息工作先进单位	四川省委统战部
江油市委党史研究室	四川省党史部门先进集体	四川省人力资源和社会保障厅、中共四川省委党史研究室
江油市财政局	四川省财政系统先进集体	四川省人力资源和社会保障厅、四川省财政厅
	四川省结对帮促甘孜州县级财政管理工作先进集体	
江油市国土资源局	四川省第二次全国土地调查先进集体	四川省人力资源和社会保障厅、四川省国土资源厅
	四川省国土资源系统集中开展“走基层、解忧难、化积案、维权益”主题活动成效突出单位	四川省国土资源厅
	四川省国土资源厅 2014 年“厅长信箱”来信办理通报表扬单位	
江油市卫生和计划生育局	“省级卫生应急综合示范市”合格	四川省卫生和计划生育委员会
	三级乙等疾控中心	
	创建为“四川省档案工作规范化管理 1 级标准”	四川省档案局
江油市环境保护局	四川环保系统先进集体	四川省人力资源和社会保障厅、四川省环境保护厅
江油市审计局	档案工作规范化管理复查（省一级）	四川省档案局
	2015 年度《现代审计》信息宣传优良单位	四川省审计科学研究所
江油市农业和畜牧局	四川省农业系统先进集体	四川省人力资源和社会保障厅、四川省农业厅
江油市交通运输局路政管理大队	2014 年四川省交通运输行政执法评议考核优秀单位	四川省交通运输厅
	2015 年道路水路春运工作成效显著单位	
江油市防震减灾局	“赛斯特杯”第二届防震减灾知识暨四川省第四届中小学校安全知识网络有奖竞赛县（市、区）先进集体	四川省教育厅、四川省地震局、四川省人民政府应急管理办公室、四川省人民政府安全生产委员会办公室
江油市档案局	2015 年全省档案工作先进单位	四川省档案局
江油市统计局	四川省级统计系统信息工作先进集体	四川省统计局
江油市新春乡	四川省“平安农机”示范乡镇	四川省农业厅、四川省安全生产监督管理局
	四川省优秀财政管理乡镇	四川省财政厅
四川幼儿师范高等专科学校	全省高校青年体育教师说课比赛团体二等奖	四川省教育厅
四川幼儿师范高等专科学校学前教育一系党总支	四川省高等学校优秀服务型党组	中共四川省委教育工作委员会
	绵阳市先进基层党组织	中共绵阳市委
江油市长城实验学校	四川省 2015 年爱路护路宣传教育示范学校	四川省社会管理综合治理委员会
中国人寿保险公司江油市支公司	2014—2015 年度银保业务发展优秀县支公司	中国人寿保险股份有限公司四川省分公司
	共产党员模范窗口	中共中国人寿保险股份有限公司四川省分公司委员会组织部

续表

获奖单位	获奖称号	授奖单位
江油市农村信用合作联社战旗分社工会小组	模范职工小家	四川省总工会
江油市科技孵化园、江油市青年（大学生）现代农业创业示范园	四川省省级大学生创新创业园区（孵化基地）	四川省人力资源和社会保障厅、四川省财政局、四川省教育厅、共青团四川省委员会
江油市维农农机专业合作社	四川省农机合作社省级示范社	四川省农业厅
四川省有线广播电视网络股份有限公司江油分公司	四川省有线广播电视网络股份有限公司 2015 年度客户服务技能竞赛金奖	四川省有线广播电视网络股份有限公司
江油市新安镇人民政府	“十二五”重大传染病综合防治示范区先进集体	四川大学重大传染病综合防治示范区项目实施管理办公室
江油市二郎庙镇人民政府	“十二五”重大传染病综合防治示范区先进集体	四川大学重大传染病综合防治示范区项目实施管理办公室
江油鸿飞投资（集团）有限公司燃气分公司	四川省燃气协会先进单位	四川省燃气协会
江油市社科联	四川省先进（县市区）社科联	四川省社科联
江油市文化馆	《喜欢江油你就来》获四川省第二届“天籁之音.石海之约”民歌大赛优秀奖	四川省文化馆、四川省音乐家协会
	《重华美》获四川省第二届“天籁之音.石海之约”民歌大赛三等奖	
中共江油市委、江油市人民政府	信访综合工作先进集体	中共绵阳市委、绵阳市人民政府
	驻京驻蓉信访工作先进集体	
	信访创建“三无”工作先进集体	
	信访创建“三无”工作先进集体	四川省信访联席会议办公室
江油市人民政府	投资促进工作先进单位	绵阳市人民政府
共青团江油市委	全国第六届特殊奥林匹克运动会志愿服务组织工作先进集体	中共绵阳市委、绵阳市人民政府
江油市厚坝镇	2014 年度全市秸秆禁烧和综合利用工作先进单位	中共绵阳市委、绵阳市人民政府
江油市投资促进局	2015 年度投资促进先进单位	四川省人民政府驻厦门办事处
	驻浙皖投资促进工作优秀集体	四川省人民政府驻杭州办事处
	突出贡献单位	四川省人民政府驻重庆办事处
	先进基层党组织	中共绵阳市委
神华四川能源有限公司江油发电厂	2015 年度税收突出贡献工业企业二等奖	中共绵阳市委、绵阳市人民政府
江油市双河镇党委	先进基层党组织	中共绵阳市委
江油市西屏镇常青村	先进基层党组织	中共绵阳市委
四川幼儿师范高等专科学校大学生艺术团合唱队	绵阳市纪念“一二·九”运动 80 周年合唱比赛二等奖	中共绵阳市委
江油市政务服务中心	四川省政务服务工作创新先进集体	四川省人民政府政务服务管理办公室
	绵阳市政务服务工作先进单位	绵阳市人民政府
	绵阳市推行行政审批“一窗制”并联审批工作先进单位	

2015年获绵阳市级以上表彰的部分先进个人

表 55

姓　名	获奖称号	授奖单位	工作单位
徐　迅	2015 最美援外医生特别奖	国家人口和计划生育委员会、中国人民对外友好协会	江油市人民医院
霞新民	全国关心下一代工作委员会先进个人	中国关心下一代工作委员会、中央精神文明建设指导委员会办公室	退休职工
何悦乐	优秀志愿者	中华人民共和国第九届残疾人运动会暨第六届特殊奥林匹克运动会组织委员会志愿者工作部	团市委
李　斌	2015 年度全国“安康杯”竞赛安全文化宣传工作先进个人	全国安康杯竞赛组委会办公室	江油市总工会
余光蓉	全省第 71 期司法警察业务轮训优秀学员	国家检察官学院四川分院	江油市人民检察院
罗兴强	全省第 87 期案件管理业务轮训优秀学员	国家检察官学院四川分院	江油市人民检察院
肖捷敏	四川首届群众最喜爱检察官	四川省人民检察院	江油市人民检察院
唐光荣	全省法院系统“三严三实”基层法院院长优秀党课	四川省高级人民法院	江油市人民法院
蒋兴旺	2014 年度全省法院信息工作先进个人	四川省高级人民法院	江油市人民法院
	2015 年度全省法院信息工作先进个人	四川省高级人民法院	江油市人民法院
马相冰	全省法院司法警察技能大训练活动先进个人	四川省高级人民法院	江油市人民法院司法警察大队
梁　杉	全省法院司法警察技能大训练活动先进个人	四川省高级人民法院	江油市人民法院
邓彦文	四川省第七届先进工作者	四川省人民政府	江油市人民法院青莲人民法庭
马玉萍	四川省政法系统先进个人	中共四川省委政法委员会、四川省人力资源和社会保障厅	江油市人民法院刑事审判庭
陈　震	四川省公安系统先进个人	四川省公安厅	江油市公安局中坝派出所
杨柳松	四川政法系统先进个人	四川省委政法委	江油市公安局国保大队
杨晓冬	三等功	四川省公安厅	江油市公安局城北派出所
朱　勇	全省政协 2015 年度新闻宣传工作先进个人	四川省政协办公厅	江油市政协研究室
刘术云	《四川政协报》优秀通讯员	四川省政协办公厅	江油市文广新旅局
赵麒淋	环境污染责任保险试点工作先进个人	四川省环境保护厅	江油市环保局
刘国虎	2014 年四川省地质灾害防治工作先进个人	四川省人力资源和社会保障厅、四川省国土资源厅	江油市国土资源局
李　炜	四川省第二次全国土地调查先进个人	四川省人力资源和社会保障厅、四川省国土资源厅	江油市国土资源局
陈庆双	四川省结对帮促甘孜州县级财政管理工作先进个人	四川省人力资源和社会保障厅、四川省财政厅	江油市财政局

续表

姓 名	获奖称号	授奖单位	工作单位
郭大明	四川省林业产业工作先进个人	四川省人力资源和社会保障厅、四川省林业厅	江油市林业局
	四川省森林病虫害防治工作先进个人	四川省人力资源和社会保障厅、四川省林业厅	江油市林业局
熊 瑛	四川省农业系统先进个人	四川省人力资源和社会保障厅、四川省农业厅	江油市农业和畜牧局江油市经济作物站
苏茂林	四川省农业系统先进个人	四川省人力资源和社会保障厅、四川省农业厅	江油市农业和畜牧局方水畜牧兽医站
张健龙	2015年重大气象服务先进个人	四川省气象局	江油市气象局
张 骋	投资促进工作先进个人	四川省人民政府驻重庆办事处	江油市投资促进局投资促进局
	投资促进先进个人	绵阳市人民政府	
张卫银	驻外招商先进个人	四川省人民政府驻杭州办事处	江油市投资服务中心
郑 洁	投资促进先进个人	四川省人民政府驻厦门办事处	江油市投资促进局驻厦门办事处
陈 均	2015年信用卡业务旺季营销活动先进个人（客户营销百佳能手）	中国建设银行股份有限公司	中国建设银行股份有限公司江油胜利路支行
勾红蔚	四川省中小学教育专家	四川省教育厅	江油一中
刘海涛	2015年四川省锦标赛四川省最佳教练	四川省体育局	江油一中
李庆波	讲授的《地球的形状和大小》获四川省2014年度“一师一优课、一课一名师”活动一等奖	四川省教育厅	江油实验学校教师
杨红霞	讲授的《盐和化肥》获四川省2014年度“一师一优课、一课一名师”活动三等奖	四川省教育厅	江油实验学校教师
谢旭锋	第十一届宋庆龄少年儿童科技创新奖“语音红绿灯”创新发明类省一等奖	宋庆龄少年儿童基金会	江油实验学校学生
范欣然	第十一届宋庆龄少年儿童科技创新奖“儿童安全圆规”创新发明类省二等奖	宋庆龄少年儿童基金会	江油实验学校学生
钟爱迪、冯鑫钰、许池杰、张皓怡	第十三届机器人创新实践活动“机器人比赛”FLL机器人工程挑战赛（一队）省一等奖	四川省教育厅	江油实验学校学生
王腾骁、廖纳川、袁章尧、王陈瑞	第十三届机器人创新实践活动“机器人比赛”FLL机器人工程挑战赛（一队）省二等奖	四川省教育厅	江油实验学校学生
金 叶	2015年“人教杯”中等职业学校学前教育专业理论课教师教学技能大赛二等奖	中国职业技术教育学会教学工作委员会、人民教育出版社	四川省幼儿师范高等专科学校教师
林 准	第六届中国国际音乐舞蹈艺术大赛西南赛区选拔赛优秀奖	中国音乐舞蹈艺术家协会、中国特长生委员会、世界华人文化产业促进会、中国教育协会	四川省幼儿师范高等专科学校艺术系学生
陈国华、颜依萌、朱葳	第六届中国国际音乐舞蹈艺术大赛西南赛区选拔赛钢琴项目青年A专业组一等奖	中国音乐舞蹈艺术家协会、中国特长生委员会、世界华人文化产业促进会、中国教育协会	四川省幼儿师范高等专科学校艺术系学生

续表

姓 名	获奖称号	授奖单位	工作单位
罗 燕	第六届中国国际音乐舞蹈艺术大赛西南赛区选拔赛钢琴项目青年 A 专业组二等奖	中国音乐舞蹈艺术家协会、中国特长生委员会、世界华人文化产业促进会、中国教育协会	四川省幼儿师范高等专科学校艺术系学生
文 静	第六届中国国际音乐舞蹈艺术大赛西南赛区选拔赛钢琴项目青年 A 专业组三等奖	中国音乐舞蹈艺术家协会、中国特长生委员会、世界华人文化产业促进会、中国教育协会	四川省幼儿师范高等专科学校艺术系学生
景悦露荣	第六届中国国际音乐舞蹈艺术大赛西南赛区选拔赛古筝项目青年 A 业余组一等奖	中国音乐舞蹈艺术家协会、中国特长生委员会、世界华人文化产业促进会、中国教育协会	四川省幼儿师范高等专科学校艺术系学生
刘铁印	第五届四川省青年美术作品展评选优秀作品奖	四川省美术家协会	四川省幼儿师范高等专科学校教师
郑佳妮、彭紫薇黄静、李梦菲	首届中国“互联网+”大学生创新创业大赛铜奖	四川省教育厅	四川省幼儿师范高等专科学校教师学生
肖金华	高职高专院校思政理论课青年教师教学能手大赛优秀奖	四川省教育厅	四川省幼儿师范高等专科学校教师
王 双	2015 年全省高校心理健康教育课程教学比赛一等奖	四川省教育厅	四川省幼儿师范高等专科学校教师
龙帮源	2015 年夏季大学英语三级考试优秀阅卷员	四川省教育厅	四川省幼儿师范高等专科学校教师
粟 怡	2015 年省高等职业院校信息化教学大赛“信息化课堂教学”二等奖	四川省教育厅	四川省幼儿师范高等专科学校教师
冯 君	2015 年度四川省高校“平安校园”建设保卫干部先进个人	四川省高等教育学会保卫工作研究专业委员会、四川省消防协会高等院校消防工作委员会	四川省幼儿师范高等专科学校教师
龙友平、邵光述	2016 年度四川省高校“平安校园”建设保安先进个人	四川省高等教育学会保卫工作研究专业委员会、四川省消防协会高等院校消防工作委员会	四川省幼儿师范高等专科学校保安
马欣、张润钰	2017 年度四川省高校“平安校园”建设学生先进个人	四川省高等教育学会保卫工作研究专业委员会、四川省消防协会高等院校消防工作委员会	四川省幼儿师范高等专科学校学生
张庆迪	全省高校青年体育教师说课比赛公共体育二等奖	四川省教育厅	四川省幼儿师范高等专科学校教师
董 旭	全省高校青年体育教师说课比赛体育术科组三等奖	四川省教育厅	四川省幼儿师范高等专科学校教师
赵亚超	全省高校青年体育教师说课比赛体育理论组三等奖	四川省教育厅	四川省幼儿师范高等专科学校教师
黄 金	优秀挂职干部	四川省农村信用社联合社	江油市农村信用联合社新安分社
刘 刚	神华集团劳动模范	神华集团有限责任公司	神华四川能源有限公司江油发电厂发电运行部
彭卫红	为民务实清廉优秀共产党员	中共四川省国有资产监督管理委员会	神华四川能源有限公司江油发电厂工程公司
金 泓	优秀共产党员	中共绵阳市委	江油鸿飞投资（集团）有限公司
薛长灏	优秀党务工作者	中共绵阳市委	江油市新安镇党委
黄 平	绵阳市优秀党务工作者	中共绵阳市委	四川省幼儿师范高等专科学校教师
郭珣、刘圳玲	绵阳市纪念“一二.九”运动 80 周年合唱比赛优秀指导教师	中共绵阳市委	四川省幼儿师范高等专科学校教师
陈丽华	2014 年度征兵工作先进个人	绵阳市人民政府、绵阳军分区	江油市彰明镇人民政府
张太华	投资促进先进个人	绵阳市人民政府	江油市投资促进局

江油市部分单位全称、简称对照表

表 56

全 称	简 称	全 称	简 称
中国共产党江油市委员会	市委	江油市科学技术协会	市科协
江油市人民代表大会常务委员会	市人大	江油市文学艺术界联合会	市文联
江油市人民政府	市政府	江油市工商业联合会	市工商联
中国人民政治协商会议江油市委员会	市政协	江油市残疾人联合会	市残联
中共江油市纪律检查委员会	市纪委	江油市人民政府法制办公室	市法制办
中共江油市委办公室	市委办	江油市民族宗教事务管理局	市民宗局
江油市人大办公室	市人大办	江油市外事侨务办公室	市外侨办
江油市人民政府办公室	市府办	江油市地方志办公室	市方志办
江油市政协办公室	市政协办	江油市人民政府金融办公室	市金融办
江油市人民武装部	市人武部	江油市卫生和计划生育局	市卫计局
中国人民武装警察部队江油市中队	市武警中队	江油市发展和改革局	市发改局
江油市公安消防大队	市消防大队	江油市城乡规划建设和住房保障局	市住建局
中共江油市委组织部	市委组织部	江油市城市管理行政执法局	市城管局
中共江油市委宣传部	市委宣传部	江油市环境保护局	市环保局
中共江油市委政策研究室	市委政研室	江油市国土资源局	市国土局
中共江油市委统战部	市委统战部	江油市教育和体育局	市教体局
中共江油市委群众工作局（市政府信访局）	市信访局	江油市人力资源和社会保障局	市人社局
中共江油市委市直机关工作委员会	市直机关工委	江油市科技和工业信息化局	市科工局
中共江油市委老干部局	市委老干局	江油市文化广电新闻出版和旅游局	市文广新旅局
中共江油市委政法委员会	市政法委	江油市交通运输局	市交通局
中共江油市委农村工作领导小组办公室	市委农办	江油市投资促进局	市投促局
中共江油市委台湾工作领导小组办公室	市台办	江油市国家税务局	市国税局
中共江油市委企业工作委员会	市企工委	江油市地方税务局	市地税局
中共江油市委机构编制委员会办公室	市编办	江油市食品药品和工商质监管理局	市食药工质局
中共江油市委党史研究室	市委党研室	江油市农业和畜牧局	市农牧局
中共江油市委、市政府接待办公室	市接待办	江油市供销合作社联社	市供销社
中共江油市委、市政府目标督查办公室	市目督办	江油市人民防空办公室	市人防办
共青团江油市委员会	团市委	江油市安全生产监督管理局	市安监局
江油市妇女联合会	市妇联	江油市住房公积金管理中心	市公积金中心

续表

全　称	简　称	全　称	简　称
江油市华坪办事处	市华坪办	绵阳市商业银行江油支行	市商行
江油市长城办事处	市长城办	中国人民财产保险股份有限公司江油支公司	市人保公司
江油鸿飞投资（集团）有限公司	市鸿飞公司	中国人寿保险股份有限公司江油支公司	市人寿保险公司
江油城市投资发展有限公司	市城投公司	中国电信股份有限公司江油分公司	江油电信分公司
中国人民银行江油市支行	市人行	中国移动通信集团四川有限公司江油分公司	江油移动分公司
中国工商银行股份有限公司江油市支行	市工行	华西证券有限责任公司江油营业部	华西证券江油营业部
中国农业银行股份有限公司江油市支行	市农行	宏信证券有限公司江油营业部	宏信证券江油营业部
中国银行股份有限公司江油支行	市中行	中国石油西南油气田川西北公共事务管理中心	川西北公管中心
中国建设银行股份有限公司江油支行	市建行	攀钢集团江油长城特殊钢有限公司	攀长特公司
中国农业发展银行江油市支行	市农发行	神华四川能源有限公司江油发电厂	神华江油发电厂
中国邮政储蓄银行股份有限公司江油市支行	市邮储行	四川省江油中学	江高
江油市农村信用合作联社	市信合联社	四川省江油市第一中学	江油一中

专　文

Panel

一个县级工业城市一年间连续打响两个“国际”牌

江油样本的“三度”密码

《四川日报》记者 李 伟 祖明远

央视中秋晚会月圆江油落下帷幕已一个月，“十一”黄金周假期也早已收官，但江油的中国百合国际博览园、青莲国际诗歌小镇依然游人如织。黄金周期间，江油市接待游客70.28万人次，同比增加86.6%。“两个国际”成为引领旅游经济增长的“领头羊”。

而一年前，“两个国际”还停留在原始的构想中。“无中生有”，“有中创新”，一个三线建设的县级工业城市在一年内打响“两个国际”，创造出“江油速度”。

理念决定高度：一年打响“两个国际”

从江油市往西北六七公里，穿过半山腰的一条隧道，前面豁然开朗，由红继木拼出的“李白出生地、中国科技城”十个巨型大字映入眼帘。大字背后，是李白幼时求学访道的大匡山。中国百合国际博览园，就坐落在大匡山下。

漫步在2平方公里的中国百合国际博览园内，1200余种百合花姹紫嫣红，一线牵桥、山盟广场、两情相悦、情定三生等景点为游客带来关于爱情的美好想象。

“三线建设的工业重镇”曾经是江油的对外形象，高耗能、高污染让曾经的全省十强县悄然褪色。2014年，面对增长乏力、经济下行、排位下滑、质量不高等严峻形势和多点多极支撑、底部突破的“命题”，江油新一届领导班子启动“二轮改革”，吹响“三次创业”号角，掀起新一轮创业热潮。

这时，百合花走进江油的视野。公司CEO董钦金本是食用百合专业研究生，在一次植物资源调查中发现江油大康镇是全国最理想的百合种植地，他决定留下来，靠培育销售百合种球创业。

董钦金的“百合梦”与江油市转型升级、绿色发展的思路契合。然而，一朵百合花到底能做多大，却有不同的看法。

通过深入调研，一些过去长期被忽视的优势凸显：大康镇紧邻江油城区，处在九黄旅游环线，以百合博览园为依托，可以做大食品、旅游文章，以百年好合的爱情主题为双翼，可做大爱情文章……

在思想解放的大讨论中，干部群众逐渐取得共识——“不是老天爷赐予和老祖宗留下的才叫资源”，“江油的发展不能束缚在一个县级行政区域上，要自觉摆进全市、全省乃至全国经济社会发展的大格局中”，“江油的城市建设不能局限于一个县级市，要根据人流、物流和经济流向来架构。”

以此审视这朵百合花，前景豁然开朗。大康虽处在江油近郊，山路绕来绕去有20多公里，一条隧道却可缩短一大半路程；单个的实力不足怎么办，政府、企业、集体、农民“四方搭伙”的投入机制解决了大问题……

于是，仅半年时间，江油就在一片河滩地和废弃的沙石场上建起全球最大的百合国际博览园。

青莲镇同样如此。虽是李白故里，但除李白诗歌碑林外，真正可观、可感的地方不多。一首李白诗，一个产业园，一部诗歌史。半年时间，青莲镇的内涵逐渐丰满起来，变身国际诗歌小镇，成为世界诗歌文化的大观园。9月27日，19个李白重要游踪地城市在青莲建立合作联盟，并发布《江油宣言》。10月14日，青莲国际诗歌小镇获“国际旅游度假目的地创新论坛”最具文化创意旅游小镇称号。

苦干决定速度：只有干出来的精彩

“完全没有想到。”谈及2015央视中秋晚会落地江油，中央电视台中秋晚会总导演李申连声感慨。6月，江油迎来央视考察组。西部，县级城市，在众多中秋晚会候选城市中，江油最不起眼。但在参观江油打造的“两个国际”后，天平开始向江油倾斜。

“一年拼出‘两个国际’，江油的视野开阔，执行力强，出乎我们的预料。”李申说。

事实证实了李申的判断。从宣布央视中秋晚会正式落地江油，到距晚会举办仅剩不足两个月时间，大批央视工作人员要在9月3日后才能赶到江油，真正留给江油的准备时间仅1个月。

舞台场地平整、背景整修、环境治理……“那段时间，我们早上八点出门，晚上十多点才回家。”青莲镇党委书记黄建说。

最终，江油交出几近完美的答卷。这台创下收视率冠军的晚会，吸引全球94个国家和地区的4亿华人目光，大大提升了四川和中国绵阳科技城、李白故里江油的美誉度知名度。

百合国际博览园也不例外。唐立成“临危受命”担任大康镇党委书记后，立即和镇村干部日夜坚守拆迁一线、与拆迁户亲人般促膝谈心，大力宣传政府、企业、集体、农民“四方搭伙”共生共进、共舞共富的发展理念。通过两个多月的连续奋战，完成拆迁65户，改造农房风貌184户，集约土地1700余亩。“这也是我们的一种理念。坚持用党员干部的理想信念筑牢党的执政根基、用领导干部的工作强势推动形成江油的发展强势、用全体干部的辛苦指数换取人民的幸福指数。”江油市信心满怀。

项目在江油转型升级中最具支撑作用。

连接绵广高速公路的江油大道，原本是一条双向四车道的进出通道。仅8个月时间，江油就建成双向八车道的产业大道，唐风蜀韵的收费站古韵十足，笔直的大道两旁草绿花香，吸引西部物流产业园、全国规模最大的裘革业示范园等入驻。

这样的“江油速度”不胜枚举。

总投资6亿元的颐江国际电商产业园从去年10月正式签约到今年9月仅11个月，一期项目的电子商务体验展示中心、颐居草堂、旅游服务与城市发展展示中心、众创空间等全面呈现。军民融合产业园签约仅9个月，精密机械加工中心、新材料研发中心、无损检测中心、高性能陶瓷和钨合金生产线等项目即将完工。

仅今年上半年，江油就新建、续建城市基础设施项目25个、工业项目59个，投资力度空前。

“只有干出来的精彩，没有等出来的美丽。”这是负责神华煤电一体化循环产业园配套服务工作的双河镇党委书记尹学勇的话。尹学勇到双河镇上任仅10个月，累掉了10斤肉。在他的大力推动下，一期投资82.4亿元的神华煤电一体化循环产业园进展顺利，2017年实现“双投”可待。

共享决定亮度：把人民利益高高举过头顶

“这是我到现场看过的最高规格的演出。”接到现场观看央视中秋晚会的邀请，环卫工人胡平激动得几乎说不出话。

当晚，与胡平一起观看演出的还有上千名来自全市重大项目建设一线的普通干部、群众以及他们的家属、拆迁户代表等。

这折射出江油工作的出发点和落脚点——让广大人民群众共享经济社会发展成果。

从去年3月开始，江油全面施行“以人为本、全程服务”理念，全市构建“半小时民生工作圈”和“十分钟服务群众工作圈”，建起“全覆盖、组团式、面对面、心连心、全方位”网格化服务体系，变服务群众“最后一公里”为“零距离”。

江油城区有30多万人口，8个派出所。户政业务面对的群众最多，直接关系到群众的切身利益。如何简化办事流程，缩短办事时间，让群众少跑路?江油在全省率先成立户政服务中心，将城区原8个派出所的户政室业务和市局审批业务整合到一起，实现接件、审核、审批、办理“一站式”服务。

西山脚下的罗汉堰，在城西穿越3000米，以前是一条臭水沟，群众反映强烈。按照城市变景区的要求，前后不到3个月，就魔术般变成了一条景观带，6个主题公园如璀璨珍珠串连在这条景观带上。

把人民利益高高举过头顶，群众看得见变化、享受得了发展的成果，对政府的工作也从不理解到理解，从不配合到主动支持。

建设百合国际博览园、青莲国际诗歌小镇等，涉及大量拆迁。江油高标准为拆迁群众建设宽敞明亮的新居，幼儿园、小学校修在家门口。拆迁群众全部得到妥善安置，十分支持相关部门的工作。

（原载《四川日报》2015年10月29日第一版）

艺文选载

文

唐李先生彰明县旧宅碑并序

宋·彰明县令 杨 遂

先生讳白，字太白，事迹已具范传正姑熟碑及李阳冰文集序矣。

夫蛟龙能神于云雨，不能为人用；凤凰能瑞于王者，不能为人畜。而先生以自天之材，能神于为文；异人之表，能瑞于当世。始投袂而来，竟解组而去，所谓不能为人用与人畜也。

烁哉储星，精生井络。属在开元天子御宇日久，天下无事，聿修文教。卷四溟而抉瓌异，顿八纮而罗英恠。先生拖屐剑阁，西入长安。天子闻其名，忻若有得。召见之日，前席礼之。延于金銮，待如寮友。自是畴咨若采，潜俾草奏，造膝诡辞，人莫知者。恩隆宠洽，王公向风，不浃日而声烜于华夏，亦先生之遇、一代之盛也。

夫有高世之德，则讪毁者伺其隙；有超人之行，则妒嫉者窥其衅。故士无贤与不肖，女无美与丑，斯褚先生所以兴叹也。值非常之时，遭非常之主，宜必立非常之事，建非常之功。以开元之盛，非谓无时矣；以玄宗之明，非谓无主矣。然而青蝇之营，棘樊斯止；贝锦之斐，豺虎可投。贾谊既疏，崔骃亦弃，岂非得时不难得君难、得君不难立事难、立事不难建功难？故功难成而易败，事难就而易失。猗欤先生，所以卷舒无悔吝，趋舍有进退。

遂乃北游燕赵，东访梁宋，南憩郢楚，周流数十载，思与乔松游，而饵金丹为事尔。繇是纵酒放荡，刘伯伦之傲世也；赋诗寓怀，阮嗣宗之穷途也；学仙养性，嵇叔夜之迈俗也。观其才思骏发，浩荡无涯，组绣史籍，粉绘经典，若鼓号钟而繁音杂沓，辟武库而剑戟森罗。而又缥缈悠扬，迥出风尘之外，不似人间之语，故当时号为谪仙人焉。如《蜀道难》可以戒为政之人矣，《梁甫吟》可以励有为之士矣，《猛虎行》可以勖立节之子矣，《上云曲》可以化愚夫之懵矣，《拟古》诗可以革浇风之寖矣。其余所作，虽以感物因事而发，终以辅世匡君为意。自西窜夜郎，南流江左，坎壈顿踬，飘泊羁绁，悲夫！

仆尝论蜀中自昔多出名才士，其尤者，汉则司马长卿、王子渊、扬子云，唐则陈子昂暨先生耳。长卿遇武皇之重，终卧病而闲；子渊获宣帝之好，亦无用于世；子云会王莽之乱，复贫困而卒；子昂愤文章之坏，一变古道，又以贬而退；先生振风雅之纲，再革今弊，竟以放而去。噫！天厚其才而薄其命乎？若不然，以褒贬圣贤，毁誉今古，主阴者罚之乎？又不然，以才学富多，器识双茂，司命者黜之乎？是乌可知也！抑此数子，千百年后闻其名者，莫不耸慕，宗为楷模，亦可谓拔乎其萃者矣！

先生旧宅在青莲乡，后往县北戴天山读书，今旧宅已为浮屠者居之。

仆少览先生之文，每为太息。辛卯岁谪莅斯邑，因暇披莽，挈侣来寻。嗟乎！城郭皆是，丘陵如故，其人已往，其迹空在。辽海玄鹤，尚千载而却归；苍梧白云，竟一去而不返。为铭勒石，置之金田，其辞曰：

岷山之精，上为金星。母也梦协，先生以生。厥名暨字，则而象之。出风尘表，标天人姿。词源学派，若泄尾闾。自恃王佐，欲致唐虞。谓予弗起，苍生其如？遂来京师，荃芬兰蔼。天子诏我，金銮赐对。礼为前席，千载一会。王公卿士，莫不倾盖。英声雷飞，輷于区外。有始有卒，其唯圣人。孰谓谁来，我思奉身。稽颡丹陛，愿乞骸骨。天子从之，出苍龙阙。鹤返青汉，云归碧天。缅追安期，邈寻偓佺。夕饵琼浆，晨漱玉泉。放情肆志，养吾浩然。诗吟千首，酒饮百船。西浮南泛，夫何系焉？龙饮山前，涪江之涘。先生一去，宅留故里。数变乔木，几迁人世。草蔓荒蹊，棘罗废址。乡人故老，犹话厥美。吁哉先生，不为不遇。命也如何，拂衣自去。蓬莱金阙，昆仑珠树。定往游否？孰知其故？悠悠我思，伤心日暮。

（原碑现存江油李白纪念馆，为国家一级文物）

附子记

宋·彰明县令　杨天惠

绵州，故广汉地，领县八，惟彰明出附子。彰明领乡二十，惟赤、廉水，会昌，昌明宜附子。总四乡之地，为田五百二十顷有奇。然柷稻之田五，菽粟之田三，而附子之田止居其二焉。合四乡之产，得附子一十六万斤已上。然赤水为多，廉水次之，而会昌所出甚微。

凡上农夫，岁以善田代处，前期辄空田，一再耕之，莳荠麦若巢縻其中，比苗稍壮，并根叶耨覆上下，后耕如初，乃布种。每亩用牛十耦，用粪五十斛。七寸为垅，五寸为符。终亩为符二十，为垅千二百。垅从无衡，深亦如之，又以其余为沟，为涂。春阳哄盈，丁壮毕出，疏整符垅以雷风雨。雨过辄振拂而骈持之，既又挽草为援，以御短日。其用工力比它田十倍，然其岁获亦倍称成之。

凡四乡度用种千斛以上，出龙安及龙州齐归、木间、青槌小平者良。其播种以冬尽十一月止，采撷以秋冬九月止。其茎类野艾而泽，其圳类地麻而厚，其花紫叶黄、蕤长苞而圆其盖。其实之美恶，视功之勤窳。以故富室之人常美，贫者虽接畛或不尽然。又有七月采者，谓之早水，拳缩而小，盖附子之未成者。然此物谓畏恶猥，多不能常熟。或种美而苗不茂，或苗秀而不充，或以酿而腐，或以暴而挛，若有物焉阴为之。故园人将采，常祷于神或目为药妖人。其酿法，用醯醅安密室，淹覆弥月乃发，以时暴凉久干定，出壤时其大如拳已定，辄不盈握，故及两者极难得。

盖附子之品有七，实本同而品异。其种之化为乌头，附乌头而旁生者为附子。又左右附而偶生者为萴子，又附而长者为天雄，又附而尖者为天佳，又附而上者为萴子，又附而上者为漏蓝。出皆脉络连贯如附母，而附子以贵。故独专附名，自余不得与焉。

凡种一而子六七以上，则其实皆小；种一而子二三，则其实稍大；种一而子特生，则其实特大；此其凡也。附子之形，以蹲坐正、节角少为上；有节，气多鼠乳香次之；形不正而伤缺风皱者为下。附子之色，以花白为上，铁色次之，青绿为下。天雄、乌头、天佳，以丰实过握为胜。而漏蓝、萴子，园人以乞役夫不足数也。

大率蜀中人饵附子者少，惟陕辅闽浙宜之。陕辅之贾材市其下者，闽浙之贾材市其中者，其上品则皆士大夫求之。盖贵人金多喜奇，故非得大者不厌。然士人有知药者云："小者固难用，要之半两以上者皆良，不必及两乃可。"此言近之。

按本经及志载，附子出犍为山谷及在嵩高齐鲁间，以今考之皆无，有误矣。又曰春采为乌头，冬采为附子，大谬。又云附子八角者良，其角为萴子，愈大谬。与予所闻绝异，岂所谓尽信书不如无书者类耶？以上皆杨说，古涪既删去，其略著于篇。然又云，天雄与附子，类同而种殊，附子种近而类漏蓝，天雄种如香附子。凡种必取土之槽，作倾邪之处势，下广而上狭，置种其间。其先也，与附子绝不类，虽物性使然，亦人力有以使之，此又杨说所不及也。审如志言，则附子与天雄非一本矣。杨说失之《本草图经》，与此小异。《广雅》云奚素，毒附子也，一岁为萴子，二岁为乌喙，三岁为附子，四岁为乌头，五岁为天雄，盖亦不然，萴子、天雄、漏蓝三物，本草皆不著。张华《博物志》又云：乌头、天雄子一物，春秋冬夏味各异也。

李太白故里考

清·罗江翰林　李调元

人莫不自耀其所居之地，

而欲耀其地，莫不先夸其地所产之名人。即偶尔流寓，亦必聚而讼之，所谓争此朽骨如天球也。

然不必争而争之，未有如我彰之李太白者。自唐李阳冰序其文，刘全白撰其墓碣，皆云广汉人。而论白者或曰陇西，或曰山东，不知白实生于绵之巴西也。唐范传正志其碑曰“凉武昭王九世孙”。昭王，陇西人，隋末子孙以罪徙西域。神龙时，白父客自西域逃居绵之巴西，而生白焉，即今彰明之青莲乡也。一作清廉，在漫波渡，离城十五里。右为匡山，所谓“匡山读书处”也。《唐书》云：“白既隐岷山，举有道不就。”隐匡山，苏颋为益州长史，见而异之。则是白始终一蜀人也。中间荡迹纵酒，以张垍之谗，浮游海岱。子美所谓“汝与山东李白好”，盖白于时流寓山东，亦犹子瞻之在黄州，即以临皋、岐亭之地，号为东坡居士也。如曰太白山东人，则子瞻亦黄州人哉！彼《南部新书》不察其实，遽云白山东人，父为任城尉，因家焉。而即以任城令厅有白之祠尚存为证，何其谬乎！古语云：远望者察其貌而不察其形，不亦悲乎？

李白诗

咏石牛

此石巍巍活像牛，斯沟仆卧数千秋。

风吹遍体无毛动，雨滴浑身有汗流。

芳草齐眉弗入口，牧童扳角不回头。

自来鼻上无绳索，天地为栏夜不收。

访戴天山道士不遇

犬吠水声中，桃花带露浓。
树深时见鹿，溪午不闻钟。
野竹分青霭，飞泉挂碧峰。
无人知所去，愁倚两三松。

寻雍尊师隐居

群峭碧摩天，逍遥不记年。
拨云寻古道，倚树听流泉。
花暖青牛卧，松高白鹤眠。
语来江色暮，独自下寒烟。

题窦圌山

樵夫与耕者，出入画屏中。

题江油尉厅

岚光深院里，傍砌水泠泠。
野燕巢官舍，溪云入古厅。
日斜孤吏过，帘卷乱峰青。
五色神仙尉，焚香读道经。

楹 联

李白纪念馆

豪气压群凶，能使力士脱靴、贵妃捧砚

仙才包众美，不让参军俊逸、开府清新

清　李调元

酌酒花间，磨针石上
倚剑天外，挂弓扶桑

当代　郭沫若

阅古宗文举
临风怀谢公

现代　于右任

先生真谪仙，竟憔悴一生，只落得憩隐岷峨、栖止徂徕、醉卧长安、病逝姑孰。济世志难伸、爱国心不移，更遭逢浔阳冤狱、夜郎逐放。赖史册炳耀人寰，问今古骚坛、请缨白发能有几

此地实故里，任纷纭众说，尚留有匡麓书台、学士古渡、陇西旧院、粉竹残楼。遗踪却仍在、乡邦固已论，欣此日盛世稽文、前哲追思。有馆堂辉煌涪水，凭中外景仰，才笔青莲本无双

当代　张　泽

太白公园

民乐小康，昭代已非天宝世
国扬大雅，名园永著谪仙楼

当代　高显齐

不遇明时，天上谪仙，人间逐客

永怀大雅，耻为郑卫，长忆清廉

当代　文伯伦

窦圌山

松声莫使惊鹤梦
云影偏能唤诗魂

当代　张铁船

问道入云崖，有亭隐绿，阁隐翠；兼主簿高踪、谪仙遗韵、东瀛妙笔、于谢法书，人文荟萃。风流许画屏，堪标故园雄姿，百代诗骚歌浩荡

振衣凌绝顶，看月更明，江更悠；况四时花雨、三岭霓霞、两索奇观、一圌灵气，情景交辉。春意涵巴蜀，不借他山秀色，千秋冠冕拜峥嵘

当代 丁稚鸿

高山仰止疑无路

曲径通幽别有天

当代 蔡竹虚

王右木纪念馆

是马列先驱，星火燎原，歌昂易水

为青年向导，朝阳鸣凤，响彻人声

当代 张秀熟

华夏起神龙，喜先生鹰扬鹏奋，承前启后，甘抛碧血辉日月

故园腾杰士，看吾辈地覆天翻，继往开来，高举红旗建家山

当代 丁 枫

名震锦城，勋业著春秋，只消检旬报人声，以足此公传记

志在沟壑，精神留后世，何必循黔山蜀水，再为烈士招魂

当代 衡 平

海灯武馆

报国修身千世佛

擎天立地一指弹

当代 林散之

天意唯在德，自强不息，喜多士闻鸡而起舞

地道不言功，有容乃大，钦英才见鹏以扬威

当代 海 灯